KB271365

새로운 과거 만들기

권역시각과 동부아시아 역사 재구성

새로운 과거 만들기

권역시각과 동부아시아 역사 재구성

황 동 연 지음

혜안

이 책에 실린 글들은 제3부 제10장 「항일(抗日)전쟁 초기 왕징웨이(汪精衛)와 '왕징웨이 그룹'의 충칭(重慶)탈출(1938.12)의 이념적 배경에 대하여」를 제외하고는 모두 그동안 국내에서 발표되었던 글들을 대폭 혹은 약간 보완, 수정, 또는 확대한 것이다. 여기에 수록된 논문들의 출처와 수정, 확대 내용은 다음과 같다.

<제1장 도론: 새로운 과거 만들기>
제1장은 2012년 12월 7일 가천대학교 아시아문화연구소가 '세계 속의 한국학'이란 주제 하에 주최한 국제학술회의에서 발표한 「새로운 과거 만들기: 지역사와 한국사」를 약간 수정한 것이다.

제1부 지역연구의 반성

<제2장 21세기 전야 미국 지역연구의 운명: 전 지구화와 그에 따른 지역연구의 방향에 대한 미국학계의 비판적 논의>는 『동아시아역사연구』 제6집(1999)의 187~219쪽을 보완 수정했다.
<제3장 냉전시기 미국의 지역연구와 아시아 인식>은 『동북아역사논총』 33호(2011년 9월)의 15~56쪽을 약간 수정했다.

제2부 권역시각에서 본 동부아시아 급진주의

<제4장 권역시각, 초국가적 관점, '동부아시아' 지역개념과 '동부아시아' 급진주의 역사의 재구성 시론>은 『東方學志』 145집(2009)의 273~317쪽을 약간 보완 수정했다.
<제5장 20세기 초 동부아시아 급진주의와 '아시아' 개념>은 『대동문화연구』

50집(2005년 6월)의 121~165쪽을 약간 수정했다.

<제6장 급진주의자들의 도쿄로의 이동과 집중: 1900~1920년대 동부아시아 급진주의의 대두, 확산, 그리고 그 의미>는 도시인문학연구소 엮음, 『경계초월자와 도시연구―지구화시대의 매체, 이주―』(라움, 2011)의 81~122쪽을 약간 수정했다.

<제7장 지역시각에서 본 오사운동>은 『아시아문화연구』 제22집(2011년 6월)의 221~259쪽을 약간 수정했다.

<제8장 이정규, 초국가주의적 한국아나키즘의 실현을 위하여>는 『역사비평』 통권 93호(2010년 여름)의 198~230쪽을 약간 수정했다.

제3부 새로운 과거 만들기―중국현대사의 재구성

<제9장 중국현대사 이해의 문제점들과 그 극복의 전망>은 『중국현대사연구』 제10집(2000년 10월)의 149~166쪽에 「포폄, 실증, 목적론―왕징웨이의 대일합작을 바라보는 시각의 문제점들―」, 『중국현대사연구』 제12집(2001년 12월), 105~122쪽의 일부 내용을 전재하여 추가하는 등 대폭 수정, 확대하였다.

<제11장 저우포하이의 일기를 중심으로 본 항일전쟁시기 대일합작 문제에 대한 한 검토>는 『코기토』 62호(부산대학교 인문학연구소) (2007년 8월)의 181~215쪽을 약간 보완 수정했다.

<제12장 중국현대사 속의 중화인민공화국 60년>은 『창작과 비평』 106호(1999년 겨울)의 352~363쪽(원 제목은 「중국현대사 속의 중화인민공화국 50년」). 이 장은 「베이징 올림픽과 사회주의 중국」, 『말』 통권 266호(2008년 8월), 138~143쪽을 삽입하는 등 대폭 보완, 수정, 확대하였다.

<제13장 중국문화대혁명 이해의 시각과 방향: 아리프 딜릭(Arif Dirlik)과의 대담>은 『역사비평』 통권 77호(2006년 겨울)의 242~278쪽에서 출판 당시 빠졌던 대담 내용을 모두 추가하는 등 수정 확대하였다.

　　막상 이상의 글들을 한 권의 책으로 엮어서 출판하려니 부족한 점이 많다는 것을 당장 알 수 있었다. 독자들의 모진 비판을 기대한다. 그래도 혹시 부족한 이 책이 학계에 작은 논쟁이나 지적 자극을 일으킬 수 있다면 필자는 만족하고자

한다. 다만, 필자의 주장을 이후 계속 보완하고 또 구체적 논증 작업을 통해 발전시켜 나갈 것을 독자들에게 약속드린다. 필자가 역사가로 스스로 자리매김할 수 있도록 가르치고 지도해 주신 아리프 딜릭(Arif Dirlik) 교수로부터 이 책의 근간이 되는 여러 생각뿐만 아니라 사회와 역사를 바라보는 학자로서의 길과 태도도 배웠다는 점을 여기서 밝혀두고 싶다. 물론 본서에 나타나는 여러 결점이나 주장은 전적으로 필자의 몫이다. 그동안 이런 저런 기회를 통해 이 책에 실린 글이나 관련 논문들을 발표할 지면이나 공간을 한국에서 필자에게 제공해 주신 연세대학교의 백영서·박명림 선생님과 김성보·임성모 선배, 가천대학교의 정문상·박진수 교수, 서울시립대학교 도시인문학연구소의 이성백 선생님과 김승욱 교수, 동북아재단의 오병수 선생님, 한국해양대학교의 하세봉·김정하·구모룡 선생님, 한국학중앙연구원의 김경일 선생님께 감사드린다. 출판에 선뜻 동의해 주신 혜안의 오일주 사장님과 편집진에도 감사드린다. 필자의 연구와 잦은 학기중 한국행을 늘 여러 방면에서 후원한 미국 소카 대학교(Soka University of America)의 전·현직 학장인 마이클 헤이스(Michael Hays)와 에드워드 피절(Edward Feasel) 교수에게도 감사를 표하고 싶다. 한국 아나키즘 관련 자료의 구득과 관련하여 도움을 주신 이호룡 선생님, 조세현 선생님, 이현주 선생님, 국민문화연구소의 이문창, 고 조광해, 송헌조, 남이행, 오장환 선생님들께도 이 자리를 빌려 감사드리고, 필자의 연구를 격려해 주셨던 동아대학교 이훈상 선생님 등께도 감사드린다.

늘 연구의 진척 여부를 '감시'하던 사랑하는 아내 미현에게는 그동안 잦았던 한국행 때문에 늘 고맙고도 미안한 마음을 갖고 있다. 돌아가신 아버님과 함께 어머님은 필자가 점차 사회의식을 갖는 역사가가 되어 가자 이런저런 걱정을 하시곤 했지만, 늘 필자를 조용히 후원해 주셨다. 두 분께 이 책을 바친다.

2012년 12월
알리소 비에호 연구실에서

글 싣는 차례

제2부 권역시각에서 본 동부아시아 급진주의

제 **1** 장

도론 : 새로운 과거 만들기

필자는 중국 현대사나 한국 아나키즘을 포함한 동부아시아 급진주의 역사에 관해 그동안 발표했던 논문들을 통해 중국 근현대사, 특히 오사운동(五四運動)을 동부아시아 지역 역사의 일부로 볼 것과 한국 아나키즘의 기원과 발전을 동부아시아 급진주의와 아나키즘 역사 속에서 파악할 필요가 있음을 주장한 바 있다. 나아가 필자는 20세기 초 한중일 삼국의 급진주의 역사가 초국가적 연계를 갖기에, 이들 삼국과 타이완, 베트남, 인도 등을 포함한 동부아시아 국가의 근현대사는 좀 더 넓은 권역시각을 통해 이해하고 구성할 필요기 있다는 것을 지적해 왔다.[1] 그런데 이런 필자의 문제의식과 주장을 관통하는 화두는 '새로운 과거 만들기'란 지적·학술적 프로젝트다. 그리고 이 프로젝트의

---

[1] 황동연, 「20세기초 동아시아 급진주의와 '아시아'개념」, 『대동문화연구』 50집(2005.6), 121~165쪽 ; 황동연, 「권역시각, 초국가적 관점, '동부아시아' 지역개념과 '동부아시아' 급진주의 역사의 재구성 시론」, 『東方學志』 145집(2009), 273~317쪽 ; 황동연, 「이정규, 초국가주의적 한국아나키즘의 실현을 위하여」, 『역사비평』 93(2010 여름), 198~230쪽 ; Dongyoun Hwang, "Beyond Independence: the Korean Anarchist Press in China and Japan in the 1920s and 1930s," *Asian Studies Review* 31-1 (2007), pp.3~23 ; Dongyoun Hwang, "Korean Anarchism before 1945: A Regional and Transnational Approach" in Steven Hirsch and Lucien van der Walt eds., *Anarchism and Syndicalism in the Colonial and Postcolonial World, 1870~1940: The Praxis of National Liberation, Internationalism, and Social Revolution* (Brill, 2010), pp.95~130.

14

요점은 역사의 실천성에 있다.[2] 즉 지금 역사가에게 필요한 것은 과거의 패러다임이나 역사인식을 인습적으로 따르는 데서 벗어나, 역사가 시대의 요청과 진보에 응할 수 있게 새로운 과거를 만드는 것이라고 생각한다.

최근 진행되는 중국과 베트남 간의 영토분쟁, 중일간 센카쿠 열도/댜오위다오를 둘러싼 영토분쟁, 한국의 독도(일본 명은 다케시마)를 둘러싼 한일 영토분쟁, 동해/일본해 표기를 둘러싼 한일분쟁 외에도 사실 그동안 동부아시아 국가 간에는 많은 역사분쟁 혹은 역사와 관련된 분쟁이 존재해 왔다. 중국의 동북공정에서 촉발된 고구려와 발해를 둘러싼 한중간의 역사분쟁 ('역사전쟁'), 일본교과서의 '진출'이란 표현을 둘러싼 역사교과서 분쟁, '임나일본부설'을 둘러싼 한일 간의 역사논쟁, '종군위안부'나 강제노역노동자 문제와 관련된 식민지 청산문제 및 그로 인해 야기된 역사문제 및 배상문제 등등, 동부아시아 국가들은 그동안 끊임없이 여러 역사분쟁과 영토분쟁을 겪어 왔다. 이들 분쟁은 여전히 진행형이다. 그러나 다른 한편, 동부아시아 국가들은 평화공동체의 구축과 공동 번영을 위해 아시아주의적 인식과 사고를 통해 '우리는 이웃'이라는 초국가적 생각을 공유해 온 것도 사실이다. 그런데 이런 분쟁의 원인은 결국 기본적으로 민족주의 문제로 귀결된다. 비록 한 원로 역사학자가 최근 "최고수준의 '훌륭한' 역사가는 개인적인 선입관이나 특정의 사명감 또는 목적의식, 사회적 소속집단의 이해, 국가이익이나 민족감정 등 편파성에 좌우되지 않는다"[3]라고 지적했지만, 사실 이는 공허한 주장이다. 왜냐하면 가치중립적인 역사란 존재하지 않을 뿐만 아니라, 현실적으로도 민족주의는 민족역사의 이해나 서술, 국민국가의 기원과 정통성에 대한 이해 등과 불가분의 관계를 갖고 있기 때문이다. 위에서 지적한 여러 지역 내 분쟁의 기저에 깔린 것이 민족정체성, 민족동질성, 민족자부심 등을 중심으로 한 민족의식인

---

2) 역사의 실천성과 관련된 문제는 사실 장 셰노(Jean Chesneaux)의 *Pasts and Futures, or What is History For?* (London: Thames and Hudson, 1976)에서 이미 제기된 것이다.

3) 차하순, 「한국역사학의 유산과 21세기의 과제」, 역사학회 편, 『한국역사학의 성과와 과제』(일조각, 2007), 35쪽.

것은 자명하다. 또 역사가 이들 분쟁의 주요한 무기이자 각 국의 주장을 뒷받침하는 주된 근거로 사용되어 왔다면, 같은 원로학자의 말을 빌린다면, 그런 역사는 '편파성'을 갖는 역사다. 결국 지역 내 역사 관련 분쟁을 해결하거나 혹은 잠재우기 위해서도 민족주의를 벗어난 역사, 즉 새로운 과거 만들기가 필요하다. 역사학자 프라센지트 두아라(Prasenjit Duara)의 표현을 빌리자면, '역사를 민족으로부터 구출'(rescuing history from the nation)하는 것이 필요하다.4) 그렇다면 여기서 핵심문제는 역사를 어떻게 민족으로부터 구출하고 그 이후 어떤 새로운 민족의 과거를 만들 것인가에 있다.

'어떻게 역사를 구출할 것인가'란 질문에 대한 대답은 무엇보다 '편파성'의 역사를 만들어 온 민족주의에서 탈피하는 것으로 일단 요약될 수 있다. 다만 '어떤 새로운 과거'란 질문에 대한 대답은 역사의 가치와 의미를 어디에 둘 것인가에 따라서 달라질 수 있다. 그런데 사실 '어떻게 역사를 구출할 것인가'란 질문에 대한 대답을 찾는 출발점이 민족주의를 완전히 버리는 것일 필요는 없다. 아니 버리는 것은 불가능하다. 민족을 단위로 하는 국민국가가 계속 존재하는 한, 그것은 현실적으로 절대 불가능하기 때문이다. 오히려 민족주의만을 통한 역사구성을 탈피하자는 주장이 더 현실적이고 가능한 대답일 수 있다. 즉 초국가적 요소를 고려하고 강조하면서 민족역사를 구성해야 한다는 것이다. 그렇다면 '어떤 새로운 과거'란 질문에 대해, 역사가는 역사의 가치와 의미, 즉 역사의 효용성과 실천성을 어디에 둘 것인가를 고민하고 판단해야 하지 않을까? 역사가들은 민족의 과거를 새롭게 구성하고 국민국가의 기원과 정통성을 초국가주의를 통해 새롭게 이해하려는 노력을 하면서, 나아가 새로운 지역의 과거도 동시에 구성하는 것이 필요하지 않을까? 역사서술의 기본단위로서 국민국가를 좀 더 지역과의 관계 속에서 파악, 구성, 서술하려는 노력이 필요하다는 것이다. 이런 노력이 없다면 과거와 현재 진행되는 여러 지역

---

4) Prasenjit Duara, *Rescuing History from the Nation: Questioning Narratives of Modern China* (University of Chicago Press, 1995).

내 분쟁은 지속될 것이 자명할 뿐 아니라 새로운 분쟁을 야기할 가능성도 매우 높다.

물론 그동안 많은 역사가들은 이런 가능성을 막기 위해 여러 해법을 제시했다. 특히 한국학계에서는 ‘동아시아적 시각’ ‘주변의 시각’ ‘탈중심의 동아시아사’ ‘소통하는 역사’ 등을 화두로 그동안 많은 의미있는 학술적 성과가 이루어진 것도 사실이다. 다만, 이런 노력들이 결국 민족주의로 귀착해 버린 경우가 많았다. 또 과거를 새롭게 만들려는 노력으로 발전하거나 전환하기보다는 지역과 한국의 현재 문제와 미래체제에 더 관심을 두곤 했다. 따라서 그동안 새로운 과거 만들기, 즉 역사의 재구성이 활발히 전개되어 왔다기보다는 한국과 지역 내 현황과 미래체제와 관련된 논의가 그런 노력의 주류를 이루어 왔다는 것은 아쉽다. 물론 이런 노력들도 중요한 의의를 갖지만 여전히 역사의 객관성, 역사에서 진리추구와 같은 모호한 가치중립을 선행과제로 내세움으로써 결국 논쟁적인 객관성의 역사, 민족주의 중심의 역사로 귀착하는 모순적 경우가 사실 많았다. 필자는 그동안 이루어진 학계의 여러 노력들을 부정하지 않는다. 오히려 이런 중요하고도 소중한 노력들이, 구체적으로 새로운 과거 만들기(즉 역사 재구성)로 발전하고 나아가 또다시 역사가 민족주의의 굴레 속으로만 빠지는 것을 막아야 한다고 생각한다. 이에 필자는 ‘권역시각’을 통해 일국의 민족사를 지역역사 속에서 이해하고, 일국사를 지역사의 일부로 보는 적극적인 초국가적 국민국가 역사의 재구성을 제안한다. 특히 필자가 현재 관심을 갖고 있는 것은 개별 국가의 급진주의 역사를 권역시각을 통해 재구성하는 것이다. 물론 이런 권역시각을 통한 새로운 과거 만들기를 위해서는 인식론상의 변화가 전제되어야 할 것이다. 그 인식론적 전환의 하나는 후술하듯이 지역의 명칭을 ‘동아시아’에서 ‘동부아시아’로 새롭게 바꾸어 명명하는 데서 시작한다.

Ⅰ. 국민국가, 민족주의, 초국가주의

한국 역사학계의 경우, 이미 일제강점시기부터 시작해서 특히 1945년 이후에는 식민사학의 극복, 민족주의 사학의 진흥뿐만 아니라, 분단사학의 극복 등을 주된 관심사로 삼아 왔다. 한 원로역사가에 따르면, 1974년 당시 "한국사학이 당면하고 있는 문제의 초점은 결국 민족에 있는 것"이고 "민족의 문제는 역사학의 견지에서 어떻게 이해해야만 가장 옳은 것인가 하는 데에 있는 것"이었다고 한다.5) 30년이 지난 2007년에도 다른 원로학자에 따르면, "민족사학을 위해 식민사학을 극복하는 것"이 "우리나라 역사학계의 1차적인 관심사가 되었고 오늘날까지도 역사학계의 지배담론이 되고 있다"6)고 한다. 즉 한국사학계는 그동안 민족주의를 중심으로 한국사를 연구, 구성, 서술해 왔다고 할 수 있다. 물론 독립된 근대국민국가의 형성이 그동안 가장 중요한 정치적 프로젝트였기에 민족과 국민국가의 형성을 위해 복무하는 한국사가 연구되고 구성된 것은 어찌 보면 당연하다. 한국의 중국사 연구도 1945년 직후 한국사의 외연을 넓혀 궁극적으로 한국사에 봉사한다는 기본적 목적을 갖고 원로학자들에 의해 동양사의 일부로 시작되었다. 이들 원로학자들은 한국에 반공 자유민주주의 국민국가의 성립·발전을 역사적으로 돕는 것을 자신들의 궁극적 지향으로 삼고 있었다. 이는 한국의 중국사 연구도 진작부터 민족주의의 틀 속에서 중국사를 이해하고 재구성하는 작업을 해 왔다는 것을 의미한다.7)

그러나 민족주의를 강조하던 이런 그동안의 흐름에서 벗어나, 최근 한국의 역사학계는 위에서 잠깐 지적했듯이 '동아시아적 시각', '주변의 시각' 등 민족주

---

5) 이기백, 「한국 사학에 있어서의 사관의 문제」, 차하순 편, 『사관이란 무엇인가』(청람, 1982), 259쪽.

6) 민현구, 「발전적인 한국사상의 추구와 새로운 연구방법의 모색」, 국제역사학한국위원회, 『1945년 이후 한·일 양국에서의 역사연구동향』(2002), 136쪽. 차하순, 앞의 글, 21쪽에서 재인용.

7) Dongyoun Hwang, "The Politics of China Studies in South Korea: A Critical Examination of South Korean Historiography of Modern China since 1945," *Journal of Modern Chinese History* 6-2 (2012), pp.256~276.

의 시각에서 벗어나 민족이나 국가의 경계를 뛰어넘는 초국가적 시각 혹은
지역적 시각을 통해 한국사뿐만 아니라 '동아시아사'(주로 중국사와 일본사)를
재구성하려고 노력하고 있다. 이런 노력들은 '지역과 소통하는 역사'의 구성이
란 새로운 구호에서 볼 수 있듯이, 표면적으로는 민족주의나 국민국가의
담을 뛰어넘는 시각을 통해 역사 연구와 서술을 진행할 것을 지향하면서
궁극적으로는 근대성의 역사에서 벗어나 국가 간의 갈등 구조와 원인을 없애면
서 화해와 상생의 역사를 만들려고 노력한다. 한중일 삼국의 역사를 담은
『미래를 여는 역사』는 실제 이런 노력이 열매를 맺은 한 결과다.8) 다만,
이런 노력들도 실제는 여전히 민족주의의 틀 속에서 역사 연구와 서술을
진행한다는 점을 부인할 수 없다. 지역사와 한국사의 관계를 논하면서 "동아시
아 지역사의 시각으로부터 한국사로 접근하기보다, 한국사로부터 동아시아
지역사로의 시각 확대가 필요하다"고 주장하는 배경에는, "국민국가를 단위로
하는 문제의식은 그 유효성이 폐기된 것이 아니며 오히려 **우리의 경우에는**
올바른 준거점이 될 수도 있다"(강조는 인용자)는 인식이 있다. 여기서 문제는
국민국가를 단위로 하는 문제의식의 유효성 주장에 있는 게 아니다. '우리의
경우'를 예외적인 것으로 특권화시키는 태도가 문제다.9) 말하자면 민족주의라
는 개념 속에서 초국가적 혹은 지역 요소를 바라보고 이해할 뿐이지, 실상
특권화한 민족중심의 한국역사에 대한 인식과 서술에는 큰 변화가 없다는
것이다. 『미래를 여는 역사』의 경우도 그 서술이나 구성을 본다면, 3국의
민족사를 조합한 것이고 실질적인 3국의 역사서술도 3국의 역사학자들이
각각 따로 자국 역사의 서술을 분담한 후 나중에 그 내용을 합친 것이다.
물론 이런 지적이 『미래를 여는 역사』가 갖는 의미를 감소시키지는 않는다.
문제는, 개별 국가의 역사를 서술하면서 대립되는 서술을 피했다는 것이지

---

8) The China-Japan-Korea Common History Text Tri-National Committee, *A History to Open the Future* (minimum, Ltd., 2010).

9) 신용옥, 「동아시아 담론과 한국근현대사 연구」, 한국역사연구회 엮음, 『20세기 역사학, 21세기 역사학』(역사비평사, 2000), 198쪽.

결코 새롭게 국민국가와 지역의 과거 모두를 3국의 역사학자들이 공동으로 만들어낸 것은 아니라는 점이다. 또 이 역사교과서는 타이완이나 홍콩 같은 국가와 사회에 대한 역사를 소외시키고 배려가 적다는 점 또한 아쉽다.

또 다른 예는 바로 동북공정에 대한 한국 역사가들의 민족주의적 대응이다. 물론 이런 비판이 중국의 동북공정을 긍정한다는 의미는 절대 아니다. 일부 한국의 중국역사 전문가들의 경우, 동북공정뿐만 아니라 근대중국을 중화주의의 근대적 부활이라는 시각에서 바라본다. 유장근은 '주변의 시각'을 통해 근대중국을 바라보면 "근대중국은 조공국과 소수민족의 희생 위에서 발전됐다"고 주장한다.[10] 몹시 중요한 지적이다. 다만, 20세기 중국에서 국민국가가 성립·발전하는 과정에서 중국의 지역 내 헤게모니 혹은 국내적으로는 한족의 헤게모니가 있었다는 사실을 감안했다면, 이런 중요한 문제의식을 국민국가의 보편적 문제인 '내부식민주의' 문제로 한 계단 끌어올렸어야 한다. 국민국가는 내부적으로 통일과 표준화를 지향함으로써 내부의 다양성이나 차이를 쉽게 무시한다. 나아가 국민국가는 근대적 엘리트들에 의한 정치적 프로젝트여서 일반 민중의 삶과 문화는 종종 낙후된 것으로 간주되어 사장되곤 한다.[11] 아쉽게도 유장근은 '내부식민주의' 문제를 **중국에만** 적용하고 한국 국민국가의 '내부식민주의' 문제에는 입을 다문다는 느낌을 준다. 즉 최근 이루어진 한국의 경제발전은, 대외적으로는 중국의 값싼 (특히 여성) 노동력을 이용한 결과임이

---

10) 유장근, 「동아시아 근대사와 중국의 위상」, 정문길 외 엮음, 『주변에서 본 동아시아』(문학과지성사, 2004), 63쪽. 비슷한 주장으로는 배경한, 「19세기 말 20세기 초 중화체제의 위기와 중국 민족주의—티베트·몽골의 독립요구와 중국의 대응」, 『역사비평』 51호(2000 여름), 234~249쪽을 볼 것. 배경한은 서구의 침략에 대응한 19세기 말~20세기 초 중국의 '저항적 민족주의'가 중화제국체제의 역사적 소산인 팽창적 성격을 방어하기 위한 수단이었다고 한다. 중화주의를 중국민족주의나 제국주의와 직접 결부시킨 것은 문화본질주의의 소산이고, 중국 왕조들의 전근대적 정복행위를 근대적 제국주의 팽창과 결부시킨 것은 비역사적 인식의 소산이다.

11) 민족주의에 대한 이런 논의는 에릭 홉스봄(Erci Hobsbawm), 베네딕트 앤더슨(Benedict Anderson), 어니스트 겔너(Ernest Gellner), 파사 차타지(Partha Chatterjee)의 연구를 볼 것.

자명하다. 국내적으로는 1970년대 이래 국내의 '소외된 지역과 노동계층'의 희생을 통해서 경제발전을 이룬 것도 분명하다. 그런데 여기서 문제는 과연 이런 희생과 관련된 문제가 과연 **한국만의** 문제인가다. 바로 값싼 해외 노동력의 착취를 통해 세계경제를 이끌고 있는 전 지구적 자본주의 하의 보편적 문제다. 또 국민국가나 근대성이 국내적으로 초래해 온 여러 문제의 결과다. 필자의 생각으로는 이런 이해 속에서 소수민족이나 조공국의 '희생'을 통한 근대중국의 발전이란 문제에 접근했어야 한다. 그런데 그는 이런 문제를 '중국만의 문제', 즉 중국 '중화주의'의 부활(중국도 제국주의였다는 암시적 결론)의 문제로 한정시킴으로써 주장의 설득력을 잃었을 뿐만 아니라 문제의 본질을 흐렸다. 이는 마치 미국학자들이 한편으로는 중국 내 인권침해 문제를 비판적으로 다루면서도 다른 한편 자국 정부가 그동안 행한 인권침해 문제, 특히 관타나모 수용소에서 벌어진 여러 인권침해에 대해서는 침묵하거나 혹은 극히 예외적으로 발생한 사건으로 간단히 치부해 버리는 태도와 무엇이 다르겠는가?

'주변의 시각'이 갖는 일반적인 문제점은 주변과 중심의 관계를 강자 대 약자라는 일률적인 등식 속에서 보게 할 가능성이 있다는 것이다. 주변의 시각이, 주변(약자) 사이의 차이나 주변 상호간의 불평등 관계, 그리고 주변과 중심(권력)의 다양하고 복잡한 관계를 주시하지 않고 주변과 중심이란 이분법적 관계로 파악하는 문제에 대해서는 이미 학자들이 비판한 바 있다.[12] 여기서 요점은 '주변의 시각'이 한국 혹은 한국사를 특권화하면서 중국이나 일본을 타자화시키곤 한다는 것이다. 중화체제 속에서 조선이 티베트보다 상대적으로 우월하게 누리던 지위에 대한 고려 없이, 탈중심 속의 약소국인 주변의 한국을 티베트와 등치시키기도 하고, 경우에 따라서는 한국이 갖는 예외성을 통해 한국 민족주의의 주장을 정당화·강화하면서 중국사는 문화본질주의를 통해 해석하게 만들었다는 것이다. 두웨이밍(杜維明)이 '문화중국'(Cultural China)을

---

12) Arif Dirlik, "Postcolonial or Postrevolutionary? The Problem of History in Postcolonial Criticism" in Arif Dirlik, *The Postcolonial Aura: Third World Criticism in the Age of Globalization* (Westview Press, 1997), p.176.

주장하면서 "주변[미국의 화교]으로부터 중심[중국]을 이해하자"라고 주장했던 것에 많은 학자들이 비판적 혹은 냉소적으로 대응했다는 사실을 여기서 상기해 봄직하다.[13]

중요한 것은, 이런 연구경향이 여전히 지속되는 이유가 역사가들이 국민국가를 역사 전개나 역사 구성의 절대적 기본단위로 보는 오래된 습관이자 경향 때문이라는 것이다. 국민국가를 제거하는 것이 어려운 만큼, 이런 민족주의를 중심으로 하는 연구 습관이나 경향도 당장 극복하기 어려운 것 또한 사실이다. 물론 국민국가를 단위로 한 역사구성이나 역사서술이 잘못된 것은 절대 아니다. 현실 속에서 국민국가를 단위로 하는 역사구성이 여러 이유 때문에 필요하다는 점은 인정할 수 있지만, 자칫 그런 자국 역사의 구성이 그동안 국민국가의 담 밖에서 이루어졌던 여러 사실이나 다양하고 많은 과거의 경험들을 강제로 국민국가의 틀 속에서만 구성, 해석, 의미 부여하거나 혹은 국민국가의 담 밖으로 쫓아내는 것은 명백히 민족주의 사학의 병폐다. 국민국가의 기원, 성립, 정당성에 도움이 안 되는 역사가 의식적 혹은 무의식적으로 그동안 무시되어 온 것이다.

국민국가는 당분간 소멸되지 않을 것이고, 국민국가가 소멸되지 않는 한 국민국가 중심의 역사는 계속 구성될 수밖에 없다. 그렇다면, 국민국가 중심의 일국사 구성이 그동안 드러낸 병폐를 막으면서 지역과 소통하고, 화해와 상생을 지향하는 국민국가의 역사구성이 가능할까? 필자가 화두로 던지는 '새로운 과거 만들기'는 바로 그런 역사를 구성하기 위한 하나의 지적·학술적 프로젝트다. 그럼 새로운 과거는 어떻게 만들까? 그 대답은 일단 초국가주의에 있다.

---

13) Tu Wei-ming, "Cultural China: The Periphery as the Center," Tu Wei-ming ed., *The Living Tree: The Changing Meaning of Being Chinese Today* (Stanford University Press, 1994), pp.1~34.

Ⅱ. 새로운 과거 만들기: 권역시각과 동부아시아

필자는 초국가주의를 통한 국민국가의 새로운 과거 만들기가 가능하다고 본다.[14] 진정 지역과 소통하고 화해를 지향하는 역사의 구성을 시작하는 첫 시도는 오히려 간단할 수 있다. 일단 폐쇄적인 민족주의 시각에서 벗어나 좀 더 넓은 지역을 아우르는 역사시각을 갖고 역사를 구성하고 서술을 할 필요가 있다. 상식적으로 보아도 지역의 역사나 흐름과 동떨어져서 진행된 민족의 역사 혹은 일국사는 사실 있을 수 없기 때문이다. 또 외부와의 교류와 소통이 없던 민족의 과거는 없다. 이런 지적이 민족주의 시각을 버려야 한다는 것을 의미하지 않는다. 민족주의를 무조건적으로 신성시하면서 과거를 이해하는 태도를 지양하고, 민족주의만이 아닌 좀 더 생산적이고 역사적인 시각을 통해 과거를 이해하자는 것이다. 바로 이런 전제 하에서, 초국가주의를 통한 새로운 과거 만들기를 위해 필자는 다음과 같이 권역시각을 제기한다. 한 지역의 범위를 추상적으로 구획하는 등, 그동안 많은 인식상의 문제점을 노정한 문화나 문명을 중심으로 해서 지역을 구분할 것이 아니라,[15] 지역 내에서 이루어진 구체적인 인간활동을 중심으로 지역과 일국의 과거를 만들고 이해할 필요가 있다. 실제로 인간 활동이 그동안 지역의 구분과 명칭을 창안해 왔던 것은 사실이다.[16]

---

14) 물론 아리프 딜릭이 경고하듯이 초국가주의에 내재한 여러 모순을 인식하면서 오용과 남용을 피할 수만 있다면, 초국가주의는 국가 정체성의 순수성을 강조하기보다는 공존을 강조하게 되어 국민국가의 역사에서뿐만 아니라 지역 내 국민국가 간의 상호순응과 화합을 향한 문을 여는 계기가 될 수 있다. Arif Dirlik, "Transnationalism in Theory and Practice: Uses, Mis-Uses, Abuses," *Studies in Urban Humanities* Vol. 1 (2010), pp.9~36.

15) 황동연, 「냉전시기 미국이 지역연구와 아시아인식」, 『동북아연구논총』 33호(2011.9), 15~56쪽.

16) 아리프 딜릭, 「아시아·태평양권이라는 개념: 지역구조 창설에 있어서 현실과 표상의 문제」, 『창작과 비평』 79호(1993), 289~317쪽과 O. H. K. Spate, "'South Sea' to 'Pacific': A Note on Nomenclature," *The Journal of Pacific History* 12-3·4 (1977), pp.205~ 211 참조.

여기서 인간 활동은 인간의 구체적이고 실질적인 물리적(신체적) 행동만을 의미하지 않고, 사상이나 생각 혹은 관습이나 의식과 같은 보이지 않는 인간의 지적 활동도 의미한다. 이런 두 가지 의미의 인간 활동을 통해 만들어진 지역인 '권역'을 중시하면서 역사를 이해하는 시각이 권역시각이다. 인간의 활동은 정체적이지 않고 늘 동태적이다. 즉 공간적 이동성(spatial mobility)이 특색이다. 따라서 인간의 활동은 구역이 정해진 지역 내에 정체되거나 머무는 경우가 거의 없고, 대부분 다른 곳으로 결국 이동하거나 혹은 다른 지역으로 옮겨가는 과도기적 과정에 있게 된다. 역으로 다른 지역에서 흘러들어오는 혹은 이동중인 인간 활동을 받아들이는 과정도 지역에 있게 된다. 이렇게 본다면, 권역시각은 민족이나 국가를 단위로 하는 역사시각이나, 정체되고 불변인 것으로 간주되곤 하는 문명이나 문화를 통해 지역을 구분하는 기존의 지역기반(area-based)의 지역연구라는 지역적 시각과는 전혀 다르다. 나아가 권역시각은 민족이나 국가를 단위로 하는 시각을 좀 더 확장시켜 의미있는 반(反)배타적 시각으로 발전하게 할 수 있다.

주지하듯이 아시아, 유럽, 아프리카, 아메리카 같은 대륙의 개념과 인식이 만들어지고, 그에 따라 대륙 내에 여러 부차적 지역(sub-region)들이 만들어진 것은 구미인들의 식민 활동과 그런 활동을 중심으로 한 구미인들의 세계인식과 관련이 있다. 간단히 말하자면, 현 세계의 지역구분이나 지역명은 해당 지역민들의 여러 과거나 현재 활동 혹은 인식과는 전혀 상관없이 구미인들의 활동에 의해 만들어졌다는 것이다. 따라서 새롭게 지역민들의 활동을 중심으로 지역을 구분하고 지역명칭을 명명하는 것은 탈식민(혹은 탈근대)과 탈유럽중심주의를 위한 중요한 전제가 된다. 아리프 딜릭(Arif Dirlik)이 말했듯이, "정의하는 것은, 명명하는 것과 마찬가지로, 정복을 의미한다"(To define, as to name, is to conquer).[17] 즉 이제는 지역민 스스로가 자신의 활동을 중심으로 자신의

---

17) Arif Dirlik, "Introduction: Pacific Contradiction," in Arif Dirlik ed., *What is in a Rim?: Critical Perspectives on the Pacific Region Idea* (Rowman and Littlefield, second edition, 1998), pp.5, 31.

24

지역을 명명하며 자신들의 지역을 스스로 지적·물리적으로 정복해야 하고, 구미인들이 여전히 정복하고 있게 해서는 안 된다.

사실 필자는 권역시각보다는 오랫동안 '지역시각'이라는 용어를 사용해 왔다. 그런데 지역은 한 한글사전의 정의에 따르면 "토지의 구역. 땅의 경계. 또는 그 안의 땅"이다.[18] 지역의 사전적 정의는 결국 경계선을 전제로 하고 있음을 알 수 있다. 나아가 한글의 '지역'은 영어의 area, region, location, place 등을 모두 포함하고 또 일반적으로 큰 구분 없이 '지역'으로 해석 혹은 번역 된다. 필자가 위에서 언급했듯이 인간 활동의 결과로 만들어지는 지역에는 사실 경계선이 없다. 왜냐하면 인간 활동은 정체되거나 한 곳에 머물러 있지 않고 끊임없이 움직이고 유동적이기 때문이다. 즉 인간의 물리적·지적 활동에 는 늘 경계선이 없었다. 그렇다면 필자가 그동안 주장한 '지역시각'에서 말하는 '지역'의 의미는 사실 우리말의 권역(圈域)에 훨씬 가깝다.[19] 같은 한글사전에 따르면, 권역은 "특정한 범위 안의 지역"을 의미한다.[20] 권역은 '특정한 범위'를 전제로 하고 그 범위는 유동적일 수 있다. 왜냐하면 범위의 사전적 정의가 "한정된 지역의 언저리. 어떤 힘이 미치는 한계. 테두리"[21]이듯이 언저리, 한계, 테두리는 그 의미상 인식적으로는 존재하지만 실제로는 정확하게 파악하 기 어려운 개략적인 지역의 끝 혹은 가장자리를 의미하기 때문이다. 이것이 필자가 지역시각을 권역시각으로 바꿔 사용하는 이유다. 결국 권역시각은, 인간의 지적·물리적 활동의 범위가 현재의 국민국가나 민족의 역사라는 뚜렷하 게 지정된 울타리나 경계 내에서만 이루어지는 것이 아니라 좀 더 넓고 한정하기 어려운 넓은 권역을 무대로 하여 이루어졌다는 것을 지적할 수 있게 해주는

---

18) 민중서림 편집국 편(이희승 감수), 『엣센스 국어사전』(민중서림, 1974 / 제5판, 2001), 2345쪽.

19) '지역시각'이란 용어를 '권역시각'으로 바꾸는 과정에서 결정적인 역할을 해준 분은 필자의 중국 오사운동 관련 논문을 심사해주신 익명의 심사자다. 이 자리를 통해 그 분께 감사드린다.

20) 민중서림 편집국 편, 『엣센스 국어사전』, 330쪽.

21) 위의 책, 1060쪽.

시각이다. 또 권역은 뚜렷한 경계선을 갖는 지역이 아니기에 경계선의 끝은 유동적이고 개방적인 의미를 갖는다.

따라서 필자는 권역시각을 통해서 파악한 인간 활동의 범위를 지역의 범위나 지역명을 규정하는 주요 잣대로 보자고 주장한다. 그렇다면 권역시각을 통해 미국 지역연구의 유산인 '동아시아'란 용어를 버리고 새로운 지역명인 '동부아시아'를 통해 지역 내 개별 국가의 역사를 지역역사인 동부아시아 역사 속에서 재인식하고 재구성할 필요가 생긴다. '동부아시아' 용어와 관해서는 아래에서 다시 언급하겠다. 아무튼 이런 주장은 다음과 같은 의미를 갖는다.

첫째, 지역과 개별 국민국가의 상호관련성을 알 수 있다. 지역의 과거를 지역 내 여러 국가가 공유했음에도 불구하고 그동안 개별 국민국가는 이해관계, 민족 특수성과 민족 동질성 유지 등을 위해 민족의 과거를 지역의 과거로부터 뚜렷이 분리하여 독점적으로 소유, 서술해 왔다. 예를 들면, 오사운동을 중국근현대사가 독점한 것이다.22) 또 과거 미국역사의 서술은 미국역사가 태평양이나 아시아의 역사와 분리된 역사라는 점을 강조해 왔으나, 사실 미국역사는 오래 전부터 아시아와는 뗄 수 없는 관계 속에서 전개되어 왔다.23) 지역과 분리되고 경계를 갖는 역사로 인해, 지역 내에는 위에서 언급한 경계선, 영토나 역사를 둘러싼 지역 내 국가 간의 분쟁과 갈등이 계속 존재해 왔다. 이로 말미암아 전 지구주의 하의 현 세계질서에서 지역이 차지하는 위치를 다시 규정하거나 새로운 지역질서를 찾으려는 노력 혹은 지역에 새로운 공동체를 만들려는 최근의 여러 지적·학술적 노력도 실질적인 진전을 보지 못했다. 과거에 대한 배타적·독점적 소유권을 강조하는 국민국가 중심의 역사서술에서 벗어나, 공유되었던 과거와 공유하던 문제의식을 강조함으로써 국민국가의 과거(즉 민족역사)를 배타적·독점적이 아닌 공유되는 지역사의 일부로 인식하

---

22) 황동연, 「지역시각에서 본 오사운동(五四運動)」, 『아시아문화연구』 제22집(2011.6), 221~259쪽 참조.

23) Evelyn Hu-DeHart ed., *Across the Pacific: Asian Americans and Globalization* (Temple University Press, 1999) 참조.

면서 새롭게 개별 국가의 역사를 재구성하는 작업이 필요한 이유가 여기에 있다. 이런 작업은 공동의 과거에 대한 인식을 전제로 함으로써, 과거를 근거로 국가 간에 일어날 수 있는 여러 불필요한 갈등과 긴장 조성을 최대한 피하게 한다. 나아가 공동의 미래를 전망하게 하는 역사적·인식론적 기반과 토대를 만들 수 있게 해준다. 현실적으로는 지역민들 사이에서 새로운 과거에 대한 이해뿐만 아니라 생산적인 상호인식과 이해의 토대를 만들어 내는 중요한 기초를 만들 수 있다. 지역민들이 '우리가 함께 공유하던 것이 과거에 있었다'라는 인식을 소유할 때, 지역민들이 실제 느끼는 현재의 민족 간의 거리는 좁혀질 수 있기 때문이다.

이런 권역시각을 통해 창안된 지역을 기존의 '동아시아'에서 '동부아시아'로 바꿔 명명하자. 우리가 아는 '동아시아'란 지역은 무엇인가? '동아시아'는 지역민이 만든 지역개념이고 명칭인가? '동아시아'란 명칭은 누가, 언제, 어떤 기원과 목적을 갖고 창안하였는가? 만약 이 지역명이 지역민이 창안한 것이 아니라면, 새로운 지역명이 필요한가? 필요하다면 어떤 명칭이 적절한가? '동부아시아'는 새로운 지역개념과 명칭이 될 수 있는가? 새로운 지역개념과 명칭을 통해 일국사를 초월한 권역의 역사와 일국사와 지역사의 관계를 새롭게 구성해내는 것이 가능한가? 이상의 질문에 필자는 '동부아시아'란 지역명칭과 개념이 대답이 될 수 있다고 주장한다.

동아시아(East Asia)란 지역명은 국가의 정책적 지원을 받으면서 국가권력에 봉사하는 것을 의무로 하는 미국 지역연구(Area Studies)의 산물이다. 또 미국의 지역연구가 오리엔탈리즘에 기원을 두고 있듯이, 동아시아도 그 기원을 오리엔탈리즘이 만들어낸 극동(Far East)이라는 지역명에 둔다. 나아가 동아시아란 용어는 유럽중심주의의 산물이다.24) 그렇다면, 굳이 이런 문제가 있는 지역명칭을 지역민들이 무비판적 혹은 자발적으로 계속 쓸 이유가 있을까. 반면, 동부아시아는 이런 기원과는 아무런 관계도 없고, 유럽중심주의와 미국 지역연

---

24) 이상은 황동연, 「냉전시기 미국 지역연구와 미국의 아시아 인식」 참조.

구가 국가 간이나 문화 간의 임의적 경계선을 전제로 해서 창안한 지역명칭도 아니다. 그리고 위에서 언급했듯이, 동부아시아는 동아시아와 달리 인식론적으로 보면, 인간 활동을 강조하므로 국가 간의 경계선이 뚜렷하지 않고 오히려 개방적이고 유동적이다.

'동부'는 '동쪽 부분'을 의미하는 반면, '동'은 '동쪽'을 의미한다.[25] 부분의 사전적 의미가 "전체를 몇 개로 나눈 것의 하나. 전체를 이루는 작은 범위"[26]이듯이 '동부아시아'는 '동아시아'보다 의미상 좀 더 모호하면서 유동적인 경계와 범위를 지적한다. 이런 이유 외에도, 동부아시아는 무엇보다 지역민들의 활동을 고려하면서 제시된 용어이자 명칭이라는 점이 장점이다. 만약 인간 활동과 그에 따른 인간의 인식 형성이 지리적 개념과 명칭을 만든다면, 지역민들의 인간 활동을 우리가 인습적으로 알고 있는 현재의 '동아시아'란 지역에 한정할 필요는 없다. 왜냐하면 인간의 지적·물리적 활동은 모두 그동안 우리가 아는 동아시아란 지역을 넘어서 전개되어 왔기 때문이다.[27] 다시 말하지만, '동아시아'란 지역용어는, 오리엔탈리즘을 배경으로 한 미국의 냉전정책 속에서 구미인들이 문명 혹은 문화란 핵심어를 통해 편의적·임의적으로 창안한 지역개념이다. 지역 내에 존재한 여러 지역민들의 인간 활동을 염두에 두고 지역민 스스로가 창안한 자신들의 지역개념도 아니다. 따라서 소위 '동이시이'뿐만 아니라 '서남아시아', '서아시아'까지 포함한 지역민들의 광범위한 활동범위를 고려하면서, 동시에 오리엔탈리즘의 전통에서 벗어나고 미국 냉전정책의 산물이란 태생적 한계를 극복하는 지역개념이자 명칭으로서 '동부아시아'란 권역의 의미를 갖는 용어로 '동아시아'를 대체할 수 있고 또 필요하다고 생각한다.

---

25) 민중서림 편집국 편, 『엣센스 국어사전』, 679, 686쪽.

26) 위의 책, 1128쪽.

27) 이에 관한 자세한 논의는 황동연, 「지역시각, 초국가적 관점, '동부아시아' 지역개념과 '동부아시아' 급진주의 역사의 재구성 시론」 참조.

Ⅲ. 좋은 역사와 역사의 실천성

지역 내 과거를 둘러싼 갈등과 대립을 풀고 지역의 새로운 미래를 전망하기 위해 일국의 과거와 지역의 과거가 동시에 새롭게 구성되어야 한다. 물론 이런 주장이 새로운 것은 아니다. 다만 새로운 과거 만들기를 어떻게 그리고 무엇을 위해서 할 것인가를 보다 구체적으로 논의해야 한다. 필자는 그동안 한국 및 지역 내 국가의 역사학계에서 논의되고 회자되어 온 '동아시아 시각' 혹은 '동아시아 담론' 등과 그 문제의식을 공유해 왔다. 다만 필자의 주장은 다음 두 가지 면에서 이들 학자들의 주장과 약간 차이가 있다. 먼저, 필자는 지역 급진주의자들의 반근대 사상과 활동을 주요 연구대상으로 한다. 구체적으로는 이들 지역 급진주의자들의 활동과 사상의 기원 및 발전, 그리고 그들의 활동 반경과 의미를 지역사 및 일국사의 새로운 구성을 위한 주요 요소의 하나로 본다. 그들의 공동인식, 상호교류, 상호영향, 상호영감, 그리고 그에 따른 공동활동 등에 나타나는 여러 대안적 국가 및 지역(그리고 세계) 인식, 나아가 대안적 근대성 논의 등을 중요한 지역의 급진적 혹은 대안적 논의의 전통으로 간주한다. 나아가 그들의 활동을 지역사와 일국사를 연결하는 중요 부분의 하나로 간주한다. 물론 필자의 이런 주장은 점점 잊혀져 가는 급진주의 역사를 복원 혹은 상기함으로써 현 세계의 억압적이고 불평등한 질서와 체제에 대항하면서 새롭고 비판적인 대안을 찾으려는 지적·실천적 노력의 일환이기도 하다.

20세기 초 지역 급진주의자들이 반제·민주·자유 등의 언어를 통해 함께 세계와 나아가 각자의 민족의 현재와 미래를 고민하면서 공동으로 활동하던 모습을 연구함으로써 새로운 지역 및 국가의 과거를 만들고, 그에 따라 새로운 공동의 미래를 전망하는 것은 결국 '좋은 지역(그리고 일국)의 역사'를 만들기 위한 지적·학술적 프로젝트이자 역사학자의 사회적 실천이라고 생각한다. 그런 작업과 실천은 현재에 기반한 새로운 역사 인식을 형성케 하고 궁극적으로 새로운 미래를 여는 주요한 지적·인식적 기반을 제공할 수 있다. 신자유주의 하의 전 지구화에 대항하여 지역 및 개별 국가 내에서 이루어지는 여러 저항의 형태나 저항문화의 기원, 대안적 근대성 논의, '공동체' 형성을 위한 노력의 기원을 20세기 지역 급진주의자들의 공동경험과 공동인식 등에서 찾는 것은 따라서 학술적으로도 중요한 작업이지만, 현재적 의미를 갖는 역사의 중요한 사회적 실천이라는 것이다.[28]

둘째, 필자가 말하는 '새로운 과거 만들기'를 통해 인식론적 전환이 가능해진 다면, 옛것이자 이미 지나간 날들의 일들인 과거가 새롭게 등장할 수 있다. 그리고 새로운 과거는 현재를 새롭게 정의하면서 미래까지도 새롭게 전망할 수 있게 해준다. 즉 궁극적으로 새로운 과거 만들기는 현재와 미래를 위한 역사의 사회적 실천이라고 이미 언급했다. '새롭게 만든다'는 것은 적극적으로 새로운 역사 쓰기, 새로운 역사 인식, 새로운 시각을 통해 역사와 현재, 역사와 미래의 관계를 재정립하면서, 역사가 현실 혹은 미래의 지역질서에서 행할 수 있는 실천적 역할을 강조한다는 의미다. 과거 많은 역사학자들은 역사의 객관성을 주장하거나 과거로부터 '진리를 추구'하는 것을 역사가의 주요 임무로 보아 왔다.[29] 많은 역사학자들은 요즘도 객관적 입장에서 진리 추구를 역사학의 기본 임무로 본다. 역사의 임무를 과거에서 객관적으로 진실을 찾는 작업으로 규정했던 것이다. 그런데 사실 객관적인지의 여부를 판단하고 결정하는 것 자체가 지극히 주관적인 행위다. 또 '진실'은 '사실'과 다르다. 진실은 가치중립

---

28) '사회적 실천'은 한국역사연구회 엮음, 『20세기 역사학, 21세기 역사학』(역사비평사, 2000)의 핵심어다. 다만 이 책이 '역사의 진실을 밝히는 작업'을 사회적 실천으로 본다는 점은(8쪽과 28쪽) 아래에서 좀 더 지적하겠지만 필자가 말하는 역사의 실천성과 는 의미상 차이가 있다.

29) 차하순, 앞의 글, 28쪽 ; 김두진, 「한국 역사학의 연구성과와 과제」, 역사학회 편, 앞의 책, 43쪽. '동아시아 [공동의] 근현대상 만들기'를 위한 시도도 결국 "객관적 서술방식에 바탕을 두고 그려진 역사상"을 전제로 한다. 윤휘탁, 「'동아시아 근현대상 만들기'의 가능성 탐색—한중일 역사교과서의 근현대사인식 비교」, 『중국근현대사연 구』 25집, 83~112쪽. 인용은 84쪽.

적인 것이 아닌 매우 주관적인 의미를 갖는 용어다. 과거에서 객관적인 진실을 찾자고 주장하는 역사가들은 역설적으로 역사교육의 목표를 "민주사회의 책임있는 일원으로 역할을 다하고 슬기로운 지도자적 자질을 지닌, 견식이 넓고 **양심적인 시민을 기르기** 위함이다"(강조는 인용자)라고 말한 바 있다.[30] 즉 역사에는 현실 정치와 관련된 뚜렷한 목적, 이 경우 '양심적인 시민을 기르기'라는 가치 추구가 있다는 것이다. 역사가가 추구하는 가치가 좋은지 나쁜지를 판단하는 것 자체가 극히 주관적인 작업임을 여기서 언급할 필요는 없다. 아무튼 이런 언급이 역사를 '사실 그대로' 혹은 '진리를 추구'하는 것으로 말하는 이들의 입장과 배치되는 것만은 분명하다. 다만, 여기서 알 수 있는 것은, 이들 역사가들의 언급이 의미하는 문제의 핵심도 결국 역사가 갖는 구체적인 효용성과 실천성이라는 것이다.

그렇다면 '새로운 과거 만들기'는 구체적으로 좋은 사회적 가치를 추구하기 위해 현재적 실천성과 효용성이 담보된 역사를 구성하는 것이다. 그리고 그것은 곧 '좋은 역사'가 될 수 있다. 도덕적이나 이념적으로 옳거나 그른, 좋거나 나쁜 역사가 아니라, 그 의도가 사회의 시대정신을 담을 뿐 아니라 결과도 사회와 시대의 화두인 일국과 지역 내 (궁극적으로는 세계) 평화, 화해, 번영의 공동 추구에 도움이 된다는 면에서 좋은 역사란 것이다. 국가나 민족에만 복무하는 의제만을 위해 봉사하지 않고, 동시대 세계 및 지역의 공동의제나 초국가적 임무에 대한 적극적 실천성과 효용성을 담보하는 역사가 바로 필자가 말하는 좋은 역사다. 결국 좋은 역사는 헛되이 가치중립이나 객관성을 담보하려 하지 않고 구체적으로 동시대의 사회적으로 '좋은 가치'를 **주관적으로 적극 추구**하려 한다. 평화, 화해, 공동번영을 **어떻게** 추구할 것인가란 질문에 대한 답은 지극히 주관적인 판단에서 나올 수밖에 없지만, 평화, 화해, 공동번영의 추구가 그 자체로서 좋은 가치임을 부인할 사람은 없을 것이다.

'좋은 역사'는 과거를 통일적·단선적으로 파악하여 국가나 문화 간의 차이를

---

30) 차하순, 위의 글, 35쪽.

지나치게 강조하면서 국가 간의 갈등과 분쟁, 또 국내적으로는 지역, 계층 간의 갈등을 초래하지 않게 한다. '좋은 역사'는 과거의 다양성이나 복잡함을 지적한다. 나아가 과거의 복잡성, 역사의 창안성, 공동의 과거 존재 등을 인식할 수 있게도 해준다. 따라서 국가나 민족 간의 상호이해 증진과 공통의 이해 확인, 공동의 미래 전망 등을 강조할 수 있게 한다. 다시 말하지만, 좋은 역사인지의 여부는 역사가 인식적·실천적으로 어떤 결과를 초래하느냐에 따라 판단될 수 있다. 좋은 역사란 지역 내 국가 간, 국가 내, 혹은 지역 간에 존재하는 잠재적인 분쟁과 갈등의 요소를 최소화하거나 제거하는 결과를 만들어야 한다. 또한 좋은 역사는 권역 내건 혹은 국민국가 내에서 권력(중심)에서 소외된 (주변 포함) 지역, 약소국가, 비주류 집단, 여성 등을 아우르는 역할도 해야 한다. 이런 의미에서 본다면, 필자가 주장하는 새로운 과거 만들기는 좋은 역사를 만들기 위한 지적·학술적 프로젝트이자 사회정의를 추구하기 위한 역사가의 사회적 실천의 방식으로 볼 수 있다. 결국 새로운 과거 만들기를 통해 만들어진 좋은 역사란 동시대의 메타 화두인 '평화'나 '공존' 등에 적극적·실천적으로 공헌할 수 있는 역사여야 한다.

그렇다면, 미국의 지역연구가 그동안 생산해온 소위 지역전문가(area specialist)의 문제의식과는 전혀 다른 문세의식을 갖는 새로운 지역전문가의 양성이 필요해진다. 일국 기반의 지역전문가가 아니라 진정한 지역 기반의 지식을 생산·배포·확산할 수 있는 지식과 능력 그리고 의식과 의지를 소유한 지역전문가 말이다. 새로운 지역전문가들은 새로운 지역개념과 명칭을 기반으로 새로운 과거와 그에 따른 역사지식을 만들어야 한다. 이들은 민족이나 국가 또는 권력에 봉사하지 않는다. 그리고 현상유지에 관심을 갖기보다는 시대의 화두인 세계평화와 공존 등을 이해하는 역사인식을 생산하기 위해 기존의 역사인식과 방법론에 적극 도전하고 변화를 지향해야 한다. 또한 새로운 과거 만들기를 적극 실천할 수 있는 역사서술을 가능하게 하는 지적·학술적 능력을 갖추어야 한다. 특히 그동안의 지역연구가 대부분 일국전문가들에 의해 이루어졌다는 사실은 새로운 지역전문가의 필요성을 다시 한번 강조하게 한다.

새로운 과거를 만들어 좋은 역사를 구성하기 위해서는 무엇보다 먼저 기존의 지배적 역사인식을 비판, 거부할 필요가 있다. 필자는 유럽(서구)중심주의나 국민국가 중심의 역사인식과 서술뿐 아니라, 자아 오리엔탈리즘, 근대화론, 그리고 특권화된 민족주의 중심의 역사를 벗어나서 일국과 지역의 과거를 이해할 필요성을 제기한다(제3부 제9장 참조). 특히 오리엔탈리즘과 지역연구가 창안한 문명과 문화 중심, 권력지향의 지역적 시각에서 벗어나 지역 내 급진주의자들의 활동이나 급진사상의 흐름을 중심으로 지역과 국가의 과거를 바라볼 것을 주장한다. 이런 시각을 필자는 권역시각이라 말했고 이 시각을 통해 일국사뿐만 아니라 지역의 과거, 즉 지역사를 구성하는 것이 필요하다고 이미 지적했다. 권역시각은 국민국가의 존재를 부정하지 않지만, 과거나 현재 인간의 지적·물리적 활동의 범위가 현재의 국민국가라는 울타리 내에서만 이루어지지 않았음을 지적해야 한다. 따라서 권역시각은 국민국가의 역사를 권역의 역사 속에서 새롭게 서술·구성할 수 있게 해준다. 특히 '권역'은 '지역'이란 명칭과 개념보다 광범위하면서 딱히 뚜렷한 경계선을 그을 필요가 없는 넓은 문화적·지리적 공간을 의미하듯이 그 공간 속에서는 역사의 주인공인 인간의 여러 사고와 행동이 직·간접적 접촉을 통해 상호교류, 상호영감 등을 주며 집중적으로 어떤 뚜렷한 공동인식이나 행동양식이 의식적 혹은 무의식적으로 형성되었다고 지적해 준다. 나아가 권역시각은 권역 내에서 이루어진 여러 인간 활동이 각 개별 국민국가의 역사발전에 직·간접적인 상호영감과 영향을 주었다는 점을 중시하여, 개별 국가의 과거와 현재가 상호의존적, 상호교류적, 상호영향 혹은 영감 하에서 이루어진 것임 또한 알 수 있게 해준다. 결국 좋은 역사는 사회적 실천과 불가분의 관계에 있다.

결론적으로, 필자는 국가나 민족 단위의 일국 역사가 현존하는 국민국가의 존재를 지탱하기 위해 필요하지만, 그렇다고 과거를 민족을 단위로 한 경계선만 기준으로 삼아 나눌 필요는 없다고 생각한다. 오히려 과거의 많은 부분이 여러 민족과 국가 사이에 공유되었음을 지적하는 것이 국가나 민족 간의 차별성만큼이나 동질성을, 아니 차별성보다는 동질성을 더 소유했음을 알 수 있게 한다. 그럼으로써 일국 내에서뿐만 아니라 지역 내에서도 화해와 평화를 목표로 개별 국민국가와 지역 내에 일종의 좋은 '공동체'를 형성·발전시키는 데 더 도움이 될 것이다. 따라서 필자는 그동안 노정된 여러 역사와 관련된 지역 내의 갈등을 해결하는 중요한 하나의 지적·학술적·실천적 방법으로 새로운 과거 만들기를 제안하는 것이다. 이런 제안은, 비슷한 취지로 그동안 소개되고 발전해 온 '동아시아적 시각', '동아시아 담론'이나 최근 시도되어 온 새로운 지역질서와 지역역사 만들기 등이 논의와 실천을 보완할 뿐만 아니라 좀 더 적극적으로 탈식민과 탈서구중심을 통해 진정한 대안을 논의하게 해주는 실천성을 담보할 수 있게 할 것이다. 궁극적으로 '새로운 과거 만들기'를 통해 '좋은 역사'를 구성하고, 이를 바탕으로 그동안 역사 서술이나 인식에서 뿌리깊이 박혀 있던 (국민국가를 단위로 하는) 서구중심주의의 근대적 역사관, 근대화론, 자아 오리엔탈리즘을 통한 외국사의 상대화, 국민국가 중심의 민족사 역사서술, 특권화된 일국역사관 등을 벗어나는 것이 가능해질 것이다. 마지막으로, 필자는 한국, 중국, 일본 등 지역의 20세기 (특히 급진주의) 역사를 '권역시각'을 통해 재구성함으로써 현실사회주의 몰락 이후 사장되어 있던 급진주의 중심의 대안적 근대에 대한 논의를 부활시키고, 현재 진행되는 대안적 근대성에 관한 지역 내 진보적 지식인들의 논의를 역사적으로 뒷받침하고 강화시킬 가능성도 제시할 수 있을 것으로 기대한다.

총 3부로 구성된 이 책은 제1부에서 미국의 지역연구와 관련된 여러 문제점과 미국 지역연구가 생산해온 미국의 아시아 인식과 그 지역 내 영향을 살펴본다. 권역시각과 동부아시아란 명칭을 새로운 지역적 시각과 새로운 지역명으로 고려하기 전에 반드시 짚고 넘어가야 할 문제라고 생각한다. 제2부에서는 권역시각과 동부아시아란 새로운 지역명칭을 통해 지역의 급진주의 역사를 적극 재구성해 보고자 한다. 특히 일국의 급진주의 역사가 지역의 급진주의 역사와 밀접히 연계되어 있음을 밝힘으로써 일국사를 지역사 속에서 반대로 지역사를 일국사와 연계하면서 이해해야 할 필요성을 제기한다. 제3부에서는 중국 현대사를 재구성하기 위한 여러 시도를 한다. 물론 이런 시도는 기존 시각에 대한 전반적인 검토와 비판으로 시작되고, 구체적인 재구성의 예로는 항일전쟁시기 중국국민당 지도자였던 왕징웨이(汪精衛)의 대일합작과 관련된 여러 역사적 문제와 중화인민공화국의 이해를 둘러싼 여러 문제를 다룬다. 제3부에서 필자는 포폄사관, 민족주의 사관, 목적론적 역사시각을 비판하면서 역사적으로 과거를 이해하고 새롭게 만들자는 데 초점을 두었다. 특히 마지막 장에 실은 저명한 역사학자 아리프 딜릭(Arif Dirlik)과의 중국 문화대혁명 이해와 관련된 대담은 비판적 역사와 실천적 역사의 의미뿐 아니라 비판적 역사를 적극적으로 만들어가는, 즉 새로운 과거 만들기의 의미가 결국 현재와 미래를 바꾸는 데 있음을 상기하게 해준다.

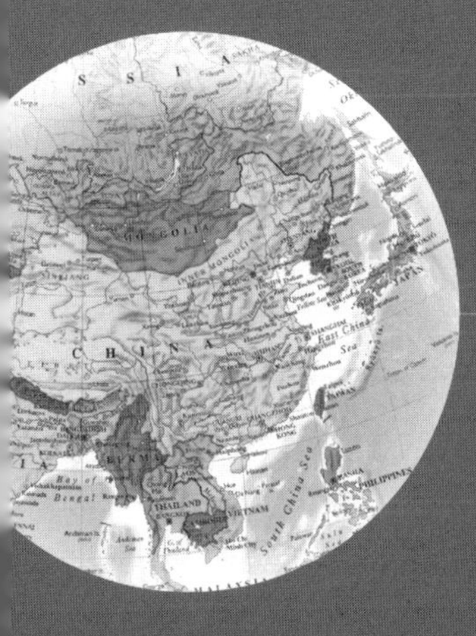

제1부

지역연구의 반성

제 **2** 장

21세기 전야 미국 지역연구의 운명
전 지구화와 그에 따른 지역연구의 방향에 대한 미국학계의 비판적 논의

Ⅰ. 전 지구적 변화와 미국의 지역연구

1980년대 이래 세계는 '전 지구적 변화'라고 불리는, 그야말로 하루하루 따라가기조차 버거울 정도의 정치적·사회적·경제적·문화적 변화를 겪어왔다. 그리고 과거와 현재에 대한 우리의 인식도 그러한 변화에 민감할 수밖에 없었다. 여기에서 필자는 미국학계의 비판적 학자(radical scholars)들이 1980년 대부터 시작된 전 지구적 자본주의(Global Capitalism)의 등장과 그에 따른 '전 지구주의'(globalism)의 성행과 '전 지구화'(Globalization)의 진행에 대응한 한 모습을 미국의 지역연구(area studies)와 관련하여 소개한다. 1989년 베를린 장벽의 붕괴로 시작된 동유럽 사회주의와 소련 사회주의의 붕괴, 사회주의 중국의 개혁·개방과 자본주의 시장경제의 도입, 걸프전 이후 유일한 초강대국 으로서의 미국의 등장은 1980년대에서 1990년대 세계의 모습을 결정적으로 규정하는 일련의 사건들이었다. 세계는 정치적·경제적 구조에서 전 지구화라 는 큰 변화를 경험했고 그에 따라 미국에서는 보수적 학자들을 중심으로 기존의 지역연구 무용론이 제기되었다. 이에 미국 내 비판적 학자들은 전

지구적 변화와 그에 따른 지역연구 무용론을 동시에 비판하고 나섰다. 비판적 학자들의 이 같은 비판의 기원은 사실 1960~70년대 미국학계에서 성행한 진보적이며 비판적인 학자들의 '반미국제국주의'에 있지만, 1980년대 이래 새롭게 제기된 비판의 외적 조건에는 냉전의 종식과 미국을 중심으로 한 전 지구적 자본주의 질서의 등장이 있다고 할 수 있다.

아래에서 좀 더 상세히 언급하겠지만, 이들 비판적 학자들이 미국의 지역연구 자체를 옹호한 것은 절대 아니다. 그들의 비판의 초점은—미국의 지역연구에 대한 기존의 비판에 더하여—전 지구화에 따라 지역연구를 대체하기 시작한 소위 '전 지구연구(혹은 전 지구학)'(Global Studies)과 '국제연구(학)'(International Studies)에 있었다. 또한 그 비판에는 정치적으로는 세계 정치·경제 질서에서 독점적 헤게모니를 행사하는 미국에 대한 우려를 담고 있다. 요약하면, 그들의 비판의 초점은 냉전시기 이래 미국정부의 정책입안을 보조하는 수단으로 장려되었던 (권력과 깊은 관계를 갖던) 미국의 기존 지역연구와 새롭게 등장하기 시작한 미국의 학문적·정치적 헤게모니에 있었다. 따라서 지역연구에 대한 그들의 비판은 지역연구의 기존 분석틀이나 시각 자체에 초점이 맞춰졌을 뿐만 아니라 미국 주도 하의 세계질서 변화나 재편에도 우려를 표현하고 있었다. 그리고 미국 내 비판적 학자들은 학문의 자유를 가로막는 새로운 질곡으로 등장한 전 지구주의에 대항하면서 기존의 지역연구를 뛰어넘는 대안을 제시하려 하였다.[1]

---

1) 이러한 대안을 제시한 대표적 글로 다음의 논문들을 들 수 있는데, 본고의 논의도 많은 부분을 이 글들에서 시사받았다. 1) Arif Dirlik, "No Longer Far Away: The Reconstruction of Global Relations and Its Challenges to Asian Studies," in Leo Douw ed., *Unsettled Frontiers and Transnational Linkages: New Tasks for the Historian of Modern Asia* (VU University Press, 1997), pp.19~36. 1)은 딜릭의 미발표 원고인 2) Arif Dirlik, "Globalization, Areas, Places," Inaugural lecture for the program in Modern East Asian History, University of Amsterdam (November 3, 1996)의 기초가 된 논문이다. 필자에게 미발표 원고를 읽을 기회를 주고 인용까지 허락해 준 아리프 딜릭 교수에게 감사드린다. 3) Bruce Cumings, "Boundary Displacement: Area Studies and International Studies during and after the Cold War," *Bulletin of Concerned Asian Scholars* 29-1 (January-March 1997),

여기서 한 가지 지적해 두고 싶은 것은, 1990년대 이후 미국이라는 유일 초강대국의 등장과 미국을 중심으로 한 전 세계의 통합적 질서 즉 전 지구화의 전개로 인해 구미 오리엔탈리스트들은 오리엔탈리즘에 기원을 둔 미국의 지역연구를 스스로 재고하게 되었다는 점이다. 비판적 학자들이 단순히 지역연구를 비판하기보다는 오리엔탈리스트들이 전 지구화 과정에서 지역연구의 대안으로 새롭게 내세운 '전 지구연구'나 '국제연구'를 비판하는 이유도 바로 여기에 있다. 미국정부의 세계 패권정책을 돕던 기능뿐만 아니라 오리엔탈리스트의 새로운 연구기획을 극복하고 지역에 기반한 새로운 지식을 생산할 수 있는 전망을 제시하는 것이 이들 비판적 학자들에게 주어진 과제였다. 즉 기존의 지역연구 전문가(area specialist), 즉 오리엔탈리스트들은 세계질서의 변화에 따라 자신들의 근대화론을 더욱 탄력적으로 주장하였고, 비판적 학자들은 이에 대한 비판을 통해 새로운 전망을 제시해야 할 임무를 부여받게 된 것이다. 물론 오리엔탈리스트들의 근대화론 등의 주장이 여전히 광범위한 동의를 얻을 수 있었던 데는, 아래에서 지적하듯이 자본주의적 경제발전을 통해 전 지구화 과정에 적극 참여하거나 주도하는 위치에 서게 된 과거 식민주의와 제국주의의 일방적 피해자였던 여러 신흥 아시아 국가들, 특히 중국, 한국, 타이완의 역할이 컸다.

사실 사회주의 몰락과 중국의 개혁·개방 등에 따른 세계의 변화는 비판적 학자들로 하여금 역사와 현실에 대한 자신들의 태도나 인식을 '전향'하게 하는 기회로도 작용하였다. 예를 들면, 과거 미국에 대해 비판적 견해를 갖고 마오사상을 신봉하던 미국의 일부 마오주의(Maoist) 학자들은 이제 세계 및 중국의 변화에 따라 자신들의 인식상의 과오를 시인하면서 인권 문제나 민주주의 문제를 중심으로 철저한 반(反)마오 및 반(反)공산주의자가 되었다. 이제 그들의 눈에는 마오와 중국공산당이 역사의 악한으로 보였다.2) 반면 기존

---

pp.6~26과 같은 호에 실린 여러 비평 글(pp.27~56). 4) Ravi Arvind Palat, "Fragmented Visions: Excavating the Future of Area Studies in a Post-American World," *Review* 19-3 (Summer 1996), pp.269~315.

보수주의 학자들의 경우, 사회주의 몰락과 자본주의 승리를 통해 그들이 신봉해 온 근대화론을 더욱 강력히 주창하고, 나아가 새로운 이론으로 이성적 선택론(rational choice theory)과 함께 오리엔탈리스트의 과학주의(scientism)를 부활시켜 구미(자본주의)중심적 역사관의 '정당성'과 '합법성'을 더욱 탄력적으로 주장하고 있다. 이성적 선택론은 자유시장론(즉 경제적 신자유주의)에 다름 아니다. 세계경제 발전의 패러다임으로 '국경 없는 세계'라는 구호를 유일무이한 패러다임으로 주장하던 미국의 전 대통령 레이건(Ronald Reagan)과 전 영국 수상 대처(Margaret Thatcher)가 주장하던 원칙도 바로 그것이었다. 능력과 창의력 등을 통한 효율적 경쟁을 고무시키고, 그러한 경쟁을 세계 및 사회의 발전의 전제로 파악하는 소위 경제적 신자유주의는 전 지구주의의 이론적 기지였다. 시장의 자율 기능을 극대화하면서 반대로 국가 간섭을 최소화하는 것이 바로 사회와 경제발전을 위한 최선책이라는 것이었다. 이런 논리는 인간 경험의 다양성을 완전히 무시한다. 따라서 발전 패러다임의 다양성이나 대안적(alternative) 발전의 길을 강조하는 비판적 학자들의 주장은 세계경제의 보편적 발전을 믿는 신자유주의자 혹은 전 지구주의자들에게는 위협이었다. 이 밖에 신자유주의들 사이에서 공유되는 이론으로는 공식론(formal theory)도 있는데, 이는 게임이론이 갖는 수학적 논리 등에 맞춰 세계가 어떻게 움직일지를 컴퓨터 시뮬레이션을 통해 작성해 보고, 만약 현실과 컴퓨터의 결론이 다르다면 현실세계가 잘못된 것이라고 규정하는 비인간적 이론이다.[3] 한마디로 말하면, 세계가 전 지구화되는 현상을 이해할 목적으로

---

2) 대표적인 학자로는 에드워드 프리드만(Edward Friedman), 조세프 에셔릭(Joseph Esherick), 폴 피코위츠(Paul Pickowicz), 조나단 머스키(Jonathan Mirsky) 등을 들 수 있다. 특히 피코위츠는 '우려하는 아시아학자위원회'(the Committee of Concerned Asian Scholars: CCAS)의 일원으로 위원회의 다른 성원들과 함께 1971년 6~7월 미국의 아시아 전문학자들로는 22년 만에 처음으로 중화인민공화국을 방문했다. 당시 마오나 중화인민공화국에 대한 CCAS 회원의 찬사는 그들의 방문의 결과로 출판된 *China! Inside the People's Republic* (Bantam Books, 1972)에 나타나 있다.

3) Bruce Cumings, 앞의 글, p.23.

전 지구주의자들은 지역연구를 대신할 새로운 연구 틀을 고안해 낼 필요가 있었던 것이다.

전 지구주의는 사실 양면성을 띠고 있다. 세계경제의 발전과 그에 따른 풍요로운 삶이 일정하게 부여되었다. 마치 많은 한국인과 중국인이 빈곤으로부터 탈피한 것을 피부로 느끼고 있듯이 말이다. 또 전 지구화는 비판적 학자들을 서로 연결시키는 촉매제로도 작용했다. 필자는 이를 전 지구주의의 해방적 혹은 긍정적 면으로 인정하고 싶다. 그러나, 전 지구주의의 혜택이 반드시 전 지구적인 것이 아니라는 데 바로 문제의 소재가 있다. 지구상의 모든 인류에게 전 지구주의의 풍요로운 결과가 미치지 않기 때문이다. 이를 필자는 전 지구주의의 억압적이고 부정적 기능으로 본다. 미국의 지역연구도 마찬가지였다. 전 지구주의는 이전의 지역연구에 기원을 둔 지식을 제거하고 불평등한 세계를 '해방'시키기기보다는, 전 지구화 과정에서 나타난 부정적 기능을 고정화시키고 부의 불평등을 고착화하거나 더 악화시키는 지식, 자본의 초국가화, 전 지구화를 적극 옹호한다. 나아가 세계를 그러한 전 지구화에 맞춰 지역적으로 재배치, 재구도화하거나 심지어는 '지역' 자체를 제거하려 한다. 세계를 다시금 새롭게 지배하려는 전 지구적 자본주의의 요청에 응하면서 등장한 것이 전 지구주의였고, 이를 이론적으로 뒷받침한 것이 바로 '전 지구연구'와 '국제연구'다. 바로 이런 사정이 급진학자들의 전 지구주의 비판의 출발점이 되었으며, 이 비판은 미국 지역연구의 기원에 대한 비판에서 출발하여 최근에는 새로운 양상의 비판이 광범위하게 이루어지고 있다.[4]

---

4) 전 지구주의와 관련된 비판의 대표적인 예로는 아리프 딜릭, 『전지구적 자본주의에 눈뜨기』(창작과 비평사, 1994) 참조.

Ⅱ. "정의(定義)하는 것은, 명명(命名)하는 것과 같이, 정복을 의미한다"5): 미국 지역연구의 기원

미국 지역연구가 기본적으로 의도했던 것은 지역(area)에 대한 정치, 경제, 역사, 문화의 '종합적 이해'를 위해 다양한 학문 간의 교류, 즉 학제적 연구(interdisciplinary research)를 추구하는 것이었다.6) 사실 '종합적 이해'의 추구는 유럽인들이 '아시아에 대한 신화'7)를 갖기 시작한 후 이미 추구되어 왔다. 즉 미국의 지역연구는 에드워드 사이드(Edward W. Said)가 말한 유럽의 동양(Orient)에 대한 지배방식인 오리엔탈리즘에 뿌리를 두고 있다.8) 자연히 미국 지역연구의 뿌리도 오리엔탈리스트들의 동양연구(Oriental Studies)에 있다.

사이드가 의미하였듯이, 아시아 등과 같은 세계의 지역들은 오리엔탈리스트들에 의해 창안되었다. '아시아'란 개념은 따라서 의미가 없을 뿐만 아니라 그 실체도 "자구(字句)로만 존재한다"는 지적은 바로 이러한 사실에 기인한다.9) 미국의 저명한 일본사 권위자 해리 하루투니언(Harry D. Harootunian) 같은 이도 '아시아'는 존재하지도 않았고 "실체도 없는 어떤 환영(幻影)에 불과하다"고 지적하며 급진적으로 '아시아'라는 존재를 거부하였다.10) 결국 세계의 한 '지역'으로서의 '아시아'란 오리엔탈리스트들이 창안한 개념에 불과하다고 하겠다. 그러나 '아시아인'들도 사실 오리엔탈

---

5) 원문은 "To define, as to name, is to conquer"다. Arif Dirlik, "Introduction: Pacific Contradiction," in Arif Dirlik ed., *What is in a Rim?: Critical Perspectives on the Pacific Region Idea* (Rowman and Littlefield, second edition, 1998), p.5, p.31.

6) 佐藤愼一, 「アメリカにおける中國近代史研究の動向」, 小島晋治 等 編, 『近代中國研究案内』(岩波書店, 1993), 69쪽. 일본의 (아시아) 지역연구도 야외과학적 방법(현지조사)을 추구하는 등, 분석적이고 일반적이기보다는 종합적이고 개성적인 성격을 가질 것을 주장하는 학자도 있다. 高山龍三, 「アジアの地域研究ことはじめ」, 『東アジア研究』 21(1998年 夏), 1~2쪽.

7) John M. Steadman, *The Myth of Asia* (Simon and Schuster, 1969).

8) 에드워드 사이드(Edward W. Said) 저, 박홍규 역, 『오리엔털리즘』(교보문고, 1991).

9) John M. Steadman, 앞의 책, p.25.

10) Arif Dirlik, "No Longer Far Away," pp.19~20에서 재인용.

리스트들이 만든 '아시아'를 적극적으로 받아들인 '공범'이기도 하다. 19세기에서 20세기로 들어서면서 '아시아'에 거주하던 '아시아인'들은 서구의 침략에 맞서 저항하면서 (구미인들과는 다른) 자신들만의 공통적 정체성과 연대성을 발견해 간다. 그 과정에서 '아시아'가 '아시아인'들의 (특히 민족주의) 담론에 등장하기 시작하였다. 그리고 그 담론의 결과는 아시아주의로 나타나곤 했다. 그러나 '아시아'란 개념을 통해 '아시아인들' 사이에는 지역적·인종적·문화적 요소를 '공통적으로 서로 나눈다'는 인식이 생겼음에도 불구하고, 이후 각 '아시아인들'이 소속된 국민국가의 정치적·경제적 상황이나 역사발전의 방향에 따라 그들이 구체적으로 의미하는 '아시아'는 많은 차이를 드러냈다. 그 차이는 아시아주의라는 개념이 갖는 강력한 호소력만큼이나 커져 갔다. 물론 그 차이와 간격은 좀처럼 앞으로도 좁혀지기 힘들 것 같다.[11]

문제는 '아시아인' 자신들이 정체성의 근거로 받아들인 '아시아' 개념 자체가 유럽 오리엔탈리스트들이 창안한 개념을 기반으로 형성되었다는 데 있다. 그리고 '아시아'의 의미와 관련된 '아시아인'들의 논의도 늘 아시아에 대한 오리엔탈리스트의 문화본질주의적 이해를 그대로 따른 경향이 농후하다. 결국 '아시아인들'의 '아시아' 담론은 오리엔탈리즘의 '파생 담론'이다.[12] 물론 이런 지적이 지역적으로 가까운 '지역' 내 국가와 사회들 사이에 어느 정도 공통적 요소가 존재한다는 사실을 부인하는 것은 아니다. 다만 공유된 요소들이 본질적으로 그 '지역' 전체를 규정하는 본질적이자 근본적 요소로 받아들여진다

---

11) 황동연, 「민족주의와 아시아주의의 교차─미국 듀크(Duke) 대학에서 일어났던 한중유학생들 사이의 "분쟁"과 그 의미─」, 『중국현대사연구』 제7집(1999), 81~94쪽 참조.

12) 식민지 지식인의 담론이 갖는 파생적 성격에 대해서는 Partha Chatterjee, *Nationalist Thought and the Colonial World: A Derivative Discourse* (University of Minnesota Press, 1993) 참조. 차타지의 요점은 간단하다. 식민지 인도의 지식인들이 민족주의 개념을 형성해 가는 과정에서 서구의 가치를 인도 민족주의의 기준으로 삼았기에, 서구의 기준에 맞지 않는 인도의 문화적 요소나 인도 내 다른 (비문명의) 부족 등은 인도 민족주의의 내용에서 제외시켰다는 것이다.

면, 이는 지극히 오리엔탈리스트적인 접근이다. 아무튼 여기서 반드시 지적하고 싶은 것은, '아시아'라는 지역은 구미 오리엔탈리스트의 창안물이고 '아시아인'들은 그 창안된 지역을 근대세계에 들어서면서 (역설적으로) 구미의 지적·물리적 세계지배를 극복하기 위한 도구의 하나로 민족주의나 아시아주의의 형태로 받아들였다는 사실이다. 따라서 구미 오리엔탈리스트들이 지배를 목적으로 창안한 '아시아'(혹은 '동양') 개념의 회자와 전파에 아시아인 스스로 참여했다는 혐의를 부인하기 어렵다.

아무튼 미국의 지역연구는 위에서 지적한 구미 오리엔탈리스트의 인식과 유산을 상속한 상태에서 제2차 세계대전과 그에 따른 미국중심의 세계재편 과정에서 태어났다. 미국의 정책적·군사적·경제적 마스터플랜의 산물이었고, 미국의 헤게모니 하에서 기존 분석단위를 지역으로 '재정의'한 것에 다름 아니었다.13) 미소 냉전 속에서 미국의 반공주의와 공산국가에 대한 봉쇄정책을 지원하기 위해 태어난 것이 미국의 지역연구였다. 따라서 1940년대 말부터 1960년대까지 미국 지역연구는 구조적으로 미국정부의 정책적 고려 속에서 성장·발전했고, 많은 지역전문가들도 그러한 구조와 깊이 관여되어 있었다. 많은 비판적 학자들이 지적하듯이, 학문과 (지배를 위한) 권력의 비정상적 결합 속에서 태어난 것이 미국 지역연구였던 것이다.

중국연구 혹은 중국학(China Studies)과 관련해서 미국 지역연구를 살펴보면,14) 1949년 중화인민공화국의 성립과 사회주의 중국의 실현은, 미국에서

---

13) Ravi Arvind Palat, 앞의 글, p.278.

14) 미국의 일본연구 혹은 일본학에 대한 비판적 학자들의 논의의 대표적인 예로는 해리 하루투니언과 나오키 사카이(Naoki Sakai)의 대담[「日本研究と文化研究」, 『思想』7 (1997.7), 4~53쪽]과 함께 이들의 논의에 호응한 이언 리더(Ian Reader)의 서평["Studies of Japan, Area Studies, and the Challenges of Social Theory," *Monumenta Nipponica* 53-2 (Summer 1998), pp.237~255] 참조. 일본의 지역연구에 대해서는 Akira Suehiro, "Bodies of Knowledge: How Thinktanks Have Affected Japan's Postwar Research on Asia," *Social Science in Japan* 20 (February 1997), pp.20~27 참조.
필자는 미국의 전후 한국학에 대한 비판이나 소개 등이 나와 있는 영어논문을 찾지 못했다. 아마도 한국학이 그동안 중국학이나 일본학 속에서 함께 취급되었고, 더욱이

중국연구가 본격적으로 시작되는 직접적 계기였다. 그리고 당시 중국연구의 주된 관심은 "왜 중국을 미국이 공산주의에 잃었는가"라는 의문으로 요약된다. 제2차 세계대전 기간, 미국의 군사정보기구인 OSS(Office of Strategic Services)에서 근무한 경험이 있는 미국 중국학의 개척자 존 페어뱅크(John K. Fairbank)에 의하면, 당시 지역연구는 '다양한 학제간의 교류', 즉 '세계의 어느 특정 지역을 연구하기 위해 사회과학 기술에 집중'한다는 의미를 갖고 있었고, 특히 중국연구의 목적은 '이해를 갖고 중국혁명에 반응(respond)하기 위한 것'이었다고 회고한다.[15] 이러한 상황과 문제의식 속에서 미국의 중국연구가 처음 성장했다. 그 속에서 미국의 중국 상실의 책임소재가 어디에 있는지의 여부를 둘러싸고 미국정부 내에서 반공풍조가 일어났는데, 바로 유명한 매카시즘(McCarthyism)이다. 매카시즘은 중국공산주의의 승리 원인이 중국민족주의에 있다고 본 당시 일부 학자들의 견해가 중국공산당의 승리는 소련의 세계적화 전략의 승리라는 풍조에 지배당한 결과이기도 했다. 그런데 중국민족주의를 중국공산주의자들의 승리 원인으로 보던 당시 일부 중국연구 전문가들은 1949년 이전과 이후 중국에 대해 어느 정도 동정심을 느끼고 있었는데 그 때문에 그들은 미연방수사국(FBI)의 감시 대상이 되곤 했다고 한다.[16]

1958년 통과된 미국의 <국가방위교육법>(National Defense Education Act)은 미국 지역연구가 미국정부의 공산주의 봉쇄정책을 위한 전략과 국가정책적 차원에서 시작되었다는 사실을 적극 증명한다. 국가가 지역연구 발전을 위해 지역연구 전문가를 키울 어학연수 및 대학 연구기관의 연구활동, 지역연구

미국의 한국학은 최근에야 한국의 여러 재단 등의 재정적 지원으로 시작되었다고 해도 과언이 아니기 때문일 것이다. 다만 미국의 지역연구에 대한 미국내 급진학자들의 일반적 비판에서 한국학이 (그 연구의 일천성에도 불구하고) 절대로 자유로울 수는 없을 것이다.

15) John K. Fairbank, *Chinabound: A Fifty-Year Memoir* (Harper & Row, 1982), pp.324~330, 355~375 참조. 인용은 p.324과 p.366. 소위 하바드 학파가 페어뱅크와 일본사 전공의 에드윈 라이샤워의 지도하에서 미국의 부정적이고 왜곡된 중국연구와 일본연구를 이끌었다는 것은 이미 알려진 사실이다.

16) Bruce Cumings, 앞의 글, p.12.

프로그램을 지원하는 것을 규정한 것이 이 법의 주요 내용이었다. 특히 대학과 연구기관의 프로그램이 내세운 지역연구의 방법론은 페어뱅크도 지적했듯이, 학제적 방법(interdisciplinary approach)이었는데, 구체적으로는 종합적인 지식을 정책입안자에게 제공하기 위한 공동연구를 지향하는 것이었다. 따라서 미국 지역연구는 '통일된 지식'이란 미명 하에 기존 학문 간의 경계를 점차 허물기 시작했을 뿐만 아니라, '통일성'이라고는 전혀 존재치 않던 서로 다른 제 민족을 임의적으로 하나의 단위('지역')로 묶어냈다. 그런 강제적 통합은 각 민족이나 사회의 기존(전통적) 사회구조 또한 허물어 버리는 결과를 초래했다.[17]

미국 지역연구의 심각한 문제는 미국정부-미국 내 유수한 법인재단-대학 3자가 유기적 관계의 성립을 통해 연결되고 나아가 미국 중앙정보부(CIA)의 지도 하에 그 관계를 유지·발전·성장시켰다는 데 있다. 미국의 세계전략 차원에서 생긴 '정치적 산물'[18]인 지역연구는 초기에도 그랬지만 지금도 엄청난 연구자금을 쏟아붓는 여러 재단의 지원을 받고 있다. 그런 재단의 대표적인 예가 포드 재단(Ford Foundation), 록펠러 재단(Rockefeller Foundation), 멜론 재단(Mellon Foundation) 등이다. 이들 재단으로부터 자금을 지원받고 아울러 미국중앙정보부와 밀접한 관계를 유지하며 최초 미국의 지역연구를 이끈 미국의 주요 대학으로 하버드 대학(Harvard), 콜럼비아 대학(Columbia), 시애틀(Seattle) 소재의 워싱톤 대학(University of Washington at Seattle) 등이 있었다. 또 최초 지역연구를 이끈 학회조직으로는 1956년 기존 극동협회(the Far Eastern Association)를 대체하며 새롭게 조직된 미국의 아시아학협회(the Association for Asian Studies)가 대표적이다. 1947년을 기준으로 14개의 지역연구센터가

---

17) Ravi Arvind Palat, 앞의 글, p.279.

18) CIA의 관련에 대해서는 Bruce Cumings, 앞의 글과 커밍스의 글에 대한 여러 학자들의 코멘트와 비평이 실린 *Bulletin of Concern Asian Scholars* 29-1 (January-March 1997), pp.27~55 참조. 인용은 國分良成, 「アメリカの中國研究」, 野村浩一 等 編, 『現代中國研究案内』 別卷2(岩波書店, 1990), 64쪽.

미국 내에 설립되었는데, 그 중 여섯은 남아메리카, 셋은 러시아와 동유럽, 넷은 중국과 일본, 그리고 나머지 하나는 인도지역을 연구대상으로 하였다. 1990년대에는 그러한 지역연구센터가 124개로 늘어났다.[19]

브루스 커밍스에 따르면, 위에서 지적한 '국가-정보기관-재단 혹은 학술기관[예컨대 미국 사회과학연구위원회(Social Science Research Council)] 간의 연계(nexus)'는 미국 지역연구의 연구방법론이나 의제를 최초로 제시하고, 이어 연구에 대한 재정지원을 결정하기까지 했다고 한다. 따라서 미국의 초기 지역연구자들은 '미국의 잠재적 적국을 연구'하는 것이 대부분이었는데, 이는 정부의 자문을 받지 않고 임의로 (중국 혹은 소련 등) 지역에 대한 연구를 진행할 경우 미 연방조사국의 조사를 받게 되는 살벌한 당시 상황을 나타낸다고 한다. 당시 OSS 소련과(Soviet Division)는 1946년 설립된 콜럼비아 대학의 러시아 연구소(Russian Institute)와 1947년 하버드 대학의 러시아 연구소(Russian Research Center)가 설립되는 과정에서 모델이 되기도 하였다.[20] 결국 미국의 지역연구를 최초 구성케 한 가장 중요한 요소는 바로 정치적이고 경제적인 권력이었다. 특히 커밍스는 이러한 연대의 대표적인 예로 당시의 콜럼비아 대학과 워싱톤 대학(시애틀)을 들었고, 학자로는 1950년대 상황에서 정치와 권력의 연대라는 길을 선택한 칼 위트포겔(Karl Wittfogel)과 소지 테일러(George Taylor) 등을 들었다. 물론, 그런 선택의 결과는 그들의 학문과 국가정보기관과의 밀접한 관계 유지였다.[21] 이런 상황 하에서 당시 미국의 공산주의 봉쇄정책(containment policy)의 보호 속에 있던 일본과 남한은 미국의 적국인

---

19) Martin W. Lewis and Karen E. Wigen, *The Myth of Continents: A Critique of Metageography* (University of California Press, 1997), p.166.

20) 가장 많은 기금을 초기 지역연구에 제공한 것은 포드 재단으로, 1953~1966년 사이에 27억 달러를 34개 대학의 지역연구와 언어교육에 제공했다고 한다. Bruce Cumings, 앞의 글, p.10.

21) 그들은 1960년대 CIA와 깊은 관련을 맺은 상태에서 많은 진보적 학자들을 '무모한 과격파'로 몰아붙이기도 했다. 독일의 전 나치 조직원도 미국 정보기관에 의해 냉전 대처를 위해 고용되었다고 한다. Bruce Cumings, 위의 글, pp.15~19 참조.

중국이나 북한과는 현저하게 다른 우방으로 취급되면서 지역연구의 주요 연구대상(근대화 연구)으로 남았다. 반대로 미국 중앙정보부가 지역연구와 학술분야에서 적국연구와 우방연구란 구도를 적용한 결과가 바로 북한과 중국에 대한 미국의 공산주의연구(혹은 공산권연구)였다.[22]

미국 지역연구가 정치적 영향 하에서 왜곡된 방향을 취한 사정은 페어뱅크 자신도 회고하는 바다. 그에 따르면, 1954년 이후 중국 관련 연구소의 설립은 주로 대학이나 사설재단 등에 의해 추진되었지만, 그것 자체가 기본적으로 '국가정책의 한 행위'였다고 한다. 즉 국가가 필요로 하는 '선생군(群)'(a corps of teachers)과 '지식체(體)'(a body of knowledge)를 만드는 것이 지역연구의 기본 의도였다고 페어뱅크는 회고한다.[23] 이렇듯 미국 지역연구의 가장 큰 문제는 바로 '권력과 지식' 그리고 '권력과 학문'의 밀접한 관계였다. 세계에 대한 지식의 '이성적 체계화'나 '종합적 이해'라는 명분 속에서 지역연구가 임의적으로 정보기관과 관계를 갖고 세계는 그에 따라 다시 여러 지역으로 그리고 이내 지역내 소지역으로 각각 나뉘어졌던 것이다. 아시아·유럽·아프리카·아시아 등이 전자의 경우고, 동아시아·서남아시아·동남아시아·동유럽 등의 '소지역'(sub-area)이 후자의 경우다. 국가의 전략적 필요가 그런 지역구분을 가져왔고, 학자들은 그 구분 속에서 지역전문가로 성장하며 국가정책을 뒷받침하는 연구를 진행했다. 어느 경우에는 미국 지역연구를 담당하는 지역전문가들이 그야말로 '전지전능한 전문가', 즉 자신이 전공한 지역 혹은 국가에 대한 모든 지식을 소유한 (중국현대사 전공자로서 중국의 한의학에 대한 지식도 소유한) 만물박사로 등장하곤 했다. 이는 바로 오리엔탈리스트의 태도였다.

이상과 같은 기원을 갖는 미국의 지역연구는 언뜻 보면 이제 전 지구주의의 열풍 속에서 설 땅을 잃은 듯했다. 1980년대 이후, '세계가 전 지구화' 혹은 '지구촌'이 되고 있다는 것이 세계의 여러 지역을 연구하는 목적을 갖는 지역연

---

22) Bruce Cumings, 위의 글, p.8.
23) John Fairbank, 앞의 책, p.355.

구의 운명에 치명적인 듯했다. 전 지구화하는 세계를 더 이상 '지역'이란 단위나 또는 국경으로 구분되는 국민국가를 통해 이해하는 것이 '더 적절하고 타당한 지식'을 만들어 내는 기초단위로서는 불충분해진 것이다. 그러나 지역 연구의 정치적·경제적·군사적 전략 지원이라는 그 기원은 아래에서 지적하듯 여전히 힘을 발휘하고 있다. 구체적 방법론에서 변화가 있을 따름이다. 전 지구주의와 전 지구화는 지역연구의 존재 이유만을 부정하는 결과를 가져왔을 뿐, 지역연구가 갖는 근본적 인식과 분석틀의 변화는 초래하지 않았다. 이제 문제는 지역에 관한 '적절한' 지식이 왜, 과연 필요한지, 그리고 그 지식은 누구에게 적절하고 타당해야 하는가로 귀결된다고 하겠다. 이 문제에 대한 대답은 미국 지역연구가 갖는 연구의 기본적 방법론이나 이념적 배경을 살핌으로써 좀 더 명확해질 것이다.

III. 미국 지역연구의 분석틀과 그 유산

미국 지역연구의 가장 기본적인 분석틀은 최근까지도 비판적 학자들의 혹독한 비판을 받는 근대화론(modernization theory)이다. 여기서 근대화론에 대한 많은 설명은 필요 없다. 몇 가지 중요한 비판의 내용을 정리하자. 근대화론은 한마디로 유럽의 자본주의 발전과 그에 따른 근대화를 세계발전의 보편적 기본방향으로 삼고 '비서구 지역'(non-Western world) 사회와 국가의 역사나 문화 등을 그 틀 속에서 이해하고 연구하는 이론을 말한다. 따라서 근대화론을 기초로 한 학문은 유럽의 자본주의 발전을 인류의 보편적 발전 방향으로 전제하는 목적론적 인식(teleology)을 드러낼 수밖에 없다. 나아가 구미의 아시아와 아프리카 등 소위 '문명화되지 않은' 지역에 대한 제국주의적 침략과 식민주의를 '근대화'라는 수식어를 통해 정당화시키고 그에 따른 구미의 아시아, 아프리카에 대한 식민지배를 강화하는 이론적 수단이 되어왔다. 때로는 그 이론이 유럽을 중심으로 문명이 '확산'되었다는 이론으로 발전하고(Diffusionism), 그에 따라 '내부'(유럽)와 '외부'(비유럽세계)라는 이분법을 통해 내부인 유럽의 우월성과 내부인 유럽으로부터 외부로의 (근대화 등의) 문명전파가 정당화되었다.[24] 인류역사가 구미적 근대화의 자본주의적 발전의 길로 상정되고 기타 사회주의 같은 비자본주의적 발전의 길은 인류역사의 상궤를 일탈한 것으로 이해되곤 하였다.

이런 근대화론에 입각하여 미국 지역연구를 이끈 대표적 분야가 비교정치학(comparative politics)이다. 비교정치학에 따라 미국 지역연구는 일본을 자본주의 경제발전의 성공적 사례로서 호의적으로 취급한 반면, 중국은 그런 발전의 실패 예로서 '병적으로' 취급하였다. 에즈라 보걸(Ezra Vogel)의 '최고의 일본'(Japan as No. 1) 주장은 바로 그 대표적 예인데, 최근에는 '최고의 중국'(China as No. 1)이라는 말이 중국의 개혁개방 이후 미국학계에서 회자되었다는 것은 역설적이다. 여기에는 물론 자유주의적 민주주의라는 절대 목표를 상정하는 정치발전을 근대화론의 전제로 하는 인식이 있다. 이런 인식적 경향은 바로 일본, 한국, 타이완, 홍콩, 말레이시아, 싱가포르의 경제발전 기적의 경험을 필리핀, 타일랜드, 인도네시아, 개방개혁 후의 중국 등 비교적 '덜 발전된' 국가에 적용하려는 시도로 나타나곤 했다. 또 다른 예로는 터키가 공산주의의 유혹을 이기고 '민주주의로 원만히 발전한' '중동에서의 특별한 경우'로 (주로 테러리스트 국가로 인식되는 다른 대부분의 '중동' 국가들과는 다르게) 취급되는 것을 들 수 있다.[25]

이런 근대화론은 미국의 공산국가 봉쇄정책을 위한 이론적 무기로 적극 기능하였다.[26] 한편 1960년대 말 이후 근대화론에 대한 비판이 미국 내에서

---

24) 유럽중심 확산주의(Eurocentric Diffusionism)에 관해서는 James M. Blaut, *The Colonizer's Model of the World: Geographical Diffusionism and Eurocentric History* (The Guilford Press, 1993) 참조.

25) Bruce Cumings, 앞의 글, p.8, 13.

26) James Peck, "The Roots of Rhetoric: The Professional Ideology of America's China Watchers" in Edward Friedman and Mark Seldon ed., *America's Asia: Dissenting Essays on Asian-American Relations* (Pantheon Books, 1969~71), pp.40~66.

본격적으로 시작되었는데, 당시 미국의 베트남 전쟁 간섭과 중국 문화대혁명이 그런 비판의 계기였다고 해도 과언은 아니다. 미국 지역연구가 미국정부의 공산주의 봉쇄정책(따라서 세계 패권정책)에 적극 봉사하는 것이 아닌가라는 비판적 질문이 학자들 사이에서 제기되었고, 따라서 지역연구에 존재하는 학문과 권력의 관계에 대한 근본적 질문이 자연스럽게 생산되었던 것이다. 당시 자유주의적 정치발전과 자본주의적 경제발전을 전제로 하는 근대화론에 대한 반발로 제기된 대표적인 예가 예컨대 임마누엘 월러스틴(Immanuel Wallerstein)의 '세계체제론'(World System Theory)이었다. 비판의 구체적 움직임의 예로는 미국정부의 베트남전 간섭을 반대하는 미국내 비판적 학자들의 '우려하는 아시아학자들의 위원회'(The Committee of Concerned Asian Scholars)를 들 수 있고,[27] 그 기관지인 *Bulletin of Concerned Asian Scholars*와 뒤이어 1975년에 창간된 *Modern China*도 바로 근대화론 비판의 연장선에서 등장하였다.[28]

이런 비판에도 불구하고 근대화론이 지금까지도 영향력을 유지하는 것은 그 이념적 지주인 유럽중심주의(Eurocentrism)와 오리엔탈리즘(Orientalism)이 건재하기 때문이다. 먼저, 유럽중심주의는 사실 근대화론의 자연스런 산물이자 근대화론을 띠받치는 가장 주요한 이론적 지주나. 사미르 아민(Samir Amin)이 규정하였듯이, 유럽중심주의는 그 자체가 서구 발전모델의 모방을 세계보편주의의 방향으로 보고 현 세계에서 일어나는 모든 '도전적 사안'(즉 사회주의 등)을 해결하는 기본적 원리로 작용케 한다. 그런 유럽중심주의는 19세기 이후 근대세계의 산물이자 근대자본주의에 의해 생성된 세계문화와 그 이념의 부분을 차지하고 있다. 결국 유럽중심주의는 유럽과 세계역사를 '신화적으로 재구성'하기에 당연히 역사왜곡을 주요한 전제로 한다.[29]

---

27) 당시 이 학자들의 미국정부에 대한 비판 내용은 Edward Friedman & Mark Seldon, 위의 책 참조.

28) Arif Dirlik, "Reversals, Ironies, Hegemonies: Notes on the Contemporary Historiography of Modern China," *Modern China* 22-3 (July 1996), pp.268~270 참조.

근대화론의 또 다른 이념적 지주인 오리엔탈리즘은 사이드가 지적한 서구의 동양에 대한 지배방식을 의미한다. 이미 지적하였듯이, 사이드가 지적한 것 중 중요한 것은 '아시아'(Asia) 혹은 '동양'(Orient)이란 개념 혹은 구분이 바로 구미가 '창안'(invention)한 것이라는 사실이다. 따라서 오리엔탈리즘은 한마디로 서구의 동양(Orient)에 대한 (주로 담론을 통한 지적) 지배의 체계화된 방식이고, 그 방식은 지배를 유지하고 지배대상을 억압·조종하기 위해 '동양'에 대한 '서양'(Occident)의 헤게모니를 통해 재구성된다.30) 동양 혹은 아시아란 구미의 고안물에 지나지 않는다는 사이드의 시사는 베네딕트 앤더슨(Benedict Anderson)에게 받아들여져 근대 민족주의의 기원과 전파를 이해하는 주요 개념으로 발전하였고,31) 에릭 홉스봄(Eric Hobsbawm)의 경우는 '전통의 창안'(Invention of Tradition)이란 개념을 통해 사이드의 주장을 이어받아 역사가 자연적으로 주어진 것이 아닌 '창안' 혹은 '(재)구성'된 것임을 밝혔다.32)

유럽중심주의와 오리엔탈리즘의 편향된 이론적 틀로 구성된 근대화론이 곧바로 아시아의 근대를 이해하는 주요한 잣대로 등장하고 받아들여졌음은 널리 알려진 사실이다. 그 가운데 '충격-반응'(Impact-Response)의 논리는 근대화론이 구체적으로 아시아의 근대역사에 적용된 경우다. '충격-반응론'은 아시아의 근대성을 피동적인 것으로 보고 자발적 '근대성'의 성취 가능성을 부인해 왔다. 서구와 같이 근대성을 만들어낼 여러 문화적 요소가 아시아의 '전통적 사회'에는 없었다는 것이 그 주장의 근거다. 서구의 '충격'에 의한 아시아의

---

29) Samir Amin (translated by Russell Moore), *Eurocentrism* (Monthly Review Press, 1989), vii~ix.

30) 에드워드 사이드, 앞의 책, pp.11~58.

31) 베네딕트 앤더슨은 민족주의를 인위적으로 만들어진 것으로 보고 민족주의를 상상의 정치적 공동체(Imagined Political Communities)로 파악한다. Benedict Anderson, *Imagined Communities, Reflections on the Origins and Spread of Nationalism* (Verso, 1991 revised edition).

32) Eric Hobsbawm, "Introduction: Inventing Traditions," Eric Hobsbawm and Terence Ranger ed., *The Invention of Tradition* (Cambridge University Press, 1983), pp.1~14.

소극적 '반응'으로 아시아의 '근대화'가 이루어졌다는 유럽중심적 발상은 아시아의 '전통적' 문화를 아시아 역사발전의 발목을 잡는 질곡으로 만들어버렸다. 역설적인 것은 바로 그 아시아의 전통이 이제는 동아시아 삼국의 자본주의 발전의 원동력이었다는 주장이 1990년대 이후 학자들 사이에 논의된다는 사실이다. 아시아의 전통이 근대화의 장애물이었던 원동력이었던, 그 논의 자체가 자본주의적 발전을 전제로 한다는 점에서 근대화론의 연속이라는 점 부인할 수 없다.

한편, 중국 근현대사 이해에서 근대화론에 바탕한 역사인식을 극복하고자 시도한 것이 폴 코헨(Paul A. Cohen)의 유명한 '중국중심의 역사론'(China-centered History)이다.33) 그러나 코헨의 '중국중심의 역사'도 일부로부터 새로운 오리엔탈리스트적 발상이라는 비판을 받았다.34) 즉 '중국중심'의 자본주의적 경제발전의 내재성을 (무의식적으로) 상정하다 보니, 결과적으로 목적론적 역사인식에 빠지는 오류를 범하게 되었다는 것이다. 예를 들면, 중국혁명이 이미 근대 이전부터 현재의 모습을 갖추기 위해 내재적으로 (서구의 영향 없이) 시작되고 발전되어 왔다는 주장이 그것이다.35) 이런 주장은 19세기 이래 중국사회의 근대적 변화에서 서구가 행한 어느 정도의 역할을 전면 부정하는 오류도 범한다. 즉 당시 중국인들은 서구와의 직접적 접촉을 통해 자신들의 현 위치와 상황을 '서구'라는 '타자'를 통해 보게 되는 기회를 갖게 되었고, 그것이 중국인들의 새로운 세계인식과 자기인식의 출발에 영향을 주었음은 자명하다. 더구나 그것은 수동적이고 피동적인 '충격'에 대한 '대응'이

---

33) Paul A. Cohen, *Discovering History in China: American Historical Writing on the Recent Chinese Past* (Columbia University Press, 1984).

34) 중국중심의 역사론에 대한 상세한 비판은 Arif Dirlik, "Reversals, Ironies, Hegemonies", pp.262~268을 참조하고, 중국사 이해에서 오리엔탈리즘의 영향에 대해서는 Arif Dirlik, "Chinese History and the Question of Orientalism," *History and Theory: Studies in the Philosophy of History* 35 (1996), pp.96~118참조.

35) John E. Schrecker, *The Chinese Revolution in Historical Perspective* (Greenwood Press, 1991)가 그 대표적인 예다.

아니라 자신의 현재 모습을 적극적으로 새롭게 그리려던 능동적 행위이자 인식이었다. 이 점이 근대 이전의 인식과는 분명히 다른 중국인의 '근대적' 인식의 시작이었다. 서구가 '충격'을 중국에 주었다기보다는 중국이 서구의 출현을 통해 자신의 위치를 적극적으로 새롭게 파악하게 되었다는 역사인식이 야말로 중국이 19세기 말 이후 처했던 여러 문제들을 보편적 세계―특히 이후 제3세계의 문제로 볼 수 있는 계기를 제공한다. 즉 서구의 등장이라는 부정할 수 없는 역사 '요소'를 부정하면 중국 역사전개의 내재성이나 특수성만 을 배타적으로 강조하는 인식상의 오류를 가져올 수 있다.

(동부)아시아 국가들의 경제발전을 이해하기 위한 '전체주의 모델'[36]이나 '권위주의 모델'도 근대화론에 입각하여 동부아시아 자본주의의 발전을 오리엔 탈리스트적으로 이해하면서 고안한 분석틀이다. 특히 1980년대에 시작된 개혁·개방 후 중국의 경제발전을 한국, 타이완, 싱가포르 등 아시아국가의 경제발전 모델과 연결시켜 설명하려 한 분석틀인 '권위주의 모델'은 '전체주의 사회에서 민주주의사회로 가는 한 과도기'로서 아시아의 경제발전을 이해하려 한다.[37] 물론 동아시아 국가들의 경제발전을 이해하는 데 이러한 '권위주의 정권' 모델은 몹시 중요하다. 그러나 그것은 자본주의의 발전을 전제로 한 것이 아닌 역사적 분석을 전제로 한 것이어야 한다. 근대화론이 생성한 역사의 '귀납적 해석'(reductionism)은 비서구 세계를 문화본질주의에 근거하여 이해하 도록 만들었기 때문이다. '동아시아'를 통일적으로 파악하는 주된 요소로 유교 를 들고, 그에 따라 유교(자본주의)를 '동아시아' 경제발전의 핵심으로 이해하는 것이 그 한 예다.

'유교자본주의 모델'(혹은 '아시아 자본주의 모델')과 관련된 논의도 1980년대

---

36) 國分良成, 앞의 글, 59~61쪽 참조. 전체주의 모델의 대표적인 저서로는 Karl Wittfogel, *Oriental Despotism: A Comparative Study of Total Power* (Yale University Press, 1957)와 Robert Jay Lifton, *Thought Reform and the Psychology of Totalism: A Study of "Brainwashing" in China* (W.W. Norton & Co., 1961)을 들 수 있다.

37) 國分良成, 앞의 글, 78쪽.

부터 등장하는데, 그 내용은 조금 심하게 말하면 오리엔탈리스트가 주장하는 근대화론의 아류에 지나지 않는다. 내용상 달라진 것이 있다면, 아시아인 스스로가 적극적으로 '아시아적 가치'인 유교에 근거한 '근대화론'을 주창한다는 것이다. 구미자본주의 발전양식을 세계역사의 보편적 방향으로 받아들이면서, 아시아가 그런 자본주의 발전을 '아시아적 행태와 가치로' 선도한다는 자부심을 뽐내는 논리가 '아시아 자본주의 모델'임에 다름 아니다. 결국 '아시아 자본주의'란 아시아인 스스로가 오리엔탈리즘에 휩싸여 고안해낸 개념에 지나지 않는다. 무엇보다 중요한 것은 그 개념 혹은 모델 자체가 1980년대부터 시작된 전 지구적 자본주의 발전의 직접적 산물이듯이 전 지구적 자본주의 발전 속에서 가능했던 논의라는 것이다. 유교자본주의 모델 자체가 비자본주의적 혹은 자본주의를 대체하는 새로운 혹은 대안적 발전양식을 지향하는 것 또한 절대 아니라는 사실은 이 모델이 갖는 치명적 한계다.[38]

한때 유행하던 '중국자본주의 맹아론'도 근대화론의 극복보다는 근대화론의 논리구조 속에 매몰되어 만들어진 또 다른 목적론적 역사인식의 산물이다. 세계역사를 원시공산사회 – 노예사회 – 봉건사회 – 자본주의사회 – 공산주의사회라는 역사 5단계설 속에서 구성한 후, 그 틀에 맞춰 자국 역사(이 경우 중국사)를 구성하다 보니, 자연히 중국에도 자본주의(적) 시대가 사회주의 실행 이전에 반드시 존재해야 한다고 본다. 최소한 자본주의적 요소가 있었어야 그 사회가 자본주의의 모순들을 극복하며 공산주의 혹은 사회주의로 진보해 나갈 수 있다고 믿기 때문이다. 여기서 '맹아론'이 본래 의도하던 유럽중심주의와 근대화론 비판의 의도는 그 의미를 잃고, 유럽중심의 역사관을 부활·재구성시키고 마는 결과를 가져온다. 명청(明淸) 시기에 상업발전과 그에 따른 상인층의 등장 등 경제발전의 모습은 분명 당시 진행된 사회경제적 변화를 의미하지만, 그 자체가 자본주의의 '맹아'로서 이해될 필요는 없는 것이다. 더구나 그

---

38) 이에 대한 논의는 Arif Dirlik, "Critical Reflections on 'Chinese Capitalism' as Paradigm," *Identities* 3-3, pp.303~330.

당시 발전은 지역적 편차를 심하게 보였지 않았는가? 문제는 비자본주의를 지향하는 제3세계의 사회경제사 속에 역설적으로 존재하는 "자본주의(적) 사회 혹은 요소가 있어야 한다"는 목적론적 인식에 있다. 그러한 목적론적 인식은 각 사회가 독자적으로 추구했을지도 모르는 '대안적 선택과 경제발전 방향'의 가능성을 애초부터 지워버리는 결과를 가져온다.

이상에서 살펴본 미국 지역연구의 여러 분석틀과 그 유산적 역사인식과 개념들은 비판적 학자들의 비판 대상이었고, 미국 지역연구의 운명이 앞으로 21세기에 어떻게 전개되든 이 같은 비판은 계속될 것이다. 왜냐하면 이제 지역연구를 넘어선 전 지구연구나 국제연구가 지역연구의 기본 분석틀을 그대로 간직한 채, 그 틀을 새롭게 확대·재생산하고 있기 때문이다. 지역연구라는 '오래된 포도주'가 전 지구주의라는 '새 병'에 넣어진 것이다.[39]

IV. 전 지구주의(Globalism)와 미국 지역연구의 운명

미국정부가 국가안전교육법(National Security Education Act)을 1991년 통과시키자, 곧바로 '학문과 권력의 문제'와 관련된 비판적 학자들의 우려와 비판의 목소리가 다시 들리기 시작했다. 이 법이 1958년 제정된 국가방위교육법 이래 가장 큰 규모의 자금(1억 5천만 달러)을 기존 지역연구를 대체하기 시작한 소위 '국제연구'(International Studies)에 지원할 것을 규정했기 때문이다.[40] 핵심적 문제가 되었던 것은, 미국정부가 이 법에 따라 지원하는 장학금의 수혜자가 수혜의 대상(代償)으로 미국정부의 '국가안전대리기관'(즉 정보기관)과 연구를 협의해야 한다는 규정이었다. 공식적이고도 전면적으로 미국 정보기관의 기능을 미국 고등교육과 연결시킨 것이다. 더구나 이 법안의 또 다른

---

39) Ravi Arvind Palat, 앞의 글, pp.295~299.

40) Mark Selden, "Introduction: National Security and the Future of Asian Studies," *Bulletin of Concerned Asian Scholar*s 24-2 (April-June 1992), p.84.

목적은 국가안전과 관련된 미국정부 내의 기관에 '인재 풀'을 확대 양성 혹은 제공하는 것이었다. 이는 특히 우려의 대상이었다. 각종 고등교육 프로그램에 있는 미국 학생들의 지위가 자칫 '훈련을 받는' 예비적 '스파이'로 되어버릴지도 모른다는 사실 때문이었다.[41]

이런 비판과 우려 외에, '국제연구' 혹은 '변화된' 지역연구의 연구 의제 결정 주체와 관련하여 미국의 군사 및 정보 기관이 정보로서의 가치나 이용도를 고려하며 학문연구의 주도권을 쥐게 되는 결과가 초래할 부정적 상황은, 미국내 비판적 학자들에게 심각한 문제였다.[42] 더구나 1990년대에 들어서면서 미국 클린턴 행정부의 지도 하에서 각 재단의 주된 관심이 '발전과 민주'라는 대주제로 옮겨졌다는 사실이나, 미국정부가 비록 냉전시기에 정해진 '현 국경의 유지'라는 입장에 변화는 없지만 지리적 경계를 넘어선 경제적·문화적·사회적 경계라는 측면에서는 '국경'을 허물기 위해 여념이 없었다는 사실은 주지하는 바다. 물론 그 배후에는 초국적 기업의 지원 획득이라는 정치적 움직임도 있었다. 결국 커밍스의 말을 빌리자면, "권력과 돈이 먼저 [소위 '전 지구연구'를 이끌] 주제를 발견하였고, 그에 따라 [연구] 조사대상 지역을 [정부가 앞장서서] 만들어냈다"[43]는 것이 1990년 이후 미국학계의 일반적 상황이었다.

이런 상황이 벌어진 배경에는, 이미 지적하였듯이, 현 세계경제를 규정하는 전 지구적 자본주의(Global Capitalism)의 유연생산(flexible production) 혹은 '세계노동의 분업화' 원칙에 따라 생산과 자본의 초국적화(혹은 탈국적화)가 진행되면서, 미국정부가 그에 맞춰 정치적·경제적·문화적·사회적으로 세계구도를 새롭게 조직할 필요성이 생겼다는 사실이 있다. 이런 배경 하에서 지역연구 무용론이 등장하고 '국제연구'나 '전 지구연구'가 대두했음은 앞서 설명했다.

---

41) Bruce Cumings, 앞의 글, p.20.

42) Mark Selden, 앞의 글, p.84. 미국의 국가방위교육법이 갖는 기본적 문제에 대해서는 James K. Boyce, "The National Security Education Act of 1991: Issues and Analysis," *Bulletin of Concerned Asian Scholars* 24-2 (April-June 1992), pp.85~88 참조.

43) Bruce Cumings, 앞의 글, p.9.

기존의 지역구분인 아시아, 아프리카, 동아시아, 서남아시아 등은 이제 쓸모가 없는 듯했다. 초국적 자본투하의 조건과 생산환경 등의 조사나 초국적 자본을 통한 초국가적 발전형태를 고려하는 사고 속에서는 기존의 지역구분이 전제조건으로 등장하지 않았다. 자본의 초국적화를 통해 진행되는 생산관계나 생산양식이 기존의 지역으로는 전혀 설명될 수 없었고, 초국적 자본을 지배하는 정치·경제 권력의 이익에도 부합되지 않기 때문이다. 이렇게 본다면 지역연구 무용론 자체는 자본의 전 지구화 과정에서 나타난 필수적 산물이었고, 그것은 생산관계와 생산양식의 효율적 장악을 겨냥한 현 자본주의 경제변화의 직접적 결과물이었다.

이런 세계변화를 뒷받침하던 구호가 '국경없는 세계'(borderless world)와 '지구촌'(global village), '초국가화'(transnationalization)였다. 세계의 변화는 지역연구를 국제연구나 전 지구연구로 대체시키는 근거였고, 어느 경우에는 기존 지역이 광역화하여 '대중화권'(Greater China), '아시아-태평양권'(Asia/Pacific Region 혹은 Pacific Rim이나 Pacific Basin)으로 발전하였고, 때로는 북미자유무역조약(NAFTA)이나 최근의 자유무역협정(FTA)을 통해 기존의 국경이나 지역을 뛰어넘는 새로운 경제 '권역'을 만들어 냈다. 한국정부가 새로운 '해외동포법'을 제정하고 '교민청' 설치 등을 고려하고, 재외국민 투표권을 부여한 것은 현 국가의 지리적 국경을 뛰어넘는 '한민족 공동체'를 구상한 결과인데, 자세히 살펴보면 이런 정책은 세계적으로 진행되는 초국가화의 흐름과 전혀 무관한 것이 아니다.

'아시아-태평양권'이라는 신 개념을 예로 살펴보자. 이 새로운 지역개념의 물질적 기초는 지리적인 것이 아닌 정치적·경제적·사회적·문화적인 것이다. 그 개념은 나아가 태평양을 둘러싼 지역 내에서 구미국가가 더욱 활발한 경제적 활동을 진행하면서 고안해 낸 새로운 지역(region)이었다. 결국 이러한 새로운 지리적 구분과 지명은 지리적 차이에 의해 생긴 것이 아니라 인간활동의 결과로 만들어진 것이다.[44] 따라서 전 지구주의에 맞춰 구미가 새로 창안해

내 '아시아-태평양'이라는 확대된 지역은 경제적 의미(즉 부)에서는 지역명으로서의 의미를 가질 수 있겠지만, 그런 경제적 성취가 지역 내에서 불균형적으로 분배된다는 현실은 새로운 지역명의 의미를 감소시킨다. 또 지역 내의 다양함이나 이질성이 무시된 채 작명된 지역명과 그 의미는 궁극적으로 지역민들에게 '파괴적' 결과를 초래할 것이다.[45] 사실 호주를 비롯한 태평양 상의 여러 섬나라들은 최초 지역연구의 지리적 구분에서는 전혀 언급도 되지 않았었다.[46] 그런데 이제는 '아시아-태평양 연구'(Asia-Pacific Studies)에 강제적으로 함께 편입되었다. 반면, 그 '지역' 내에서 개별 국가나 사회가 보유한 가치나 중요성은 천차만별이다. 또한 여전히 '아시아-태평양 연구'를 담당하는 새로운 호주지역 연구 전문가가 등장한다. 미국에서 '아시아-태평양학'은 태평양을 접한 미국의 서부 주들, 특히 캘리포니아에서 주로 성행한다.

1980년대 이후 세계의 전 지구화 과정 속에서 새로운 학문적 경향이 미국학계에서 본격적으로 등장한다. 탈식민주의(postcolonialism)나 포스트모더니즘(postmodernism)은 그 대표적 사조다. 탈식민주의는 기본적으로 지역, 계급, 성별 차이와 차별성에 중점을 둠으로써, 그동안 존재한다고 당연시되던 문화주체성(cultural identity)이나 사회·경제 속의 구조(structure)가 존재하지 않는다고 주장한다. 대신, 문화주체성의 부수성(contingency)이나 문화 등의 삽종성(hybridity)을 강조한다. 따라서 일부 미국의 중국전문가들은 근대중국 이해의 새로운 틀로서 탈식민주의가 주장하는 개별적 주체성(subjectivity)을 제시하기도 한다.[47] 그러나 비판적 학자들은 이 탈식민주의의 분석이 대단히 추리적(discursive)이며 세계인식이란 관점에서 보면 반혁명성을 다분히 내포하고

---

44) Arif Dirlik, "The Asia-Pacific Idea: Reality and Representation in the Invention of a Regional Structure," in Arif Dirlik ed., *What is in a Rim?*, pp.15~36.

45) Alexander Woodside, "The Asia-Pacific Idea as a Mobilization Myth," 위의 책, pp.37~52.

46) Martin W. Lewis and Karen E. Wigen, 앞의 책, p.167.

47) Judith B. Farquhar and James L. Hevia, "Culture and Postwar American Historiography of China," *Positions* 1-2 (Fall 1993), pp.486~525.

있다고 지적 비판하기도 한다.[48] 예컨대 지나치게 구조를 거부하며 개별적 주체성을 강조하다 보니, 현 세계상황에 아직도 구조적으로 존재하는 계급이나 제3세계적 문제 등을 도외시할 위험이 있다는 것이다.

포스트모더니즘과 관련된 후기구조주의(poststructuralism)에 바탕을 둔 새로운 개념의 등장도 지역연구 비판에 일조하였다. 후기구조주의자들에 따르면 소위 지역이나 소지역은 분석의 단위가 될 수 없고, 국민국가라는 단위(예를 들면 중국)도 기본적으로 존재하지 않는다고 본다. 이런 주장은 역사의 창안성 (invention)이나 구축성(constructedness)을 지적했다는 점에서 대단히 타당성을 갖지만, 자칫 일종의 학문적 환상(illusoriness) 즉 모든 구조의 존재를 거부하며 기존의 구조가 모두 무에서 생성되었다거나 아니면 허위라고 보는 시각을 통해 역사의 창안성과 구축성을 이해할 위험이 있다고 지적되곤 한다.[49] 예컨대, 국민국가의 명칭으로서 중국이란 개념은 근대 이전에는 없던 개념이지만, 그것이 무(無)에서 생겨난 개념은 절대 아니다. 그것은 다양하고 복잡한 과거와 현재의 여러 역사인식이 시공(時空)을 초월하며 대화하거나 혹은 상호관계를 갖은 결과로 창안된 것이지 근거도 없이 그저 창안된 '환영'은 절대 아니라는 것이다. 구체적 예로서 구지에강(顧頡剛)의 '신 역사'라는 개념은 구지에강이 아무 근거도 없이 혼자 만들어낸 개념이 아니라, 과거에 존재한 수많은 역사인식과 자신의 근대적 역사인식 간의 대화 속에서 만들어졌다는 것을 들 수 있다.[50]

이 밖에도 주목할 만한 사조로 유럽중심주의의 거부를 통해 형성된 다문화주의(multiculturalism)가 있는데, 아래에서 설명하겠지만 특히 동부아시아 국가의 자본주의적 발전과 깊게 관련되어 있다. 지역연구의 존재이유에 근본적 문제가

---

48) 탈식민주의에 대한 비판은 Arif Dirlik, "The Postcolonial Aura: Third World Criticism in the Age of Global Capitalism," *Critical Inquiry* 20 (Winter 1994), pp.328~356 참조.

49) Arif Dirlik, "No Longer Far Away", p.29.

50) 좀 더 구체적인 논의는 Arif Dirlik, "Timespace, Social Space, and the Question of Chinese Culture," in Airf Dirlik, *Culture and History in Post-Revolutionary China: The Perspective of Global Modernity* (The Chinese University Press, 2011), pp.157~196을 볼 것.

제기된 계기는 분명히 전 지구적 체제의 등장이었지만, 일본, 중국, 한국, 타이완, 싱가포르 등을 포함한 아시아 국가들의 경제발전도 또 다른 직접적 요인이었다. 즉 전 지구적 세계변화가 새로운 체제인 전 지구적 자본주의의 등장을 알렸을 뿐만 아니라, 아시아 국가의 경제발전은 자본주의의 다양성을 인정시키는 계기로 작용하였다. 예컨대 '유교자본주의'가 대표적 예다. 더하여, 새로운 첨단통신기술(전자우편, 인터넷, 위성방송 등)을 통해 문화가 초국적화 혹은 전 지구화하자, 개별국가는 문화의 다양성을 주장하였다. 이 점 또한 동부아시아 국가의 재정지원 등을 배경으로 한 다문화연구가 국제연구의 한 부분을 차지하게 된 이유이기도 하다. 요약하면, 구미자본주의가 아닌 유교자본주의 같은 아시아적 자본주의가 존재하게 되었으니, 근대화를 둘러싼 동서, 근대·전통의 구분은 무의미해졌다. 최근 눈부신 경제발전을 이룩하며 구미국가와 같은 반열에 오른 아시아의 자본주의 국가들에게 그런 구분이 자칫 멍에로 남을 수 있기 때문이다. 반면, 그들 국가의 경제발전은 문화민족주의와 같은 자신들만의 독특한 경제발전 과정을 설명할 수 있는 기회를 만들었다. 따라서 다양한 문화의 존재에 대한 논의가 (통일성을 전제로 한) 전 지구화와 함께 논의되는 기이한 현상이 나타나게 되는 것이다.

지역구분의 폐지가 기존의 오리엔탈리스트니 지역연구 전문가들의 설 땅을 빼앗은 것일까? 여기서 중요한 것은 지역구분을 없앤 전 지구주의가 기존의 미국 지역연구를 대체하진 않았다는 사실이다. 전 지구주의를 설명하기 위한 합리적 선택론(rational choice theory)과 신과학주의(new scientism)의 등장은 이러한 사실을 적극적으로 증명한다고 이미 지적하였다. 과학적 사고나 이성적 선택이란 전 지구주의의 전제는 구미중심의 자본주의적 근대성에 대한 도전과 대안적 해석의 가능성을 완전히 봉쇄했기 때문이다. 전 지구적 연구의 기본 분석틀 또한 기존 지역연구의 분석틀과 그 기원이나 이념적 지주를 공유한다. 사실, 전 지구주의는 정치적·경제적 면에서는 어느 정도의 해방을 가져왔다. 경제발전이나 그에 따른 민주주의에 대한 인식의 고양 등이 그것이다. 그러나 현 세계의 상황이 말해주듯이, 그 정치적·경제적 해방이 소수를 위한 것임은 자명하다. 마찬가지로 전 지구주의에 기반한 전 지구 연구도 지역을 기반으로 한 (잘못된) 지식으로 부터 해방을 의미하는 대안적 선택은 아니었다. 오히려 전 지구주의는 지적 축적의 결과로 태어난 것이 아니라, 자본의 초국적화 또는 전 지구화에 따라 필요해진 자본의 전 지구적 지배를 강화하기 위해 태어났고, 나아가 그 지배를 돕는 새로운 지식체제(a new regime of knowledge)를 형성했을 뿐이다.[51] 또한 미국 지역연구에 대한 비판이 지난 1960~70년대같이 비판적 학자들만의 전유물이 아니었다는 사실도 여기서 중요하다. 지역연구는 전 지구화를 옹호하는 (비판적 학자들과는 전혀 다른 목적을 갖는) 보수주의 학자들의 편리한 공격대상이 되었다.

전 지구화와 맞춰 등장한 중요한 흐름은 미국의 학술재단들이나 학술기관들이 연구자금 지원의 구체적 내용을 바꾸어 버렸다는 것과 그에 따라 미국의 주요 대학들도 교과과정을 개정(했거나)하려 한다는 것이다.[52] 먼저 미국의 사회과학연구위원회(Social Science Research Council) 같은 학술기관과 학술재단들은 연구자금 지원을 위한 구체적 연구방향을 대폭 변화시켰다. 이는 새로운 세계경제 체제의 확립에 따라 기존의 지리적 구분이 이제는 불합리하고 무의미해졌다는 인식을 반영하는 것이다. 구체적으로, 이들 기관들은 지역적 접근방식이 아닌, 더욱 전 지구화한 접근방식 만이 새로운 경제 (나아가 정치적·사회적·문화적) 체제를 이해하는 데 도움이 된다고 인식하였다. 미국내 대학들의 경우, 교과과정을 국제화(internationalization)하는 것이 그 같은 새로운 요구와 인식에 응하는 것으로 생각한다. 사실 국제화란 면만 보면, 위에서도 언급한 다문화주의라는 명목 하에 교수진의 출신국적이 다양해졌다. 그러나 그 다양화

---

51) Arif Dirlik의 "Globalization, Areas, Places"와 "No Longer Far Away"(인용은 p.28) 참조.
52) 이와 같은 재단의 재정 지원의 내용 변화에 민감할 수밖에 없는 것이 미국 내 지역연구자들이나 대학도서관 담당자들의 처지다. Patricia Stranahan, "The Reality of Funding"과 Kristina K. Troost, "Challenge and Opportunities for Asian Libraries"를 볼 것. 두 글은 *Asian Studies Newsletter* 43-4 (Fall 1998), pp.16~18에 게재.

가 결코 연구의 시각적 혹은 분석적 다양화를 인정하는 것은 아니고 교수진의
인종적 다양화만을 의미해 버리고 마는 것 또한 현실이다.

전 지구주의의 성행과 전 지구화의 진전이 기존의 연구방법론을 하루아침에
바꾸고 그것을 교과과정에 적용케 하기도 한다. 예를 들면, 기존 지역연구
방법론의 하나인 비교론적 접근(comparative approach) 방법이 이제는 연결론적
접근(connective approach) 방법으로 바뀌어 강의를 통해 학생들에게 전달된다.
한 예로, 미국 듀크 대학의 '비교지역연구 프로그램'(Comparative Area Studies
Program) 전공자들이 1998년 당시 필수로 수강한 과목인 '전 지구 문제에
대한 비교론적 접근'(Comparative Approaches to Global Issues)을 들 수 있다.
이 수업의 내용소개 난에는 다음과 같은 설명이 있었다.

> 지난 여러 해 동안, 이 수업은 기본적으로 여러 나라(혹은 세계의 지역들)의
> 특정한 사회적, 문화적, 정치적, 또는 경제적 상태가 명확히 비교되는 **비교론적
> 방법**(comparative method)에 주로 [수업 내용의] 초점을 맞췄었다. 그러나 올해
> 이 수업은 이에 대신하여 **연결적 분석**(connective analysis)에 더 초점을 맞춘다.
> 다시 말하면, 이 수업의 목적은 역사적 연결, 현재의 경제적 결속, 직접적
> 이주에 의한 연결, 또는 다른 어떤 형태의 교환에 의해서건 세계의 여러 다른
> 지역들이 어떻게 명확히 서로 연결되어 있는가를 살펴보는 것이다.[53] (강조는
> 원문)

이 강의계획표의 강의내용 설명을 짧게 요약하면, 그동안 서로 다르다고
인식되어 비교되어 온 지역들을 이제는 서로 정치적·사회적·경제적·문화적·역
사적으로 연결시키는 것을 강의의 출발점이자 전제로 한다는 것이다. 요즘
미국 대학들은 지역연구를 과연 국제연구(International Studies)로 해야 할지
아니면 전 지구연구(Global Studies)로 해야 할지 고민하기도 한다니, 문제의식의

---

53) 이 강의 내용 설명은 듀크 대학의 "Comparative Area Studies 125: Comparative Approaches
to Global Issues" (Spring 1998) 강의계획표에 나온 수업 소개 내용이다.

소재가 불확실할 수밖에 없다. 그럼에도 불구하고 한 가지 분명한 것은 이제 분석의 단위가 지역을 기반으로 하건 안 하건 그 연구결과의 지향은 지역을 넘어서 '전 지구'를 상대로 하고 있다는 사실일 것이다, 어느 학자는 현재의 전 지구적 세계연결을 전제로 아시아가 이미 고대시기부터 세계(즉 유럽)와 동떨어진 지역이지 않았고, 오히려 오랫동안 다른 지역들과 접촉과 교류를 계속 해왔다고 주장한다.54) 또 최근에는 기존의 (지역연구의 유럽중심주의에 기반한) 세계 지역구분 등을 비판하며 인류지리학(human geography)의 새로운 교수법을 위해 새로운 세계구분을 시도할 것을 주장하는 학자들도 있지만,55) 이런 주장 또한 새로울 것이 하나도 없는 인습적이며 보수적인 논의라는 비판의 소리도 들린다.56)

결국, 전 지구주의는 기존의 근대화론자들의 주장을 세계경제의 전 지구적 변화에 맞춰 확대한 것에 불과하고 그 주장도 '지적 주장'이 아니라 '초국가자본의 새로운 슬로건'에 불과하다는 아리프 딜릭의 주장은 꽤나 설득력이 있어 보인다.57) 국민국가(혹은 지역)가 더 이상 분석의 단위로서 전 지구화된 자본주의의 지배를 적절히 설명해 내지 못한다는 주장은, 일본, 타이완, 한국 등 아시아자본주의의 발전과 더불어 서구중심의 근대화론의 타당성을 상실시키기는 했다. 그리고 전 지구화의 결과로 나타난 전 지구적 생산, 경영, 마케팅 등에서 동부아시아 자본이 '다문화주의'를 요구하고 관철시켰다. 적극적으로 이들 동부아시아 국가들의 학술재단들이 미국내 연구와 학술활동에도 자금을 적극 지원하며, 미국의 정치·경제·문화와 지적 생활에까지도 영향력을 행사하기 시작했다는 최근의 사정은 확실히 동아시아 국가들이 근대화론 재확산의

---

54) Jerry H. Bentley, "Asia in World History," *Education About Asia* 4-1 (Spring 1999), pp.5~9.

55) Martin W. Lewis and Karen E. Wigen, 위의 책.

56) *Journal of World History* 10-1 (Spring 1999), pp.205~210에 실린 James M. Blaut의 위의 책에 대한 서평 참조.

57) Arif Dirlik, "Globalism, Areas, Places" 참조.

공범이라는 주장을 뒷받침한다.58)

V. 전망

전 지구주의의 등장에 따른 세계의 변화는 보수주의 학자와 비판적 학자 모두에게 미국 지역연구를 재고케 하는 계기를 제공하였다. 미국학계의 주류에 해당하는 보수주의자들의 지역연구에 대한 비판, 즉 지역연구 무용론은 지역연구의 왜곡된 인식이나 분석틀에 대한 비판은 아니었다. 오히려 이들의 비판은 역설적으로 학문의 자유에 관한 문제 즉 연구의 주제선정과 연구결과가 권력의 이익과 통제를 위해 봉사할 가능성을 여전히 비판적으로 문제제기하게 만들었다.

세계의 대다수 지역은 아직 전 지구화가 초래한 긍정적 면에서의 이득이나 혜택과는 먼 거리에 있다. 오히려 전 지구화 움직임에 대한 이들 지역의 저항이 좀 더 분명해지고 있다. 다시 말하면, 전 지구화에 따라 각 단위국가 내 혹은 단위국가 사이에 나타나기 시작한 전 지구화의 직접적 결과로서의 경제직 불평등과 빌전의 불균형은 지역민의 직접석 서항의 대상이 되고 있다. 그것은 잘못된 일방적 근대성 강요에 대한 저항이기도 한데, 그 대표적인 예가 중국의 파룬궁(法輪功)일 듯싶다.59) 전 지구화가 대세인 세계에서 이런

---

58) Arif Dirlik, 위의 글과 Mark Seldon, "Introduction of Asia, Asian Studies, and the National Security State: A Symposium," *Bulletin of Concerned Asian Scholars* 29-1 (January-March 1997), p.3.

59) 필자가 한 중국인 친구로부터 들은 바에 의하면 파룬궁의 유행은 개혁개방 이전과는 달리 특히 농촌거주자와 소득이 낮은 계층에게 의료보호의 혜택이 현격히 줄어든 데 기인한다고 한다. 그들 저소득 농촌계층은 의료혜택이 (개혁개방 이전과는 달리) 현격히 줄었기에 파룬궁 수련을 통해 자신의 질병과 싸우려 했다. 따라서 파룬궁은 인기가 높을 수밖에 없었다. 중국의 세계자본주의 경제에의 편입이 자국민 모두에게 이득을 가져온 것이 아니며, 더구나 '잘못'되고 '강요된' 경제발전주의(근대화)는 그 발전의 결과에서 소외된 계층민의 '저항'을 받는다는 의미에서 이는 중요하게 고려되어야 할 부분이다. 중국근현대사에서 근대에의 편입을 거부한 농민의 저항에 관한 연구로는 Roxann Prazniak, *Of Camels and Other Things: Rural Rebels Against Modernity*

지역적 저항의 움직임까지도 담아 낼 수 있는 지역전문가와 그들이 생산해 내는 지식은 여전히 중요하다. 이는 전 지구주의가 진정한 지역전문가들에게 새로운 '역할'을 부여했다는 것을 의미한다. 지역과 국가라는 경계선이 점차 의미가 없어지는 현 상황에 대한 비판적 인식이 그런 역할의 하나일 것이다. 예컨대, '중국인이란 누구인가'와 같은 질문을 국경이 없어져 가는 전 지구화하는 세계에서 비판적 인식을 통해 이해할 필요가 있다는 것이다.[60] 구체적으로는 '중국인'을 역사적으로 이해하고, 그 개념의 지역적 차이나 특성 등을 인정해야 한다. '중국'이나 '중국인'은 다양한 지역에서 일어난 복잡한 인간활동 그리고 그에 따른 결과로서 만들어진 역사적 개념이다. 그 자체가 의미가 고정되거나 이미 오래 전부터 존재했던 개념은 절대 아니다. 여기서 그 개념의 다양성과 복잡성을 무시한 채, 현 자본주의의 발전에 맞춰 '중국인'을 새롭게 이해, 규정하려는 노력은 매우 위험한 발상일 것이다.[61]

지역연구 자체에 대한 많은 비판 내용이 시사하듯이, 지역연구는 그 기원뿐만 아니라 목적론적 전제나 분석틀에 문제가 있는 것이지, 한 지역이나 국가 등을 단위로 이루어지는 생산적이고 비판적인 연구 자체가 사실 크게 문제가 되는 것은 아니다. 목적론적 인식, 오리엔탈리즘, 유럽중심주의 등을 벗어난 지역연구가 필요하다. 따라서 중요한 것은 지역을 지역 자체로서 이해하려는 자세다. 자본주의 발전을 염두에 둔 목적론적 혹은 경험론적 접근은 그 목적과 경험에 맞지 않는 지역내 자료를 무시하거나 혹은 경시할 가능성이 있기에 위험하다. 더구나 현재 일어나는 세계질서의 변화에 편승한 또 다른 목적론에 빠져버릴 가능성도 있다. 예컨대, 현 사회주의의 붕괴 혹은 중국에서 일어나는 '자본주의적 실험'을 경험론적으로만 연구할 경우, 그 연구는 중국혁명과 중국

---

in Late Imperial China (Rowman and Littlefield, 1999) 참조.

60) Arif Dirlik, "No Longer Far Away," p.28.

61) 그 예가 두웨이밍(杜維明) 등이 주장하는 주변(미국)으로부터 중심(중국)을 이해하자는 움직임이다. Tu Wei-ming, "Cultural China: The Periphery as the Center" in Tu Wei-ming ed., *The Living Tree: The Changing Meaning of Being Chinese Today* (Stanford University Press, 1994), pp.1~34.

사회주의에 대한 부정적 편견에 의해 (자본주의 실험을 염두에 둔) 경험론적 결과를 상정하고 시작될 수밖에 없다는 것이다. 보통 많은 학자들이 자본주의 발전을 상정하는 구미의 근대화론을 강력히 부정하면서, 역설적으로 아시아 혹은 제3세계에서의 자본주의적 발전은 (무의식적으로) 당연시하기 때문이다. 근대화론 비판자가 중국의 자본주의 맹아를 연구·주장하는 것이 그 예다.

브루스 커밍스는 여러 지역연구의 폐단을 없애기 위해 기존의 사회과학(social sciences) 분야를 정치경제학(political economy)으로 대체하고, 현 미국의 지역연구 프로그램을 국가와 외국자본의 영향에서 벗어나 새롭게 구성하자고 주장한다. 나아가 미국의 대학을 축으로 한 권력과 재단과의 삼각연계도 끊어 자유로운 학문 추구를 가능케 하자고 주장한다. 이를 위해 그는 학문활동을 지원하기 위한 자유로운 기금의 모금도 주장한다. 그에게 무엇보다 가장 중요한 전제는, 미국 중앙정보부(CIA)를 없애고 모든 정보 요원을 학문의 자유영역에서 내몰아야 한다는 것이다.[62] 비록 현실적으로 불가능해 보이는 해결책이지만, 사실 많은 비판적 학자들은 그의 기본 논조에는 동의하는 듯하다.

아리프 딜릭의 경우는 구체적인 대안을 제시한다. 그가 최근 제기한 '지역에 기초한'(place-based) 접근방식은 이채롭고 상당히 실득력 있게 들린다. 그가 주장하는 지역(place)이란 지역연구의 기본단위인 인위적 구분에 의한 지역(area) 혹은 또 다른 지역(region)과는 전혀 다른 의미를 지닌다고 한다. 그에 따르면, 먼저 지역(place)에 대한 강조는 지역 간의 차이를 강조함으로써 역사를 목적론적 혹은 보편적(universal)으로만 보는 경향을 피할 수 있다. 그리고 그것을 통해 현실체제의 진정한 대안을 생각할 수 있게 된다고 한다. 즉 지역연구(area studies)의 지역(area)이 특정 목적을 갖는 인위적 구분으로 이루어진 경계라면, '지역(place)에 기초한' 접근방식은 바로 그러한 인위적 경계와 구분을 근본부터 거부하는 지역(place)에 거주하는 토착민들(indigenous people)

---

62) Bruce Cumings, 앞의 글, p.26.

의 자발적이거나 자연스런 움직임을 중요하게 생각한다.[63] 최근 한국사회에서 전개되고 있다고 보도된 화성의 야마기시즘 공동체나 시민불복종운동, 지역화폐운동, 생체공동체운동, 자유공동체운동 등의 시민운동[64]도 바로 이러한 지역에 기초한 토착민의 움직임에 다름 아닌가 한다.

끝으로 필자는 투박하나마 미국학계에서 전개된 지역연구에 대한 비판적 논의를 염두에 두면서 한국의 '신지식인운동', 교육부가 주관하는 '두뇌한국21' 과 '인문한국' 사업, 각 대학의 지역학과 설치 등에 대한 개인적 생각을 간략히 정리해 보고 싶다. 먼저 학문과 권력의 관계다. 학문과 권력의 관계는 사실 한국학계에서 생소한 것이 아니다. 특히 1970년대 이래 한국에서도 권력과 학문의 위험한 관계는 꽤 논의가 되어 왔다. 그런데 지금 한국에서 다시금 권력과 학문의 관계를 중요한 문제로 다시 제기할 필요가 있다고 생각한다. 물론 국가와 민족의 이익을 내걸고 진행되었거나 또는 진행되고 있는 연구가 모두 권력을 지탱해주는 부정적 연구인 것은 절대 아니다. 단순한 얘기지만 국가나 학술재단의 지원을 받는 연구의 목적이나 결과가 지향하는 것이 특정 권력의 이익과 어떤 상관관계를 갖느냐를 이해하는 것이 중요하다.

권력과 학문의 관계는 앞으로 학문과 사회의 민주와 자유라는 큰 틀 속에서 생각할 필요가 있다. 학자들이 아무리 민주적이고 수많은 자유토론을 통하여 새롭게 형성한 사상이나 분석틀이라도 현실적으로 국가권력이 그 사상이나 틀을 적극적으로(즉 재정적이나 제도적으로) 공식화 혹은 제도화(institutionali- zation)시키지 않으면 그 내용이 학자들 사이에서조차 적극 회자되기란 쉽지 않기 때문이다.[65] 마치 그것은 '좋은' 생각이 진보적 혹은 위험한 사상으로

---

63) Arif Dirlik, "Place-based Imagination: Globalism and the Politics of Place," *Review* 22-2 (1999), pp.151~187.

64) 「21세기 자유―아나키즘」, 『한겨레21』 279(1999년 10월) 참조.

65) 새로운 사상이 한 사회에서 적극적으로 회자되는 데는 사실상 국가권력의 적극적 개입(즉 제도화)이 필요했다는 점에 관해서는 Robert Wuthnow, *Communities of Discourse: Ideology and Social Structure in the Reformation, the Enlightenment, and European Socialism* (Harvard University Press, 1989)의 논의 참조. 미국 지역연구의 미국정부에 의한 '제도화'

여겨져 권력의 탄압을 받고 사라져 가는 것과 마찬가지다. 역으로, 권력이 적극적으로 어떤 의도를 갖고 어느 사상을 적극 장려·고취한다면, 그에 따른 부정적 결과는 상상하기 어렵지 않다. 물론 권력이 주도하는 학문이 모두 부정적 결과만을 가져오는 것은 절대 아니다. 다시 강조하지만, 문제는 학문과 사회에서 민주와 자유를 담보하는 것이다. 미국의 비판적 학자들이 지역연구를 비판할 때 가장 중요시했던 것도 이것이고, 이런 문제의식은 한국에도 분명히 적용되는 것이 아닐까 싶다.

한국 대학에서는 1990년대 이후 지역학과(예컨대 중국학과나 일본학과) 창설이 주류를 이루었고, 현재도 그런 움직임은 계속되고 있다. 지역을 단위로 한 지식의 생산과 축적의 역사가 일천한 한국학계의 경우, 이런 지역통합적 학문 생산으로 나가는 경향이 어느 정도 학문발전에 도움이 될 수 있는 것은 사실이다. 다만 문제는, 미국 지역연구의 과거와 현재를 거울로 삼는다면, 지역을 규정하는 임의성과 그에 따라 소외되는 그 지역 내의 소지역(혹은 주변)의 존재다. 예를 들면, 중국학과가 중국에만 학문적 관심을 갖는다면, 자칫 티베트나 타이완 지역민들의 독립 움직임이나 홍콩민들의 자치를 향한 저항 등은 중국과 관련된 지식 생산에서 도외시될 가능성이 있다. 이같이 지역학과가 다루지 않는 그 지역 내의 개별적인 작은 움직임이 갖는 중요성이 통일된 지역이라는 미명 하에 쉽게 지워지거나 왜곡 혹은 축소될 수도 있다. 이 책에서 살펴보았듯이, 그것은 바로 오리엔탈리스트의 전통이고 역사왜곡이자 역사인식에 대한 통제로 작용해 왔다. 개념으로서 과거와 현재의 중국은 분명히 다른 것이고, 사실 우리가 아는 현재의 중국은 근대세계가 만든 개념이다. 그러나 현재의 중국은 어떤 의미에서건 과거의 중국과 연관이 있는데, 역사가에게 주어진 임무의 하나가 바로 그 두 중국이 주는 의미가 무엇인지, 관련성은 무엇인지 등을 궁구하는 것이 아닐까? 그 두 중국은 임의적으로

문제를 (세계 시장경제의 구성과 지배란 차원에서) 중점적으로 다룬 것이 Ravi Arvind Palat, 앞의 글이다.

통합되어 이해될 수는 없다. 구미 오리엔탈리스트들의 전철을 그대로 밟아서는 안 되는 것이다. 중국이란 실체(혹은 환영)가 왜, 어떤 과정을 거쳐, 누구에 의해 만들어졌는지, 더구나 왜 지금 확장된 대중화권 등의 변화된 개념으로 다시금 등장하는지 궁구할 필요가 있다.

제 **3** 장

냉전시기 미국의 지역연구와 아시아 인식

Ⅰ. 문제의 제기

우리가 흔히 사용하는 지역학 혹은 지역연구(area studies)란 용어는, 1945년 이후 냉전이 진행되면서 미국학계에서 최초로 쓰기 시작하였다. 즉 지역연구란 제2차 세계대전이 끝난 후 소련으로 대표되는 사회주의 세력과 미국으로 대표되는 자본주의 세력의 대결구도에서 발생한 냉전과 직접적이고 깊은 관련을 갖고 미국학계에서 사용되기 시작한 용어이자 동시에 미국학자들이 냉전시기에 창안한 하나의 학문분야라고 할 수 있다. 자본주의 세계와 공산주의 세계 사이의 냉전 대결 구도 속에서 당시 미국의 학자들은 세계를 기본적으로 세 개로 구분하였다. 자본주의 체제의 제1세계(the First World), 소련식 공산주의 체제하의 제2세계(the Second World), 그리고 비(非)자본주의의 길을 걷던 저개발(underdeveloped) 국가들의 제3세계(the Third World)가 그것이다. 학자들은 이 세 개의 세계에 대한 연구를 진행하면서 자신들만의 필요성에 따라 세계를 더욱 세분하여 동아시아, 서아시아, 동남아시아, 아프리카, 남아메리카, 동유럽, 중동 등과 같은 여러 지역(area)으로 나누었다. 물론 그런 구분의 기준이 되었던 것은 기본적으로 미소간의 국제 경쟁관계(international rivalry)였다. 즉 이들 각 세부지역에 대한 지식의 생산과 축적이 미국의 냉전정책 수립과 실행에서 중요한 위치를 차지하게 되자 미국 연방정부 산하의 기관(예컨대 CIA) 등뿐만 아니라 여러 미국 내 학술(지원)재단은 이들 지역에 대한 학문연구를 재정적으로 직·간접 지원하였다. 미국내 대학과 연구소들은 이런 재정적 뒷받침을 근간으로 지역연구를 학문적·행정적으로 후원하면서 지역연구를 진행·발전시켰다. 특히 지역연구에서 지역에 대한 지식 생산의 핵심적 역할을 담당하고 수행한 것은 미국 학계의 사회과학자들과 저널리스트들이었다.[1] 다만 그들이 지역전문가(area specialist)로 불리곤 했지만 그들이 생산한 지역에 관한 지식이란 것이 대부분 한 민족이나 국가를 기준으로 만들어진 것이었기에, 그들은 실상 중국전문가, 일본전문가와 같은 일국 전문가에 지나지 않았다.

이런 기원과 발전 과정을 거쳐 등장한 미국 지역연구는 그 이론적 전제를 미국과 서유럽에서 볼 수 있는 근대사회, 즉 구미식 근대성의 성취에서 찾았다. 미국의 지역전문가들은 자연히 구미식 근대사회의 성취를 세계인류 진보의 보편적 과정이자 귀착지로 보았다. 그들은 봉건(전통)사회에서 자본주의(근대)사회로 발전해 온 서유럽의 과거경험에 근거한 역사와 진보의 궤적을 인류의 보편적 발전모델과 방향으로 보았다. 자연히 그들은 공산주의를 이런 보편적 인류발전과 진보에서 일탈한 것으로 보고, 공산주의가 왜 중국(혹은 아시아)과 같은 특정 '전통적'이고 '낙후된' 국가(혹은 지역)에서 환영받고 또 성공적으로 이식되었는가? 어떻게 하면 공산주의가 다른 지역과 국가로 침투, 이식, 발전하는 것을 막을 수 있는가? 왜 특정 지역(혹은 국가)은 근대성의 상징인 민주주의와 자본주의를 선택하지 않고 공산주의를 선택했거나 선택하려 하는가? 등과 같은 냉전적 인식에 기초한 질문들을 던졌다. 그리고 이런 질문들에 학술연구를 통해 답하는 것이 바로 미국 지역연구의 기본 임무였다. 따라서 미국 학자들은

---

1) Carl E. Pletch, "The Three Worlds, or the Division of Social Scientific Labor, Circa 1950-1975," *Comparative Studies in Society and History* 23-4 (1981). 일본의 지역연구가 비학제적 (nondisciplinary) 접근을 시도하는 등 미국 지역연구와 다른 면이 많은 것은 사실이지만, 개발도상국가(developing countries)를 연구대상으로 삼았다는 점은 공통점일 것이다. Suehiro Akira, "Bodies of Knowledge: How Thinktanks Have Affected Japan's Postwar Research on Asia," *Social Science Japan* 20 (1997).

이런 질문에 대한 답을 구하기 위해 각 지역(대부분 한 국가나 민족)에 대한 학제적(interdisciplinary) 지식을 생산·축적하였고, 그 지식은 공산주의 봉쇄를 위한 미국의 세계정책과 외교정책에 반영되고, 다시 미국 연방정부는 그들에게 정책적·재정적 지원을 제공하면서 지역연구를 발전시켜 왔다. 한마디로 말하면, 미국의 공산주의 봉쇄정책(containment policy)과 저개발국가에 대한 (공산화 방지를 위한) 경제발전 원조정책을 도모하는 미국 연방정부와 여러 학술재단의 여러 체계적 지원 하에서 시작·발전한 것이 미국의 지역연구였던 것이다. 결국 미국 지역연구의 성립 배경에는 '학문적 관심보다는 전략적 관점에서 발전'하기 시작한 미국의 '(공산주의) 적성국가'에 대한 연구 추구가 존재했던 셈인데, 이런 미국 지역연구의 성격은 필연적으로 '권력과 지식의 연계(nexus)'를 만들었다.[2] 저명한 미국의 중국전문가 존 페어뱅크(John K. Fairbank)의 표현에 따르면, 미국이 국가정책상 필요로 한 지식체(a body of knowledge)와 학자군(a corps of teachers)을 만들기 위해 여러 재단과 대학이 정부의 각종 지원 하에 공동으로 추진한 것이 지역연구였던 것이다.[3] 바로 이런 이유로 인해 미국의 지역연구는 일찍이 학문과 학자의 기본 임무가 과연 국가정책을 뒷받침하는 것인가? 만약 그렇다면 국가정책의 호불호는 누가 결정하는가?

---

2) 이상의 내용에 대해서는 國分良成, 「アメリカの中國研究」, 野村浩一 外 編, 『現代中國研究案内』(岩波書店, 1990), 57~58쪽 ; Bruce Cumings, "Boundary Displacement: Area Studies and International Studies during and after the Cold War," *Bulletin of Concerned Asia Scholars* 29-1 (1997), pp.6~29 참조. Cumings의 글은 "Asia, Asian Studies, and the National Security State: A Symposium"이란 제목 하에 발행된 *Bulletin of Concerned Asia Scholars*의 특집호(객원편집인 Mark Selden)에 실려 있다. 이 특집호의 문제의식을 이해하려면 Mark Selden, "National Security and the Future of Asian Studies," *Bulletin of Concerned Asia Scholals* 24-2 (1992)를 볼 것. 미국 내 비판적 학자들의 미국 지역연구에 대한 비판은 이 특집호에 실린 다른 글들도 참조할 것. 미국 지역연구를 국내학계에 소개한 글로는 황동연, 「21세기 전야 미국 지역연구(Area Studies)의 운명: 전 지구화와 그에 따른 지역연구의 방향에 대한 미국학계의 비판적 논의」, 『동아시아역사연구』 6집 (1999), 187~219쪽과 김경일, 「전후 미국에서 지역연구의 성립과 발전」, 『지역연구』 5-3(1996), 223~268쪽 참조.

3) John King Fairbank, *Chinabound: A Fifty-Year Memoir* (Harper & Row, 1982), p.355.

학문과 권력의 관계는 종속적인가? 학문과 학자의 임무는 무엇인가? 등과 같은 여러 쟁점적 문제를 학자들 사이에 제기하면서 그동안 진행·발전해 왔다.

이 글은 이 같은 기원과 발전 과정을 거친 미국의 지역연구가 냉전시기에 생산한 아시아에 관한 지식과 그 지식이 생성한 미국의 아시아 인식을 살펴본다. 특히 미국 지역연구가 아시아에 관한 지식을 생산하면서 이용한 인식론적 방법론인 유럽중심주의(Eurocentrism), 오리엔탈리즘(Orientalism), 근대화론(Modernization Theory)을 중심으로 미국 냉전시기의 '동아시아'에 관한 지식의 생산과 인식 형성의 관계를 규명해 보고자 한다. 그리고 그 과정에서 미국 지역연구가 생산하여 남긴 아시아에 관한 냉전지식의 유산이 최근 미국의 동아시아 인식 나아가 동아시아인들의 자아인식과 어떤 관계를 갖는지, 그리고 그 관계의 의미는 무엇인지도 검토해 보고자 한다. 간단히 말해서, 미국 지역연구가 냉전시기에 생산한 동아시아에 관한 지식이 미국의 아시아 인식에 어떤 영향을 주었는지, 또 동아시아 삼국의 상호이해와 인식, 상호연구 및 자아인식과는 어떤 관련이 있는지도 살펴보고자 한다. 특히 미국 지역연구가 생산해 낸 동아시아 지역전문가 학자군, 미국의 아시아 관련 지식과 인식, 미국의 지역연구 담당 연구소, 재단 등의 관계도 간략히 언급하고자 한다. 다만 여기에서는 미국의 중국인식과 관련된 내용을 더 많이 다룰 것이다. 그 이유는 미국의 일본인식이나 한국인식 혹은 그 외의 아시아 국가에 대한 미국의 인식이 중요하지 않아서가 아니다. 아래에서 필자가 지적하듯이 미국의 중국인식은 미국의 초기 아시아 인식을 형성시킨 중요한 전형이었고, 필자의 견해로는 지금까지도 그 전형에 변화가 없기 때문이다. 물론 미국의 중국인식이 미국의 아시아 인식 전체를 대표하는 것은 아니다.

미국 지역연구의 일환으로 1950년대부터 본격적으로 시작된 동아시아학(East Asian Studies)은, 이전의 극동(Far East)에 대한 지식이라는 기존의 오리엔탈리스트적 인식 틀에서 벗어나 미국의 동아시아 지역에 대한 냉전정책이란 큰 틀 속에서 미국정부와 여러 재단의 재정적·정책적 지원, 여러 대학 연구소의 학문적 지원을 받으며 시작되었다. 예를 들면, 미국의 포드 재단(The Ford Foundation)은 1950년대 후반에 1억 달러, 1960년대 초중반에는 총 5억 달러를 미국 내외 대학에 증여하였다. 이 중 지역연구에는 2억 5천~2억 7천 달러가 넘는 금액이 지원되었다고 한다.4) 1945년 이후 미국이 (베트남을 포함한) 동아시아 국가들 즉, 한국, 일본, 중국, 타이완, 베트남에서 많은 정치적, 경제적, 군사적 이해관계를 갖고 있었기에, 미국 지역연구의 일부로서 시작된 동아시아학은 냉전구도 속에서 만들어진 공산주의 봉쇄정책 지원뿐만 아니라 미국의 동아시아 지역내 제반 이해관계를 보호하려는 미국의 동아시아 정책과도 기본적으로 맞물려 진행되었다고 할 수 있다. 이에 따라 미국 연방정부와 여러 재단은 동아시아 개별 국가의 자국에 관한 연구 혹은 지역연구에 대해서도 여러 재정적 지원을 강화했을 뿐만 아니라 동시에 1945년 이래 미국학계가 전 세계적으로 점차 갖게 된 학문적 권위를 더 한층 이용하여 일본, 한국, 타이완 학계의 자국에 대한 지식, 동아시아에 관한 지식의 생산 모든 면에서도 지대한 영향을 미쳤다. 이런 미국의 재정적 지원이 동아시아 국가들 간의 상호인식, 미국의 아시아 인식 형성에도 상당한 영향력을 직·간접적으로 만들어냈다는 것은 불문가지다.5)

당시 미소 양국 중심의 냉전 속에서 새롭게 냉전의 한 축을 점차 담당하게 된 사회주의 중국의 학계도 마오쩌둥(毛澤東) 사상을 근간으로 한 학문연구를 추진하면서, 미국의 지역연구가 당시 생산·보급하던 중국에 관한 냉전지식에 대응하여 사회주의에 근거한 중국지식을 생산했다는 것은 전혀 새로운 얘기가 아니다. 중국의 자아인식이 1949년 사회주의 중국의 성립과 함께 계급투쟁, 반제(反帝)·반봉건(反封建) 인식에 기초를 둔 중국역사연구와 함께 시작되고 변화되었다는 점은 공산중국의 자아인식도 냉전과 깊은 관련이 있다는 사실을

---

4) 김경일, 앞의 글, 244쪽.

5) 예컨대 T. Christopher Jespersen, *American Images of China, 1931~1949* (Stanford University Press, 1996)을 볼 것.

나타낸다.6) 또 한국학계의 (근대)중국에 대한 인식의 계보가 1945년 이후에 본격적으로 시작되었던 점,7) 1945년 일본패전 후 일본의 진보적 학자들을 중심으로 일본의 중국인식이 새롭게 변했던 점8) 등은 1945년 이후 동아시아 삼국의 자아인식뿐만 아니라 상호인식의 형성도 결국 냉전과 깊은 관계를 갖고 있었다는 사실을 시사한다. 즉 동아시아 국가들의 자아인식 형성이나 지역연구의 기원과 발전, 그리고 그에 따른 동아시아 삼국의 상호인식의 기원과 형성을 이해하는 데 빼놓을 수 없는 것이 바로 냉전의 산물이었던 미국의 지역연구, 구체적으로는 동아시아학이라고 할 수 있다. 미국 지역연구는 학문적, 재정적, 그리고 정책적인 면 모두에서 다양하게 그 영향력을 행사했다.9)

이상의 문제의식 속에서 필자는 미국의 아시아 (혹은 동아시아) 인식의 계보를 역사적으로 검토하는 것으로 이 글을 시작한다. 그리고 그런 인식의 역사적 유산으로서 미국 지역연구가 생산·보급한 동아시아 인식과 지식의 역할과 의미를 살펴보고 나아가 1950년대 이후 미국 지역연구의 여러 재정적 지원을 받으며 동아시아학을 이끌던 미국의 대표적 지역전문가들의 연구에 대해서도 간단히 살펴보고자 한다. 그들의 동아시아 연구의 내용, 연구방법론, 문제의식을 간략히 살펴볼 것이다. 다만 그들의 연구가 미국내 여러 재단

---

6) Albert Feuerwerker ed., *History in Communist China* (The MIT Press, 1968) 참조.

7) 김태승, 「중국근대사 인식의 계보와 유산―탈근대적 중국사 인식의 전망을 위한 문제제기―」, 한국역사연구회 엮음, 『20세기 역사학, 21세기 역사학』(역사비평사, 2000), 67~87쪽.

8) Oguma Eiji, "The Postwar Intellectuals' View of 'Asia'," in Sven Saaler and J. Victor Koschmann eds., *Pan-Asianism in Modern Japanese History: Colonialism, Regionalism and Borders* (Routledge, 2007), pp.200~212.

9) 이런 사정을 일본학계의 예를 통해 살펴본 연구가 Takeshi Matsuda, *Soft Power and Its Perils: U.S. Cultural Policy in Early Postwar Japan and Permanent Dependency* (Woodrow Wilson Center Press, 2007)다. 한국학계를 포함한 한국사회 전반에 대한 미국정부의 영향력 행사 시도의 예로는 허은, 「1950년대 주한 미공보원(USIS)의 역할과 문화전파 지향」, 『한국사학보』 15호(2003), 227~259쪽을 볼 것.

및 연구소와 함께 생산해낸 학문 네트워크, 그리고 그 네트워크를 통해 동아시아에서 생산되고 유통되었을 동아시아에 관한 구체적 지식과 인식의 형성은 그 중요성에도 불구하고 지면상 이에 관련된 구체적 논의는 다음 기회로 미룬다. 필자가 이 글에서 지적하는 것은 미국 지역연구의 기본 분석틀이 유럽중심주의, 오리엔탈리즘, 근대화론과 깊이 맞물려서 진행되었고, 그런 연구를 주체적으로 이끈 것이 여러 지역연구 연구소와 재단들, 그리고 주요 저명한 중국 혹은 일본 전문가들이었다는 것이다. 말하자면, 미국 지역연구가 냉전의 개시와 더불어 생산·보급하기 시작한 아시아에 관한 지식은, 오리엔탈리즘의 아시아 인식의 유산을 이어받은 후 미국연방정부와 학술기관들의 여러 체계적인 지원을 통해 학문영역으로 발전한 지역연구 속에서 '과학적' 논리와 논증 등을 거친 학자들의 학술연구를 통해 만들어졌다는 것이다.

필자가 여기에서 지적하는 또 다른 것은, 아래에서 다시 상세히 다루겠지만, 미국의 지역연구가 유럽 오리엔탈리즘의 유산으로 시작되었지만, 더 중요하게는 그 배경에 미국만이 갖는 독특한 국가정체성과 그 국가정체성에 대한 미국 정치지도자들의 이해가 있었다는 것이다. 미국 건국의 지두자들은 이미 18세기부터 태평양 건너 아시아를 미국의 번영을 결정짓는 핵심적 지역으로 보았고, 이에 따라 19세기 초중반 미국이 대서양과 태평양을 동시에 국경으로 접하게 되자 마침내 대서양 열강이자 동시에 태평양 열강으로 우뚝 서기 시작했다. 그리고 태평양 열강이라는 미국의 정체성 형성의 결정판이 바로 태평양전쟁의 승리였다. 바로 이런 사정과 미국의 '이중적 국가정체성'이 미국의 냉전시기 아시아 인식 형성의 중요한 배경을 이루었다는 것이다. 결국 미국의 지역연구, 구체적으로는 동아시아학은 오리엔탈리즘의 학문적 전통과 유산뿐만 아니라 미국의 '이중적 국가정체성'을 배경으로 하면서 냉전이란 현실적·정책적 필요성으로 인해 연방정부와 여러 제도기관의 지원을 받으면서 동아시아에 관한 인식을 점차 체계적인 지식으로 만들어갔던 것이다. 그리고 동아시아 국가들의 자아인식과 상호간의 인식도 바로 그런 미국 지역연구가 생산한 아시아에 관한 지식과 맞물리면서 기본적으로 형성, 생산, 보급되었다.

여기서 이 글이 취하는 논증의 방식과 글의 성격에 대해 간단히 언급해 두고자 한다. 이 글은 새로운 자료의 발굴이나 사례연구를 통해 냉전시기 미국 지역연구가 창안한 아시아 인식의 구체적 궤적이라든가 그런 인식을 통해 지역전문가들이 만들어 낸 아시아에 관한 지식 형성의 구체적 과정을 추적하지 않는다. 오히려 기존의 여러 연구업적, 특히 미국학계의 지역연구에 관한 비판적 논의를 중심으로, 지역연구를 단순히 오리엔탈리즘의 유산으로서가 아닌 미국의 상업 팽창주의의 역사 속에서 파악하면서 미국의 냉전시기 아시아 인식을 살펴보고자 한다. 자연히 미국의 아시아 인식 형성과 관련된 개개 사건이나 인물 등에 대한 세밀한 논증과 연구보다는, 위에서 언급한 필자의 문제의식을 중심으로 미국의 전체적인 아시아 인식 형성 역사의 큰 흐름 속에서 냉전과 함께 시작된 미국 지역연구가 만든 아시아 인식과 지식의 의미를 살펴보는 것으로 글의 성격을 제한하려 한다. 이는 미국의 아시아 인식의 전체역사와 지역연구 전체에 대한 소개와 논증을 모두 다루기에는 무리가 있다는 현실적 문제도 있지만, 동시에 그것은 이 글의 의도하는 바가 아니라는 판단 때문이기도 하다. 따라서 이 글은 냉전시기 미국의 아시아 인식이 오리엔탈리즘뿐만 아니라 경제적 필요성에서 역사적으로 생성된 미국의 '이중적 국가정체성'과도 연결되어 창안·실천되었다는 점을 통시적으로 지적하는 데 많은 지면을 할애할 것이다. 미국의 냉전시기 아시아 인식을 형성한 다른 주요 배경인 군사적·문화적·인종주의적·종교적 요인에 대한 구체적 검토는 많이 하지 못할 것이다. 또한 냉전 이후 미국의 아시아 인식 형성, 지역연구의 동향 등과 관련된 제반 중요한 문제도 많이 다루지는 못할 것이다. 추후의 연구과제로 남기고자 한다.[10]

---

10) 다만, 냉전 이후 미국 지역연구 방향에 대한 여러 새로운 논의에 대한 구체적 소개는 김경일, 앞의 글과 본서 제1장을 볼 것.

II. 미국의 아시아 인식: 역사적 기원

미국의 아시아에 대한 최초 이미지와 인식은, 에드워드 사이드(Edward Said)가 시사하듯이 기본적으로 유럽 오리엔탈리즘의 전통과 유산 속에서 만들어졌다.[11] 유럽 오리엔탈리스트들이 '유럽의 타자(the Other)'로 창안한 아시아는 자연히 미국의 '타자'로도 등장했다. 따라서 아시아는 근대적이고 산업화된 미국과 대비되는 모든 특징들, 즉 전통적, 비이성적, 낙후된, 비근대적, 비과학적, 농경사회 등의 용어를 통해서 애초부터 미국인들의 인식에 깊이 자리잡고 있었다. 결국 미국의 아시아 인식의 기원에는 동양과 서양, 선과 악, 전통과 근대 같은 이분법적 인식체계를 통해 세계를 이해하고 파악하던 유럽의 동양 혹은 아시아 인식의 기원이 그대로 자리잡고 있었다.

물론 17세기 유럽인들이 '신비하고 이색적'(exotic)인 중국식 문양과 건축양식 등에 매료되어 중국열풍(Chinoiserie)에 휩싸인 적은 있지만, 이내 오리엔탈리스트의 동양 인식 속에서 아시아를 유럽인들에게 상업적 이윤을 가져다줄 수 있는 지역으로도 보고 있었다. 마르코 폴로(Marco Polo)의 경우에서 보듯이, 많은 유럽인들은 경제적 이익에 대한 높은 기대감을 지닌 채 아시아로 향하면서 경제적 이득이란 관점에서 아시아 인식을 최초 창안하고 있었다. 1776년 독립 이래, 미국의 초기 정치지도자들과 지식인들도 바로 이 같은 경제적 관점에서도 창안된 유럽의 아시아 인식의 전통도 그대로 따르면서 미국의 아시아 인식을 최초 형성해 갔다. 물론 그 과정에서 유럽과는 약간의 차이가 있는 미국만의 독특한 아시아 인식이 창안되었다. 그리고 그 배경에는 역사학자 마이클 헌트(Michael H. Hunt)의 지적처럼 여러 이데올로기적 요인이 있었다.

마이클 헌트의 주장을 요약하면 다음과 같다. 첫째, 미국은 유럽 국가들과는 예외적으로 다른 '위대한 국가'라는 인식이 초기 미국 지도자들 사이에 광범위하게 공유되고 있었다. 자유(liberty) 개념에 대한 미국인들의 집착과 독특한

---

11) Edward Said, *Orientalism* (Vintage, 1978).

인식은, 미국이야말로 새로운 문명의 중심지로서 세계를 새롭게 다시 시작할 수 있는 힘을 부여받았다고 그들로 하여금 믿게 한 것이다. 둘째, 수직적 인종주의에 기초한 미국인들의 세계인식은, 세계의 다른 민족이나 인종(race)을 대하는 그들의 기본적 자세를 형성시켰다. 독립 초기, 미국의 정책입안자나 지식인들은 인종이란 개념을 미국의 대외관계에서 상대 국가와 민족을 이해하는 가장 중요하고도 필수적인 핵심적 단서의 하나로까지 보았다. 이런 인종에 대한 인식 속에서 동아시아인을 인종적으로 열등한 동양인(Orientals), 몽골인종으로 묘사하기 시작했고, 이에 따라 동아시아에서 미국이 진행한 영토팽창이나 미국적 가치와 문화를 동아시아인에게 강요하는 문화팽창과 강요도 정당화시켰다. 셋째, 18세기 프랑스 혁명, 18~20세기 초에 걸쳐 일어난 남미의 독립전쟁과 혁명에서 볼 수 있던 근본적이고 급진적인 변화를 이들 미국 초기 지도자들은 두려움을 갖고 바라보았다. 따라서 그들은 상대적으로 덜 유혈적이라고 믿던 미국식 혁명(미국의 독립전쟁)을 혁명의 모범으로 보고 그런 인식을 공유하였다. 혁명에 대한 이런 인식은 미국에게 자유의 전도사라는 지위를 부여하고 나아가 혁명 과정에 대한 모범적 모델을 제시하는 역할도 부여했다. 이런 인식의 형성과 공유는 자연히 폭력과 급진주의를 미국식 자유의 확산에 대한 위협으로 간주하게 만드는 매우 주관적 인식의 형성으로 발전하였다. 이에 따라 미국인들은 근본적 사회혁명이나 사회변혁을 지향하는 모든 혁명적 움직임을 거부하였다. 이상과 같은 이데올로기적 배경은 초기 유럽에서 이민 온 백인중심의 미국인들이 만들어 간 자아인식이자 동시에 타자인식의 근간이 되었다. 헌트에 따르면, 이 같은 이데올로기에 기반을 둔 미국인들의 자아인식과 타자인식은 특히 정치지도자들 사이에서 광범위하고 지속적으로 공유되어 왔다.[12]

미국의 아시아 인식과 관련해서, 헌트가 지적하는 이데올로기적 면들 외에도 미국의 아시아 인식 형성에서 중요한 역할을 담당한 것을, 필자는 미국의

---

12) Michael H. Hunt, *Ideology and U.S. Foreign Policy* (Yale University Press, 1987).

이중적 국가정체성(dual national identities)이라고 지적하고 싶다. 지리적으로 보면 미국은 대서양과 태평양을 동시에 접하고 있는 국가 중 하나다. 이런 지리적 요인은, 앞서 언급한 아시아에 대한 경제적 이득이란 관점과 융합되면서 미국이 특별한 국가정체성을 만드는 근거가 되었다. 미국의 아시아 팽창이 시작된 19세기 중반부터 20세기 초에 걸쳐 미국은 대서양 열강(an Atlantic Power)이자 동시에 태평양 열강이라는 이중적 국가정체성을 창안해 갔다. 이런 사정을 역사학자 브루스 커밍스(Bruce Cumings)의 설명을 통해 표현한다면, 미국의 국제관계 연구에는 유럽과의 관계를 다루는 대서양 영역(Atlanticist dimension)뿐만 아니라 19세기 중엽부터 시작된 동아시아와의 관계를 다루는 태평양 영역(Pacific dimension)이 존재한다는 것이다. 커밍스에 의하면, 미국의 대외관계를 이해하기 위한 연구는 바로 이 같은 두 영역을 모두 고려하려는 '이중적 자세'를 필요로 한다. 그가 지적하듯이, 특히 태평양 영역은 지난 20세기의 후반세기 동안 대서양 영역 만큼, 그리고 경우에 따라서는 그보다 더 중요한 위치를 점하면서 미국의 대외관계 형성에서 작용해 왔고, 세계열강으로서 미국은 자아인식뿐 아니라 세계 속에서의 미국의 위치에 그에 따른 의미를 부여해 왔던 것이다.[13]

그런데 미국이 '이중적 국가정체성'을 형성하게 된 배경에는 미국이 처한 특별한 지리적 위치뿐만 아니라 그런 지리적 위치에서 자연스럽게 생긴 자아인식도 있었다. 시어도어 루즈벨트(Theodore Roosevelt) 대통령의 인식에서 나타나듯이, 미국의 정치 지도자들은 태평양을 '미국의 호수'(the American Lake)로 동아시아는 미국의 '새로운 프론티어'로 보는 경향이 있었다.[14] 그리고 그에 따라 19세기 중반 이래 미국은 대서양과 태평양을 동시에 국경으로 갖는 대서양 열강이자 태평양 열강으로 확실히 대두하고 있었다. 1846년 오레건(Oregon)과 현 워싱턴(Washington) 주를 영국과 분배해서 소유한 이후 미국의

---

13) Bruce Cumings, *Dimension from Sea to Sea: Pacific Ascendancy and American Power* (Yale University Press, 2009), iv.

14) Michael H. Hunt, 앞의 책, chapter 5.

미국 대륙내 영토팽창은 멕시코와의 전쟁을 통해 캘리포니아(California)와
아리조나(Arizona) 주를 1848년 획득하면서 절정에 이르고, 이내 미국의 국경이
태평양 연안에 본격적으로 다다르게 되었다. 미국의 영토팽창은 이후 더욱
태평양으로 향했다. 19세기 말, 하와이를 1898년 강제 병합하고, 같은 해
스페인과의 전쟁(미서전쟁, 1897~1898)에서 거둔 승리를 통해 태평양의 요충
지인 괌(Guam)을 획득하고 나아가 필리핀을 식민지화(1898)하였다. 한 발
더 나아가 당시 윌리엄 맥켄지(William McKenzie) 미국 대통령은 국무장관
헤이(John Hay)를 통해 1900년 중국에 대한 문호개방정책(Open Door)을 세계열
강에 요구했다. 미국에게 태평양과 동아시아가 얼마나 중요해지고 있었는지를
확인할 수 있는 일련의 사건의 연속이었다. 이런 배경과 역사 전개를 거치면서
20세기에 들자, 미국은 이제 태평양을 중심으로 등장하던 세계열강의 일원이
되었다. 특히 미국은 제1차 세계대전 동안 유럽에서의 전쟁에 참가하면서
세계 최강국의 하나로 대두함과 동시에 본격적으로 대서양과 태평양을 동시에
지배하는 열강으로 거듭나고 있었다. 그러나 미국의 태평양 열강으로의 등장은
태평양의 반대편에서 또 다른 태평양 열강으로 떠오르던 일본과 갈등을 일으켰
고 1930년대에 들어서면서 양국 간의 물리적 대결은 점차 불가피해 보였다.
결국 태평양 전쟁(1941~1945)을 통해 일본의 도전을 성공적으로 물리친 미국
은 바야흐로 태평양을 '미국의 호수'로 만들어 버리고, 동아시아를 마침내
미국의 새로운 프론티어로 만들었다.[15)]

여기서 중요한 것은, 미국의 초기 지도자들이 이미 태평양과 아시아가
미국의 미래에 중요하다는 사실을 적극적으로 인식하고 있었다는 사실이다.
초기 미국의 정치 지도자들인 조지 워싱턴(George Washington), 벤자민 프랭클
린(Benjamin Franklin), 조지 메이슨(George Mason) 등은, 미국이 유럽의 일원이지
만 동시에 태평양(혹은 넓은 의미로 아시아)과도 중요한 이해관계를 갖고

---

15) Jerry Israel, "Scratches on Our Mind Revisited: Chinese Influences on the Shaping of
American Images," *Chinese Studies in History* 34-3 (2001), p.8.

있는 국가라는 인식을 일찍부터 소유하고 있었다. 이들 미국의 초기 지도자들은 미국이 '태평양 국가'라는 사명감 비슷한 인식을 보유하고 있었다는 것이다.16) 이들 초기 정치지도자들이 아시아와 태평양을 미국의 미래에 필수불가결한 지역이라고 인식한 배경에는, 18세기 후반 영국의 식민지를 갓 벗어난 신생국가 미국의 생존과 번영에 관한 그들의 깊은 우려가 있었다. 영국의 식민지로서가 아니라 독립국가로 새롭게 탄생한 미국은, 태평양을 건너 아시아와의 무역을 진흥시킴으로써만 발전을 꾀할 수 있다는 현실적 판단이 있었다. 더불어 그런 발전에 대한 희망적 기대감에 근거한 (미국이 태평양 국가라는) 자아인식의 공감대가 이들 사이에 공유되고 있었다. 그 이유의 하나는 영국의 독점지배체제 하에서 당시 유럽 시장이 미국상품에게 개방되어 있지 않았기 때문이기도 하다. 즉 미국의 경제발전을 위해서는 유럽 이외의 시장이 필요했던 것이다. 그에 따라, 초기 미국의 지도자들은 대아시아 정책을 채택·집행하고 또 지속적으로 그런 정책을 발전시켰다.17) 가장 현저한 예는, 미국인들이 지금도 갖고 있는 중국시장(China Market)에 대한 신화다. 중국시장에 대한 기대가 19세기 중후반 미국에서 등장한 것은 바로 그런 저간의 사정과 인식을 반영한 것이다. 당시 미국인들은 중국의 많은 인구를 고려하여 중국을 '세계 최대의 시장', '간단히 계산할 수 없는' 막대한 상업이윤을 가져다줄 특별한 국가로 인식하고 있었다.18)

주지하듯이 이 같은 중국시장에 대한 신화는, 사실 18세기부터 지금까지도 미국의 정치지도자들뿐 아니라 무역업자·금융계 인물들의 마음을 사로잡고

---

16) Akira Iriye, *Across the Pacific: An Inner History of American-East Asian Relations* (Harvest Brace Jovanavich, 1967), p.17.

17) Leon W., M. Consuelo, "Foundations of the American Image of the Pacific," in Arif Dirlik and Rob Wilson ed., *Asia/Pacific as a Cultural Production* (Duke University Press, 1995), pp.17~29.

18) Thomas J. McCormick, *China Market: America's Quest for Informal Empire, 1893~1901* (Quadrangle Books, second edition, 1970) ; Charles Campbell, Jr., *Special Business Interests and the Open Door Policy* (Yale University Press, 1951), pp.10~24.

있다. 미국 보스턴(Boston)에서 미국상품을 싣고 1784년부터 1785년까지 2년여의 항해를 거쳐 중국의 광저우(廣州)에 도착한 최초의 미국 선박 엠프레스 오브 차이나(Empress of China)는 바로 중국시장, 넓게 보면 아시아 시장이 미국 독립 초기의 경제발전과 미래의 성장에서 얼마나 큰 중요성을 차지하고 있었는지를 가늠해 주는 중요한 사례다. 이 항해 자체가 미국의 상업발전 역사에서 태평양(구체적으로는 중국)이 얼마나 큰 상업적 관심과 기대를 미국에게 주고 있었는지를 시사해주는 중대한 사건이었기 때문이다.[19] 개혁개방 이후 중국이 미국경제의 가장 중요한 파트너이자 수입원이라는 사실은 다시 언급할 필요도 없다. 미국의 아시아에 대한 최초의 관심, 그에 따른 아시아에 대한 인식 형성에는 이렇듯 미국의 상업적 관심이 깊이 자리잡고 있었을 뿐만 아니라 지금도 여전히 자리잡고 있다. 그리고 그런 상업적 관심의 근저에는 미국이 대서양뿐만 아니라 아시아가 있는 태평양과도 필연적인 이해관계를 갖는 국가라는 '이중적 국가정체성'이 자리잡고 있었다.

이런 상업적 관심과 '이중적 국가정체성'이란 배경 속에서 20세기 미국의 세계지배를 상징하는 '미국의 세기'(the American Century)란 구호가 등장했다. 20세기 말 이후~21세기 초에 들어서면서 '태평양세기'(the Pacific Century)란 구호가 미국 및 동아시아 국가들 사이에서 회자되자, 많은 학자들은 이제 '미국의 세기'는 끝났다고 주장하기도 했다. 그러나 '태평양 세기'란 구호는 미국이 애초부터 태평양과 아시아에 깊은 이해관계를 갖고 있었다는 사실로 보나, 그 함축된 의미로 보나 사실 '미국의 세기'가 변용된 같은 내용의 다른 구호에 불과하다는 것을 알아챌 수 있다. 왜냐하면, 위에서 필자가 지적했듯이, 지리적 배경 외에도 무엇보다 미국의 아시아 인식과 이미지가 18세기 이래 태평양과 아시아로부터 상업적 이득 획득이란 사고를 중심으로 창안된 역사적 산물이기 때문이다. 또 그런 인식과 이미지의 근저에 있는 아시아와 태평양에

---

19) Clarence L. Ver Steeg, "Financing and Outfitting the First United States Ship to China," *Pacific Historical Review* 22-1 (1977), pp.1~12.

대한 미국의 상업적 관심과 이익에 지금까지도 전혀 근본적 변화가 없기 때문이기도 하다. 덧붙이자면, 태평양과 아시아에서 그동안 미국이 유지해온 여러 상업적·군사적·문화적·정치적 방면에서의 영향력이나 지배력에는 근본적 변화가 없다. 오히려 미국의 아시아와 태평양에 대한 이해관계나 영향력은 1945년 이후 다양해지면서 현재까지 계속 강화되어 왔다고 할 수 있다.[20]

19세기 중반 이후 미국의 서부로의 팽창, 1898년 미서전쟁 후 하와이 병합과 필리핀 식민지화라는 일련의 과정은 태평양의 중요성과 아시아 시장의 절대적 필요성을 경제발전이란 관점에서 인식한 미국의 제국주의적 행위였다. 물론 종교적인 관심, 즉 아시아를 선교의 대상으로 본 미국 개신교 선교사들이 미국의 아시아 인식 형성에 큰 영향을 끼쳤던 것도 사실이다. 특히 아시아인의 영혼을 기독교를 통해 구제하기보다는 아시아인들의 '신체'(즉 사회와 삶의 '낙후성')를 먼저 구제해야 된다고 느낀 그들은 선교 방향을 단순한 선교(기독교로의 개종)에서 학교와 병원의 설립 등으로 바꾸어 설정했다. 이런 전환은 근대주의적 관점에서 아시아를 비문명적·전통적·낙후된 사회로 묘사하게 만들고, 나아가 아시아를 근대세계로 이끌어줘야 할 대상으로 보게 만든 미국의 대아시아 인식을 강화시켰다. 동시에 그 같은 전환은 동아시아인들로 하여금 미국인들을 제국주의적 행위를 일삼던 유럽인들과 구별케 하고 미국을 조금 다른 종류의 국가로 보게 만드는 등, 아시아인들이 긍정적인 대미인식을 형성하게 만들기도 했다.[21]

제국주의 국가로서의 유럽 국가들과는 다른 인도주의적 국가로서의 미국이라는 대미인식을 동아시아인이 갖게 됨으로써, 19세기 중반 이래 아시아인들에

---

20) 미국 국무장관 힐러리 클린턴(Hilary Clinton)은 2011년 11월 "21세기는 미국의 태평양 세기"가 될 것이며, 태평양을 둘러싼 지역의 문제해결을 위해서는 여전히 미국의 지도력이 필요하다고 선언한 바 있다. 더불어 그는 미국이 경제적인 문제를 최우선적이고 중심적인 것으로 다룰 것이라고 말했다. "Clinton Declares America's Pacific Century" http://reuters.com/assets/print?aid=USTRE7AA2S120111111

21) Jonathan Spence, *To Change China: Western Advisers in China, 1620~1960* (Penguin Book, 1980), pp.34~56.

게 있어서 미국은, 자신들이 가난과 빈곤에서 벗어나 새로운 근대문명의 삶을 추구하려 할 경우 가장 믿고 따를 수 있는 적절한 모델국가로 등장하였다. 20세기 초 민주와 자유가 미국의 상징이 되면서 당시 아시아인들에게 미국은 완벽한 이상적 국가로 인식되었던 것이다. 궁극적으로 미국은 제국주의 유럽 국가들과는 다른 종류의 국가라는 인식을 아시아인들에게 심어주었다. 근대 일본인들의 경우, 미국이 (유럽문명과는 대비되는) 새로운 '문명'을 대표하는 국가라는 인식을 갖기도 했다.22) 많은 중국인들의 경우, 1919년 오사운동(五四運動) 이후 미국을 굉장히 호의적 시각을 갖고 바라보고 있었다. '오사반제(五四反帝)애국운동의 산물'인 『흑조(黑潮)』 잡지에 실린 글에는 "오직 미국만이 세계강국의 자격을 갖고, 서양문명의 영수고, 공화선진과 민치의 기제(津梁)를 갖고 있다"라는 언급이 있다. 이 글의 저자는 "미국만이 평화를 말하는 데 있어서 가장 진중한 국가이기에, [중국이] 진지하게 친미(親美)하지 않는다면, 그것은 세계 조류에 역행하는 것이다"라고까지 주장했다. 나아가, 미국이 태평양 상에 만드는 (여러 군사적) 설비들조차도 결국은 모두가 '인류의 미래 행복과 세계평화를 위한 것'이라고 이 저자는 지적했다.23)

동아시아인들의 이런 호의적 대미인식과는 달리, 당시 미국인들은 인종차별주의를 포기하지도 않았고 문화본질주의적(culturalist) 인식에 근거한 대아시아 인식도 변화시킨 적이 없었다. 미국의 냉전 봉쇄외교 개념을 만들고 이끈 학자이자 외교관인 조지 케넌(George Kennan)은 일찍이 식민지 한국에 잠시 머무르는 동안, 제국일본이 동아시아에서 '쇠퇴해 버린 동양문명의 썩은 고기들'인 한국을 포함한 동아시아 국가들을 개명시키고 있다고 보았다. 이런 대일인식을 공유하던 미국의 지식인들과 저널리스트들은 일본인들이 아시아에서 '가장 비몽골계적(un-mongolian) [특징을 갖는] 민족'이라고까지 보았다.

---

22) Peter Duus, *The Japanese Discovery of America: A Brief History with Documents* (Bedford/St. Martin's, 1997), pp.185~204.

23) 中共中央馬克思恩格斯列寧斯大林著作編譯局研究室 編, 『五四時期期刊介紹』 第3集 上冊(三聯書店, 1978), 368쪽.

나아가 윌리엄 그리피스(William Elliot Griffis)라는 미국작가는 이미 19세기 후반에 일본민족이 앵글로-색슨(Anglo-Saxon) 민족과 함께 아리안(Arian) 족의 뿌리를 공유하고 있다고 보면서 일본의 성공적 근대화의 배경에는 '백인의 피'(white blood)가 있다고 주장하기도 했다.24) 20세기 초 미국의 일본인식은 이렇듯 일본의 성공적 근대화를 근거로 일본에 대한 호의적인 인종주의적 편견을 갖고 있었고, 나아가 일본을 백인종의 일부로 보기도 했다, 그러나 그런 호의적 평가도 일본의 중국침략과 태평양에서 양국의 팽창을 둘러싼 갈등이 심화되던 1930년대부터는 점차 경쟁의식으로 발전하고, 마침내 태평양 전쟁의 발발과 함께 서로가 '적'으로 인식하고 만다. 예컨대, 미국은 태평양전쟁 기간 내내 일본인들을 인간의 진화 과정에서 유인원들과 인간의 중간에 존재했 었다고 가상되는 존재인 '잃어버린 고리'(missing link)로 간주하고 일본인들을 모멸적인 원숭이로 묘사했다. 이는 똑같은 적이지만 독일인들이나 히틀러를 '인간'으로 묘사한 미국언론들의 당시 태도와는 크게 대조되는 것으로, 당시 미국의 아시아 인식이 인종차별주의에 바탕하고 있었음을 극명하게 드러낸 다.25) 이런 사정은 낙후되고 미개하다고 그동안 묘사해온 중국인들을 당시 미국언론이 태평양전쟁 개시와 함께 평화를 사랑하는 민족, 미국의 우방이라고 새롭게 인식하면서 그리던 입장과는 큰 대조를 이룬다. 이런 미국의 아시아 인식의 역설적 변화를 가장 극명하게 보여주는 것이 전쟁기간 중 미국정부에 의해 미군 교육용으로 제작된『당신의 적을 알아라(*Know Your Enemy*)』,『왜

---

24) Joseph M. Henning, "Breaking Company: Meiji Japan and East Asia," *Education About Asia* 5-3 (2000), p.42를 볼 것. 그리피스의 이런 인종주의적 일본인식이 중요한 이유는, 그가 일본에서 장기 체류한 후 미국으로 돌아와 집필한 일본역사 개설서인 *The Mikado's Empire*가 1876년 최초 출판된 이후 12판을 거치면서 "19세기 말 [미국에서] 일본에 관한 내용으로 출판된 단일 저서로는 가장 영향력이 컸던 책이다"라는 역사학자 피터 두스의 평가 때문이다. Peter Duus, 앞의 책, p.200. 그리피스의 책의 일부 발췌 내용은 pp.201~204를 볼 것.

25) John W. Dower, *War Without Mercy: Race and Power in the Pacific War* (Pantheon Books, 1986).

우리는 싸우는가(*Why We Fight*)』라는 선전용 다큐멘터리 필름 속에 나타난 미국의 중국인식과 일본인식이다.

요약하면, 역사적 관점에서 바라본 1945년 이전 미국의 아시아 인식은 다음과 같이 정리할 수 있다. 먼저, 미국의 아시아 인식은 유럽의 아시아 인식을 모방·승계하면서 형성된 것으로, 기본적으로 아시아를 유럽의 '타자'로 보던 유럽 오리엔탈리즘의 산물이었다. 둘째, 미국의 아시아 인식은 태평양 열강이자 대서양 열강으로 대두하던 미국의 '이중적 국가정체성'이 만든 산물이었다. '이중적 국가정체성' 때문에 미국의 발전에 아시아와 태평양의 중요성이 더욱 강조되면서 아시아는 미국의 국가발전과 미래에 필수불가결한 지역이란 인식이 미국의 정치지도자들과 일반인들 사이에 광범위하게 형성되었다. 셋째, 미국의 아시아 인식은 유럽 열강의 경우와 마찬가지로 아시아에 대한 상업적 관심 속에서 최초로 형성되었고 그런 관심은 지속되었다. 그 후 종교적 관심이 더해지면서, 이런 모든 배경을 종합한 미국의 인종차별주의적·문화본질주의적·오리엔탈리스트적 아시아 인식이 형성되었다.

Ⅲ. 냉전, 지역연구, '적'과 '우방'

1945년 8월 15일 일본의 무조건 항복으로 태평양전쟁이 종료되고 이내 시작된 냉전으로 인해, 동아시아는 미국 지역연구에서 중요한 연구 대상지역으로 떠올랐다.[26] 무엇보다 중국에서 진행된 국공내전이 중국공산당의 승리를 점차 현실로 만들고 있었기 때문이다. 한반도에서는 38도선 이북에 친소련 공산정권이 성립(1948)되었고, 일본에서는 사회주의자와 공산주의자들을 중심으로 한 노동운동이 활발하게 전개되고 있었다. 이들 동아시아 국가들 외에 그동안 유럽의 식민지로 전락했던 많은 다른 아시아 국가들도 이제 탈식민이라는 전 세계적 흐름 속에서 공산주의 혁명 혹은 사회주의적 가치를

---

26) Bruce Cumings, 앞의 글 ; 황동연, 앞의 글.

통해 서구식민주의에 대항하면서 독립과 민족해방을 지향하고 있었다. 특히 이들 국가들은 반미 혹은 반서구적 태도 속에서 공산주의, 사회주의, 혹은 비자본주의 국가를 지향하면서 반식민, 독립, 민족해방 투쟁을 광범위하게 각각 전개하였다. 그 결과 아시아에서는 공산주의 세력의 진출과 확장이 눈에 띄게 현저해졌다. 이런 상황에 대한 미국의 대응은 제일 먼저 미국의 일본 점령정책의 변화에서 나왔고, 그에 따라 미국의 일본인식도 다시 역설적으로 바뀌었다. 1945년 태평양전쟁 승리 이후 일본을 점령하고 있던 미국은 이제 막 형성되던 미국의 냉전정책을 시험하기 위해 일본을 냉전정책의 워크숍(workshop)으로 간주하고, 일본에 대한 미국의 인식도 '적'으로부터 '우방'이자 '동맹국'으로 급히 전환시켜 갔다.27)

미국의 대일 점령정책도 그 같은 인식 변화와 함께 바뀔 수밖에 없었다. 일본점령 직후, 일본의 민주화(democratization)와 비군사무장화(demilitarization)를 추구하던 미국의 대일점령정책은 냉전의 시작과 함께 '방향을 되돌려'(reverse the course) 일본내 '사회주의 세력(의 진출) 제거'와 '(자위 세력 보유를 통한) 일본의 재무장' 허용으로 바뀌었다.28) 경제적인 면에서는 미국의 정책입안자들은 일본의 신속한 경제재건을 돕는 것이 일본뿐만 아니라 동아시아에서 공산주의 세력의 확장을 효과적으로 막는 지름길이라고 보았다. 동시에 그 같은 미국의 대일점령정책의 방향전환을 학술적으로 뒷받침하고 지원하기 위해, 미국정부와 학술재단들(특히 록펠러 재단)은 공산주의 세력의 아시아에서의 확장을 봉쇄한다는 대전제 속에서 일본내 반공 성향의 일본학자들에게 연구비 명목 등으로 여러 경로를 통해 다양한 재정적 지원을 확대하기 시작했다. 한마디로 말하면, 냉전의 시작과 함께 미국은 정치적 및 경제적 면에서뿐만 아니라 문화적으로도 일본지식인들을 향하여 반공정책에 기초한 문화공세(Cultural

---

27) John W. Dower, "Occupied Japan and the American Lake, 1945~1950," in Edward Friedman and Mark Selden eds., *America's Asia: Dissenting Essays on Asian-American Relations* (Pantheon Book, 1971), pp.146~206.

28) John W. Dower, 위의 글.

Offensive)를 강화하면서 궁극적으로는 일본 내에서 마르크시즘, 즉 공산주의의 영향력 확대에 대처하고자 했다.[29] 이런 사정은 전후일본에서 생산된 공산중국 등에 관한 지식과 인식의 일부가 반공이란 대전제 속에서 미국정부나 미국재단의 후원과 지원 하에서 생산되었음을 의미한다.

미국정부의 문화공세는 한국에서도 진행되었다. 주한미공보원(United States Information Services, Korea/USIS Korea)은 미국정부의 공산주의 봉쇄정책 수행을 위해 '미국식 자유민주주의의 제도와 가치를 소개하며 즉, 문화를 매개로 영향력을 확대하는 임무를' 진행했다. 다만 문제는 실제 한미 간에 어떤 문화적 관계를 무엇을 통해 구축하려 했느냐는 것이다. 당시 한국에서 미공보원이 문화적 공세의 주요대상으로 삼은 집단은 여론형성자, 군인, 농민이었는데, 특히 여론형성자 중에는 입법부·사법부·행정부의 주요 관료, 언론계 인사들, 전문지식인 등 정치적으로나 문화적으로 한국내 여론과 입장을 주도하는 인물들이 포함되어 있었다. 대부분이 학자들인 대학교수도 전문지식인에 포함되어 미국정부의 교육교환계획(Education Exchange Program)에 의거하여 미국으로 연수를 갔다오기도 하였다. 이를 통해 그들의 미국체류 경험을 국내에 전파하게 함으로써 미국식 제도의 홍보와 이식에 일조하게 하려고 했던 것이다. 특히 미공보원 도서관의 장서를 주로 이용하는 사람들인 대학생, 고등학생, 교수, 교사, 언론인 등에게도 도서대출 등을 통해 이들 사이에 반공적 경향을 만들려고 했다. 예컨대 주한미국공보원은 공산주의 비판 서적을 1951년부터 61년까지 310권을 번역 발행하는 등 한국 내에서 반공의식이 심화되도록 노력했다. 결국 주한미공보원이 한국 내에서 수행한 문화공세의 주된 주제는 '반공정신, 미국의 대한정책의 타당성. 미국문명의 성취(민주주의 제도, 과학기술의 고도화, 경제적 발전상)에 대한 선전' 등이었다.[30] 물론 이런 문화공세의 배경에는 낙후되고 민주주의가 결핍한 한국사회를 근대문명

---

29) Takeshi Matsuda, 앞의 책.

30) 허은, 앞의 글.

으로 이끈다는 미국의 문명화의 임무(civilizing mission) 의식이 자리잡고 있었다.

한편, 미국의 일본인식이 냉전을 기점으로 다시 호의적으로 전환되던 양상과는 정반대로, 미국의 중국인식은 '우방'에서 '적'으로 변하고 있었다. 1949년 중국공산당의 승리로 중국이 공산화되면서 태평양전쟁 시작 이후 미국인들이 유지해 온 동맹국 중국이란 대중인식은 이제 적으로 바뀌었다. 이후 미국의 중국인식은 매우 주관적이면서도 한편으로는 상투적이고 부정적인 용어를 통해 중국과 중국인들의 이미지를 묘사했다. 예를 들면, 미국의 중국전문가의 한 사람이었던 에드먼드 클럽(O. Edmund Clubb)은 1950년 4월 중국인들은 러시아인들처럼 '다른 인간들과 같이 사고하지 않'고 '외국인 혐오증에서 생긴 광기(madness)'를 통해 행동한다고 말하는 등 인종차별적 인식에 근거해 중국인들을 묘사했다. 당시 소련이 '동양'에 존재하는 위협이고, 러시아 문화가 '동양' 문화와 닮은 점이 많다고 미국에서 회자되던 사실을 감안하면, 중국인들이 '동양적'이고 '비정상적인' 인간이었다는 인식을 미국의 중국지역전문가가 적극 만들고 있었다는 것은 미국 지역연구의 어두운 면의 하나다.31) 그리고 이런 인식은 1978년 미중 양국 간의 외교관계가 정상화되기까지 대부분 그대로 유지되었다. 특히 냉전 기간에 미국인들은 중국공산당 지배 하의 중국을 전체주의(totalitarian) 국가라고 광범위하게 인식하였다. 공산주의자들이 일반 선량한 중국인들을 공산주의를 통해 강제로 세뇌시키는 국가라고 보았던 것이다. 더욱 심각한 문제는 그 같은 전체주의의 기원을 중국의 동양적 전제체제(Eastern despotism) 즉 아시아의 전통에서 찾으려고 했다는 것이다. 칼 위트포겔(Karl Wittfogel)의 『동양적 전제체제(*Oriental Despotism*)』라는 제목의 책은 바로 이런 인식과 판단의 정당성을 제공해주던 주요한 학문적 업적이었다. 전체주의 국가인 중국, 그런 체제 하에서 꼭두각시가 되어버린 중국인민들을 가정하면서 만들어진 냉전시기 미국의 중국인식은 지역전문가들의 학술서와 헐리우드가 만드는 영상매체를 중심으로 미국인들 사이에서 가설이 아닌

---

31) John W. Dower, 앞의 책, p.109에서 재인용.

기정사실화되고 있었다. 미국인들의 냉전시기 중국인식은 기본적으로 이런 배경 속에서 형성, 재형성, 확산되어 갔다.[32] 그러나 냉전의 와중에 이루어진 닉슨의 중국방문(1972년 2월)은 그동안 냉전체제 하에서 만들어진 공산중국과 관련된 모든 부정적 인식과 이미지, 이를 뒷받침한 학술적·논리적 설명들을 한꺼번에 제거해 버리는 결과를 가져왔다. 물론 미중관계의 정상화까지는 여전히 6년의 시간을 필요로 했고, 미국의 중국인식에 근본적 변화가 당장 발생했던 것은 아니다.

IV. 지역연구의 이론과 미국의 아시아 인식

미국 지역연구의 가장 기본적 분석틀은 근대화론이었다. 근대화론이란, 인류의 보편적 발전의 방향을 구미국가들의 역사경험에 근거한 근대세계 (modern world)의 형성에서 찾고, 근대세계를 형성하는 조건인 근대성 (modernity)의 성취를 인류의 보편적 가치이자 인류 진보의 종착역으로 보는 인식론이다. 냉전시기 미국의 아시아 인식은, 1950년대 들면서 이런 근대화론 을 이론적 무기로 쓰면서 아시아를 근대화한 미국의 '타자'로 그리기 시작한 미국 지역연구의 산물이었다. 위에서 지적했듯이 미국의 아시아 인식은 유럽의 아시아 인식을 기본적으로 계승하였지만, 1945년 이후 미국 지역연구는 동아시 아 지역연구의 성과를 바탕으로 미국의 아시아 인식을 점차 '과학'이라는 미명 하에서 체계적으로 지식화·학문화해 나갔던 것이다. 이에 따라 근대적 미국의 '타자'로 등장한 아시아는 근대성의 정반대에 있는 지역으로 인식되었

---

32) Karl Wittfogel, *Oriental Despotism: A Comparative Study of Total Power* (Yale University Press, 1957). 할리우드 영화의 대표적인 예로는 *The Manchurian Candidate*와 *Fu Manchu* 를 들 수 있다. 물론 이런 경향과 달리 중화인민공화국을 무비판적으로 찬양하던 학자들이 냉전기간 미국에 있었던 것도 사실이다. 이들 학자들의 문혁 당시 중국에 관한 긍정적 인식에 대해서는 The Committee of Concerned Asian Scholars ed., *China! Inside the People's Republic* (Bantam Book, 1972)를 볼 것.

다. 그래서 전통(tradition), 후진성(backwardness), 전체주의(totalitarianism), 권위주의(authoritarianism), 비이성성(irrationality)이란 용어 등을 통해 아시아를 인식하고 묘사하였다. 특히 그런 아시아 인식은 1950년대 아시아에서 흔히 볼 수 있던 사회주의 세력의 대두, 탈식민지화와 탈서구화를 통한 민족해방의 움직임 등에서 직접 자극을 받으며 형성되었다. 따라서 미국의 지역연구는 이들 아시아 국가들의 반자본주의 움직임, 탈식민지화, 탈서구화의 원인 규명뿐만 아니라 탈식민지화 이후 아시아의 재편과 세계의 재편까지 염두에 두면서 진행되었다고 할 수 있다.

미국 지역연구의 이런 근대화론에 대항하여 (사회주의 학자들을 포함한) 동아시아 학자들을 중심으로 제기된 것 중의 하나가 '동아시아자본주의론' 혹은 '자본주의맹아론'이었다. 후일 1990년대 중국이 전 지구적 신자유주의 경제에 완전 편입하면서 경제강국으로 대두하자, 좀 더 설득력을 얻기 시작한 이 주장은 사실 냉전시기에는 서구 경험 중심의(Eurocentric) 근대성이나 근대화(서구식 자본주의적 발전)에 대한 도전이라는 의미가 있었다. 그러나 이런 논의는 자본주의 자체에 대한 대안 제시라기보다는 자본주의 내에서 대안적 자본주의를 제기한 것에 불과하였다. 그렇다면 아리프 딜릭(Arif Dirlik)의 주장처럼, '자본주의맹아론'이나 '동아시아지본주의론'은 결국 유럽중심주의와 구미의 근대화론을 동아시아 학자들이 학문적으로 승인, 계승한 셈이 되는 것이다. 반(反)서구 및 탈식민이란 배경 속에서 등장한 '자본주의맹아론'이 결국 구미의 세계지배를 이론적으로 지탱하던 근대화론 자체를 (의도하지는 않았지만) 결국 보완 혹은 재확인해 주는 역할을 수행한 셈이다. 최근 학자들 사이에 여전히 회자되고 있는 '동아시아식 자본주의'(즉 유교자본주의)나 '중국식 자본주의'에 관한 논의 자체도 이런 관점에서 보면 결국 근대화론의 재탕인 전 지구적 자본주의 자체의 버팀목에 불과하다는 것이다.[33]

---

33) Arif Dirlik, "Critical Reflections on 'Chinese Capitalism' as Paradigm," *Identities* 3-3 (1997), p.322.

지역연구의 이론적 틀인 근대화론을 지탱하던 두 지주인 유럽중심주의 (Eurocentrism)와 오리엔탈리즘(Orientalism), 그리고 근대화론을 통해 미국의 동아시아 지역전문가들이 생산한 아시아에 대한 오리엔탈리스트적 인식, 유럽중심적 인식을 확산 및 유통시킨 주요 담당자는 미국 대학의 연구소들이었다. 미국의 지역연구를 이끈 연구소의 대표적인 예로는 매사추세츠 공과대학 (MIT)의 국제학연구소(Center for International Studies), 하버드 대학(Harvard University)의 러시아연구소(Russian Research Center), 콜롬비아 대학(Columbia University)의 러시아연구소(Russian Research Center), 하버드 대학의 동아시아연구소(Center for East Asian Research), 워싱턴 대학(University of Washington) 소재의 여러 연구소들이 있다. 이들 연구소를 중심으로 특히 미국의 중국연구와 일본연구를 이끌었던 주요 학자들은 역사학자인 존 페어뱅크(John K. Fairbank) 와 에드윈 랴이샤워(Edwin Reischaur)가 있고, 정치학자로서는 캘리포니아 대학 버클리 분교(University of California at Berkeley)에 있던 로버트 스칼라피노 (Robert Scalapino)가 있었다. 이들 학자들이 진행한 중국연구는 주로 중국혁명, 사회주의 중국, 특히 1960년대에는 문혁에 집중되었는데, 잘 알려져 있듯이 지역연구 초기 이들의 연구는 미국이 어떻게, 왜, 중국을 공산주의자들에게 상실했는가를 규명하는 데 집중되어 있었다. 미국 냉전정책의 워크숍으로 시작된 미국의 일본연구는 일본에서 근대화, 즉 자본주의적 성장이 성공할 수 있었던 이유를 일본의 특수성에서 찾고, 그 특수성이 1930~40년대에 왜 정상적 발전궤도를 일탈하게 되었는지를 구명하는 등, 주로 다른 아시아 국가들과 달리 근대성을 성취한 일본만이 지닌 일본문화의 유일한 측면들을 구명하고 강조하기 위한 연구에 주로 집중되었다.

지역연구의 한 분야로서 미국의 중국학(China Studies)을 개척한 대표적 학자로 알려져 있는 존 페어뱅크는 냉전시기 미국의 중국인식을 만들어 낸 대표적인 학자라고 할 수 있다. 하버드 대학에 동아시아연구소를 설립하고 이 연구소의 소장으로 18년을 재직(1955~1973)한 데서도 알 수 있듯이, 그는 최고의 학술기업가(academic entrepreneur)였다. 특히 그가 이끈 냉전시기 미국의 중국연구는 학술발전이란 차원에서 보면 그 영향이 그야말로 '세계성'을 갖고 있었다는 것이 주된 평가다. 그런 페어뱅크의 중국인식은 어떠했는가? 한 예를 들면, 그는 중국에서 자본주의가 발전하지 못한 이유를 경제에 대한 중국상인과 서구상인 간의 관념의 차이에서 찾았다. 즉 그 역시 자본주의적 발전을 인류 진보의 보편적 발전과 진보의 과정으로 보고, 서구가 경험했던 자본주의적 발전의 배경이 된 여러 전제가 중국에서는 결핍되어 있었다고 보고 이것을 중국에서 자본주의(즉 근대성)가 발전하지 못한 이유로 보았다.[34] 근대화론에 근거한 이 같은 인류 진보에 대한 인식은 역사를 성장할 수 있는 생명이 있는 유기체로 보던 그의 역사인식에서도 확연히 드러난다. 그의 설명에 따르면, 인간의 유년기(childhood)를 관찰하면 이후 그 인간에게 어떤 일이 일어날지 알 수 있다고 한다. 따라서 중국역사에 대한 연구도 (1950~70년대 당시) 자료가 많지 않은 현실을 감안하면 중국역사에 대한 해석과 평가도 그런 생명체 성장논리를 적용할 수 있다고 그는 지적했었다.[35] 이것이 암시하는 것은 1950~70년대 공산중국을 인간으로 보며 아직 '성장'(진보)하지 못하고 있는 '유년기'에 해당한다는 것을 지적한 것으로, 결국 역사는 근대 즉, 성인기(adulthood)로 진보할 수밖에 없다는 그의 근대주의적 역사관의 일부를 드러내는 것이다. 페어뱅크에게 있어서 공산중국이란 성인인 미국과 대비되면서, 교육이 끝나지 않고 기율도 아직 잡히지 않은 유년기의 어린아이와 같았던 것이다.

중국을 유년기의 어린아이이자 동시에 서구의 '타자'로 보던 페어뱅크의 중국역사 해석은 그가 중국에서 과학이 발전하지 못한 이유를 설명하는 데서도 그대로 적용되었다. 그에 따르면, 전통 중국사회에서는 엄밀한 논리체계가 결핍되어 있고 중국의 문자구조 역시 과학발전을 이끌기에는 '장애'가 있었다.

---

34) 郝延平, 「學人簡介: John King Fairbank」, 『近代中國史研究通迅』 第4期(1987), 64~69쪽.

35) John K. Fairbank, "The Chinese Behemoth," *The New York Review of Books* (1988), p.42.

나아가 그는 중국의 교육방식도 암기위주였고, 문화적으로 보면 중국인들은 인간의 손과 뇌의 기능을 분리하면서 인간을 이해하였다고 주장한다. 이런 문제뿐만 아니라, 중국의 왕조정부가 경제조직이나 생산에 많은 제재를 가했던 점, 인구가 많아서 발명에 대한 수요가 많지 않았던 점, 관리의 권력이 과대했던 점은 결국 중국에서 과학이 발전하기 어려웠던 사정을 설명한다고 지적했다.[36] 그런데 문제는, 이런 설명을 정반대로 뒤집으면 바로 서구에서만 과학이 발전할 수 있었던 이유가 자연스럽게 설명된다는 데 있다. 즉 이런 설명은 바로 중국이 서구의 '타자'였다는 오리엔탈리스트적 사고에 기초하고 있다.

이런 중국역사 인식에 따라 페어뱅크는 중국근대사를 전통에서 근대화로 이행해 가는 과정으로 기본적으로 파악하였다. 근대화론을 중국근대사에 그대로 적용한 것이다. 나아가 그는 중국근대화 과정을 서구의 충격(impact)에 대한 중국의 반응(response)이었다고 파악하였는데, 이에 대한 비판은 이미 많은 서구학자들에 의해서 이루어진 바 있다.[37] 한편 페어뱅크는 중국근대화에 가장 큰 영향을 준 것이 중국의 전통사회였고 그 다음으로 영향을 준 것은 제국주의였다고 파악했다. 이런 역사해석을 통해 그는, 일본이 서구의 충격에 대한 반응이 빨랐기에 일본이 열강으로 거듭날 수 있었던 반면, 중국은 서구의 자극에 대한 반응이 늦어서 결국 일본과는 다르게 강국(즉 근대국가)으로 거듭 태어날 기회를 갖지 못했다고 설명했다. 중국의 근대화가 늦어진 이유를 결국 그는 중국의 역사적 타성(historical inertia)에서 찾으려 했던 것이다. 그는 이런 문제의 소지가 있는 근대주의적 시각을 통해 미국의 중국이해를 촉진시키고자 중국연구를 진전시켰던 것이고, 그에 따라 냉전시기 (그가 의도했건 안했건) 미국의 대중정책, 미국인들의 부정적이고 왜곡된 중국인식의 생산을 주도했던 것이다.[38]

---

36) 郝延平, 앞의 글.

37) Paul A. Cohen, *Discovering History in China: American Historical Writing on the Recent Chinese Past* (Columbia University Press, 1984), Chapter 1.

38) Paul A. Cohen, 위의 책, pp.70~74.

이상과 같은 페어뱅크의 중국근대사 이해의 기본적 방법론과 인식론을 중국의 마르크스주의 역사학자들조차도, 아리프 딜릭이 지적하듯이, 개념적 함정(conceptual trap)에 빠져 그대로 따르는 경우가 허다했다. 앞서 언급한 '자본주의맹아론'이 그 한 예지만, 이 밖에도 미국의 중국인식의 기본적 개념 틀을 중국학자들은 역설적으로 그대로 그들의 역사인식과 방법에 적용하곤 했다. 이들 마르크스주의 역사학자들은 중국에서 사회주의 사회가 성취되기 위해서는 서구 자본주의의 (계급대립이나 부의 편재 등과 같은) 나쁜 결과를 피해야 한다고 주장한다. 하지만 다른 한편으로는 자본주의적 발전과정이 사회주의의 달성을 위한 전제라고 인정하는 등 목적론적(teleological) 인식론을 통해 역사를 바라본다. 마치 자본주의의 '씨'를 땅(중국)에 뿌리면서 그 씨가 자라서 '꽃'(자본주의)이 피지 않기를 바라는 심정으로 말이다.39) 이런 인식론적 태도는 인류 역사발전의 궤도에 대안적 과정이 있을 수 있다는 전제를 무시하면서, 자본주의적 발전단계를 인류의 진보와 발전에 절대적으로 필요한 가치이자 과정으로 받아들이는 근대화론 외에 다름 아니다. 따라서 이 같은 인식론은 자본주의가 세계를 정복하기 이전, 여러 지역에 존재했던 여러 다양한 역사적·사회적 체제의 동력을 재발견 혹은 재구성 할 수 있는 가능성조차 중국학자들 스스로 배제하는 결과를 초래했다.40) 다시 한번 아리프 딜릭의 주상을 빌리면, 아시아인 스스로도 19세기 말 이래 근대화 과정에서 구미 오리엔탈리스트의 '아시아(혹은 동양) 만들기'에 줄곧 직간접적으로 참여해 왔다는 것이다. 그 결과 아시아인들의 자아인식 역시 유럽과 미국의 아시아 인식에 의해 그동안 크게 좌지우지되었다. 결국 '자아 오리엔탈리즘화'(self-Orientalization)를 통해 아시아인들은 자신들의 자아인식인 아시아 인식을 형성했다.41) 어찌 보면 중국인

---

39) Arif Dirlik, "Chinese Historians and the Marxist Concept of Capitalism," *Modern China* 8-1 (1982), p.108.

40) Ravi Arvind Palat, "Fragmented Visions: Excavating the Future of Area Studies in a Post-American World," *Review* 19-3 (1996), p.288.

41) Arif Dirlik, "Chinese History and the Question of Orientalism," *History and Theory* 35 (1996), pp.96~118.

들의 자아인식은 자아 오리엔탈리즘의 결과였던 것이다.

냉전시기 미국 지역연구를 통해 생산된 아시아 공산주의 운동의 역사와 기원에 관한 지식도 철저히 냉전인식과 근대화론 속에서 만들어졌다. 그리고 냉전은 오리엔탈리스트적 인식론과 방법론을 더욱 왜곡된 방향으로 적용하게 하면서 미국의 아시아 인식과 지식을 생산하게 했다. 이런 문제점을 지닌 채 생산된 미국의 아시아 공산주의 운동에 관한 연구는, 어찌 보면 자연스런 결과지만, 아시아 국가들의 공산화 과정을 아시아 국가 내부에서 자생한 반(反)제국주의와 민족주의에 기초한 민족해방운동의 결과로 보지 않았다는 공통점이 있다. 기본적으로 이들 연구는 아시아의 민족해방과 공산화를 코민테른(the Comintern)과 소련의 영향력 하에서 전개된 전 세계 공산화전략 즉, 세계 공산주의 세력의 세계정복정책의 연장선상에 있는 것으로 파악했다. 예를 들면, 저명한 정치학자 로버트 스칼라피노(Robert Scalapino)는 일본공산주의 운동에 대한 그의 분석에서 일본공산주의 운동의 1단계가 외부세력, 즉 소련과 코민테른의 영향 하에서 시작되었다고 규정한다.[42] 나아가 아시아 공산주의 운동에 관한 그의 논문에서 서구가 자유, 평등, 대표제, 그리고 민의 중요성을 중심으로 한 민주주의 개념을 아시아의 지식인들에게 심어주었다고 지적한다.[43] 이런 지적은 첫째, 민주주의 개념을 서구의 의회민주주의를 중심으로 규정한 이해일 뿐만 아니라 민주주의를 서구만이 지니는 독점적 개념과 가치로 본 결과다. 둘째, 이는 민주주의 개념의 다양성이나 지역적 차별성을 무시한 채 아시아에는 민주주의의 전통이 없었다는 것을 전제로 하는 역사와 문화에 대한 단선적 이해이자 오리엔탈리스트적 인식의 산물이었다.

이런 시각과 인식은 중국이나 한국의 공산주의 운동에 대한 연구에서도

---

42) Robert A. Scalapino, *The Japanese Communist Movement, 1920~1966* (University of California Press. 1967).

43) Robert A. Scalapino, "Communism in Asia: Toward a Comparative Analysis" in Robert A. Scalapino ed., *The Communist Revolution in Asia: Tactics, Goals, and Achievements* (Prentice-Hall, INC., 1967), p.1.

기본적으로 그대로 적용되었다. 벤자민 슈워츠(Benjamin Schwartz) 같은 몇몇 학자들의 연구를 제외하고,[44] 냉전시기 이루어진 미국의 중국공산주의 연구는 대부분 기본적으로 중국의 공산화가 소련의 세계 공산주의전략 하에서 진행되고 성공하였다고 파악한 것은 주지하는 바다. 1960년대 최초로 이루어지기 시작한 한국 공산주의운동에 대한 스칼라피노, 이정식, 서대숙 교수의 연구에서도 이런 시각은 그대로 대부분 투영되었다.[45] 특히 이정식의 한국 공산주의운동에 관한 연구가 스칼라피노 교수의 권유에 의해 스칼라피노의 동아시아 공산주의운동사 연구의 한 부분으로서 처음 시작되었다는 언급은, 한국 공산주의운동사 연구의 방향이 이미 대부분 스칼라피노에 의해 정해져 있었음을 의미한다고 봐도 무방하다.[46] 왜냐하면, 이정식의 한국 공산주의연구는 스칼라피노의 주장을 대부분 따르면서 북한의 공산주의를 조금 단순화시켜 스탈린주의의 연장으로 보았기 때문이다.[47] 서대숙의 경우도 1945년 이후 소련군의 진주와 함께 등장한 북한의 공산당 지도부를 1945년 이전부터 존재한 한인공산주의 혁명운동과 전혀 관련이 없는 인물들로 간단히 치부해 버림으로써, 그들이 단순히 소련에 의해 이식된 정치세력이자 정부임을 강조하고자 했던 것이다.[48] 결국 냉전시기 이루어진 미국 지역연구의 한국 공산주의운동에 관한 연구도 냉전지식을 통해 아시아의 공산주의운동을 이해하고자 했다. 이런 연구태도에 의해 아시아는 공산주의세력의 침투에 노출되기 쉬운 전통적이고 낙후되고 저개발된 지역으로 묘사될 뿐 아니라 나아가 민주주의가 결핍했

---

44) Benjamin I. Schwartz, *Chinese Communism and the Rise of Mao* (Harper & Row, 1951).

45) Dae-Sook Suh, *The Korean Communist Movement, 1918-1948* (Princeton University Press, 1967) ; Dae-Sook Suh ed., *Documents of Korean Communism, 1918~1948* (Princeton University Press, 1970) ; Chong-sik Lee, *Korean Workers' Party: A Short History* (Hoover Institute Press, 1978) ; Chong-sik Lee ed., *Materials on Korean Communism, 1945~1947* (Center for Korean Studies, University of Hawaii, 1977) ; Robert A. Scalapino, 앞의 책.

46) 「이정식교수 인터뷰」, 『신동아』 통권 576호(2007), 478~483쪽.

47) Chong-sik Lee, "Stalinism in the East: Communism in North Korea" in Robert A. Scalapino ed., 앞의 책, pp.120~150.

48) Dae-Suk Suh, 앞의 책(1967), xi~xii.

던 사회로 인식되는 결과를 초래했다. 주지하듯이 그 결과로 미국의 근대(과정)를 개발의 전형적 모델로 제시하고, 나아가 미국적 가치와 정신을 아시아 국가들에게 영감으로써 작용하게 했다. 다른 한편, 이런 미국 지역연구는 역설적으로 반공산주의란 목적 하에 냉전기간 박정희, 장제스(蔣介石) 등과 같은 아시아의 독재자들을 미국이 지원하게 되는 이론적 근거를 제시하는 결과를 가져왔다.

1970년대에서 1980년대 걸쳐 일본의 경제발전과 함께 미국 내에서 제기된 '일본위협론'이나, 1990년대 이후 사회주의 중국의 눈부신 경제발전과 함께 등장한 '중국위협론'은 경제적 관점에서 일본과 중국의 경제적 비약을 미국중심의 아시아 질서와 미국 경제발전에 대한 위협으로 보던 미국의 논리이자 인식이었다. 이런 미국의 인식은 1945년 이후 1980년대까지 일본을 미국의 공산주의 봉쇄정책을 지지하는 '우방'으로 보면서도 경제라는 관점에서는 라이벌이자 잠재적 '적'으로 보던 일본인식의 반영이었다. 마찬가지로 전 지구적 경제체제 하에서 중국을 주요 경제적 파트너로 인정하면서도 중국이 경제열강으로 대두하는 것을 미국의 이해에 대한 위협으로 간주하는 미국의 이중적 중국인식이 드러난 것이 바로 '중국위협론'이었다. 일본과 중국의 경제적 대두에 대한 미국의 이 같은 대응과 인식의 배경에는 기본적으로 미국의 아시아 인식의 뿌리에 경제적 이익이란 관점이 여전히 자리잡고 있다는 사실을 보여준다. 물론 그 배후에는 앞서 언급한 미국의 '이중적 국가정체성'이 자리잡고 있다. 그리고 '이중적 국가정체성'에는 미국의 상업적 이득, 경제발전을 통한 국가발전의 미래를 태평양 건너 아시아에서 찾아야 한다는 꽤 오래된 믿음이자 인식의 토대가 자리잡고 있다.

미국 지역연구가 만든 아시아에 관한 지식과 인식은 기존에 존재해 오던 아시아에 대한 미국의 인식을 더욱 고정시켰을 뿐만 아니라, 이제는 학문이라는 미명 하에 지역연구를 통해 더욱 체계적인 연구를 진행시킴으로써 기존의 인식을 과학적·학문적으로 입증하고 지식화하였다고 할 수 있다. 즉 과거

아시아에 대한 막연한 인식과 이미지가 이제는 역사와 사회과학이란 학술도구를 통해, 근대화론과 같은 여러 이론을 통해, 마침내 지역연구 하에서 지역전문가들에 의한 학제적·체계적 연구를 통해 움직일 수 없는 사실(즉 지식)로 만들어지고 또 받아들여지게 되었던 것이다. 물론 이런 지적이 좀 더 설득력을 얻으려면, 미국의 아시아 인식이 지역연구 속에서 지식화·체계화된 구체적 과정에 대한 세밀한 사례연구가 뒤따라야 할 것이다. 다만 위에서 필자가 지적했듯이, 첫째, 아시아가 지역연구 속에서 미국의 '타자'로 간주되면서 연구대상이 되었다는 것은 어찌 보면 지역연구가 만들어 낸 아시아에 관한 지식과 인식이 이미 유럽의 오리엔탈리스트에 의해 오래 전부터 그 원형이 정해져 있었고, 둘째 미국의 '이중적 국가정체성'은 그런 인식과 지식의 형성을 재확인시키면서 미국만의 인식과 지식을 만드는 배경이었고, 셋째 냉전시기 미국 지역연구는 미국의 아시아 인식을 지식의 차원으로 끌어올린 중요하고도 체계적인 학술과정이었다고 볼 수 있을 것이다.

V. 맺음밀을 대신하여

미국의 아시아 인식은 기본적으로 유럽 오리엔탈리즘의 전통 속에서 형성되었다. 따라서 아시아는 미국의 '타자'로서 최초 등장했고, 미국의 '타자'로서 아시아에 대한 미국의 인식에는 이후 인종주의적 편견과 문화본질주의적 이해가 더하여졌다. 이런 배경에 더하여, 19세기 미국의 서부로의 대륙팽창은 점차 태평양과 그 건너 아시아가 미국의 미래 경제발전에서 중요한 존재, 즉 아시아는 미국의 경제발전, 상업적 이윤추구의 가장 근본적 대상이라는 인식을 확인시켰다. 물론 아시아가 종교적으로는 신의 복음을 전달해야 하는 이교도들의 지역이라는 미국의 아시아 인식도 동시에 등장하고 있었다. 그렇지만 가장 중요했던 것은 아시아가 미국의 미래 경제발전에 필수 불가결한 존재라는 미국 지도자들의 인식이었다. 그리고 이런 인식의 배경에는 미국이 대서양뿐만 아니라 태평양도 경계에 둔 태평양 열강이기도 하다는 미국의 '이중적 국가정체성'이 있었다.

이 같은 미국의 아시아 인식은 20세기에 들면서 약간의 변화를 보인다. 무엇보다 일본이 1905년 러일전쟁의 승리와 함께 세계열강의 일원이 되었기 때문이다. 그러나 20세기 전반기 미국의 일본인식은 자주 변하였다. 미국은 일본인들을 근거도 없이 유럽인들과 비슷한 '백색인종'으로 보기도 했지만, 이내 일본과 갈등을 겪다가 1941년 전쟁에 돌입하자 일본인을 곧바로 '적'이자 비인간적 존재인 동물(원숭이)로 그리기도 했다. 반면, 중국은 20세기 전반기 내내 펄벅(Pearl Buck)의 소설 『대지(*The Good Earth*)』에서 묘사되었듯이 가난에 찌든 농민들의 나라로 대부분 그려지고 있었다. 다만 일본과의 태평양전쟁이 개시되자 미국은 중국을 평화를 사랑하는 나라, 찬란한 문명의 나라로 전환하여 인식하기도 했다. 1949년 중화인민공화국의 성립 이후에는 중국, 나아가 아시아를 공산주의의 압제에 허덕이는 사회, 공산주의의 영향에 쉽게 흔들리는 사회, 전체주의적 사회, 진보가 없는 전통적이고 낙후된 사회 등으로 그리는 등, 미국의 중국 및 아시아 인식은 자신들의 정치적·경제적 상황과 이해관계에 따라 자주 변해 왔다.

이런 배경을 갖고 냉전과 함께 시작된 미국의 지역연구는, 아시아에 대한 이 같은 인식과 이해를 근대화론을 중심으로 과학적이고 체계적인 지식화 과정을 거쳐 사실 즉, 지식으로 만들어 갔다. 이런 과정을 알렉시스 드 토크빌(Alexis de Toqueville)의 용어를 빌려서 필자가 표현하자면, 아시아에 대한 오리엔탈리스트들의 오래된 '일반적 생각'(general ideas)이 냉전시기에 발생한 미국의 특별한 이해와 맞물리면서 미국 지역연구의 아시아에 대한 편견과 '단순화된 분석'을 통해서 '일반적 개념'(general notion)으로 만들어지고 학술적으로 '소비상품화'되는 과정이었다고 표현할 수 있다.[49] 그리고 그 과정에서

---

49) 인용 부분은 토크빌 자신이 직접 쓴 용어고, 표현은 Carl E. Pletsch, 앞의 글에서 시사받았다.

중요한 지레 역할을 한 것이 미국의 대아시아 정책의 지주였던 공산주의 봉쇄정책이었다. 이런 점에서 보면 미국 지역연구는 미국정부의 정책적 필요성 때문에 생겨났고, 미국 연방정부와 재단들은 학자들에 대한 재정적 지원을 통해 그들이 필요로 하던 아시아 인식을 확인, 재확인하면서 지식으로 창안해 나갔다는 것을 알 수 있다. 그리고 미국의 아시아 인식이 지식으로 체계화된 이론적 배후에는 근대화론이 있었다. 결국 냉전시기 미국의 아시아 인식 속에는 태평양을 건너 아시아에서 상업적 팽창과 경제적 이득을 지속적으로 확보해야 한다는 미국의 아시아에 대한 가장 중요한 관심, 오리엔탈리즘의 전통과 유산, 미국이 처한 지정학적 입장, 미국이 대서양 열강이자 태평양 열강이기도 하다는 '이중적 국가정체성' 등이 함께 엉켜서 존재하고 있었다고 해야 할 것이다. 특히 태평양 나아가 아시아를 상업적 이득의 원천으로 인식하는 미국의 대아시아 인식은 앞으로도 거의 변화가 없을 것이다.

　냉전시기 미국 정부와 재단의 지원체제 하에서 아시아 인식이 지식으로 체계화되었듯이 미국 지역연구의 연구방향이나 결과는 미국의 아시아 인식에 큰 영향을 주어 왔다. 다만 이제는 미국의 아시아 인식 형성과 관련된 연구의 방향이나 결과가 미국 정부나 재단에 의해 크게 좌지우지되지는 않을 것 같다. 지난 20여 년간 일본의 국제교류기금(The Japan Foundation), 한국의 국제교류재단(The Korea Foundation), 타이완의 장징궈국제학술교류기금회 (The Chiang Ching-kuo Foundation) 등은 수많은 재정적 지원을 통해 미국을 포함한 타 국가에서 자국에 관한 (호의적) 연구를 증진시키려 노력해 왔다. 최근에는 중국의 여러 정부지원 학술재단이 구미 대학에서 유교연구를 진흥시 키고자 적극적인 재정지원을 하고 있다. 이들 재단의 표면적 목적은 문화교류나 학술교류지만, 사실 내용을 깊이 살펴보면 결국 이들 삼국이 미국의 자국에 대한 인식, 궁극적으로는 아시아 인식을 긍정적 혹은 호의적인 쪽으로 바꾸려는 노력의 일환이라고 하겠다. 예컨대 이런 지적을 좀 더 확대해서 이해한다면, 냉전 이후 미국의 일본연구가 증진된 것은 기본적으로 일본의 재단들이 학술연구에 대한 재정적 지원을 (일본인식을 호의적인 것으로 만들려는 기대 속에서) 늘렸기 때문이다. '일본식 [발전]모델'이나 '일본에서 배우자'라는 주제에 대한 미국내 학술연구가 그동안 증가했던 이유가 미국학자들 사이에 이런 주제들에 대한 지적 관심이 늘었기 때문이 아니라, 일본정부가 이 주제와 관련된 미국내 일본연구를 그동안 재정적으로 지원했기 때문이라는 지적은 이런 점에서 의미심장하다.[50] 물론 미국 지역연구에 대한 비판뿐만 아니라 아시아 역사에 대한 근대주의적 인식 혹은 유럽중심적 인식을 탈피하면서 아시아 역사를 전 지구사 속에서 새롭게 구성하려는 시도가 최근 증가하고 있는 것 또한 사실이다.[51] 이런 노력들이 냉전에 그 뿌리를 두고 있는 미국 지역연구의 동아시아에 대한 오리엔탈리스트적 타자인식, 식민주의적 구조를 지탱하는 인식론, 근대화론을 통한 아시아 근현대사에 대한 접근 등을 모두 거부함과 동시에 새로운 지역기반의 지식생산과 그에 따른 미국의 아시아 인식에 변화를 이끌어낼지는 앞으로 두고 볼 일이다.[52]

---

50) Ian Reader, "Studies of Japan, Area Studies, and the Challenge of Social Theory," *Monumenta Nipponica* 53-2 (1998), pp.238~239.

51) 대표적인 예로는 Andre Gunder Frank, *ReOrient: Global Economy in the Asian Age* (University of California Press, 1998) ; Kenneth Pomeranz, *The Great Divergence: China, Europe, and the Making of the Modern World* (Princeton University Press, 2000) ; Robert B. Marks, *The Origins of the Modern World: A Global and Ecological Narrative* (Rowman & Littlefield Publishers, INC., 2002) 등을 들 수 있다. *Modern China*나 *Bulletin of Concerned Asia Scholars* 잡지가 1970년대에 출현한 것이나 Paul A. Cohen, 1984, 앞의 책이 1980년대 초에 출판된 것 등은 1970년대부터 시작된 미국의 아시아 인식(넓게는 미국 지역연구)에 대한 미국학계의 자기비판의 시작이었다. 물론 이런 비판이 미국의 아시아 인식과 연구방법론 등을 비판적으로 바라보면서 공론화한 점은 있지만, 그런 비판 자체가 미국 지역연구가 만들어 낸 학문과 권력의 의존관계라는 구조적 문제를 해결한 것은 아니다. 특히 1990~91년의 걸프 전쟁과 2003년의 이라크 전쟁 이후, 미국 내에서는 교육과 권력의 관계를 둘러싼 문제가 늘 학술적 논쟁의 중심에 있었다. 이런 사정 속에서 출판된 예가 Noam Chomsky, Immanuel Wallerstein eds. et al, *The Cold War and the University* (The New Press, 1997)이다.

52) 주 51)에서 든 프랑크, 포메란즈, 마크스의 연구들이 여전히 근대성이란 문제의식 속에서 아시아라는 거대 지역(region)의 역사를 메타 역사(meta-history)의 틀 속에 다루려 했다면, Roxann Praznaik, "Siena on the Silk Roads: Ambrogio Lorenzetti and

지역에 기반한 지식생산은 여전히 중요하다. 이는 그동안 미국학계를 중심으로 이루어져 온 지역연구가 민족이나 국가를 단위로 하였다는 점, 그런 지역연구에 대한 비판의 대상이 대부분 지역단위의 연구나 진정한 지역전문가라기보다는 국가단위의 연구와 '일국전문가'라는 데서도 확인할 수 있다. 미국의 지역전문가들은 앞서도 언급했듯이 실상 '일국전문가'였다고 해도 과언이 아니다. 이런 사정을 고려하면 이제야말로 진정한 지역전문가가 필요할 때일 수도 있다. 많은 학자들이 동의하고 있는 것은 지역기반의 지식생산은 여전히 중요하지만, 새롭게 생산되는 지역기반의 지식은 이런 일국을 기반으로 한 지역에 관한 지식이 되어서는 안 될 뿐만 아니라, 그 방향도 그동안 존재했던 미국의 아시아 인식을 새롭게 바꾸거나 나아가 새롭게 개념화시키는 것이어야 한다는 것이다. 이미 이런 노력들은 1970년대 이래 많은 학자들에 의해 제기 또는 시도되고 있고, 나아가 1980년대 이후 미국의 지역연구가 냉전시기와는 다르게 많이 진행되고 있는 것도 사실이다.[53] 다만 아리프 딜릭이 지적하듯이 지역전문가들이 이제는 자신들이 갖고 있는 지역(혹은 일국)에 관한 전문성과 전문지식을 권력에 봉사하기 위해서가 아니라 권력과 헤게모니에 대한 비판적 도전을 위해 이용해야 한다는 것이다. 나아가 진정한 (지역민들을 중심으로 한) 지역에 기반한 지식을 생산하고, 그것을 새롭고도 전 지구화된 형태의 비판적 이해와 결합시키는 일이 필요하다.[54] 인식이란 결국 '창안'되는 것이라

---

the Mongol Global Century, 1250~1350," *Journal of World History* 21-2 (2010), pp.177~217 은 넓은 의미의 지역(region)보다는 좁은 의미의 지역(place) 간의 연계 및 지역(place)의 다양한 역사전개를 더 중시하면서 전 지구사를 이해하려고 한다. 이런 두 가지 다른 역사접근은 (대안적 근대성을 포함한) '근대성'을 전 지구사 이해의 전제로 할 것인가의 문제를 두고 나눠진 서로 다른 역사인식의 결과다.

53) Chris Burgess, "The Asian Studies 'Crisis': Putting Cultural Studies into Asian Studies and Asia into Cultural Studies," *International Journal of Asian Studies* 1-1 (2004), pp.121 ~136. Martin M. Lewis and Karen Wigen, "A Maritime Response to the Crisis in Area Studies," *Geographical Review* 89-2 (1999), pp.161~168 ; Masao Moyoshi and Harry Harootunian eds., *Learning Places: The Afterlives of Area Studies* (Duke University Press, 2002).

는 사실을 감안하면, 미국의 지역연구는 이제 냉전지식에 기반한 아시아 인식의 창안에서 벗어나 아시아에 대한 '좋은' 인식을 만들 수 있는 기회를 가지고 있다. 흑백논리에 의한 '옳은' 혹은 '그릇된' 인식이 아니라, 예컨대 상호이해를 증진시키고 평화와 공존을 증진시키는 그런 '좋은' 지식과 인식 말이다. 새로운 미국 지역연구가 만드는 아시아에 관한 '좋은' 지식과 인식의 형성을 통해 미국과 동부아시아 국가 간의 이해와 소통도 점차 과거와는 다르게 진행될 가능성을 만들 수 있을 것이다.

---

54) Arif Dirlik, "No Longer far Away: The Reconfiguration of Global relations and Its Challenges to Asian Studies," Leo Douw ed., *Unsettled Frontiers and Transnational Linkages: New Tasks for the Historian of Modern Asia* (VU University Press, 1997), pp.19~32.

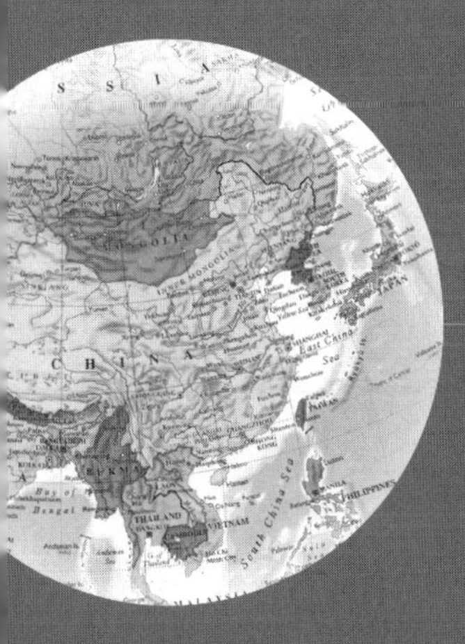

제2부

권역시각에서 본
동부아시아 급진주의

제 **4** 장

권역시각, 초국가적 관점, '동부아시아' 지역개념과 '동부아시아' 급진주의 역사의 재구성 시론

Ⅰ. 권역시각과 초국가적 관점

최근 구미학계에서는 중국근대 급진정치(radical politics)에 대한 연구가 지역적 시각(regional perspective)을 통해 빈번히 진행되고 역사서술도 초국가적(transnational) 관점을 통해 상당히 이루어져 왔다. 아리프 딜릭(Arif Dirlik)은 중국사회주의의 기원과 발전을 이해할 때, 초국가적 접근과 지역적 시각을 이용하는 것이 상당히 유용하다고 지적한 바 있다. 특히 그는 '문화적 상호교류가 지속적이고도 밀접하게' 일어난 범위를 의미하는 에큐민(ecumene)이란 용어를 통해 중국사회주의의 발전과정을 '지역사의 일부'로 이해할 가능성을 지적한다.[1] 레베카 칼(Rebecca E. Karl)의 청(淸)말 중국 급진주의와 민족주의 흥기과정에 관한 연구 역시 당시 중국에서 대두하기 시작한 민족주의에 바탕을

---

1) 阿里夫·德里克, 「東亞的現代性與革命: 區域視野中的中國社會主義」, 『馬克思主義與現實』 3(中共中央編譯局, 2005), 8~16쪽과 Arif Dirlik, "Socialism in China: A Historical Overview," Kam Louie ed., *The Cambridge Companion to Modern Chinese Culture* (Cambridge University Press, 2008), p.156을 볼 것. 초국가주의에 대해서는 Arif Dirlik, "Transnationalism, the Press, and the National Imaginary in Twentieth Century China" *The China Review* 4-1 (Chinese University of Hong Kong, 2004), pp.11~25를 볼 것.

둔 중국의 급진담론 형성에 초국가적이고 지역적 요소들이 중요하게 작용했다
고 지적한다.[2] 크리스토퍼 고샤(Christopher E. Goscha)의 베트남 공산주의
형성과정 연구도 급진주의자들의 지역적 움직임과 활동 및 교류를 통한 네트워
크 형성을 강조하는 지역시각과 초국가적 접근을 통해 베트남 공산주의의
대두를 이해한다.[3]

이런 일련의 연구와 보조를 맞추어 필자도 1920~30년대 중국과 일본에서
발행되었던 한인 아나키스트 잡지와 신문에 대한 분석을 통해, 한국 아나키즘의
대두과정 연구에 초국가적 관점과 지역적 시각을 적용할 필요가 있다고 주장한
바 있다. 또한 1945년 이전 한인 아나키스트들과 다른 (특히 중일) 아나키스트들
간의 직·간접 교류와 공동활동을 분석한 다른 글에서는, 한국 아나키즘이
'초국가적 연계'(transnational linkages)를 갖고 있다고 강조하면서 그런 연계가
이루어진 급진주의자들의 행동과 '담론의 공동체'가 도쿄나 상하이 등에 존재했
을 가능성을 예시했다. 한국 아나키즘(넓게는 한국 사회주의)에는 국민국가(그
리고 민족주의)란 틀로는 설명하기 힘든 초국가적 요소와 지역적 내용이
있었다. 따라서 필자는 한국 아나키즘의 기원과 성격에 관한 연구는 독립운동에
대한 아나키즘의 일방적 공헌보다는 초국가적 연계를 갖던 한국 아나키즘이
추구한 사회혁명, 초국가적 지향과 민족주의적 열정(독립) 간에 존재했던
복잡한 갈등관계를 중시하는 방향으로 나아가야 한다고 제의한 바 있다.[4]

---

2) Rebecca E. Karl, *Staging the World: Chinese Nationalism at the Turn of the Twentieth Century* (Duke University Press, 2002)와 Rebecca E. Karl, "Global Connections: Liang Qichao and the 'Second World' at the of Turn of the Twentieth Century," *Asia/Pacific Studies Institute Working Papers* (Asia/Pacific Studies Institute, Duke University, 1993).

3) Christopher E. Goscha, *Thailand and the Southeast Asian Networks of the Vietnamese Revolution, 1885-1954* (Curzon Publishers, 1999).

4) Dongyoun Hwang, "Beyond Independence: The Korean Anarchist Press in China and Japan in the 1920s and 1930s," *Asian Studies Review* 31-1 (March 2007), pp.3~23과 Dongyoun Hwang, "Korean Anarchism before 1945: A Regional and Transnational Approach," Steven Hirsch and Lucien van der Walt eds., *Anarchism and Syndicalism in the Colonial and Postcolonial World, 1870~1940: The Praxis of National Liberation, Internationalism,*

한국 역사학계에서도 기존의 민족주의 시각에 대한 반성과 그에 따른 초국가주의적 역사의식과 서술의 확산이 있었는데, 이런 움직임을 이끄는 역사학자들은 궁극적으로 민족주의란 틀을 넘어서는 한국사와 '동아시아사' 이해와 연구, 나아가 '동아시아'와 소통하는 한국사 또는 한국사의 '동아시아사'로의 확장을 주장하는 등 비슷한 문제제기를 해왔다.[5]

 필자가 사용하는 권역시각이란, 역사를 민족 혹은 국가란 단위 혹은 그 단위를 둘러싼 경계 내지는 울타리 안에서만 일어났던 것으로 보지 않는 역사시각을 의미한다. 이는 한 국가의 과거를, 인접한 여러 국가나 사회, 넓게는 그 국가나 민족이 속한 (혹은 속했다고 믿어지는) 지역 내외의 여러 다양한 요소들과 꾸준하면서도 긴밀히 직·간접적으로 상호 접촉한 결과, 특히 문화적 상호작용(interaction)을 한 결과 형성된 것으로 이해하게 해준다. 이 글에서 말하는 권역시각은 특히 급진주의자들[6] 간에 이루어진 직·간접적

---

and Social Revolution (Brill, 2010), pp.95~130. 이하 한국 아나키즘과 관련된 논의는 특별한 주가 없는 한 이 두 글의 논의에 의존했고, '아시아' 개념 등과 관련된 논의의 일부는 황동연, 「20세기초 동아시아 급진주의와 '아시아' 개념」, 『대동문화연구』 50(2005.6), 121~165쪽에서 이미 언급한 내용이다. '담론의 공동체'에 대해서는 Robert Wuthnow, *Communities of Discourse: Ideology, and Social Structure in the Reformation, the Enlightenment, and European Socialism* (Harvard University Press, 1989)를 볼 것.

5) 두 예만을 들면, 「좌담: 동아시아 역사학의 반성—국민국가의 담밖에서」, 『당대비평』 특집호(2002), 200~244쪽과 백영서, 「자국사와 지역사의 소통: 동아시아인의 역사서술의 성찰」, 『역사학보』 196(2007.12), 103~125쪽. 일본역사학자들도 이런 흐름에 동참하고 있는데, 그들의 초국가적 역사 주장은 일본이 근현대사 속에서 역사의 가해자였다는 반성에서 주로 시작된 것이다. 예컨대, 石島紀之, 「ナショナル・ヒストリーを超える日中戰爭史をめざして――中國研究者からの提言―」, 『歷史評論』 689(2007), 2~13쪽을 볼 것. 한편, 인도의 민족운동을 동아시아 맥락에서 구성하려 한 中村平治, 「インド民族運動の展開と東アジア」, 坂野正高·衛藤潘吉 編, 『中國をめぐる國際關係―影像と現實―』(東京大學出版會, 1968), 237~273쪽은 오래된 연구지만 권역시각과 관련하여 주목된다.

6) 급진주의자와 급진주의는 영어의 radical과 radicalism을 각각 번역한 것인데, 한국역사학계에서는 그다지 많이 쓰이는 용어가 아니어서 설명이 필요하다. 영어의 급진주의자는 "직접적인 그리고 종종 비타협적인 방법을 통해서 근본적인 정치적, 경제적, 사회적 개혁을 주장하는 사람"을 지칭하고, 급진주의는 그 같은 "급진주의자들의 방식과 원칙"을 의미한다. *Random House Webster's Unabridged Dictionary* (Random House,

상호교류, 상호영향(mutual influence) 혹은 상호영감(mutual impression), 상호작용(interaction)이 개별 국민국가, 지역, 지역의식, 미래에 대한 전망 등의 형성에 중요했던 것으로 본다. 이 점이 바로 기존의 문명 혹은 문화에 주로 입각하여 지역을 임의로 구분하고 연구해 온 미국 등의 지역연구에서 말하는 '지역적 시각'과 필자가 말하는 권역시각의 차이점이다. 지역연구에서는 지역(area)을 문명 혹은 문화의 경계에 의해 고정된 것으로 보고, 지역내 각 사회의 역사가 그 문명 혹은 문화의 영향 하에서 기본적으로 전개, 발전된 것으로 간주한다. 반면, 권역시각에서는 지역이 문명적, 지리적 혹은 자연적으로 이미 만들어진 (따라서 고정된) 것으로 보지 않고 인간활동의 결과에 따라 형성, 발전, 변화, 확장되는 것으로 본다. 인간의 활동과 지역에 대한 인식과 개념 사이의 관계가 강조되는 것이다.[7] 따라서 필자가 언급하는 권역시각의 권역(region)은 구미

1987~1998, second edition), p.1592를 볼 것. 한글의 급진파(급진주의자)는 "이상의 실현 등을 급히 진행시키려는 파(자)"고 급진주의는 "이상의 실현을 위해 현실의 정체·사회제도를 고려하지 아니하고, 급하게 근본적으로 변혁시키려는 주의"를 의미한다. 민중서국 편집국 편(이희승 감수),『민중엣센스 국어사전』제5판, 전면 개정판(민중서림, 2001), 373쪽을 볼 것. 한글의 의미가 '급하게'라는 개혁의 시간적 조급성을 강조한 반면, 영어의 본래 의미는 '근본적'이라는 개혁의 내용적 철저성을 강조한다. 본서에서 따르는 의미는 후자다.

따라서 본서에서 말하는 20세기 동부아시아 급진주의란, 한 사회에 존재하는 기존 (정치, 사회, 경제 등) 권력과 체제뿐만 아니라 제국주의, 식민주의 등 외부세력에도 저항, 도전하면서, 사회의 총체적·근본적 변혁, 궁극적으로는 혁명적 변화를 지향한 사상과 행동을 의미한다. 물론 그런 사상을 갖고 행동을 한 자들이 급진주의자다. 그런데 급진주의자들이 반드시 마르크스주의자, 사회주의자, 아나키스트, 혹은 공산주의자가 되었던 것은 아니다. 다만, 20세기 동부아시아 급진주의는 사회주의의 영향을 받았다. 예컨대 중국의 쑨원(孫文)이 '초기 사회주의자'로 불리듯이 말이다. 국내학계에서 급진주의자를 의미하는 것으로 '혁명적 민족주의자'란 용어가 쓰인 경우가 있는데[권희영,『한인사회주의운동 연구』(국학자료원, 1999), 13쪽], 민족주의자란 의미를 지나치게 강조한다는 면에서 그다지 타당한 용어가 아니다. 필자가 아래에서 지적하듯이 식민지적 맥락에서 급진주의와 민족주의의 관계는 상호적이지 일방적이거나 배타적이지 않다. 또한 급진주의자들은 민족주의적이었지만 동시에 세계주의적인 경향을 강하게 갖고 있었다. 따라서 식민지적 맥락에 존재하는 이런 복잡한 관계를 경시하고 민족주의자란 면을 과도하게 강조한 점에서 이 용어는 타당치 않다.

7) 이 점에 대해서는 아리프 딜릭,「아시아·태평양권이라는 개념: 지역구조 창설에 있어서

오리엔탈리즘의 유산인 지역연구에 의해 인위적으로 '문명'에 따라 구분되었던 동아시아(East Asia), 남아시아(South Asia), 중동(Middle East) 등과 같은 지역이 아니다. 권역시각은 이런 기원을 갖는 지역과는 다른 차원의 (인간활동 중심의) 지역을 지향한다. 즉 권역시각에서 권역은 인간활동, 특히 급진주의자들의 움직임에 따른 상호교류나 접촉, 그에 따른 상호작용과 영향 등을 중시하며 그 결과로 생기는 (인식적이고 물적인) 새로운 지역범위와 지역인식의 형성을 중요하게 본다. 나아가 권역시각은, 식민지 혹은 반식민지에서 민족주의 담론 (민족해방, 독립 등)의 형성과 발전이 초국가주의적 급진주의 기원과 긴밀히 연결되어 있었음을 예시한다.

따라서 권역시각에서 말하는 권역은 그 범위가 고정되어 있지 않고 구성원도 한정되어 있지 않다. 또한, 권역시각에서는 권역내 개별 사회와 국가의 역사도 한정된 지역 내(예컨대 국경 내)에서만 전개된 것으로 이해되기보다는 권역 내외의 여러 요소와 꾸준하고도 긴밀한 접촉을 한 결과 전개, 형성된 것으로 본다. 당연히 이런 시각에서 구성된 역사에서는 권역의 구성원들(의 활동이나 인식)이 그들이 속한 국가나 민족이란 울타리 안에서만 존재하는 것으로 그려지지 않음은 물론이다. 결국 여기서 말하는 권역이란, 인간활동에 따라 변하는 늘 개방된 개념이자 인식이다. 왜냐하먼 인간의 시석·물리적 활농 모두는 정태적이지 않고 동태적이기 때문이다. 자연히 권역시각은 역사서술에서 초국가적 접근방식을 강조하게 된다. 초국가적 관점이란, 한 민족의 역사를 그 민족이나 국가만이 전유하는 것이 아닌, 외부와의 소통을 통해 형성된 것으로 보는 것을 의미한다. 여러 외부 요소들과의 상호 접촉, 교류, 작용 등을 통해 한 민족의 역사가 만들어졌다는 것이다. 권역시각이나 초국가적 관점 모두 한 민족 혹은 국가가 역사를 전유하거나 마음대로 자신들만의 것으로 재현하는 것을 반대한다. 넓게 보면, 다른 나라의 역사 혹은 지역의 역사와 소통하는 역사로서 자국사를 재구성할 수 있는 가능성이 바로 권역시각

현실과 표상의 문제」, 『창작과 비평』 79(1993 봄), 289~317쪽을 볼 것.

과 초국가적 관점에서 출발한다고 할 수 있다. 구체적으로는, 초국가적 관점에 기초한 권역시각을 통해 지역내 개별 국가들의 급진주의 역사를 바라보는 것은 지역적 의미와 성격을 갖는 지역 급진주의 역사와 개별 국가의 급진주의 역사가 적극적으로 상호 소통할 수 있는 기회를 제공한다.

초국가적 관점에 기초한 권역시각을 통해 지역의 과거를 재구성한다는 것은 결국 탈식민적·탈근대적·탈유럽중심적 역사서술을 의미한다. 무엇보다 민족과 국민국가란 개념이 유럽중심적 근대(그리고 근대 유럽 국민국가)의 산물인 점을 기억한다면, 민족(따라서 국민국가)에 기초한 역사서술이 유럽중심주의와 근대를 지탱하는 하나의 지주였음을 알 수 있다. 따라서 초국가적 관점은 자연스럽게 탈식민적·탈근대적·탈유럽중심적 역사인식과 역사 재구성을 가능하게 해준다. 이와 관련하여, 권역시각에는 또 다른 장점이 있다. 주지하듯이 그동안 '동아시아'의 역사는 한중일 3국의 민족주의에 의해 각각 해석, 구성(서술), 보급되어 왔다. 사회주의를 예로 들어보자. 중국사회주의는, 혁명과정에서 농민의 역할을 중시한 마오쩌둥(毛澤東) 지도 하의 중국공산당, 항일전쟁 기간 중국공산당과 마오 사상이 행한 중요한 역할과 지도력, 1949년 중국혁명의 성공이란 큰 구도 속에서 설명되어 왔다. 일본사회주의는 일본사회주의자들의 일본내 사회문제, 천황에 대한 태도문제 즉, 구체적으로는 '전향' 문제 등 국내문제에 중점을 많이 두면서 서술되어 왔다. 물론 양국 사회주의의 기원과 발전에서 코민테른과의 관계는 늘 중요한 연구주제였다. 한국 사회주의의 경우, 사회주의란 말 자체가 공산주의로 이해되면서 공산주의 운동의 역사를 중심으로 사회주의 역사가 서술되고 운동의 지향도 민족해방 혹은 독립, 나아가 해방후 신국가 건설 문제에 집중된 것으로 그려져 왔다. '동아시아' 사회주의는 이렇듯 개별 국가 혹은 민족(문제) 중심의 역사서술과 이해를 중심으로 그려져 왔고, 지역내 다양한 사회주의자들 간의 상호교류와 접촉은 개별 국가의 사회주의 기원이나 발전과는 큰 관계가 없는 것으로 거의 무시되어 왔다. 아마도 국민국가의 형성과 유지란 문제에 이런 외부요소가 그다지 중요하지 않았기 때문이리라.

권역시각에서는 이들 사회주의자들의 만남, 교류, 상호영향 등의 요소가 (타이완 등을 포함한) 각국의 사회주의뿐만 아니라 '동아시아' 지역 사회주의 발전에 중요했다고 강조한다. 권역시각은 급진주의자들이 반제, 반식민, 민족해방, 자유, 국가발전방향 등과 같은 목표를 중심으로 (직·간접적인) 만남을 통해 논의, 연대하면서 여러 경로를 통해 상호접촉, 상호 영향과 영감을 주고, 함께 행동을 취하던 모습을 추적할 수 있게 한다. 또 그들이 공유했을 법한 지역기반의 사회주의 이해를 우리가 추적·이해할 수 있게 한다. 간단히 말해서, 일국사와 지역사의 연계가 강조되고 그에 따라 자국사와 외국사 간의 소통이 활발해지게 만드는 것이 바로 권역시각이다. 이런 의미에서 권역시각을 통해 20세기 초 '동부아시아'(구체적 논의는 아래 참조)의 급진주의 역사를 재구성하고 그들이 창안한 지역인식과 전망 등을 검토하는 것은 매우 유의미하다. '동부아시아' 급진주의자들의 지역인식과 전망의 일단에 대해서는 필자가 이미 다른 지면을 통해 살펴봤기에,8) 이하에서는 그것을 전제로 '동부아시아'란 지역명칭과 개념이 권역시각과 초국가적 관점을 통해 소통이 가능한 지역 급진주의 역사와 일국사로서의 급진주의 역사 모두를 재구성하는 데 중요하게 일조할 수 있다는 주장을 중심으로 논지를 진개하고자 한다.

II. 지역 명칭, 개념으로서 '동아시아'와 '동부아시아'

한국, 일본, 중국, 타이완 등이 속한 지역을 부를 때 보통 동아시아(경우에 따라 좁은 의미로 동북아시아)란 명칭을 사용한다. 실상 한 지역에 대한 용어를 선택하고 명명하는 것은 그 지역에 대한 여러 이해와 인식 그리고 그 지역의 미래에 대한 전망까지 포함한 개념과 의미가 반영된 인간행위의 결과다. 아리프 딜릭이 정확히 말했듯이, "이름짓기나 마찬가지로, 정의설정도 곧

---

8) 황동연, 앞의 글, 2005.

하나의 정복행위"다.9) 한 지역의 이름을 짓는 것이나 지역의 의미를 정의하는
것 자체가 그 지역에 대한 인간의 (물적·지적 의미에서) 정복행위의 일종인
셈이다. 아시아의 동쪽에 위치한 동아시아로 불리는 지역은 그 지역명을
미국의 지역연구로부터 부여받았다. 유럽중심주의에서 만들어진 극동(Far
East)이란 용어를 대체하면서 1945년 이후 냉전구조 속에서 미국의 세계전략
수립이란 큰 틀 속에서 만들어진 용어이자 개념이 동아시아인 것이다. 결국
동아시아란 용어는 지역민 스스로가 창안한 것이 아니다. 동아시아 지역민들
스스로의 지역인식, 예컨대 중국인들의 남양(南洋)이란 지역인식과는 전혀
상관없이 만들어진 것이다. 그렇다면 이제 아시아 동부에 거주하는 지역민들은
자신들이 거주하는 지역을 (긍정적 의미에서) 새롭게 '정복'함으로써, 자신들이
사는 지역에 대한 정의와 의미를 스스로 부여하고 나아가 그 지역의 미래까지
스스로 전망할 필요가 있다. 그렇다면 이를 위해 지역명도 새롭게 고려할
필요가 있다. 물론 이런 노력의 일환으로 한국에서는 동아시아에 관한 담론('동
아시아론')이 그동안 회자되어 왔다. 다만 다른 문제를 다 제쳐놓고, '동아시아
론'에서 가장 아쉬운 점은 유럽 오리엔탈리즘에 기원을 둔 미국 지역연구의
지역전문가들이 멋대로 (지적·물적 모두) '정복'한 결과로 창안된 동아시아란
지역명을 그대로 쓴다는 점이다. 물론 일부 학자들은 그 용어의 기원과 관련된
문제점을 인지하고 있지만, 많은 학자들은 그 용어에 이미 부여된 왜곡된
문화적(문명적)·지리적 의미와 정의를 대부분 계속 사용한다. 그동안 용어
자체보다는 그 용어가 갖는 의미와 그 의미가 생산해온 지역에 대한 인식과
개념이 일반적으로 많은 학자들에 의해 받아들여져 왔다. 동아시아는 지역민의
자기 지역에 대한 인식, 지역 내에서의 자신들의 여러 활동과는 전혀 상관없이
구미의 식민주의적 팽창과 초강대국 미국의 세계전략을 위한 인식과 활동의
결과로 만들어진 용어다.10)

---

9) 아리프 딜릭, 위의 글, 1993, 33쪽. 원문은 "To define, as to name, is to conquer"이다.
10) 냉전 전후, 미국의 대공산권 정책과 지역연구의 관계는 Bruce Cumings, "Boundary
　　Displacement: Area Studies and International Studies during and after the Cold War,"

인간활동과 그것이 초래하는 여러 결과는 단순히 인간활동의 범위가 발전·확장되었다는 것만을 의미하지는 않는다. 인간활동의 결과로 생산되는 인식과 사고의 변화, 행동양식의 생산 등은 문화적 의미를 띠는 중요한 결과물이다. 특히 19세기 이래 구미세력의 팽창은 여러 국가와 사회 간의 (긍적적이든 부정적이든) 접촉을 이끌어 냈고 그 결과 만들어진 (지역명과 같은) 여러 문화적 산물은 한 민족이나 국가가 자신의 지역인식과 세계인식을 만드는 데 중요한 지적 원천으로 작용했다. 인간활동의 확장이 인간의 지역에 대한 인식과 사고에 변화를 가져온 가장 좋은 예를 보여주는 것은 태평양(Pacific Ocean)이 '태평양'으로 불리게 된 연유를 추적한 스페이트(O. H. K. Spate)의 연구다. 스페이트에 따르면, '태평양'은 사실 16세기에서 19세기 초까지는 유럽인들에 의해 주로 남해(스페인어로는 Mar del Sur 혹은 Mar del Zur, 즉 South Sea)로 불리고 또 그렇게 기록되곤 했다고 한다. 유럽의 선원들이 쓰던 지도뿐 아니라 유럽 내의 여러 문헌에서도 마찬가지였다. 비슷한 시기에 마젤란(F. Magellan)이 알류샨(Alieutian) 열도 주위의 거친 파도나 태평양에서 자주 발생하는 허리케인 등을 아직 경험하지 못한 채, 파나마만 주위의 평온한 바다를 잠시 보고 이내 대양 전체를 태평양(Pacific: 평화롭다는 의미)으로 명명하기도 했지만, 당시 유럽인들은 태평양보다는 남해라는 용어를 더 적절하게 생각하고 또 선호했다. 이유는, 당시 유럽인들의 입장에서 보면 태평양이 대서양 남쪽으로 계속 항해하다가 남미 대륙의 남단인 지금의 마젤란 해협을 돌아서 도착하는 곳이니, 그들에게 이 바다는 분명 남쪽에 있는 '남해'였던 것이다.

이후 유럽인들의 태평양 상에서의 활동이, 특히 제임스 쿡(James Cook) 선장의 하와이 도착 후, 북태평양으로 확장되자 새로운 인식이 유럽인들

Bulletin of Concerned Asian Scholars 29-1 (January-March 1997), pp.6~29과 Carl E. Pletsch, "The Three Worlds, or the Division of Social Scientific Labor, Circa 1950-1975," *Comparative Studies in Society and History* 23-4 (1981), pp.565~590을 볼 것. 미국 지역연구에 대한 미국내 비판적 학자들의 비판 내용에 대한 소개로는 본서의 제1부 제2장을 볼 것.

사이에 생겼다. 당시 유럽인들의 태평양 상의 상업활동은 멕시코의 아카펄코 (Acapulco)와 중국의 광저우(廣州)를 필리핀 마닐라를 경유지로 하며 잇던 스페인의 '마닐라 겔리언 무역'(Manila Gelleon Trade) 노선에 대부분 의존하고 있었다. 이 해상무역로는 주로 남태평양을 이용하는 노선이었다. 그런데 북태평양으로 유럽 상인들과 탐험가들의 활동이 확대되고 그 결과 새로운 (미주에서 아시아로 가는 시간이 남쪽 노선보다 더 단축되는 북쪽) 항해노선이 알려지고 빈번히 이용되면서, 유럽인들은 북태평양노선을 대아시아 상업활동의 주 해상로로 이용하기 시작했다. 이렇게 되자 이제 '남해'라는 용어는 유럽인들에게 무의미해졌다. 왜냐하면 상업활동이 북태평양으로 확장된 결과, 그들이 아는 해양의 범위가 '남해'로만 부르기에는 자신들의 새로운 활동과 인식에서 보면 적절치 않았던 것이다. 이때 유럽인들 사이에서 다시 사용되기 시작한 것이 이미 그들 사이에 알려져 있던 '태평양'이었다. 결국 지금 우리가 사용하는 태평양이란 용어는, 바다 자체의 성격이나 특성과는 아무 상관없이 유럽인들의 인식, 상업활동의 확장과 밀접한 관계를 갖고 유럽인들에 의해 채택된 용어다. 여기서 중요한 것은 태평양으로 명명된 과정과 해양의 이름이 '남해'에서 '태평양'으로 바뀌는 과정에 나타난 유럽인들의 상업활동의 확장, 그리고 그에 따라 생긴 그들의 지역에 대한 개념과 인식의 변화다. 태평양이란 용어는 유럽인들의 지역내 활동과 인식의 변화를 반영한다.[11]

최근 우리는 태평양이란 명칭에 더하여, 그 바다를 둘러싼 지역을 아시아-태평양(Asian-Pacific) 혹은 태평양 아시아(Pacific Asia), 미주-태평양(American-Pacific), 환태평양(Pacific Rims), 태평양 분지(Pacific Basin) 등으로 부른다. 이렇게 명칭이 추가된 것은, 주지하듯이 태평양을 둘러싼 전 지구화의 진행과 그에 따른 인간의 (주로 경제적) 활동 확장이 (긍정적이든 부정적이든) 더 이상 아시아와 미주를 태평양으로부터 떼어낼 수 없다는 인식이 만들어졌기 때문이다. 아시아

---

11) O. H. K. Spate, "'South Sea' to 'Pacific': A Note on Nomenclature," *The Journal of Pacific History* 12-3·4 (1977), pp.205~211.

와 미주를 서로 다른 두 대륙으로 보던 기존 인식에 커다란 변화가 있음을 알 수 있다. 물론 역사적으로 보면 19세기 이래 남북아메리카 대륙은 태평양을 매개로 해서 아시아, 특히 '동아시아'와 이미 오래 전부터 뗄 수 없는 관계를 갖고 있었다.[12] 다만 여기서 중요한 것은 1980년대 이래 신자유주의 하에서 태평양을 사이에 두고 새로운 형태의 초국가적 생산 네트워크가 만들어졌고[13] 그에 따라 인간의 경제활동이 태평양을 가로질러 더욱 확대되면서 지역에 대한 인식에 변화가 생겼다는 점이다. 그 인식의 변화가 반영된 것이 위에서 언급한 태평양에 대한 새로운 명칭의 창안이었다. 이들 개별 용어가 만들어진 과정이나 의미하는 바는 모두 다르다.

과거 동아시아(넓게는 아시아)라는 지역용어와 개념이 처음 한국에 소개되고 사용된 이후, 구미 오리엔탈리즘이나 미국 지역연구가 만든 유산으로서의 아시아나 동아시아라는 용어가 거의 무비판적으로 받아들여지고 사용된 면이 많았다. 미국 지역연구의 기원이 냉전시기 미국의 국가이익과 공산주의 봉쇄정책을 뒷받침하기 위해 미국정부, 특히 미국 중앙정보부(CIA)의 체계적이고 조직적인 그리고 무엇보다 자금지원 하에서 시작되고 전개된 것은 주지하는 바다.[14] 이런 배경 하에서 창안된 지역명칭인 동아시아는 애초부터 많은 문제점을 노정할 수밖에 없었다. 지역명칭은 거의 필연적으로 지역에 대한 인식과 개념을 만든다. 따라서 한국에서 사용하는 지역명칭으로서의 동아시아는 오리엔탈리스트와 미국 지역전문가들이 이 용어를 창안할 때 의도한 지역에

---

12) Leon W. M. Consuelo, "Foundations of the American Image of the Pacific," Arif Dirlik and Rob Wilson, eds., *Asia/Pacific as a Cultural Production* (Duke University Press, 1995), pp.17~29 ; Clarence L. Ver Steeg, "Financing and Outfittingt the First United States Ship to China," *Pacific Historical Review* 22-1 (1977), pp.1~12 ; Evelyn Hu-DeHart, "Latin America in Asia-Pacific Perspective," Arif Dirlik ed., *What is in a Rim? Critical Perspectives on the Pacific Region Idea*, (Westview Press, 1993), pp.251~278.

13) Gary Gereffi, "Global Sourcing and Regional Divisions of Labor in the Pacific Rim," Arif Dirlik ed., 위의 책, 1993, pp.51~68.

14) 이런 사정에 대해서는 Bruce Cumings, 앞의 글(1997)을 볼 것.

대한 인식과 개념(의 일부)을 기본적으로 내재하고 있다. 결국 일부 비판적 학자들을 제외한 많은 학자들이 사용하는 아시아와 동아시아의 의미와 개념(따라서 지역인식)에는 오리엔탈리스트와 미국 지역연구 전문가들이 의도하고 쓰던 것과 대동소이한 내용을 담는 경우가 많다고 할 수 있다.

애초 유럽의 타자로서 지리적·문명적 지역개념을 통해 부정적 의미와 내용을 담고 있던 아시아(그리고 동아시아)는 동아시아 급진주의자들이 20세기 초 창안한 아시아 개념과는 다른 면이 있었다. 새로운 미래를 향한 프로젝트의 원천으로서의 아시아라는 개념은 이들 급진주의자들이 공유하던 것이다. 이들이 이런 상이한 의미의 개념을 만든 데는 그들의 활동과 그에 따른 공동인식의 형성이란 배경이 있었는데, 그 배경이나 활동과 인식의 범위는 우리가 인습적으로 아는 동아시아라는 지리적 범주를 크게 벗어나 있었다. 이에 대해서는 아래에서 좀 더 논하겠지만, 이미 잘 알려진 그런 예들을 몇 가지 든다면 다음과 같다. 1907년에 중국, 일본, 베트남, 인도 등의 급진주의자들이 도쿄에서 창립한 아시아화친회(亞洲和親會)는 당시 급진주의자들의 교류가 동아시아라는 지리적 범위를 훨씬 벗어난 것이었음을 보여준다. 혁명을 꿈꾸던 쑨원(孫文)이 일본 급진주의자들과 교류하며 필리핀의 아귀날도(E. Aguinaldo) 등과도 연계하려 했던 것이나, 19세기 말에서 20세기 초 일본의 미야자키 도텐(宮崎滔天)이 중국과 태국을 드나들면서 중국혁명을 도우려 했던 것도 이들의 행동범위가 인습적인 동아시아로만 국한되지 않고 꽤나 광범위했음을 예증한다. 그리고 그들의 활동범위는 그들의 지리적 인식뿐만 아니라 정치, 사회문제 등에 대한 문제의식까지 동아시아라는 인습적인 지리적 경계를 뛰어넘게 했다.

1925년 상하이에서 열린 '동방피압박민족대회'와 1927년 난징(南京)에서 조직된 '동방무정부주의자연맹(東方無政府主義者聯盟)'에 참석한 급진주의자들의 면면을 보면, 소위 동아시아 삼국만이 아니라 타이완, 베트남, 인도 등에서 온 참석자들도 있었다. 또, 잘 알려졌듯이 인도의 타고르(R. Tagore)는 그의 아시아주의를 설파하려고 1920년대 초 일본과 중국을 방문하여 양국의 지식인들과 교류를 시도하고 공동으로 아시아의 성신을 부활하려고 했었다. 그뿐만이 아니다. 영국 철학자 럿셀(B. Russell)의 경우, 중국을 방문하여 그의 '동서양 문명의 합성'에 관한 생각을 여러 강연을 통해 중국인들에게 전달하면서 서구자본주의 사회의 모순을 극복하는 새로운 문명의 요람으로 중국을 중시하였다. 또 러시아의 맹인시인이자 아나키스트였던 에로셍코(V. Eroshenko)는 베이징과 상하이에서 여러 급진주의자들과 교류하면서 세계주의를 설파하는 등 이들에게 여러 영향을 남겼다. 인도의 독립운동과 전후역사의 경우, (초기에는 일본, 그러나 이후에는) 중국의 반제민족운동과의 '상관관계' 속에서 초국가적 연대가 강조되면서 발전했다.15)

이런 급진주의자들의 구성뿐만 아니라 그들의 초국가적 활동과 교류가 그들과 지역민들의 인식에 미쳤을 여러 광범위한 영향을 문명과 문화를 기반으로 한 동아시아란 좁은 지역개념과 인식으로 모두 설명하기는 어렵다. 동아시아 자체를 아무리 지리적으로 개방된 개념이라고 인정해도, 그런 가능성을 인지하는 이들은 소수이고 대부분의 일반인들과 많은 연구자들은 동아시아를 지리적으로는 여전히 한중일 삼국과 타이완 정도로 이해하고 있다는 것 또한 부인할 수 없다. 따라서 동아시아란 지역명은 인식론적으로뿐만 아니라 지리적으로도

---

15) 아시아화친회에 대해서는 竹內善作, 「明治末期における中日革命運動の交流」, 『中國研究』 5(1948), 74~95쪽 ; 쑨원에 대해서는 Marius B. Jansen, *The Japanese and Sun Yat-sen* (Stanford University Press, 1954)과 兪辛焞, 『孫文の革命運動と日本』(六興出版, 1989) ; 미야자키 도텐에 대해서는 Miyazaki Toten(trans. by Marius Jansen), *My Thirty-Three Years' Dream: The Autobiography of Miyazaki Toten* (Princeton University Press, 1983) ; 럿셀에 대해서는 Bertrand Russell, *Selected Papers of Bertrand Russell* (Random House, n.d.), 소수의 글 ; 타고르에 대해서는 Stephen N. Hay, *Asian Ideas of East and West: Tagore and His Critics in Japan. China. and India* (Harvard University Press, 1970). 에로셍코에 대해서는 Xiaoqun Xu, "Cosmopolitamism, Nationalism, and Transnational Networks: The Chenbao Fujuan, 1921~1928," *The China Review* 4-1 (Spring 2004), pp.145~173 ; 동방피압박민족대회에 대해서는 水野直樹, 「東方被壓迫民族連合會(1925~1927)について」, 狹間直樹 編, 『中國國民革命の研究』(京都大學人文科學研究所, 1992), 309~350쪽 ; 인도독립운동에 대해서는 中村平治, 앞의 글(1968)을 볼 것.

여전히 역사를 지리적·인식적 울타리에 가두는 용어다. 요즘 인도인들이 자신들을 동아시아인으로 볼까? 인도네시아인들은 자신들을 동아시아에 거주하는 지역민으로 볼까? 우리에게만 개방된 것이 아니라 이들에게도 개방된 지역명이 간절하다고 하겠다. 결국 많은 지역민들에게 동아시아는 여전히 좁은 의미의 지역개념이자 명칭이다.

이상의 문제의식과 함께, 권역시각과 초국가적 시각을 통한 급진주의 (넓게는 동아시아 근현대사) 재구성이란 필자의 평소 주장을 가장 만족시킬 수 있는 지역용어이자 개념으로서 필자는 '동부아시아'를 생각해 보았다. 무엇보다 동아시아란 용어 자체가 갖고 있는 지배적인 지리적 정의는 이미 그 용어가 함의한 지리적 경계를 훌쩍 넘어서 진행되어 온 다양한 인간활동과 인식의 확장을 담아내지 못하고 인습적으로 동아시아란 기존의 지역 경계선 속으로 그것을 가두어 왔다. 한국, 중국, 일본을 비롯한 아시아의 동쪽에 있는 국가들이 존재하는 지역을 지칭할 때, 동아시아란 용어가 가장 일반적으로 쓰이고 또 익숙하게 들리기 때문이다. 그리고 지금도 (아시아의 동쪽에 살고 있는) 우리는 동아시아를 우리의 지역적·문화적 (따라서 역사적) 요람으로, 또 우리를 동아시아인으로 정의하면서 자신들에게 정체성을 부여한다. 그러나 동아시아란 용어는, 앞에서 지적했듯이, 미국 지역연구가 임의로 세계를 구분, 정복한 후 창안한 세계 여러 지역들 중 하나다. 더 멀리 따지고 들어가면 그 개념은 오리엔탈리즘의 유산이다. 결국 현재 일반적으로 알려지고 사용되는 동아시아라는 지역명칭과 그와 관련된 여러 지리적·문화적 인식과 개념은 임의적으로 구미 오리엔탈리스트와 미국의 지역전문가들이 창안한 것인데, 이를 동아시아인들이 '자아 오리엔탈리즘'을 통해 의식적·무의식적으로 받아들여 왔다고 볼 수 있다.

위에서 지적했듯이 물리적·지리적·인식적 경계는 공간적·시간적 인간활동의 산물이다. 인간의 특정 활동에 따른 이해관계와 인식이 지역에 대한 인식을 창안하고 지역이름도 명명하게 했던 것이다. 또 경계긋기와 이름짓기 행위

자체가 세계와 지역을 바라보는 인간인식의 한 반영이다. 동아시아란 용어의 기원과 문제점들을 인지한 후, 그리고 전 지구화 하에서 새로운 지역 인식에 따라 새로운 지역명이 계속 창안된다는 것을 알고 난 후, 우리는 우리가 사는 우리의 지역명과 지역인식을 비판적으로 바라보면서 새로운 지역명과 지역인식을 가질 필요가 있지 않을까. 이제는 동아시아란 지역명을 당연한 명칭으로 보거나 근거없이 애착을 갖기보다는, 새로운 용어를 새로운 인식에 따라 혹은 새로운 인식의 창안을 위해 지역민 스스로가 창안하려는 노력을 해 볼 차례다.[16]

이런 필자의 주장은 동아시아란 용어가 완전히 쓸모없다거나 또는 당장 폐기해야 한다는 것을 의미하지는 않는다. 필자의 주장의 핵심은 역사적 인식을 기초로 인간활동의 범위를 고려하면서 새로운 (전 지구화란) 지역과 세계질서에 대응하면서, 이제 동아시아 지역민들이 자신들의 지역을 적극적으로 명명하고 인식할 필요가 있다는 것이다. 그러다 보면 자연히 새로운 지역명의 필요성이 제기된다. 물론 동아시아를 그대로 사용할 수 있다. 하지만 그 용어의 제반 문제점을 알고 난 후, 계속 사용하기란 쉽지 않다. 따라서 '동부아시아'는 최초 고려의 대상이다. 동부아시아는 동아시아보다 일단 지리적으로 더 개방적일 뿐만 아니라 역사성도 갖는 용이다.[17] 동부아시아는 과거 이루어진 (앞서 언급한 인도의 경우를 포함한) 인간활동의 범위와 그 영향을 포괄적·적극적·역사적으로 고려한 용어이자 개념이다. 구미 오리엔탈리스트들의 담론이 생산한

---

16) 이와 비슷한 주장은 백영서에 의해 이미 제기된 바 있다. 백영서, 「주변에서 동아시아를 본다는 것」, 정문길 외 엮음, 『주변에서 본 동아시아』(문학과 지성사, 2004), 14쪽, 특히 주 1)을 볼 것. 다만, '동아시아'란 용어를 그가 그대로 사용한다는 점은 아마 필자의 주장과 가장 큰 차이일 듯 싶다. 그는 동아시아를 동북아시아와 동남아시아를 합친 지역으로 본다. 여기서 지적하고 싶은 것은, 1949년 이후 중국에 강제적으로 편입된 후 중국의 일부가 된 티베트나 다른 여러 소수 유목민 사회들이 위치한 중앙아시아가 과연 그가 말하는 동북아시아에 속하는지의 여부는 논란이 될 수 있다. 또, 중국근현대사에서 뚜렷이 나타나는 중국과 인도의 여러 관계를 고려하면, 인도가 속한 남아시아는 그가 말하는 동남아시아에 속하는가라는 의문도 있을 수 있다.
17) '동부'의 의미에 대해서는 본서의 도론을 볼 것.

것도 아니고, 자아 오리엔탈리즘을 통해 아시아인이 구미의 정의를 추종하며 받아들여 사용한 용어도 아니다. 미국 지역연구의 어두운 잔재도 있을 수 없다. 아시아 급진주의자들의 활동과 행동, 그리고 그것이 만든 의미와 인식을 이해한 이후, 비판적 역사인식을 갖고 창안할 수 있는 용어가 바로 동부아시아가 아닐까.

현 시대의 지적 흐름은 반지배적, 반패권적, 평화지향 및 평등(분배)지향적 지역 나아가 지역 내의 소통, 세계와의 소통이란 인식에 기반하는 역사지식을 만들고 축적하는 것이라고 할 수 있다. 그리고 이를 위해서는 지역기반의 새로운 지식과 지역인식, 개념의 축적이 절실히 필요하다. 따라서 기존 인식에 대한 도전이 먼저 요구된다고 하겠다. '주변의 시각'을 통해 동아시아를 보고 그 역사를 재구성할 가능성을 모색하자는 주장, '탈중심적 시각'을 통해 동아시아사를 다시 쓰고 나아가 세계사를 인식하자는 주장, 또 그에 따라 한국이 갖는 동아시아에서의 역할을 보자는 주장 모두 중요하다. 방법적으로, 동아시아의 시민사회 등과 같은 '전략적 지성'을 규합하여 '동아시아 공동체'를 '실감'나게 하는 것도 당면하고 중요한 실천의 문제다.[18] 필자는 이런 주장 모두에 기본적으로 동의한다. 다만 그 지성들을 동아시아란 지역에 한정할 필요도 없고 할 수도 없다. 또 '주변의 시각'이 한국의 민족주의적 인식에 바탕한 시각으로 변질되어 한국의 근대경험을 '주변'이란 이름으로 특권화해서도 안 된다. 또 '주변의 시각'이란 명목 하에 일부 학자들은 중국의 중화주의를 서구 근대식민주의 팽창과 같은 반열에 놓고 비역사적으로 비판해서도 안 된다. 이런 시도가 지역민들에게 '실감'을 느끼게 할까? 무엇보다 지역민 스스로 구미 근대성을 중심으로 구성되어 온 과거와 현재의 지역에 대한 이해에서

---

18) 백영서, 위의 글, 2004 ; 백영서, 「평화에 대한 상상력의 조건과 한계: 동아시아 공동체론의 성찰」, 『시민과 세계』 10(2007), 101~118쪽 ; 임성모, 「주변의 시선으로 본 동아시아사」, 『역사비평』 79(2007 여름), 151~170쪽(이 글은 역사비평의 <탈중심의 동아시아사 쓰기> 특집의 하나로 실린 글이다) ; 김성보, 「탈중심의 세계사 인식과 한국근현대사 성찰」, 『역사비평』 80(2007 가을), 236~263쪽.

벗어나서 자신들의 지역에 기반한 인식과 지식을 새롭게 축적하고 그에 따라 새로운 지역명칭과 인식을 창안해야 좀 더 실질적이고 근본적으로 그런 '실감'을 지역민들이 진정 피부로 느낄 수 있는 조건을 만들 수 있지 않을까?[19]

아시아의 동쪽을 지칭하는 명칭으로 오리엔탈리스트(넓게는 구미)가 왜곡한 명칭, 인식, 개념에 바탕해서 창안하였으며 국가권력의 필요에 의해 또 국가권력에 봉사하기 위해 만들어진 미국 지역연구의 '동아시아'를 쓸 이유는 거의 없다. 국민국가의 담 속에서 만들어진 지역으로서 (따라서 민족주의에 봉사하는) 동아시아가 되지 않아야 하는 것도 물론이다. 새로운 지역명칭은 유럽중심적인 세계의 지역구분도 극복해야 한다.[20] 지역명을 짓기 전에 동아시아인 스스로가 먼저 자신들에게 물어야 할 것은 "누구를 위한 '동아시아'인가," "무엇을 위한 '동아시아'인가"라는 질문일 것이다. 대답은 여러 갈래의 접근을 통해 나올 수 있다. 그러나 가장 기본적인 방식은 아마도 역사적 접근이어야 할 것이다. 그런 후 지역에 근거한 지식과 인식의 생산과 유통이, 그리고 지역명과 그 의미가 그동안 무엇과 누구를 위한 것인가라는 근본적인 질문을 던져야 한다. 결국, 지역기반의 지역연구가 아직 필요한 것은 사실이지만 그것이 미국 지역연구의 전철을 따라서도 안 되고, 새로운 지역전문가는 미국 지역연구의 지역전문가가 행힌 역힐을 따라해서도 안 될 것이다. 이런 질문과 문제의식 속에서 필자는 권역시각을 통해 역사를 재구성하고 그것을 바탕으로 스스로의 지역을 새롭게 창의적이고 자발적으로 정의할 수 있게

---

19) 이 문제는 근본적으로 한국에서 중국사를 연구하는 이유, 한국의 중국전문가가 할 역할이 무엇인가라는 질문과도 관련이 있다. 이와 관련해서는 Dongyoun Hwang, "The Politics of China Studies in South Korea: A Critical Examination of South Korean Historiography of Modern China since 1945," *Journal of Modern chinese History* 6-2, pp.256~276을 볼 것.

20) 유럽중심적 세계구분을 광범위하게 논의한 것으로는 Michael Lewis and Karen Wigen, *The Myth of Continents: A Critique of Metageography* (The University of California Press, 1997)과 J. M. Blaut, *The Colonizer's Model of the World: Geographical Diffusionism and Eurocentric History* (The Guilford Press, 1993)을 볼 것.

할 지역명칭으로서 '동부아시아'를 주장하는 것이다.

'동부아시아'란 용어와 그에 따르는 인식과 개념이 이상에서 언급한 여러 문제의식이나 요구에 보다 더 잘 부응할 수 있다는 것이 필자의 생각이다. '동아시아'란 용어가 갖는 태생적·기원적 한계와 문제를 인식한 후 개방적인 의미로 사용한다면, 그 용어를 부정할 필요는 없을 것이다. 다만 우리가 일반적으로 아는 '동아시아'가 한중일 삼국을 중심으로, 또 삼국에 관한 것으로 제한되어 왔다는 것을 결코 부인하기 어렵다. '일반적인 사고와 관념'이기에 이에 대한 의문이 제기되지 못한 것도 사실이다. 예컨대, 타이완은 일반적으로 중국의 일부로 취급되면서 그 존재가 동아시아 역사에서 지워진 경우가 태반이다. 동아시아에 있어야 할 베트남은 늘 동남아시아의 일부로 일반적으로 구분되고, 홍콩은 일반적인 개념에 의하여 동아시아 지역 내에서 어정쩡한 지위를 부여받아 온 것도 그런 예의 다른 하나다. 따라서 필자는 동아시아란 용어에 집착하여 여러 논의를 진행하면, 이런 문제는 계속될 수밖에 없다고 생각한다. 그만큼 동아시아란 용어가 앞서 언급한 인도와 중국 등의 역사적 '상관관계'의 경우 등을 무시하는 등, 뿌리깊이 동아시아 삼국으로 일반적으로 제한되어 있기 때문이다.[21]

동아시아는 나아가 자아 오리엔탈리즘의 유산인 일본 동양학의 유산도 지니고 있다. '동양'이 지리적·문화적·역사적으로 공통점을 지니고 있다는 구미 오리엔탈리스트의 생각을 그대로 받아들인 일본 동양학의 전통이 동아시아란 용어에 남아 있다. 또 중국을 중심으로 동양을 바라보고 이해하는 전통도 아직 살아 있다. 1945년 이후 많은 한국의 동양사학자들은 '동양'이란 용어를 주로 동아시아, 혹은 경우에 따라서는 아시아를 지칭하는 용어로 사용해 왔다. 물론, 역사학자 고병익은 이런 흐름과 달리 동부아시아란 용어를 독창적으로 사용한 적이 있다.[22] 물론 그의 동부아시아는 '동아'나 '동양'과 혼용되어

---

21) 이상은 토크빌(Alexis de Tocqueville)의 일반적 사고(general ideas)와 일반적 관념(general notions)에 관한 논의를 인용한 Carl Pletsch, 앞의 글(1981)의 논의에서 시사받았다.

22) 고병익, 『아시아의 역사상』(서울대출판부, 1969), 92~108쪽.

사용되는 등, 지리적 정의로만 보면 요즘의 동아시아와 거의 같다. 그러나 동아시아가 아닌 동부아시아란 용어가 한국의 역사학자에게 선호된 선례가 있다는 사실 자체는, 동부아시아란 명칭이 결코 하루아침에 창안된 것이 아님을 의미한다. 그리고 이는 한국학계 내에서 비록 잠시였지만 동아시아를 대체하는 (비록 필자가 의미하는 개념과는 다르지만) 용어로서 동부아시아가 주체적으로 창안되고 사용된 적이 있다는 사실을 적시한다. 한국이 속한 지역에 관한 명칭과 인식이 당시의 '일반적인 사고'와 '일반적인 관념'에서 벗어날 가능성이 존재했던 것이다.

마지막으로 동부아시아는 영어 'Eastern Asia'의 단순한 번역어도 아니고, 아시아와 동아시아의 중간적 범위 혹은 경계를 지칭하는 용어나 개념도 아니다. 오히려 근대 이후 지역내외 인간활동과 그에 따른 동태적 결과를 적극적이고 주체적으로 반영한 용어다. 동부아시아는, 그 용어의 의미상 (특히 '동부'라는 용어의 사전적 정의가 갖는 모호함 때문에) 지리적으로 보면 동아시아보다 더 개방적일 뿐만 아니라 구체적인 경계선을 필요로 하지도 않는다(본서의 도론 참조). 오히려 이 명칭은 국민국가 중심의 경계, 지역연구가 임의적으로 만든 차지역(sub-region) 간의 경계를 모두 애매하게 만들 수 있다. 따라서 이 용어는 (아래에서 보듯이) 탈근대적, 비근대적, 대안적 근대 모색과 그런 역사 구성을 위한 노력에 중요한 시사점을 던져줄 수 있다.

Ⅲ. 권역시각과 동부아시아 급진주의 역사의 재구성

한국, 일본, 중국, 타이완, 필리핀, 베트남, 인도 등의 급진주의를 일국적 시각에서 국가별로 떼어내어 그 개별 역사를 재구성하는 것 자체가 무의미할 수는 없다. 다만 그런 개별 역사가 19세기 말부터 존재했던 여러 급진주의자들 간의 경계를 초월한 다양한 교류, 상호영향, 그에 따른 대안적 사상이나 전망의 공유와 같은 급진주의(좁게는 사회주의) 대두 초기의 중요한 모습과 그 영향을 지우거나 최소화할 가능성이 있다는 것은, 이미 언급했듯이 문제다. 오늘날 동부아시아의 급진주의와 그와 관련된 여러 급진(혹은 진보적) 문화는 이들 급진주의자들이 이미 당시 함께 만들고 공유한 급진문화와 일정 정도 연계를 갖는다. 그들의 경험이 우리들에게 주는 시사점도 당연히 크다. 따라서 그들의 교류 모습과 내용을 적극적으로 묘사하고 해석하는 것은 요즘 학계의 화두로 떠오른 대안적 근대성의 역사, 국가 간에 소통하는 역사, 탈중심적 (혹 '주변의 시각'을 통한) 역사를 만드는 중요하고도 유의미한 지적 작업이 될 수 있다. 권역시각의 주장이 민족 혹은 국가를 단위로 하는 역사구성을 반대하거나 그런 역사가 의미없다고 주장하기 위한 것은 절대 아니다. 전 지구화가 지속되더라도 국민국가란 단위는 당분간 사라지지 않을 것이기 때문이다. 따라서 역사가들의 임무의 하나가 국민국가를 부인하는 역사를 쓰기보다는 국민국가의 역할을 다르게 전망하던 역사를 중심으로 과거를 새롭게 구성하는 것이라고 필자는 생각한다. 동부아시아 급진주의자들의 '담론과 행동의 초국가적 공동체'(구체적인 것은 아래 참조)를 권역시각을 통해 재구성하는 작업도 그런 역사를 쓰기 위한 노력의 일환이다. 권역시각은 민족주의적 시각에서 지워졌거나 그 의미가 축소된 급진주의의 공동 전망을 복원하고 역사가 국민국가의 전유물이 되는 일을 막게 할 수 있다. 나아가 동부아시아 국가 간의 소통이 가능한 역사를 재구성할 수 있는 중요한 잣대를 제공할 수도 있을 것이다.

　필자가 가정하는 것은, 동부아시아 급진주의자들의 만남, 그에 따른 상호영향·상호영감과 연대의 과정 속에서 그들의 네트워크가 형성되었고, 그것이 지역(이 경우 동부아시아)에 구체적인 지역 개념과 의미를 부여했다는 것이다. 그 네트워크 형성에서 중요한 역할을 담당한 것이 급진주의자들이 집중되고 그들의 담론·행동·사상을 형성하게 하던 여러 지역들(locations)인데, 그 지역들은 급진주의자들의 네트워크의 교점(nodes)이었다고 할 수 있다. 대표적인 곳이 상하이, 도쿄, 광저우, 옌안(延安)이다. 아나키스트의 경우, 그 교점에는 중국 푸젠의 취안저우(泉州)를 추가할 수 있다. 이들 교점은 역사적으로 보면,

지역이나 각 민족이 처한 환경과 시대의 변화에 따라 한 지역에서 다른 지역으로 차츰 이동해 갔다. 위에 든 다섯 도시들은 교점 중에서 가장 중요한 지역들이었다. 이들 도시에는 한중일 3국의 급진주의자들뿐 아니라 인도, 베트남, 필리핀 등 다른 아시아 지역에서 온 급진주의자들과 미주와 유럽에서도 온 급진주의자들이 집중적으로 모였었다.

『아리랑』의 주인공인 한인 공산주의자 김산은 1919년경의 도쿄를 "극동의 전 지역에서 온 학생들의 메카이자 여러 부류의 혁명가들의 피난처"였다고 묘사하고, 같은 해의 상하이는 "대한민국임시정부가 기능하던 민족주의 운동의 새로운 중심"이었다고 회고했다. 그리고 김산은 그곳에서 "온갖 부류의 사람들을 만났고, 서로 경쟁하는 정치사상과 토론의 소용돌이 속으로 던져졌었다."[23] 이렇듯 도쿄와 상하이는 적어도 1920년대 중반까지 동부아시아 급진주의자들의 만남과 담론이 주로 이루어지던 곳이었다. 물론 이곳에서는 직접적 만남도 이루어졌지만, 구미 혹은 중일 사회주의자들의 저서나 번역서, 잡지의 글 등을 통한 간접 만남도 계속 이루어졌다. 그 결과, 두 도시에서는 이내 '급진문화'가 생산되고, 나아가 혁명이나 반제국주의에 관한 논의 등을 비롯한 급진담론이 활발해지는 등, 두 도시는 그야말로 급진사상의 용광로 같은 역할을 담당하였다. 그리고 그곳에서 급진주의자들은 구체적인 연대를 형성하고 많은 경우 공동행동을 취하기도 했다.

중국 아나키스트 류스페이(劉師培)는 20세기 초 도쿄에 거주하던 중국과 베트남 유학생들을 관찰한 후, 그들이 사회주의에 적극 동조하는 모습을 묘사하면서 이 양국의 학생들이 사회주의와 아나키즘을 진흥시키는 효시를 이룰 것이라고 단언한 바 있다. 당시 도쿄에는 급진문화와 사회주의에 관한 담론이 꽤나 널리 퍼져 있었다.[24] 많은 한인 급진주의자들도 그런 급진문화와

---

23) Nym Wales and Kim San, *Song of Arirang: A Korean Communist in the Chinese Revolution* (Ramparts Press, 1941), p.89, p.107, p.118.

24) 류스페이, 「아시아 현 정세와 연대론」, 최원식·백영서 편, 『동아시아인의 '동양'인식, 19세기~20세기』(문학과 지성사, 1997), 145~146쪽.

담론의 산물이었다. 공산주의자 김철수의 회고에 따르면, 1916년 도쿄에서 중국 급진주의자 20인, 타이완 급진주의자 10여 명과 함께 한인 급진주의자 10여 명이 모여 식민지·반식민지인들이 아시아에서 일본제국주의를 구축할 것을 결의하고 신아동맹단(新亞同盟團)을 결성했다고 한다.[25] 아시아화친회에 이어, 도쿄에서 반제를 매개로 1910년대에 동부아시아 급진주의자들이 초국가적 연대, 담론과 행동의 공동체를 만들었다는 또 다른 반증이다. 조봉암도 그의 짧은 회고에서, 1920년경 도쿄에서 그가 읽은 수많은 (특히 여러 사회주의 관련) 책들을 통해 일본제국주의에 반대하고 조선독립 후 좋은 나라를 만들려고 하는 사회주의자가 되어 갔던 자신을 회상한다. 특히 그는 "세상에 있는 주의사상은 하나도 빠지지 않고 일본 사상계에서 북데기를 쳤"던 1920년대 당시 도쿄의 상황을 회고하며, "당시 일본 유학생의 거의 대부분이 그 소위 신사조에 휩쓸려서 사상과 행동에 큰 영향을 받은 것은 부정할 수 없는 사실"이라고 인정한다. 그리고 그 자신도 그 영향을 받았음이 "확실했었다"고 고백한다.[26] 김태엽도 비슷한 시기 "활기 넘치는 국제도시"인 도쿄에는 "일본의 저명한 사회주의자, 무정부주의자, 허무주의자 나아가서는 공산주의자들과의 교류도 친밀하였다"고 회고한다.[27] 이렇듯 많은 조선 유학생들은 1920년대 중반 일본사회주의운동의 영향으로 사회주의를 받아들였다.[28]

상하이는 이미 1903년경부터 '도쿄-상하이 커넥션'이 만들어지면서 청왕조 타도를 위한 중국 급진주의자들의 근거지가 되었는데, 1910년대에 이르러는 우치야마 간조(內山完造)가 경영하던 서점을 중심으로 중일 급진주의 작가들의 만남이 진행되는 등, 상하이는 중일 양국 '불온분자들'을 양성하는 터전이

---

25) 「김철수 친필유고」, 『역사비평』 계간5호(1989), 349~350쪽 및 이균영, 「초기 공산주의 운동사는 다시 써야한다」, 『역사비평』 계간3호(1988), 244~245쪽을 볼 것.

26) 조봉암이 제일 먼저 선택한 사조는 아나키즘이었다. 조봉암, 「내가 걸어온 길」, 권대복 엮음, 『진보당: 당의 활동과 사건관계 자료집』(지양사, 1985), 358~360쪽.

27) 김태엽, 『투쟁과 증언』(풀빛, 1981), 77·93쪽.

28) 박찬승, 「식민지시기 도일유학과 유학생의 민족운동」, 이광주 등 편, 『아시아의 근대화와 대학의 역할』(한림대 출판부, 2000), 161~212쪽.

되어 있었다.[29] 1920년대에 들어서도 상하이는 여러 동부아시아 급진주의자들의 만남과 교류, 담론의 장소로 활용되고 있었다. 아시아 각국의 사회주의자세력이 코민테른 대표 보이틴스키(G. Voitinsky)를 매개로 1920년경 결집했던 곳이 바로 상하이였음은 주지하는 바다. 넓게 보아 이들 사회주의세력은 교류를 통해 여러 조직을 함께 만들기도 했는데, 이들 급진주의자들의 면면을 보면 출신국가가 ‘동아시아’의 지역적 경계를 훨씬 뛰어넘고 있었다.[30] 아나키즘의 경우, 쓰촨(四川) 출신의 아나키스트 덩멍쉬안(鄧夢仙)이 경영하던 프랑스 조계 내의 화광의원(華光醫院)에 1920년대 초 중국 아나키스트들만이 아니라 많은 일본인과 한인 아나키스트들이 드나들면서 병원은 이내 동부아시아 아나키스트들의 연락처, 피신처 등의 역할을 하였다. 한인 아나키스트 유자명(柳子明)의 경우, 이 병원에서 바진(巴金), 사노 이치로(佐野一郎) 등과 처음으로 만나 교류하기 시작하였다. 일본 아나키스트 오스기 사카에(大杉榮)가 유럽에서 열리는 국제 아나키스트대회에 참석하기 위해 필요했던 위조여권을 구한 것도 이 병원을 통해서였다.[31]

도쿄가 치안유지법의 선포 이후 점차 급진 담론과 행동의 장소라는 지위를 잃고, 상하이에서는 서구 제국주의와 중국군벌의 급진주의 탄압이 강화되자 급진주의지들도 그에 따라 다른 지역으로 짐차 옮겨갔다. 쑨원(孫文) 시도하의 중국국민당이 1924년 중국공산당과 제3국제공산당(코민테른)과의 합작을 형성한 후, 중국 남부의 광저우는 국민당의 혁명근거지이자 사회주의 운동의

---

29) Paula Harrell, *Sowing the Seeds of Change: Chinese Students, Japanese Teachers, 1895~1905* (Stanford University Press, 1992), p.145와 Joshua Fogel "The Other Japanese Community: Leftwing Japanese Activities in Wartime Shanghai," Wen-hsin Yeh ed., *Wartime Shanghai* (Routledge, 1998), p.46.

30) 조세현, 「보이틴스키의 중국방문과 ‘사회주의자동맹’—중국공산당 창립시기 아나키즘·볼셰비즘 합작과 분열—」, 『중국사연구』 36(2005.6), 197~264쪽과 김수영, 「보이틴스키와 초기 동아시아 공산주의 운동」, 『중국근현대사연구』 36(2007.12), 29~56쪽.

31) 玉川信明, 『中國の黑い旗』(晶文社, 1981), 186~190쪽 ; 近藤憲一, 『一無政府主義者の回想』(平凡社, 1966), 28쪽 ; 유자명, 『유자명수기: 한 혁명자의 회억록』(독립기념관 한국독립운동사연구소, 1999), 208쪽, 291~292쪽.

새로운 중심으로 등장했다. 주지하듯이 그곳에는 김산을 비롯한 한인 공산주의자들, 인도출신 로이(M. N. Roy) 등을 비롯한 아시아 공산주의자들뿐 아니라, 미국인 안나 루이스 스트롱(Anna Louise Strong)과 동유럽, 러시아를 포함한 구미에서 온 많은 급진주의자들과 사회주의자들이 중국의 국민혁명을 위해 함께 모여 혁명을 지원하고 또 실제 혁명을 시작하였다. 그러나 1927년 12월 중국공산당 지도하의 '광저우 코뮌'이 실패한 후, 급진주의자와 사회주의자들의 중심지는 1930년대 중반 중국공산당의 근거지였던 옌안으로 점차 옮겨졌다. 중국의 서북부 변방에 위치한 옌안은 중국공산당이 대장정 이후 혁명근거지로 삼은 곳인데, 아그네스 스메들리(Agnes Smedley) 같은 미국 급진주의자들을 포함한 수많은 구미 사회주의자들이 방문, 집결했을 뿐만 아니라 일본의 반전운동세력인 가지 와타루(鹿地亘)를 포함한 다양한 사회주의세력도 집중되었다. 옌안은 '붉은 메카'로서 많은 구미 급진주의자들의 관심을 끌며 1945년까지 혁명적 담론과 사회주의활동의 동부아시아 중심지로서 존재하였다.[32]

이런 중심적 교점을 벗어난 곳에서도 급진주의자들 간의 초국가적 만남과 교류는 지속적으로 이루어졌다. 한 예만 든다면, 가네코 후미코(金子文子)와 함께 대역죄로 체포되어 재판을 받은 재일한인 아나키스트(혹은 허무주의자) 박열(朴烈)을 변호했던 일본인 변호사 후세 다쓰지(布施辰治)는 1923년 8월 마산에서 <무산계급의 정신>이란 제목으로 초청강연을 하였다. 이 강연은 당시 "우리나라 사람들에게 큰 인상"을 남긴 사건 중의 하나라고 김형윤은 회고한다.[33] 한편 김창숙은 1920년대 초반 한반도 내에 존재하던 일본사회주의(번역서를 포함한) 서적의 영향력을 생생하게 묘사한다.[34]

중국 푸젠성 취안저우에서는 한중일 삼국과 타이완 아나키스트들이 실험적

---

32) Kenneth E. Shewmaker, *Americans and Chinese Communists, 1927~1945: A Persuading Encounter* (Cornell University Press, 1971), p.117 ; 安井三吉, 「抗日戰爭時期解放區における日本人の反戰運動」, 『近きに在りて』 3(1983.3), 37~48쪽.

33) 김형윤, 『馬山野話』(태화출판사, 1973), 231~233쪽.

34) 김학준 편집·해설, 이정식 면담, 『혁명가들의 항일회상: 김성숙, 장건상, 정화암, 이강훈』 (민음사, 1988), 46·49쪽.

교육기관으로 1929년 세워진 리밍고등학교(黎明高中)와 1930년에 세워진 핑민중학교(平民中學)에서 강의 등을 하면서 함께 새로운 교육을 실험하였다. 이 두 학교는 1930년대 초반까지 취안저우 지역 사회운동의 중심지로서의 역할도 수행하였다.[35] 취안저우에서 동부아시아 아나키스트들은 농민자위조직운동을 함께 진행하면서 새로운 (탈근대적) 생활태도를 갖는 개인을 만들기 위한 노력을 경주하였다.[36] 특히 이곳에서 이루어진 여러 공동프로젝트는 당시 한인 아나키스트운동의 목적인 자립·자치·자위와 그 궤를 같이하는 것으로 받아들여졌고,[37] 취안저우에서 얻은 한인 아나키스트의 경험은, 1945년 이후 이정규로 대표되는 한국 아나키즘의 한 흐름인 국민문화연구소의 탄생, '농촌과 산업의 결합' 추구라는 형태로 1945년 이후 지속적으로 추구되기도 했다.[38] 무엇보다 정치혁명이나 맹목적인 민족주의를 반대하며 사회혁명을 지속적으로 추구한 한국 아나키즘의 저변에는, 중국 아나키스트들의 사회혁명 추구라든가 일본 아나키스트들의 사회문제 해결 추구 등의 이상이 흐르고 있다고 할 수 있다.

이상 위에서 간략히 살펴보았듯이 20세기 초 동부아시아의 여러 지역에서는 급진주의자들 사이의 만남·교류가 이루어지고 이어 그들 사이에 급진담론이 형성되곤 했다. 공동행동이 그 뒤를 잇는 것이 보통이었다. 이들 급진주의자들의 만남의 지역적 범위뿐만 아니라 그들의 공통담론의 내용과 행동의 의미를 분석하는 것은 중요할 수 있다. 특히 그 내용과 행동의 양식 등이 이후 동부아시아 급진주의나 개별 국가의 급진주의 역사에 오랜 기간 영향을 남겼다면, 그 의미는 더 커진다. 그런데 이들 급진주의자들의 만남과 교류가 공통된

---

35) 蔣剛, 「泉州無政府主義에 대한 초보적 연구」, 한국민족운동사연구회 편, 『한국독립운동과 중국―1930년대를 중심으로』(국학자료원, 1997), 324~325쪽 ; 유자명, 앞의 책, 198~201쪽.

36) 이정규, 『우관문존』(삼화인쇄, 1974), 146~148쪽.

37) 정화암, 『이 조국 어디로 갈 것인가: 나의 회고록』(자유문고, 1982), 86쪽.

38) 국민문화연구소, 『국민문화연구소오십년사』(국민문화연구소, 1998), 2~3장과 본서에 수록된 제8장을 볼 것.

담론과 행동을 만들어 간 반면, 개개 식민지·반식민지에서 온 급진주의자들은 그와 동시에 자신들이 고민하던 민족문제를 구체화하거나 그 문제의 근원을 명확하게 규정해 가지 않을 수 없었다. 자신들의 민족 혹은 국가가 처한 환경 등을 공동담론의 생산과는 별개로 따로 고려하지 않을 수 없었던 것은, 각 민족과 국가가 처한 환경의 차이 때문에 자신들의 국가나 민족문제의 근원과 그에 대한 해결을 위한 접근방식이 서로 다를 수밖에 없었기 때문이다. 바로 이 점이 급진적 공동담론과 행동의 공동체가 형성되는 과정을 궁구할 때 고려하지 않을 수 없는 중요한 문제의 하나다. 즉 급진적 담론과 행동의 공동체 내에 있던 급진주의자들은 한편으로는 공동담론과 행동을 (초국가적 입장에서) 보편적으로 생산하고 받아들여 가면서도, 거의 필연적으로 자신들의 민족적 목표와 관심사에 대한 생각을 계속 구체화하지 않을 수 없었다. 바로 이때 그들의 초국가적, 보편적 관심사나 해결 추구가 민족문제 해결을 위한 그들의 열정과 곧바로 긴장 혹은 갈등 관계, 혹은 한인 아나키스트 심용철의 말을 빌리면 '모순'[39]을 일으키게 되는 것이었다. 담론과 행동의 공동체에서 생산된 급진담론과 행동은 바로 이런 복잡한 과정을 거치면서 만들어진 것이다. 그리고 이것이 바로 유럽중심적 맥락이 아닌 신민지 혹은 반식민지적 맥락에서 급진주의가 민족주의와 복잡한 관계를 형성하며 대두하던 과정이기도 했다.

그런데 이런 긴장(갈등)관계가 그동안 민족주의적 역사서술에서는 대부분 최소화되거나 무시되기 일쑤였다. 따라서 그런 역사서술에서는 이런 긴장과 갈등도 결국 급진주의자들이 민족주의적 입장을 재확인해 가는 단계로만 주로 해석해 왔다. 한국학계의 경우 이런 해석의 가장 단적인 예를 신채호 연구에서 볼 수 있는데, 아나키스트인 그를 (그가 아나키즘을 받아들인 후 겪었을 '갈등'의 가능성에 대한 연구도 없이) 그저 민족주의자로만 보고 아나키 즘을 그저 독립을 위한 임시수단이었다고만 간단히 치부해버린 일련의 연구경

---

39) 심용철, 「나의 회고」, 심용해·심용철, 『20세기 중국조선족 역사자료집』(중국 조선민족 문화예술출판사, 2002), 300쪽.

향이다. 급진주의자들의 만남과 교류, 상호영향이란 과정을 지우거나 애써 극소화하던 민족주의적 역사서술의 입장에서 급진주의나 사회주의의 대두를 서술해 온 기존 연구의 일반적 경향은 바로 이런 사정에 기인한다. 아나키스트 심용철이 말하는 초국가적 이상과 민족주의 사이의 '모순'이야말로 바로 식민지 상황에서 급진주의가 대두하고 전개되는 과정을 극명하게 보여주는 것이다. 따라서 식민지·반식민지에서의 급진주의 대두에 관한 연구는 민족주의와 급진주의 사이의 복잡한 변증법적 관계를 고려하면서, 다른 한편으로는 다른 급진주의자들과의 교류를 염두에 두면서 전개해야 한다. 그런데 그 '모순'이 인식되는 계기는, 아나키스트 정화암이나 재일노동운동가 김태엽의 경우에서 보듯이, 바로 초국가적(즉 보편적) 문제에 대한 이해와 고려가 생겼기 때문이다.[40) 반면, 그 갈등(모순)관계는 급진주의와 민족주의의 관계를 긍정적이고 생산적인 것으로 만들어, 한편으로는 급진주의자들에게 급진주의를 민족주의의 입장에서 바라보게 하고, 다른 한편 급진주의의 눈을 통해 다시 민족주의를 바라보며 그 의미를 재해석하고 재정의할 수 있게 했다. 물론 이런 설명이 급진주의를 민족주의로 축소시키거나 반대로 민족주의를 급진주의로 간단히 치부할 수 있다는 의미는 아니다.

20세기 초 동부아시아 내에서 활동하던 급진주의자들은 유럽과 나른 아시아 지역에서 온 급진주의자들과 직·간접적으로 교류하면서 서로 영감과 영향 등을 주고 받으며 지역에 관한 인식과 개념뿐만 아니라 반제, 민족해방 등에 관한 이해와 인식을 공유했다. 그러한 상호교류 및 접촉의 결과로 자신들이 활동하던 지역(아시아)에 대한 탈지역적 인식과 개념도 함께 형성되었다. 그러나 이들 급진주의자들은 각자의 국가가 취할 발전방향이나 민족 혹은

---

40) 정화암, 앞의 책, 65~66, 69~70쪽 ; 김태엽, 앞의 책, 47, 50~51, 53, 62, 74, 86, 159쪽. 일본 아나키스트였던 가네코 후미코의 경우, 사회문제의 보편성을 깨달은 것이 박열과 함께 아나키스트 잡지를 발행하는 계기였던 것으로 보인다. Kaneko Fumiko (trans. by Jean Inglis), *The Prison Memoirs of a Japanese Women* (M. E. Sharp, Inc., 1991), p.217, pp.242~243.

인간해방의 전망 등에서는 각 국가가 처한 정치적·경제적 환경의 차이 등으로 인해 미묘한 인식의 차이를 보이기도 했다. 다만 개별 국민국가의 발전에 대한 그들의 전망 속에는 지역적 특성과 의미가 포함되어 있었다. 그리고 그 특성과 의미에 기초한 지역인식과 개념이 그들 사이에서 만들어진다. 그것은 급진 인사들의 활동이 만든 산물이었다. 그 결과, 이들은 일국중심적 혹은 자국중심적 지역개념보다는 개방적이고 미래지향적인 프로젝트로 자신들의 지역명을 재정의하고 인식해 갔다. 그들의 '아시아'는 내용으로 보면 초국가적·탈근대적·탈서구중심적이었다. 그들이 공유하던 아시아에 관한 생각(아시아주의)이 소위 패권적 아시아주의, 자국중심적 아시아주의, 자국문화중심적 아시아주의와 다를 수 있었던 근거가 바로 그들 사이의 교류, 즉 소통과 초국가적 공동인식에 있었다. 이들 급진주의자들의 지역개념은 기본적으로 지배와 정복에 대한 피억압인들의 공동저항을 전제로 하는 것이기도 했다.

초국가적 관점과 권역시각을 통해 동부아시아란 명칭을 창안하고 나아가 동부아시아 급진주의를 재구성하자고 주장하는 필자가 의도하는 것은 크게 두 가지다. 첫째, 동부아시아 급진주의 혹은 사회주의의 기원이나 발전을 연구할 때, 이를 유럽 급진주의나 사회주의와의의 관계 속에서 기본적으로 파악하려는 유럽중심적 이해에 반대하는 것이다. 유럽중심주의적 접근을 함으로써 우리가 쉽게 놓치기 쉬운 것이 바로 유럽중심적 맥락에서는 찾아보기 힘든 (위에서 설명한) 동부아시아 급진주의의 지역적 맥락이다. 나아가 우리가 또 놓치기 쉬운 것은 식민지나 반식민지 상황에 존재하던 급진적(보편적) 사고와 민족의식의 등장 사이에 존재한 복잡한 관계에 대한 이해다.

급진주의자들 사이의 상호교류에 대한 강조는 발전이나 변혁에 대한 그들의 담론이 갖는 지역적 맥락과 초국가적 성격, 그리고 대안적 근대성에 대한 담론을 이해할 수 있게 해준다는 장점이 있다. 급진주의자들의 담론에서 공유된 지역공통성에 대한 인식의 하나가 제국주의와 식민주의 하에서 그들

각자의 사회가 모두 직면할 수밖에 없었던 지배, 착취, 그리고 그에 따른 그들 사회의 공동운명(망국)에 대한 것이다. (아시아에 살아서 아시아인이 아니라) 침략자 유럽인에 대항하는 피침략 지역민으로서 (동부)아시아인이라는 지역인식이 대두하고, 그에 따라 공동대응을 위한 개방된 조직, 행동, 지향이 생긴 것이다. 따라서 그들의 아시아는 지역으로서의 '아시아'가 아니라 운명공동체로서의 아시아, 새로운 미래를 여는 프로젝트로서의 아시아였다. '망국'이 국가나 지역의 경계를 넘어서 자본주의사회 하에서 광범위하게 발생하고 또 전 세계적 사회문제 하에서 발생하는 문제라는 인식도 동시에 대두했다. 그리고 그 해결책을 국가, 지역을 넘어서는 방향에서 모색했는데 구체적으로는 급진주의(즉 사회주의)에서 구했다. 이런 과정은 유럽 급진주의의 대두과정에서는 볼 수 없던 식민지적 혹은 반(半)식민지적 맥락이었다. 물론 민족주의 인식을 지속적으로 공유한 급진주의자도 있었던 반면, 일부는 민족주의에 대해 더 회의적, 비판적 혹은 유보적 태도를 갖기도 하는 등 급진주의자들의 반응은 이후 다양한 스펙트럼 속에서 전개된다. 여기서 중요한 것은 민족주의가 식민지와 반식민지에서 대두한 급진주의에 상당히 결정적인 요인으로 작용했다는 것, 지역인식이 급진주의자들 사이에 동시에 대두했다는 것, 그 지역인식은 탈지리적인 것이었다는 것, 그리고 지역인식은 공통지향에 관한 논의를 불러일으켰다는 것이다. 이런 모습을 재구성하는 것이야말로 탈근대적 역사구성의 한 방법이 아닐까.

필자의 두 번째 의도는 한중일 삼국에서 급진주의가 각각 대두, 발전하는 과정을 민족주의의 입장에서 서술, 설명하는 것을 비판하는 데 있다. 민족주의 입장에서 서술된 '민족역사' 속에서는 국적을 달리하는 급진주의자들 간의 상호교류나 그에 따른 결과를 그다지 중요하지 않은 지엽적인 것으로 설명하거나 많은 경우 아예 생략하기도 한다. 나쁜 경우, 그런 교류가 다른 한쪽에 대한 한쪽의 일방적인 헌신, 공헌 혹은 지원 등으로만 서술되기도 한다. 더욱이 민족주의 입장에서 구성된 역사와 해석에서는 오직 민족주의 맥락 속에서만 자국 사회주의와 급진주의를 설명하거나, 민족주의를 근본으로 하는 투쟁 속에서 자국의 사회주의나 급진주의의 대두를 설명하곤 했다. 한마디로 국민국가란 틀 속에서 국민국가가 급진주의와 사회주의의 대두와 발전을 전유했고 또 그 역사를 마음대로 재현했다고 할 수 있다. 물론 필자가 근현대 역사에서 차지하는 민족주의 맥락의 중요성을 무시하거나 부인하는 것은 절대 아니다. 사실 동부아시아 급진주의와 사회주의의 기원을 설명하거나 연구할 때, 위에서도 지적했지만 민족주의 요소를 고려하는 것은 매우 중요하다. 그러나 한국 급진주의와 사회주의의 대두를 기본적으로 그저 독립운동사 혹은 민족해방투쟁사란 커다란 틀 속에서만 이해하려는 것은 위에서 제시한 다양한 만남, 교류, 상호작용과 그에 따른 여러 결과를 중시하지 않는 연구경향을 생산했다. 국민국가의 담 밖에서 진행된 것조차 담 안에서 있었던 일로 설명되기 일쑤였다. 물론 그 반대의 경우도 있었다. 다른 경우, 많은 학자들이 민족주의를 급진주의 혹은 사회주의와 철저히 분리시켜 서로 다른 관계없는 두 가지 사상으로 이해한다.[41] 동부아시아란 지역개념과 권역시각, 초국가적 관점은 급진주의와 사회주의 역사를 그런 설명을 넘어선 것으로 이해하고 재구성할 가능성을 제시해 준다.

사실 그동안 동부아시아의 급진주의나 사회주의를 권역시각이나 초국가적 관점을 통해 지역맥락 속에서 이해하려고 시도한 연구는 앞서 언급한 구미학계의 연구를 제외하곤 거의 없다. 일본의 몇몇 학자가 중일 사회주의자나 급진주의자들의 교류를 다룬 적이 있고, 중국의 몇몇 역사학자들도 한인이나 일본 사회주의자들, 구미 사회주의자들이 중국에 와서 활동한 자료를 공개하거나 연구한 적은 있다. 중국학자들은 한국독립운동을 중국혁명 과정 속에서 그들이 지원 혹은 원조한 것으로 주로 설명하려고 하였다. 반대로 한국 공산주의운동 서술에서는 한인 공산주의자들이 중국혁명 속에서 행한 역할 등을 민족해방의 역사 속에서 묘사한다.[42]

---

41) 예컨대 박찬승, 앞의 글, 163쪽.

한국학계의 한국 사회주의운동 연구현황을 돌아보고 전망을 시도한 최근의 한 글에서도 조선공산주의 운동의 기원과 공산당에 대한 연구현황을 살펴보는 것으로 마무리 짓는다. 그는 사회주의를 곧 공산주의로 이해하며 설명한다. 사회주의가 곧 공산주의였다는 한국학계의 관례적 인식이 그대로 드러난다. 왜 사회주의가 곧 1920년대의 (마르크스주의-레닌주의) 공산주의로 이해되어 연구되는지에 대한 문제제기가 없는 것은 물론이고, 연구현황에 대한 서술에서 한국 공산주의운동을 다른 동부아시아 국가의 사회주의와의 관계 혹은 연계, 상호영향이라는 면을 고려하자는 제안은 찾아볼 수 없다.[43] 다른 한 연구자가 비교사적 입장에서 한국 사회주의를 연구하고, 나아가 한국 사회주의를 중국, 일본, 러시아 등의 사회주의 운동과 유기적으로 연계하여 이해할 것을 언급하는 것과는 대조되지만, 이런 제안도 사실 글을 다 읽고 나면 그저 립서비스였을 뿐임을 알아차린다. 예컨대, 동부아시아 지역 사회주의자 간의 연계 모습을 그리려면 어떤 시각, 방법이 좋은지 등의 제안을 하려는 노력이 전혀 보이질 않기 때문이다.[44] 임경석이 사회주의 지식인의 형성을 공산주의자의 형성이란

---

42) 일본과 한국에서 이루어진 한국과 일본 아나키즘 연구에는 공산주의 연구에서와는 달리 아나키스트들 간의 상호교류가 비교적 자주 언급된다. 대표적인 것이 일본의 경우 竹內善作, 앞의 글 ; 玉川信明의 『中國アナキズムの影』(二　書房, 1974)와 앞의 책 등이고, 한국의 경우 조세현, 박환, 오장환 등의 한국 아나키즘 연구가 그것이다. 한국 공산주의와 관련해서 김석근, 「후쿠모토이즘(福本主義)과 식민지하 한국사회주의 운동」, 『아세아연구』 94(1995), 55~122쪽은 상호영향이란 면보다는 국내와 재일한인 공산주의 운동에 일본사회주의(후쿠모토이즘)와 코민테른의 '일방적 영향'이 있었는지 여부를 검토한다. 중국학자에 의한 중국 아나키즘 연구나 공산주의 연구에서는 이런 경향이 거의 보이지 않는 것도 특기할 만하다.

43) 전명혁, 「총론 ― 1920년대 한국사회주의운동 연구현황과 과제」, 전명혁, 『1920년대 한국사회주의 운동연구』(선인, 2006). 이런 경향은 모든 사회주의 사조를 공산주의 운동사란 (편향적) 입장에서 광대하게 저술한 김창순·김준엽, 『한국공산주의운동사 1~5』(청계연구소, 1962~1976, 1986년 신판)로까지 거슬러 올라갈 수 있다.

44) 권희영, 앞의 책, 47·55쪽. 권희영이 말하는 비교사적 연구는 실상 사회주의를 유럽식, 러시아식, 중국식으로 도식화한 것에 불과한데, 식민지적 맥락이나 제3세계적 시각 등과 같은 공시적 문제제기보다는 편의적 유형화를 통해 한국 사회주의를 파악할 것을 주장한다.

문제와 다르게 다루면서 일본사회주의자들의 국제주의가 한인 사회주의자들에게 준 연대의식을 (비록 짧게나마) 설명한 것은 이런 경향과는 확실히 다르다.[45] 또 최근 1920년대 한국 사회주의의 수용을 다룬 한 박사학위논문은 일본사회주의의 영향, 즉 한국 사회주의 수용에서 사회주의나 마르크시즘에 관한 일본번역서가 행한 역할을 언급하는 등 일견 전향된 연구시각을 보이나, 이 논문에서도 지역연계의 가능성에 관한 문제의식이나 고려는 보이지 않고 초국가적 관점을 통해 일본사회주의가 구체적으로 행한 역할이나 그 의미를 다루려 하지 않는다.[46]

필자의 이런 비판은 물론 국적을 갖는 역사가 필요하다는 현실을 부인하는 것이 아니다. 역사가 국적이란 틀 속에 갇혀만 있는 현상을 문제로 삼는 것이다. 국적을 갖는 역사, 즉 민족주의에 기초하여 재현된 과거(민족주의 사학)와 그에 따른 역사인식이 만들어 온 여러 모순과 문제점들을 필자는 지적하고자 하는 것이다. 역사가 국민국가의 전유물이 되고 또 국민국가에만 봉사하기 위해 재현되는 것은 문제다. 급진주의와 사회주의 역사도 (그 국제주의적 지향에도 불구하고) 재현된 역사서술에서는 기본적으로 늘 국민국가의 전유물이었다. 역사가 현재 벌어지는 국가 간의 여러 갈등에 편승하여 더 많은 긴장을 지역에서 조성하기보다는, 그런 갈등으로 인해 발생하는 여러 폐단을 막으면서 평화와 화해의 장을 마련하는 역할을 할 수 있다면, 그런 역할의 계기는 바로 국민국가의 담 속에서 보는 국민국가의 역사를 지양하면서 새로운 권역시각과 초국가적 관점을 통해 국민국가의 역사뿐 아니라 지역역사를 국가와 지역이란 울타리를 자유로이 넘나들면서 이루어진 상호교류의 모습을 통해 그리는 것일 것이다. 한 국민국가의 역사가 다른 국민국가들과의 여러 형태의 교류와 상호영향 속에서 이루어진 것으로 그리는 것 말이다.

---

45) 임경석, 「20세기초 국제질서의 재편과 한국신지식인층의 대응―사회주의 지식인의 형성과정을 중심으로」, 『대동문화연구』 43(2003), 1~25쪽.
46) 박종린, 「일제하 사회주의사상의 수용에 관한 연구」, 연세대 사학과 박사학위논문, 2006.

그리고 그런 모습을 구체화하며 그릴 수 있게 하는 지역명칭이자 개념이 바로 동부아시아일 수 있다.

제 **5** 장

20세기 초 동부아시아 급진주의와 '아시아' 개념

Ⅰ. 문제의 소재: 아시아, 아시아담론, 동부아시아 초기 급진주의

"아시아란 무엇인가"라는 질문에 대한 대답은 쉽지 않을 뿐만 아니라 대답이 있어도 그 자체가 논쟁의 대상이 된다. 아시아는 창안된 지리적·인식론적 개념이자 생각(idea)이기에 이런 논쟁은 당연하다. 당장 아시아를 지리적 개념으로 파악하면, 아시아에 어느 나라는 포함되고 어느 나라는 배제되는가라는 근본적 문제가 제기된다. 아시아를 지리적으로 정의하는 사람들의 인식에 따라 지리적 정의가 다를 수밖에 없기 때문이다. 일본의 한 잡지는 최근 "아시아란 무엇인가"라는 질문을 아시아 영화인들에게 던졌다. 이 질문에 대해 일본인, 홍콩인, 재일한인, 인도네시아인, 일본계 미국인, 중국인, 타이완 인 등은 아시아를 지리적으로 모두 다르게 정의했다. 나아가 아시아 국가 간의 문화적 차이도 인정했다. 그럼에도 불구하고 이들은 모두 아시아가 서구와는 문화적으로 다른 지역이라는 사실에는 전적으로 동의했다.[1] 이렇게 아시아인들이 (서구와 대립되는 지역으로서) 아시아를 함께 상상하면서도

---

1) 「アジア映畵人が語るアジアとは何か」, 『中央公論』 110-15(1995.11), 30~43쪽. 일본계 미국 인이 미국인이 아닌 아시아인으로 분류되어 이 질문의 대상에 포함되었다는 사실 자체가 흥미롭다.

정작 지리적으로는 아시아를 서로 다르게 규정한 이유는 간단하다. 아시아는 고정되지 않은 지리적 개념이자 생각이고, 지리적으로 보면 동일한 대륙에 존재하는 아시아와 유럽을 분리시켜 서로 다른 대륙으로 간주한다는 것이 상식적인 것이 아니기 때문이다. 사실 아시아란 실체가 없는 하나의 신화에 불과하다.2) 지리적, 문화적 혹은 문명적, 나아가 인종적으로도 아시아라는 단일지역은 실제로는 존재하지 않는다.3) 서구(서양)−동양, 오리엔트(Orient)−옥시덴트(Occident), 유럽−아시아와 같은 구분은 사실 모호하고 임의적인 범주에 불과하다.4)

그럼에도 불구하고 아시아는 구미인과 아시아인 모두에게 하나의 단일지역으로 이해되고 존재해 왔으며 지금도 존재하고 있다. 아시아가 무엇보다 지리적 개념으로서 가장 강하고 뿌리깊게 아시아인들에게 남아 있듯이,5) 아시아인들의 마음 속에서는, 비록 (언어, 역사 등) 문화적으로는 서로 다르지만 "우리는 아시아란 지역에서 함께 사는 아시아인"이라는 인식이 늘 존재한다. 이런 인식은 아시아인들 사이에 존재하는 상호간의 차이보다는 아시아인들 사이의 상상된 공통성을 인식하게 하면서 그들 사이에 불거진 갈등도 이따금 제거해 주는 역할을 한다.6)

---

2) John M. Steadman, *The Myth of Asia* (Simon and Schuster, 1969).

3) 저명한 역사학자인 해리 하루투니언(Harry D. Harootunian)은 '아시아'란 존재 자체를 부정했다고 한다. Arif Dirlik, "No Longer Far Away: The Reconfiguration of Global Relations and Its Challenges to Asian Studies," in Leo Douw ed., *Unsettled Frontiers and Transnational Linkages: New Tasks for the Historian of Modern Asia* (VU University Press, 1997), pp.19~20에서 재인용.

4) Martin Lewis and Karen Wigen, *The Myth of Continent: A Critique of Metageography* (University of California Press, 1997), p.48.

5) 아시스 난디(Ashis Nandy)가 아시아란 문화적이 아닌 지리적 실체라고 지적하는 이유도 바로 이 때문일 것이다. Ashis Nandy, "A New Cosmopolitanism: Toward a Dialogue of Asian Civilizations," Kuan-Hsing Chen, ed., *Trajectories: Inter-Asia Cultural Studies* (Routledge, 1998), pp.142~149.

6) 황동연, 「아시아주의와 민족주의의 교차−미국 듀크(Duke) 대학에서 일어났던 한중유학생들 사이의 "분쟁"과 그 의미−」, 『중국현대사연구』 제7집(1999.6), 81~94쪽에서

에드워드 사이드가 지적한 바와 같이,[7] 오리엔트(아시아, 동양)와 옥시덴트 (서구, 유럽) 사이에 뚜렷한 존재론적·인식론적 차이가 있다는 것을 전제로 유럽인들이 창안한 것이 오리엔트 혹은 아시아다. 따라서 아시아는 본래 비유럽(non-Europe)을 의미했다. 즉 유럽의 정반대가 아시아였다.[8] 사이드의 주장을 조금 확장하면, 아시아 담론이란 결국 기본적으로 유럽의 세계지배를 위한 담론의 방식(mode)으로서, 오리엔트 혹은 아시아를 지배·재구성하면서 아시아에 대해 권위를 주장하기 위해 시작된 것이다. 사이드의 논의에서 무엇보다 중요한 것은 오리엔트와 옥시덴트의 관계가 권력·지배·헤게모니를 둘러싸고 우월이 확연히 드러나는 불평등한 관계였다는 점이다. 나아가 '우리'(us)와 '그들'(them)이라는 이분법을 통해 우월과 열등, 진보와 낙후, 문명과 비(非)문명이라는 구분과 불평등한 관계가 서구와 비서구 사이에 만들어졌다.

결국 사이드가 말하는 아시아나 오리엔트는 언제나 유럽의 타자이면서 늘 그런 담론의 피해자였던 셈이다. 사이드가 말하는 담론(discourse)이란 유럽이 오리엔트를 대변하고, 나아가 오리엔트를 묘사하는 체계적인 논의다. 그 담론에서 문제가 되는 것은 유럽이 창안한 아시아가 근거도 없는 허위적 존재인가의 여부가 아니라 그 아시아가 어떤 재현들(representations)을 만들었고 그 재현들이 이후 어떻게 전유(appropriation)되었느냐에 있다. 나아가 아시아 스스로가 어떻게 스스로를 묘사 혹은 재현하는 데 그런 유럽의 재현들을 전유했는가 하는 문제도 있다.[9] 예를 들면, 천샤오메이(Chen Xiaomei)가 지적하듯이, 중국인의 서구에 대한 재현과 아시아에 대한 재현은 유럽이 만든 옥시덴트와 오리엔트의 재현들을 근거로 중국이 (국내 통일이란) 스스로의 정치적·이데올로기적 목적을 위해 창안해낸 것들이다. 그런데 그렇게 만들어진 아시아는 오리엔탈리

필자는 실생활에서 일어났던 아시아인들 사이의 갈등과 반목이 아시아라는 인식을 통해 화해되는 과정을 소개하였다.

7) Edward Said, *Orientalism* (NY: Vintage, 1979).

8) Andrew March, *The Idea of China* (Praeger Publishers, 1974), pp.23~45. 특히 p.32.

9) Andrew March, 위의 책.

즘의 경우에서처럼 서구를 지배하기 위한 목적을 갖지 않았다. 오히려 중국정부가 중국 내부의 반대자들을 단속하고 나아가 국민들을 지배·통제·동원하기 위한 내부식민지화란 목적을 갖고 있었다.[10] 아시아 담론은 이처럼 서구가 창안한 것이든 아시아 자체가 창안한 것이든 대부분 아시아(인) 자체를 피해와 희생의 대상으로 만드는 경향이 강했다. 말하자면 아시아와 아시아 담론은 대부분 부정적이고 억압적 기능과 의미를 갖고 있었다고 할 수 있다.[11]

요약하면, 서구에게 아시아란 제국주의적 침략과 식민주의적 팽창을 뒷받침하는 개념이자 생각이 되었고, 아시아인에게 아시아는 상상된 동질의식, 반제를 위한 연대, 그리고 경우에 따라서는 (부정적 혹은 긍정적인) 창안된 지역적 통합을 위한 개념으로 작용해 왔다. 기본적으로 구미인들은 아시아란 이름을 명명함으로써 아시아를 정복했지만,[12] 존 스테드만(John Steadman)이 지적하듯, 아시아인들이 창안하고 공유한 범아시아적(pan-Asian) 사고도 '유럽이 남긴 유산'이자 동시에 '식민지배에 대한 대응(reaction)'이었다.[13] 아시아인들은 아시아란 이름 하에 구미의 정복에 대항했지만 경우에 따라서는 역설적으로 유럽을 추종하였다. 이런 두 경우 모두에서 볼 수 있듯이, 아시아란 (구미나 아시아 모두에게) 항상 (피)지배, (피)정복을 전제로 하는 개념이자 그런 지배와 정복에 대응하여 민족적 자긱과 지역공동제란 의식을 불러일으킨 개념이기노 했다. 서구와 다른 (열등) 문명으로서 아시아, 서구의 반대에 있는 (저개발) 지역으로서 아시아, 서구의 물질주의적 침략에 대응하는 (정신적 고향으로서

---

10) Chen Xiaomei, *Occidentalism: A Theory of Counter-Discourse in Post-Mao China* (Rowman & Littlefield, 2002, revised and expanded second edition), Introduction 참조.

11) 이런 필자의 지적이 최근 동아시아 지식인들 사이에서 활발한 동아시아론 모두를 비판하는 것은 아니다. 이들의 논의 중 적지 않은 경우, 분명히 이런 경향에 속하지 않는다.

12) Arif Dirlik, "Introduction: Pacific Contradiction," in Arif Dirlik ed., *What is in a Rim?: Critical Perspectives on the Pacific Region Idea,* (Rowman and Littlefield, second edition, 1998), p.5, p.31.

13) John M. Steadman, 앞의 책, p.44.

의) 지역연대를 나타내는 아시아가 바로 그것이다. 그런데 문제는 아시아가 스스로 아시아를 규정할 때 늘 출발점으로 삼았던 것이 자국중심의 민족주의, (내부의 차이를 무시하면서) 내부통일을 지향한 강요된 민족의식, 아니면 일본에서 보듯이 헤게모니(지역패권)이곤 했다는 점이다.

사실 유럽의 아시아 담론의 내용이나 성격은 근대일본에 그대로 이식되었고, 일본은 팽창과 지배를 위한 개념으로 아시아[도요(東洋)]를 창안했다. 일본은 '도요'를 근대세계에서 일본이 멀리해야 할 나쁜 이웃이자, 동시에 문화적·역사적·지리적으로 떨어질 수 없는 관계를 갖는 일본문명의 진원지로 사뭇 모순되게 파악했다. 이런 논의 중 가장 대표적인 예가 후쿠자와 유키치(福澤諭吉)의 탈아론(脫亞論)이다.14) 물론 그런 담론이 가능할 수 있었던 배후에는 중국을 더 이상 '주카(中華)'나 '주코쿠(中國)'로 보지 않고 세계 여러 문명의 한 지류인 '시나(支那)'로 보기 시작한 도쿠카와(德川) 말기 일본 국학자(國學者)들의 논의가 있었다.15) 중요한 점은, 서구의 등장이 일본에게 자아를 재규정하고 나아가 아시아를 스스로 창안하는 계기를 주었다는 것이다. 즉 '중국'과 '아시아'란 일본이 새로운 서구 주도 하의 국제환경 속에서 스스로를 새롭게 발견·규정하고 나아가 새로운 근대세계 속에서 국가팽창과 침략정책을 이행하게 하는 중요한 역할을 한 개념들이었다. 여기서 일본의 도요 혹은 아시아란 침략의 대상이고 일본의 지도 하에서 '(서구)문명'으로 이끌려나와야 할 대상이었다. 그러다 보니 19세기 말부터 20세기 초 일본에서 이루어진 아시아에 관한 모든 지적·학문적 논의는 결국 일본의 팽창주의에 이론적·인식론적 근거를 제공하기 일쑤였다.16)

---

14) 후쿠자와 유키치 이래 근대 일본의 아시아 인식을 짧지만 일목요연하게 정리한 것으로는 Joseph M. Henning, "Breaking Company: Meiji Japan and East Asia" in *Education About Asia* 5-3 (Winter 2000), pp.40~43.

15) Harry D. Harootunian, "The Function of China in Tokuragwa Thought" in Akira Iriye ed., *The Chinese and The Japanese: Essays in Political and Cultural Interactions* (Princeton University Press, 1980).

16) 박영재, 「근대 일본의 한국인식」, 역사학회 편, 『일본의 침략정책사 연구』(일조각,

이런 일본의 아시아론에 반하여 1920년대 인도의 타고르(Rabindranath Tagore)는 서구 물질문명에 대항한 아시아의 정신문명의 부활을 내세우며 그의 아시아주의를 중국과 일본에 설파하려 했다. 그런데 이런 주장에 대한 중국과 일본 지식인들의 반응은 냉담했다. 인도의 다른 지식인들조차 타고르의 주장에 부정적 반응을 보였다. 타고르가 생각하던 아시아가 인도문화에서도 특히 힌두문화와 힌두교를 중심으로 창안되었기 때문이기도 했지만, 중국과 일본에서 이루어진 아시아 담론이 대부분 자국중심적이었기 때문이다. 인도를 대표하는 문명이 무엇인지, 나아가 아시아를 대표하고 연대시킬 수 있는 문명이 무엇인지에 대해 인도 내에서 뿐 아니라 아시아 내에서도 쉽게 합의가 이루어질 수 없었다.17)

20세기 초 아시아에서 진행된 아시아에 대한 논의는 크게 보아 두 가지 공통점을 갖고 있다. 첫째, 아시아 담론에서 아시아는 항상 피지배·피정복의 대상으로 전제되었고, 일본을 포함한 서구의 아시아 담론을 통해 피해를 본 대상이었다. 둘째, 범아시아적 사고는 민족적·문화적 공간을 중심으로 만들어진 것이지 (통일체로서) 아시아 대륙 전체를 고려하면서 만들어진 것이 아니었다.18) 따라서 당시의 아시아 담론은 늘 자국중심적이거나 일국중심적이었다. 경우에 따라 (동부)아시아는 인종 간의 경쟁과 서로 다른 정치체제의 장단점을 드러내는 장으로 받아들여지기도 했다. 우리에게 익숙한 저간의 아시아 담론을 살펴보아도 이런 공통점은 여전히 존재한다. 결국 역사적으로 볼 때 아시아가 지배·정복·팽창·민족주의의 도구로만 이용되는 등 늘 억압적이고 부정적 기능과 역할을 수행했지만, 우리에게 그동안 알려지지 않았던 아시아 담론도 있었다.

1984), 81~112쪽 및 박영재, 「근대일본의 아시아 인식: 탈아시아주의와 아시아주의」, 역사학회 편, 『노일전쟁전후 일본의 한국침략』(일조각, 1986), 109~134쪽.

17) Stephen Hays, *Asian Ideas of East and West: Tagore and His Critics in Japan, China, and India* (Harvard University Press, 1970).

18) John M. Steadman, 앞의 책, p.33.

이 글의 주된 관심은 동부아시아 초기 급진주의자들의 아시아 담론이 어떤 양상과 의미를 갖고 있었는가에 있다. 필자가 주장하는 것은 20세기 초 아나키즘을 비롯한 급진주의가 동부아시아에 확산되면서 아시아 담론의 (반제연대, 민족해방 등) '해방적' 기능이 점차 확대되었고, 동아시아 급진주의자들은 서구가 창안한 지리적·문화적으로 한정된 아시아의 경계를 뛰어넘는 초지역적이고 초국가적 아시아 담론을 논의하기 시작했다는 것이다. 지역과 국가를 초월하고 국가와 민족, 그리고 지역과 문화의 경계 등을 모두 뛰어넘으면서 세계주의적(cosmopolitan) 전망을 갖는 아시아 담론이 동부아시아 초기 급진주의자들 사이에서 진행되었다는 것이다. 현재 진행되는 아시아 담론이 진정 아시아 내 다양한 여러 문명들 간의 대화를 통해 새로운 세계주의로 나아가야 한다면,[19] 20세기 초 동부아시아 급진주의자들(특히 아나키스트들)의 초국가적이고 세계주의적 아시아 담론에서 새로운 세계주의로 나아갈 하나의 단초를 발견할 수 있지 않을까?

그렇다면 동부아시아 급진주의자들이 서로의 만남을 통해 초국가적·세계주의적 아시아 담론을 진행할 수 있었던 장소가 갖는 의미도 중요하다. 필자는 20세기 초 도쿄와 상하이를 비롯한 아시아의 대도시에서 급진주의자들의 만남이 이루어지고 그에 따라 그들의 급진담론이 그곳에서 형성되었을 것이라고 가정하고 있다. 로버트 와스노우(Robert Wuthnow)가 말하는 '담론의 공동체'(communities of discourse)는 이런 가정에 중요한 이론적 근거를 제시한다.[20] 도쿄와 상하이는 20세기 초 동아시아에 존재한 양대 대도시였다. 이 두 도시에서 아시아 각 지역에서 온 급진주의자들의 만남이 이루어졌고, 이내 그들은 공동관심사(반제, 민족해방, 반서구 등)와 관련된 담론을 형성하고, 나아가 상호영향과 상호작용(예컨대 조언이나 경험의 교환)을 통해 담론의 내용을 풍부하고도 의미심장하게 만들고 이어서 공동행동을 실행할 수 있지 않았을

---

19) Ashis Nandy, 앞의 글 참조.

20) Robert Wuthnow, *Communities of Discourse: Ideology and Social Structure in the Reformation, the Enlightenment, and European Socialism* (Harvard University Press, 1989).

까?[21] 그들의 만남, 상호작용, 논의는 그들이 문제의식을 공유하는 중요한 계기가 되지 않았을까? 그런 가능성과 관련하여 조선공산주의자 김산(본명 장지락)과 중국 아나키스트 류스페이(劉師培)는 중요한 단초를 제공한다. 먼저 공산주의자 김산은 다음과 같이 1920년대 초의 도쿄와 상하이를 회고했다.

> 당시[1919년경] 도쿄는 극동의 모든 지역에서 온 학생들에게 있어서 메카였고 여러 부류의 혁명분자들에게는 피난처였다. … 당시 상하이는 한국임시정부가 기능하고 있던 민족주의운동의 새로운 중심지였다. … [1920년 상하이 도착 후] 나는 모든 종류의 사람들을 만났고 서로 대립적인 정치사상과 논의란 큰 소용돌이 속으로 던져졌다.[22]

서로 대립적인 정치사상 속에서 여러 논의가 혁명적이고 급진적인 동부아시아 학생들을 중심으로 이루어지고 있었다는 김산의 회고는 도쿄와 상하이에 급진담론의 공동체가 만들어졌고 그 공동체 내에서 서로 교류·대립하고, 경우에 따라서는 상호영향을 주고 있었다는 사실을 나타낸다. 더구나 그 논의는 다양한 곳에서 온 아시아의 혁명가들, 즉 급진주의자들이 이끌고 있있다. 한편 중국 아나키스트 류스페이의 다음과 같은 언급도 도쿄에서 이루어지던 급진주의자들의 담론 공동체의 한 면을 보여준다.

---

21) 한국 아나키스트들이 중국과 일본 아나키스트들과의 만남, 교류, 상호 영향, 담론 형성을 통해 독립이라는 민족주의적 관심만이 아닌 초민족적이고 세계주의적인 관심을 만들고 나아가 미래지향적 관심으로 발전해 나갔을 가능성은 이미 필자가 지적한 바 있다. Dongyoun Hwang, "Beyond Independence: The Korean Anarchist Press in China and Japan in the 1920s and 1930s," *Asian Studies Review* 31-1 (2007), pp.3~23 ; Dongyoun Hwang, "Korean Anarchism before 1945: A Regional and Transnational Approach" in Steven Hirsch and Lucien van der Walt eds., *Anarchism and Syndicalism in the Colonial and Postcolonial World, 1870~1940: The Praxis of National Liberation, Internationalism, and Social Revolution* (Brill, 2010), pp.95~130.

22) Nym Wales and Kim San, *Song of Arirang: A Korean Communist in the Chinese Revolution* (Ramparts Press, 1941), p.89, p.107, p.118.

중국과 베트남의 국민지식 수준은 낮다. 그러나 도쿄에 거주하는 그 나라들의 학생들에게 사회주의를 얘기하면 모두 기꺼이 찬성한다. 사회주의의 진흥은 이들이 그 효시가 될 것이다. 중국인 중에는 평균지권을 주창하는 사람이 있고 도쿄에서 사회주의 신문이나 잡지를 간행하고 있는 사람이 있다. … 이러한 사실들을 통해 보았을 때, 수년 안에 사회주의와 무정부주의는 반드시 아시아에서 큰 세력을 지니게 될 것이다.[23]

담론의 공동체에서 사회주의가 공동관심사의 해결을 위한 매개체가 되어 식민지나 반식민지에서 온 급진학생들에게 받아들여지고 있었음을 류는 지적한다. 사회주의와 아나키즘에 대한 관심을 공유하는 지적 담론의 급진적 공동체가 점차 형성되어 갔다고 볼 수 있는 대목이다. 이런 담론 공동체에는 때로는 아시아인이 아닌 다른 지역의 지식인들도 와서 참여하고 담론 형성에 공헌하기도 했다.[24]

여기에서 필자는 동부아시아의 초기 급진주의의 속에서 아시아란 개념이 수행한 기능과 역할, 그리고 동부아시아 급진주의자들 특히 아나키스트들의 아시아 담론이 갖는 의미를 살펴보고자 한다. 필자는 아시아 담론이 드러냈던 부정적 면과 기능을 고려하면서, 다른 한편 다음과 같은 두 가지를 전제해 두고 싶다. 첫째, 아시아는 반제국주의 개념을 통해 아시아의 피압박민족과 국가들에게 제국주의에 대항하게 하는 연대의식을 제공했다. 물론 그 연대의식은 우리가 익히 들어온 일본 침략주의자들의 아시아 연대론에서 드러나는

---

23) 류스페이, 「아시아 현정세와 연대론」, 최원식·백영서 엮음, 『동아시아인의 '동양'인식, 19세기~20세기』(문학과 지성사, 1997), 145~146쪽.

24) 쉬샤오친(Xiaoqun Xu)은 1920년대 영국의 버트란드 럿셀(Bertrand Russell), 러시아의 맹인시인이자 아나키스트인 에로셍코(Visilij Eroshenko), 인도의 타고르(Tagore)의 중국 방문에 대한 분석을 통해 이들의 방문이 중국 지식계에 일으킨 반향을 보여준다. 그들의 중국방문은 중국에 있던 초국가적 네트워크의 존재를 지적하지만, 중국 지식인들 사이에 존재한 민족주의와 세계주의 간의 갈등도 보여준다. Xu Xiaoqun, Cosmopolitanism, Nationalism, and Transnational Networks: The Chenbao Fujuan, 1921~1928, *The China Review* 4-1 (Spring, 2004), pp.154~161.

일본의 주도권과 침략이 전제된 아시아와는 다른 것이었다. 말하자면 아시아의 '억압적' 기능이 제외되고 '해방적' 기능만이 동부아시아 급진주의자들의 연대를 가능하게 했다는 것이다.[25] 그런데 이하에서 필자가 주장하듯이, 동부아시아 급진주의자들이 논의한 아시아가 해방적일 수 있었던 것은 그들이 이해한 아시아가 국가란 울타리와 민족이란 경계를 뛰어넘어 초국가적이고 세계주의적인 관심을 논의할 수 있는 개념이었기 때문이다. 그 배경은 구체적으로 다시 지적하겠지만, 그들의 민족주의가 협애하고 폐쇄적인 것이 아닌 광범위하고도 개방된 개념이었기 때문이다. 이 점이 바로 동부아시아 급진주의자들의 민족주의적 열망이 초국가주의적이고 세계주의적 전망과 공존할 수 있었던 근거였다. 동부아시아 초기 급진주의자들의 아시아 담론 혹은 그와 관련된 논의 속에서 민족주의적 열망은 사실 강렬했다. 한국 아나키스트들을 아나키즘으로 이끌었던 것도 독립에 대한 열망이었고,[26] 중국 급진주의자들을 사회주의와 아나키즘으로 이끈 것 역시 그들의 민족주의였다.[27] 일본사회주의자들의 경우, 자본주의적 발전 이후 일본사회에 점차 만연한 국내 사회문제에 대한 관심과 국가의 초법적 권력에 대한 우려가 그들을 점차 반정부적·반자본주의적 움직임과 여타 아시아 국가에 대한 관심으로 이끌었다. 결국 동부아시아 급진주의자들 사이에는 정치적 당면 명제로서의 민족주의와 '문화적' 열망으로서의 세계주의가 서로 긴장관계를 형성하면서 존재했다는 것인데, 이는 이들 급진주의자들의 아시아 담론을 고찰할 때 반드시 고려해야 한다.[28]

---

25) 물론 이런 해방적 기능이 1945년 탈식민지화가 진행된 이후, 많은 경우 억압적으로 돌아서게 되는 과정은 앞으로 좀 더 연구되어야 할 부분이다. 과거 서구와 일본의 식민지였던 동아시아의 국가들이 여전히 신식민지적 상황에 있기에 탈식민화는 역사가를 비롯한 지식인들에게 여전히 중요한 과제다. 이와 관련된 논의의 하나로 Chen Kuan-Hsing, "Introduction: The Decolonizatuion Question" in Kuan-Hsing Chen ed., 앞의 책, pp.1~53을 볼 것.

26) Dongyoun Hwang, 앞의 글.

27) Arif Dirlik, *Anarchism in the Chinese Revolution* (University of California Press, 1991), Introduction을 볼 것.

28) Xiaoqun Xu, 앞의 글, p.7.

둘째, 동부아시아 급진주의자들이 생각하던 아시아는 문화적·지역적으로 한정되고 폐쇄된 아시아가 아닌 개방된 아시아였다. 그들이 개념화하던 아시아는 방법으로서의 아시아도, 문명으로서의 아시아도, 또 인종으로서의 아시아도 아니었다. 그들에게 연대의식을 제공한 아시아는 지역적·공간적·문화적· 민족적으로 한정되지도 않았고, 전략적 필요에 의해 즉흥적으로 창안되지도 않은 초국가적 성격과 세계주의적 전망을 갖는 미래지향적 프로젝트로 등장하였다. 역사학자 레베카 칼(Rebecca E. Karl)은 '동종'과 '망국'이란 개념의 분석을 통해 장타이옌(章太炎) 같은 중국의 초기 급진주의자들이 '전 지구적인 상실에 대한 공유'와 '공유하는 전 지구적인 상황'을 통해 '전 지구적인 활동의 가능성'을 파악하고, 이어서 '전 지구적인 공통성'에 대한 인식을 발전시키면서 결국 인종이란 개념을 '차이를 나타내는 것'뿐 아니라 '전 지구적으로 같다는 인식을 나타내는 새로운 표시'로 받아들이게 되었다고 주장한다. 따라서 칼에 따르면, '아시아'와 '아시아인'은 서구와 다른 지역적·문화적·인종적 차이를 나타내는 것뿐만 아니라, 전 지구적으로 제국주의와 식민주의 앞에서 망국(亡國)이란 운명에 처한 지역과 인종을 포함하는 보다 넓은 개념으로 발전되었다고 한다. 아시아란 결국 지역을 초월하여 제국주의와 식민주의에 대항하여 일국의 독립·해방을 지향하는 민족과 국가의 투쟁이 시작되는 장이었을 뿐만 아니라, 전 세계 피압박민족과 국가의 투쟁이 함께 진행되는 곳으로도 이해되기 시작했던 것이다. 동부아시아 급진주의자들은 새롭고도 넓은 의미를 갖는 아시아를 창조(create)하였던 것이다.[29]

이상의 전제를 통해 정리하면, 20세기 초 동부아시아 급진주의자들이 논의한 아시아란 민족이란 울타리를 통해 새로운 갈등과 반목의 단초로 작용할 가능성을 갖는 아시아가 아니었다. 그들이 창안해 내려던 프로젝트로서의 아시아는 자유·평화·평등이란 보편적 가치가 보장된 공간이자 질서였고, 또 그런 가치를

---

29) Rebecca E. Karl, "Creating Asia: China in the World at the Beginning of the Twentieth Century," *American Historical Review* 103-4 (October 1998), pp.1102~1105.

전제로 한 개념이었다. 우리가 알듯이 아시아가 단순히 백인종인 서구와 서구의 제국주의에 대항하는 지역적 통합만을 의미한 것이 아니었다. 또 단순히 물질적 세계인 서구에 반하여 정신적 세계를 대표하는 문명도 아니었다.

이하 이 글의 주된 관심의 대상은 '20세기 첫 20여 년간 동아시아에서 가장 충만했던 사조'[30]인 아나키즘과 한중일 삼국의 아나키스트들이다. 간혹 다른 초기 사회주의자들과 급진주의자들도 언급하겠지만, 여기에서는 특히 한인 아나키스트들의 논의와 활동을 좀 더 많이 다룰 것이다.

Ⅱ. 동부아시아 초기 급진주의와 '아시아' 개념

"중국에 아시아는 없다"는 백영서의 지적은 절대적으로 옳다.[31] 다만 중국인의 개념 속에 아시아가 없는 이유는 무엇보다도 아시아(亞洲 혹은 亞細亞)란 단어가 유럽 예수회 선교사들을 통해 중국에 소개된 이후, 중국이 아시아란 범주 안에 존재하는 부차적 범주가 아니라는 인식이 중국인 사이에 공유되었기 때문일 것이다. 비록 아시아란 지역 속에 중국이 존재하지만, 그 중국은 아시아란 큰 범주 속에 있는 부차적 범주가 아니라 아시아와는 별개로 존재하는 범주로 받아들여진 것이다. 상위와 하위개념의 관계가 아니라, 중국과 아시아는 별개의 범주였고 따라서 아시아는 그저 중국의 주위를 둘러싸고 있는 또 다른 지역이었을 뿐이다.[32]

그런데 적어도 20세기 초 중국에서 (그것이 무슨 의미였든) 아시아는 잠시 존재했으며, 그 아시아는 적어도 일본의 중국침략 의도가 본격화되는 1910년대

---

30) Arif Dirlik, "Anarchism in East Asia" in *Encyclopedia Britanica* from Encyclopedia Britanica Online (accessed January 10, 2005).

31) Yeong-seo Baik, "Conceptualizing Asia in Modern Chinese Mind: A Korean Perspective" in *Inter-Asia Cultural Studies* 3-2 (2002), pp.277~286.

32) Pekka Korhenen, "Asia's Chinese Name," *Inter-Asia Cultural Studies* 3-2 (2000), pp.253~ 270.

초까지는 존재했던 것 같다. 그 예가 1904년 『동방잡지(東方雜誌)』의 발행과 1907년 아시아화친회(亞洲和親會)의 성립이다. 1904년 3월 11일 창간호를 낸 『동방잡지』는 중국근대 출판계에서 가장 오랫동안 큰 영향력을 가졌던 상하이 샹우인슈관(上海商務印書館)이 출판한 '대형 종합성 잡지'였다. 한마디로 중국 근대간행물 사상 가장 오랫동안 연속으로 간행된 독보적인 잡지였다. 그런데 『동방잡지』는 최초 『동아잡지(東亞雜誌)』란 이름으로 간행될 예정이었지만, 상하이 주재 독일영사관이 발행하는 잡지의 번역명과 이름이 같아 혼란을 피하기 위해 『동방잡지』로 바꾸었다고 한다. 창간호를 통해 알 수 있는 잡지의 간행 의도도 흥미롭다. '국민 계도(啓導)와 동아시아와의 연락' 이 두 가지였다. 이 잡지는 세계를 서구와 동아시아, 백인종과 황인종으로 구분하고, 러일전쟁 (1904~1905) 기간에는 연일(聯日)을 주장하기도 했다. 당연히 '동아시아와의 연락'이란 일본과 연계하고 나아가 일본을 배우겠다는 뜻이었다.[33] 1904년경 중국인의 마음 속에 존재한 아시아에는 정치적·경제적으로 앞서나가던 일본이 지역 내에서 차지하던 위치가 컸던 것이다. 중화민국의 국부라고 불리는 쑨원(孫文)의 후일 회고를 상기한다면, 이는 결코 놀랍지 않다. 쑨원이 1924년 11월 28일 일본 고베(神戶)에서 행한 연설에 따르면, 1905년 일본이 러일전쟁에 서 러시아 함대를 격파하고 승리를 거두고 있을 때, 일본의 승리는 아시아인들에 게 서구 백인종에 대한 아시아 피압박민족의 승리로까지 확대 해석될 정도였다 고 한다. 일본의 승리는 아시아 식민지국가의 독립운동을 일으키는 동인으로 작용하기도 하였다.[34] 1900년대 일본이 중국인뿐 아니라 아시아인들의 아시아 개념 속에서 차지하던 위치를 가히 짐작할 만하다.

1907년 도쿄에서는 중국과 일본의 급진주의자와 사회주의자들(특히 아나키 스트)이 중심이 되어 사회주의강습소(社會主義講習所)와 아시아화친회를 성립

---

33) 中國社會科學院近代史研究所 等 主編, 『辛亥革命時期期刊介紹』 第3卷(人民出版社, 1983), 178~179, 181쪽.

34) 孫文, 「對神戶商業會議所等團體的演說」(1924.11.28), 廣東省社會科學院歷史研究所 等 編, 『孫中山全集』 第11卷(中華書局, 1986), 402~404쪽.

시켰다.35) 중국 측에서는 장타이옌, 장지(張繼), 류스페이, 허전(何震) 등이 참여하였고 일본 측에서는 고도구 슈스이(幸德秋水), 야마카와 히노시(山川均), 오스기 사카에(大杉榮) 등이 참여하였다. 이들 외에 아시아화친회에는 베트남의 판 보이 차우(Phan Boi Chau)36)와 두 명의 인도인(중국명이 각각 鉢邏罕와 保什) 등도 참여하였다. 당시 도쿄에 있던 조선측 인사들(급진주의자들?)은 일본인들이 참여하면 조직에 참여하지 않겠다며 거부했다.37) 당시 일본이 조선을 1905년부터 보호국화했던 것을 고려한다면, 이들 조선인들은 일본을 '화친'의 대상이라기보다는 타도나 투쟁의 대상으로 보았을 가능성이 농후하다. 이들 조선인이 누구였는지는 확실치 않지만, 꽤나 민족주의적 입장에서 일본의 참가가 전제된 아시아 민족의 친화를 목적으로 하는 이 모임에 참가하길 거부했다.

아시아화친회는 '제국주의에 대한 반항'과 '주권을 이미 잃은 아시아 민족이 각각 독립하는 것'을 취지로 내세웠다. 회원자격과 관련하여 "무릇 아시아인으로서 침략주의를 주장하는 자를 제외하고, 민족주의, 공화주의, 사회주의, 무정부주의[아나키즘]를 논하는 것과 관계없이 모두 입회할 수 있다"라고 규정하였다.38) 침략주의를 찬성하는 아시아인은 화친의 대상이 아니었고, 침략주의를 반대하면 사상과 관계없이 '진정한' 아시아인일 수 있었던 것이다. 이 조직이 지역적으로 정의한 '아시아'는 참가자들의 출신국을 보면 대략 짐작할 수 있다. 참가자에는 중일 양국을 제외하고도 인도, 필리핀, 베트남, 말레이시아, 버마 등에서 온 자들이 있었다. 그러나 조선측 인사들이 참여를 거부한 것을 보면, 적어도 조선의 입장에서는 일본을 아시아의 개념에서

---

35) 아시아화친회에 대해서는 竹內善作, 「明治末期における中日革命運動の交流」, 『中國硏究』 5(1948. 9) ; 曹世鉉, 『清末民初無政府派的文化思想』(社會科學文獻出版社, 2003), 47~56쪽 ; Rebecca E. Karl, 앞의 글 참조.

36) Hue-Tam Ho Tai, *Radicalism and the Origins of Vietnamese Revolution* (Harvard University Press, 1992), p.59.

37) 竹內善作, 앞의 글, 76, 78쪽.

38) 竹內善作, 위의 글, 77쪽.

제외하기 시작했다고 볼 수 있다. 이하에서 다시 보겠지만, 제국주의 일본은 이후 점차 동부아시아 급진주의자들의 아시아 논의에서 배제되기 시작한다. 만일 일본이 그들의 아시아 논의에 등장한다면, 그것은 제국주의 일본이 제외된 일본이었다. 동부아시아 급진주의자들의 아시아 담론은 이렇듯 서서히 새로운 성격을 띠기 시작했다.

동부아시아 급진주의자들이 정의한 아시아는 새로운 의미를 갖기 시작한다. 도쿄에서 1907년 6월 10일 허전을 주편집인으로 하고 중국측 급진주의자들이 창간한 여자복권회(女子復權會)의 기관지 『천의(天義)』는 "국가간의 경계와 종족[인종]간의 경계를 파괴해서 없애고 세계주의를 실행"하자는 내용을 담고 있었다. 조세현에 따르면, 프랑스 파리에서 중국 아나키스트들이 발행한 『신세기(新世紀)』 104호(1909.7.3)에 실린 「한 중국인에게 답하는 글」(答中國之一人書)에서, 이 글의 저자인 한인(아나키스트?)은 "종족주의를 경계하고 한국, 일본, 만주, 한족은 물론 세계 인민이 함께 행복하게 살 수 있도록 노력"하자고 언급하였다.[39] 허전의 남편인 아나키스트 류스페이는 비슷한 시기 "무정부는 종족, 정치, 경제 혁명"이고 민족혁명은 강족과 약족의 대립이라면서 아시아 민족을 약소민족에 포함시켰다. 아시아 민족은 일종의 약소민족과 피압박민족의 공동체였던 것이다. 그런데 류스페이의 핵심적 견해는 "아시아 민족주의자와 무정부주의자가 유럽 사회혁명자와 당연히 연합해서 아시아 각 민족을 외래의 공제에서 해방시켜야 하고 동시에 이미 건립된 유럽 각국 정부를 전복해야 한다"는 것이었는데, 그래야 무정부공산주의를 실현할 수 있다는 것이었다. 무정부공산주의를 실현하기 위한 세 가지 책략으로는 총동맹파업, 농민혁명, 그리고 아시아 혁명을 들었다.[40] 여기서 아시아는 하나의 지리적 동일체일 뿐만 아니라 공동의 미래를 지향하는 공동체로 묘사된다.

---

39) 조세현, 「1920년대 전반기 재중국 한인 아나키즘운동 ─ 한·중 아나키스트의 교류를 중심으로 ─」, 『한국근현대사연구』 25(2003 여름), 341쪽.

40) 蔣俊·李興芝, 『中國近代的無政府主義思潮』(山東人民出版社, 1990), 51쪽 ; 조세현, 위의 책, 53, 98~99쪽.

그런데 류스페이가 1907년 11월 쓴 「아시아현세론(亞洲現勢論)」에서 지적하듯이, 시구열킹과 제국주의 일본은 그런 공동체로 가는 것을 가로막는 '아시아의 공적'이었다. 즉 제국주의 일본은 서구와 마찬가지로 그가 정의하는 아시아의 범주에서 제외되었다. 류스페이는 아시아의 약소인종[弱種]이 깊은 멸망의 위기에 빠져 있지만, 아시아에서 오직 일본정부만이 아시아의 공동의 적이 되었다고 지적하면서[41] 다음과 같이 주장하였다.

> 아시아의 평화를 보장하고 아시아 약소인종의 독립을 도모하려면 무엇보다 백인종의 강권을 배척해야 하지만, 일본이 강권으로 우리 아시아인을 능멸하는 것도 또한 동시에 배척해야 한다. 제국주의는 현재 세계의 해충이다.[42]

이 경우 류스페이가 정의하는 아시아는 지역적, 문화적, 혹은 문명적 개념도 아니다. 또 아시아는 서구와 제국주의 일본의 피침략과 피정복의 대상 지역이 더 이상 아니다. 제국주의 일본은 "우리 아시아인"에서 제외되었다. 류스페이가 일찍이 아시아를 "백인종의 강권이 행사되고 있는 지역"[43]으로 보았지만, 이제 농아시아는 그 강권에 도전하는 힘과 연대를 가능하게 하는 (제국주의 일본이 제외된) 아시아인들의 공간이자 개념으로 등장하였다.

류스페이가 「아시아현세론」에서 제국주의 일본을 아시아에서 제외하고 백색인종과 강권에 포함시킨 사실, 도쿄에 있던 조선측 인사들이 아시아화친회에 참여하길 거부하였다는 것은 동부아시아 급진주의자들의 아시아 담론에서 일본이 차지하는 위상에 변화가 생겼음을 의미한다. 제국주의 일본은 메이지 일본의 업적과 러일전쟁의 승리로 인해 아시아 급진주의자들로부터 열렬히 존경받고 찬양되던 대상이 더 이상 아니었다. 이제 제국주의 일본은 과거의 찬양과 존경, 부러움의 대상에서 타도와 투쟁 그리고 제외의 대상이 되어

---

41) 조세현, 위의 책, 54쪽 ; 류스페이, 앞의 글, 138쪽.
42) 류스페이, 앞의 글, 139쪽.
43) 위의 글, 135쪽.

갔다. 제국주의 국가가 되면서 동부아시아 급진주의자들에 의해 아시아에서 제외되어 간 제국주의 일본은 (역설적으로) 후쿠자와 유키치의 '탈아'란 소망이 성취되었음을 알아차렸을 것이다. 아무튼 일본은 강권, 제국주의, 나아가 백색인종의 범주에 포함되어 이제 아시아 약소민족의 독립과 반제투쟁의 대상이 되어버린 것이다. 따라서 동부아시아 급진주의자들에게는 일본제국주의에 대항하는 아시아 피압박민족 간의 연대가 중요한 과제로 등장하게 되었다. 그리고 그 연대를 가능하게 만든 것 중 하나가 바로 동부아시아 대도시에서 이루어진 동부아시아 급진주의자들의 만남, 교류, 상호영향이었다. 구체적으로 동부아시아에서 중국과 한국(조선) 민족의 연합은 공동의 적인 일본제국주의와의 투쟁을 위해 더욱 강조되었다. 그 연대는 공동의 적에 대항하는 전략적인 것만이 아니었다. 이하에서 보듯이 아시아와 민족주의에 관한 급진 담론에 새로운 지평을 여는 시작이기도 했다.

20세기 초 '중한 인민이 조직한 유일한 언론기관'이란 평가를 받는 『광명(光明)』은 중국 광저우에서 1921년 12월 1일 창간되었다. 『광명』에 실린 많은 글들은 실상 중국인들이 쓴 것이지만,[44] 창간 취지는 "중한 양국 인민의 감정을 전문적으로 발전"시키면서 "한국독립의 총기체(總機體)"로서 "강권을 없애고 인도주의를 고취"하며 "전 세계 인류의 불평등을 널리 해방"하는 등 "전 인류의 해방을 촉진하는 광명사업을 실현"하는 것이었다.[45] 물론 여기서 분명한 것은 일본제국주의의 침략을 받는 동부아시아 국가로서 중국과 한국의 연대가 강조되었다는 것이지만, 중요한 것은 그런 양국의 합작이 양국만의 해방이나 지역의 해방만이 아니라 민족과 지역이란 경계를 초월한 해방을 지향하였다는 점이다. 「광명발간사(光明發刊詞)」(1921.12.1)를 보면 이런 경향은 더 확실해진다. 발간사는 "오늘날 동아시아는 강권이 하루라도 없어지지 않고는, 동아시아에 하루의 평화도 있을 수 없"고 "오늘날 세계는 강권이

---

44) 中共中央馬克思恩格斯列寧斯大林著作編譯局研究室 編, 『五四時期期刊介紹』3卷上(生活·讀書·新知三聯書店, 1979), 186쪽.

45) 「光明發刊宣言」, 『五四時期期刊介紹』3卷下, 436쪽.

하루라도 없어지지 않으면, 세계는 하루의 평화도 있을 수 없다"고 선언한다. 즉 해방과 평화와 관련하여, 지역을 넘어서 국가, 지역, 세계가 상호 연관되어 있음을 발간인들은 이해한 것이다. 그런 이해를 바탕으로 "중한의 평화를 만들어, 동아시아를 평화롭게, 세계를 평화롭게 하는 것이 우리들의 커다란 기대다"라는 궁극적 목적도 분명히 제시하였다. 결국 여기서 보듯이 동부아시아에는 이제 지역과 문화적 동질성을 뛰어넘어 강권이 없는 세계, 즉 제국주의가 사라진 세계로 발전시키는 역할이 부여되었다. 그 고리는 한중의 연대였고 구체적 방법은 사회혁명이란 프로젝트였다. 즉 인류의 공동행복을 도모하고, 사유재산 하의 모든 조직을 타파하고, 무산계급 동포가 노예의 지위에서 일약 주인의 지위로 가도록 하는−생산자인 노동자 혹은 무산계급 사람들이 경제를 지배하면서 모든 정권의 특권을 장악 관리하게 하는 그런 사회를 지향했다. 넓게 보면, 이는 '세계주의적 무강권운동'이었는데, 물론 이 운동에서 '광대한 일본인민'은 '친구'고 일본의 '반동 통치자들'(즉 제국주의자들)은 적이었다.[46]

동부아시아 급진주의자들의 아시아 담론이 민족과 국가의 경계를 뛰어넘은 예는 더 있다. 당시 일본에 있던 "많은 사람들[급진주의자들]에게 커다란 영향을 준"[47] 일본 아나키스트 오스기 사카에는 1919년 말 상하이 대한민국 임시정부의 대표로 여운형이 일본정부의 초청을 받아 일본에 왔을 때, 도쿄 제국대학 신인회(新人會)에서 열린 환영회에 참석한다. 그런데 오스기는 이 자리에서 "조선독립 만세"를 외쳤다. 일본제국주의로부터 조선이 독립하는 것을 지지·지원한 것이다.[48] 또 1920년 11월 사카이 도시히코(堺利彦), 이시카와 산시로(石川三四郎), 권희국(權熙國) 등 한일 사회주의자들에 의해 조직된 '코스모구락부'라는 사회주의계열의 조직은 '국경을 넘어선 신세계, 신생명 창조'를

---

46) 『五四時期期刊介紹』 3卷上, 186~188쪽.

47) Thomas A. Stanley, *Osugi Sakae, Anarchist in Taisho Japan: The Creativity of the Ego* (Council on East Asian Studies, Harvard university, 1982), p.ix.

48) 김삼웅, 『박열평전』(가람기획, 1996), 55쪽.

표방하면서 중국인과 한국인 학생을 규합하였다고 한다.[49] 일본 급진주의자들과 한국 급진주의자들 간의 깊은 교류는 아나키스트들 간의 오랜 친분 때문이기도 하지만, 사실 민족주의를 초월하여 강권에 대항하는 공유의식도 그들을 연결시킨 요소의 하나였을 것이다. 그들의 교류와 공유의식의 예는 저명한 일본의 '순수 아나키스트' 핫타 슈조(八太舟三)가 후일 사망했을 때, 도쿄에 있던 한인 아나키스트 조직의 기관지 『흑색신문(黑色新聞)』에 실린 기사를 통해 볼 수 있다. 이 기사는 핫타를 '옛동지(老同志)'라고 부르며, "오랫동안 우리[한인 아나키스트]를 위하여 많은 노력을 하여" 온 그의 "혁명적 혼의 인상은 [우리들에게] 생생하게 남아 있다"라면서 그의 죽음을 애도했다.[50]

이상을 요약하면, 동부아시아 급진주의자들, 특히 아나키스트들에게 있어 서구와 구분되는 개념으로서 아시아는 문화적·지역적 근접성이나 인종적 개념과는 거리가 멀었다. 그들에게 아시아는 강권에 대한 도전을 위한 연대의 장이자 원천이었고, '공유의식'(반제와 반일)을 통해 초국가적·세계주의적 전망을 가능하게 하는 미래지향적 프로젝트로 등장하고 있었다. 물론 그런 연대와 프로젝트 속에서 제국주의 일본은 사라져 갔다. 이제 제국주의 일본은 아시아에 포함되는 존재가 아니었기 때문이다.

Ⅲ. 한국 급진주의, 아나키즘, 아시아

위에서 언급했듯이, 1910년 이후 중국에 망명한 한인들과 중국측 인사들 사이에는 중한 양국의 민족연대가 중요하다는 인식이 널리 퍼져 있었다. 한인 망명자들 중 특히 급진주의자들은 이런 인식 속에서 중국의 혁명운동에 적극 참가하기도 하였다. 쑨원이 이끌던 중국동맹회(中國同盟會)에 가입하여

---

49) 김명섭, 『재일 한인 아나키즘운동 연구』(단국대학교 대학원 사학과 박사학위논문, 2001), 44~45쪽.

50) 『黑色新聞』 23호(1933.12.30.), 2. 핫타의 '순수 아나키즘'에 대해서는 John Crump, *Hatta Shuzo and Pure Anarchism in Interwar Japan* (St. Martin's Press, 1993).

1911년 신해혁명에도 참여했던 신규식 등을 비롯한 한인 망명가들은 중국혁명가들과 유대관계를 맺기 위해 1912년 말에서 1913년 초 사이 상하이에서 신아동제사(新亞同濟社)를 결성하였다고 한다.51) 한편 후일 한국의 대표적인 아나키스트가 되는 신채호는 1921년 베이징에서 『천고(天鼓)』라는 한문 잡지를 발간하기 시작한다. 이 잡지의 1호(1921.1)에 실린 '천애한인(天涯恨人)'이란 필명의 중국측 인사가 쓴 글은 '중한친우회(中韓親友會)'의 설립을 통한 중한연대를 강조한다. 왜냐하면 중국인과 한인은 "입술과 이빨처럼 서로 의지하며 수족과 같은 상황"에 처해 있었기 때문이다. 따라서 이 인사는 '중한친우회'야말로 지금 당장 필요한 기관이며 그런 조직을 설립하는 것이 '공리(公理)'에 응하는 것이라고 주장하였다. 중한 양국의 공적인 일본은 "인류의 해충이고 국제 독사"였다. 제국주의 일본이란 공동의 적을 중한 양국이 공유하는 한, 조선의 독립은 조선의 명운이 달린 문제만이 아니라 중국이 국가로서 명운이 걸린 문제이기도 했다. 따라서 '중한친우회'는 중국의 국가운명 상으로도 필요한 기관으로 간주되었다.52) 실제 『천고』는 한문을 사용하는 등 중국측 독자를 겨냥하고 있었고, 그 실린 기사에는 한족(漢族)과 한민족(韓族)의 단결을 강조하는 내용이 많았다.53) 그런데 이런 중한친우회 성립의 주장에 대한 신채호의 답변은 여러 면에서 흥미롭다. 먼저, 신채호는 그런 주장에 눈물이 흐를 정도로 감격했다. 그러나 그런 감격도 "양국의 국가 사정을 서로 잘 알지 못하는" 당시의 현실로 인해 오래가지 못하니 안타깝다고 했다. 압록강 동쪽의 조선땅이 옛 중국왕조의 영토였다는 잘못된 내용을 담은 시 한 수를 실은 중국의 『신조(新潮)』라는 잡지 때문이었다. 신채호는 이 경우에서 볼 수 있듯이 "서로 알 수 없는데 어찌 서로 친하게 될 수 있고 서로 친할 수 없는데 어찌 서로 도울 수 있겠는가?"라고 되묻는다. 그는 중한 양국이 서로를 잘 알아야 함께

51) 쑨커즈(孫科志), 『上海韓人社會史: 1910~1945』(한울 아카데미, 2001), 60쪽.
52) 天涯恨人, 「중한친우회의 중국설립필요」, 『천고』 1권(1921. 1) ; 최광식 역주, 『단재 신채호의 천고(天鼓)』(아연출판부, 2004), 104~108쪽.
53) 최광식, 「단재 신채호가 출판한 잡지 『천고(天鼓)』」, 최광식 역주, 위의 책, 24쪽.

공동의 적에 대항할 수 있다고 주장했다.[54]

이런 신채호의 날카로운 지적은 중국사회당의 지도자였던 장캉후(江亢虎) 같은 중국 지식인들과 후일 장캉후가 1922년에 쓴 「한민족에 대한 감상(對韓族之感想)」과 같은 글을 동시에 겨냥한 것일 것이다. 장캉후는 1922년 당시 한중일 3국의 관계를 다음과 말한다.

> 韓族은 사실 漢族이다. 따라서 韓人이 망국한 것은 漢人으로서는 매우 부끄러운 일이다. 그러나 韓人이 日人에게 망국한 것은 韓人에게는 불행 중 다행이다. 아마도 漢韓日 세 민족은 그 혈통과 문화가 같고, 그 역시 이해관계 역시 같다. 일인은 韓人을 없앨 수 없으며, 잠시 겸병한 것뿐이다. 이 세 민족은 결국 융합(融會貫通)되어 하나될 날이 올 것이기에, 韓人은 결코 망하지 않는다는 것이다. 나는 일인이 교만에 빠지지 말고, 韓人이 굶주림에 허덕이지 말며, 漢人은 韓日의 일을 잊지 말기 바란다. 모두 함께 융합하는 즐거움을 위해 노력하고, 영원히 겸병의 고통을 피하도록 하자. 이것이 내가 생각하는 동아시아 3국 공동의 복리이다.[55]

장캉후의 글이 흥미로운 것은 여러 이유에서다. 먼저 그는 한족(韓族)이 한족(漢族)이라고 주장한다. 또 그가 말하는 3국 연합은 일본의 팽창적 아시아주의를 지지하는 듯하다. 3국의 궁극적인 융합에 대한 그의 지지는 따라서 당시 일본의 한국침략과 식민지화를 정당화한다. 제국주의 일본이란 공동의 적에 대항하기 위해 중한 연대가 갖는 일종의 필연성에도 불구하고, 신채호가 일부 중국인들을 향해 조선에 대한 왜곡된 지식을 고칠 것을 강조했던 것은 일본제국주의에 대한 저항을 매체로 중한 연대가 늘 문제없이 자연스럽게 이루어진 것만은 아님을 나타낸다. 비록 세계에 대한 공유의식을 갖고는 있었지만, 양국 급진주의자들의 민족의식과 민족주의가 연대과정에서 긴장관

---

54) 震公(신채호), 「한(韓)한(漢) 두 민족의 친밀한 결합」, 최광식 역주, 『천고』, 151~161쪽. 인용은 158쪽.

55) 조세현, 「1920년대 전반기 재중국 한인 아나키즘운동」, 345쪽, 주 15).

계를 만들기도 했던 것이다.

한편, 한인 사회주의자나 다른 급진주의자들도 사실 중한 양국의 연대가 중요하다는 인식을 공유하고 있었다. 대표적인 예는 1924년 1월 광저우에서 중국국민당 제1차 전국대표대회가 열렸을 때 한인대표로 참가한 여운형이 행한 축사다. 그는 축사에서 중국 국민혁명이 전 세계적 사명을 갖고 있다고 지적하면서 제국주의가 타도될 때 비로소 약소민족이 해방될 수 있으므로 약소민족은 전력을 다해 중국혁명을 도와야 한다고 강조하였다. 그는 중국혁명이 성공하면 조선민족을 포함한 다른 약소민족도 모두 해방될 것으로 보았다.[56] 1925년 5월경 출간된 것으로 보이는 『상해주간(上海週刊)』 특별호에는 "중국과 한국의 호걸이 함께 일제에 저항하여 국치를 갚고, 공수동맹을 체결하여 동아시아의 평화를 유지하자"라는 내용을 담은 사설이 게재되었다. 이 특별호는 상하이에 있는 여러 중국 단체들이 1925년 5월 9일 반일집회를 개최했을 때 배포되었는데, 이 반일집회에는 조소앙·여운형 등의 한인 급진주의자들 30여 명도 참가하였다. 이런 한중의 공동투쟁·연대의식은 1937년 중일전쟁 발발 후에도 유지되었다.[57] 한편 중국의 국민혁명군에 의한 북벌이 한창이던 1926년, 중국 광저우에서는 '영일 제국주의 규탄 및 한국독립운동 원조 시위대회'가 열렸는데, 이 대회가 열릴 때를 즈음하여 중국 국민혁명군 제1보충사가 격문 하나를 발표하였다. 격문에는 동아시아 3국 중 한국인과 중국인은 형제로서 '고유의 민족정신을 발휘'하고 나아가 한국독립을 지원하는 것은 모든 중국인의 책임이라고 간주하였다. 반면, 일본제국주의는 '동방민족의 패류'로 분류되었다.[58] 이렇듯 중한의 연대활동과 연대의식이 강화된 것은 한인의 입장에서는 중국의 혁명역량과 연대를 맺는 것이므로 한국의 독립을 위해서는 효과적인 방법으로 받아들여졌을 것이다. 그런데 다시 확인할 수 있는 것은

---

56) 김영범, 『한국근대민족운동과 의열단』(창작과 비평사, 1997), 176쪽.

57) 상하이에서 이루어진 중한 연대활동에 대해서는 쑨커즈, 앞의 책, 262~269쪽을 볼 것. 인용은 266쪽.

58) 김영범, 앞의 책, 172쪽.

한중일의 반제연대가 강조되면서 제국주의 일본이 아시아란 개념에서 지워지고 있다는 사실이다. 이러한 흐름은 이미 류스페이가 쓴 1907년 글에서 시작되었고, '아시아화친회'의 성립과정에서 조선측 인사들이 보인 반응과 그 궤를 같이한다.

당시 동부아시아 아나키스트들은 민족주의와의 결별을 중요한 것으로 보고 있었다. 중국에 귀화했지만 대표적인 한인 아나키스트의 한 사람으로 볼 수 있는 류서(柳絮, 본명 柳基石)의 글은 그런 경향을 뚜렷이 보여준다. 류서는 중국 아나키스트 잡지인 『민종(民鐘)』 제16기(1926년 12월 15일)에 실린 글에서 '동아시아(東亞)의 동지들'에게 동아무정부주의자대연맹(東亞無政府主義者大聯盟)을 조직하고 그 대회를 중국에서 열자고 주장하였다. 그런데 그는 '조국을 사랑하는 사상(愛祖國的思想)'이 아나키스트 운동을 협소한 민족혁명운동으로 변질시키는 원인의 하나라고 지적하면서 혁명의 제1보는 먼저 식민지를 해방하기 위해 노력하는 운동이지만 그 운동 속에 "민족의 구별을 포함해서는 안 된다"고 주장한다. 그에 따르면, 국가와 민족의 경계를 넘어서는 사회혁명이 조선 민중에게는 필요하고, 그 사회혁명의 완성을 위해서는 일본제국주의의 타도가 전제되어야 했다. 따라서 류서는 식민지인 인도, 조선, 필리핀, 베트남, 타이완 등에 있는 "동지들의 중요한 책임의 하나가 애국의 광조(狂潮)를 소멸시킬 방법을 찾는 것"이라고 지적한다. 만약 그 방법을 찾지 못하면 "우리의 정의로운 활동과 공로"는 파손될 수도 있다고 경고하였다.[59] 여기서 우리는 역사학자 헨리 임(Henry H. Em)의 지적을 상기할 필요가 있다. 헨리 임은 신채호가 1920년대 민족주의에서 아나키즘으로, 그리고 민족에서 민중이란 개념으로 관심을 돌린 것을 가지고 '민족주의를 넘어선 정치적 프로그램'을 갖게 된 것이라고 주장하였다.[60] 이런 초국가적 지향은 류서의 경우에도

---

59) 葛懋春·蔣俊·李興芝 編, 『無政府主義思想資料選』 下(北京大學出版社, 1984), 716~720쪽.

60) Henry H. Em, "Nationalism, Post-Nationalism, and Shin Ch'ae-ho" in *Korea Journal* 39-2(summer 1999), pp.283~317, 인용은 p.313.

뚜렷이 보인다.

역시 중국에 귀화한 다른 한인 아나키스트 심극추(沈克秋, 본명 심용철)가 자신의 회고록 「나의 회고」에서 밝힌 내용도 한일 아나키스트들의 초국가적 경향을 보여준다. 그에 따르면 그의 형인 아나키스트 심여추(沈茹秋, 본명 심용해)는 사노 이치로(佐野一郞)와 마쓰모토(松本)라는 성을 가진 일본의 두 청년과 1924년경 국풍일보(國風日報) 신문사 편집실에서 함께 지내고 있었다. 그런데 이들 3인은 모두 '대동주의 사상, 천하는 모두 한집안이며 사해는 친형제라는 사상'을 갖고 있었다. 특히 이들은 "인민지간에는 그 무슨 원한이 없고 일본제국주의만이 적"이라는 내용의 대화를 통상 나누곤 했다고 한다.[61] 심극추의 이 같은 회고는 1924년경 같은 아나키스트인 심여추와 두 일본 청년(아나키스트?)들이 일본제국주의에 반대하는 공유의식과 더불어 초국가적이고 세계주의적 사고를 갖고 있었음을 보여준다. 더 흥미로운 사실은 이들 셋의 만남, 교류, 대화, 공유인식의 소유가 워스노우가 말한 '담론의 공동체'를 축소하여 보여주는 듯하다는 점일 것이다.

이런 초국가적 세계주의 경향 속에서 동부아시아 아나키스트들의 연대조직은 발전해 나갔다. 몇 예를 든다면, 일찍이 일본 아나키스트인 오스기 사카에가 동아무정부주의자 대회의 개최를 주장한 비 있지만,[62] 재일 한인급진주의자들의 조직인 흑도회(黑濤會)의 기관지 『흑도(黑濤)』 제2호(1921.8.10) 3면에는 중국, 인도, 일본, 조선 각 국의 아나키스트들이 참석한 가운데 '동아무정부주의자동맹회'가 마침내 상하이에서 성립했다는 보도가 보인다. 이 「동아무정부주의자 동맹회 성립」[63]이란 기사는 이들의 연대가 점차 실제화되고 있었음을 보여준다. 또 다른 예로, 후일 역시 중국인이 되는 한인 아나키스트 유자명(류자

<hr>

61) 심극추, 「나의 회고」, 심여추·심극추, 『20세기 중국조선족 역사자료집 ─ 「연변조사실록」, 「나의 회고」』(중국조선민족문화예술출판사, 2002), 93쪽. 『國風日報』는 副刊으로 아나키스트 선전기관인 『學匯』를 발간했다. 『五四時期期刊介紹』 第3卷, 252쪽.
62) 『無政府主義思想資料選』下卷, 716~717쪽.
63) 『黑濤』 제2호(1921.8.10), 3쪽.

명, 柳子明)이 회고하듯이, 북벌전쟁이 한창이던 1926년 말에서 1927년 초경 중국 우한(武漢)에서는 중국·조선·인도 대표들이 참석한 동방피압박민족연합회가 성립되었고, 이 조직은 이후 난징으로 옮겨갔다.[64] 초국가적 세계주의를 통한 연대의식 속에서 구체적 연대조직과 활동이 생겼던 것이다.

1930년대에도 이런 연대조직의 건설은 대체로 지속된 듯하다. 1931년 한인 아나키스트들인 이회영·백정기·정화암 등은 중국 아나키스트 왕야추(王亞樵)·화쥔스(華均實) 등 7명, 일본 아나키스트 티엔화민(田化民, 사노 이치로[佐野一郎]의 중국이름), 우스민(吳世民, 야타베 유지[谷田部勇司]의 중국이름) 등을 규합하여[65] 같은 해 9월 초에 항일구국연맹을 조직했다.[66] 이는 중한 연대에 일본 급진주의자들이 동참하는 경향이 있었음을 보여준다. 이들은 함께 일본 기관 파괴, 요인 암살, 배일선전, 친일파 처단 등을 실행하였고 조직은 '흑색공포단'(B.T.P.)으로 불리기도 했다.[67] 1932년 테러 지향의 독립운동조직인 의열단이 1932년 7월경 '민족운동위원회'에 제출한 「중한합작에 관한 건의」에서도 중국과 한국을 '같은 배를 탄 공동운명체'(同船共濟)로 묘사하였다. 중국이 완전독립하고 한국이 일본의 굴레에서 완전히 벗어나는 것이 동양의 영구평화

---

64) 유자명, 『유자명 수기: 한 혁명자의 회억록』(독립기념관 한국독립운동사연구소, 1999), 166, 185쪽.

65) 日本アナキズム運動人名事典編纂委員會 編, 『日本アナキズム運動人名事典』(株式會社ポル出版, 2004), 304, 658쪽(이 사전을 소개해 준 임성모 교수에게 감사드린다).

66) 왕은 무기공급 및 재정을 담당했다. 그런데 왕이 아나키스트였는지의 여부는 확실치 않다. 한국 측 기록과 역사서술에서는 대다수가 지속적으로 그를 중국아나키스트로 분류하지만, 중국 측 기록에 의하면 사실 그는 일종의 비밀결사조직 혹은 폭력조직의 두목이었던 것 같다. 郭超, 「神秘的王亞樵」, 『文史資料選輯』 19(총119집)(1989), 114~130쪽을 볼 것. 정화암도 그를 "무정부주의자라기보다 정치에 관계하여 테러를 책동하는 유민"이라고 기억한다. 이정식 면담/김학준 편집·해설, 『혁명가들의 항일회상-김성숙·장건상·정화암·이강훈의 독립투쟁』(민음사, 1988), 319쪽을 볼 것. 한 가지 확실한 것은 그가 정화암 같은 한인아나키스트 등과 연대하여 대일암살, 폭탄투척 등의 테러활동을 같이했다는 것이다.

67) 정화암, 『정화암 회고록: 어느 아나키스트의 몸으로 쓴 근세사』(자유문고, 1992), 127쪽.

로 가는 하나의 경로라고 건의서는 강조한다. 다시 한번 일본제국주의는 중한(나아가 아시아)의 공동의 적으로 등장한다. 반면, 같은 건의서에는 일본 좌익세력과의 연대와 지원을 통한 공동전선 결성의 필요성이 지적되고 있다.[68] 상하이에 있던 임우(林友)란 필명의 저자가 재일한인 아나키스트 조직인 흑우연맹(黑友聯盟)의 기관지『흑색신문』제29호(1934.6.30)에 실은 「재중국 조선무정부주의 운동 개황」이란 기사를 보면, 재중 한인아나키스트 정화암·유자명·류서 등은 중국·일본·대만 등 각 국의 동지들을 규합하여 동방무정부주의자연맹을 조직하고 '주의 선전'과 '동지 격려'를 목적으로 삼는『동방(東方)』을 동 연맹의 기관지로 중한일 3국어로 발행했다. 나아가 그들은 국제무정부주의 테러단도 조직했다.[69] 1920~30년대 한인 아나키스트들이 중국과 일본에서 발행한 잡지들이 초국가적 성격과 세계주의적인 경향을 띠었다는 지적을 고려하면,[70] 한인 아나키스트들의 사상과 그들의 연대활동 속에 보이는 아시아란 개념도 그런 경향과 성격을 강화하는 역할을 했으리라 보아도 무방할 것이다.

재일 한인급진주의자들의 조직 흑도회의 기관지『흑도』는 일본에서 발간된 최초의 한인 아나키스트 잡지라고 할 수 있다. 흑도회는 일본 아나키스트 이와사 사쿠타로(岩佐作太郎)와 오스기 사카에 등 일본 아나키스트들의 후원하에 박열 등이 1921년 11월 도쿄에서 조직한 한인 급진단체다. 이 단체에는 한인 아나키스트뿐만 아니라 공산주의자들도 가입했는데, 이후 흑도회는 공산주의계열의 북성회(北星會)와 아나키스트 계열의 흑로회(黑勞會)로 양분되고 흑로회는 1년여 후 흑우회로 개명된다.『흑도』도 이후『후토이센진(太い鮮人)』,『현사회(現社會)』로 계속 개명되어 발간되었다. 그런데『흑도』창간호(1922.7.10) 1면에 실린 「창간에 즈음하여」라는 발간사는 이 글의 논지와 관련하여 흥미로운 내용을 제공한다.

---

68) 김영범, 앞의 책, 296~297쪽.

69) 『黑色新聞』제29호(1934.6.30), 2면.

70) Dongyoun Hwang, 앞의 글.

우리들은 인간으로서, 약자의 절규인 소위 불령선인(不逞鮮人)의 동정, 조선의 내정을 일본의 아직 피가 굳지 않은 인간미 가진 많은 일본인에게 소개하려고 흑도회의 기관지로서의 『흑도』를 창간한다. 우리들 앞길에 무수히 많은 장애물이 있다는 것을 알고 있다. 그러나 이들 장애물을 정복할 때, 그래서 세상의 많은 사람들이 우리들을 돌아볼 때, 그때 우리들의 날은 오는 것이다.

그때야말로 진정한 일선융합(日鮮融合)! 아니 만인이 갈망해 마지않는 세계융합이 실현될 것이다. 우리들은 그때를 위하여 미력을 다하려고 한다. 부디 우리들의 뜻을 양해하는 여러분들은 정신적으로 혹은 물질적으로 크게 후원해 주시길 기대하는 바이다.[71]

반제·반일에 근거한 민족주의의 물결이 지배적이던 당시, 일본의 피식민지인 조선과 일본의 융합을 주장하고 또 그것을 세계융합을 향한 제1보로 주장한다면, 그것은 매우 위험한 발상이자 시대에 역행하는 생각일 수 있다. 그러나, 일본어로 발간되는 등[72] '일본의 양식있는 지식인'에게 조선의 사정을 설명하고 그들의 후원을 호소하고자 급진주의자들에 의해 창간된 이 잡지가 주장하는 '진정한 일선융합'이란, 일본정부나 팽창지향적 일본지식인들이 주장하던 팽창주의적 혹은 침략주의적 아시아주의와는 거리가 먼 것이었음은 분명하다. 그것은 분명히 지역적·문화적 근접성을 강조하는 것이 아니라 국가와 민족의 경계와 차이를 초월한 좀 더 확장된 개념으로서의 지역통합을 의미하였을 것이다. 이들 아나키스트들이 사회혁명에 공동의 관심을 보이고 있었다는 지적을 고려하면,[73] 동부아시아가 사회혁명을 통한 미래지향적이고 초국가적인 프로젝트로서 등장한 것이라는 가정이 가능하다. 1921년은 시기적으로 '일선융합'이란 주장을 하기에는 미묘한 때였는데, 이런 주장이 일본에 있는 한인 아나키스트 잡지에 등장했다는 것은 실로 흥미롭다.

---

71) 「創刊に際いて」, 『黑濤』 창간호(1921.7.10) ; 김명섭, 앞의 논문, 71쪽에서 재인용.
72) 김명섭, 앞의 논문, 71쪽.
73) Arif Dirlik, "Anarchism in East Asia" 참조.

같은 잡지의 제2호에 실린 박열의 연인이자 동지였던 가네코 후미코(金子文子)의 글은 이 잡지가 주장하는 '일선융합'이 일본제국주의가 주장하던 아시아주의와는 다른 것이었다는 사실을 확인해 준다. 가네코는 당시 일본정부의 '일선융합' 주장이 "조선인을 붉은 피를 가진 인간으로 보지 않는" 기만책이라고 지적하면서 "조선인 동화를 말하기 전에 살인과 약탈을 일삼는 부도덕한 형제애를 없애는 것이 급선무"라고 주장하였다.74) 한일 양국이 '형제적' 관계에 있음은 인정하지만, 침략이 전제된 일본의 제국주의적 태도는 그런 관계의 수립에 장애였던 것이다. 재일한인 아나키즘이 일본 아나키즘과 밀접한 관계 속에서 발전했고, 당시 재중한인 아나키스트들과도 밀접한 연관성을 갖고 있었음을 고려하면, 동부아시아 아나키즘(이 경우 '일선융합'을 주장하는 박열로 대표되는 재일한인 아나키즘)이 갖고 있던 이런 초국가적이고 세계주의적 성격은 그 영향의 범위가 꽤나 광대했을 것이다. 나아가 이는 당시 한인 아나키스트들의 민족주의 이해가 상당히 개방적이었다는 점, 특히 다른 민족주의자나 사회주의자(특히 공산주의자)들과 몹시 달랐다는 점을 보여주는 한 사례다.

『흑도』의 후신인 『후토이센진(太い鮮人)』 제2호(1923년)는 머릿글로 박열의 「아시아 몬로주의에 대하여(亞細亞モンロー主義に就て)」를 실었는데, 박열은 이 글에서 일본정부가 주장하는 아시아인의 대동단결을 비판한다. 그에 따르면, 그 같은 주장 자체가 일본제국주의의 침략이란 현실을 무시한 것이기 때문이다. 일본제국주의의 조선침략이란 "엄연한 사실을 무시하고 단순히 같은 아시아 인종이기 때문"에 "우리 조선인에게 아시아 인종으로서의 단결을 강요한다는 것은 잘못"이라고 주장하였다. 또 그는 '아시아협회', '아시아청년회' 같은 아시아란 이름을 사용하는 단체들이 하는 일들이 아무리 아름다운 형용사로 설명된다 해도 "우리들[조선인들]에게 있어서는 모두 추악한 것"이라고 지적한다. 따라서 "우리들 조선인들은 잠시라도 저들의 감언에 속아서는

---

74) 金子文子, 「思ったと二ツ三ツ」, 『黑濤』 제2호(1921.8.10).

안 된다"고 강조하였다. 일본의 아시아주의에 대한 논의가 침략의 대명사였다는 것, 즉 일본이 말하는 아시아가 조선인의 마음에 존재하기 위해서는 일본이 침략을 포기해야 했던 것이다. 박열의 글을 통해『흑도』잡지가 주장한 '일선융합'이 일본의 아시아주의와는 다른 내용의 것이었다는 사실을 재차 확인할 수 있다.

일본 간토(關東) 대지진의 와중에 소위 '불경사건'에 휘말려 체포된 박열은, 1924년 2월 도쿄 감옥에서 「한 불령선인(不逞鮮人)으로부터 일본의 권력자 계급에게 전한다」라는 글을 썼는데, 이 글에서 그는 일본의 '동종동문론(同種同文論)' 즉 일본의 아시아주의가 얼마나 모순적인지를 다음과 같이 다시 한번 지적한다.

현재 우리들 조선민족은 우리들과는 동족, 동뿌리라고 하는 너희들로부터의 위협이 저 먼 백색인종의 제국주의의 습격에 대한 위협보다도 보다 더 절박해 있다. 게다가 가장 통렬한 생명적 박해를 받고 있는 것이다.[75]

반면, 일본의 팽창주의적 아시아론에 대한 거부에도 불구하고, 한국과 일본의 사회주의자, 특히 아나키스트 간의 교류는 광범위하면서도 깊게 이루어지고 있었던 것 또한 사실이다. 그들이 일본의 아시아론을 거부하면서도 민족과 국가의 경계를 뛰어넘고 식민자와 피식민자란 관계를 초월하여 급진주의와 관련하여 교류와 논의를 계속 진행할 수 있었던 것은 그들 모두가 정치혁명보다는 '사회혁명'을 더 지향했기 때문이다.[76] 한인 아나키스트들의 경우, 대부분이 진정한 조선독립은 사회혁명으로 성취될 수 있다고 믿었다.[77] 즉 이들 동부아시아 아나키스트들을 연결해준 고리는 '동문동종'이란 인종적·지역적·문화적

---

75) 김삼웅, 앞의 책, 228쪽.

76) Arif Dirlik, *Anarchism in the Chinese Revoluuion*, introdcution ; Arif Dirlik, "Anarchism in East Asia" ; 김명섭, 앞의 논문, 90쪽.

77) 김명섭, 위의 논문, 141쪽.

연대의식보다는 사회문제에 대한 이해와 그 문제해결의 궁극적 지향에 대한 공유였다. 이 고리는 이들을 초국가적 세계주의를 통해 아시아의 연대로 나아가게 한 주 요인이었다고 할 수 있다.

1920년대 말 도쿄의 한인 아나키스트 조직 조선동흥노동연맹(朝鮮東興勞動同盟)이 발행한 『해방운동(解放運動)』[78)에 실린 광(狂)이란 필명의 저자가 쓴 「자유평등의 신사회를 건설하자」라는 글에도 이런 초국가적·세계주의적 경향이 다시 보인다. 이 저자는, 조선인은 '왜귀'의 손에서 조선을, 일본인은 천황의 손에서 일본을, 러시아인은 공산당의 '마수'에서 러시아를, 그리고 "전 인류는 전 세계를 자본주의와 지배계급의 수중에서 완전 무결[하게] 탈환하자"고 주장한다. 그리고 그 목적을 달성하기 위해 "국경간의 경계 푯말을 때려부수자"라고 덧붙인다. 이 저자는 "조선도, 일본도, 영미국도" 아나키스트의 조국이 아니라며, "우리[아나키스트]의 조국은 우주이며 지구상이다"라고 단언한다.[79) 타도의 대상으로 국가나 정부뿐만이 아니라 '국경'을 상정한 점은 흥미롭다. 민족의 경계를 뛰어넘고 세계주의를 지향하던 동부아시아 아나키스트들이 그들의 민족적 열망을 초국가적 아시아 담론과 세계주의적 전망 속에서 조망했다고 봐도 무방할 것이다.

박열의 구속으로 인해 와해되었던 일본내 조선인 아나키스트 소식은 1920년대 중반 이후 재건된다. 그 와중에 반공산주의 노선을 내세우며 원심창(元心昌)·장상중(張祥重)·한하연(韓何然)·이시우(李時雨) 등이 1928년 1월 15일 결성한 재일아나키스트 조직 흑우연맹은 『흑색신문』을 발간하였다. 1930년 8월 창간호를 낸 이 신문은 1936년 5월 6일 37호를 끝으로 폐간되었는데,[80) 신문에 실린 몇몇 기사도 이 글의 논지와 관련하여 흥미롭다. 3월 18일자 36호에 실린 「동양의 전체 피압박민중의 착취공작인 일중(日中) 지배군의 연대에

---

78) 위의 논문, 123~127쪽.

79) 김명섭, 위의 논문, 140쪽에서 재인용.

80) 김명섭, 「일본의 아나키즘과 조선의 항일운동 — 해방 전을 중심으로」, 『아나키즘연구』 2(2002.10), 93~94쪽.

대하여 우리는 협동전선을 준비하자」라는 기사는, 당시 세계가 '일국자본주의로부터 국제블록경제로 진전'되면서 프롤레타리아에 대한 착취가 강화되었으니 "이에 대항할 프롤레타리아는 세계적 연대를 가져야 한다"고 주장한다. '동아의 지배자' 일본제국주의 타도가 일본, 만주, 중국, 조선의 프롤레타리아들의 공동협력을 위한 제1보가 되어야 그들 사이의 공동투쟁과 혁명이 가능하다고 기사는 지적하였다.[81] 26호(1934.2.28)에 실린 「민족운동의 오류」라는 기고문에서 글의 저자는, 앞에서 언급한 류서의 경우와 마찬가지로, 애국적 민족운동으로는 식민지와 약소민족의 해방이 이루어질 수 없다고 주장한다. 민족이란 단어와 독립운동이란 말이 "민중의 정의와 자유탈환을 위한 정당한 반역운동"을 마비시켜 버리는 하나의 미명에 지나지 않기 때문이다. 식민지 혁명운동은 계급적이고 민족적 이중압제에서 벗어나는 것이어야 하는데 그러기 위해서는 '민족주의적 기조를 철저히 방기해야' 했다. 결국 식민지의 진정한 독립은 사회혁명이 성취되는 날 이루어지는 것이었다.[82] 위에서도 지적했지만 민족주의와의 결별은 이들 한인아나키스트들이 민족주의적 열망과 초국가적·세계주의적 지향을 결합시키는 계기를 만들었다. 물론 여기서 필자가 말하는 민족주의와의 결별은 그들이 조선독립이라는 민족주의적 열망 자체를 버렸다거나 그런 열망을 전혀 갖지 않았다는 것을 의미하지 않는다. 요점은 이들 아나키스트들이 우리가 일상적으로 아는 협의의 민족주의와는 다른 의미로 그것을 해석했다는 사실이다.

한인 아나키스트 외에 다른 사회주의계열 한인들의 당시 활동도 이와 관련하여 시사하는 바가 많다. 대표적인 예가 제3차 조선공산당 책임비서였던 김철수다. 그가 남긴 유고와 육성테이프에 따르면, 1915년 가을 도쿄의 중국기독교청년회관에서 그는 황제민(黃介民)·덩제민(鄧潔民)·펑꺼롱(彭革榮) 등과 만나서 식민지·반식민지 민족들이 반제동맹을 결성해야 한다는 원칙을 확인했다.

---

81) 『黑色新聞』 제36호(1935.3.18), 1면.
82) 『黑色新聞』 제26호(1934.2.28), 2면.

이듬해인 1916년 봄에는 도교 간다쿠(神田區)에 있는 한 중국요릿집에 한인 10명, 중국인 20면, 타인완인 10명이 모여 그 자리에서 신아동맹단(新亞同盟團)이 결성되었다. 모임에는 한국대표로 김철수·최익준·하상연·윤현진·정노식·장덕수·김명식·김양수·윤홍균·김효석·현익수 등이, 중국 측에서는 황·덩·시에푸야(謝扶雅), 그리고 타이완 대표로는 펑 등이 참석하였다. 특히 중국측 대표 황은 모임 도중 칼을 빼들고 아시아에서 일본제국주의를 구축하기 위해 중국·타이완·조선 등이 연대투쟁을 벌이자고 선언했다고 한다. 이어 참석자들은 다른 아시아 약소민족 동지들을 가맹시키기 위해 노력하자고 결의했다고 하는데, 신아동맹단에 참여한 중국측 대표들은 이후 상하이로 활동근거지를 옮겨 대동단(大同團)이란 단체를 만들었다.[83] 한편 1921년 중국공산당과 고려공산당이 각각 상하이에서 조직될 무렵, 김철수 등을 비롯한 조선공산당 핵심간부와 일본에서 온 곤도 에이조(近藤榮藏), 중국 측의 황 등은 상하이에서 동아공산당연맹(東亞共産黨聯盟)을 결성하였다. 이런 움직임을 알게 된 한국임시정부의 김구는 이를 친일적 행동으로 보았지만, 김철수는 오히려 "일본제국주의자들이[일본사회주의자들을 의미] 조선과 대만의 절대독립을 창기(唱起)하고 한인인 고등정찰[원문]이 우리 독립운동자를 잡아주니 일본인 중에 조선인이 있고 조선인 중에 일본인이 있다"고 반박했다고 회고한다. 김철수의 회고는 당시 동부아시아 사회주의자들 사이에 퍼져 있던 '동아시아'란 지역기반의 (일본제국주의자가 배제된) 초국가적 연대의식을 보여주는 또 다른 예다.[84]

IV. 맺음말

20세기 초 동부아시아 급진주의자들은 제국주의와 자본주의에 저항하면서

---

83) 「김철수 친필 유고」, 『역사비평』 계간 5호(1989 여름), 349~350쪽 ; 이균영, 「초기 공산주의운동사는 다시 써야 한다」, 『역사비평』 계간 3호(1988 겨울), 244~245쪽.
84) 「김철수 친필 유고」, 350~351쪽.

피식민지해방과 민족해방이란 문제를 근본적으로 해결하는 방법으로 피억압·약소민족인 아시아민족의 연대와 사회혁명을 고려하게 되었다. 위에서 간략히 살펴보았듯이, 동부아시아 급진주의자들은 아시아의 연대와 사회혁명 완수를 위해 국가가 주도하고 조종하는 팽창지향적·억압적·침략적·자국중심적 아시아론이 아닌 대안적·초국가적 '아시아'를 창안하고 있었다. 특히 그런 경향은 동부아시아 아나키스트들 사이에서 더욱 강했다.

레베카 칼이 지적하듯이, 이들 급진주의자들에게 아시아는 반제국주의적 개념을 통해 최초로 등장했다. 그런데 그런 반제로서의 아시아는 종종 반서구로 오용되고 근대일본의 경우에서 보듯이 늘 국가 주도세력의 주도와 조종 하에 있곤 했다. 반면, 상하이와 도쿄 같은 동부아시아 대도시에서 이루어진 동부아시아 급진주의자들, 특히 아나키스트들의 만남과 교류는 그들이 대안적 아시아의 개념을 창안해 나가는 계기가 되었다. 그들은 공통담론과 공동활동 등을 통해 서로에게 영향을 주거나 공유인식을 만들어가며 기존의 아시아와는 다른 내용의 아시아를 만들어갔다. 즉 아시아는 그들에게 대안적 담론의 원천이었다.[85] 무엇보다 그들은 아시아의 개념에서 제국주의일본을 제외시킨 반면, 반제·반일·민족해방 투쟁을 위한 중요한 고리로서 새로운 아시아 개념을 (일본 급진주의자들을 포함한) 동부아시아 급진주의자들에게 제공했다. 명백한 것은 그들이 생각한 아시아는 더 이상 지리적, 문화적 혹은 문명적 개념이 아니었다는 것이다. 그들의 아시아는 문명·지역·인종 등의 경계를 초월한 초국가적·초지역적·세계주의적 프로젝트로서 아시아였다. 바로 이 점이 한인 아나키스트들이 당시 한일 양 민족 간의 예민한 문제임에도 불구하고 한국과 일본의 융합, 중국, 한국, (제국주의가 제외된) 일본 3국의 융합, 나아가 세계융합의 가능성을 주장했던 이유였다고 볼 수 있다.

동부아시아 급진주의와 아나키즘에 또 하나 공통적으로 존재한 것은 사회문제에 대한 관심이었다. 서구 제국주의와 자본주의 침략 하에서 파생된 사회문제

---

85) Rebecca E. Karl, 앞의 글을 볼 것.

에 대한 관심은 특히 동부아시아 아나키스트들 사이에게 널리 공유되었다. 공동의 적에 대한 투쟁은, 반제나 반일이란 정치적 문제만이 아닌 불평등 등과 같은 사회문제에 대한 공동 관심사를 그들이 공유하게 해 주었다. 그리고 자본주의 세계체제 하에서 사회문제에 대한 공유의식은 이들이 민족주의를 폐쇄적이 아닌 개방적 개념으로 이해하게 도와주었다. 특히 동부아시아 아나키스트들은 그런 개방적 민족주의를 초국가적 사고로 발전시키면서 그들의 아시아 담론에 세계주의적 전망을 불어넣었다. 아시아는 피압박민족만의 지역이 아니었다. 오히려 아시아는 급진주의자들과 아나키스트들의 연대를 통해 인류의 새로운 미래를 그릴 수 있는 공간이자 개념이 되었다.

아시아는 지금까지 주로 문화적 혹은 문명적으로 통일된 (또는 통일될 수 있는) 지역으로 이해되어 왔다. 요즘도 경제적 이득을 위해서는 (내부적 다양성과 차이에도 불구하고) 아시아가 쉽게 단결할 수 있는 하나의 지역단위로 이해되기 일쑤다.86) 아시아가 하나의 문명적·역사적·인종적 통일체라는 생각은 그릇된 것이다. 모든 문화가 그렇듯이, 유럽문화도 실상 여러 (예컨대 아시아적) 요소가 합해진 잡종문화(a hybrid culture)라는 지적이 있듯이,87) 유럽 혹은 서구가 하나의 문화적·지역적 동일체라는 생각도 마찬가지로 하나의 신화다.88)

사실 아시아든 서구든 그 개념은 오리엔탈리즘의 영향 때문에 정복자와 피정복자, 지배자와 피지배자, 식민자와 피식민자 같은 이분법적 인식 속에서

---

86) 많은 예가 있을 수 있지만, 여기서는 가장 최근의 예로 한국 보수신문에 실린 논설을 들고 싶다. 정운영, 「아시아여 단결하라」, 『중앙일보』(2000.12.1), 6면(제40판).

87) Jan Naderueen Pieterse, "Unpacking the West: How European is Europe?" in Ali Rattansi and Sallie Westwood eds., *Racism, Modernity and Identity on the Western Front* (Polity Press, 1994), pp.129~149. 인용은 p.146.

88) 서구가 동양 혹은 아시아와 다른 독특한 문화를 발전시켰고 앞으로도 유지해야 한다는 새뮤얼 헌팅턴의 주장은 무엇보다 문화에 대한 본질론적 이해가 빚은 결과다. Samuel Huntington, "The West Unique, Not Universal," *Foreign Affairs* 75-6 (November/December 1996), pp.28~46에 보이는 본질론적, 나아가 헤게모니적 개념으로서의 문화에 대한 이해를 볼 것.

이해되어 왔다. 그러나 아시아가 언제나 역사의 피해자·희생자를 늘 대변하는 개념은 아니다. 천샤오메이가 지적했듯이, '아시아'도 때로는 아시아 (민족) 내부적으로는 억압적 기능을 담당하는 개념이다. 그리고 아시아는 서구와 대항하는 집단 저항의식을 가능케 하는 지역의식만도 아니다. 아시아가 동부아시아 급진주의자들의 담론에서 국경을 넘어선 연대를 가능하게 하는 고리로 작용했듯이, 적어도 동부아시아 초기 급진주의자들(특히 아나키스트)에게 아시아는 이런 이분법적 구분을 뛰어넘는 초민족적·세계주의적 개념으로 등장했다.

일본의 지속적인 대아시아 침략과 팽창으로 인해서 1910년대 이후 아시아란 개념을 직접 혹은 지속적으로 사용하거나 언급한 동부아시아 급진주의자는 거의 없다. 무엇보다, 아시아론 혹은 아시아주의라는 것이 제국주의일본에 의해 독점·오용되는 것을 알게 된 그들이 부정적·억압적 의미를 내포하는 용어의 사용 자체를 꺼렸기 때문일 것이다. 그럼에도 불구하고 동부아시아 아나키스트들이 아시아를 지역적 동일체를 초월하는 개념으로 발전시키고 있었다는 것은 시사하는 바가 있다. 나아가 그들의 아시아가 민족·문화·인종 등의 경계를 뛰어넘고 전 세계적 사회문제의 해결을 지향하는 초국가적·세계주의적 성격을 띠고 있었다는 점도 시사하는 바가 많다. 그들의 아시아는 미래를 지향하는 하나의 급진적 프로젝트였다.

하지만 동부아시아 급진주의자들은 민족주의 자체를 포기하지는 않았다. 오히려 그들의 민족주의적 열망은 그들이 급진주의와 아시아에 대한 초국가적· 세계주의적 전망을 갖게 해준 주요 요인이었다. 물론 그들이 민족주의의 의미를 좀 더 개방적으로 적극 해석했기에 그런 전망이 가능했다. 특히 1907년경 도쿄에서 중일 급진주의자들을 중심으로 한 사회주의강습소와 아시아화친회의 성립은 이들 급진주의자들이 민족주의에 대해 이제 막 새로운 해석을 하기 시작했음을 의미한다.[89] 당연한 것이지만, 동부아시아 급진주의자들은

---

89) Rebecca E. Karl, 앞의 글 ; 조세현, 앞의 책, 98쪽.

정치적 과제로서의 민족주의와 문화적 갈망과 전망으로서의 초국가주의·세계주의 사이에서 갈등했다. 그 같은 갈등은 당연한 것이었다. 그럼에도 불구하고 동부아시아 급진주의자들에게 있어서 민족주의란 협의의 민족해방이나 정치혁명(즉 신국가건설)을 초월한 개념이었다는 사실은 중요하다. 한 민족만의 사회적·정치적 해방만이 아닌, 전체 아시아 피압박민족과 전 세계 피압박민족의 사회적·정치적 해방까지 포함한 광의의 혹은 개방된 개념으로서 민족주의였던 것이다.[90] 사회변혁이 없다면 중요한 정치변화가 일어나기 힘들다는 동부아시아 아나키스트의 오랜 믿음[91]이 일국의 정치변혁보다는 전 세계 사회변혁을 더 중요하게 보게 했기 때문일 것이다. 아시아란 지역개념이 당시 대부분 민족 혹은 국가를 전제로 하고 있었음에도, 동부아시아 급진주의자들은 국가와 민족의 경계를 넘어서는 연대의식을 생성했다. 최근 이루어져 온 '동아시아 담론'이 대부분 일국주의와 민족주의의 틀에서 벗어나지 못하는 경우가 많아 여전히 지역갈등의 소지를 내포하고 있음을 고려하면, 이상에서 살펴본 동부아시아 초기 급진주의자들과 아나키스트들의 아시아 개념은 우리에게 시사하는 바가 있지 않을까.

---

90) Arif Dirlik, 앞의 책 ; 丸山松幸, 『中國近代の革命思想』(研文出版, 1982) 소수의 글.
91) Arif Dirlik, "Anarchism in East Asia"를 볼 것.

제 6 장

급진주의자들의 도쿄로의 이동과 집중

1900~1920년대 동부아시아 급진주의의 대두, 확산, 그리고 그 의미

I. 문제의 제기

여기에서는 20세기 초 동부아시아 급진주의자들이 제국일본의 수도인 도쿄(東京)로 집중하면서 그들 사이에 있었던 직간접적 접촉, 교류, 상호영향, 상호영감, 공동행동 및 연대 등을 통해 그들이 민족의식뿐 아니라 지역의식 및 초국가적 의식을 각각 형성하고 확산시키는 상황과 의미를 살펴보고자 한다. 필자는 도쿄가 20세기 초 동부아시아 급진주의 발생과 확산의 중심지 역할, 특히 당시 동부아시아에서 형성되던 다양한 급진담론과 행동의 네트워크 속에서 지역 교점(node)의 역할을 했다고 본다. 다만 일본이 1925년 치안유지법을 공포·실행하면서 아나키즘과 사회주의 등 급진주의를 '위험한 사상'으로 분류하고 급진주의자들을 집중단속하자 이들은 도쿄를 떠나고, 이후 도쿄는 교점으로서의 지위와 역할을 점차 잃게 된다. 이에 따라 1920년대 중반 이후 급진네트워크의 새로운 교점은 점차 중국의 상하이, 광저우로 옮겨졌다가 궁극적으로 1930년대와 1940년대에는 중국공산당의 근거지가 있던 옌안으로 옮겨졌다.[1)]

　이런 전제 속에서 필자는 동부아시아 급진주의의 기원과 초기 발전을 연구할 때, 20세기 초 급진주의자들이 도쿄로 집중적으로 이동한 의미와 그 영향을 고려해야 한다고 주장한다. 도쿄에서 다양한 관계를 만들면서 이루어진 급진주의자들 간의 교류, 접촉, 그리고 그 산물인 급진담론과 행동의 공동체 및 네트워크 형성 등은 동부아시아 개별국가의 급진주의에 다양한 지역적·초국가적 요소를 주입시키는 결과를 가져왔다고 보기 때문이다. 최초 그들이 서구침략에 대응하면서 민족의식의 형성을 통해 급진주의자가 되어 갔다면, 도쿄에서 이루어진 다양한 형태의 교류는 그들의 급진주의가 민족과 국가라는 경계를 넘어서는 지역의식과 전 지구적 문제의식을 형성·공유하게 만들었던 것이다. 그렇게 공유된 문제의식은 각국의 급진주의운동 속에서 다양한 형태로 반영되곤 했다. 즉 동부아시아 각국의 급진주의의 기원을 보면 그 성격이 민족주의적일 뿐만 아니라 초국가주의적이기도 하다는 것이다.

　다만, 동부아시아 각국의 급진주의 역사가 그동안 대부분 민족주의적 역사서술의 틀 속에서만 재구성되면서 위에서 지적한 지역적·초국가적 성격에 대한 고려는 상대적으로 미진했다. 또 기존 연구는 동부아시아 개별국가의 급진주의 역사를 지역적 차원에서 이해하려 시도하기보다는, 각 개별국가의 독립된 국민국가의 역사로만 거의 전적으로 취급해 왔다. 이 글은 이런 경향을 탈피하여 지역(local) 혹은 개별국가의 급진주의 역사가 좀 더 넓은 지역의(regional) 역사나 전 지구 역사와 상호관계를 이루면서 진행되었다는 것을 전제로 한다. 이에 따라 도쿄에서 이루어진 급진주의자들 간의 상호관계 형성이 개별국가와 민족의 틀을 뛰어넘는 초국가적 문제의식으로 급진주의자들 사이에서 발전되었을 가능성을 주목하고자 한다. 여기서 또 주목해야 할 점은, 20세기 초

---

1) Arif Dirlik, "Socialism in China: A Historical Overview," Kam Louie ed., *The Cambridge Companion to Modern Chinese Culture* (Cambridge University Press, 2008), pp.155~172 ; 황동연, 「20세기초 동아시아 급진주의와 '아시아'개념」, 『대동문화연구』 50(2005), 121~165쪽 ; 황동연, 「지역시각, 초국가적 관점, '동부아시아' 지역개념과 '동부아시아' 급진주의 역사의 재구성 시론」, 『동방학지』 145(2009), 273~319쪽 참조.

동부아시아 급진주의는 초국가적 경향을 강하게 띠고 있었지만, 1920년대 중반 민족주의적 접근을 통해 식민지·반식민지에서의 반제문제 해결을 강조한 마르크스-레닌주의(공산주의)가 우세해지면서 초국가적 경향의 급진주의는 점차 사라졌다는 것이다. 이후 급진주의는 점차 민족주의와 민족운동의 틀 속에서 이해, 성장, 발전되고 그 성격도 점차 변화되기 시작했다고 할 수 있다.[2] 이 글은 민족주의 역사서술의 틀에서 벗어나 동부아시아 각국의 급진주의 역사를 초국가적 성격을 중심으로 20세기 초 지역사의 일부로 이해하며 재구성해 보고자 한다.

20세기 초 많은 동부아시아 급진주의자들은 왜 도쿄로 집중적으로 이동했을까? 무엇보다 19세기 말에서 20세기 초 메이지 일본(1868~1912)이 서구인들에게 '빛나는 문명의 표지(beacon)'로 등장했다면, 아시아인들에게는 '진보의 메카'라는 인상을 깊이 심어주었기 때문이다.[3] 그리고 1904~05년 러일전쟁에서 일본이 승리한 후, 도쿄는 세계열강으로 떠오른 제국일본의 수도로서 아시아에서는 유일하게 성공적 근대화를 이룬 신문명 국가이자 새로운 아시아의 강국인 일본의 중심지였다. 이에 따라, 특히 근대중국인들은 일본을 각종 신사상의 발원지로 보았다. 이런 이유 때문이지만, 청말의 개혁파와 혁명파 모두 도쿄를 그들의 국외선전 및 활동을 위한 해외기지로 삼고 있었다.[4] 특히 혁명파들은 이미 1903년경 도쿄와 상하이 간 커넥션을 만들어 도쿄를 청왕조를 전복하고 공화정을 세우기 위한 기지로 삼고 있었다.[5] 근대중국의 저명한 지식인 궈모뤄(郭沫若)가 1950년에 회고한 말을 빌리자면, "우리는 일본을 통해서 서구문화를 공부"했고 "일본에 대한 연구는 … 중국의 근대성을

---

2) 중국공산주의를 이런 시각을 통해 연구한 것이 Arif Drilik, *The Origins of Chinese Communism* (Oxford University Press, 1989)이다.

3) Bruce Cumings, *Korea's Place in the Sun: A Modern History* (W.W. Norton & Company, 1997), p.121.

4) 王曉秋, 『近代中日文化交流史』(中華書局, 1992), 348, 365쪽.

5) Paula Harrell, *Sowing the Seeds of Change: Chinese Students Japanese Teachers, 1895~1905* (Stanford University Press, 1992), p.145.

향한 진보를 강화하는 역할을 했다"고 한다.[6] 여기서 궈모뤄가 말하는 '우리'란 물론 근대중국인들이지만, 여기에 다른 아시아인들도 포함된다 보아도 특별히 문제가 되지는 않을 듯하다. 왜냐하면, 러일전쟁 직후인 1908년 도쿄는 "서구열 강에 대항하려고 일본과의 합작을 추구하던 [서아시아] 무슬림들의 피난처"[7] 였고, 한인공산주의자 김산에 따르면, 1919년경에도 여전히 "극동의 모든 지역[에서] 온 학생들에게는 메카였고 많은 부류의 혁명가들에게는 피난처"[8] 였기 때문이다. 그만큼 도쿄는 메이지-다이쇼(大正, 1912~1926) 일본의 성공적 이고 급속한 근대화·서구화·산업화를 상징하였다. 일본이 열강의 일원으로 등장한 사정은, 이미 많이 지적되어 왔듯이 모든 아시아인들에게 신선한 충격과 희망을 동시에 주었다. 중국·타이완·조선을 비롯한 이웃국가들에 대한 식민주의적·제국주의적 침략으로 점철된 근대일본의 역사와는 별개로, 20세 기 초의 일본, 특히 도쿄는 서구 식민열강의 침략 하에서 고통과 압제에 시달리던 모든 아시아 피압박민족과 국가들에게 희망을 주면서 아시아의 인종주의적 단합(아시아주의)을 상징하였다. 나아가 20세기 초 도쿄는 근대성· 자유·독립·해방·민주·부국강병 등을 향한 아시아 민족들의 변화와 진보의 상징이자, 그런 사회적·정치적 변혁을 초래할 새로운 사상과 행동이 집중되는 근거지로 자리매김하였다.

따라서 서구열강의 침략 하에서 자국의 해방·독립·부강을 추구하던 동부아 시아 각국의 급진주의자들이 20세기 초 아시아주의적 사고의 확산과 인기를 업고 그들의 시선을 도쿄로 최우선적으로 돌리고 집중적으로 이동하기 시작한 것은 어찌 보면 당연한 결과다. 이와는 달리, 일본급진주의자들의 입장에서

---

6) Marius B. Jansen, *China and Japan: From War to Peqce, 1894~1972* (Rand McNally College Publishing Company, 1975), p.156.

7) Selcuk Esenbel, "Japan's Global Claim to Asia and the World of Islam: Transnational Nationalism and World Power, 1900~1945," *American Historical Review* 109-4 (2004), p.1148.

8) Nym Wales and Kim San, *Song of Arirang: A Korean Communist in the Chinese Revolution* (Ramparts Press, 1941), p.89.

보면, 서구화 또는 근대화에 따라 진행되어 온 국내자본주의적 경제발전과 함께 발생한 사회정의 등과 같은 다양한 사회경제적 문제들이 극명하게 드러난 도시가 도쿄이기도 했다. 일본 급진주의자들과 사회주의자들이 이런 문제들에 대한 해법을 다양하게 논의하기 위해 집중한 곳도 도쿄였다. 따라서 일찍부터 다양한 급진주의 또는 사회주의 사조가 도쿄를 중심으로 일본 지식인들과 급진주의자들의 관심과 호감을 끈 것이나, 많은 동부아시아 급진주의자들이 도쿄로 집중한 것은 당연한 결과였다.[9] 나아가 도쿄로 집중한 이들 급진주의자들이 여러 직·간접적 관계를 통해 급진주의 또는 사회주의에 대한 제반 관심과 반제·사회정의 등을 포함한 여러 문제의식을 공유하게 된 것도 자연스런 결과였다. 그런 의식을 공유하고 급진주의자들은 각자의 국가나 사회로 돌아가 급진주의운동을 개시하거나 활발히 전개하였던 것이다. 결국 20세기 초 동부아시아 급진주의자들이 도쿄로 집중함으로써 각종 급진주의, 사회주의 사상뿐만 아니라 그에 따른 급진담론과 행동도 도쿄로 집중하였고, 그 결과 급진주의는 도쿄를 중심으로 동부아시아의 여러 국가로 확산되는 결과를 초래했다. 20세기 초 도쿄는 각종 급진사상의 용광로 역할을 담당했다고 볼 수 있다.

필자는 동부아시아 급진주의의 기원과 발전을 이해할 때, 이 같은 도쿄의 역할을 중요하게 간주해야 한다고 생각한다. 20세기 초, 동부아시아 급진주의자들뿐만 아니라 그들의 담론과 행동이 도쿄로 집중하면서, 그들 사이에서는 다양한 접촉, 교류, 상호영향과 영감 등을 통해 공동의식, 공동조직과 같은 여러 연대가 논의되거나 실천되었다. 급진주의가 그들에게 초국가적·세계주의적 인식과 전망을 제공했던 것이다.[10] 그리고 동부아시아 급진주의 네트워크의 교점으로 등장한 도쿄는 급진주의자들의 만남의 장소 역할뿐만 아니라 급진주의자들의 이동, 집중에 따라 급진주의 사상을 일본 국내뿐만 아니라 동부아시아

---

9) Peter Duus, "Socialism, Liberalism, Marxism, 1901~1931" in Peter Duus ed., *The Cambridge History of Japan* Vol. 6 (The Twentieth Century) (University Press, 1988), pp.654~710.

10) 이 점에 대해서는 필자의 「지역시각, 초국가적 관점, '동부아시아' 지역개념과 '동부아시아' 급진주의 역사의 재구성 시론」 참조.

지역 내에서 확산, 융합시키는 역할을 담당하였다. 이런 사정은, 동부아시아 개별국가의 아나키즘을 포함한 사회주의의 기원을 연구할 때, 역사가가 민족주의 시각만이 아닌 좀 더 넓은 지역적 시각을 통해 이해하고 접근해야 할 필요성을 제기한다. 동부아시아 급진주의자들이 도쿄로 집중적으로 이동하고 민족의식과 초국가의식의 융합을 통해 급진담론과 행동의 공동체를 형성하게 되는 모습은 동부아시아 개별 국민국가의 민족주의적 역사서술에서는 설명하기 부담스럽거나 혹은 어려운 내용과 범위다. 특히 급진주의자들의 탈경계적·초국가적 이동과 집중, 그에 따른 초국가적·탈지역적 논의와 담론의 형성은 민족이나 국민국가의 영토적·문화적 경계를 초월하던 그들의 공간적 이동성(spatial mobility)을 시사한다.[11] 이 공간적 이동성에는 눈에 보이는 신체적 이동뿐만 아니라 눈에 띄지 않는 개념, 사상, 용어 등의 초국가적 이동도 포함된다. 문제는 이렇게 공간적으로 경계를 초월하며 이동, 집중, 확산되던 급진주의자들의 이동성의 의미를 어떻게 이해할 것인가다. 그동안 민족주의 역사서술을 통해 구성된 각 개별국가의 (근대)민족역사(속의 급진주의 역사)는 이런 이동성의 의미와 범위를 최소화시키거나 최악의 경우 무시하기 일쑤였다.

물론 이런 공간적·경계를 초월한 이동성과 그에 따른 초국가적·지역적 성격을 강조하는 것이 동부아시아 급진주의 대두에서 흔히 볼 수 있는 민족주의의 중요한 역할을 부정하는 것은 아니다. 또한 급진주의의 대두에서 초국가적 요소가 담당한 역할을 과장하려는 것도 아니다. 나아가 그것이, 예컨대 한국사회주의 역사를 일본 혹은 중국 사회주의 역사 혹은 지역 급진주의 역사 속으로 흡수, 매몰시키려는 시도도 아니다. 왜냐하면, 아래에서 지적하듯이, 이들 급진주의자들의 이동과 집중을 통해 볼 수 있는 초국가적·지역적 요소들의 영향과 사상의 융합이 늘 일방통행으로 진행된 것이 아니라 양방향 혹은 경우에 따라서는 다방향으로 전개되었기 때문이다. 예컨대 도쿄에서 활동하던

---

11) 단어의 '공간적 이동성'에 대해서는 Carol Gluck and Anna Lowenhaupt Tsing eds., *Words in Motion: Toward a Global Lexicon* (Duke University Press, 2009)를 볼 것.

일본 급진주의자들과 사회주의자들이 최초 급진주의(의 용어, 개념 등)를 다른 동부아시아 급진주의자들에게 여러 직·간접적 방식과 과정을 통해 전달, 확산, 발전시킨 공헌이 있지만, 그것이 그들의 일방적 공헌이나 역할로 비쳐져서는 안 된다는 것이다. 또 동부아시아 급진주의를 일본의 초기 급진주의 역사를 통해서만 이해한다거나 연구해야 한다는 의미도 아니다. 아래에서 지적하듯이, 일본 급진주의자들도 도쿄로 집중하던 다른 국가의 급진주의자들과 다양한 접촉, 교류 등을 진행하면서 여러 영향과 영감을 받았다. 결국 양방향 혹은 다방향의 접촉, 교류, 상호영향 및 영감, 공동활동 등을 통해 동부아시아 급진주의자들은 서구열강의 침략과 제국일본의 식민주의에 대항하기 위한 민족주의 의식을 키웠다. 동시에 지역 공동운명체적 의식, 전 지구 문제의식도 동시에 형성, 공유하기 시작하였다.[12] 그 과정에서 도쿄는 최초로 그런 여러 의식의 형성과 확산을 담당한 중요한 공간적·지적 토양과 토대를 제공한 도시였다고 할 수 있다.

Ⅱ. 도쿄와 유학

근대중국인들이 아나키즘, 공상사회주의, 공산주의, 마르크시즘 등을 포함한 서구의 급진사상을 최초로 접촉하면서 받아들이게 된 것은 주로 일본인들의 소개나 일본에 유학한 중국유학생들을 통해서였다. 중국유학생들의 경우, 대다수가 도쿄로 유학을 갔고, 도쿄는 이들 유학생을 중심으로 20세기 초 중국의 개혁 및 혁명운동의 주요 활동기지이자 각종 혁명활동의 공간으로 자리잡고 있었다. 1898년 개혁운동 실패 후 일본으로 망명한 캉유웨이(康有爲), 량치차오(梁啓超)를 비롯한 청말 개혁파의 피난처도 도쿄였지만, 이들 개혁파의 반대편에서 청왕조의 전복과 공화정 설립을 계획하며 19세기 말 이래 꾸준히 배만(排滿)혁명운동을 이끌던 쑨원이 마침내 중국동맹회를 결성(1905)

---

12) 황동연, 「20세기초 동아시아 급진주의와 '아시아'개념」 참조.

한 곳도 도쿄였다.[13] 그런데 많은 중국유학생들이 일본으로 유학을 결심한 배경에는, 당시 중국 학생들과 지식인들 사이에 만연하던 '동도(東渡)' 현상, 즉 일본에게서 배우기 위해 일본으로 가자는 지적 열기가 있었다. 그들은 서구침략 하에서 중국이 겪던 민족위기를 극복하면서 중화의 진흥을 꾀하기 위해서는 하루라도 빨리 도쿄에 가서 신지식, 신사상을 배우려고 노력해야 한다고 믿었던 것이다.[14] 특히 청정부의 신정(新政)실시(1900)로 인해 일본으로 유학을 떠나는 학생 수는 1900년대에 급격히 증가했고, 그들 중 많은 이들이 도쿄로 집중하였다.[15]

'동도' 현상 외에도 중국학생들이 일본 유학을 결정한 이유는 무엇보다 일본이 중국과 지리적·문화적으로 가까웠기 때문이다. 지리적 근접성은 왕래의 편리함과 유학경비의 절감 같은 경제적·시간적 편리함을 의미했다. 물론 일본인들의 제반 습관과 문자(한자 사용)가 중국인들의 그것과 비슷하다는 문화적 근접성도 중요 요인이었다.[16] 이외에도 일본의 근대적 교육 실시와 각종 신문, 출판 사업의 발달도 신지식을 갈망하던 당시 중국지식인들의 주목을 끌었다. 물론 많은 일본 급진지식인이 중국의 혁명 혹은 개혁을 지지하면서 다양한 물질적·정신적 원조를 제공하고 있었던 것도 유학생들과 함께 중국급진주의자들이 일본, 특히 도쿄로 집중하게 한 요인의 하나였다.[17] 결국

---

13) 兪辛焞, 『孫文の革命運動と日本』(六興出版, 1989) ; Marius B. Jansen, *The Japanese and Sun Yat-sen* (Stanford University Press, 1953).

14) 王曉秋, 앞의 책, 344~347쪽.

15) Douglas R. Reynolds, *China, 1898~1912: The Xinzheng Revolution and Japan* (Council on East Asian Studies, Harvard University, 1993).

16) Robert A Scalapino, "Prelude to Marxism: the Chinese Student Movement in Japan, 1900~1910" in Albert Feuerwerker, Rhodes Murphy and Mary C. Wright eds., *Approaches to Modern Chinese History* (University of California Press, 1967), pp.192~193.

17) Miyazaki Tōten(Translated, with an introduction, by Etō Shinkichi and Marous B. Jansen), *My Thirty-Three Years' Dream: The Autobiography of Miyazaki Tōten* (Princeton University Press, 1982). 미야자키 도텐은 1905년 도쿄에서 창간된 『革命評論』의 주편집인이 되기도 하였다. 1911년 중국의 신해혁명에서 일본(인)이 행한 구체적 역할에 대해서는 Marius Jansen, "Japan and the Chinese Revolution of 1911," John K. Fairbank and

중국인들에게 일본은 최적의 유학지였지만 동시에 혁명과 개혁을 도모하기 위한 정치적 피난처이기도 했다.[18] 이런 여러 이유로 인해 1900년부터 1937년 사이 일본에 유학한 중국학생은 총 136,326명이었고, 같은 기간 외국에서 교육을 받은 중국인 중 가장 다수를 점한 것이 일본에서 교육을 받은 자들이었다고 한다.[19]

중국유학생들의 경우와 마찬가지로 많은 다른 아시아 유학생들도 도쿄를 그들의 유학지로 선택하였다. 물론 도쿄를 유학지로 선택한 중국인유학생의 경우를 일률적으로 한인이나 타이완 유학생들에게 그대로 적용하기는 힘들다. 1910년 일본의 식민지가 된 조선의 지식인들이나 학생들과 1885년 이래 일본식 민지였던 타이완의 학생들은 중국학생들이나 지식인들의 경우와 다를 수밖에 없었기 때문이다. 한인학생들의 경우, 근대지식을 배우고 받아들일 수 있는 고등교육기관이 조선에는 거의 존재하지 않아서 도쿄 유학 외에는 근대지식을 배울 방법이나 기회가 없었다. 김산에 따르면, 특히 1910년대 제1차 세계대전 전후 일본의 학교는 자유주의적 분위기가 만연하고 '지적 흥분으로 가득 차' 있었기 때문에 일본유학을 원하는 학생이 증가하고 있었다고 한다.[20] 그런 사정은 1918년 일본으로 유학을 간 한인학생 수가 500~600명으로 증가한 이유를 설명한다.[21] 이런 상황은 일본의 식민정책이 1919년 3·1운동 이후 '무단정치'에서 '문화정치'로 바뀌어, 제한적으로나마 조선에서 언론·출판·결사의 자유가 가능해지는 1919년 10월까지는 적어도 큰 변화가 없었다. 역사학자 박찬승에 따르면, 근대한국의 지식인 형성과정에서 일반적으로 가장 중요한 역할을 한 것은 미국이나 일본 등으로의 유학이었다. 특히 1910년 조선이

Kwamg-ching Lin eds., *The Cambridge History of China* Vol.11 (Late Ch'ing, 1800~1911, Part 2) (Cambridge University Press, 1980), pp.339~374 참조.

18) Y. C. Wang, *Chinese Intellectuals and the West, 1872~1949* (The University of North Carolina Press, 1966), p.117.

19) Y.C. Wang, 위의 책, pp.119~120.

20) Nym Wales and Kim San, 앞의 책, p.89.

21) 歷史學研究會 編集, 『アジア現代史 1－帝國主義の時代』(靑木書店, 1983), 287쪽.

일본식민지가 된 이후에는 주로 일본이라는 창구와 일본유학을 간 학생들만을 통해 근대문명을 받아들일 수 있었다고 한다.22) 결국 조선의 학생들과 지식인들이 유학장소로 일본을 택한 이유는, 중국유학생들과 마찬가지로 지리적·문화적 근접성 외에 근대일본이 이룬 근대화의 성취에 대한 선망이 있었지만, 식민지인들로서 마땅히 유학지로 선택할 만한 국가가 일본 외에는 없었다는 상황도 존재했다. 피식민지인으로서 그들에게는 유학장소와 관련하여 선택의 폭이 그다지 크지 않았다고 해야 할 것이다.

이런 이유에서겠지만, 한인학생들이 일단 일본으로 유학을 가면 다른 국가의 유학생들과는 다른 상황과 경험을 갖는 경우가 많았다. 무엇보다 이들 유학생들에게 일본이란 조선을 침략하고 식민지화한 국가였고, 따라서 타도의 대상이었다. 즉 독립 혹은 민족해방 문제가 그들에게 가장 중요한 관심사로 다가오게 되는 것이었다. 그리고 경우에 따라서는, 한인유학생들은 피식민지인으로서 일본인들에게 민족적 차별을 받았고, 그것이 (한인유학생들이 대부분 고학생들이었기에) 사회적 차별과 관련한 의식으로 발전하는 경우도 많았다. 따라서 한인학생들의 일본유학은 즉각적으로 민족의식을 고취시키면서 다른 한편으로는 사회적 차별, 일본사회주의자들과의 교류 등을 통해 민족의식을 넘어서는 사회문제에 대한 의식(즉 계급의식)을 갖는 계기로 삭용하였다. 여기서 중요한 것은, 중국 등으로 정치적 망명을 하지 않는 한, 1910년 이후 근대 한인 지식인들이나 학생들은 대부분 일본, 일본지식인, 일본사회주의자, 일본교육 등을 통해서만 사회주의를 포함한 근대지식이나 사상을 받아들일 수밖에 없었다는 점이다. 특히 사회주의와 관련해서는, 중국으로의 정치적 망명을 제외하면 한인들이 사회주의를 접촉하고 수용할 매개체는 일본으로 유학한 학생들이나 러시아의 연해주에 있던 한인들이었다. 역사학자 임경석의 표현을 빌리면, 최초의 한인사회주의자(특히 공산주의자)들은 '동쪽[일본]에서 부는 바람'과

---

22) 박찬승, 「식민지 시기 도일유학과 유학생의 민족운동」, 이광주 등, 『아시아의 근대화와 대학의 역할』(한림대학교 출판부, 2000), 162쪽.

'북쪽[연해주]에서 부는 바람'의 영향 하에서 탄생했다.[23]

Ⅲ. 도쿄와 급진화, 급진주의자들의 (재)이동 및 확산

김산이 표현하듯이, 한인유학생들이 도쿄의 학교에서 '지적 흥분'을 느낄 수 있었던 이유의 하나는, 이미 발달한 일본의 신문이나 출판사업을 통해 많은 종류의 신문, 잡지, 서적들이 도쿄에 광범위하게 보급되어 있었기 때문이다. 이는 신지식을 갈구하던 당시 아시아의 급진지식인이나 유학생들을 도쿄로 이끌었고, 그들은 신지식을 구득하기 위해 도쿄의 서점으로 향했던 것이다. 아시아 유학생들의 급진화가 도쿄에서 가능했던 또 다른 이유가, 바로 다양한 서구사상, 특히 급진사상이 일본어 번역을 통해 일본에서 소개되었을 뿐 아니라 급진사상을 소개하는 서적 등을 서점에서 쉽게 구득할 수 있었기 때문이다. 아나키스트 오스기 사카에는 프랑스어가 가능해서 프랑스 생디칼리즘(Syndicalism)에 대한 책을 일본어로 번역하여 소개했고, 다카바타케 모토유키(高畠素之)는 독일어가 가능하여 독일 마르크시즘을 일본 독자들에게 소개했던 것이 바로 그런 예다. 이러한 번역서나 번역문뿐만 아니라, 구미어로 된 급진주의 자료들을 일본어로 번역 소개하는 등 '이론적 경향'을 띤 당시 일본의 잡지들 덕에 일본 독자들은 세계 사회주의에 관한 여러 소식과 자료들을 단 수주일, 경우에 따라서는 단 며칠 만에도 접할 수 있었다.[24] 이런 사정을 고려하면, 20세기 초 당시 도쿄에 있던 한인과 중국인을 포함한 아시아 급진주의자들은 (일본사회주의자들의 글과 서적 외에도) 이런 번역문을 싣던 잡지나 번역된 글을 통해 세계 급진주의에 관한 이론, 소식 등을 비교적 신속히, 그리고 정확하면서도 상세히 접할 수 있었을 것이다. 서점이나 출판물 외에,

---

23) 임경석, 『한국사회주의의 기원』(역사비평사, 2003), 32~40쪽 ; 김준엽·김창순 공저, 『한국공산주의운동사 1』(청계연구소, 1986신판).

24) Robert A. Scalapino, *The Japanese Communist Movement, 1920~1966* (University of California Press, 1967), pp.10~11.

동부아시아 급진주의자들이 새로운 급진지식을 얻거나 그에 관한 의견을 교환할 수 있던 다른 방법으로는, 후술하듯이 도쿄에서 다양한 형태(조직 참여, 세미나, 강연, 수업, 공동활동 등)로 진행되던 그들과 일본 급진주의자들과의 직접적 교류관계가 있었다.

물론 이 일본어 번역본이나 일본어 서적이 중국어로 번역되는 경우도 많았다. 예를 들면, 일찍이 1900년 도쿄에서 중국유학생들에 의해 설립된 역서회편사(譯書匯編社)란 출판사는 『역서회편(譯書匯編)』을 발행했는데, 당시 중국지식인들은 이 출판사의 역서나 역문을 통해 신문화와 신사상을 많이 받아들였다. 따라서 이 출판사는 근대중국 역사에서 '사상계몽운동을 전개시켜 민족역량을 촉진시키는 중요한 작용'을 했다고 평가받기도 한다. 사실 이런 번역출판사의 설립은 20세기 초 일본에 있던 중국유학생들 사이에서 번졌던 외국서적 번역의 열기(譯書熱)를 보여주는 것이다. 그런데 한 통계에 따르면, 20세기 초(1900~1904년) 중국인이 출판한 전체 역서 가운데 60.2%가 일본어 책을 번역한 것이었고, 그 중 대다수가 사회과학 및 정치, 법, 역사, 지리 관계 역서였다고 한다.25) 다른 통계에 의하면, 1880년에서 1940년 사이 일본에서 중국어로 번역된 저작이 2,000권을 넘고, 이 시기에 소개된 중국어의 새로운 단어나 용어의 4분의 3이 일본어에서 온 것이라고 한다.26) 특히 급진주의의 보급·수용과 관련하여 일본 급진주의자들의 역서가 중국어로 재역되는 경우도 많았다.

그야말로 도쿄는 다양한 방법을 통해 신지식에 접근할 수 있는 장점을 가진 도시였다고 할 수 있다.27) 물론 이런 신지식의 접촉 및 수용은 그들을 새로운 사회에 대한 갈망과 현 사회와 세계에 대한 불만으로 이끌었고, 마침내 정치적으로는 그들을 급진화시켰다. 사회주의 서적이 범람하던 1921년 당시 도쿄에서 조봉암은 "세상에서 처음보는 좋은 책이 어찌 많은지 그 책에 취한"

---

25) 王曉秋, 앞의 책, 406, 409, 414~415쪽 ; 中國社會科學院近代史硏究所 文化史硏究室 丁守和 主編, 『辛亥革命時期期刊介紹』 第1集(人民出版社, 1982), 55~68쪽.

26) Marius B. Jansen, *Japan and China from War to Peace*, pp.157~158.

27) 王曉秋, 앞의 책, 360~361쪽.

자신을 발견하였다. 그리고 그는 자신의 "일생을 통해서 그렇게 열심히 또 그렇게 많이 독서한 것은 그때가 마지막 겸 처음"이 될 만큼 많은 책을 도쿄에 있는 동안 섭렵했다. 그에 따르면 1921년 당시 도쿄에서는 아나키즘이 전성기를 이루고 있었다. 물론 아나키즘 외에도 '그때 흔히 떠들던' 생디칼리즘, 페이비언이즘, 사회민주주의, 니힐리즘, 그리고 "그때에야 [비로소] 유행어처럼 된" 볼세비즘 등등 "세상에 있는 주의사상은 하나도 빠지지 않고 일본 사상계에서 북데기를 쳤다"고 그는 기억한다. 도쿄에서 일어난 그런 사상의 소용돌이 속에서 그는 다음과 같은 결심을 하게 된다.

> 나는 사회주의를 연구하고 사회주의자가 되고 사회주의운동을 하기로 했다. 일본제국주의의 강도 같은 침략과 민족적 수탈이 어째서 생기고 어떻게 이루어지는가를 알게 되었고 우리 민족이 어째서 이렇게 압제를 당하고 무엇 때문에 이렇게 못살게 되었는가도 알게 되었다. 일본제국주의를 반대하고 한국의 독립을 전취해야 할 것은 물론이지만 한국이 독립되어도 일부 사람이 권력을 쥐고 잘 살고 호사하는 그런 독립이 아니고 모든 사람이 자유롭게 모든 사람이 잘 살고 호사할 수 있는 좋은 나라를 만들어야겠다고 결심했다.[28]

도쿄에서 독서를 통해 사회주의 사조에 노출된 조봉암이 민족의식을 만들어가면서 그 민족의식을 세계주의적 면이 강조된 사회주의 사상과 결합시켜가는 모습을 볼 수 있다. 그가 지향한 것은 독립을 위한 정치혁명이 아닌 사회혁명이었다. 조봉암 자신의 말을 빌리면, "항일[독립]이 나를 사회주의로!" 향하도록 만들었던 것이다. 조봉암만이 아니라 "당시 일본[의 한인] 유학생의 거의 대부분이 그 소위 신사조에 휩쓸려서 사상과 행동에 큰 영향을 받았다."[29]

급진화의 길로 가던 도쿄의 중국유학생의 경우는, 이미 1910년대 도쿄의 고분가쿠인(宏文學院)에 유학중이던 중국유학생들에게서 보인다. 그들은 유학

---

28) 권대복 편, 『진보당: 당의 활동과 사건관계 자료집』(지양사, 1985), 358~359쪽.
29) 위의 책, 358, 360쪽.

중 매일 밤마다 자습실에 모여 청왕조의 개혁방향을 논했다고 한다. 토론의 주제는 주로 입헌(군주)이냐 혁명이냐라는 개혁방향과 관련한 문제였다. 여러 논쟁이 빈발했지만 당시 학생들의 정치적 급진화를 반영하여 결국 '배만(排滿)혁명'을 주장하는 자가 점차 그들 사이에서 다수를 점하였다고 한다.30) 일본 아나키스트 고토쿠 슈스이(幸德秋水)의 말을 빌리면, 이런 상황은 스위스가 1917년 러시아혁명을 이끈 '러시아혁명당의 교육소'가 되었던 것과 마찬가지로, 일본이 중국 '청년혁명당의 교육소'가 되어가고 있었음을 시사한다.31)

이런 사정 때문이겠지만, 쑨원이 지적했듯이, 일본 특히 도쿄에 유학하던 중국인 학생들은 청왕조 타도라는 혁명사상을 제일 먼저 제창하기 시작했었다. 그들의 혁명 주장에 중국 국내의 호응이 뒤따르면서 중국내 각 성에서도 혁명사상의 풍조가 점차 만들어지게 된다. 쑨원의 지적처럼, 중국유학생들은 도쿄에서 사상적 급진화를 거친 후 '혁명의 불씨'(火種)를 갖고 일본에서 귀국하고 이내 중국 국내 각지로 그 불씨를 퍼뜨렸던 것이다.32) 역사학자 메리어스 젠센(Marius Jansen)의 지적을 따른다면, 중국학생들은 '도쿄의 이국적 환경 속에서' 그들이 만주족과 다른 중국민족이라는 의식, 즉 배만의식을 '새로운 방식으로' 갖게 되었다. '새로운 방식'을 통해 도쿄에서 만든 민족의식이 중국 국내에서 혁명의 불씨기 될 수 있었던 것이다. 중국의 급진학생운동의 입장에서 보면 도쿄는 '중국 민족주의의 번식처' 기능을 담당했다고 할 수 있겠다.33)

한인급진주의자였던 박기성도 도쿄에서 급진화된 한인급진주의자들이 한반도로 변혁과 '혁명의 불씨'를 가져온 사례를 보여준다. 1924년 4월, 박기성은 일본유학을 가는 과정에서 만난 한 한인학생으로부터 도쿄에 있는 한인학생들이 일본인들로부터 이루 말할 수 없는 핍박을 받고 있다는 사실을 전해듣고 "내 힘으로 내 나라를 구하겠다"라는 민족의식을 키우기 시작했다. 이후 그는

---

30) 『辛亥革命回憶錄 1』, 181쪽 ; 王曉秋, 앞의 책, 365쪽에서 재인용.

31) 永井算已, 『中國近代政治史論叢』(汲古書院, 1983), 284쪽에서 재인용.

32) 孫中山, 「建國方略」, 『孫中山選集』(中華書局香港分局, 1956), 175쪽.

33) Marius B. Jansen, *Japan and China from War to Peace, 1894~1972*, pp.153~154.

도쿄에서 한인들에 대한 일본인들의 차별대우를 직접 느끼고, 나아가 일본이 조선을 침략했다는 확증을 갖게 되면서 자신의 교육문제, 즉 일본 대학에 진학하는 것보다는 나라를 되찾는 독립운동이 더 시급하다는 판단을 내렸다. 물론 이 같은 판단에는, 도쿄의 나카노(中野)에 있는 한인유학생 자치단체 계림장(鷄林莊)에서 숙식하면서 만난 재일한인 사회주의자(주로 아나키스트)인 송지하(宋之何), 이지활(李芝活), 정찬진(丁贊鎭), 나월환(羅月煥) 외에 원심창(元心昌), 한하연(韓何然) 같은 한인급진주의자들과의 만남이 중요하게 작용하였다. 계림장은 당시 도쿄에 있던 한인아나키스트들의 본거지로 불리기도 하던 곳이다. 점차 급진주의자가 되어 가던 박기성은 이후 국내에서 독립운동이 어떻게 추진되고 있는지 알아볼 생각도 있어서 국내로 돌아와 '사회운동'을 시작하게 되었다.[34]

또 다른 한인급진주의자의 예로는 국내에서 주로 아나키스트 운동을 한 최갑룡을 들 수 있다. 1924년 12월 최갑룡은 도쿄로 유학을 가서 이홍근·한원열 등을 만나 함께 독서회를 조직하면서 자신의 인생에서 '사회운동의 첫출발'을 시작했다. 독서회 조직 후 도서목록을 정하던 그의 눈에 띈 것은 오스기 사카에가 지은 『정의를 갈망하는 마음(正義を求める心)』(1921)이었다. 그는 이후 사회주의 서적을 점차 탐독하였다. 그의 회고에 따르면, 도쿄의 진보초(神保町)에 있던 한 서점은 1920년대 중반 아나키즘 계열의 신문, 잡지와 볼셰비키가 주도하던 출판물, 그리고 사회민주주의 계통의 출판물로 범람하여 사회주의 출판물의 전성기를 이루었다. 이 서점가의 야시장에 들렀다가 우연히 구입한 오스기의 『노동운동의 철학(勞動運動の哲學)』(1916)은 그의 인생관을 특별하게 바꾸어 놓았다고 한다. 도쿄에서 아나키스트가 된 그는 1927년 귀국하여 한국에서 아나키스트 운동을 주도적으로 전개하게 된다.[35]

---

34) 박기성, 『나와 조국』(시온, 1984), 50~67쪽 ; 近藤憲二, 『私の見た日本アナキズム運動史』(麥社, 1969), 63쪽.

35) 최갑룡, 『어느 혁명가의 일생』(이문출판사, 1995), 19~23쪽.

IV. 도쿄, 급진주의자들의 교류와 네트워크 형성

이 같은 급진주의자들의 귀국, 즉 재이동은 이들 사이의 다양한 네트워크 형성이란 결과를 초래했다. 앞서 언급했듯이, 도쿄로 이주한 후 급진화한 중국유학생들이 중국으로 귀국하면서 도쿄에서 싹튼 그들의 혁명사상 혹은 급진주의사상이 중국 내로 확산·보급되는 계기가 되었다는 것은 시사하는 바가 많다. 물론 이런 지적이 도쿄에서만 중국의 혁명운동이나 급진사상이 시작되었다고 주장하려고 하는 것은 아니다. 오히려, 도쿄로의 인적 이동과 도쿄로부터 중국으로의 인적 재이동이, 급진 언어나 사상의 이동, 집중과 재이동, 집중을 초래하는 초국가적 네트워크로 발전하고 있었다는 점을 지적하고자 하는 것이다. 예컨대, 이미 19세기 말 중국에서는 82종의 여러 잡지가 출판되고 있었다. 그 중 34종의 잡지가 도쿄에서 발행되었고 4종이 인근 요코하마(橫兵)에서 발행되었다고 한다. 이런 잡지의 수적 증가는 청말 개혁운동의 실패에 대한 학생들의 '분노와 우려를' 한 중심지에서 다른 중심지로 매우 빠른 속도로 전달하게 만드는 '네트워크 형성의 시작'을 의미하는 것이었다고 평가되기도 한다.[36]

이와 비슷한 네트워크가 형성된 예는 많다.[37] 두쿄 간다쿠(神田區)에서 1903년 1월부터 후베이(湖北)성 출신의 중국유학생들이 발행한 『호북학생계(湖北學生界)』는 우한(武漢), 상하이 및 일본 요코하마에 국내외 총발행소를 설립하였을 뿐만 아니라 베이징, 톈진(天津), 후난(湖南) 등 30여 곳에 대리점을 설립하는 등 일본 국내뿐만 아니라 중국 내에서도 영향력이 컸다고 한다. 도쿄의 중국유학생들이 발전시킨 급진사상과 언어가 일본내 중국학생들이 거주하던 여러 곳으로 집중·확산되고 나아가 중국의 주요 도시로 다시 확산·집중되었던

---

36) Marius B. Jansen, *China and Japan from War to Peace, 1894~1972*, p.155.

37) 한중일 삼국을 중심으로 한 1920~30년대 아나키스트의 네트워크 형성 가능성에 대해서는 Dongyoun Hwang, "Beyond Independence: The Korean Anarchist Press in China and Japan in the 1920s and 1930s," *Asian Studies Review* 31-1 (March 2007), pp.3~23과 황동연, 앞의 글 참조.

것이다. 역시 도쿄에서 1903년 2월부터 발행을 시작한 『절강조(浙江潮)』는 일본 아나키스트 고토쿠 슈스이의 영향을 현저히 받아 제국주의를 경제적 각도에서 분석한 글을 실었다. 특히 이 잡지 8기에는 사회주의와 공산주의를 소개하는 「신사회의 이론(新社會之理論)」이 실렸는데, 이 잡지를 후난의 창사저우난(長沙周南) 여학교 학생들이 열람했다고 한다. 구체적으로 학생들이 어떤 영향을 받았을지 알 수 없지만, 급진사상과 언어의 소개·확산이란 면에서 보면 그 영향력의 정도와 의미는 상상해 볼 수 있을 것이다. 1906년부터 1911년 10월까지 총 22기를 도쿄 간다쿠에서 발행한 『운남(雲南)』도 국가사상, 단결사상, 공익사상, 진취사상, 모험사상, 상무사상, 실업사상, 지방자치사상 및 남녀평등사상을 선전하였다고 한다. 기본적으로 이 잡지는 선명한 '반제, 혁명, 지방색채'를 띠었는데, 1908년에는 베이징 외에도 꾸이양(貴陽), 윈난의 9개 현, 버마에까지 지사를 둘 정도로 규모가 커졌다.[38]

　조금 다른 차원의 네트워크도 형성되고 있었다. 1920년대 일본에서 노동운동에 전념하던 한인급진주의자 김태엽(金太燁)은 1925년 5월 1일 상하이에서 열린 중화민국총공회 대회에 참가해 달라는 초청을 받고 참석하여, 류샤오치(劉少奇)를 비롯한 당시 중국공산당 간부들을 직접 만나기도 하였다. 그 자신 중국내 노동운동가들과는 교류가 전혀 없었지만, 그가 일본에서 노동운동을 한다는 사실은 이미 중국에도 알려져 있었던 것이다.[39] 한편, 조봉암의 회고에 따르면, 조봉암은 사회주의자가 된 후 일본에서 조직건설에 힘쓰면서 한편으로는 국내와 연락을 유지하고, 다른 한편 상하이, 만주, 러시아에 있던 사회주의자들과도 "연락을 취하고 정보를 교환"했다고 한다. 그 자신은 1925년 상하이로 망명하여 1932년 일본경찰에게 체포될 때까지 상하이에서 조직활동을 전개하였다.[40]

---

38) 王曉秋, 앞의 책, 374~377쪽 ; 中國社會科學院近代史硏究所 文化史硏究室 丁守和 主編, 『辛亥革命時期期刊介紹』 第2集(人民出版社, 1982), 380쪽.

39) 김태엽, 앞의 책, 151~153쪽.

40) 권대복 편, 앞의 책, 362, 373~374쪽.

이런 초국가적 성격의 인적 및 정보 네트워크 형성을 통해 나타난 급진 용어와 언어 및 사상의 광범위한 확산과 그에 따른 파급효과를 알 수 있는 간접적 증거가 있다. 1911년 중국에서 간행된 백과사전『보통백과신대사전(普通百科新大詞典)』의 범례에 보면 당시 중국에서 사용되는 신명사(新名詞)의 반이 일본에서 수입된 것으로 설명되어 있다. 도쿄에서 발산된 혁명, 급진사상의 영향은 새로운 사고와 언어의 영역에서 현저했다고 할 수 있다. 그리고 그 영향력은 언어·사상의 흐름뿐만 아니라 인적 흐름의 네트워크 형성을 초래하였다. 사실 이런 네트워크의 존재를 전제로 중국 내외에서 이루어진 (중국급진주의자를 포함한) 지역 급진주의자들 간의 교류에 초국가적 경향과 요소가 보인다는 지적은 이미 있었다.[41] 그리고 이런 사정을 인정한 것이 궈모뭐(郭沫若)의 다음과 같은 언급이다: "중국의 신문예는 일본의 세례를 깊게 받았"고, "중국문단의 태반은 일본[에 유학한 중국]유학생이 만든 것이다."[42]

동부아시아 급진주의자들이 도쿄에서의 만남을 통해 조직이란 면에서 네트워크를 형성하면서 반제의식과 함께 지역의식을 공유한 최초의 예로는 익히 알려진 1907년 성립된 아시아화친회(亞洲和親會)를 들 수 있다. 아시아화친회는 중국인 아나키스드 장지(張繼)의 주도 하에 아시아 여러 나라가 제국수의에 저항하며 상호부조에 의하여 각 민족의 독립과 자유를 각각 쟁취하자는 취지로 중국과 인도 양국의 급진주의자들을 중심으로 성립했다.[43] 아시아화친회에 입회한 급진주의자들은 장타이옌(章太炎)과 장지를 비롯한 중국 급진주의자들 외에 인도인, 베트남인들도 포함되어 있었다고 한다.[44] 중요한 것은 아시아화

---

41) 중국사회주의의 초국가적 경향에 대해서는 阿里夫·德里克, 앞의 글과 Arif Dirlik, "Socialism in China: A Historical Overview"를 볼 것. 중국의 근대 신문, 잡지의 초국가주의에 대해서는 Bryna Goodman, "Networks of News: Power, Language and Transnational Dimension of the Chinese Press, 1850~1949," *The China Review* 4-1 (Spring 2004), pp.1~10을 포함한 *The China Review* 4-1 (Spring 2004) 소수의 논문들을 볼 것.

42) 王曉秋, 앞의 책, 429, 432~440쪽.

43) 永井算已, 앞의 책, 284쪽.

친회가 아시아 여러 나라 혁명가들의 연락기관 역할도 했다는 점이다.[45] 아시아 급진주의자들의 또 다른 조직으로 약 10년 후 조직된 신아동맹당(新亞同盟黨)이 있다. 1915년 가을 동안 준비기간을 거쳐 1916년 봄 도쿄에서 중국인, 타이완인, 베트남인, 조선인 등 아시아의 약소민족국가 30여 명이 모여 반제국주의운동을 기치로 하여 조직되었다. 구체적으로 이들은 "아세아에서 일본제국주의를 타도하고 새 아시아를 세우자"고 주장하며, "앞으로 아시아의 소수민족동지들을 추후 가맹시키자"고 결의했다고 한다. 신아동맹당 회원들은 이후 중국 상하이로 옮겨가서 대동단(大同團)과 흥아사(興亞社)를 조직하고 중국국민당과 연계하여 중국의 신장(新疆), 시장(西藏)으로까지 활동범위를 넓히기도 하였다. 한인공산주의자 김철수의 회고에 따르면, 이 조직의 인사들이 1921년 중국공산당 조직 시 큰 역할을 했다고 한다. 신아동맹당은 1917년 9월 30일 해산하였다.[46]

도쿄에서의 만남이 동부아시아 급진주의자들 사이에서 초국가적 급진주의 네트워크의 형성으로 발전할 수 있었던 요인의 하나는 급진주의자들 사이에 국가와 민족을 초월한 동지적 친분관계가 존재했기 때문이다. 오스기 사카에가 중국 아나키스트 스푸(師復)와 지속적으로 교류하였다는 것은 이미 잘 알려진 이야기지만, 특히 오스기는 자신이 발행하던 『근대사상(近代思想)』 2권 4호의 편집후기에 스푸가 자신에게 보내온 '군국주의 배척'과 '조국주의[애국주의] 반대'란 내용의 편지를 소개한 바 있다. 한인사회주의자들과 일본사회주의자들

---

44) 湯志鈞, 「關于亞洲和親會」, 『辛亥革命史叢刊』 1(1980), 79~84쪽 ; 竹內善作, 「明治末期における中日革命運動の交流」, 『中國研究』 5(1948.5), 74~95쪽 ; Rebecca E. Karl, "Creating Asia: China in the World at the Beginning of the Twentieth Century," *American Historical Review* 103-4 (October 1998), pp.1096~1118. 조선인들의 아시아화친회 참가 여부에 대해서는 학자들 간의 의견이 다양하다.

45) 丸山松幸, 『中國近代の革命思想』(研文出版, 1982), 52~58쪽.

46) 「김철수 친필유고」, 『역사비평』 계간 5호(1989), 349~350쪽 ; 최선웅, 「1910년대 재일 유학생단체 신아동맹당의 반일운동과 근대적 구상」, 『역사와 현실』 60호(2006), 376~408쪽.

사이에 이루어진 지면을 통한 친분관계와 공유의식의 예도 있다. 후일 아나키스트가 되는 한인급진주의자 이달(李達)은 자신이 도쿄에서 1919년 창간한 잡지 『신조선(新朝鮮)』을 사카이 도시히코(1870~1933)에게 보냈는데, 이런 사실을 사카이는 자신이 주필로 있던 『신사회평론(新社會評論)』에 소개한다. 나아가 그는 그의 잡지에 실리는 모든 기사를 통해 "조선의 민족운동이 실로 강고하고, 또 열성적이라는 것을 극력 보도해 보고 싶다"는 의지를 피력하기도 했다.47) 이런 동지적 교류가 1945년 이후까지 유지된 예도 있다. 1945년 이전, 일본경찰에 의해 체포된 한인사회주의자들의 변호를 맡곤 했던 후세 다쓰지(布施辰治, 1880~1953)는 한인아나키스트 박열뿐만 아니라 '동지적 관계를 갖는' 많은 '일선동지(日鮮同志)'와의 인연으로 박열을 기념하는 서적의 발행에 후일 동참하기도 했다.48)

일본사회주의자들과의 직·간접적 접촉과 교류는 한인유학생들뿐만 아니라 중국 지식인과 유학생들을 급진화시킨 중요 요인의 하나였다.49) 근대중국 최초의 사회주의정당을 조직한 장캉후(江亢虎)는 후일 그의 회고에서, 일본사회주의자인 고토쿠 슈스이, 사카이 도시히코, 가타야마 센(片山潛) 등과의 교류를 통해 사회주의를 연구하고자 하는 흥미가 생겼다고 말한 바 있다.50) 도쿄 아나키스트 류스페이(劉師培)의 경우, 장빙린(章炳麟)의 초청을 통해 1907년 초 그의 부인 허전(何震)과 함께 도쿄로 유학을 갔다. 그리고 도쿄에서 류스페이는 장지를 통해 고토쿠 슈스이를 알게 되고, 나아가 오스기 사카에, 야마카와 히토시, 사카이 도시히코 등과 접촉하면서 사상적으로 급속히 아나키즘으로 기울어졌다. 그가 아내 허전과 함께 발행한 잡지 『천의(天義)』가 종지를 "국가의 경계와 인종의 경계를 없애서 세계주의를 실행한다. 세계의 모든 강권에 저항한다. 일체의 현재의 인치(人治)를 전복한다. 공산제도를 실행한다.

---

47) 石板浩一, 『近代日本の社會主義と朝鮮』(社會評論社, 1993), 126, 129쪽.
48) 布施辰治·張祥重·鄭泰成 共著, 『運命の勝利者 朴烈』(世紀書房, 1946), 1쪽.
49) 도쿄의 한국아나키스트의 경우는 Dongtoun Hwang, 앞의 글을 볼 것.
50) 永井算巳, 앞의 책, 284쪽.

남녀의 절대평등을 실행한다"로 정한 것이 일본사회주의의 흐름과 무관하지는 않을 것이다.[51]

중국공산당 창립인 중 한 명인 리다자오(李大釗)도 도쿄에 유학하면서 민족주의 의식을 발전시켰을 뿐만 아니라 점차 사상적으로 급진화되었다. 물론 자신이 마르크스주의자라고 선언한 것은 1919년의 일이지만, 1913년 겨울 도쿄로 유학간 리다자오는 1914년 9월 와세대 대학 본과 정치경제학과 1학년에 입학한 후 요시노 사쿠조(吉野作造), 고토쿠 슈스이, 아베 이소오(安部磯雄, 1865~1949) 등의 영향을 받았는데 특히 도시문제와 사회정책 등을 강의한 아베를 통해 사회주의를 접하였다. 다른 와세다 대학의 교수들로부터는 민주주의 사상과 관련하여 영향을 받은 리다자오는 1915년 하반기에 재일유학생 진보단체인 '신주학회(神州學會)'를 조직하기도 하였으며, 중국으로 귀국한 후인 1918년에는 천두슈(陳獨秀)와 함께 『매주평론(每週評論)』을 발간(1918년 12월 창간)하면서 일본의 진보단체 여명회(黎明會)와 교류하였다.[52] 1919년 오사운동 전야에 발간된 『매주평론』 제5호(1919.1.19)는 특히 요시노 사쿠조의 도쿄발 편지를 신기도 하였고, 9호에서는 리다자오가 여명회를 축하하며 여명회의 공리 주장, 강권 반대, 자본주의 타파, 군국주의 타파주장을 소개하는 글을 실었다.[53]

1918년 와세다 대학에 입학하여 1921년 7월 정식으로 졸업한 펑파이(彭湃, 1896~1929)도 도쿄에서 급진화된다. 1918년 일본의 '쌀소동' 이후인 1919년 9월 조직된 농업사회 개혁지향의 일본급진주의 청년들이 조직한 '건설자동맹(建設者同盟)'에 가입하는 등 일본급진주의자들의 조직에 합류하였다. 특히 이 모임의 독서회와 기타 활동에 펑파이는 여러 차례 참여하였다. 그는 '노동자

---

51) 류스페이 등 도쿄 아나키스트에 대해서는 Arif Dirlik, *Anarchism in the Chinese Revolution* (University of California Press, 1990), 100~109쪽.

52) 王曉秋, 앞의 책, 515~522쪽 ; Maurice Meisner, *Li Ta-Chao and the Origins of Chinese Marxism* (Harvard University Press, 1967), p.15 및 여러 곳.

53) 王曉秋, 앞의 책, 477, 481쪽.

동정회(勞動者同情會)'라는 조직에도 가입하였다. 그의 이러한 활동은 그가 점차 사회주의, 공산주의 사상을 받아들이고 후일 중국에 귀국한 후 농민운동에 투신하는 데 "의심할 여지없이" 깊고 "가치있는" 영향을 준 것으로 평가되곤 한다. 그의 도쿄에서의 활동 중 또 다른 특기할 만한 것은 1920년 11월 일본의 저명한 사회주의자 사카이 도시히코 등이 발기한 '코스모구락부'에 참가한 일이다. 이 단체는 국제적 사교단체로, 일본인, 중국인, 조선인, 인도인, 유럽인들이 참가한 조직이다. 단체는 부정기 집회를 통해 각종 국제문제를 토론·연구하였는데, 여러 부류의 사회주의자들이 이 단체를 통해 교류하였다. 펑파이는 이 단체에서의 활동으로 일본경찰에 의해 '위험인물'로 분류되기도 하였다. 이렇듯 펑파이의 도쿄 유학시기는 그의 사상발전에서 중요한 전환점이었다고 평가된다. 특히 1917년 러시아혁명 후 일본에 사회주의 사상단체 및 출판물이 다시 출현하기 시작하면서, 그 영향 하에서 펑은 "협의의 애국운동은 불철저한 것"이고 "전 인류의 해방"이 최고의 이상이라는 생각을 굳혀 갔다. 그의 이러한 사상적 전환에는 가와카미 하지메(河上肇)의 영향도 컸다. 가와카미의 책을 읽고 강연도 들은 펑파이는 "어두운 방에서 하늘의 창문을 열어 태양빛을 보게 된 것 같다고 생각"했을 정도였다고 한다. 물론 사카이가 일어로 번역한 「공산당선언」도 그가 마르크스주의로 기우는 데 중요한 역할을 했다고 평가된다. 1921년 5월 중국으로 귀국하면서 펑파이는 '건설자동맹'의 '인민주의적 (Populist) 경향', 일본농민운동에 관한 지식, 사회주의에 관한 책으로 가득찬 짐을 갖고 중국으로 귀국하였다.[54]

여기서 도쿄를 중심으로 한 한인 유학생들의 경우를 살펴보자. 도쿄에 온 한인 유학생들은, 혹자가 지적하듯이 최초에는 사회주의를 혁명적 실천이라는 의미에서보다는 지적인 호기심의 산물인 '지적 관념'의 대상으로 수용한

---

54) 王曉秋, 앞의 책, 522~526쪽 ; Roy Hofheinz, Jr., *The Broken Wave: The Chinese Communist Peasant Movement, 1922~1928* (Harvard University Press, 1974), pp.143~144 ; Robert Marks, *Rural Revolution in South China: Peasants and the Making of History in Haifeng County, 1570~1930* (The University of Wisconsin Press, 1984), pp.157~161.

측면이 있을 수도 있다.[55] 그러나 도쿄에서 곧바로 민족적·사회적 차별문제에 직면하면서 정치적으로 급진화하곤 했다. 특히 열악한 노동환경과 민족차별 등을 겪으며 합법적 정치활동을 위주로 하는 자유주의적 사상보다는 보다 근본적인 조선사회의 변혁을 지향하면서 급진적이고 혁명적인 급진주의와 사회주의 사상에 끌렸다.[56] 그런데 이러한 급진화의 배경에는 일본급진주의자들과 그들의 저서 및 글들이 있었다. 즉 도쿄 거주 한인들의 사회주의 수용은 대부분 일본사회주의자들과의 직·간접적인 관계 속에서 이루어졌다고 할 수 있다. 예컨대 아나키즘의 경우, 재일한인 아나키스트들은 일본 아나키스트와의 관계들 속에서 아나키즘을 받아들였고, 따라서 그 운동, 조직, 이론도 일본 아나키즘 운동의 흐름에서 많은 영향을 받았다.[57]

이런 경향은 공산주의의 경우에도 큰 차이는 없었던 것 같다. 1923년 조직된 사회주의 경향의 북성회(北星會)는 월례집회를 열면서 일본사회주의자들인 사카이 도시히코, 야마카와 히토시(山川均), 아라하타 간손(荒畑寒村), 곤도 에이조(近藤榮藏), 사노 마나부(佐野學) 등을 강연자로 초청하여 강연을 진행하였다. 이는 도쿄에 있던 한인들의 사회주의가 시작부터 일본사회주의의 흐름과 직접적인 관계를 맺으면서 발전하였고 나아가 여러 영향을 주고받았을 것임을 시사한다. 북성회의 후신인 일월회(日月會)도 그런 흐름을 유지하면서 일본사회주의자들과 함께 사회주의강습회를 열고 사회과학을 연구하곤 했다고 한다. 경제투쟁에서 정치투쟁으로의 전환을 주장하면서 1920년대 중반 일본에서 등장한 후쿠모토 가즈오(福本和夫)의 '후쿠모토이즘(福本主義)'도 그 내용의 수용 정도 여부, 수용 측면의 문제 등을 다 떠나서, 어쨌든 재일한인사회주의나 이후 식민지한국의 사회주의운동에 신선한 충격을 주면서 이런저런 영향을 직접적이든 간접적이든 일정하게 준 것만은 분명하다.[58] 물론 그 영향이

---

55) 김석근, 「후쿠모토이즘과 식민지하 한국사회주의운동」, 『아세아연구』 94(1995), 27쪽.

56) 김명섭, 「1920년대 초기 재일조선인의 사상단체―흑도회, 흑우회, 북성회를 중심으로―」, 『한일민족문제연구』 창간호(2001.3), 13쪽.

57) Dongyoun Hwang, "Beyond Independence" 참조.

일방적으로 한인사회주의운동으로 향한 것은 아니다. 한인사회주의자들이 후쿠모토이즘의 내용을 받아들일 때 '독자성' 내지 '상대적 자율성'을 유지했다고 봐야 한다는 지적은 그런 영향이 절대 일방적이지 않았다는 것, 즉 양방향적이었다는 사실을 지적하는 것이다.[59]

일본과 조선의 사회주의자, 아나키스트, 그리고 공산주의자들과 교류하면서 노동운동을 전개한 한인급진주의자 (혹은 아나키스트) 김태엽의 경우는 '민족'과 '근로대중'을 구분하면서 도쿄에서 민족의식과 계급의식을 동시에 형성한 예를 보여준다. 그는 1920년경의 도쿄를 '활기 넘치는 국제도시'로 기억하였다. 그리고 거기에서 일본의 저명한 사회주의자, 조선인 아나키스트 등을 만났다. 특히 그는 도쿄에서 한인청년들이 많이 찾던 이와타(岩田)라는 성을 가진 일본인이 경영하는 식당에 자주 갔는데, 그곳에서 한인아나키스트 박열의 동지이자 연인인 일본인 아나키스트(혹은 허무주의자) 가네코 후미코를 만나기도 하였다. 이런 만남이 그의 노동운동, 아나키즘 형성에 구체적으로 어떤 영향을 주었는지 언급하지 않았지만, 우리는 일본사회주의자들과의 풍부한 만남의 기회가 그의 사회주의 인식이나 행동의 형성에 일정하게 작용을 했음을 부인할 수는 없을 것이다. 그의 민족의식은 일본에서 조선노동자들이 혹사당하는 것을 목격하면서 만들어졌지만, 그런 민족의식은 앞의 조봉암처럼 그를 보편적 사회운동인 노동운동으로 이끌었다. 그의 회고에 따르면, 1921년경 일본에는 노동야학이 전국적으로 100여 개가 넘게 있었다고 한다. 그 자신 노동(야학)학원에 다니면서 자신이 어릴 적부터 겪어온 고난의 의미를 "사회학적으로" 조금씩 이해할 수 있게 되고, 결국 "모든 노동자가 단결된 힘에 의해서만 자신의 빈궁에서 해방시킬 수 있다는 진리" 그리고 그 "단결을 무기로 하여 모든 기업주들의 부당한 압박과 착취에 대립해야 한다는 지식"을 민족의식과는 별개로 노동강좌를 통해 배우게 되었다.[60]

---

58) 김석근, 앞의 글, 인용은 62, 82쪽.
59) 김석근, 앞의 글, 55~122쪽.
60) 김태엽, 『투쟁과 증언』, 47, 53, 62, 74, 77~78쪽.

도쿄로 집중한 일본의 또 다른 식민지였던 타이완의 유학생들이나 급진주의 자들도 한인유학생들과 비슷한 경험을 갖는다. 타이완에서도 1920년대 초에 들면서 사회주의사상이 당시 국외에 있던 타이완인들을 통해 도입되기 시작했다. 당시 일본 도쿄 소재 소피아(上智) 대학에서 공부하던 타이완인 판번량(范本梁, 1895 또는 1906~1945)은 오스기 사카에의 영향을 받아 아나키스트가 되었고, 메이지 대학에서 공부하던 펑화잉(彭華英)은 일본사회주의자 사카이 도시히코, 야마카와 히토시 등과 접촉하며 효민회(曉民會)에 가입하는 등, 사회주의로 기울고 있었다. 특히 펑화잉의 경우 1921년 잡지『대만청년(臺灣靑年)』4호에「사회주의개설」이란 글을 발표하였는데, 이는 타이완인이 최초로 사회주의를 소개한 문장이었다. 사실 펑화잉은 이미 1916년 신아동맹당에 가입하는 등 도쿄에 있던 다른 급진주의자들과의 교류와 접촉을 넓혀오고 있었다. 펑화잉과 판번량은 후일 각각 상하이와 베이징으로 이동하여 급진운동을 지속하였다.[61]

1910년대에서 1920년대에 걸쳐 피식민지인이란 같은 처지에서 한인급진주의자들과 타이완 급진주의자들은 도쿄에서 "지식의 연대와 제휴"를 만들기도 했다. 도쿄 거주 한인 유태경(柳泰慶)에 의해 1917년 창간된『아세아공론(亞細亞公論)』은 도쿄의 각국 유학생들을 염두에 두고 발행된 잡지인데, 이 잡지에는 그런 이유 때문이겠지만, 한인뿐 아니라 와세다 대학의 정치경제과에 속한 중국인, 타이완인, 와세다 대학 소속의 아베 이소오를 포함한 일본인 교수도 기고를 하고 있었다. 나아가 이 잡지는 일본의 침략적 아시아주의를 비판하면서 아시아인의 각성과 보편적 인류주의를 주창하였다. 그런데 도쿄에 거주하던 타이완인에게 당시 이 잡지는 일본의 타이완총독부가 행하는 통치정책이나 타이완인이 당시 피식민지인으로서 겪는 차별정책을 일본인들에게 알릴 수 있는 몇 안 되는 매체의 하나였다고 한다. 그런 이유로 당시 도쿄에서 타이완인 과 한인 사이에는 교류가 점차 증가하였고, 그런 교류의 가장 중요한 매개체가

---

61) 楊碧川,『日據時代臺灣人反抗史』(稻鄕出版社, 1988), 161쪽.

되어준 단체가 앞서 언급한 1920년 창립된 '코스모구락부'였다. 이 구락부와 관련을 맺은 한인, 타이완인 급진주의자들은 '인류애적 결합'을 주장하는 선언서를 1921년 발표하기도 하였다. 하지만, 도쿄 거주 타이완인들의 운동은 1923년 이래 점차 '온건한 운동'으로 바뀌고, 이에 대응하여 앞서 언급한 판번량이나 펑화잉, 그리고 쉬나이창(許乃昌) 등 타이완인 급진주의자들은 활동거점을 일본에서 중국의 상하이나 베이징으로 옮겨, 그곳에서 다양한 급진운동을 계속 진행하였다. 특히 펑화잉과 쉬나이창 등은 1924년 6월 '대한동지회(臺韓同志會)'를 조직하고, 도쿄 거주 타이완인들의 '자유주의적' 운동에 반대하며 '타이완과 한국의 독립완성', '자유연방의 건설'을 목표로 두 민족의 해방운동을 함께 벌였다.62)

동부아시아 급진주의자들이 도쿄라는 교점에서 일본사회주의자들을 포함한 다른 급진주의자들과의 교류 등을 통해 급진화되면서 사회주의를 받아들이고 나아가 지역의식과 전 지구적 의식을 공유해 갔던 반면, 일본사회주의자들 또한 이들과의 만남과 교류를 통해 예컨대, 식민지 사정을 더욱 잘 이해할 수 있게 되거나 자신들의 급진주의 운동에 대한 원조를 구하려 한 것도 사실이다. 그런 이해와 원조는 일본국내의 급진주의의 방향에도 어느 정도 영향을 주었다. 원조의 한 예는, 스칼라피노의 지적을 보면 알 수 있다. 그에 따르면, 곤도 에이조가 1921년경 상하이로 가서 조선인을 중심으로 한 코민테른 대표를 만나 오랜 대화를 가진 후 코민테른 상하이 지부의 오스기 사카에에 대한 지원 철회를 이끌어냈다 한다. 따라서 스칼라피노에 따르면, 일본의 제1차 공산당운동은 해외와 일본국내 요인들이 결합해서 만든 산물이었고 그 중심에서 역할을 한 것이 지식인-학생형(intellectual-student type)의 사회주의자들이었다.63) 물론 그가 말하는 '해외 요소'란 주로 코민테른과 소비에트 러시아를

---

62) 紀旭峰,「雜誌『亞細亞公論』にみる大正期東アジア知識人連携－在京臺灣人と朝鮮人の交流を中心に」,『아시아문화연구』17(2009.11), 67~77쪽.

63) Robert Scalapino, 앞의 책, p.16, p.19.

염두에 둔 것이지만, '해외 요소' 속에는 중국과 일본에 존재하던 여러 부류의 아시아 사회주의자 혹은 급진주의자들이 포함될 수 있다. 원조에 대한 기대, 식민지에 대한 이해를 높이는 계기를 모두 보여주는 예는 야마카와 히토시다. 일본사회주의자들이 1910년 이래 일본의 식민지였던 조선에 관심을 갖기 시작한 것은 재일조선인의 급진주의운동이 일본 내에서 등장한 1922년 이후라고 한다. 야마카와 히토시는 1922년 잡지『전위(前衛)』에 실은 「무산계급의 방향전환(無産階級の方向轉換)」이란 글에서 사회주의운동은 "대중의 실제적 요구"에 응해야 한다고 주장했는데, 그가 말한 '요구'에는 당시 재일조선인운동도 포함되어 있었다. 야마카와 히토시는 현재 조선인노동자가 특수한 대우를 받고 있는 것은 사실이라면서 그들과의 '공동전선' 성립이 곧 이루어질 것으로 보았다. 이런 기대를 갖고 그는 같은 해 9월 동 잡지 9호에 「일선노동자의 단결(日鮮勞動者の團結)」을 발표하기도 했다. 재일조선인이 1922년 5월 1일 도쿄에서 열린 노동절(메이데이) 행사에 최초로 참가했듯이, 1922년은 일본사회주의운동이 조선인운동과 만난 "획기적인 해"였다고 평가된다.[64] 비슷한 시기 잡지『노동급산업(勞働及産業)』이나『데모크라시(デモクラシイ)』는 조선인 혹은 조선인노동자들을, 특히 3·1운동 후 '동포'로 표현했다.[65]

이런 초국가적 문제의식이 급진주의자들 사이에 공유되었음에도 불구하고 도쿄에 거주하던 한인급진주의자들은 일본인들의 민족차별·계급차별 문제를 여전히 제기하고 있었다. 더욱이 야마카와 히토시가 조선인들이 벌이던 도쿄에서의 운동을 일본사회주의운동의 '한 요소'로만 본 점도 결정적인 문제였다. 야마카와는 조선인운동을 일본사회주의운동으로 '동화'시키고 '결속'시킬 대상의 하나로만 보았다. 당시 현실적으로는 많은 일본인노동자들이 조선인노동자들에게 민족적 편견 등을 갖고 대했다는 점을 고려하면, 그가 말하는 한인사회주의자와 일본사회주의자들 사이의 '공동전선' 성립은 그의 말처럼 쉽지는

---

64) 石板浩一, 앞의 책, 6, 41~42쪽.
65) 石板浩一, 위의 책, 133~134쪽.

않았다는 것을 알 수 있다. 특히 야마카와는 당시 조선이 직면해 있던 독립과 계급해방이라는 두 가지 문제 중 독립의 중요성을 인정하면서도 그것을 계급보다는 낮은 차원 혹은 교묘한 전술상의 문제로 기본적으로 이해했다. 그만큼 야마카와나 사카이 도시히코를 포함한 많은 일본사회주의자들은 조선의 독립운동에 대해서는 무관심하거나 혹은 냉소적이었다.66)

그러나 1925년에 발표한 글에서 야마카와는 "조선의 무산계급은 일본무산계급의 동료로서 일본의 자본주의자와 투쟁하는 유력한 요소가 된다"고 보고, 일본자본주의의 조선침투는 "일본과 조선의 무산계급을 [상호] 분리하기 어려운 경제적 이해[라는 면에서]의 일치를 만들며 융합"시켰다고 말하는 등, 조선문제를 경제적 차원에서 새롭게 이해하기 시작했다. 이런 사정과는 다르게, 야마카와는 타이완 문제를 일본사회주의 문제의 하나로 보기보다는 타이완 자체의 문제로 처음부터 논하였다. 그 이유는 타이완에서 에스페란토 운동을 해오던 야마구치 고세이(山口小靜)의 역할이 컸다고 한다. 다만 야마카와와는 달리 그의 아내인 야마카와 기쿠에(山川菊榮)는 비슷한 시기 조선문제에 대해 상당히 예리한 이해를 하고 있었는데, 그녀가 당시 도쿄에 있던 박순천(朴順天)이나 황신덕(黃信德) 같은 조선인 여자유학생들과의 깊은 교류를 통해 조선의 사정이나 피식민시인의 의견을 충분히 이해하고 있었기 때문이다.67) 한편, 조선독립문제에 대한 일본사회주의자들의 이해가 비교적 애매하였던 것과는 달리, 아나키스트 오스기 사카에는 1919년 여운형이 대한민국임시정부 대표로 일본정부의 초청을 받아 일본에 왔을 때 열린 환영회에서 이미 조선독립만세를 제창한 바 있다.68) 일찍이 세계주의적 경향이 특히 강했던 아나키스트들이 식민지, 조선독립 문제에 대해서는 다른 사회주의자들과는 다르게 매우 전향적인 태도와 이해를 애초에 가졌을 가능성을 보여주는 사례다.

---

66) 石板浩一, 위의 책, 43~58, 134쪽.
67) 위와 같음.
68) 김삼웅, 『박열평전』(가람기획, 1996), 55쪽.

V. 맺음말

이 글은 20세기 초 도쿄로 집중한 동부아시아 급진주의자들의 모습을 개략적으로 재구성하면서, 개별국가의 급진주의 기원을 국민국가의 개별역사라는 시각을 통해 구성하기보다는 도쿄를 중심으로 이루어진 지역 급진주의 역사의 일부로서 이해하려고 시도했다. 그와 함께 도쿄가 지역 급진주의 네트워크의 교점으로서의 역할과 그 의미를 이해하는 것이 개별국가의 급진주의 대두를 이해하는 데 중요하다고 예시했다. 다만 그것이 도쿄에서 이루어진 급진주의자들간의 직·간접적 접촉, 교류, 상호영향, 상호영감, 공동활동 등의 연대활동을 단순히 일본사회주의나 급진주의자들의 중국급진주의 혹은 한국급진주의에 대한 일방적 영향 혹은 공헌으로 이해하는 것을 의미하는 것은 아니다. 그 영향은 대부분 상호적이거나 다방향적이었기 때문이다. 여기에서 검토한 급진주의자들의 도쿄로의 이동과 집중이 일본급진주의의 대두와 발전에서 어떤 역할을 했고 그 역할의 의미는 무엇인가? 일본급진주의와 다른 국가의 급진주의 사이에는 어떤 관계가 있는가? 이 글은 이 같은 질문에 대한 1차적 대답을 제공한다. 일본급진주의가 지역급진주의의 대두에 최초 공헌한 바는 부인할 수 없지만, 야마카와의 경우에서 보듯이 일본급진주의자들도 다른 지역급진주의자와의 교류를 통해서 식민지문제 등에 대한 이해를 넓히는 계기를 갖게 된 것만은 틀림없다고 하겠다. 나아가 지역급진주의의 대두과정에서 도쿄가 지역적 연계를 만드는 교점이었다는 점, 개별국가의 급진주의 대두에 초국가적 요소가 존재했다는 점, 지역내 급진주의자들뿐 아니라 급진사상 및 언어가 공간적으로 움직이는 이동성을 보였다는 점을 확인할 수 있었다.

20세기 초, 급진주의자들이 도쿄를 중심으로 발전시킨 민족의식, 반침략 혹은 반제의식 등은 그들의 공간적 이동에 따라 집중 혹은 확산하였다. 급진주의의 공간적 집중과 확산은 최소한 1920년대 중반까지 (상하이를 제외하면)

도쿄를 중심으로 전개되었다. 도쿄는 그 집중과 확산 과정에서 동부아시아 급진주의 네트워크의 한 교점으로서 다양한 동부아시아 급진주의자들의 만남, 교류, 공동활동, 연대 등의 공간을 제공했을 뿐만 아니라, 여러 급진사상의 용광로 역할도 담당했다. 많은 급진주의자들이 도쿄에서 급진주의자가 된 요인은, 도쿄가 급진화의 여러 여건과 조건을 제공했기 때문이다. 특히 신문, 잡지, 서적 등을 포함한 출판업의 발전은 급진주의자들이 여러 급진사상과 초국가적 내용을 전달하는 정보에 쉽고도 빠르게 접근할 수 있는 여건을 제공했다. 당시 도쿄에서 이루어지던 일본급진주의의 발전에 따라 진행된 다양한 조직의 형성, 강연, 세미나, 강의의 활성화도 급진화를 위한 직접적 여건을 제공하였다. 그리고 무엇보다 1918년 '쌀소동' 이후 더욱 명확해진 일본의 사회경제적 문제는 급진주의 사상이 본격화되는 계기를 제공했다. 다만 이런 지적이 급진주의 사상과 급진주의자들의 도쿄 집중이 지역급진주의 역사를 일본급진주의 역사나 일본의 사회경제문제의 본질을 통해 파악해야 한다거나 급진주의자들 사이에 사상적 통일이 이루어져 있었다고 주장하기 위한 것은 아니다. 그들은 반강권, 피착취계급의 해방, 바침략이란 면에서는 문제의식을 공유했고 또 그 과정에서 피침략인으로서 '아시아인' 혹은 '아시아' 라는 지역의식을 형성·공유하기는 했지만, 민속적 (식민지) 맥락이나 여러 환경의 차이에 따라 그들의 급진주의 내용은 다양하게 발전하고 있었다.

도쿄에서 이루어진 동부아시아 급진주의자들의 급진주의 접촉과 수용과정에서 특히 주목할 것은 민족의식, 지역의식, 전 지구적 의식의 상호관계다. 그동안 학자들은 급진주의 대두를 민족의식의 결과물로만 보던 경향이 있었다. 그러나 이 글에서 지적하듯이 그들의 민족의식도 사실은 지역의식이나 전 지구적 문제의식과 거의 동시에 형성되곤 했다. 그리고 그런 의식은 각국 급진주의운동에 직·간접적인 영향을 주면서 지역내 네트워크의 형성으로 발전하곤 했다. 민족운동의 일부로만 구성되거나 일국사적 시각에서 구성되는 급진주의운동은 바로 이 같은 민족의식, 지역의식, 전 지구적, 그리고 초국가적 의식의 상호관계와 그에 따른 인적·사상적 네트워크의 형성을 무시하거나 덜 중요한 것으로 간주하곤 했다. 그러나 그 관계는 오히려 변증법적이었고, 민족주의적 해설로는 설명이 잘 안 되는 초국가적 요소가 작용한 결과 만들어진 것이다. 개별국가의 급진주의 역사는 따라서 독립된 역사로서보다는, 좀 더 넓은 지역과 관련된 역사 속에서 파악하는 것이 필요하다. 민족주의 역사서술에서 벗어나 동부아시아 급진주의를 재구성하는 것은 곧 유럽중심주의적인 국민국가 중심의 역사서술의 병폐에서 벗어나는 것이기도 하다.

동부아시아 급진주의자들의 네트워크에서 최초의 교점이던 도쿄는 1923년 발생한 간토 대지진의 여파로 일본정부가 급진주의자들에 대해 대대적으로 탄압을 가하고 1925년 치안유지법을 실행하면서 교점으로서의 지위와 역할을 잃게 된다. 이에 따라 도쿄를 중심으로 집중하여 교류하던 동부아시아 급진주의자들은 1920년대 초부터 서서히 상하이로 이주하기 시작한다. 1920년대 중반에 이르면 상하이와 광저우는 동부아시아 급진주의 네트워크의 새로운 교점으로 등장하였고, 내용적인 면에서는 급진주의의 흐름이 민족주의를 더욱 강조하는 경향으로 바뀌어 갔다. 이 글에서는 도쿄에서 이루어진 동부아시아 급진주의자들의 교류가 일단 표면적으로는 상호영향이나 상호영감을 주고 있었음을 확인하였다. 다만, 그런 영향이나 영감이 일본급진주의 내지는 개별 동부아시아 급진주의에 어떻게 구체화되었는지, 또 그런 영향과 영감이 이후 상하이, 광저우 같은 새로운 교점에서는 어떤 관계 속에서 전개되었는지 등에 대한 검토는 앞으로 남은 과제다.

제 **7** 장

권역시각에서 본 오사운동

Ⅰ. 문제의 제기

1919년 5월 4일 베이징의 톈안먼(天安門) 광장에는 제1차 세계대전의 전후처리를 위해 열린 파리강화조약회의의 결정에 반대하는 베이징의 학생들이 모였다. 그들은 독일이 전쟁 개시 전 산둥(山東)에서 갖고 있던 제 이권을 일본에게 넘겨주기로 한 상화회의의 결정에 중화민국 대표가 서명하는 것을 반대함과 동시에 차오루린(曹汝霖), 장쭝상(章宗祥), 뤼쭝위(陸宗輿) 등 소위 매국적 관료들을 정부가 처벌할 것 등을 요구하며 시위를 벌였다. 시위대는 결국 차오루린의 집으로 향하여 그의 집에 불을 질렀고 장쭝상을 구타하였다. 이에 베이징 군벌정부는 시위대를 무력진압하고 구속에 나섰다. 이것이 소위 '오사(五四)사건'이다. 이 '사건'은 학생시위에 호응하면서 구속학생의 석방을 요구하는 전국적 동조시위, 파업, 철시(罷市)를 초래하며 약 2개월 동안 지속되면서 '운동' 차원으로 발전하였고, 결국 위에 언급한 학생들의 두 가지 요구가 모두 관철된 후 종료되었다. 규모로 보나 내용으로 보나 '오사사건'은 전국적인 '운동'의 차원, 즉 '오사운동(五四運動)'으로 발전하였다는 것이 동시대인들뿐 아니라 역사가들 대부분이 내리는 평가다. 다만 이 운동의 배경, 성격, 의미를 각각 어떻게 평가할 것인가, 그 영향은 무엇이었는가, 오사사건과 오사 전후의 다른 운동을 어떻게 연관시켜 이해할 것인가, 특히 1915년부터 시작된 '신문화운동'이나 '문학혁명'과 '오사운동'은 어떤 관계가 있었는가, 오사운동의 시기는 어떻게 규정할 것인가 라는 문제 등에 대해서는 그동안 학자들 간에 다양한 시각과 견해가 존재해 왔다.

소위 혁명사관의 입장에 선 학자들은 오사운동을 반제(反帝), 반봉건(反封建)이 주요 과제였던 중국혁명사 상의 획기적 사건으로 보았다. 특히 중국 역사학자들은 마오쩌둥(毛澤東)이 내린 오사운동의 정의를 바탕으로, 오사운동을 '구(舊)민주주의 혁명'에서 '신(新)민주주의 혁명'으로 넘어가는 계기가 된 사건으로 파악한다. 즉 오사운동은 1917년 러시아혁명으로 시작된 전 세계 공산주의혁명의 일환이자 1921년 중국공산당의 창당과 함께 시작된 '신민주주의 혁명'의 '위대한 출발(偉大的開端)'이었다는 것이다.[1] 이 시각에서 보면, 중국공산당이 주장하듯, 오사운동은 반제운동이었고, 프롤레타리아를 중심으로 한 중국민중이 발전시킨 반제의식이 1921년 중국공산당 성립과 중국혁명의 시작으로 연결되는 역사적 사건이 된다. 나아가 이런 평가에 따르면, 결국 오사운동은 문화운동('신문화운동')에서 정치운동으로 발전한 중국현대혁명사의 출발점이 된다. 그런데, 1980년대 초중반부터 일본학자들을 중심으로 이런 혁명사관에 의문이 제기되었다. 이들은 오사운동을 '반제'를 중심으로 한 혁명사의 일부로 이해하기보다는, 애국주의에 바탕을 둔 '반일(反日)보이콧운동' 혹은 산둥의 주권 회수를 목표로 한 '반일민족운동'으로 파악하려 했다. 근대중국에서 반제의식이 구체적으로 형성되는 것은 1920년대에 들어와서라는 이들의 주장에 의하면, 오사운동은 기본적으로 반일을 중심으로 한 민중운동이었다고

---

1) 李新·陳鐵健 主編,『新民主主義革命史: 偉大的開端(1919~1923)』(中國社會科學出版社, 1983). 최근 국내 한 언론의 보도에 따르면, 2009년 오사운동 90주년을 맞아 중국공산당 정부는 오사의 의미를 의도적으로 홀대하는 듯한 태도를 취했다고 한다. 오사 학생시위와 1989년 '톈안먼(天安門) 사건'의 상징적 관계 때문에 학생시위 자체를 부정적으로 평가하는 현 중국공산당 지도부의 입장이 반영된 것이다.「중국, 오사운동 의도적 홀대」http://news.khan.co.kr/kh_news/khan_art_view. html?artid=20090504183 1045&code=990105.

한다.[2] 이런 주장을 뒷받침하는 것으로 이들 학자들은 동시대인들이 오사운동을 기본적으로 반일민족운동·계몽운동·민주주의운동으로 파악하고 있었다는 점을 지적한다.[3]

다른 한편, 오사운동을 1915년 잡지『신청년(新靑年)』의 출판 이후 시작된 문학혁명과 신문화운동이란 계몽운동의 연장선상에서 평가하는 견해도 있다. 이 견해에 따르면, 오사운동은 신문화운동과 오사사건을 결합하며 1920년대 중반까지 발전하며 전개된 '지적혁명'이었다. 이는 오사운동을 전후 역사맥락과 연관시켜 이해하려는 시각인데, 이 시각에서는 도시 신지식인들의 존재와 역할이 중국의 '지적혁명'과 사회변혁에서 중요했던 것으로 이해된다.[4] 최근에는 오사운동의 화두를 '계몽'으로 보는 것이 오사를 중국공산당을 중심으로 한 정치적 프로젝트로 보게 만드는 견해라고 비판함과 동시에 오사운동을 문예부흥으로 보는 것 역시 미국과 영국의 자유주의에 뿌리를 둔 견해라고 지적하는 학자도 있다. 이 학자에 따르면, 오사는 다면성(multidimensionality)과 다방향성(multidirectionality)을 갖는 운동으로 파악해야 한다.[5] 한편 국내학계에서는 오사운동을 신해혁명 이후 민국혁명(民國革命)이 새롭게 전개된 민국혁

---

2) 이와 관련한 문제에 대한 논쟁이 일본학계에서 오래 전에 있었다.『季刊中國硏究』(特集 '五四運動'をめぐる學術論爭－五四運動硏究シンポジウムの記錄) 13(1988)을 볼 것. 五四를 산둥 주권회수를 위한 반일운동으로 보는 견해로는 中央大學人文科學硏究所 編,『五·四運動史像の再檢討』(中央大學出版部, 1986), 소수의 논문, 특히 사이토 미치히코(齋藤道彦)의 서론을 볼 것.

3) 笠原十九司,「五四運動の思想史的檢討」, 野澤豊·田中正俊 編,『講座中國近現代史 第4卷 五四運動』(東京大學出版會, 1978), 23~83쪽.

4) Chow Tse-tsung, *The May Fourth Movement: Intellectual Revolution in Modern China* (Stanford University Press, 1960), pp.4~5[국내에는 周策縱(조병한 역),『5·4운동－근대중국의 지식혁명』(광민사, 1981, 1982 2판)으로 번역되어 있다] ; 歷史學硏究會 編,『アジア現代史 第1卷 帝國主義の時代』(靑木書店, 1979), 284쪽.

5) Yu Ying-shih, "Neither Renaissance nor Enlightenment: A Historian's Reflections on the May Fourth Movement," Milena Doleželová-Velingerová and Oldřich Král, *The Appropriation of Cultural Capital: China's May Fourth Project* (Harvard University Asia Center, 2001), pp.307~319.

명의 제2차적인 단계, 즉 '제2차 민국혁명'으로 보는 학자도 있었다.[6] '오사운동'이란 용어도 협의로는 1919년 5월에서 6월까지 2개월간의 운동을 의미하기도 하고, 광의로는 1915년부터 1920년대 중반 국민혁명의 개시 전까지를 의미하기도 하는 등, 학자들에 따라 그 시기도 조금씩 다르게 규정되며 사용되어 왔다.

이 글에서 필자는 위에 소개한 오사운동에 대한 기존의 다양한 주장이나 평가에 대한 적합성 여부를 따지지 않을 것이다. 또 사례연구를 통해 위에 소개한 시각과 관련된 질문들에 대해 대답하거나 혹은 반박하지도 않고, 어느 한 시각에 동조하려는 시도도 하지 않을 것이다. 필자가 갖는 주된 관심은, 두 달 간의 협의의 오사운동(1919년 5~6월)과 광의의 오사운동(1910년대 중반~1920년대 중반) 모두를 새롭게 이해하기 위한 하나의 새로운 시각을 제시하는 데 있다. 실상 오사운동에 대한 기존의 여러 시각과 평가는 거의 대부분 오사를 기점으로 중국 내에서 **확산된** 중국인들의 민족의식, 반일의식 혹은 반제의식, 그리고 그에 따라 전국적으로 점차 **확산된** 조직결성과 각종 출판물의 등장, 지적 성숙과 발전(넓게 보면 계몽의식의 확산)에 관심을 기울여 왔다. 즉 역사가들의 오사에 대한 이해의 기본 출발점은 오사운동의 '확산론'이었다. 이런 이해를 중심으로 연구가 진행되다 보니, 기본적으로 오사운동을 바라보는 기존의 시각은 크게 두 가지 전제를 바탕으로 하고 있었다. 첫째, 1915년 시작된 신문화운동과 문학운동은 1919년의 오사운동으로 향하고 있었고, 오사운동은 지적혁명, 계몽운동, 민중운동으로 궁극적으로 계승·확산·발전되었다. 둘째, 그런 계승과 발전 속에서 오사운동은 정치(혁명)사적으로 보면, 1917년 러시아혁명의 충격을 매개로 이후 중국공산당 창립, 국민혁명으로 확산·전개되었다. 이런 두 전제를 조금 단순화해서 말하자면, 1910년대 중반 시작된 신문화운동과 문학운동은 신(서구)지식의 소개, 신지식인과 민중의

---

6) 민두기, 「'民國革命' 試論: 현대사의 기점으로서의 '辛亥革命' 성격의 이해를 겸하여」, 민두기 외, 『중국국민혁명의 분석적 연구』(지식산업사, 1985), 5~23쪽.

출현을 초래하면서 결국 오사운동을 일으켰고, 오사운동은 1917년 러시아혁명의 영향 속에서 근현대 중국의 과제인 반제·반봉건·민족주의의 발흥을 이끌어내면서 1921년 중국공산당 창당, 1920년대의 국민혁명으로 향하고 있었다는 것이다.

필자는 이런 목적론적 전제에서 벗어나 오사사건과 오사운동을 동부아시아 지역사의 일부, 특히 동부아시아 급진주의 역사의 일부로 이해할 가능성을 제시해 보고자 한다. 즉 1910년대, 특히 1918년에서 1919년 초경부터 본격적으로 (중국을 포함한) 동부아시아 지역 내에서 전개된 급진운동이 '오사사건'을 하나의 정점으로 해서 1920년대에 들어서면서 새롭게 발전적으로 전개되고, 좀 더 넓은 의미의 (볼셰비키 공산주의 운동과는 관련이 없는) 지역 및 중국내 급진운동으로 발전하고 있었다고 이해하고자 한다. 그리고 이런 이해를 가능하게 하는 시각을 '권역시각'으로 제시하고자 한다. 여기서 필자가 사용하는 '권역시각'이란, 구체적으로 두 가지 의미를 지닌다. 첫째, 권역시각은 동부아시아 지역 내에서 이루어진 급진주의자, 급진 언어 및 사상의 직·간접적 접촉, 교류, 상호작용, 상호영향을 강조한다.[7] 둘째, 권역시각은 중국 내에서 이루어진 급진주의자, 급진 언어 및 사상 등의 공간적 확산과 집중을 동시에 강조한다. 이 시각은 오사사건을 전후로 베이징, 상하이, 광저우 등으로 급진주의 운동과 사상이 집중되는 것을 강조함과 동시에 급진주의 운동과 사상이 베이징, 상하이, 광저우로부터 다른 도시나 후난(湖南), 푸젠(福建) 등 다른 지역으로 (재)확산되는 운동의 양방향적 전개를 강조한다. 이 시각에서는 1917년 러시아혁명의 영향 혹은 '충격'과는 직접적인 관련 없이 러시아혁명 이전부터 중국 내에서 이미 전개되어 왔던 급진주의운동을 중요시한다.[8]

사실 위에서 언급한 오사운동에 대한 기존의 다양한 시각과 평가 속에는,

---

7) 권역시각과 필자가 동아시아를 대체하는 지역명칭으로서 본서에서 사용하는 동부아시아란 지역개념에 대한 자세한 논의는 본서의 <도론>과 <권역시각, 초국가적 관점, '동부아시아' 지역개념과 '동부아시아' 급진주의 역사의 재구성 시론>을 볼 것.

8) '지역'과 '권역'의 사전적 의미 등에 대해서는 본서의 <도론> 참조.

의견의 불일치에도 불구하고 기본적으로 오사사건을 애국운동 그리고 애국주의(혹은 민족주의)가 발현된 역사적 분수령으로 본다. 다른 말로 하면, 협의의 오사운동(1919년 5~6월)을 민족주의적 (반제든 반일이든) 애국운동이었다고 보는 데는 큰 이론이 없는 듯하다. 또 오사를 통해 민중의 힘을 지식인들과 혁명가들이 자각하는 계기가 되었다는 해석에도 큰 이론은 없는 듯하다. 필자는 이런 해석이 잘못되었다고 주장하지 않는다. 다만 문제는 이런 시각은 오사운동을 중요한 역사적 계기, 전환점, 분수령으로 본다는 점이다. 그러나 권역시각을 통해 이해한다면, 오사운동은 새로운 '운동' 혹은 새로운 사상적 '흐름'의 계기나 전환점이었다기보다는 **이미 이전부터 발전해 오던 운동의 한 정점**이었다고 이해할 수 있을 것이다. 즉 권역시각에서 오사운동을 보면, 오사 전후 동부아시아 지역내 급진주의자들은 이런저런 형태의 직·간접적 교류, 접촉, 상호작용을 통해 (민족과 지역을 아우르는) 문제의식을 이미 초국가적으로 공유하면서 여러 급진 언어와 사상도 상당 부분 공유하고 있었다고 볼 수 있다. 나아가 그들은 그런 공유를 바탕으로 하나의 (급진담론과 행동의) 초국가적 네트워크를 점차 형성·확대해 가고 있었다.9) 두 달 만에 오사운동이 지역적으로 베이징을 벗어나 거의 동시다발적으로 전국적인 호응을 일으킬 수 있었던 것을 단순히 애국주의의 발로나 민족의식의 고양과 확산으로만 이해하기에는 여러 의문이 남는다. 오히려 그 같은 동시다발적 확산과 호응이 가능했던 것은, 중국내 각 지역에 이미 오래 전부터 회자·논의되어 오던 여러 문제의식, 급진 언어와 사상 등 급진문화의 공유를 위한 제반 지적차원 및 행동과 조직차원의 토양과 토대가 이미 존재했을 가능성을 나타낸다. 이런 배경 하에서 오사 이후 중국 국내적으로는 급진주의가 대폭 발전함과 동시에 몇몇 (상하이 같은) 도시로 그 운동과 사상이 집중되었고, 동부아시아 지역적으로 보면 급진주의운동이 중국내 급진주의의 발전·집중과 함께 지역

---

9) 황동연, 앞의 논문 참조. 오사 이후 등장한 초국가주의 지향의 급진적 지적 네트워크의 예로는 Xioaqun Xu, "Cosmopolitanism, Nationalism, and Transnational Networks: The Chenbao Fujuan, 1921~1928," *The China Review* 4-1(2004), pp.145~173 참조.

내에서도 본격적으로 비슷한 양상을 나타내기 시작했다고 볼 수 있다(자세한 논의는 아래 참조).

다만 그 발전이 코민테른의 출현으로 새로운 곡절을 겪게 되고, 이후 중국 및 지역내 급진주의운동은 점차 레닌주의식 공산주의(볼셰비즘)운동으로 대체되어 간다. 러시아혁명의 직접적 영향을 레닌주의 전위당의 창당과 레닌식 공산주의의 우세로 본다면, 그런 영향은 1920년 이후에나 점진적이고도 조직적으로 나타나기 시작한다. 조세현에 따르면, 1920년 봄 톈진에서 처음 출현한 사회주의자동맹은 이후 베이징, 상하이, 광저우 등 주요 도시에서 차례로 결성되었는데 이 사회주의자동맹은 '각종 사회주의자들의 연합체'였지만 주된 구성원은 아나키스트였다고 한다.[10] 즉 오사 이후의 급진주의는 오사운동 이전부터 존재해 온 급진운동을 계승하였다. 그러나 1920년 초중반부터 1921년 사이에 보이틴스키(G. Vointonsky) 등 코민테른 대표들이 중국에 출현하고 이어진 그들의 활동과 역할을 기화로 중국(궁극적으로는 지역)내 급진주의운동의 주도권이 점차 마르크스-레닌주의 운동으로 넘어가는 상황이 되었다고 할 수 있다.[11] 일본에서도 비슷한 상황이 전개되었다. 1918년 이후 볼셰비즘의 영향력이 점차 일본내 사회주의운동에서 느껴지기 시작하다가 1919년과 1921년 사이에 마르그스-레닌주의가 어느 징도 각인된 어러 종류의 활동, 삽지, 단체가 여럿 등장했다. 즉 일본에서도 급진주의의 발전과 관련해서 위에서 지적한 오사 이후 중국내 사정과 비슷한—레닌식 공산주의운동으로 급진주의운동의 주도권이 점차 넘어가는—양상이 나타났다.[12]

---

10) 조세현, 「보이틴스키의 중국방문과 '사회주의자동맹'—중국공산당 창립시기 아나키즘. 볼셰비즘 합작과 분열」, 『중국사연구』 36(2005), 197~264쪽. 오사 이후 아나키스트에서 공산주의자가 된 윈따이잉(惲代英)의 경우도 이런 지적을 뒷받침한다. 정문상, 「국민혁명기 惲代英의 혁명관과 학생운동론」, 『역사학보』 134·135(1992)을 볼 것.

11) 이런 시각에서 중국공산주의의 기원과 중국공산당의 창립을 설명한 것이 Arif Dirlik, *The Origins of Chinese Communism* (Cambridge University Press, 1989)이다.

12) Robert A. Scalapino, *The Japanese Communist Movement, 1920~1966* (University of California Press, 1967), p.10 ; John Crump, *The Origins of Socialist Thought in Japan* (St. Martin's

　　이런 지적이 동부아시아 공산주의 역사에서 코민테른이 행한 역할을 강조하는 것은 아니다. 오히려 지금까지 주로 코민테른과 레닌주의식 공산주의운동을 중심으로 이해되고 구성되어 온 동부아시아 급진주의 역사에서 벗어나 코민테른 등장 이전부터 진행되어 오던 급진주의운동의 역사를 복원·재구성하는데 그 의미가 있다. 이런 의미를 염두에 두고 오사를 바라보면, 중국의 오사운동은 1919년 5~6월에 걸친 두 달 간의 중국내 애국운동 이상의 의미를 갖는다. 즉 제1차 세계대전 이후 본격화되던 지역과 중국내 급진운동이 1918년 말에서 1919년 초 사이에 구체화되면서 1919년 5~6월 오사운동을 하나의 정점으로 하여 1920년에 들어서면서 더 발전, 전개되는 지역급진운동의 일환이었다고 이해할 수 있다. 물론 1919년 조선의 3·1운동과 1918년 일본의 '쌀소동'도 지역급진주의의 운동차원에서 보면 각각 또 다른 정점이었다. 덩중샤(鄧中夏)의 회고를 빌리면, 1920년과 1921년으로 가면서 '세계혁명 발달이 최고조'에 달하지만 1923년 말이 되면서 '세계혁명'은 점차 쇠락과 좌절을 맞았던 것이다.[13]

　　물론 이 시기의 혁명운동은 덩중샤가 의도하듯 볼셰비키들이 주도한 것은 아니다. 덩중샤는 기존 급진주의세력이 1923년 이후 약화되면서 점차 주도세력이 볼셰비키들로 대체되는 과정을 언급한 것이다. 왜냐하면 이 시기 최고조에 이른 급진주의의 중심에는 많은 학자들이 지적하듯 볼셰비즘이 아니라 아나키즘이 있었기 때문이다. 물론 이런 지적이 아나키즘 우세론이나 아나키즘의 배타적 지도권을 의미하는 것은 아니다. 오히려 오사운동을 전후한 시기 동부아시아 각국의 급진주의운동이 지역급진주의의 대두·발전과 밀접한 관계가 있었다는 점, 그리고 그 급진주의 발전방향이 이후 나타난 레닌주의식 공산주의운동과는 다른 방향으로 움직이고 있었다는 점을 지적하기 위한 것이다. 앞서 언급했듯이 코민테른의 출현과 개입에 의한 볼셰비키 정당화가

Press, 1983), Introduction.

13) 鄧中夏, 「回憶共産主義小組成立前後」, 中國社會科學院近代史硏究所 編, 『五四運動回憶錄(上)』(中國社會科學出版社, 1979), 84~85쪽.

지역 및 각국의 급진주의운동에서 우세해지면서 1920년대 중반부터 급진운동의 방향과 전개가 전체적으로 초국가주의 지향에서 민족주의적 색채를 강화하는 방향으로 달라지고, 결국 레닌식 공산주의운동이 중국과 지역에서 대체로 우세하게 된다. 중국의 경우, 국민혁명을 거치면서 중국공산당의 발전이 두드러지면서 레닌식 공산주의운동은 결정적으로 우세해진다. 이는, 다른 말로 하면 그 이전부터 존재해 오던 중국 및 지역내 비(非)레닌식 공산주의 급진주의운동의 소멸을 의미하였다.

Ⅱ. 오사운동, 권역시각, 지역역사

오사운동에 대한 기존의 다양한 시각과 해석에는 한 가지 공통점이 있다. 오사운동을 전적으로 중국 근현대사의 맥락 속에서만 이해한다는 것이 그것이다. 물론 그 배경으로서 1917년 러시아혁명, 일본의 21개조 요구, 제1차 세계대전과 파리강화회의 등이 거론되기도 하고, 또 조선의 3·1운동과의 비교연구나 양자 간의 관련성을 지적하는 연구가 그동안 꽤 있었던 것도 사실이다. 그러니 이들 연구의 궁극적 목적은 중국 근현대사에서 획기적 사건이었던 오사운동의 이해를 돕기 위한 외적 요소라는 차원에서 세계 혹은 지역내 제반 사건과 운동을 이해하거나 양자의 관련성을 연구하는 데 있었다는 점을 부인할 수 없을 것이다. 오사운동의 결과나 영향도 1921년 중국공산당 창립, 1923~24년 중국국민당의 개조, 1925년 광저우 국민정부의 성립과 1926년 북벌, 그리고 노동운동, 여성해방을 비롯한 중국내 민중운동의 발전이란 틀 속에서 이해되어 왔듯이, 주로 중국 근현대사 속에서의 영향을 중심으로 논의되어 왔다. 오사운동 90주년을 기념하며 2009년 국내외 학계에서 발표된 오사운동에 대한 최근 연구가 비록 오사운동 자체를 새롭게 이해하려는 의도를 갖고 있을지라도, 이 같은 시도 역시 기존 연구와 마찬가지로 오사운동은 중국의 국내운동이었다는 점을 불변의 대전제로 한다.

　물론 이 대전제가 잘못된 것은 절대 아니다. 신문화운동, 문학혁명, 오사사건, 중국공산당 창립, 중국국민당의 개조, 제1차 국공합작과 국민혁명, 민중의식과 운동의 발전 등으로 이어지는 오사 이후 일련의 정치적·사회적 역사 전개는 전적으로 영토적 의미의 '중국' 내에서 벌어진 중국인들의 역사적 경험이라고 말해도 근본적 의문을 제기할 학자는 없을 것이다. 다만, 필자가 이하에서 권역시각을 통해 오사운동을 새롭게 이해하려고 시도하듯이, 그 역사가 동부아시아 지역내 역사와 완전히 분리되어 무관하게 전개된 별개의, 독립적, 배타적 민족역사일 수만은 없다. 좀 더 논쟁이 될 수 있는 용어를 쓴다면, 오사운동의 역사를 중국 근현대사가 독점적으로 소유할 수 없다. 독점적 소유를 위해서는 오사사건과 그 사건을 전후한 일련의 운동의 배경, 전개 상황, 그리고 그 의미, 영향 등등이 전적으로 영토적 정의의 '중국'에만 한정되는 것이어야 한다. 당시 동부아시아 지역 내에서 전개되던 제반 인적 교류와 이동, 정보의 이동, 흐름, 공유 및 확산, 그리고 그에 따른 다양한 상호영향과 상호작용을 고려하면, 그것은 당연히 불가능하다. 더구나 보편적 차원에서 말하자면, 주변이나 세계의 역사 전개와 완전히 분리된 개별역사로서 근현대중국의 역사가 배타적으로 전개되었거나 발전했을 수는 없다. 후술하듯이, 당시 중국인들 사이에 존재하던 민족문제에 대한 인식이 전 지구적 차원과 초국가적 차원의 문제의식 등과 연결되어 있었음은 이미 많은 학자들이 지적했기 때문이다. 그럼에도 불구하고, 최근까지도 민족주의 역사서술에서는 이런 모든 복잡하고도 상호작용이 확연한 초국가적 면들이나 전 지구적 요소들이 중국민족주의의 발전, 국민국가 건설, 중국공산당의 승리 등을 구성하는 데 도움을 준 부차적(따라서 역사적 중요성이 상대적으로 적은) 요소로만 설명되어 왔다. 이에 민족주의적 역사서술에서는 국민국가의 건설과 유지에 도움이 되지 않는 역사의 모호함이나 복잡함은 종종 정치적·이념적 판단에 의해 경시되거나 극단적인 경우 배제되기도 했다. 이와 관련된 문제는 주지하듯이 근대중국의 역사서술에서뿐만 아니라, 모든 국민국가나 민족의 근대역사 서술과 구성에서 빈번히 발생했다.

저명한 역사학자 벤자민 슈워츠(Benjamin Schwartz)는, 중국 국내의 문화적 관심들이 국제적이고 초국가적인 관심으로 발전되고, 국제적이고 국가적인 관심들은 국내의 문화적 관심들로도 발전한 것이 오사운동이었다고 파악한 바 있다. 그는 중국인들의 국제적 문제에 대한 관심과 보편적 세계문제에 대한 관심과 이해가 중국 국내문제에 대한 관심과 이해와 상호유기적으로 연결되어 있었다고 지적한다.14) 최근 레베카 칼(Rebecca E. Karl)은 19세기 말~20세기 초 중국에서 논의된 민족주의에 대한 담론을 분석하면서, 당시 중국 민족주의의 담론 속에는 이미 초국가적 내용이 자리잡고 있었다고 지적한 바 있다. 칼의 주장을 받아들인다면, 중국이란 국가의 울타리 안에서만 중국 민족주의의 등장과 발전을 이해하고 논의하는 것은 이제 불가능한 듯하다. 중국 같은 반(半)식민지에서 민족주의가 대두하는 과정에는 초국가주의적 관심이 민족주의적 열정과 변증법적 관계를 형성하고 있었다는 것이 칼의 주장인데, 이는 유럽에서 민족주의가 대두하는 과정과는 사뭇 다른 양상이었다. 만약 오사를 애국운동 혹은 반일민족운동으로 본다면, 그것은 오사시기에 민족주의(혹은 민족의식)가 흥기(혹은 발현)했다는 것을 의미한다. 그런데 초국가주의를 제외하고 그 같은 민족주의의 흥기 혹은 발현의 이해는 어렵다는 것이 바로 칼의 주장이다.15) 아리프 딜릭이 주장하는 중국사회주의의 지역적 성격, 크리스토퍼 고샤(Christopher Goscha)가 지적하는 베트남 공산주의운동에서 지역 네트워크가 행한 역할의 중요성, 필자가 지적한 중일 양국에서 발행된 한인 아나키스트 출판물의 초국가주의와 지역성은 칼의 주장과 그 궤를 같이한다.16)

---

14) Benjamin Schwartz, "Themes in Intellectual History: May Fourth and After," Merle Goldman and Leo Ou-Fan Lee ed., *An Intellectual History of Modern China* (Cambridge University Press, 2002), p.119.

15) Rebecca E. Karl, *Staging the World: Chinese Nationalism at the Turn of the Twentieth Century* (Duke University Press, 2002).

16) 阿里夫·德里克, 「東亞的現代性與革命: 區域視野中的中國社會主義」, 『馬克思主義與現

결국 이런 주장을 확대하면, 식민지와 반식민지 국가에서 민족주의가 대두하는 과정을 이해하기 위해서는 초국가주의적 요소의 영향을 고려해야 한다는 결론이 난다. 따라서 개별 국민국가의 역사 역시 지역사와의 관계 속에서 이해해야 한다는 결론을 얻을 수 있다. 중국역사학자 쉬지린(許紀霖)도 이런 주장에 (아마 무의식적으로) 힘을 실어준다. 쉬지린은 최근 발표한 그의 글에서 오사운동을 세계주의적 관심이 반영된 애국운동이었다고 주장하였다.[17] '세계주의적'이란 '민족적'인 것을 벗어난 것을 의미하고, 그것은 궁극적으로 '지역적' 혹은 '전 지구적' 요소가 오사시기 애국운동 속에 존재했음을 나타낸다. 결국 이런 주장에서 공통적인 것은 초국가적 요소가 애국주의적 (혹은 민족주의적) 오사운동 속에 존재했다는 것인데, 이 점이 바로 오사운동을 지역사의 (궁극적으로는 전 지구사의) 일부로 볼 수 있게 하는 요소다.

오사운동의 역사를 중국근현대사가 독점할 수 없다는 것, 오사운동의 의미를 중국근현대사를 넘어선 지역역사(궁극적으로는 세계역사)와 밀접한 상호관련 속에서 전개된 지역사의 일부로 볼 필요성이 있다는 필자의 주장이 오사를 중국근현대사에서 의도적으로 떼어내려는 '동북공정'의 아류인 것은 아니다. 나아가 이런 제안이 오사사건 혹은 오사운동이 중국에서 일어났다는 것을

實』2005年 3期, 8~16쪽[특히 중국사회주의를 '지역사의 일부'라고 하는 지적은 Arif Dirlik, "Socialism in China: A Historical Overview," Kam Louie ed., *The Cambridge Companion to Modern Chinese Culture* (Cambridge University Press, 2008), p.156을 볼 것] ; Christopher E. Goscha, *Thailand and the Southeast Asian Networks of the Vietnamese Revolution, 1885~1954* (Curzon Publishers, 1999) ; Dongyoun Hwang, "Beyond Independence: The Korean Anarchist Press in China and Japan in the 1920s and 1930s," *Asian Studies Review* 31-1 (2007), pp.3~23 ; Dongyoun Hwang, "Korean Anarchism before 1945: A Regional and Transnational Approach" in Steven Hirsch and Lucien van der Walt eds., *Anarchism and Syndicalism in the Colonial and Postcolonial World, 1870~1940: The Praxis of National Liberation, Internationalism, and Social Revolution* (Brill, 2010), pp.95~129.

17) Xu Jilin (trans. Duncan M. Campbell), "Historical Memories of May Fourth: Patriotism, but of What Kind?," *China Heritage Quarterly* 17 (2009). (http://www.chinaheritagequarterly.org/features.php?searchterm=017_mayfourthmemories.inc&issue=017)

부인하려는 것도 절대 아니다. 오사사건은 중국 베이징을 중심으로 1919년 5월 4일 발생한 중국 국내사건임이 명백하고, 그 후 전국적으로 전개된 오사운동도 중국 국내에서 전개된 운동이다. 그러나 그 사건이나 운동이 발생하게 된 배경과 발전 과정, 그 사건과 운동의 영향 등을 중국이란 하나의 핵심어만을 통해서 혹은 중국이란 국민국가의 울타리 안에서만 이해할 필요도 없고 또 그럴 수도 없다. 더구나 오사운동을 전 지구사적 시각에서 이해하는 것을 하나의 방법론으로 본다면, 그 자체가 아리프 딜릭의 표현에 따르면, '역사 보는 지평을 넓히는 데 의미'가 있을 뿐만 아니라, 궁극적으로는 탈유럽중심주의적 시각을 통해 중국근현대사를 세계와의 관련성, 즉 월딩(worlding)을 통해 이해할 수 있게 한다.[18] 무엇보다 중요한 것은 오사운동의 기원, 의미, 영향 등을 폭넓게 이해하려면 중국이란 국가의 울타리를 넘어서 지역과 (궁극적으로는 세계와) 소통하는 역사를 구성할 필요가 있다는 것이다. 그 소통은 권역시각, 즉 중국의 내부역사가 외부(지역과 세계)역사와 갖는 관계를 이해함과 동시에 외부역사가 중국 내부역사와 어떤 관계를 갖고 진행되었는가를 동시에 바라보는 양방향적 시각을 통해 시작될 수 있다. 결국 오사운동의 역사를 '월딩'한다는 것은, 오사 전후 구체화되던 중국인들이 당시 직면했던 여러 문제(예컨대 반일 혹은 반제, 자유, 해방, 독립, 민주주의, 계몽, 근대 등)를 동부아시아 지역내 다른 민족들이나 국가들이 당면했던 문제와의 관계, 궁극적으로는 당시 세계인들의 관심이자 문제와의 상호관계 속에서 이해하는 것이다. 근대중국이 직면한 문제들을 지역과 세계도 공통적으로 직면했던 문제들로 권역시각을 통해 파악하는 것이다. 다만, 중국내 여러 사정과 환경 등의 차이 때문에 이들 문제에 대한 구체적 인식이나 해결방법 등은 지역이나 세계의 해결책과는 다른 방향성과 방식을 띠며 중국 내에서 구체화되어 갔다. 바로 이 점이 오사운동을 지역역사이자 동시에 근대중국의 역사, 즉 개별국가의 역사로

---

18) 「지구사 서술 시도, 역사 보는 지평 넓히는데 의미」, 『한국일보』(2010년 4월 27일), 29면(문화면).

만드는 요소다. 결국 오사운동은 개별국가인 중국의 역사지만, 동시에 지역내 여러 문제와 의식을 공유한 지역역사, 나아가 전 지구역사의 일부로 이해할 필요성이 있게 되는 것이다.[19]

오사운동이 전적으로 중국 내에서 전개된 운동이었지만, 그 배경과 이후 전개된 역사를 보면, 그 속에는 지역과 공유한 요소가 존재하거나 작용했음을 쉽게 알 수 있다. 그리고 지역적으로 공유한 요소들은 많은 경우 초국가적·전 지구적 내용과 의미 및 문제의식을 내재하는 경우가 많았다. 무엇보다 지역 내에서 이루어진 직·간접적인 인적 교류, 접촉, 상호 영향과 영감이 중요하지만, 그 외에도 언어, 사상, 정보 등의 교환이나 흐름을 통한 간접적 접촉도 지역적으로 공유하는 초국가적 문제의식의 형성에서 중요한 역할을 했다. 예를 들면, 우위장(吳玉章, 1878~1966)은 오사시기 전후 자신에게 나타났던 사상적 변화를 회고하면서 민족적 요소, 지역적 요소, 그리고 초국가적 요소가 서로 교차하며 자신의 급진사상 형성에 영향을 주었다고 말한다. 1911년 신해혁명 이전, 우위장은 중국을 민주, 독립, 통일, 부강의 국가로 만들겠다는 이상을 갖고 있었다. 다른 한편, 그는 1903년 일본 도쿄로 유학을 가서 일본사회주의의 선구자 고토쿠 슈스이의『사회주의신수(社會主義神髓)』를 읽고 그 주장을 "신선하다"고 느꼈다. 그리고 위안스카이(袁世凱) 정부의 체포령을 피해 1913년 11월 프랑스로 간 그는 그곳에서 점차 인간 개개인의 평등, 빈부소멸을 주장하는 사회주의사상에 더욱 고무되었다. 결국 우위장은 1919년 일본서적『과격파(過激派)』를 반복해서 읽고, 나아가 러시아 10월혁명과 오사운동을 통해 마침내 '새로운 방향'과 '새로운 길'을 제시받았다고 회고하였다.[20] 그가 1923년 중국청년공산당을 창당하고 1925년 중국공산당에 입당하면서 공산주의자가 되는

---

19) 이런 시각은 1968년의 제3세계를 분석한 Arif Dirlik, "The Third World in 1968," Carole Fink, Phillip Gassert, and Detlef Junker ed., *1968: The World Transformed* (Cambridge University Press, 1998), pp.295~317에서 시사받았다.

20) 吳玉章,「回憶五四前後我的思想轉變」, 中國社會科學院近代史硏究所 編, 앞의 책, 52~61쪽.

과정에서 우리가 무시할 수 없는 것은, 우위장의 신체적·지적 활동공간의 범위와 내용의 초국가적 확장이다. 그 초국가적 공간의 범위와 확장은 중국이란 국가의 영토적 경계, 중국민족주의란 지적 경계를 넘어서면서 이루어졌다.

오사시기 전후의 지적 상황도 중국 내에 이미 여러 초국가적·전 지구적 요소가 존재했음을 보여준다. 몇 가지 예만 들어보자. 영국의 급진적 철학자 버트란드 럿셀(Bertrand Russell)은 1920~21년 사이 베이징 대학에서 객좌교수로 있으면서 서양철학 등을 강의하였다. 1920년 10월 11일 중국에 도착했을 때 중국지식인들 사이에는 일종의 '럿셀 열(Russell craze)' 현상도 보였다. 럿셀은 상하이, 항저우, 난징, 창사(長沙), 베이징 등을 여행하면서 다섯 가지 주제를 갖고 18차례의 강연을 진행하였다. 영국인으로서 행한 그의 강연과 강의, 그리고 대안문화로서 중국문화에 대한 그의 예찬은 중국지식인들에게 특별히 의미있는 것으로 받아들여졌다고 한다. 영국으로 돌아간 럿셀은 지속적으로 중국에 관한 글을 쓰면서 중국지식인들과의 지적 네트워크 형성에 관심을 보이기도 했다.[21] 존 듀이(John Dewey)는 럿셀보다 이전인 1917년부터 1920년 까지 베이징 대학의 철학과 교수를 역임했다.[22] 이들이 베이징 대학에서 장기간 재직하며 강의 혹은 강연을 했다는 것은 그들이 오사운동 혹은 최소한 베이징 대학 학생들의 지적·사상적 흐름과 형성에 의도적이든 아니든 초국가적 영향을 주는 역할을 했을 가능성을 의미한다. 1913년 노벨문학상 수상자인 타고르(Rabindranath Tagore)의 경우, 오사 이후인 1923년 중국문화계의 요청으로 베이징 및 기타 도시를 순회하며 아시아의 부흥과 관련한 일련의 강연을 진행한 바 있다. 그의 사상이나 1923년 강연이 어떤 형태로든 당시 중국지식계에 영향을 준 것은 사실이다.[23] 예를 들면, 궈모뤄(郭沫若)의 경우, 오사사건

---

21) Xioaqun Xu, 앞의 논문.

22) Barry Keenan, *The Dewy Experiment in China: Educational Reform and Political Power in the Early Republic* (Council on East Asian Studies, Harvard University, 1977), Chapter 1.

23) Srephen N. Hays, *Asian Ideas of East and West: Tagore and His Critics in Japan, China, and India* (Harvard University Press, 1970).

직후인 1919년 6월 일본의 후쿠오카(福岡)에서 하사(夏社)를 조직했는데, 당시 그는 타고르 숭배자가 되는 자신을 발견하였다고 회고한다.[24)

다른 예로는 『오사시기기간개소(五四時期期刊介紹)』에 실린 오사운동 기간 전후 중국 내외에서 발행된 간행물목록을 들 수 있다.[25)] 이 책에 따르면, 당시 발행된 거의 모든 잡지와 신문들이 해외 사정을 소개하는 난을 각각 갖고 있었다. 이런 해외사정 소개 난의 존재는 여러 의미가 있다. 수많은 해외소식 중 어떤 소식을 취사선택하여 게재할 것인가, 그 소식의 중요성을 어떻게 강조할 것인가, 소식의 번역작업과 소식 전달과정에서 생기는 여러 외래용어와 문장의 회자 등등의 문제를 고려하면, '지역적(local), 민족적 (national), 초국가적(transnational)'이라는 다양한 차원의 공동체에 대한 상상이 신문과 잡지의 편집진들과 독자들에 의해 이루어졌음을 알 수 있다.[26)] 이것은 중국인들이 중국이 당시 직면한 문제를 세계 혹은 지역 문제와의 관련성을 통해 이해하거나, 세계와 지역의 정치, 경제, 문화, 사상의 흐름 속에서 이해하려 던 노력의 발로였고, 나아가 오사운동의 배경과 전개에서 초국가적 요소들이 담당한 직·간접적이고도 중요한 역할을 의미한다고 봐야 하지 않을까? 궁극적 으로는 오사운동을 중국근현대사 속에서만 이해하기보다 지역차원, 나아가 전 지구 차원에서도 이해할 필요성을 지적한다고 봐야 하지 않을까?

결국 인적 이동, 인적 존재, 사고와 사상 및 용어의 유입, 이동, 흐름이란 초국가적 요소들은 오사운동 기간 전후 중국에 직·간접적으로 영향을 주었다. 오사 전후 이들 외래요소들의 중국내 등장과 존재를 오사운동을 이해할 때 무시하기는 어렵다. 그러나 그동안 학자들은 이들의 존재와 영향을 지역역사와

---

24) 郭沫若, 「郭沫若回憶五四前後的思想和文學活動」, 中國社會科學院近代史研究所 編, 앞의 책, 183~184쪽.

25) 中共中央馬克思列寧恩格斯斯大林著作編譯局研究室 編, 『五四時期期刊介紹』 全3集6冊 (三聯書店, 1978~1979).

26) Bryna Goodman, "Networks of News: Power, Language and Transnational Dimension of the Chinese Press, 1850~1949," *The China Review* 4-1 (2004), pp.1~10 외 *The China Review*의 특집호인 Vol. 4, No. 1 (2004) 소수의 논문들을 볼 것.

의 연관성에서 파악하거나 중국 민족역사 형성에서 나타난 초국가적 요소로 이해하기보다는, 단순히 중국혁명 과정에서 보이는 개인적 혹은 일과성 차원의 중국근현대사에 대한 영향 혹은 공헌이라고 평가했을 뿐이다. 그 원인은 물론 민족사학의 입장에서 구성된 국민국가의 역사서술에서는 이들 '외래요소'의 존재를 강조할 필요가 없었을 뿐만 아니라, 국민국가의 통일된 민족의식 형성에 그런 외래요소들이 그다지 큰 도움이 되지 않았기 때문이다.

바로 이런 초국가적 요소들의 존재와 영향이 오사를 지역사의 일부로 보는 것을 가능하게 한다. 초국가적 요소의 존재라는 전제 속에서 급진 언어와 사상의 유입, 확산, 공유, 그리고 그에 따른 인적 혹은 정보 차원의 네트워크 형성이란 관점을 적용해 볼 수 있다. 주지하듯이 오사를 기화로 급진 언어와 용어가 더욱 보급, 확산, 공유되었는데, 이는 그런 언어와 사상이 한두 달 만에 중국 내에서 갑자기 보급·공유되었다기보다는 이미 이것들이 중국 내에서 이전부터 꽤나 회자·논의되고 있었음을 시사한다. 오사 이전 '민주'와 '과학' 이외에도 '노동', '호조(互助)', '직접행동', '사회주의', '사회혁명' 같은 용어들이 아나키스트나 일부 사회주의단체의 잡지뿐만 아니라 비사회주의 혹은 반사회주의적 성향의 잡지를 통해서도 회자되었다. 사회주의의 경우를 보면, 그것이 비판적이든 긍정저이든 중국 내에서는 이미 사회주의에 대한 논의가 일정하게 이루어지고 있었다. 이는 당시 중국인들이 사회주의에 관심을 갖고 있었다는 것을 의미한다. 그리고 그런 논의 과정에서 비사회주의단체나 비사회주의자들조차 사회주의와 계급투쟁이란 문제를 항상 부정적 태도를 견지하며 이해하거나 거부했던 것은 아니다. 그 예로서 오사사건 이전 상하이에서 영국과 일본 유학 출신자들을 중심으로 1917년 3월부터 발행된 잡지『태평양(太平洋)』과 일본유학중인 학생을 중심으로 역시 상하이에서 1916년 12월 3일부터 발행되기 시작한 잡지『학예(學藝)』를 보자. 이들 두 잡지는 사회주의를 단순히 거부하기보다는 사실 심각하게 논의한다. 즉『태평양』에 실린 글 가운데는 '온화한 사회주의'를 선호한다는 글이 실리기도 했으며,『학예』에는 사회주의,

특히 레닌주의에 대해 호의적으로 언급하는 글들이 실리기도 했다. 1916년 6월 도쿄에 유학중이던 중국학생들이 중심이 되어 발간된 또 다른 잡지『민탁(民鐸)』은 1918년부터 상하이로 발행지를 옮겼는데, 사회주의에 호의적이지는 않았지만 사회주의에 대한 논의를 전적으로 다루는 글들을 꽤 실었다.[27)]

　　이들 잡지의 사회주의 논의가 갖는 의미를 단순히 사회주의에 대한 이해가 '천박'했다거나 '반동적인 자산계급의 입장'에서 사회주의를 정확하게 이해하지 못했다고 간단히 평가하는 것[28)]은 이들 잡지의 사회주의에 대한 논의가, 사회주의 용어의 전파와 확산이란 면에서 행한 역할과 의미를 고려하지 않은 단순한 목적론적 평가다. 오히려, 사회주의라는 용어나 사회주의에 대한 다양한 논의와 이해가 오사 이전에 이미 중국지식인들 사이에 꽤 보편화되어 있었다는 사실을 이들 잡지는 시사한다. 특히 비사회주의 계열의 잡지가 사회주의를 논의하였다는 사실은 그러한 보편화의 일면을 보여준다. 더구나 이들 잡지가 대부분 상하이에서 발간되었다는 것은 그런 논의가 상하이 등으로 집중되고 있었을 가능성까지 보여준다. 나아가 이들 잡지가 대부분 일본유학 혹은 영국유학 출신자들이 창간하거나 발행한 것이라는 사실도 중요한 시사점을 준다. 그들의 다양한 사회주의 용어의 사용이나 이해에 그들이 유학한 사회(혹은 그들이 유학중 접촉·교류한 계층)의 사회주의에 대한 관심과 논의가 반영되어 있었을 것이기 때문이다. 두 잡지를 발행한 유학생 혹은 유학출신자들은 유학중에 그들이 유학하고 있던 사회(혹은 유학중 교류한 계층 혹은 집단)의 사회주의에 대한 관심과 논의에 노출되고, 그들의 사회주의에 대한 반응은 그들이 유학한 사회(계층·집단)의 반응의 전부 혹은 적어도 일부일 가능성이 높다. 예컨대, 영국과 일본 양국에서 중국유학생들이 누구를 통해, 어떻게, 어떤 사회주의에 관한 지식을 논의했고 받아들였는가라는 문제는 그들 자신의 사회주의에 대한 이해를 파악하는 데 중요한 열쇠가 된다. 말하자면, 이들의

---

27) 中共中央馬克思恩格斯列寧斯大林著作編譯局硏究室 編, 앞의 책 第3集 上冊 (1978), 327~352쪽.

28) 위의 책, 327~332쪽.

사회주의에 대한 이해, 결론, 판단은 결코 전적으로 그들 자신들이 배타적으로 만든 것은 아니라는 것이다. 이 점도 바로 오사의 배경 속에 존재하는 초국가적 요소이자 지역요소의 일부를 지적해 준다.

비슷한 시각에서 오사운동 전후 중국에서 널리 회자되고 논의된 민주주의라든가 개조, 해방 같은 용어를 살펴보자. 이들 용어는 이미 1919년경 자유주의적 급진주의자들로부터 스스로를 구별하기 시작하던 더 급진적인 일본급진주의자들의 슬로건이었다고 한다.[29] 20세기 초 많은 중국유학생들뿐만 아니라 동부아시아 급진주의자들이 집중하던 곳이 일본, 특히 도쿄였다는 것은 그들이 일본의 새로운 급진주의자들과의 다양한 관계를 통해 그런 용어들을 자신들의 용어로 흡수, 수용, (재)정의, (재)확산시켰을 가능성을 시사한다.[30] 즉 (레닌주의식 공산주의를 제외한) 여러 종류의 급진용어와 급진주의가 오사 전후 중국에서 수용, 전파, 보급, 확산되는 과정에 일본, 일본급진주의자들, 그리고 그들의 사상이 일정한 역할을 했다는 것이다. 물론 이런 지적이 중국인들의 급진주의나 급진용어 이해 등이 일본(혹은 영국)의 급진주의자들의 이해나 정의를 그대로 따랐다는 것은 절대 아니다. 필자의 주장은 근대중국인들의 급진주의 이해에 대한 연구는 예컨대 일본급진주의자들의 급진주의(그리고 용어) 이해와의 관계나 영향을 고려하면서 진행될 필요가 있다는 것이다.

역사학자 마이클 로빈슨(Michael Robinson)의 다음과 같은 한인급진주의자 묘사는 이런 필자의 주장을 뒷받침한다. 그는 해외에서 식민지조선으로 돌아온 조선급진주의자들이 좀 더 넓은 지역내 움직임 속에서 사상적으로

---

29) Peter Duus, "Socialism, Liberalism, Marxism, 1901~1931," Peter Duus ed., *The Cambridge History of Japan* Vol. 6 (The Twentieth Century) (Cambridge University Press, 1988), pp.684~685.

30) 20세기 초 새로운 개념과 언어가 일본을 매개로 중국에 전파된 내용에 대해서는 Douglas R. Reynolds, *China, 1898~1912: The Xinzheng Revolution and Japan* (Council on East Asian Studies, Harvard University, 1993), Part II. 도쿄로 동부아시아 급진주의자들이 집중한 것과 관련된 논의는 본서의 <급진주의자들의 도쿄로의 이동과 집중: 1900~1920년대 동부아시아 급진주의의 대두, 확산, 그리고 그 의미>를 볼 것.

나 경험적으로 성장한 자들이라는 사실을 다음과 같이 지적한다.

'급진주의자들'이란 1919년 이후 저명해진 민족주의적 지식인 그룹을 느슨하게 의미한다. 이 그룹의 정치적 세계는 러시아혁명 이후의 사회혁명사상에 대한 폭넓은 매력에 의해 만들어졌다. 도쿄, 베이징, 상하이의 정치적 온실에서 성장하며, 해외의 조선학생들은 서로 경쟁하는 정치사상의 지적소동 속으로 자신들을 던져왔었다. 제1차 세계대전 이후 시기의 중국인, 일본인 학생들처럼, 조선인 학생들은 정치적 민주주의, 볼셰비즘, 사회민주주의, 신디칼리즘, 길드 사회주의, 아나키즘, 페이비언주의, 민족적 사회주의란 사상의 소용돌이의 와중에서 조선 민족문제의 해결책을 모색하였다.[31]

이런 지적을 더욱 뒷받침한 것이 한인공산주의자 김산의 회고다. 김산은 혁명운동에 참여하려는 목적을 갖고 1920년 상하이에 도착하였는데, 그곳에서 곧 "여러 부류의 사람들을 만났고 서로 대립하는 정치사상과 토론의 소용돌이에 던져졌다." 그에 따르면, 당시 중국내 공산주의운동은 아직 '유아기'에 있었고, 그 자신 "마르크스주의는 물론 레닌주의에 대해서도 전혀 알고 있지 않았다." 그럼에도 불구하고 그는 민주주의나 자유라는 용어를 1919~20년경 도쿄와 상하이에서 접하고 스스로 아나키즘을 받아들였다고 회고한다.[32] 해외유학생을 중심으로 1919~20년대 전반 식민지조선에서 싹튼 급진주의는 그 기원에서 보면 지역내, 특히 중국과 일본의 급진주의자들 혹은 재중, 재일 한인급진주의자들과 여러 문제의식이나 문제 해결책을 광범위하게 공유하고 있었다는 사실을 김산은 시사한다. 이런 시사를 조금 확장하면, 식민지조선의 급진주의운동은 동부아시아란 지역내, 특히 도쿄, 상하이, 베이징 등에 집중되

---

31) Michael Edson Robinson, *Cultural Nationalism in Colonial Korea, 1920~1925* (University of Washington Press, 1988), p.6. 물론 로빈슨도 기존의 견해와 마찬가지로 1917년 러시아혁명이 이들 급진주의자들 형성에서 가장 중요했던 계기로 본다.

32) Nym Wales and Kim San, *Song of Arirang: A Korean Communist in the Chinese Revolution* (Ramparts Press, 1941), p.107, p.118.

고 있던 당시 지역급진주의 역사의 일부였다는 전제를 가능하게 한다.

동시에 지역사적 관점에서 보면, 오사운동 전후 동부아시아에서는 급진운동이 다양화하고 광범위하게 전개되고 있었다. 제1차 세계대전 직후인 1918년 9월 일본의 도야마(富山)에서는 '민중의 자각'이 '시대의 흐름'이 되었음을 보여주는 '쌀소동'이 발생했다. '쌀소동'은 일본내 사회주의사상의 발전이란 관점에서 보면, 1905년의 첫 전환점 이래 사회주의의 무한한 중요성을 초래한 새로운 전환점이었다고 평가된다. '쌀소동'으로 제기된 일본내 사회적·경제적 착취와 정의의 문제는 일과성으로 끝나지 않고 지속적인 관심 속에서 계속 제기되었기 때문이다. 1914년 겨우 49개에 불과했던 일본내 노동조합이 1919년에 들어서 187개로 증가한 것도 그런 상황을 보여준다. 특히 '직접행동'은 당시 발생한 노동쟁의의 특징적 현상이었다. 아나키즘(혹은 아나코-콤뮤니즘 anarcho-communism)이 급진지식인들을 중심으로 사회문제의 해결을 위해 받아들여졌다면, '직접행동'은 특히 당시 일본노동자들과 소작농들이 빈곤·압제·고통에 대항하기 위해 의지한 수단이었다. 이런 면에서 보면 1918년 '쌀소동'은 1907년 2월의 '아시오(足尾) 동광사건', 같은 해 4월과 7월의 '호로나이(幌內) 탄광사건'과 '벳시(別子) 동광사건' 이래 '직접행동'이 필수적 수단으로 작용하던 한 시기를 마무리하는 사건이었다. 물론 1918년을 기점으로 해서(중국에서와 마찬가지로) 볼셰비즘의 점증하는 영향력을 일본내 급진주의운동에서 느낄수 있었지만, 이상의 배경 하에서 1911년 고토쿠 슈스이의 처형으로 비롯된 일본사회주의의 '동절기'가 마침내 끝나고 1919년부터 일본에서는 사회주의 부흥의 신호가 보이고 있었다.[33]

인도에서는 1919년부터 제1차 영국상품 보이콧을 포함한 비폭력 저항운동이 시작되어 1922년까지 지속되었다. 특히 1919년 4월에는 영국의 식민통치에 저항하며 마하트마 간디(Mahatma Gandhi)가 사티아그라하(satyagraha) 투쟁을

---

33) 이상 Peter Duus, 앞의 논문, p.681, p.683, pp.687~692 ; John Crump, 앞의 책, Introduction 과 p.167, p.177.

선언하며 영국의 식민통치에 반기를 들었는데, 당시 평화로운 시위를 위해 모인 비무장 인도인들에게 영국의 식민정부가 발포를 하여 많은 사상자를 냈다(암리차르 대학살). 이어 같은 해 12월에는 인도 국민회의파대회가 개최되는 등 인도에서 반식민투쟁이 1919년부터 본격적으로 전개되었다.[34] 1919년 3월 1일 조선에서는 일본제국주의의 식민통치에 저항하는 시위가 전국적으로 벌어지고, 이어 조선의 독립운동가들은 해외(특히 중국)로 망명하면서 점차 급진화되어 갔다. 그들은 해외에서 아나키즘 등 사회주의에 대해 점차 관심을 갖게 되는데, 이들의 활동 역시 상하이 등에 집중되기 시작했다. 한인 공산주의와 아나키즘의 역사서술이 대부분 1919년 3·1운동을 기화로 시작된다는 것은 한국학계의 일반적인 견해다. 즉 1919년을 정점으로 한국의 급진주의운동이 본격적으로 전개되었다는 것을 의미한다. 한편, 타이완에서도 1920년대 초가 되면서 본격적으로 아나키스트를 포함한 사회주의자들이 등장하고, 그들과 조선, 중국, 일본사회주의자들 간의 교류가 활발해지기 시작했다. 이런 움직임은 일본 식민통치에 대한 타이완인들의 '반항운동이 격렬화'되기 시작했음을 보여준다.[35]

이런 지역 급진주의운동의 고조라는 배경 하에서 중국 아나키스트 단체인 실사(實社)의 『자유록(自由錄)』 잡지는 중국 아나키스트들이 조선과 타이완의 '지사'들과 연합할 것을 이미 주장하고 있었다.[36] 또 주지하듯이 이와는 별도로 오사 이후 중국 각 지역에서는 중한호조사(中韓互助社) 등이 설립되고, 한중급진주의자들이 『신한청년(新韓靑年)』, 『진단(震壇)』, 『광명(光明)』 등의 잡지를 공동으로 발행하는 등 중한연대운동이 진행되었다.[37] 이 밖에도 한중일 급진주의들

---

34) 인도의 독립운동과 동아시아, 특히 일본과 중국혁명의 유기적 관계를 논한 글로는 中村平治, 「インド民族運動の展開と東アジア」, 坂野正高·衛藤瀋吉 編, 『中國をめぐる國際關係－影像と現實－』(東京大學出版會, 1968), 237~273쪽을 볼 것.

35) 楊碧川, 『日據時期臺灣人反抗史』(稻鄕出版社, 1988), 161~253쪽.

36) 中共中央馬克思列寧恩格斯斯大林著作編譯局研究室 編, 앞의 책 第3集 上冊, 219~220쪽.

37) 小野信爾, 「三一運動と五四運動」, 『朝鮮史叢』 第5·6合倂號(1982), 72~81쪽.

과 인도, 베트남 급진주의자들 사이의 교류와 접촉도 더욱 진행되고 있었다. 이상과 같이 오사 전후 중국급진주의의 전개에서 나타나는 외국 급진주의자들의 존재와 영향 등을 가볍게 다룰 수는 없다. 스푸(師復)와 야마가 다이지(山鹿泰治)의 관계, 오스기 사카에의 유럽행이 중국 아나키스트와 한인 아나키스트의 도움으로 성공할 수 있었던 예 등에서 볼 수 있듯이, 오사 전후 급진언어와 급진사상의 지역내 전파, 그에 따른 급진주의자들의 초국가적 네트워크 형성이 이루어지고 있었다.[38] 결국 중국내 급진주의운동을 지역사의 일부로 구성할 수 있는 가능성이 여기에도 있는 것이다. 또한 지역내 초국가적 급진주의운동의 발전방향과 오사운동이 직·간접적으로 상당히 연관되어 있었다는 것을 알 수 있다.

III. 오사운동의 공간적 확산과 집중

권역시각을 제시하면서 필자가 제기하는 또 다른 문제는 오사운동의 중국내 공간적 확산과 집중이다. 기존 연구는 대부분 오사운동을 기본직으로 중국내에서 '전국적으로 확산된 운동'이란 차원에서 파악하여, 오사의 의미를 1919년 5월 4일 **이후** 베이징에서 중국내 다른 지역과 도시로 확산되어 간 운동으로 평가한다. 따라서 오사사건이 오사운동이 제기한 여러 문제의식을 (중국 국내) 지역적으로 **확산**시켰다고 보는 것이 일반적인 반면, 오사 이전부터 중국내 여러 지역에서 다양하게 존재하던 여러 논의와 문제의식이 오사사건을 거치면서 몇몇 지역이나 도시로 **집중**되었을 가능성에 대한 논의는 거의 없다. 이것이 필자가 말하는 (중국 국내에 적용할 수 있는) 권역시각의 두 번째 의미다. 오사운동의 공간적 확산과 집중의 문제는 중국급진주의뿐만 아니라 지역급진

---

38) 玉川信明, 『中國アナキズムの影』(三一書房, 1974), 88~99쪽 ; Thomas A. Stanley, *Osugi Sakae, Anarchist in Taisho Japan: The Creativity of the Ego* (Harvard University Press, 1982), p.143, p.200 주 6).

주의의 전개와도 꽤나 밀접하게 관계되어 있다. 예컨대 한인 급진주의자들은 1920년 초중반부터 점차 일본 도쿄에서 상하이로 독립운동을 위한 활동중심지를 옮기는데, 그들 중 일부는 1920년경부터 급진운동이 집중되던 상하이를 중심으로 중국공산주의운동과 연계를 갖거나 혹은 중국 아나키스트와도 관계를 갖기 시작한다. 물론 중국공산당이 창당된 것도 1921년 상하이였다. 즉 오사 이후 상하이로 지역급진운동이 점차 집중되고 있었다.

오사에 대한 확산론적 이해는 사실 오사사건 참여자의 한 사람인 뤄자룬(羅家倫)의 지적에서 시작된다. 뤄쟈룬은 오사운동이 "전국적인 민중자각의 신호였던 [여러 부류의 사회] 조직"을 만들게 하는 자극을 주었다고 지적하였다.[39] 우위장도 오사는 "진정 역사의 전환점"이었다고 회고한다.[40] 일본학자들도 오사운동의 전국적 확산이란 해석과 비슷한 견해를 그동안 계속 제기해 왔다. 예컨대, "중국민중은 5·4운동을 거쳐 민주주의운동의 새로운 단계에 들어서게 되었고, 또 모든 군벌을 민주주의의 적으로 인식하기 시작"하였다는 지적이나, 오사를 거쳐 중국민중의 정치의식이 크게 진전되었다는 지적이 그것이다.[41] 물론 이 같은 시각을 발전시켜 오사를 중국공산당 창설을 직접 준비시킨 중국 노동자계급이 최초로 유력한 정치세력으로 등장하는 출발점으로 삼고, 나아가 반제반봉건 통일전선의 형성에 대한 전망을 닦아놓은 의미를 강조하는 학자도 있었다.[42] 이렇듯, 일본학계에서도 오사 이전을 배경으로 주목하면서도 오사 이후 전국적으로 확산된 변화에 오사의 주된 의의가 있다고 지적하는 해석이 주류를 점했다. 즉 오사의 정신과 경험이 오사사건 이후 확산되었다는 시각을 견지하는 것이다. 이런 확산론적 시각의 문제는 오사 이전에 전개된

---

39) Wen-Han Kiang, *The Chinese Student Movement* (King's Crown Press, 1948), p.38에서 재인용.

40) 吳玉章, 앞의 글, 60쪽.

41) 味岡徹, 「五四運動における民衆鬪爭」, 野澤豊·田中正俊 編, 『講座中國近現代史』(東京大學出版會, 1978), 111쪽.

42) 古廄忠夫, 「勞動運動の諸潮流」, 野澤豊·田中正俊 編, 위의 책, 150, 152쪽.

역사를 오사의 배경으로서만 중요하게 이해하고, 오사 이후 벌어진 일련의 역사전개는 목적론적 시각에서 더 강조하는 결과를 초래한다는 데 있다.

구미학계도 이런 점에서 예외는 아니다. 오사운동 연구의 고전이라고 할 저우처쭝(周策縱)의 연구도 오사운동이 "근대중국의 지식, 문화, 사회정치의 역사상 분계선으로서 신시대의 시작을 의미하는 것이었다"고 지적한다.[43] 베라 슈워츠(Vera Schwartz)의 경우는, 오사사건이 "민족주의적 혁명을 추구하는 동시에 봉건주의를 뿌리 뽑으려 하던 일련의 미완의 노력들의 첫 시도였다는 것을 의미했다"고 평가한 바 있다.[44] 그리고 다음과 같은 벤자민 슈워츠의 오사에 대한 묘사도 강조점은 오사 이후에 있는데, 이런 해석은 아마 최소한 1980년대까지 미국학계의 주된 해석이었다.

> 5월 4일의 학생시위는 정치적 탄압을 초래한 폭력적 행동으로 분출되었다. 그러나 학생들의 애국적 예는 다른 주요 도시에서, 그리고 학생뿐만이 아닌 상인계급과 다른 애국자들에 의한 비슷한 시위에 영감을 주었다. 오사는 따라서 민족주의의 성장에서 하나의 이정표였다.[45]

오사를 애국적 행동이나 의식의 확산을 가능케 한 이정표로 지적함으로써 오사 이후의 지역적 확산을 강조하면서 오사 이후의 역사전개에 더욱 주목하는 해석들은 기본적으로 오사 이후 여러 문제의식의 전국적 확산이란 관점에서 오사사건과 광의의 오사운동을 이해하려 한다. 저명한 역사학자 모리스 마이스너(Maurice Meisner)도 리다자오를 통해 중국 마르크스주의의 기원을 분석한 그의 저서에서 오사운동이 중국급진사상에 마르크스주의의 확산을 증진시키는 역할을 했다고 지적하고, 그 과정에서 촉매제로서 코민테른이 한 역할을

---

43) 周策縱(조병한 역), 앞의 책, 336쪽.

44) Vera Schwartz, *The Chinese Enlightenment: Intellectuals and the Legacy of the May Fourth Movement of 1919* (University of California Press, 1986), p.7.

45) Benjamin I. Schwartz, ed., *Reflections on the May Fourth Movement: A Symposium* (East Asian Research Center, Harvard University, 1973), vii (Forward).

지적한 바 있다.[46)]

1980년대 이후 한국역사학계의 오사운동 이해를 어느 정도 대변한다고 할 수 있는 서울대학교 동양사학연구실 편집의『강좌 중국근현대사』의「5·4運動」장의 서술도 오사운동의 전국적 확산이란 시각을 견지한다. 즉 오사운동 과정에서 "지역적으로도 운동의 전개양상이나 여러 참여세력의 활동상황이 다르게 전개되었으며, 일정 지역에서도 시기적으로 운동의 국면이 진전되는 데 따라 운동의 성격이 변화해 갔던 사실"이 있지만, "북경의 학생운동이 선봉이 된 5·4애국운동은 전국적인 학생운동을 결기시켰을 뿐만 아니라 각계각층의 호응을 받아 전민중적 운동으로 발전"하였다고 묘사한다.[47)] 그런데 필자가 이런 평가에서 주목하는 것은 바로 "다르게 전개된 면"이라는 표현이다. 뒤에서 자세히 언급하겠지만, "다르게 전개"되었다는 것은, 오사 이후 확산 과정에서만 운동이 다르게 전개되었다는 뜻이 아니라, 오사 이전부터 이미 각 지역에서는 다양한 관심과 문제의식 속에서 다양한 '운동'이 지역적으로 이미 다르게 전개되고 있었다는 것도 시사하기 때문이다.

위의 확산론적 시각들이 완전히 틀렸다고 볼 수는 없다. 다만, 확산론적 시각이 갖는 문제점은 크게 두 가지다. 먼저, 이 시각을 통해 오사운동을 이해할 경우, 오사 이전의 역사는 인식론적으로 볼 때 상대적으로 역사적 중요성을 잃게 될 뿐만 아니라, 오사와 오사 이후의 역사발전의 바탕이자 배경으로서만 주로 그 의의를 갖게 된다. 역사에 대한 목적론적 인식 속에서 1919년 오사운동의 폭발과 이후의 발전을 이해하려는 역사인식 틀 속에서 오사 이전의 역사를 이해하게 되는 것이다. 따라서 오사 이전의 역사적 발전과 전개양상이 오사 이후에도 꽤나 "다르게 전개"되었던 역사를 경시 혹은 무시하

---

46) Maurice Meisner, *Li Ta-Chao and the Origins of Chinese Marxism* (Harvard University Press, 1967). 사실 이런 경향은 벤자민 슈워츠(Benjamin I. Schwartz)의 *Chinese Communism and the Rise of Mao* (Harvard University Press, 1951)까지 거슬러 올라간다.

47) 강명희,「5·4運動」, 서울대학교동양사학연구실 편,『講座中國史Ⅵ－개혁과 혁명』(지식산업사, 1989), 209~211, 216쪽.

는 경향을 초래할 수 있다. 샬롯 퍼스(Charlotte Furth)의 지적에 따르면, 오사시기에 등장한 많은 사상들이 사실 1919년 훨씬 이전부터 중국인들에 의해 이미 논의되기 시작되었다고 한다.[48] 이런 지적에도 불구하고, 오사의 '확산론적 이해'는 여전히 1919년 5월 4일 이전의 역사가 결국 1919년의 민족주의(혹은 애국주의)적 요구의 분출과 그 후의 역사발전으로 향하고 있었다는 (의도했든 안했든) 필연성을 강조하는 목적론적 역사인식을 통해 역사를 이해하게 할 위험성을 내포하고 있다. 이런 시각 속에서 오사운동이 그동안 마르크시즘의 등장과 중국공산당의 창립이란 역사의 필연성을 설명하는 배경으로 이해되고 해석되어 왔다는 것, 그리고 후일 이 시각이 많은 비판을 받은 바 있다는 것은 시사하는 바가 많다.[49] 필자는 이런 '확산론적 시각'보다는 오사 이전의 역사전개 양상을 적어도 동등하게 중시하는 '동시대적 시각'을 통해 목적론적 인식을 피하면서 지역적 배경과 발전의 차이도 강조하는 권역시각 하에 오사운동을 이해하자고 제안한다.

사실 오사 이후 운동의 확산이란 관점에서 오사를 설명해온 주장이 꽤나 설득력이 있는 것 또한 사실이다. 오사운동 기간을 전후한 시기에 중국내외에서 발행된 간행물을 소개하는 『오사시기기간개소(五四時期期刊介紹)』에는 약 280여 종의 잡시나 신문들이 수록되어있다. 이들은 오사시기 전후 중국 각 지역에서 발행된 잡지나 신문인데, 그 중 약 20여 종만이 시기적으로 보면 오사사건(1919.5.4) 이전부터 발행되기 시작하였다. 그리고 나머지 대부분은 오사사건 이후에 발행되기 시작한 것들이다.[50] 좀 단순화해서 말하면, 이런 출판물의 수적 증가의 의미는, 오사사건 이후 더 많은 잡지와 신문의 발행이 이루어지면서 오사시기 전후에 회자된 '민주', '과학', '노동', '러시아혁명', '반제', '자본주의', '자유', '사회혁명' 등에 관한 논의가 오사 이후 더 활발해졌다는 것을 나타낸다. 물론 이런 숫자가 절대적으로 중요한 의미를 갖는 것은 아니지만, 이런 수적

---

48) Charlotte Furth, "May Fourth in History," Benjamin I. Schwartz ed., 앞의 책, pp.59~68.
49) 예컨대 Arif Dirlik, 앞의 책, 서장을 볼 것.
50) 中共中央馬克思列寧恩格斯斯大林著作編譯局研究室 編, 앞의 책 第1集을 볼 것.

증가는 오사사건 이후 오사가 제기한 많은 문제의식과 그 문제들에 대한 가능한 해결책에 대한 논의가 분명히 공간적, 수적으로 확산된 것을 의미한다. 다만 그런 논의의 확산이 오사사건 이전부터 존재해 온 여러 관련된 논의나 여러 다른 형태의 논의의 존재를 흔적도 없게 묻어버리거나 그 중요성을 감소시킬 수는 없다. 오사 이전에 존재했던 지역 내 여러 다양한 논의와 같은 지적, 공간적 토대와 토양이 존재하지 않았다면, 그런 급격한 수적이나 공간적 확산은 불가능했을 것이기 때문이다.

오사운동 참가자의 한사람인 쉬더헝(許德珩)의 회고에 따르면, 오사사건 발생 1년 전인 1918년 5월 베이징에서는 중국 학생들의 제1차 시위운동이 일어났었다. 직후 '학생애국회(學生愛國會)'가 조직되고 나아가 조직의 간행물로서 『국민잡지(國民雜誌)』를 발행했다고 한다. 쉬의 표현에 따르면, "이런 준비가 있었기에 오사가 폭발하자마자 매우 빨리 보편적 운동으로 [발전]될 수 있었다"는 것이다. 흥미로운 사실은, 당시 베이징 대 총장인 차이위안페이(蔡元培)를 비롯한 아나키스트들이 '애국회'라는 명칭을 "낙후된 사상"이라고 주장해서 명칭을 이내 '학생구국회(學生救國會)'로 바꿨다고 쉬가 회고하는 내용이다.51) 쉬는 "준비"라는 표현을 씀으로써 1918년 5월에 이루어진 베이징의 학생 시위와 이후 학생들이 조직한 '학생구국회'가 마치 오사를 미리 예상하고 준비하기 위해 마련된 것처럼 말하나, 사실 그의 회고의 요점은 적어도 1918년부터 진행되던 베이징의 급진적 학생운동의 연장선상에서 오사사건 당시의 학생시위를 이해해야 한다는 것, 그리고 1918년 당시의 운동 과정에 아나키스트들의 주장이 상당히 작용했다는 사실이다. 주지하듯이 여성 해방과 중국가족제와 관련된 문제 등 사회문제에 대해 중국아나키스트들은 오사 이전부터 이미 꾸준히 (그리고 최초로) 문제제기를 해왔었다. 오사 이후 '부녀(婦女)'를 제목으로 한 잡지가 상하이를 중심으로 발간되기 시작한 것은 『오사시기 기간개소(五四時期期刊介紹)』에 실린 간행물 목록을 살펴보면 알 수 있는데,

---

51) 許德珩, 「五四運動在北京」, 中國社會科學院近代史研究所 編, 앞의 책, 211~212쪽.

이 책의 목록에 따르면, '녀(女)'나 '여자(女子)'가 아닌 '부녀(婦女)'란 용어를 잡지명(의 일부)으로 내건 잡지는 1920년 1월 상하이에서 발간되기 시작한 『신부녀(新婦女)』가 처음이었다.52) 그리고 이후 '부녀(婦女)'를 제목으로 내건 잡지 3종류가 상하이에서 더 발행되는데, 오사이전 중국 아나키스트들의 부녀문제에 대한 문제제기와 논의가 없었다면, 이 같은 잡지의 등장과 부녀해방, 가족제와 관련된 논의의 성행이 갑자기 하루아침에 상하이에서 이루어지기는 힘들었을 것이다.

오사를 전국적으로 통일된 운동이자 베이징에서 지역적으로 확산되어 간 운동으로 파악하는 시각이 갖는 두 번째 문제점은, 오사전후 중국내 지역 차원에서 존재했던 다양한 지역 차원의 문제의식과 해결책을 경시할 수 있다는 것이다. 또 오사운동을 전후한 중국내 역사 전개를 지역(local)사의 흐름과 무관한 것으로 그리게 될 수 있다는 것이다. 사실 청(淸)말인 1903년 이래 중국 유학생들의 대거 도일(渡日)로 인해 '상하이-도쿄 커넥션'이 존재하면서 도쿄가 반청(反淸)분자들을 만들고 성장시키는 중요한 역할을 했다는 지적은53) 중국 내 급진주의의 대두란 면에서 보면 초국가적 요소의 영향을 지적하면서 동시에 오사 전후 상하이를 중심으로 전개되는 동부아시아 (특히 중일) 급진주의자들의 교류, 상호영향의 한 면을 이해하게 하는 배경을 제공한다. 1903년 이래 일본 유학을 마친 중국학생들의 급진화와 그들의 오사 전후 다양한 활동은, 리다자오, 펑파이(彭湃), 저우언라이(周恩來), 루쉰(魯迅), 궈모뤄(郭沫若)의 경우에서 보듯이, 오사의 지적 토양을 제공 혹은 발전시킨 역할을 일본교육과 사회주의가 일정 부분 담당했다는 사정을 보여준다.54) 궈가 후일 회고했듯이

---

52) 丁守和 主編, 『辛亥革命時期期刊介紹』第1~3集(人民出版社, 1982~83)을 보면 『여자세계(女子世界)』, 『여학보(女學報)』, 『여보(女報)』, 『중국여보(中國女報)』 등의 잡지나 신문이 신해혁명 시기 존재했으나, '부녀(婦女)'란 구체적 용어를 사용한 잡지나 신문은 오사 시기와 그 이후에 등장한다.

53) Paula Harrell, *Sowing the Seeds of Change: Chinese Students, Japanese Teachers, 1895~1905* (Stanford University Press, 1992), pp.145~146.

54) 王曉秋, 『近代中日文化交流史』(中華書局, 1992), 343~547, 특히 515~547쪽 ; Douglas

"우리[근대중국인들]는 일본을 통해서 서구문화를 공부했"던 것이다.[55] 이런 언급은 오사 이전 중국 급진주의 성장 과정에 일본, 즉 초국가적 요소가 담당한 역할을 지적한다. 오사를 통해 제기된 (앞에서 언급한) 여러 문제들을 지역 내 문제의식과 관련해서—즉 지역역사 속에서 이해할 수 있는 근거가 바로 여기에도 있는 것이다.

중국 국내 각 지역의 오사사건에 대한 호응 과정을 보면, 당시 전국적인 관심의 중심에 있던 파리강화회의 조약거부나 매국노처벌이 지역(local) 차원에서는 주된 관심사가 아닌 경우가 있다는 것을 알 수 있다. 더불어 지역적 관심과 관련하여 지역의 문제제기도 각 지역별로 조금씩 차이를 보였다. 앞서 언급했듯이 오사운동은 "지역적으로도 다르게 전개"된 것이다. 이런 지역적 편차를 보여주는 가장 단적인 예가 상하이이다. 베이징에서 일어난 오사운동에 호응하면서도 외국 자본주의 세력의 침략에 가장 많이 노출되어 있던 상하이에서 6월 5일 '삼파(三罷)'투쟁이 개시되었다는 것은 그런 지역적 차이를 의미한다. 즉 우위장(吳玉章)의 표현에 의하면, 상하이 같은 **대도시에서** 6월 5일부터 파업과 파시가 개시되었다.[56] 상하이에서 "산동문제나 5월 4일 이후의 학생석방, 채원배 위임문제 등은 상해에서는 절박하게 느끼지는 않았고, 보다 구체적인 내용을 가진 일본상품배척운동을 중심으로 한 배일운동이 활발히 전개되었다"[57]는 지적도 바로 그런 지역적 차이를 인정하는 것이다.

베이징의 경우를 보자. 오사사건 참가자의 한사람인 쾅후성(匡互生)의 회고에 따르면, 급진사상을 독자들에게 전달해주던 잡지들의 존재가 오사운동이 베이징에서 일어난 배경의 하나였다고 한다. 당시 베이징에서 공개적으로 발행되던 『신청년(新靑年)』이나 『매주평론(每週評論)』뿐만 아니라 아나키스트

R. Reynolds, 앞의 책도 볼 것.

55) Marius B. Jansen, *China and Japan: From War to Peqce, 1894~1972* (Rand McNally College Publishing Company, 1975), p.156.

56) 吳玉章, 앞의 글, 64쪽.

57) 강명희, 앞의 논문, 212쪽.

가 조직한 실사(實社)가 비밀리에 발간한 『자유록(自由錄)』, 『민성(民聲)』, 『진화(進化)』 등이 오사운동에 영향을 준 잡지들이었다고 쾅은 회고한다. 쾅에 의하면, 이들 잡지들이 내걸던 주장이 당시 베이징의 중국청년들을 정치적으로 불안하게 만들던 일련의 국내외 사건들과 결합되었던 것이 '오사사건' 발생의 배경이었다는 것이다. 즉 일본의 21개조 요구, 위안스카이의 황제제도 부활시도, 장쉰(張勳)의 청왕조 복원시도, 계속되던 군벌전쟁과 남북전쟁 등은 수도 베이징에 있던 학생들을 이미 정치적으로 몹시 민감하게 만들었고, 이런 내용을 다루던 각종 급진적 잡지들은 그들을 특히 정치화(politicized)시켰던 것이다. 쾅의 지적에 따르면, 이외에도 혁명교육을 이전에 이미 받았거나 1911년 신해혁명 등에 직접 참여한 적이 있는 학생들 다수가 존재했다는 사실이 오사사건의 배경이라고 한다. 따라서 오사운동이 일어나자 운동의 "전국적 확산은 일종의 자연적 추세"가 되었다고 쾅은 회고한다. 사실 이들 학생들의 경험, 존재, 정치화는 (베이징과 상하이를 제외한) 다른 지역이나 도시에서는 특별히 일반적으로 찾아보기 힘든 면이었을 것이다.58) 쾅이 의도하듯이, 오사사건은 분명히 베이징에 존재하던 이런 요인들을 배경으로 (다른 도시가 아닌) 베이징을 중심으로 시작된 것이다. 또 앞서 언급했듯이, 1918년에 이미 일어난 학생시위운동의 경험 등도 이런 배경 속에서 이해될 수 있는 것이었다.

다른 지역과 도시도 베이징과는 다른 면과 양상을 보여준다. 쓰촨(四川)성의 경우, 제 군벌들의 권력투쟁으로 인해서 1920년이 되자 오사운동이 성민들의 자치운동으로 발전하였다. 민이 스스로 성을 통일하면서 쓰촨의 북쪽에 위치하고 있던 군벌 군대가 성내로 진입하는 것을 반대하는 일종의 정치운동으로 발전하고 있었던 것이다.59) 후난(湖南)의 경우도 지역적 차이를 보여준다.

---

58) 中國社會科學院近代史研究所近代史資料編輯組 編, 『五四愛國運動 上卷』(中國社會科學出版社, 1979), 490~491쪽과 匡互生, 「五四運動紀實」, 中國社會科學院近代史研究所 編, 앞의 책, 302쪽.

59) 吳玉章, 앞의 글, 64쪽.

1918년 12월 12일부터 후난에서 발간된 『단풍(端風)』 잡지는 "풍속을 혁신하여, 완선(完善)한 자치의 자질을 촉진"하고 "사회를 개조하여 가정과 국가의 문명 증익에 도움을 준다"는 목적을 갖고 있었다.60) 이 잡지가 독특하게 추구한 것이 비정치적인 것이기는 했지만, 일단 오사운동 직전 후난에서는 반제라는 정치적인 문제보다는 사회적인 문제와 자치 등의 문제가 지역민들이나 지역 지식인들에게 더 주된 관심사였을 가능성을 이 잡지는 시사한다. 사실 이런 가능성은 일본학자의 지적에서도 확인된다. 역사학자 나카야마 히로요시(中山弘義)에 따르면, 오사이후 후난의 학생연합회가 주도한 일본상품 소각 시위가 군벌 장징야오(張敬堯)의 무력에 의해 진압된 '12·2 사건'을 계기로, "후난 인민의 투쟁은 반일 보이콧 운동에서 구장(驅張)운동으로 전환"하였다. 이는 "반제, 반봉건이란 이른바 5·4운동의 전면적 계승이 아니라 반봉건 투쟁, 민주화 투쟁이 [후난에서는] 주요한 과제가 되었던 것"을 지적한다고 한다.61) 결국 이런 지역적 차이와 다양성을 인정하지 않고 오사운동을 전국적으로 확산되면서 통일된 반제운동 혹은 반일(보이콧)운동이란 양자택일적 시각에서 이해하는 것은 무리가 있다. 요점은 반제 혹은 반일이란 큰 문제의식을 공유하면서도 지역적으로 다르게 강조된 문제들이 오사운동 시기 전후 내내 각 지역에 다양하게 존재했다는 점이다. 그리고 그 다양한 문제의식(그리고 해결책)은 지역 사정과 관심을 반영하며 다양하게 집중되고 있었다.

IV. 맺음말

이 글에서 필자는 권역시각을 통해 오사운동을 새롭게 이해하자고 제안했다. 첫째, 오사를 단순히 중국의 전국적 애국운동, 민중운동, 반일운동 혹은 반제운

---

60) 中共中央馬克思列寧恩格斯斯大林著作編譯局研究室 編, 앞의 책 第3集 上期, 143~151쪽.

61) 中山義弘, 「五四期の女性解放運動」, 野澤豊·田中正俊 編, 앞의 책, 197쪽.

동이란 차원의 통일된 운동, 베이징으로부터 확산된 운동으로만 보지 말 것을 제안했다. 1919년 5월 4일을 전후하여 중국에서 벌어진 일련의 여러 사건과 움직임들을 전국적 차원에서만 이해할 필요는 없다. 오사사건을 두 가지 방향에서 이해하는 것도 가능하다. 즉 1919년 5월 이전의 다양한 여러 지역차원의 새로운 움직임이 오사사건을 중심으로 몇몇 (예컨대 베이징이나 상하이같은) 도시와 몇몇 주요 (예컨대 반일, 반제, 민주 등) 쟁점으로 집중된 것으로 보는 것이 하나고, 다른 하나는 오사운동이 베이징, 상하이, 광저우 같은 도시에서 다른 여러 지역과 도시로 다양하게 확산되던 양방향적 성격의 운동으로 보는 것이다. 이런 시각은 오사 전후 지역적(local) 문제와 전국적인 문제가 갖던 관계뿐만 아니라, 지역기반의 문제 해결책이 전국적 해결책과 어떤 연관성 혹은 독자성을 갖고 진행되었는지를 파악하게 해 준다. 다양한 지역 운동과 문제의식이 베이징, 상하이, 광저우 등 핵심도시로 집중되어 옮겨감과 동시에 이들 핵심도시에서 구체화된 문제가 다시 각 지역으로 확산되어 가는 변증법적 과정으로 오사운동을 이해할 수 있다는 것이다. 오사사건을 중심으로 정치, 사회, 경제, 문화 문제의 지역적 집중과 지역저 확산이란 두 갈래 방향에서 오사운동을 이해하며 접근함으로써, 오사운동을 통해 제기된 여러 문세의식과 해설책을 전국적으로 통일되었던 것으로만 이해하기 보다는 각 지역의 다양한 문제의식이 오사사건을 거치며 전국적인 문제의식으로 확산, 발전하면서도 동시에 각 지역차원의 문제의식이나 해결책이 전국적인 문제의식과 해결책과는 다르게 지역사정이나 관심을 반영하며 독자적이자 새롭게 구체화해 가는 양방향적 양상으로 이해하자고 필자는 제안했다. 오사운동을 양방향적 운동으로 보는 시각의 장점은 오사 이전부터 전개되던 급진주의 운동을 그저 오사의 배경만으로 주로 이해하던 기존의 시각에서 벗어날 수 있게 해준다.

둘째, 이 글은 오사 이후 전개된 급진주의 확산과 집중을 오사 이전부터 전개되던 중국과 동부아시아 지역급진주의의 확산, 집중과 관련시켜 파악할 것을 제안했다. 중국 국내적으로 각 도시나 지역에서 다양하게 전개되어 오던 급진운동이 베이징의 오사사건을 정점으로 공간적으로 베이징과 상하이 등을 중심으로 집중되는데, 특히 상하이 경우를 든다면, 중국 급진주의자들뿐만 아니라 동부아시아 급진주의자들이 집중하는 곳이 되어 갔다고 볼 것을 이 글은 제안했다. 김산 등의 회고에서 볼 수 있듯이, 상하이는 동부아시아 급진주의 사상의 용광로 역할을 수행하게 되면서 동부아시아 급진주의 네트워크의 한 교점(node)이 되고 있었다. 이런 공간적 집중에 중요한 역할을 한 것이 오사이전부터 지역 내에서 급진주의자들 사이에 공유되었던 아나키즘을 중심으로 한 급진언어, 사상, 그리고 초국가적 급진 네트워크의 형성 등이었다. 이들 도시에서 지역적으로나 공간적으로 중국 급진주의가 확산, 집중되어 가고, 나아가 동부아시아 급진주의도 공간적으로 확산, 집중되어 갔다는 전제가 가능하다. 이런 전제는 중국 오사운동의 역사를 중국근현대사가 독점하기 어렵다는 것, 오사운동을 동부아시아 지역사의 일부로 이해할 필요가 있다는 것을 지적한다. 그리고 이런 이해를 뒷받침하는 것이 오사 이전 국가의 경계를 공간적, 지적으로 초월하면서 전개된 급진주의자들간의 교류와 접촉일 뿐만 아니라 초국가적 지향의 급진언어와 사상을 선전하던 간행물을 통한 급진언어, 사상 등의 전달과 확산이다.

20세기 들면서 1907년 도쿄에서 동부아시아 급진주의자들이 합심하여 아시아화친회(亞洲和親會)를 조직한 이후 꾸준히 유지되어 온 그들 간의 초국가적 접촉, 교류, 연대(활동)는[62] 그동안 민족주의 역사서술에서는 누락되거나 혹은 그 의미가 최소화되곤 했다. 본고에서 지적하듯이, 급진주의자 간의 다양하고 직·간접적인 초국가적 관계 형성은 20세기 초 중국 급진주의의 대두, 전개, 쇠퇴뿐만 아니라 오사 이전 중국 급진주의의 초국가주의적 경향과 나아가

---

62) 湯志鈞, 「關于亞洲和親會」, 『辛亥革命史叢刊』 第1集(1980), 79~84쪽 ; 竹內善作, 「明治末期における中日革命運動の交流」, 『中國研究』 5(1948), 74~95쪽 ; Rebecca Karl, "Creating Asia: China in the World at the Beginning of the Twentieth Century," *American Historical Review* 103-4 (1998), pp.1096~1118.

20세기 초국가주의 경향을 띠던 동부아시아 급진주의의 성쇠를 이해하는 데도 중요하다. 특히 이를 통해 초국가주의적 지향의 중국 및 지역 급진주의가 중국과 동부아시아 지역 내에서 민족문제의 선결이 우선적으로 강조된 레닌주의식 공산주의로 1920년대 초중반부터 점차 대체되어 간 배경과 과정을 이해할 수 있지 않을까.

권역시각에서 오사를 바라본다면, 그것이 비록 중국 내에서 발생하고 전개된 운동이었지만, 그 배경과 의미, 결과뿐만 아니라 당시 지역 내에서 전개되던 각종 급진운동의 전개양상을 고려하면, 좀 더 세밀하고 광범위한 시각을 통해 탐구할 필요성이 있다는 것을 알 수 있다. 오사는 1919년 이전부터 이미 오랫동안 전개되어 왔던 중국과 지역 내 급진운동의 일환이었고, 지역사 속에서 전개되고 있던 초국가주의 지향의 급진주의 운동의 한 정점에 있었을 수 있다. 1917년 러시아혁명의 성공과는 무관하게 그 이전부터 전개되어 오던 그 같은 초국가주의 및 세계주의 지향의 중국 (그리고 지역) 급진주의는 오사를 하나의 정점으로 계속 발전하고 있었다. 그러나 1920년 초중반부터 코민테른의 중국 및 지역 내 활동 개시와 함께, 민족문제의 해결이 혁명의 전략상 우선시 되던, 즉 "민족주의(nationalism)의 강력한 힘(forces)을 혁명에 이용하고(harnessing) 곧바로 극복하는(vanquishing) 과업의 수행"을 주된 방식으로 삼던 '레닌주의식 민족주의 정책(Leninist national policy)'을 중심으로 한 레닌주의식 공산주의 운동이 1920년대 중반부터 점차 그 이전의 급진주의 운동을 대체하게 되었던 것이다.[63] 이는 20세기 초부터 전개되어 오던 초국가주의 지향의 중국 (그리고 동부아시아 지역) 급진주의의 쇠퇴를 의미하면서, 동시에 민족주의가 강조된 마르크스주의-레닌주의 중심의 공산주의운동이 득세했음을 알리는 신호이기도 했다.[64]

---

63) Walker Conner, *The National Question in Marxist-Leninist Theory and Strategy* (Princeton University Press, 1984), xiii.

64) 이런 지적이 공산주의운동의 국제주의(internationalism)를 무시한다는 뜻은 아니다. 다만, 1920년대 이후 전개된 공산주의운동의 국제주의가 민족문제의 해결을 혁명전략

상의 선결과제로 했던 반면, 오사 이전부터 전개되어 오던 급진주의의 초국가주의
(trnasnationalism)는 민족문제와 초국가적 문제의 밀접한 관련성을 강조하면서 초국가
적 문제의 해결이 곧 민족문제의 해결로 이어진다고 보았다. 두 용어의 뜻으로만
보아도 국제주의는 민족(nation) 간의 관계(inter), 즉 민족의 존재를 강조 내지 인정하는
용어인 반면, 초국가주의는 민족을 넘어서는(trans), 즉 민족이란 개념을 초월하는
의미를 강조한다.

제 **8** 장

이정규, 초국가주의적 한국아나키즘의 실현을 위하여

Ⅰ. 한국아나키즘과 아나키스트 이정규

한국아나키즘은 그 기원에서 본다면, 자본주의의 한 대안으로 유럽에서 아나키즘이 대두하던 과정과는 사뭇 그 요인과 맥락이 달랐다. 무엇보다 일본의 식민지배로부터 벗어나 민족의 독립을 '탈환'하기 위한 민족의식과 민족주의적 열정이 1919년 이후 해외, 특히 중국과 일본에 있던 급진적 한인 지식인과 유학생, 망명 독립운동가들을 중심으로 아나키즘을 본격적으로 받아들이게 했던 것이다.[1] 이는 한국아나키즘 대두를 두 가지 맥락에서 이해해야 함을 지적한다. 첫째, 한국아나키즘의 대두를 식민지적 맥락에서 이해할 필요가 있다는 것이다. 즉 자본주의에 대한 저항과 대안으로 등장한 유럽아나키즘의 경우와는 다르게, 식민지로부터 독립하려는 민족주의 열정이 아나키즘을 최초로 수용하게 한 중요한 요인이었다는 것이다. 둘째, 한국아나키즘의 기원을 지역적 맥락, 특히 중국아나키즘이나 일본아나키즘 등과의 상호관계 속에서 이해해야 하는 사정을 나타낸다. 중국이나 일본에서 한인아나키스트들은 중국과 일본을 포함한 동부아시아 아나키스트들과 상호관계를 형성하면서

---

1) 한국 아나키즘이 중국과 일본에서 최초 태동했다는 지적은 無政府主義運動史編纂委員會 編, 『韓國아나키즘運動史: 前篇·民族解放鬪爭』(형설출판사, 1989)을 볼 것.

아나키즘을 이해하고 받아들였던 것이다.

이런 지역적 맥락 때문이겠지만, 많은 한인아나키스트들은 아나키즘 수용 후 단지 독립 쟁취나 새로운 근대 국민국가 건설을 지향하는 정치혁명만이 아닌 급진적 사회혁명을 동시에 지향했다. 따라서 그들은 민족의식과 민족주의적 열정만이 아닌 아나키즘이 제기하던 세계주의적(cosmopolitan)이고 초국가주의적(transnational) 지향에 대한 이해와 공감을 통해, 탈식민지화(독립)라는 민족의 지상과제가 제국주의와 자본주의 지배 하에서 생성된 전 지구적 문제의 일부라는 결론에 도달했던 것이다. 결국 그들은 민족문제 해결과 세계문제 해결이 상호관련된 동전의 양면과 같다는 것을 이해하고, 민족문제 해결을 곧 세계문제 해결을 향한 첫 발걸음으로 보았다. 바로 이 점이 한국아나키즘을 민족주의만이 아닌 초국가주의(transnationalism)를 통해 이해해야 할 필요성을 나타낸다. 요약하면, 1945년 이전 한국아나키즘은 민족주의와 초국가주의가 결합하면서 받아들여졌고, 독립뿐만이 아닌 사회혁명을 궁극적인 목표로 지향하면서 발전했다. 결국 1945년 이전 한국아나키즘이 갖던 가장 큰 특징의 하나는 초국가적 연계(transnational linkage)였고, 한국아나키즘의 대두는 동부아시아 지역 내 급진주의의 대두, 성장과 깊은 관련을 가지고 있었다.[2]

한국아나키즘의 이런 성격은 1945년 이후 냉전이라는 국제 정세뿐만 아니라 분단 후 남한의 정치적, 사회적 환경 속에서 변화를 겪는다. 그 변화는 기본적으로 민족주의적, 초국가주의적 성격이 유지된 채 탈급진화하는 것이었다. 따라서 1945년 이후 한국아나키스트들의 활동도 반(反)자본주의를 통한 근본적 사회혁명 추구로부터 농촌을 중심으로 한 경제발전과 국가건설을 기획하는

---

2) 이런 시각에서 1945년 이전 한국 아나키즘을 정리한 것으로는 Dongyoun Hwang, "Korean Anarchism before 1945: A Regional and Transnatioanl Approach" in Steven Hirsch and Lucien van der Walt eds., *Anarchism and Syndicalism in the Colonial and Post-Colonial Worlds, 1870-1940: The Praxis of National Liberation, Internationalism, and Social Revolution* (Brill, 2010)을 보고, 동부아시아 개념과 한국 아나키즘의 지역사적 의미에 대해서는 본서의 <권역시각, 초국가적 관점, '동부아시아' 지역개념과 '동부아시아' 급진주의 역사의 재구성 시론>을 볼 것.

'비(非)서구자본주의적, 탈정치적 사회운동'으로 변화되어 갔다. 이런 사정을 이문창은, 1945년 이후 60여년 동안 남한의 아나키스트들은 "미련없이 모든 것을 포기하고 문화계몽과 후진교육이라는 극히 평이한 대중 생활 훈련에 전념"하였다고 묘사한다.[3] 물론 이런 탈급진화와 탈정치화의 배경에는 1945년 이후 냉전 하에서 한국아나키스트들이 직면했던 남한의 독재정권, 군사정권의 반사회주의 정책으로부터 살아남아야한다는 생존문제가 중요하게 자리 잡고 있었을 것이다. 그러나 그 같은 생존과 관련된 문제가 그들의 사상적 입장을 이해하고 단정짓게 하는 유일하거나 결정적 요인일 수는 없다. 왜냐하면, 아래에서 지적하듯이, 한국아나키스트들은 1945년 이전 중국 등에서 얻은 초국가적 경험을 통해서 독립, 자유, 평등이 보장된 국민국가건설이나 농촌문제 해결 등을 이미 아나키즘 실현의 한 방법으로 각각 이해하고 있었다. 문제는 그런 경험과 이해를 구체적으로 어떻게 실천하고 구현할 것인가라는 질문에 한국아나키스트들이 분단 이후 자신들에게 주어진 상황과 공간 속에서 어떻게 대답을 했는가 라는 것이다. 따라서 이들의 1945년 이전 경험과 문제의식을 역사적으로 접근하고, 이를 통해 1945년 이후 한국아나키즘의 성격과 특징을 구명할 필요가 있다. 자칫 한국아나키스트들의 민족주의, 전통, 민족문화에 대한 강조와 애착, 그리고 그들의 초기 정치운동, 국가건설 추구 등을 간단히 생존문제나 '탈아나키즘적 경향'[4]으로 결론지어서는 안 될 것이다.

필자는 1945년 이후 한국아나키즘의 탈급진화, 탈정치화를 '아나키즘의 한국화' 과정이라고 본다. 한국아나키스트들은 1950년대 이래 자신들에게 호의적이지 않던 정치적, 사회적 환경 속에서 그들의 이상을 실현하고자 했고, 그 와중에 그들은 1945년 이전의 경험을 계승, 발전시키면서 비서구자본주의적 발전을 지향하고자 했다. 이런 지향 속에서 가장 중요했던 것은 그들이 한국적 상황을 염두에 두면서 경제발전, 농촌과 전통문화, 그리고 교육에

---

3) 이문창, 『해방공간의 아나키스트』(이학사, 2008), 7쪽.
4) 이호룡, 『한국의 아나키즘 — 사상편』(지식산업사, 2001), 352쪽.

대한 문제를 강조했다는 것인데, 이 점이 바로 1945년 이후 한국아나키즘의 특징이었다고 할 수 있다. 이런 배경 속에서 한국아나키즘은 1945년 이후 탈급진화한 (사상운동이 아닌) 정치운동이자 사회운동으로 점차 바뀌어 간 것이다. 그리고 1945년 전후 한국아나키즘의 이런 큰 흐름 속에서 아나키스트로서의 삶을 살면서 아나키즘을 이해하고 실천하고자 한 대표적인 예가 바로 이정규(李丁奎, 1897~1984)였다.

이정규는 다음과 같이 자신의 1945년 이전 전반생을 회고한다:

나의 전반생은 투쟁의 생애와 독립운동의 역정을 거쳐 사회운동으로 일전하여 사상적인 사회혁명운동, 그것도 이 세상에서는 정당한 이유도 없이 극단시하는 '아나키즘' 소위 무정부주의에 몰두하던 선구자의 한사람이었다.[5]

이런 그의 회고를 다시 정리한다면, 1945년 이전 그는 독립운동을 시작하면서 아나키즘을 받아들이고 이내 급진적 사회혁명을 꿈꾸었던 것이다. 여기서도 알 수 있지만, 사실 아나키스트 이정규는 민족주의자로서 보다는 초국가주의자로서 1945년 이전 시기를 살았는데, 이런 모습은 당시 한인아나키즘뿐만 아니라 동부아시아 아나키즘의 지역적 성격을 잘 보여준다. 1945년 이전, 민족주의적 열정 속에서 그가 수용한 아나키즘은 그에게 민족의식에서 나온 조선독립만을 그의 목표로 만들지 않았다. 그는 아래에서 지적하겠지만 초국가주의적 지향 속에서 다양한 동부아시아 아나키스트들의 프로젝트에 참여했고, 또 이를 통해 궁극적으로 민족주의적 목표인 민족해방을 사회혁명을 통해 성취하려 했다. 그런 초국가주의적 지향은 1945년 이전 한인아나키즘이 갖던 특색이었다.

초국가주의가 강조되던 이정규의 아나키즘은 1945년 해방 이후 국민국가건

---

5) 이정규, 「自序」, 이정규, 『又觀文存』(삼화인쇄출판부, 1974), 11쪽.

설이라는 민족주의적 지향이 보다 강조되는 아나키즘으로 점차 바뀌어 갔고, 사회혁명을 통한 그의 급진적, 혁명적 실천도 비교적 온건한 농촌운동, 교육운동을 중심으로 차분히 전개되어갔다. 왜냐하면 그의 1945년 이후 후반생의 투쟁대상이, 자신이 말하듯 "독립한국의 건설을 위해서는 일제가 패망했으니 남은 투쟁의 대상이 북방의 공산세력이요, 봉건세력뿐"6)이었기 때문이다. 1945년 이후, 그는 철저한 반공주의자로 살았다. 물론 1920년대 이후 거의 모든 동부아시아 아나키스트들이 그랬듯이, 그도 이미 1920년대부터 공산주의를 비판해 왔다. 당시 한인아나키스트들의 공산주의 비판의 핵심은 공산혁명이 결국 볼셰비키라는 새로운 지배계급을 만드는 등 진정한 사회혁명을 이룰 수 없다는 것이었다. 이정규 자신도 1927년 중국의 취안저우(泉州)에서 '공산주의비판'이란 제목의 수업을 강의할 정도였다.(아래 참조) 한편 그가 말하는 봉건세력에 대한 투쟁은 여러 면에서 궁구할 필요가 있다. 무엇보다 그의 반봉건 투쟁의 대상이 뚜렷하지 않을 뿐만 아니라 1945년 이후 그의 투쟁을 돌아봐도 그 내용이나 성격은 정치투쟁은 아니었다. 중요한 것은, 그가 더 이상 제국주의나 식민주의를 투쟁의 대상으로 삼지 않았다는 것이다. 아래에서 지적하듯이, 그의 목표는 정치, 사회, 문화, 경제 모든 면에서 민주주의, 자유, 평등이 모든 민중에게 보장되고, 반공산주의적이자 동시에 비서구지본주의적(혹은 비서구근대주의적) 경제발전을 지향하는 '민주사회주의'를 통해 근대국민국가를 건설하고, 궁극적으로 자유, 평등, 민주주의의 세계를 건설하는 것이었다. 그는 그런 국가 건설을 한국에서 아나키즘이 실현된 형태로 보았던 것이다.

---

6) 이정규, 「自序」, 11~12쪽.

Ⅱ. 일본유학, 중국망명, 독립운동 : 민족주의와 아나키즘

이정규는 1897년 10월 7일 당시 경기도 부천군 북도면 장봉리에서 부친인 이정훈의 삼남으로 태어났다.[7] 이후 성장하면서 이정규가 민족해방에 관심을 갖고 점차 급진주의자가 되어간 과정은 사실 당시 여느 다른 조선학생들의 경우와 크게 다르지 않았다. 그는 1915년 일본으로 유학을 가서 도쿄 영어정칙학교(英語正則學校)에서 1년간의 준비과정을 거친 후 다음해인 1916년 게이오(慶應)대학 예과(豫科)에 입학하였다. 약 2년 후인 1918년 게이오 대학의 학부인 이재학과(理財學科, 즉 경제학과) 1학년으로 정식 입학한 후, 그의 인생은 당시 일본에 유학 중이던 다른 조선인 유학생들과 마찬가지로 1919년 2·8선언과 3·1운동을 거치면서 커다란 변화를 맞이하였다. 그의 제자인 이문창에 따르면, 이정규가 독립운동의 한 방편으로서 '범사회주의 사상'에 주목한 것은 바로 게이오 대학 재학 중 당시 지방별로 사분오열되어 있던 재일유학생 조직의 단일화운동에 동참할 때부터였다고 한다. 즉 1910~20년대 많은 도쿄 거주 조선유학생들이 그러했듯이 재일유학생이던 이정규도 도쿄에서 민족의식을 형성하는 과정에서 사회주의 사상을 접했다.[8]

3·1운동 직후인 3월말 귀국한 이정규는 곧바로 신의주, 안동, 펑톈(奉天), 난징(南京)을 경유하여 4월 중순 경 상하이(上海)에 도착하고, 이내 그곳에서 조직된 대한민국 임시정부의 임시의정원 의원에 충청도 대표로 선출되었다. 그가 본격적으로 독립운동에 참여하기 시작한 것이 바로 이때이다. 같은 해 9월말 재귀국한 후 그는 다음 달인 10월 의친왕을 망명시키는 계획을 형인 이을규(1894~1972)와 함께 추진하나 실패하고 만다. 이후 1921년 5월 중순 상하이로 다시 망명한 이정규는 1928년 10월말 상하이에서 일본영사관에

---

7) 이하 특별한 주가 없는 한, 이정규의 활동과 관련된 구체적 시기와 내용은 이정규, 『又觀文存』 소수의 연보(1~7쪽)와 無政府主義運動史編纂委員會 編, 앞의 책의 이정규 관련 부분을 볼 것.

8) 이문창, 앞의 책, 56쪽.

의해 체포되어 한국으로 호송될 때까지 중국에서 독립운동과 아나키스트운동을 전개하였다.

1921년 5월 중순 상하이로 돌아온 이정규는 같은 해 10월 러시아의 치타에 있는 원동대학에 입학할 계획을 세우고 공산당에 입당까지 한다. 그러나 정화암(鄭華岩) 등과 러시아로 가던 도중에 베이징에서 만난 유자명(柳子明)의 권고로 그는 러시아행을 포기하였다. 정화암에 따르면, 당시 '상해파'와 '이르크츠크파' 간에 진행되던 혈육상쟁의 알력 때문에 러시아행이 자칫 그들의 목숨을 위태롭게 할 수 있다는 유자명의 전언 때문이었다.[9] 다음해인 1922년 중국아나키스트 리스쩡(李石曾)과 아나키즘의 철학적 전제와 세계주의적 전망을 공유하면서 "노동신성(勞工神聖)"을 주장하던 차이위안페이(蔡元培)의 호의로 베이징(北京)대학 경제학부 2학년에 편입한다. 특히 리의 경우, 우즈후이(吳稚暉)와 함께 반공주의자로서 가장 근본적 사회혁명 실행의 방법으로 교육을 중시하면서 중국의 가족제와 유교문제를 근대를 향한 중국사회 변혁과 진보에서 가장 중요한 쟁점으로 보던 근대주의적(modernist) 경향의 중국아나키스트였다.[10] 1921년 말부터 23년에 걸친 2년여 동안의 베이징 생활은 이정규의 사상과 인격 형성이란 면에서 보면 "매우 중요한 시기"였다.[11] 아마도 이 시기에 이정규는 본격적으로 독립운동을 지향하며 아나키스드로서의 길을 걷기 시작했을 것이기 때문이다. 이정규 자신의 표현을 빌리자면, 당시 중국에 있던 조선의 망명객이라면 누구나 "조국의 광복을 위해 싸우는 생활이 우리 젊은이의 단 하나의 할 일이었으며 또한 보람"이라고 여기고 있었다.[12] 즉 이정규는 민족주의적 열망 속에서 조선독립을 위해 아나키즘을 1920년대

---

9) 이정식 면담/김학준 편집·해설, 『혁명가들의 항일회상 − 김성숙·장건상·정화암·이강훈의 독립투쟁』(민음사, 1988), 269∼270쪽.

10) 리의 근대주의적(modernist) 아나키즘과 차이에 대한 이런 평가는 Arif Dirlik, *Anarchism in the Chines Revolution* (University of California Press, 1991), p.14, p.46, p.66과 Chapter 3을 볼 것.

11) 이문창, 앞의 책, 56쪽.

12) 이정규, 「실천하는 사람되라(청주대학 퇴임소감)」(1956년 4월), 『又觀文存』, 356쪽.

초에 중국에서 받아들이기 시작했던 것이다.

그의 아나키즘 수용에 커다란 영향을 간접적으로 준 것은 그가 도쿄유학 시절에 접했을 '범사회주의 사상'일 것이다. 그러나 그가 중국망명 직후 중국에서 직·간접적으로 접한 여러 아나키스트들의 영향도 우리는 무시할 수 없다. 1920년대 초 베이징을 통제하던 베이징 군벌정부의 보고에 의하면, 이정규는 그의 형인 이을규와 함께 1922년 6월 5일 중국의 세계어학회(世界語[즉 에스페란토]學會)가 개최한 차 모임에 일본 "공산주의자"와 함께 참석하였다. 이 모임에서 중국아나키스트들로부터 중국내 "무정부당(無政府黨)"의 상황에 대한 개황을 설명받은 이정규는 화답으로 조선독립이 필요하다는 것과 조선, 중국, 일본 3개국의 젊은이들이 연합하여 함께 전진할 수 있기를 희망한다는 요지의 발언을 하였다고 한다.[13] 국경을 넘어선 초국가적 연합을 추진하면서도 조선독립을 강조한 이정규의 발언은 아마 이즈음 아나키스트의 길을 걷기 시작한 그가 조선독립뿐만 아니라 세계피압박민족들의 해방을 위해서는 초국가적 연대가 한중일 삼국의 아나키스트들 사이에 필요하다는 것을 인식했다는 것을 의미한다. 그런데 그의 연보에 따르면, 이듬해인 1923년 이정규는 베이징대 동창생인 천콩산(陳空山)과 함께 베이징세계어전문학교(北京世界語專門學校) 설립에 협조하고 나아가 이 전문학교 부속의 리밍(黎明)중학의 교원으로 임명되기도 했다고 한다. 그리고 같은 해 그는 아래에서 언급하는 이상촌 건설에 참여하기도 하였다. 이런 그의 초기 초국가적 활동은 그의 아나키즘이 민족독립과 초국가적 이상이 결합한 결과물이었다는 것을 보여주는 예의 하나이다.

그가 중국에서 아나키스트가 되는 과정에서 만난 외국 아나키스트들은 위에서 언급한 리와 차이를 포함한 중국인 아나키스트들 외에도, 루쉰(魯迅: 周樹人)과 그이 동생 저우쥐런(周作人), 조선과 비슷한 식민지 상황을 겪고

---

13) 「載德關于北京無政府黨人組織世界語學會及活動情形致聶憲藩呈」(1922年6月5日), 中國第二歷史檔案館 編, 『中國無政府主義和中國社會黨』(江蘇人民出版社, 1981), 160~161쪽.

있던 타이완에서 온 아나키스트 판번량(范本梁) 등이 있었다. 특히 당시 중국에서 자신의 세계주의 지향의 아나키즘을 설파하고 있던 러시아의 맹인시인이자 아나키스트인 에로셴코(Vasilij Eroshenko)에게서 이정규는 큰 감화를 받고 아나키스트가 되었다고 진술한 바도 있다. 에로셴코가 그에게 전해주는 레닌식 공산주의 하의 소련 실상은 공산주의가 아닌 아나키즘의 원리를 통해 사회혁명을 이루어야한다는 확신을 그에게 주었다. 결국, 이정규가 아나키즘을 수용하고 나아가 반공주의자가 되는 과정에서 가장 큰 요인중의 하나가 아마 그가 중국아나키스트 등을 비롯한 여러 아나키스트들과 중국에서 직·간접적으로 교류를 했다는 사실일 것이다.[14]

여기서 중요한 것은 이정규의 아나키즘 이해의 원천이 그가 당시 만나고 있던 한인아나키스트 신채호나 이회영 외에도 외국 아나키스트들이었다는 사실이다. 물론 이정규의 아나키즘이 이들 외국 아나키스트들에 의해 만들어진 것이라고 말할 수는 절대 없다. 다만 문제는 그들의 아나키즘 이해가 갖던 초국가적 내용과 성격이 이정규의 아나키즘 이해의 원천이었다는 점은 시사하는 바가 크다. 역사학자들이 자주 놓치거나 무시하는 것이 그런 교류가 갖는 의미와 결과이다. 즉 그들과 만났다는 것이나 교류 자체가 중요한 것이 아니라, 그것이 이후 이정규의 아나키즘 수용, 이해, 실천과 어떤 관세를 갖는시를 파악하는 것이 중요하다. 한 가지 명백한 사실은, 이정규가 일본에서 접한 '범사회주의 사상'이나 중국에서 접한 아나키즘은 대부분 각각 일본사회주의와 중국(혹은 에로셴코의)아나키즘이란 렌즈를 통해 한번 걸러진 아나키즘이었다는 것이다. 이런 지적이 이정규의 아나키즘 이해가 일본사회주의나 중국아나키즘의 이해를 그대로 모방한 것이라고 지적하는 것은 절대 아니다. 그의 아나키즘은 그 자신의 눈과 이해를 통해 받아들여진 이정규의 아나키즘이라는 사실은

---

14) 오장환, 「이정규의 무정부주의운동」, 『사학연구』 제49호(1995.3), 182~185쪽. 에로셴코의 중국내 활동에 대해서는 Xiaoqun Xu, "Cosmoplitanism, Nationalism. and Transnational Networks: *The Chenbao Fujuan*, 1921~1928," *The China Review* 4-1 (Spring 2004), pp.145~173을 볼 것.

불변이다. 다만, 여기서 중요한 것은 그의 아나키즘 이해의 근원에 있는 초국가적 출처와 성격이다. 이런 초국가적 원천이 이정규에게 민족적 관심과 전망에 더하여 초국가적 관심과 전망도 형성하게 했을 것이라는 것이다. 이런 사정을 고려하면, 그의 아나키즘은 애초부터 초국가적 요소를 지니고 있었다고 봐야 할 것이다. 위에서 언급한 에로셍코의 세계주의 지향의 아나키즘, 리스쩡과 같은 중국국민당계 아나키스트들의 반공주의뿐만 아니라 '근대주의적' 아나키즘과 교육에 대한 강조, 차이위안페이의 '노동신성'에 대한 믿음뿐, 중국 아나키스트들의 지적노동과 육체노동을 결합한 인간창출의 교육사상 및 농업과 산업을 결합한 근대성 추구 등은 이후 이정규의 아나키즘 실천 속에서도 직·간접적으로 중요한 역할을 하기 때문이다. 이런 지적의 타당성은 그가 이후 참여한 여러 아나키스트 운동이나 기획에서 나타나는 그의 사상적 입장과 실천을 살펴보면 확인할 수 있다.

Ⅲ. 농촌건설, 교육, 그리고 '신조선 건설'을 향한 사회혁명: 1920년대 초국가적 경험

1923년 9월 이정규는 저우(周) 성을 가진 중국아나키스트의 제안에 따라 천웨이치(陳偉器), 혹은 천웨이광(陳偉光)과 함께 중국 후난(湖南)성 한슈이(漢水)현에 "경자유전의 원칙에 따라 공동경작, 공동소비, 공동소유하는 협동조직"을 만들 것을 구상하였다. 이들이 구상한 이상농촌 건설은 인삼재배를 하는 한인농민들을 약 50호정도 한반도에서 그곳으로 이주시키고, 그들이 중국농민들과 한중합작의 촌락을 결성하여 특수작물인 인삼을 함께 재배함으로써 농촌의 수입증가를 꾀하려던 계획이었다. 다만 당시 후난성에서 내분이 일어나서 그런 계획의 중심에 있던 저우 일가가 뿔뿔이 흩어지면서 이상농촌 건설 계획은 무산되었다고 한다. 이와 관련하여 오장환은 "한국무정부주의 사상 최초로 농촌을 무대로 이상사회를 실험하려고 했다"고 높게 평가한다.[15]

다음해인 1924년 4월 이정규는 당시 중국에서 활동 중이던 한인아나키스트들인 이회영, 이을규, 백정기, 유자명, 정화암 등과 함께 '재중국조선무정부주의자연맹(在中國朝鮮無政府主義者聯盟)'을 결성하고, 이 연맹의 기관지로『정의공보(正義公報)』순간(旬刊)을 석판으로 발행하였다. 다만 자금 사정 등으로 이 순간 기관지는 9호까지만 발행되었다.

이어 1924년 9월 이정규는 상하이에 있던 영국인 소유의 주물공장에 견습생으로 취직하나, 그가 노동강습소를 열고 노조(工會)활동을 하자 해고되었다. 이런 경험 때문이겠지만, 이정규는 1925년에는 상하이전차공사(上海電車公司)에 취직하여 상하이교통공회를 조직하고 이어서 같은 해 5월 30일 상하이에서 발생한 '5·30사건'을 기화로 상하이 대학생들인 타이완 출신의 웡쩌성(翁澤生)과 쫭훙슈(莊洪殊), 그리고 마오이포(毛一派) 등과 함께 '5·30운동'의 반제(反帝) 열기 속에서 파업에 동참하여 활동하였다. 이듬해인 1926년 이정규는 개인적으로 극도의 재정적 곤란을 겪으면서 이를 타개하기 위해 영국 프리덤출판사(Freedom Press)가 발행한 크로포트킨(Peter Kropotkin)의『법률과 강권(*Law and Authority*)』,『무정부주의자의 도덕(*Anarchist Morality*)』과 바쿠닌(Bakunin), 마라테스타(Malatesta), 엘리제 르크류(Élisée Reclus) 등의 글이 담긴 소책자 등을 번역했다.

1927년에 들어서 이정규는 매우 중요한 중국아나키스트들의 프로젝트 두 가지에 참여한다. 첫째는 상하이국립노동대학(上海國立勞動大學) 설립에 여러 아나키스트들과 함께 참여한 것이고, 다른 하나는 중국 푸젠(福建)성의 취안저우(泉州)에서 농촌자위운동을 중일아나키스트들과 함께 추진한 것이다. 상하이국립노동대학은 중국국민당의 후원 하에 설립된 국립대학으로 "노동과 교육의 통합을 통해 사회주의 창조를 위한 수단을 모색하던 중국사회주의의 대안교육과 관련한 실험의 하나"였다.[16) 이 대학설립에 이정규는 일본아나키스트인

---

15) 오장환, 「이정규의 무정부주의운동」, 187~188쪽.

16) Ming K. Chan and Arif Dirlik, *Schools into Fields and Factories: Anarchists, The Guomindang, and the National Labor University in Shanghai, 1927~1932* (Duke University Press,

이와사 사쿠타로(岩佐作太郎) 등과 함께 "그 시초부터 협조자의 한사람으로서 기획에 참여"하였다.[17] 이들 외에도 노동대학은 개학 후 일본아나키스트 이시카와 산시로(石川三四郎)와 프랑스 아나키스트 엘리제 르크류 등을 대학 교수진으로 초청하였다. 노동대학은 국민당의 재정적 지원과 지도하에 있었다는 약점이 있었지만, "동양에서의 무정부주의자의 국제적 연대라는 의미"[18]를 갖는 아나키스트 프로젝트였고, 나아가 동부아시아 아나키스트들의 반서구근 대성에 근거한 대안교육 찾기와 관련된 실험의 하나이기도 했다. 이정규는 후일 노동대학의 교수로도 임명되어 1928년 9월부터 출강하기도 했다고 한다.

　1927년 7월부터 중국 푸젠(福建)성의 취안저우(泉州)에서 이정규가 참여한 중국 아나키스트들의 농촌자위운동은 우크라이나(Ukraine) 출신 아나키스트인 네스토르 마프노(Nestor Makhno, 1888~1934)가 그의 고향에서 실험적으로 시행했던 농민자위운동의 내용 대부분을 따르면서 시행되었다. 마프노는 1917년 러시아 볼셰비키혁명 전후 자신의 농촌과 인근 농촌의 농민들을 조직하여, 농업노동자의 직업적 동맹을 만들어 '자유자치구'와 농민의 '지방소비에트'를 국가라는 조직에 대항하여 조직하였었다. 그의 이런 시도는 중앙집권적 볼셰비키들 때문에 결국 지속적으로 실시되지 못하고 실패했지만, 그는 혁명적 농민운동을 이끈 "완전한 [아나키스트] 투사"였다고 많은 아나키스트들이 기억한다.[19] 취안저우 농민자위운동이 마프노의 농민운동과 가장 다른 점이 있다면, 그것은 중국국민당의 후원과 지원 하에서 시작, 진행되었다는 것이다. 이정규와 1927년 3월 상하이 총파업 당시 한 달여를 함께 투쟁했던 경험이 있던 상하이 대학생 출신 량룽광(梁龍光)은 아나키스트 친왕산(秦望山, 1891~1970)과 함께 "향촌을 토비와 공산주의자들로부터 보호하자면 각 농촌에

1991), pp.3~4.

17) 이정규, 『又觀文存,』, 130쪽.

18) 오장환, 「이정규의 무정부주의운동」, 195쪽.

19) 岩佐作太郎, 『マフノの農民運動』(黑色戰線社, 1987), 4쪽 ; 이정규, 「네스톨 마프노의 生涯 및 그 運動」, 『又觀文存』, 155~161쪽.

있는 농촌 청년들을 조직, 훈련시켜야 하겠으며 그들을 조직하고 훈련시키자면 우선 그들을 지도할 간부급을 양성"해야 한다는 목적을 갖고 '진강현선전원양성소(晉江縣宣傳員養成所)'를 조직한 후, 당시 노동대학의 개교 준비 때문에 상하이에 있던 이정규를 비롯한 여러 아나키스트들에게 협조를 요청하였던 것이다.

당시 취안저우는 '세외도원(世外桃園)'(즉 이상향)이었다는 표현이 나타내듯, 많은 아나키스트들이 1927년 당시 국민당이 반공을 내걸고 진행하던 '청당(淸黨)'을 피해 피난처로 삼고 있던 곳이다.[20] 아나키스트 친왕산이 국민당의 기치를 내걸고 이곳을 지배하고 있었기 때문이다. 취안저우운동에는 이정규를 비롯하여 이을규, 유서, 정화암 등 한인아나키스트와 이와사 사쿠타로와 아카가와 하루키(赤川啓來) 등 일본아나키스트들도 참여하였다.[21] 이 운동의 궁극적 목적은 아나키스트 이상을 이끌어 나아갈 젊은 아나키스트들을 농촌에서 키우는 데 있었지만, 당시 당면한 목적은 아나키스트 활동을 위한 혁명적 기지 건설과 함께 농촌의 젊은이들을 훈련시켜서 농촌자위를 위한 '민단'을 그들 스스로 조직케 하려는 것이었다. 이를 통해 농촌을 지역 토비뿐만 아니라 공산주의자들로부터 보호하자는 것이었다. 상하이를 떠나 취안저우로 온 이정규는 1927년 7월 1일부터 '서양사회운동사', '공산주의 비판', '신정치론', '농촌사회의 조직' 등을 강의하였다. 이후 취안저우 농민자위운동은 천영이속민단편련처(泉永二屬民團編鍊處)를 국민당의 기치 하에 설립하는 결과를 가져왔는데, 이 편련처에서도 이정규는 비서라는 직책을 맡았다.

취안저우의 실험적 농촌 조직화운동은 화교들로부터의 재정지원이 중단되면서 10여 개월 만에 실패로 끝난다. 오장환의 지적처럼, 취안저우 농촌자위운동에 참여한 기간 "농촌문제에 대한 이정규의 체험은 해방이후 그가 농촌문제

---

20) 秦望山, 「安那其主義者在福建的一些活動」, 『福建文史資料』 24(1990), 181쪽.

21) 이정규, 「中國福建省 農民自衛運動과 韓國同志들의 活動」, 『又觀文存』, 128~154쪽 ; 秦望山, 「朝鮮和日本安那其主義者在泉避難引起的事件」, 『福建文史資料』 24(1990), 203~208쪽.

의 중요성을 강조한 것과 맥을 같이하는 것으로서 무정부주의자의 이상사회의 토대를 농민에 두는 크로포트킨의 논리에 부합”되는 것이기도 했다.[22] 후술하듯이, 1927년 상하이노동대학을 통한 도시노동자들에 대한 교육과 그들의 조직화를 위한 노력, 그리고 취안저우에서 겪은 농민조직과 관련된 그의 경험은 이정규가 1945년 이후 독립된 한국의 환경과 공간 속에서 농민과 노동자 조직화를 통해 자신의 아나키스트 사상을 실현시키는 중요한 자산으로 작용한다.

취안저우를 떠난 이정규는 곧이어 1927년 9월 중국 난징에서 한국, 중국, 일본, 타이완, 베트남, 인도, 필리핀 아나키스트들 60여 명이 모여서 결성한 ‘동방무정부주의자연맹’에 참여하고 연맹이 상하이에 설치하기로 결정한 서기국의 서기로 아카가와, 마오이포, 왕슈런(王樹仁) 등과 함께 선출되었다. 이들은 국제적 유대의 강화, 자유연합의 조직원리 아래 각 민족의 자주성과 각 개인이 자유를 확보하는 이상적 사회건설에 매진할 것 등을 결의하는 동시에, 연맹의 기관지로 『동방(東方)』을 발행(1928년 8월 창간호 발행)하여 각국의 아나키스트 조직을 네트워크로 연결하고자 시도하였다. 이정규는 이 기관지의 창간호에 「동방무정부주의자에게 고한다」라는 제목의 글을 기고하여 ‘동방아나키스트들’의 단합과 화합뿐만 아니라 조선의 혁명을 강조하였다고 한다.

1928년 ‘재중국조선무정부주의자연맹’이 새 기관지로 발행한 『탈환(奪還)』에 이정규는 우관(又觀)이란 그의 호를 사용하면서 「탈환의 첫소리」라는 글을 기고한다. 이 글은 당시 그의 궁극적 지향이 독립만이 아니라 반자본주의와 반식민주의에 근거한 사회혁명을 통한 아나키스트 사회건설이었다는 것을 보여준다. 이 글에서 그는, 당시 조선민중이 전체적으로는 “왜놈에게” 그리고 부분적으로는 “조선놈”에게 생물적 조건인 “자유”를 빼앗겼다고 지적한다. 따라서 자유도 없이 “사멸의 관두에 선” 조선민중에게 당시 필요한 것은 오직 “탈환,” 즉 “되빼앗기”밖에 없었다. 그러나 그 탈환은 미국 독립운동,

---

22) 오장환, 「이정규의 무정부주의운동」, 198~199쪽.

프랑스혁명, 러시아혁명의 전철에서 볼 수 있는 "민중적 탈환운동"을 넘어서는 것이어야 했다. 왜냐하면 그에 따르면, 이들 운동이나 혁명은 민중이 빼앗겼던 것을 탈환(되빼앗기)만 했지 민중이 그 탈환한 것의 주인이 되게 하지 못했기 때문이다. 따라서 조선민중은 "왜놈에게 빼앗긴 것은 왜놈에게서, 조선놈에게 빼앗긴 것은 조선놈에게서 되빼앗어 오자"라는 "생물적 본능"을 갖고 혁명운동을 이론적, 실제적으로 고취해야했다. 그에 따라 탈환 후에는 민중이 함께 조선의 주인이 되어 '이인치인(以人治人)'의 강권적 조직이 없고 경제와 사회 등에서는 자유, 평등, 우애가 유지되는 '신조선의 건설'의 원리와 방법을 연구하여 신조선의 실현을 촉진, 완성하는 것이 바로 진정한 '탈환'이었던 것이다. 결국 이정규에게 있어서 탈환 후의 조선 사회는 "자유의 무정부 공산사회"였던 것이다.[23] 이런 그의 주장은 자본과 권력을 반대하면서 "생산과 자치를 위주로 한 자유평등 원칙상에 기초한 신사회로서 자본주의 사회를 대신하는" 사회를 지향하던 『탈환』이나 이 기관지를 발행한 재중국조선무정부주의자연맹의 입장과 같은 선상에 있는 것이었다.[24]

이정규는 같은 해인 1928년 10월말에 상하이의 일본영사관에 의해 체포되어 12월말에는 한국으로 이송된다. 이어 그는 치안유지법 위반 혐의를 적용받아 3년형을 받고 복역 후 1934년 10월 초 출옥하나, 같은 날 10일 '제일루(第一樓)사건'(조선 아나키스트들의 회합에 참석한 자들을 일본식민경찰이 체포한 사건)에 연루되어 다시 체포되어 3년형을 받고 재수감되었다. 1938년 5월 출소한 이정규는 1945년 8월 해방이 될 때까지 특별한 활동을 하지 않았다.

---

23) 又觀(이정규), 「奪還의 첫소리」, 『奪還』 창간호 증간(1928.6. 15), 2쪽(국민문화연구소 1984년 영인본).

24) 「'奪還'의 주장」, 『奪還』 창간호(1928.6.1), 1~2쪽(국민문화연구소 1984년 영인본).

Ⅳ. 1945년 이후: 탈급진화된 한국아나키즘

1945년 8월 15일 해방이 되자 이정규는 그의 형인 이을규와 함께 9월 29일 '자유사회건설자연맹'을 결성한다. 해방 이후 최초의 한국아나키스트 조직이라고 평가되는 이 조직에는 이정규와 이을규를 비롯하여 1945년 이전부터 활동하던 재일흑우연맹원들, 흑기연맹원들, 진우연맹원들, 남화한인청년연맹원들, 마산, 대구, 안의 아나키스트 그룹 등 전국의 아나키스트가 대부분 참여하였다. 이 연맹은 독립된 한국의 상황에서 사회혁명을 위한 "건설적인 일면을 담당"하면서 새나라 건설에 이바지할 수 있는 적극적이고 구체적인 안을 내놓자는 동기 속에서 조직된 것이다. 따라서 이 연맹은 "인간 위에 인간이 없고 인간 아래에 인간이 없는 평등한 사회", "각인이 만인을 존중하고 만인이 각인의 자유를 보장하는 자유로운 사회", "경작자가 토지를 가지며 노동자가 공장을 가지는 사회"를 지향하면서, 일체의 강제 권력, 침략전쟁, 자기 방어 이상의 모든 무력을 거부하였다. 그리고 구체적으로는 '독재정치의 배격', '완전한 자유조선의 건설', '집산주의 경제제도 거부', '지방분산주의의 실현', '상호부조에 의한 인류일가 이상의 구현'을 강령으로 내세우고 있었다. 결국 자유사회건설자연맹은 자유, 평등, 상호부조를 내세우고 이를 통한 신조선 건설을 기치로 하고 있었다.[25]

자유사회건설자동맹 조직 이후, 이정규는 조선농촌자치연맹과 조선노동자자치연맹도 각각 1945년에 조직하였다. 조선농촌자치연맹은, 해방 직후 한국을 "자유롭고 살기 좋은 나라"로 만들기 위해서는 조선의 대부분이 농촌이라는 사실에 주목하여 농촌의 농민들이 지식을 넓히고 생활을 개혁하여 "자유로운 나라의 주인"이 될 수 있는 자격을 갖출 수 있도록 하자는 취지에서 이정규가 중심이 되어 결성한 단체였다. 이정규에 따르면, 조선의 농민들은 그동안 "봉건적 가렴주구(苛斂誅求)의 대상"이자 동시에 "일본제국주의의 착취"의

---

25) 하기락, 『奪還－백성의 자기 해방의지』(형설출판사, 1994), 199쪽.

대상이기도 했다. 그런 상황에서 그들이 비록 "우둔"하기는 했으나, 그들이야 말로 조선의 전부를 점유한 "조선의 주인"이자 "조선건설의 오직 하나의 역군"이었다. 뿐만 아니라 그들은 "조선고유의 문화를 보지"해 오면서 "전래한 미풍양속을 유지"해 오기도 한 중요한 주체였다. 그동안 이중적 착취와 수탈 속에서 "짐승의 생활"이나 다름없는 생활을 해온 농민들은 근대문명의 상징인 철로, 전보, 전화가 소개되면서 오히려 "더 괴롭고 더 배고파졌을 뿐"이었다. 따라서 해방이 초래한 상황 속에서 이제 더 이상 일제의 착취나 봉건적 수탈이 지속되는 "불공평한 세상"이 다시는 오지 않도록 해야 하는 것이 중요하였다. 해방된 "이 나라의 전체"인 농민은 이제 "힘, 재주, 열성"을 갖고 새조선의 건설을 위해 "농촌 농민들끼리 힘을 모으고 한데 뭉치어야" 했다.[26]

특히 이정규는 조선이 잘 살기 위해서는 농촌이 중심이 되어 농촌에 "도회지" 의 "문명한 설비"를 결합시킬 필요가 있다고 주장했다. 그러나 그것이 "러시아 놈들의 앞잡이"인 북한공산당의 방식을 따라서는 안되고, 반드시 "우리 조선의 일을 우리 조선이 한다"는 정신을 통해서 이루어야 했다. 결국, 이정규가 생각하는 조선독립의 의미는 "우리 조선의 일을 우리 조선이 한다"는 자립성과 주체성이었다. 그런 과정에서 그는 다음과 같은 점을 강조했다.

> 우리 농촌이 농사는 물론이고 농사의 여가를 이용하여서 살림살이에 없으면 안될 모든 물건도 우리의 힘 자라는 대로 만들어 내며 우리 농촌을 문명한 세계로 만들고 좋은 풍속을 이루고 나쁜 버릇과 풍속을 고쳐서 온 농촌이 서로 사양하고 서로 도웁는 서로 받들어가는 아름다운 극락세계를 만듭시다. 이렇게 되면 아무리 외국놈들이 사납고 흉악하다 할지라도 우리 조선은 집어먹 지 못할 뿐 아니라 세계에서 제일 문명한 제일 부자의 나라가 될 것입니다.[27]

'극락세계', 즉 이상향은 이 연맹의 강령이 제시하듯 "농공의 균형발전을

---

26) 이정규, 「조선농촌자치연맹선언강령해설」, 『又觀文存』, 176~185쪽.
27) 위와 같음, 186~189쪽.

위하여 농촌실정에 적합한 공업시설의 [농촌에서의] 완비"를 완수하여 "농촌을 문명한 세계로 만들" 때 이루어지는 것이었다. 여기서 볼 수 있듯이, 이정규의 농촌에 대한 강조가 공업화를 통한 발전이란 근대주의적 생각을 포기시키지는 않았던 것이다. 그가 말하는 공업화(산업화)는 농촌에 공업시설을 완비시켜 농촌이 조그만 "읍내"로 변하는 것을 막고 농촌과 도회지를 한데 합하는 것, 즉 농촌으로 도회지가 "붙어버리게" 되는 결과를 가져와서 농촌이 필요로 하는 물건을 스스로 만들어 낼 수 있는 환경을 만드는 것이었다.[28) 결국 그가 말하는 공업화는 서구식 산업화나 도시발전을 중심으로 한 서구식 근대화를 의미하는 것은 아니었다.

그가 주동이 되어 조직한 또 다른 조직인 한국노동자자치연맹은 해방공간에서 반좌익과 반공을 겨냥하면서 "경제적 자립"을 추구하기 위해 반서구자본주의적 대안체제라는 성격을 갖는 "한국적인 형태"의 생산관계 설립을 겨냥한 조직이었다. 이정규에 따르면, 정치적 자립뿐만 아니라 경제적 자립이 없는 조선의 독립은 있을 수 없었다. 그런데 농업만으로는 경제적 자립을 도모하기 어려워 농업 발전을 도모하면서 이를 뒷받침하는 공업 발전을 도모해야 한다고 그는 보았다. 즉 경제자립을 위해서는 "공업입국"이 필요하다는 것이다. 그러나 공업입국이란 목표는 선진국의 성공사례와 부작용을 염두에 두면서 추진해야 했다. 그렇지 않으면 그 과정에서 "좌익계열의 독균이 발악"하기 때문이다. 따라서 이정규는 산업의 독점형태를 피하고 그 결과 빈부격차나 부의 편재가 없게 하는 것이 노자(勞資)분규와 그에 따른 사회불안이라는 서구산업화 과정에서 볼 수 있는 고질적 문제를 처리할 수 있는 길이라고 생각했다.[29)

이런 문제의식 속에서 이정규는 농토를 농민에게 주듯이 공장을 노동자(직공)에게 줄 것을 주장하였다. 해방 직후 당시 가용한 공장의 90퍼센트가 적산(敵産)공장이었기에 그는 이런 주장이 실현가능하다고 생각하였다. 이어 이정규는

---

28) 위와 같음, 190~194쪽.
29) 이정규, 「한국노동자자치연맹 회고」, 『又觀文存』, 214~215쪽.

"공장은 공인에게"라는 구호가 "한국적인 형"을 취할 수 있는 조건으로 네 가지를 들었다. 첫째, 노동조합을 산업별 조합으로 만들 것, 둘째, 직공은 공장의 주인이 될 수 있는 자격과 지위를 가질 것, 셋째, 공장이 국영이건 사영이건 공장의 운영에 직공이 노동조합 대표를 통해 참획할 권리를 가질 것, 넷째, 직공이 공장의 이익을 분배받을 것 등이다. 특히 이정규에게 있어서, 공장 이익의 일부를 공장소속 전 노동자에게 할당하여 분배하는 것은 "한국적인 형"의 노사관계와 노동조합을 만드는 중요한 요소였다. 물론 그 전제는 노동자들이 공장 소유권자를 투쟁의 대상으로 보지 않고 이해관계를 공유하는 "동업자"이자 "공동운명체"로 보는 것이었다. 이런 전제가 만족되어 만약 "한국적인 형"의 노사관계가 정립된다면, 이정규는 해방 후 신생한국의 정체성이 비록 자본주의 국가일지라도 "사실에 있어서 농촌에는 소작농이나 농업노동자가 없고 도시공장에는 피고용의 임금노동자가 없이 대립과 투쟁이 없는 나라가 될 것"으로 보았다.[30] 즉 그는 서구자본주의 국가에서 만연하는 노사 간의 갈등을 중심으로 한 여러 사회문제를 피할 수 있는 대안적 자본주의 발전에 기초한 산업화를 농촌발전과 함께 지향하는 비서구자본주의적 발전을 추구했다고 볼 수 있다. 사실 이런 태도는 1920년대 『탈환』을 통해 주장하던 반자본주의적 태도, '무정부 공산사회'의 '신조선 건설'이라는 입장에서 급격히 탈급진화한 것이었다. 이는 그의 입장이 반근대에서 비서구근대(서구경험에 근거한 근대를 피하면서 대안적 근대지향)로 바뀌었음을 보여주는 것이기도 하다. 나아가 그는 "직업의 사회적 연대성"을 강조하고 직업적 근로는 "사회봉사적"이라고 주장하면서 "노자의 계급투쟁"을 없애야 한다고 주장하는 등 탈급진화된 사회혁명에 대한 인식을 드러냈다.[31]

1946년 4월 21일부터 23일까지 경남 안의에 있는 용추사에서 전국아나키스트대회가 열렸다. 이 대회에는 자유사회건설자연맹의 이정규와 이을규, 조선무

---

30) 위의 글, 216~218쪽.
31) 위의 글, 219~221쪽.

정부주의자총연맹의 유림, 박석홍(朴錫洪)을 비롯 (대개 양 연맹에 이중으로 가입한) 신재모(申宰模), 방한상(方漢相) 등 아나키스트 97명이 참석하였는데, 주 의제는 해방이후 정부수립에 대한 아나키스트들의 태도를 결정하는 것이었다. 이정규는 이 대회에서 국내정세보고를 진행하였는데, 이 대회에서는 "노동자 농민의 조직된 힘을 정치에 반영할 수 있는 [아나키스트] 정당"이 "자주적 민주적 통일정부" 설립을 위해 필요하다고 인정되어 아나키스트 정당 조직이 마침내 결정되었다.32) 이에 따라 1946년 7월 7일에 아나키스트 유림을 위원장으로 한 독립노동당이 결성되었다. 대회기간 중 그 같은 결정의 문안을 기초한 5인 위원 중의 한사람이었던 이정규는 사실 아나키스트 정당 결성에 당시 반대했다고 한다. 그 이유는 그가 당시 정당 자체가 존립할 수 있는 기반, 즉 농민과 노동자를 조직하는 것이 급선무라고 기본적으로 보았기 때문이다.

다만 이정규는 정당 설립 자체를 반대하지는 않았다. 오히려 그는 민주사회당을 아나키즘을 구현할 수 있는 정당으로, 그리고 민주사회주의를 한국적 아나키즘의 실현형태로 보았다. 그는 자본주의가 생산능력을 극대로 발전시킨 점, 사회주의가 경제적 자유와 평등을 보장한 점을 인정하면서도 이 두 체제가 각각 경제적 착취나 정치, 사회생활에서의 자유와 평등이 보장되지 않는 문제점을 노정했다고 보았다. 따라서 이런 문제점을 각각 보완한 것이 "우리의 생활질서로서 필수적으로 요구되는" "민주사회주의"였고, 이를 실천하는 정당이 바로 민주사회당이었다. 자유평등의 인권을 확립하는 민주주의 사상에다 (서구)자본주의적 경제이념을 대신해서 사회주의적 경제이념을 환치시키는 것이야말로 "20세기 후반이 해결하여야 할 과제요 민주사회주의의 임무와 사명"이었다. 특히 그는 대한민국의 건국이념이 민주주의적 자유평등의 이념을 발전시켜서 경제적 자유, 평등을 포함한 사회주의적 이념까지 도입한 형태를 띠고 있다고 보았다. 이정규에 따르면, 이는 당시 세계적 추세를 반영한 것인데, "각 선진국가가 밟아온 발전과정을 … 그대로 밟으려고 하지 말고

---

32) 하기락, 앞의 책, 231, 234쪽.

제국(諸國)의 제도문물과 시책을 반성하는 자기적 입장에서 모방도 추수도 히여야 할 것"이라고 본 그는 (서구식)사본주의석 발선을 강조하거나 민족자본의 육성을 말하는 것은 시대착오적인 것이라고 주장했다. 따라서 "사유재산과 사기업의 권리를 인정하면서 기간산업 및 국민생활에 필수되는 제(諸)산업은 이를 국영이나 공영으로 하여 국공사의 전경제에 계획경제체제를 확립하여 국민생활에 대한 완전한 보장제도를 실시"함으로써 "민주적 복지국가"를 실현하는 것이 바로 민주사회주의의 목표였던 것이다. 이런 목표는 민주사회주의가 공산주의와 차이가 있다는 점을 분명히 나타내지만, 다른 한편 자본주의와 사회주의의 장점을 결합한 비서구자본주의적 발전론을 나타내는 것이기도 하다.33)

이듬해인 1947년 봄 이정규는 국민문화연구소를 조직한다. 이 연구소는 그가 해방 이후 아나키즘 실현의 근거를 농촌, 전통, 민족문화 등에서 찾으려 했음을 보여주는 예이다. 다만, 이문창도 지적하듯이 국민문화연구소에는 사실 정인보와 같은 "순수 민족주의계 인사들 다수가 시종 압도적으로 가담"하기도 하였다.34) 국민문화연구소 설립취지서에 나타난 이정규 자신의 설명에 따르면, 국민문화연구소는 해방 이후 "우리 민족이 가지고 있는 민족본질과 또 우리 민족이 가지고 있는 모든 역량, 즉 넓은 의미에서 종합적인 우리의 문화적 역량을 알아보자는 것"이 "신생한국의 가장 기본적인 가장 긴급한 과제"였기에 그런 연구를 목적으로 최초 설립되었다.35) 이후 1950년대 국민문화연구소는 한국전쟁 이후 "파종된 국민경제를 재건"하고 "국민 생활의 안정도모"를 하는 것이 "모든 문화적, 사회적 문제를 해결하는 관건이자 대한민국의 생명적 과제"라고 판단하여 "농촌문화의 연구와 그의 향상발전을 꾀하는

---

33) 이정규, 「민주사회당의 노선」과 「한국사회주의운동의 전망」, 『又觀文存』, 231~254, 263~270쪽 ; 오장환, 「이정규의 무정부주의 운동」, 218~219쪽.
34) 이문창, 「자유공동체의 어제와 오늘―'국민문화연구소' 50년사를 중심으로」, 국민문화연구소50년사 간행위원회 편, 『국민문화연구소50년사―자유공동체운동의 발자취―』(사단법인 국민문화연구소, 1998), 6쪽.
35) 이정규, 「회고와 전망―국민문화회보 창간호」, 『又觀文存』, 364쪽.

곳을 목적"으로 하고 있었다. 그리고 1970년대에는 "자기와 전통의 상실이라는 우리의 정신적 박약증상이 가장 극복해야할 시련"이었던 시기라고 보면서 "나" 즉 민족을 찾는 방법으로 "우리문화의 조사연구"를 강조했다. 구체적으로, 일반서민층의 생활문화를 개발 선양함으로써 "우리자신의 존재의식이 뚜렷" 해지고, "우리들의 조상들의 문화적 전통을 이어받"을 수 있어서 결국 외래문화를 받아들여 소화하면서 내 문화의 새로운 발전을 도모하고자 했던 것이다.36)

그의 제자였던 이문창이 지적하듯이, 국민문화연구소는 그 명칭이 "복잡한 뉴앙스"를 풍기면서 "다양하고 다방면의 활동"을 하였다.37) 농촌 수산운동(授産運動)은 그런 활동 중의 하나였다. 국민연구소가 추진한 수산운동은 "농어촌의 빈곤을 농민들의 자력으로 구축하자는 길을 열어보자는 의도"에서 시작된 것인데, 구체적으로는 "농촌의 자주 자립과 상호협동정신의 확립으로 빈곤을 농민들 자력으로 몰아내자는 계획 아래 영세 농민들에게 알맞은 일감을 주어야 한다는 즉 적당한 가내공업을 일으켜 생활을 향상시키자는 운동"38)이었다. 이정규는 고리채를 써야 겨우 살아갈 수 있는 영세농가를 어떻게 갱생시킬 것인가라는 문제를 한국의 사회문제의 하나인 농촌문제의 핵심으로 파악하고 있었다. 따라서 그는 자연적 협업과 잉여노동력 흡수를 통해 농촌에 일거리감을 제공하는 것을 농촌문제의 주요 해결책으로 보았던 것이다.39) 이는 조선농촌자치연맹의 취지와 같은 선상에 있던 운동이었다. 이에 따라 "조선의 주인"이자 "역군"인 농민들의 비참한 생활을 돕기 위해 생활개선을 위한 계몽과 문맹퇴치운동, 농촌 청년문고설치운동, 영농방법의 개선과 직·간접 부업을 장려하고 지도하는 운동이 전개되었다.40) 시기적으로 보면, 1960년대

---

36) 이정규, 「폐회사」(1960.10) 및 「사단법인 국민문화연구소 설립취지서」, 『又觀文存』, 359, 378쪽.

37) 이문창, 「자유공동체의 어제와 오늘―'국민문화연구소' 50년사를 중심으로」, 3쪽.

38) 이정규, 「국민수산운동 추진에 관한 개황」, 『又觀文存』, 374쪽 ; 윤인회, 「국민문화연구소'와 농촌운동」, 국민문화연구소50년사 간행위원회 편, 위의 책, 446쪽.

39) 이정규, 「농촌부흥과 영세농문제」, 『又觀文存』, 368~379쪽.

40) 이정규 「회고와 전망―국민문화회보 창간호,」, 『又觀文存』, 365쪽.

이래 박정희 군사정권이 중화학공업 육성정책 등을 통해 산업화를 지향하면서 그것을 '조국근대화' 정책으로 강조하자, 노동력에 대한 수요가 많이 증가하였고 이에 따라 농촌 인구가 급속히 도시로 집중하면서 그들이 도시노동자화하고 결과적으로 이농현상이 심각한 문제로 제기되던 상황에서 시작된 운동이 바로 수산운동이었다.[41)]

수산운동과 관련하여 흥미로운 사실은, 이정규가 이 운동의 궁극적 의미를 "산업입국[과] 자립경제 확립에 참여"한다는 점과 "농가의 자율적인 공동사회적 협동체로서 농촌근대화 작업의 전위조직"이라는 데 있다고 지적한 점이다.[42)] 농촌에 수산센터를 설립하는 것도 고장의 산물을 원료로 완제품이나 반제품 등 가공품을 생산함으로써 농촌에서 "농공병진(農工倂進)하는 현대화"를 이룩할 수 있다고 이정규는 보았다. 이런 그의 생각은 앞서 언급한 조선농촌자치연맹의 목표뿐만 아니라 1920년대에 상하이노동대학에서의 경험, 취안저우의 농민자위운동 및 리밍(黎明)고등학교와 핑민(平民)중학교에서 중국아나키스트들이 실험적으로 실행했던 농공병행의 교육사상과 그 궤를 같이하는 것이다.[43)] 또한 1930년대 한인아나키스트 조직이었던 남화한인연맹의 강령에서 볼 수 있는 도시와 농촌의 조화라는 정신을 계승한 것이기도 하다.[44)]

성균관대 부총장(1953.2·-1955.2)과 총장(1963.6~1966.3), 그리고 청주대 학장(1958.3~1961)을 역임한 이정규는 대학교육에 대해서도 남다른 기대와 바램을 갖고 있었다. 그의 교육관은 민족주의와 세계주의가 결합된 모습을 보여준다. 그는 인간을 위하여 학문이 존재하는 것이라면, 결국 학문은 인류전

---

41) 박승한, 「우관 이정규 선생 그리고 '국민문화연구소'와의 인연」, 『국민문화연구소50년사』, 427쪽과 윤인회, 위의 글.

42) 이정규, 「국민수산운동 추진에 관한 개황」, 『又觀文存』, 376쪽.

43) Dongyoun Hwang, 앞의 글 ; Ming K. Chan & Arif Dirlik, 앞의 책을 볼 것. 리밍 고등학교와 핑민 중학에 대해서는 辜也平, 「泉州民衆運動中的黎明高中與平民中學」, 『泉州師範學院學報(社會科學)』 24-5(2006.9), 32~48쪽 참조.

44) Dongyoun Hwang, 앞의 글과 우당기념관 홈페이지(http://www.woodang.or.kr/)의 남화한인연맹의 강령 참조.

체를 위하여 수련되어야 하고 바로 그것이 곧 교육이라고 보았다. 그러나 인류전체를 위하여 학문을 하는 것은 동시에 자신을 위한 것이자 나아가 가족, 지역사회, 그리고 민족과 국가를 위하는 것이기도 했다.[45] 결국 그는 교육을 통해 세계주의와 민족주의를 동시에 실현하려고 했다.

1964년 타이완의 국립정치대학에서 행한 강연에서도 그는 대학교육자들이 "안으로는 선량한 평화애호의 국민이 되고 밖으로는 타민족 타국민들과 관용, 협조할 수 있는 사람이 되도록 지도 교육해야" 한다면서 궁극적으로는 "평화사회를 건설할 수 있는 사람이 되게" 교육해야 한다고 강조했다. 구체적으로 그는, 첫째, 청소년들에게 자신들이 한 나라의 국민이자 한민족의 일원이라는 의식과 함께 세계시민이자 인류의 한사람이라는 세계시민의 의식을 넣어줄 것, 둘째, 민주사회에 맞는 가치관을 갖도록 교육할 것, 셋째, 역사교육에 대한 재검토를 할 것을 주장했다. 특히 한 민족의 과거를 꾸며서 장식하려는 것은 시대착오적이며 국민의 정신과 감정에 좋지 않은 결과를 갖고 오는 동시에 자국과 타민족이나 국가 사이에 불화의 씨를 뿌리는 것이라고 그는 보았다. 특히 역사 인물에 대한 우상화는 불순한 야심가의 지배욕과 착취욕을 갖는 자를 키우는 결과를 초래하기 때문이었다. 타민족에 대한 적개심이나 복수심을 자극하는 역사교육이 아니라 자주자립하는 민주사회를 만드는 건설자가 되게 하는 역사교육을 해야 한다고 그는 강조했다. 결국 그런 건설자, 즉 선량한 국민을 기르는 것은 곧 국제적인 국민을 기르는 것이기도 했다.[46]

그는 이런 교육의 목적이 바로 한국의 교육이념인 '홍익인간'과도 통한다고 생각했다. '홍익인간' 개념은 국민 각자가 완전한 자유인이 되는 인격을 닦게 하고 나아가 자신과 사회 그리고 전 인류를 위하여 공헌하는 인간이 되게 하는 것을 목표로 하고 있었기 때문이다. 결국 이정규에게 교육의 궁극적 목적은 세계시민을 길러내는 것이었지만, 세계시민이 되기 위한 전제조건은

---

45) 이정규, 「성균관대학교 총장 취임사」, 『又觀文存』, 295~296쪽.
46) 이정규, 「신시대를 위한 교육자의 기본과제」(1964), 『又觀文存』, 330~332쪽.

바로 자각한 자유인이자 동시에 충실한 국민과 민족의 일원이 되는 것이었다. 그런 조건과 목적을 충족함으로써 민족 고유문화를 계발하고 동서문화를 교류시킴으로써 국민생활이 물심양면에서 향상되고, 각 민족이 정신적, 물질적으로 용화를 도모함으로써 마침내 "전 인류의 공동복지를 건설"하고 "세계일가의 하나의 세계", "새로운 인간사회의 질서를 실현"하게 하는 것이 바로 대학교육의 중추적 역할이었던 것이다.[47]

그의 교육관에는 깊은 반공주의도 있었다. 그는 인간의 존엄과 자유를 부정하는 공산주의에 반대하거나 이를 타도하는 것 외에도, 전통을 창조적으로 계승하는 것 즉 "선인들에게서 물려받은 전통"을 지키면서 새로운 건설을 위한 노력을 자기희생 정신을 통해 발휘해야 한다고 강조했다. 투쟁, 항쟁, 타도의 전통을 협동, 상조, 관용, 공동노력, 이해, 양보의 건설적인 면으로 더욱 빛나게 해야 할 필요가 있다는 것이다.[48] 그리고 그는 1951년 세계반소토공연맹(世界反蘇討共聯盟)을 조직하면서 반소반공을 통해 "사상적으로 전 국민의 일치단결"을 도모하면서 동시에 사상적으로 "세계적인 단결"도 도모해야 한다고 주장하였다. 물론 여기에는 그가 아나키스트로서 1920년대 이래 줄곧 유지해 온 공산주의의 집산주의와 계급독재에 대한 뿌리 깊은 불신과 거부가 존재하지만, 그가 주장하는 반소반공을 중심으로 한 한국의 "사상적 통일" 주장은 자칫 당시 이승만 정권 하에서 독재를 지지하는 교육구호로써 이용될 수 있는 면도 있었다.[49] 그의 반공주의는 그가 1965년 일본을 방문했을 때 조총련계와 재일 한인좌익세력에 대한 불편한 심정을 토로하면서 "북괴" 혹은 "빨갱이 족속들"이라는 용어를 사용한 데서도 잘 나타난다.[50]

---

47) 이정규, 「대학교육과 그 사명」, 『又觀文存』, 306~308쪽.

48) 이정규, 「적극적 긍정적인 면으로 전통을 계승 발전시키자」(1963.10.29), 『又觀文存』, 302쪽.

49) 「세계반소토공연맹(1951.3)과 선언」, 『又觀文存』, 222~225쪽.

50) (사)국민문화연구소 출판부, 『우관 이정규선생 유고집 제1집』(국민문화연구소 출판부, 2007), 91~92쪽.

성균관대 총장을 1966년 그만 둔 이정규는 이후 그의 사망(1984) 때까지 주로 국민문화연구소의 회장직을 맡아서 농촌활동 등에 전력한 듯하다. 국민문화연구소와 관련된 것 외에 그가 구체적으로 다른 말년 활동을 했다는 것을 알려주는 공간된 자료는 아직 없는 듯하다. 다만 그에 대한 지인들의 회상이나 일부 공간된 그의 일기 등을 통해 엿볼 수 있는 그의 말년 모습은 두 가지이다. 이정규의 말년 심적 상태는 무엇보다 한국사회의 당시 현실에 대한 우려, 불우한 처지에 빠져 노후를 보내는 과거 아나키스트이자 독립운동 동지들에 대한 애석한 마음과 측은지심, 국민문화연구소의 활동에 대한 애착으로 가득 차 있다. 그리고 그의 지인들은 이런 그의 말년을 회상하며 이정규가 이해심도 많았지만 1945년 이후 "서민정신"을 갖고 검소하고도 청렴한 공직생활을 보냈다는 점을 지적한다.[51]

V. 맺음말

이정규의 아나키즘에는 민족주의, 초국가주의(세계주의), 반근대주의, 근대주의, 반자본주의, 비자본주의, 민주사회주의가 혼재되어 있었다. 지배와 강제권력에 대한 거부, 개인의 자유와 평화에 대한 절대적 믿음, 농촌과 농민에 대한 강조, 노동자들의 공장 소유권 인정과 이익의 공유 등은 아나키스트 이정규가 갖던 급진 사상의 반영이자 그의 초국가주의적, 세계주의적 사고와 경험을 나타낸다. 그러나 그의 발전주의, 자본주의적 발전의 필요성 및 민족과 민족문화, 전통에 대한 강조 등은 그가 동시에 민족주의자이자 근대주의자였음을 나타낸다. 다만 그의 근대주의는 '친서구근대주의'라기 보다는 대안적 근대를 추구하던 '비서구근대적 근대주의'였다고 해야 할 것이다. 사실 이런 서로 모순되는 여러 사상들이 혼합되어 있던 것이 아마 아나키스트 이정규의 삶이자

---

51) (사)국민문화연구소 출판부, 위의 책 소수의 이정규의 일기와 국민문화연구소50년사 간행위원회 편, 앞의 책 소수의 이정규를 회상하는 글들을 볼 것.

사상이었을 것이다. 그리고 한국아나키즘도 그런 모순되는 듯한 요소를 지닌 채 대두하고 현재에 이르렀다고 할 수 있다.

1945년 이전 이정규는 반자본주의, 반식민주의, 반강권 투쟁을 통해 민족해방과 독립, 그리고 세계 피압박민족들의 해방을 이루려고 했다. 이를 위해 그는 중일 아나키스트들과의 초국가적 연합과 실천을 통해 사회혁명과 민족해방을 동시에 추구했다. 그의 궁극적 지향은 사회혁명의 완수였고, 그가 꿈꾸던 "신조선" 사회는 "무정부 공산"의 아나키스트 사회였다. 그러나 1945년 이후, 그는 주로 교육, 농촌의 진흥, 농업과 산업의 결합을 통한 대안적 근대 달성, 전통문화의 가치 복원 등에 집중하면서 아나키즘의 실현을 기획하였다. 그는 반자본주의투쟁보다는 자본주의적 경제발전을 사회주의적 경제정의 실천을 통해 이루려했다. 그의 목표에서 반식민이나 반제는 사라지고, 반공이 이를 대체했다. 그가 건국을 강조하면서 그의 아나키즘은 반공주의와 결합하여 점점 현실유지 내지는 현실인정의 정치적 경향을 띠기 시작했던 것이다. 특히 자본주의 국가 성립을 전제로 하는 그의 태도는 그의 아나키즘이 탈급진화되기 시작했음을 보여준다. 물론 이런 지적이 그가 사상적으로 아나키즘을 포기하고 민족주의자 혹은 자본주의자가 되었다는 것을 의미하는 것은 아니다. 그는 애초 민족주의사였고 민족주의란 렌즈를 통해 아나키즘을 이해하고 받아들였다. 따라서 문제는 그가 해방 이후 민족분단과 이어진 한국전쟁, 독재정권과 군사정권을 보면서 정치(정당)운동의 조건은 양호하나 사상운동의 조건은 불리하다고 판단하는 상황 속에서[52] 그의 아나키즘을 새롭게 주어진 공간과 시간 속에서 어떻게 실천하고, 어떻게 다시 이해했는지, 그리고 반대로 그가 새롭게 이해한 아나키즘을 통해 당시 민족문제, 민족의 현실과 상황을 어떻게 이해했는가라는 것이다.

1945년 이후 그는 민주사회주의를 비자본주의적 발전을 지향하는 자유평등의 아나키스트 사회를 만드는 이념으로 보았다. 그가 아나키즘이란 용어를

---

52) 이정규, 「한국사회주의운동의 전망」(1957.5~6), 270쪽.

대신하여 논쟁이 될 수 있는 민주사회주의를 왜 자신의 발전관을 설명하는 용어로 내세웠는지 알 수 없지만, 이런 용어는 적어도 1945년 이후 그의 아나키즘이 탈급진화, 탈정치화되면서 '한국화'되고 있었다는 것을 시사한다. 그에게, 아나키즘의 한국화가 곧 민주사회주의였고 이를 추진할 정치세력은 민주사회당이었던 것이다. 이런 변화에도 불구하고 그의 초국가주의적 지향은 그의 교육관에서 보듯이 그대로 유지되었다. 교육의 궁극적 목적을 민족의 성원만이 아닌 세계시민을 만들어 내는 것으로 본 그는 국경을 초월한 초국가적 동지애와 우정도 강하게 유지하고 있었다. 1965년 11월 25일 도쿄에서 이정규는 취안저우에서 같이 활동했던 일본아나키스트인 아카가와 하루키를 만나고, 이어 그와 함께 역시 옛동지인 이와사 사쿠타로를 집으로 찾아간다. 헤어지는 자리에서 계란 5개를 간식으로 건네주는 이와사와 눈물로 이별하는 이정규에게서 볼 수 있는 것은 그의 초국가적 동지애였다.[53]

그의 아나키즘이 1945년 이후 탈급진화, 탈정치화되었다는 평가를 그는 예상한 듯하다. 아니면 이미 그런 비판이 존재하고 있었던 듯하다. 왜냐하면 그는 1945년 이후 자신에게 "사상의 전환"은 없었다고 주장한다. 또한 그에게 "사상의 농도"나 "혁명적 열도"에 변화가 있었던 것도 아니라고 강변한다. 다만 그는 1945년 이후 "우리 민족 전체가 대내[및]대외적으로 당면한 정세가 너무도 절박하고 중대하니 만큼 공산반도들을 토평(討平)하기 위해서는 자유민주인 우리끼리는 조절, 협력하여 협동전선을 펴자는 것"이었다고 주장한다.[54] 물론 이런 주장 때문에 이정규는 "현실과 이상을 합치려" 했던 "이상주의자," "혁명의 이상과 현실 사이의 괴리에서 최선을 다한 한 지식인이며 활동가"였다는 평도 있고, 이상에 도전하면서도 한편으로는 현실에 적응하는 금도를 유지하는 "이지인"이었다는 평도 있다. 다른 경우, 그는 "이상주의적 무정부주의자" "영원한 자유인"으로서 1945년 이후 "정치이념을 추구"하면서 "자본주의

---

53) 위의 책, 97~99, 101쪽.
54) 이정규, 「自序」, 『又觀文存』, 13쪽.

사회의 병리적 진단"을 시도하는 등 "진보의 자세"를 잃지 않았다는 평가도 있다. 사실 그는 적어도 경제적 자유, 평등, 분배란 면에서는 사회주의 자체를 포기하지 않았다. 그러나 역설적으로 그는 자본주의적 경제발전을 목적론적 인식 속에서 필요한 것으로 보았다. 또 그는 늘 민족의 전통과 "유학정신을 교시로 하는 유림사회에 충실"하려고 애쓰기도 했다.[55]

이정규에 대한 평가는, 현실과 이상(혁명)의 조화라는 대립적 개념을 통해 내리기 보다는 역사적으로, 특히 변증법적으로 접근하면서 내려질 필요가 있다. 그는 최초 민족, 독립, 전통, 근대, 국가와 관련된 문제를 아나키즘(특히 중일 아나키즘)이란 렌즈를 통해 보면서 이해하고 받아들였다. 그리고 그는 이내 초국가주의 지향의 아나키즘을 통해 같은 문제들을 다시 보면서 이해했던 것이다. 그리고 그런 이해 속에서 민족주의와 초국가주의를 결합하여 민족해방, 궁극적으로는 사회혁명을 위해 투쟁했다. 1945년 이전 그의 아나키즘은 이런 변증법적 과정과 초국가주의적 경험을 거쳐서 형성되었다. 1945년 이후, 그는 새로운 국내외 문제와 상황을 인식하면서 다시 변증법적 과정을 거쳐 아나키즘을 탈급진 화시키며 이해하고 실천하려 했던 것이다. 그리고 그런 탈급진화는 민족주의와 초국가주의의 결합, 사회주의와 자본주의의 결합, 농업과 공업의 결합, 도시와 농촌의 결합을 통해 대안적 발전과 근내 추구라는 형태로 구체화되었다. 1945년 이후 한국아나키즘도 전체적으로 보면 이런 과정과 형태를 띠면서 현재에 이르렀 다고 할 수 있을 것이다. 이런 복잡한 과정 때문에 그의 아나키즘은 일관성이 있으면서도 다른 한편 모순적이라는 인상을 주게 된 것이고, 그에 따라 그에 대한 평가도 그의 '중간적 입장'을 강조했던 것이다. 그러나 본고에서 살펴봤듯이, 이정규의 아나키즘은 1920년대 초 수용 시기부터 민족주의와 초국가주의에 대한 이해가 변증법적 관계를 만들면서 형성, 발전해 왔고, 이런 과정은 한국아나키 즘의 기원과 발전 속에서도 나타나는 것이다.

---

55) 이정규에 대한 평가는 하기락, 『奪還－백성의 자기해방의지』(형설출판사, 1994), 293~296쪽에 실린 1984년 당시 국민문화연구소 회장이던 이방석의 추모사와 오장환, 「이정규의 무정부주의 운동」, 220쪽을 볼 것.

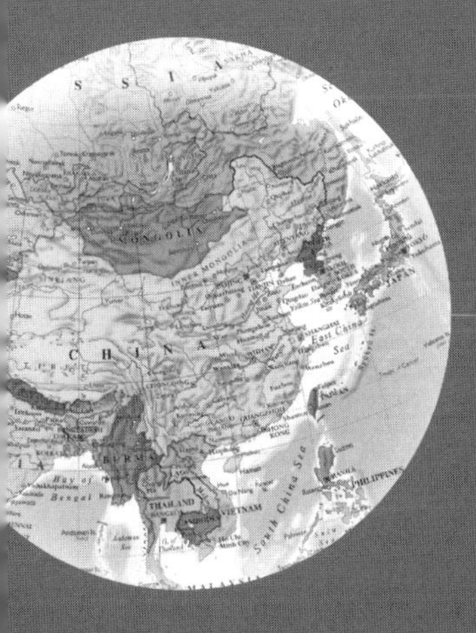

제3부

새로운 과거 만들기
―중국현대사의 재구성

제 **9** 장

중국현대사 이해의 문제점들과 그 극복의 전망

Ⅰ. 문제의 소재

　1980년대 이래 세계 각국의 역사학계는 소위 '역사(학)의 위기' 혹은 '패러다임 위기'와 같은 공통된 홍역을 치렀다. 그런 '위기'의 직접적 원인들은 사실 예외 없이 1980년대부터 시작된 신자유주의 중심의 전 지구화에 따른 세계의 변화, 소비에트 사회주의의 몰락, 사회주의 중국의 신사유주의 체제로의 편입, 냉전의 종식, 그리고 이런 변화에 동반된 역사인식의 변화라고 말해도 무방할 것이다. 국내외 중국현대사학계의 예를 보면, 사회주의 체제가 전 세계적으로 사라진 현실 속에서 전 지구적 자본주의가 배타적 발전과 확산을 지속하자, 중국근현대사 속에서 사회주의와 사회주의 혁명이 행한 역할을 경험론적으로나 결과론적으로나 인정할 수 없다고 생각하는 역사가들이 늘어나고, 자연히 이런 배경이 역사인식 혹은 패러다임의 위기를 초래한 가장 근본적 요인으로 손꼽을 수 있다. 결국, 중국현대사학계를 오랫동안 지배해 온 '혁명사관'이 이제는 무용지물이 된 것이다. 따라서 역사의 '위기'란 제국주의, 자본주의, 사회주의, 계급대립 등을 주 분석 요소나 대상으로 해 온 '혁명패러다임'이 사라지면서 자본주의 발전(혹은 승리)의 역사적 필연성 혹은 결과론을 설명할 수 있는 분석틀이 필요하게 된 것이다. 다만 이런 움직임이 반드시 자본주의

체제의 전 지구적 지배나 필연성을 맹목적으로 지지하지는 않는다는 점 또한 사실이다. 때로는 그런 움직임이 대안적 발전의 방향을 제시하려는 학문적 노력인 것도 사실이다. 물론 그런 움직임 자체가 중국현대사를 '혁명사관'보다 더 역사적으로 이해할 수 있게 할지 여부는 두고봐야할 문제다.

이 글은 위에서 언급한 '위기'의 당위성이나 새로운 패러다임의 창안 자체의 필요성과 정당성을 주장하기 위해 준비되지 않았다. 또 과거 지배적이던 '혁명'이란 분석틀을 맹목적으로 다시 옹호하고자 하지도 않는다. 이 글에서 필자는 소위 '위기'라는 역사가의 인식을 다른 각도에서 접근하면서 이해하고자 한다. 결론적으로 말하면, 필자는 지금 중국현대역사를 연구하는 역사가들에게 필요한 것은 현 세계체제에 대한 비판적 시각을 견지하면서 역사성에 근거하여 역동적이고 과감한 중국현대사를 '재구성'하는 것이라고 주장하고자 한다. 그런 '재구성'을 통해서 요즘 한창 논의되는 대안적 발전 혹은 대안적 세계질서나 지역질서와 관련된 논의에 좀 더 분명하고 실천 가능한 역할을 역사가 제시할 수 있을 것이라고 믿는다.

현재까지 진행된 소위 '역사의 위기'와 관련된 주된 문제의식과 논의를 무비판적으로 받아들일 경우, 현 중국을 있게 한 과거인 특히 혁명의 역할을 부정하게 되는 몰역사성에 빠질 수 있다. 현 사회주의중국의 역사적 뿌리는 사회주의혁명이었다. 그렇다면 혁명의 부정은 사회주의중국이란 현재의 존재에 대한 근본적 부정이다. 따라서 역사성을 부정하는 새로운 분석틀 형성의 움직임에 역사가는 적극적이고 비판적으로 대처하며 역사의 '위기'를 극복해야 하지 않을까? 동시에 과거의 혁명을 중심으로 한 역사인식에 존재했던 병폐 또한 현재의 '위기'와 함께 극복해야 역사성에 근거하면서 실천성을 담보할 수 있는 역동적 중국현대사의 재구성으로 나아갈 수 있지 않을까? 역사의 역사성, 역동성, 그리고 실천성을 통해 중국현대사를 '재구성'해 내기 위해서는 새로운 패러다임 추구 속에 내재한 이론적, 인식론적 문제들을 모두 뛰어넘으면서 과거 인식의 틀이 갖던 한계, 특히 양분법적, 법칙론적, 결정론적 역사인식도 모두 극복해야 한다. 요약하면, 현 시점에서 역사가에게 중요하고도 필요한 것은 과거 역사인식의 완전한 부정과 그에 따른 전혀 새로운 패러다임이나 역사인식의 창안이 아니라고 생각한다. 비판적이고 실천적 역사인식을 통해 중국현대사의 역동성을 구성해 내고 그에 따라 새롭고도 대안적인 역사인식의 방향을 다시금 제시하는 것이야말로 지금 역사가에게 필요한 것이 아닐까? 실천성을 담보하는 대안적 역사를 과감히 '구성'해 내는 것이 필요하지 않을까?

이런 문제의식을 갖고 필자는 이하에서 중국현대사에 대한 기존 역사인식이 갖던 문제점들을 지적하는 것으로 글을 시작한다. 동시에 중국현대사에 대한 지배적인 최근의 접근방식과 인식의 문제점들도 아울러 비판한다. 과거와 현재의 지배적 역사인식 속에 동시에 뿌리깊게 자리잡고 있는 목적론적 인식, 유럽중심적 사고, 오리엔탈리즘, 그리고 도덕사관 등이 바로 필자가 비판하는 주 대상이다. 이런 비판을 통해 역사성을 갖는 중국현대사상에 과감하게 접근할 수 있는 여지가 생길 것이라고 믿는다. 이 글의 여러 곳에서 과감하고 비판적 중국현대사 '재구성'이란 필자의 문제의식을 구체화한 한 예로 소위 '한지앤(漢奸)'(매국노)으로 불리는 왕징웨이(汪精衛)와 '왕 그룹'에 대한 필자의 평가를 기존의 지배적 해석에 도전하면서 제시하고자 한다. 이런 작업은 중국현대사를 좀 더 역동적이고 복잡했던 깃, 즉 역사직으로 인식하려는 대안적 중국현대사 '구성'의 한 노력이다. 지난 30년간 우리가 목격한 세계와 중국의 급격한 변화, 그에 따른 역사인식의 변화, 그리고 이어진 중국현대사가들의 '위기'의식의 대두와 확장 등은 이러한 필자의 주장과 시도가 필요하다는 것을 확인시킨다.

Ⅱ. 중국현대사 이해의 문제점들: 과거와 현재[1]

많은 학자들이 오랫동안 신봉해 온 소위 '(신민주주의) 혁명사관'과 '(보수) 반공사관'은 중국현대사를 바라보는 대립되는 두 시각을 대표한다. 두 시각의 공통된 문제점은 무엇보다 중국현대사를 단순화시켰다는 점, 목적론적 역사인식을 양성하였다는 점, 그에 따라 이분법적이고 법칙론적인 중국현대사상을 구성해 왔다는 점이다. 먼저, '혁명사관'은 중국현대사를 중국공산당 주도 하의 중국혁명사와 등치시키면서 계급투쟁과 민족해방이란 도식 속에서 설명하여 왔다. 그 결과, 중국공산당의 1949년 '승리'와 이어진 중화인민공화국의 성립을 역사의 필연으로 설명하였다. 반대로, '반공사관'은 1949년을 정상적이고 보편적 근대역사의 궤도에서 일탈한 사건으로 보았다. 이렇듯 역사를 지극히 단순화시키거나 법칙화하여 온 것이 두 사관의 최대 맹점이었다. 두 사관은 역사성을 거부했을 뿐만 아니라 심각한 역사인식의 문제를 그 결과 초래해왔다고 할 수 있다.

두 사관이 함께 초래한 대표적인 문제로는 중국현대사의 전체 흐름을 "통합－분열－재통합"의 구도를 통해 구성하고, 그에 따라 '중화민국시기'(1912~1949)를 과도기 혹은 이행기로 해석한 것을 들 수 있다. '중국공산당의 승리'와 '중국국민당의 패배'라는 이분법적 인식에 근거하여, 중화민국시기가 1949년의 공산당 승리로 가는 과도기였다거나, 혹은 근대화에 실패함으로써 공산당에 주도권을 넘기고 후일 1980년대에 근대화로 회귀하게 되는 역사의 이행기였다는 역사해석은 그동안 지배적인 것이었다. '반제'와 '반봉건'을 현대중국의 양대 역사적 과제로 보아온 것도 두 역사인식의 똑같은 문제점이었다. 최근 1949년 이래 1999년까지의 "50년 중화인민공화국의 역사도 과도기"였다 라는

---

1) 이하 이 절의 논의는 본서에 수록된 <중국현대사 속의 중화인민공화국 60년>과 <21세기 전야 미국 지역연구의 운명: 전 지구화와 그에 따른 지역연구의 방향에 대한 미국학계의 비판적 논의>에서 좀 더 깊게 다루어진다. 따라서 이하 특별한 필요성이 없는 한 각주는 생략한다.

주장이나 "근대국민국가의 형성이 근대중국의 과제"였다는 주장이 여전히 회자되는 것은 이 두 역사인식이 복잡했던 과거를 단순화시켰다는 문제점을 분명히 보여준다. 다만 '혁명사관'의 인기가 최근 시들해진 것에 비하면, 보수반공사관은 새로운 인식틀 속에서도 여전히 강력히 영향력을 유지하고 있는데, 이 점이 새롭게 비판적 역사인식을 형성해야 하는 당위성을 역사가에게 제공하는 한 요인이다.

오리엔탈리즘(Orientalism)과 문화본질주의(culturalism)를 통한 중국현대사 이해 또한 역사가의 인식 속에 깊이 박혀있는 문제이다. 주지하듯이 오리엔탈리즘이란, 에드워드 사이드(Edward Said)가 말한 구미 오리엔탈리스트들에 의한 서구의 타자로서의 '동양'의 '발견과 창안', 그리고 그에 따른 '동양' 지배를 위한 '서구의 지적 체계'를 기본적으로 의미한다. 그런데 오리엔탈리스트들의 전통이 제2차 세계대전 이후 미국 등에서는 지역연구(Area Studies)라는 거대한 국책사업으로 강화되었다. 구체적으로는 "왜 공산주의가 중국에서 승리했는가?"를 규명하기 위한 작업이 (특히 미국의) 중국현대사 연구의 방향을 결정해 왔다고 해도 과언이 아니다. 반공국가인 한국의 역사학계도 그동안 직간접적으로 이러한 영향력 하에 있었다는 점은 부인하기 어렵다.[2]

오리엔탈리즘이 중국현대사 이해에서 구체적으로 구현되던 예는 바로 문화본질주의에 의한 중국현대사의 이해였다. 중국의 '전통' 혹은 '전통적' 측면이 중국현대사를 이해하는 주요한 요소로 제기되었고, 전통은 늘 근대와 대립되는 개념 혹은 근대로 가기 위해 극복되어야 할 대상으로 이해되곤 했다. 중국이 근대로 진입 못하는 이유를 전통에서 찾거나 중국의 전통이 근대성에 맞춰 변용되어야 하는 이유가 강조되기도 했다. 특히 전통은 부정적 의미로 중화주의

---

2) 이 점에 대한 상세한 논의는 본서에 수록된 미국 지역연구에 관한 논문 두 편을 참조할 것. 1945년 이후 반공이 한국 중국사학계의 분석틀이었던 점에 대해서는 Dongyoun Hwang, "The Politics of China Studies in South Korea: A Critical Examination of South Korean Historiography of Modern China since 1945," *Journal of Modern Chinese History* 6-2 (2012), pp.256~276 참조.

와 제 멋대로 연결되기도 했다. 예컨대, 중국공산당 '문화'라는 새로운 굴레를 만들어내기도 한다. 따라서 오리엔탈리스트들은 마오쩌둥(毛澤東)과 덩샤오핑(鄧小平)을 공산당 문화의 대표로 만들고, 그들을 중국의 전통과 연결시켜 "새로운 황제"로 묘사하였다.[3] 이러한 인식의 근저에는 "동양적 전제군주" 개념을 적용한 중국황제에 대한 왜곡된 인식, 그리고 공산당은 (미국이 지원한 한국군사정권의 만행은 잊은 채!) 고문과 폭행을 자행하는 무서운 반민주적, 반근대적 집단이라는 이해가 존재한다.

오리엔탈리즘과 문화본질주의의 산물인 귀납적 역사해석(reductionism), 목적론적 역사인식(teleology), 그리고 결정론적 역사인식(determinism)도 빼놓을 수 없는 문제다. 이들 문제의 결정판의 대표적인 예로는 동아시아 국가들의 자본주의적 발전에서 유교가 행한 역할에 관한 논의를 들 수 있다. 유교와 자본주의의 관계는 막스 베버(Max Weber)가 유교장애론(유교가 동아시아 사회의 자본주의적 발전에 장애)에서 두웨이밍(杜維明)의 유교역할론(유교가 자본주의 발전의 원동력)을 거치며 변해 간 것은 정말 많은 문제점을 노정한다.[4] 한국에서 열린 유교관련 국제 학술회의에 참석한 두는 한 언론과의 인터뷰에서 중국, 한국, 일본, 싱가포르 등 소위 '유교문화권' 국가들이 소위 이슬람문화권 국가들인 인도네시아, 말레이시아 등과 달리 1990년대 중반의 경제위기를 잘 대처할 수 있었던 것 또한 유교 때문이다 라고 주장한 바 있다.[5] 두의 이런 주장은 종교와 문화에 근거한 국가와 민족의 서열화에 다름 아니지만, 동시에 유교나 자본주의에 대한 역사적 고찰이 결핍된 왜곡된 문화본질주의적 해석이다.

역사가에게 필요한 것은 '문화는 역사와 함께 존재한다'라는 문화의 역사성

---

3) Harrison E. Salisbury, *The New Emperors: China in the Era of Mao and Deng* (Little, Brown, 1992).

4) 이와 관련한 가장 최근의 비판적 논의로는 Arif Dirlik, *Culture and Society in Contemporary China: The Perspective of Global Modernity* (The Chines University Press, 2011), pp.97~156을 볼 것.

5) 두의 인터뷰 내용은 「지식사회 동아시아학 바람」, 『조선일보』(2000.11.27.) 참조.

에 대한 이해다. 문화를 고정되거나 전통 속에 뿌리박힌 불변의 가치로 보거나 문화를 모든 역사현상을 설명하는 만병통치약으로 보아서도 곤란하다. 문화에는 역사성과 역동성이 있고, 역사가는 그것을 인정해야 한다. 다만, 목적론적, 귀납론적, 결정론적 인식에 대한 거부가 한 사회에 어느 특정 시기에 어느 정도 보편화되어 있는 공통의 가치, 행동양식 등에 대한 단순한 거부로 이어져서는 안 된다. 획일화된 전통과 문화가 전 시대를 관통하며 역사를 이해하게 할 수는 없지만 일정 시기에 존재하는 여러 공통적 인식과 행동 양식은 당시 사회와 그 구성원들을 이해하는데 중요한 것 또한 사실이기 때문이다. 요약하면, 소위 전통 혹은 문화는 시대, 계급, 세대, 성별에 따라 달리 이해해야 하지만 동시에 그것을 어떻게 하면 역사적으로 또한 역사성의 산물로 이해할 것인가, 즉 이들에 대한 변증법적 접근과 이해가 중요하다고 생각한다.[6]

포폄(褒貶), 실증(實證), 목적론(目的論, teleology)을 통한 역사이해도 문제다.[7] 포폄은 한마디로 도덕사관을 의미한다. 역사인물을 악한(惡漢)과 호한(好漢)으로 나누고 현재의 도덕적 목적이나 혹은 정치적 목적에 부합하는지 여부를 중심으로 역사인물 중에서 역사의 귀감을 만들어 내는 것이 포폄이다. 포폄사관 속에서는 역사가의 임무가 단순히 역사의 귀감을 끌어내는 것으로 한정되곤 한다. 물론 역사의 귀감을 누구를 위해, 왜 끌어내는지는 애매하다. 다음으로,

---

6) 여기서 필자는 Marshall Sahlins, *Islands of History* (University of Chicago Press, 1985)의 내용을 소개하고 싶다. 제임스 쿡(James Cook) 선장이 하와이의 한 섬에 처음 도착했을 때 그는 그곳 원주민들에 의해 신으로 간주되어 성대한 대우를 받았다. 그러나 그곳을 떠나 다른 섬을 둘러보고 얼마 후 다시 같은 섬에 돌아왔을 때, 쿡 선장은 악마로 간주되어 원주민들에게 살해된다. 그가 처음 도착한 날은 원주민들이 전통에 따라 신을 기다리는 기간이었고, 다시 돌아온 날은 악마가 등장하는 기간이었던 것이다. 여기서 우리가 생각할 수 있는 것은 우리가 원주민들의 문화를 쿡 선장의 운명에만 근거하여 '문명적' 혹은 '야만적' 문화라고 이해할 수 없다는 점이다. 원주민들의 시각에서 본다면 그들은 자신들의 역사인식에 기초하여 자신들의 문화를 시간에 따라 달리 적용했을 뿐이다.

7) 이하 논의는 황동연, 「포폄(褒貶), 실증(實證), 목적론(目的論)―왕징웨이(汪精衛)의 대일(對日)합작을 바라보는 시각의 문제점들」,『중국현대사연구』12(2001), 105~122쪽의 내용의 일부를 가감하고 수정하여 옮긴 것이다.

실증은 자료와 그 인용의 다과를 중심으로 역사가 자신의 주장을 관철시키는 역사적 방법의 하나이다. 역사가에게 자료가 중요하다는 것은 언급할 필요가 없지만, 중요한 문제는 실증을 강조하다 보면 자칫 '인용만능주의'로 흐를 우려가 있다는 점이다. 또한 실증을 지나치게 강조하다 보니 과거를 재구성하기 위한 새로운 이론적 문제제기나 가설을 원천적으로 봉쇄하는 경우가 있다. 과감한 문제제기를 증거자료 부족을 이유로 무시하곤 한다. 따라서 실증사학의 영향 하에서의 역사가는 문제제기를 주로 자료를 보는 시각을 중심으로 하거나 아니면 다른 연구에서 나타난 문제점을 중심으로 하는 경우가 대부분이다. 따라서 실증만으로 중국현대사 전체를 재구성하기에는 사실상 한계가 존재한다. 국내학계에 존재해온 실증사학의 극단적 폐해의 하나가 많은 (특히 석사) 학위논문들이 '연구공백 채우기'나 기존연구 재확인으로 끝나는 경우가 많았다는 것이다. 학위논문에서 비판이 잘 허용되지 않아 온 국내학계의 '관행'도 문제였지만, 자료의 인용빈도에 비하면 새로운 해석이 곧잘 허락되지 않아 온 것도 사실이다.[8] 아무튼 저명한 중일학자의 글들과 대만학자나 서구학자의 글뿐만 아니라 이름한번 들어보지도 못한 중국학자들의 논문까지도 당연히 '장식용'으로라도 꼭 인용하거나 참고문헌에 달아야하는 학문적 '관습'이 한국학계에 형성되어 왔음은 공공연한 사실이다. 인용된 개개 국내외 학술논문의 학문적·정치적·이데올로기적 입장이 진지하게 논의되기보다는 개개 논문의 단편적 주장만이 자신의 주장을 입증하기 위해 인용되는 '모자이크 학위논문'이 양산되어 왔다고 말한다면 다소 지나친 지적이겠지만, 자료의 다과가 역사적 주장의 타당성보다 더 중요한 학위수여 여부를 판단하는 주된 기준이 되는 경우가 허다하다.

목적론은 현재의 경험이나 결과에 근거하여 귀납적으로 역사를 파악하는

---

8) 이런 저간의 관행에도 불구하고 필자가 석사논문[이후 공간된 「武漢국민정부 성립과정기 '遷都論爭'」, 『學林』 12·13 합집(1991.3), 205~261쪽]에서 선배학자의 주장을 반박했다는 얘기를 들은 한 후배학자는 필자에게 깜짝 놀라며 "정말 용감하셨네요"라고 말했는데 필자는 이 말을 잊을 수가 없다.

인식을 의미한다. 귀납적 논리를 통해 얻은 결과나 의미를 보편화시키고 역사해석에 적용하여 역사의 기원을 역추적하는 데 사용하는 것이 바로 목적론이다. 대표적인 예가 1949년 중국혁명의 '승리'를 이해하기 위해 그동안 진행되곤 했던 중국공산당의 기원이나 중국공산주의에 관한 연구들이었다. 이들 연구는 인식론적으로 보면 중국현대사가 1920년대 중국공산당의 창립부터 이미 1949년을 향해 가고 있었다는 것을 전제로 연구를 진행했다. 이에 따라 국민당이나 다른 제 정치·사회 세력의 움직임은 부정적 혹은 단편적인 것으로 묘사되어 왔다는 것은 주지의 사실이다. 큰 폐해였다. 그런데 그 폐해가 중국공산당에 대한 최근의 비판과 함께 새롭게 재생되고 있다. 중국의 개혁·개방과 함께 많은 역사학자들이 중국혁명의 역사를 19세기 말부터 근대중국이 (1949년이 아닌!) 1980년대 이후의 근대화나 근대적 시민사회 형성으로 궁극적으로 향하고 있었다고 그리는 것이 그 예다. 자연히 중국공산혁명은 근대화를 향한 역사과정을 잠시 정체시킨 과도기적 사건으로 이해된다. 역사의 방향을 미리 인식하고 역사(혹은 과거)를 구성하려는 목적론적 인식의 폐해이다.

여기서 우리는 '동양인' 자신의 오리엔탈리즘과 관련된 문제도 고려할 필요가 있다. 이는 파사 차타지(Partha Chatterjee)가 민족주의와 관련하여 언급한 식민지 지식인들의 '파생적 담론'(a derivative discourse)과 궤를 같이하는 문제다.9) 쉽게 말하면, 오리엔탈리즘을 비판하면서 중국현대사를 연구하는 '동양인들'은 과연 오리엔탈리즘의 영향에서 그동안 자유로왔는지 혹은 현재 자유로운가를 생각해 봐야 한다는 것이다. 오리엔탈리즘은 구미역사학자들만의 전유물이 아니다. 소위 '동양'의 역사학자들도 무의식 중에 감염될 수 있는 무서운 인식체계이다. 예컨대, 유럽중심주의에 뿌리를 두고 목적론적 인식에 근거하여 주창된 중국의 '자본주의 맹아론'이 과거 중국의 마르크스주의 학자들에 의해 주장되지 않았던가? 또한 근대화론이 아직도 그 생명력을 유지하는 이유가

---

9) Partha Chatterjee, *Nationalist Thought and the Colonial World: A Derivative Discourse* (Zed Books, 1986).

단순히 그것이 서구 오리엔탈리스트들의 학문적 혹은 이데올로기적 잔재라서인지, 아니면 '동양'의 학자들이 '자아 오리엔탈리즘화'한 결과 때문인지는 이제 분명히 짚고 넘어갈 필요성이 있다.

유럽의 문명 혹은 근대세계 형성의 경험을 보편적인 것으로 보고 그 확산을 보편적 가치의 확산으로 보는 유럽중심주의도 역사가들 사이에 뿌리 깊이 남아있는 역사인식이다. 이는 곧바로 중국현대사에서 근대성의 문제(혹은 근대화론)로 연결된다. 세계사나 일국사의 발전을 유럽 자본주의 발전에 근거한 근대세계 형성의 과정으로 연결시키는 것은 크게 잘못된 인식이다.10) 또 사회주의의 전제로 자본주의적 발전을 당연시하는 것도 문제인데, 중국에서 벌어졌던 '자본주의 맹아' 논쟁은 이런 역사인식의 폐해를 극명하게 보여주는 대표적인 예이다. 자본주의가 아닌 다른 발전방식이 없었다고 왜 애초부터 생각하는지! 중국에서 1980년대 등장한 '사회주의 초급단계론'이란 것도 사실 알고 보면, 대안적 발전의 길보다는 자본주의 발전을 사회주의의 전제로 상정한 목적론적 인식의 결과일 뿐이다. 예컨대, 사회주의로 가는 '생산력의 기초'가 반드시 자본주의적인 것이어야 하는가라는 문제에 대한 대답도 없이 '사회주의 초급단계'를 논하는 것은 극히 유럽중심적 사고이다. 즉 자본주의적 발전을 보편적이고 필연적인 것으로 본 결과다.

중국현대사에서 나타나는 근대성의 추구와 관련된 문제는 '비자본주의적 발전'의 추구, 즉 대안적 근대성의 존재 가능성에 대한 인식과 추구라는 전제 속에서 파악될 필요가 있다. 소위 '근대성'이 곧바로 자본주의와 관련을 가질 필요는 없다. '국민국가'에 대한 연구도 대안적 국가의 추구−물론 그런 국가의 성격이 비자본주의일 수도 있고 비사회주의일 수도 있다− 의 형성에 초점을 맞춰야지, 구미의 경험과 목적론적 인식에 근거하여 보편적 근대국민국가 모델을 역사 속에서 상정함으로써 대안적 국가성립의 추구 가능성은 애초부터

---

10) 이런 주장의 예는 Robert B. Marks, *The Origins of the Modern World: A Global and Ecological Narrative* (Rowman and Littlefield, 2002)를 볼 것.

차단당하고 만다. 결국 역사에서 존재하는 지역, 계급, 성, 인종 등의 차이와 역사의 다양성을 말살하면서 역사의 보편성 혹은 필연성을 강조하는 유럽중심주의는 반드시 극복되어야 한다. 유럽중심주의에서 벗어나기 위한 방법의 하나가 다문화주의(multi-culturalism)일 수도 있다. 그러나 그것이 역설적으로 문화에 대한 본질론적 이해로 흘러 궁극적으로 유럽의 오리엔탈리즘을 확인시키거나 혹은 문화본질주의로 빠지기 일쑤다. 다문화주의가 이론적으로 구미주도하의 전 지구적 자본주의의 세계화(즉 보편성 속의 특수성과 다양성 속의 세계화)에 무의식적으로 동조하고 마는 결과를 가져올 수도 있다는 사실을 염두에 두는 것은 중요하다.

시민사회(혹은 공공영역)가 국가와의 관계 속에서 독자적으로 발전할 수 있었던 가능성에 대한 논의는 중국현대사학계를 지배하는 주요한 흐름의 하나다. 물론 국가와 사회의 관계에서 사회가 갖는 독자적 영역(의 확보)에 대한 연구는 사회의 자율성뿐만 아니라 기존 양분법적 역사발전에 대한 논의를 극복할 수 있다는 긍정적 가능성을 보여준다. 그럼에도 불구하고 중국사 속에서 시민사회의 가능성을 연구하는 의도는 대부분 중국에서도 '보편적' 민주주의와 (어떠한 형태로던) 자본주의적 발전이 있을 수 있지 않았을까라고 믿는 일부 학자들의 근대중국에 대한 깊은 아쉬움이 깔려있다. 중국에 공산혁명이 없었다면, 지금쯤 시민사회를 통해 '보편적' 민주주의와 자본주의적 경제발전이 이루어졌을 것이라는 전제가 있는 것이다. 중국도 서구와 마찬가지로 '민주주의'와 '근대성'(혹은 근대적 발전)을 이룰 수 있었던 공공영역과 자율적 시민사회가 내부적으로 발전하고 존재했었다는 역사적 결론은 중국의 사회주의혁명에 대한 부정적 평가를 그 전제로 한다.

시민사회론이 갖는 또 다른 문제도 있다. 시민사회론에서 자주 논의되지 않는 문제가 과연 한 시민사회가 국민국가와의 관계에서 독자성을 어느 정도 보유할 수 있는가란 문제와 시민사회 구성원인 개인이 그 사회 내에서 과연 얼마나 독자성을 확보할 수 있는가란 문제다. 바꿔 말하면, 시민사회라는 틀 속에 과연 개개의 서로 다른 구성원들이 갖는 각자의 독자성(내부 민주주의)이 국민국가와 사회의 관계란 인식 속에서 무시되는 것은 아닌지? 또한 그 시민사회 내부 성원간의 민주주의(민주화)문제와 그 발전에의 가능성이 국가와의 관계를 강조하는 과정에서 무시되지는 않는지? 이러한 질문에 대답할 수 없는 한, 시민사회론은 그 타당성을 인정받기 어렵다. 더구나 사회주의 사회에서 시민사회가 존재할 수 있는지 여부에 대한 연구도 이와 관련하여 필요하다. 특히 이 문제는 아래에서 지적하듯 중국사회주의가 과연 대안적 발전의 가능성을 제공하는지의 여부와도 관련이 있다. 아무튼 자본주의 사회만을 상정하며 시민사회를 연구하는 경향은 현 시점에서 국민국가 체제 속에서 다른 비민주적 억압구조를 인정하는 결과를 만들 가능성이 농후하다.

　시민사회론의 경우에서 보듯이 지난 1980년대 이후 중국현대사학계의 큰 흐름의 하나가 자본주의에 대한 긍정(근대화론)과 그에 따른 부르주아지의 긍정적 역할론이었다. 그 결과 '중화민국사' 연구가 중국공산혁명사를 대신하여 역사연구의 한 분야로 전 세계적으로 유행하였다. 다만 세계의 모든 주류 역사학계는 중화민국사의 유행을 단순히 중국사회주의의 개혁개방과 실사구시 정책에 의한 '금기영역'의 타파라는 해방적 의미로만 파악하곤 했던 것이 사실이다. 중화민국사 연구가 대부분 지향하는 근대화론 긍정과 관련된 문제는 종종 사장되었다. 중화민국사의 유행은 역설적으로 현 중국인민들에게 유형무형의 더 큰 압박을 사실상 초래했다. 현대화란 미명하에 전개되는 현 중국정부의 일반인들에 대한 고통감수 요구나 경제발전에 따른 환경파괴, 빈부격차의 증가 등은 이미 우리에게 낯선 것이 아니다. 특히 불길처럼 번졌던 민국시기 상하이(上海)연구의 유행은 현대중국의 도시화, 근대적 발전, 시민사회와 '민주주의' 의식 형성이란 문제의식에서 시작된 것이다. 그러나 상하이를 가본 사람이라면 누구나 상하이의 눈부신 발전이 구조적으로 잘못 시작된 경제발전의 모습을 투영하고 있고, 그 결과 빈부격차가 만연한다는 사실을 쉽게 지적할 것이다. 중국혁명의 실패, 사회주의의 실패가 지금 유행하는 중화민국사 연구나 상하이연구 등의 당연한 대전제다. 이제, 중국공산당은 중국의 발전을 가로막았던 (또 현재도 가로막고 있는) 장애물로 역사에서 그려지고 만다.

여기서 이후 활발한 논의를 위해 한 가지 문제를 지적해 두고자 한다. 필자의 소견으로는 한국 중국현대사학계도 위에서 필자가 비판한 여러 문제들에 의식적이건 무의식적이건 동조해 온 듯하다. 단적인 예가 중국공산당과 중국노동(혹은 농민)운동에 대한 연구가 중국국민당과 그 지도자들에 대한 연구만큼이나 많았던 1980년대 후반의 학계상황을 이제는 더 이상 볼 수 없다는 것이다. 특히 1990년대 후반 이후, 중국공산당이나 노동운동, 농민운동, 통일전선, 혁명, 사회주의 등과 같은 용어 자체가 학술지에 실린 논문의 제목에서조차 찾기가 매우 힘들어진 듯하다. 물론 이런 경향은 일본이나 중국 학계에서도 흔히 볼 수 있다. 그런데 중요한 것은 한국 중국현대사학계가 우리의 독자적 역사시각 형성을 매번 강조하고 주장하면서도 우리의 현재(주류적) 시각은 지난 1990년대 이후 세계학계의 흐름, 그것도 중국연구의 헤게모니를 쥐고 있는 미국학계나 일본학계의 주류의 시각과 큰 차이점이 없다는 점이다. 중국현대사의 재구성은 사실 필자만의 주장은 아닐 것이다. 다만 '재구성'과 관련하여 한국학계의 오랜 숙원인 우리의 시각 확립이란 문제도 이젠 진부하고 추리적인 논의로 끝나시는 인될 것이다. 이제는 다양한 해석반이 아닌 역사학자의 역사인식과 분석틀을 바꾸려는 실천적 작업이 더 필요하다. 지난 반세기동안 한국에서 이루어진 중국근현대사연구를 소개하는 글에서 옮겨 온 아래의 인용은 필자가 왜 과감한 발상전환을 통해 중국현대사를 '재구성'하자고 주장하는지를 말해준다.

현재로서는 지금까지의 중국근현대사연구가 정치사·운동사·정치사상사에 편중되어 왔었다는 반성을 배경으로 사회구조나 사회경제문제로의 접근이 보다 한층 요청되고 있다. 또한 시기적으로는 1930년대 이후 특히 중공시대의 연구는 아직 커다란 공백으로 남아 있다고 말할 수밖에 없다.11)

위 인용문은 1945년 이후 한국 중국현대사연구자들의 중국근현대를 바라보는 시각에 그다지 큰 변화가 없었다는 점, 따라서 그다지 주목할 만한 분석틀의 변화가 없었다는 사실을 암묵적으로 인정하고 있다. 변화가 있었다면, 그것은 중국현대사 내에서 정치사나 운동사 중심의 학풍이 사회사에 대한 관심으로 이어졌다는 것이다. 사회사에의 관심은 사실 한국학계에만 있는 것은 아니다. 문화연구, 탈식민연구와 더불어 세계적 유행이다. 결국 필자가 조금 단순화해서 말한다면, 한국의 중국현대사학계는 그동안 중국현대사를 정치사적 또는 사상사적으로 해석해 왔고 이제 사회사적으로 해석하려할 뿐이지, 중국현대사를 (그렇게 귀가 따갑도록 들어온) '우리의 시각'을 통해 구성한 적은 거의 없다는 것이다.[12]

---

11) 吳金成,「韓國における中國史研究の半世紀」,『中國－社會と文化』15(2000.6), 259쪽.

12) 故 민두기 교수가 해온 일련의 연구는 확실히 '우리의 시각'을 만들려는 노력이었다. 그러나 그 자신의 연구 역시 구미학계의 주류였던 냉전시대의 시각과 객관적 입장을 강조하고 한학에 뿌리를 둔 실증의 틀에 있었기에 '우리의 시각'이란 문제에 근본적으로 답하기 어려웠다는 점을 인정해야 할 것이다. 물론 민 교수의 업적에 대한 평가는 그의 연구 양이나 질로 봐서 한두 마디로 끝낼 수 있는 것은 절대 아니다. 다만 냉전시각과 객관주의(실증)라는 문제와 관련한 구체적인 지적은 하세봉,「동양사학계에 대한 비판적 검토」,『역사비평』계간5호(1989 여름)와 김희교,「동양사연구자들의 '객관주의' 신화비판」,『역사비평』51(2000 여름)를 참조할 것. 여기서 한 가지 지적해 두고 싶은 것은 하세봉의 글이 구조적·분석적 접근을 통해 설득력을 갖추었다면, 김희교의 글은 문제의식의 타당성에도 불구하고 그다지 동의하기 어려운 논조를 유지한다는 점이다. 필자는 그 이유 중 가장 큰 것을 그의 비약적이고 추리적인 결론 때문이라고 생각한다.
'우리의 시각'을 만들려는 최근의 노력으로는 위의 두 글 외에 백영서,「한국에서의 중국현대사 연구의 의미: 동아시아적 시각의 모색을 위한 성찰」,『중국현대사연구회회보』창간호(1993.12), 9~18쪽 ; 김태승,「중국근대사 인식의 계보와 유산－탈근대적 중국사 인식의 전망을 위한 문제제기」, 한국역사연구회 엮음,『20세기 역사학, 21세기 역사학』(역사비평사, 2000), 67~87쪽 ; 황동연,「중국현대사 이해의 문제점들과 그 극복의 전망」,『중국현대사연구』10(2000.12), 149~166쪽 참조. 연구회로는 "공동연구를 통해 동아시아 역사의 과학적 인식을 도모하고 새로운 동아시아역사상을 확립하는 것을 목적"으로 했던 (지금은 사라진) 동아시아역사연구회와 '학문적 유대'와 '연구 발전에 기여'를 주장하는 중국현대사연구회의 존재를 지적할 수 있다. 전자의 활동과 후자의 목적이 나름대로 의미 있게 행해져 온 점이 많으나, 그것이 '우리의 시각'

"한국의 중국사연구자는 한국의 전통적 학문과 지리적 특징을 살려서 중국·일본·구미 학자들과는 나른 독창석인 견해에 의해 학계에 공헌할 수 있다"13)라는 언급은 사실 공허한 주장으로 들린다. 한국이 갖는 전통적 학문과 지리적 특징이 무엇인지 애매할 뿐만 아니라, 그 특징이 어떻게 "다른 독창적 견해"를 만들어 내는 충분조건인지 불투명하기 때문이다. 중국학자들이 외국학자들은 중국인의 감정을 몰라 중국사를 제대로 연구할 수 없다고 주장하는 것이나 한국인은 지리적 특성 때문에 중국사를 바라보는 눈이 독창적(그리고 객관적)일 수 있다는 주장은 거의 같은 맥락의 주장이 아닌가. '우리만의 시각'이란 문제가 여전히 공허한 담론으로 그치고, 학계가 '재구성'의 가능성을 담보할 만한 학문적, 구조적 조건을 적극적으로 조성하지 않는 한, '우리의 시각' 확립이란 구호는 그저 학계의 기존 구성틀의 확장 혹은 그 틀에 맞춰 계속 '해석'이나 하라는 의미로 들릴 것이다. 필자를 포함한 한국의 중국현대사가들이 이제 중국현대사를 '해석'만 할 것이 아니라 적극적으로 자신의 정치적·이념적 입장에서 '재구성'하고 이를 통해 중국의 현재와 미래를 '바꾸어야' (혹은 '바꾸려고 노력해야') 한다고 필자는 감히 주장하는 것이다. 그에 따라 한국의 현재와 미래도 바뀔 가능성이 열리는 것이다. 역사학자 로웬털(Lowenthal)이 주장하듯이, "우리가 과거를 다시 만들면, 과서도 우리를 다시 만든다."14)

'한국적 시각'이 중일 및 서구학자들의 시각과는 달리 좀 더 객관적이라거나 중립적일 수 있다고 생각한다면 큰 잘못이다. '한국적 시각'의 객관성과 중립성을 주장하는 사람들은 한국이 전통적으로 한자문화에 속하는 등 중국문화와는 오랫동안 교류를 해서 친근감을 갖고 있는 점, 한국학계는 사회주의역사학이 갖는 정치에의 종속성이나 일본역사학계가 갖는 사회주의중국에 대한 '무작정

확립이란 문제와 직접 연결되었는지 또는 앞으로 될 것인지 여부는 아직 미지수라고 말할 수밖에 없다.

13) 閔金成, 앞의 글, 260쪽.

14) David Lowenthal, *The Past is a Foreign Country* (Cambridge University Press, 1985), xxv.

동경'도 없었다는 점 등을 지적한다. 결국 '한국적 시각'이 객관적, 따라서 독창적일 수 있는 조건이 한국학계에 오랫동안 내재되었었다는 지적인데, 이는 한국학계가 미국학계의 영향아래 자유주의와 반공사관을 1945년 이래 오랫동안 간직해 왔다는 사실을 애써 외면한 일면적 주장이다. 한국학계가 정치에서 비교적 자유로웠다면 아마 그것은 중국학계에서 볼 수 있던 '교리적' 해석이 없었다는 것뿐이지, 결코 반공정치의 영향에서 자유로웠다는 의미는 아닐 것이다. 그렇다면 이런 강요된 정치적·이념적 영향으로부터 비교적 이전보다 자유로울 수 있는 지금이야말로 본격적으로 '한국적 시각'을 만들 수 있는 시점이 아닌가? 진정한 '한국적 시각'으로의 변화를 향해 학계가 생동감 있게 움직이는 방법의 하나는 철옹성같이 유무형으로 연구 방향을 결정해 온 기존의 분석틀에서 벗어나는 것으로 시작될 수 있다. 사실 예외적으로 그동안 '동아시아적 시각의 모색' 등과 같은 중요한 제안이 있었다. 다만 그 주장의 중심내용이 새로운 중국현대사상을 구성하는데 중점을 두기보다는 통일한국을 중심으로 한 동아시아 미래체제의 형성에 있는 듯하다. '동아시아적 시각'을 통해 실질적으로 중국현대사 혹은 동부아시아 지역역사를 재구성한 연구는 사실 그렇게 많지 않다.[15] 또 최근 회자되는 '주변의 시각'도 그 의도의 타당성과 중요성에도 불구하고 한국의 입장과 역사를 특권화하는 경향이 있는 등 민족주의적 주장으로 귀결되는 경우가 많았다.[16] 따라서 필자가 주장하는 중국현대사의 '재구성' 혹은 '새로운 과거만들기'와는 그 지향이란 면에서 보면 아직 거리가 있다.

한편, 위에서 필자가 지적한 중국현대사 연구의 주류의 시각은 역사가의 기억에서 중요한 역사적 쟁점들을 점차 지워왔다. 먼저, 제국주의, 자본주의와

---

15) 동아시아적 시각에 대해서는 백영서, 「한국에서의 중국현대사 연구의 의미: 동아시아적 시각의 모색을 위한 성찰」, 『동아시아의 귀환』(창작과 비평사, 2000), 131~145쪽 참조.

16) 이 점에 대해서는 Dongyoun Hwang, "The Politics of China Studies in South Korea; A Critical Examination of South Korean historiography of Modern China since 1945," *Journal of Modern Chinese History* 6-2 (2012) 참조.

사회주의 관계와 관련된 문제는 더 이상 역사적 고찰의 대상이 아닌 듯하다. 비록 소비에트 사회주의의 몰락이 자본주의와 사회주의의 관계에 대한 관심의 저하를 가져왔다 해도, (새로운 형태로 등장하는) '제국'과 관련된 문제는 아직도 많은 학자들에게는 심각한 고찰의 대상이다.[17] 그런데 이와 관련된 근현대 중국의 계급, 자본주의 문제들을 다루는 역사연구가 과연 지금 얼마나 있는지 의심스럽다. 이 문제들을 중요한 역사문제로 아직도 역사가가 언급한다면, 아마도 시대착오적이라는 얘기를 듣고 말 것이다. 자본주의와 사회주의의 관계도 그 복잡성 혹은 다양성을 살펴보는 연구가 아직도 필요하다. 정치적인 이유가 아니라 이들이 역사적 문제이기 때문이다. 예컨대, 사회주의는 그 기원을 고려한다면, 자본주의와의 관계 속에서만 오직 존재한다. 역사적으로 보면 사회주의는 자본주의의 대안으로 등장했기에, 자본주의가 존재하는 한 사회주의(적 노력)도 따라서 존재할 수밖에 없다는 것이다. 과거 자본주의의 '병폐'(분배의 불균형, 사회 내 계급 대립의 존재 등)를 치유하려 했던 것이 사회주의였다면, 새로운 형태로 등장한 전 지구적 자본주의의 존재는 새로운 형태의 사회주의 등장을 필요로 한다. 당연히 사회주의에 대한 역사적 고찰이 필요하다. 따라서 전 지구적 자본주의가 세계경제를 독점적으로 지배하며 분배나 성장의 불균형을 심화시키는 한, 과거와는 다른 의미와 새로운 지향을 갖는 사회주의를 향한 움직임 또한 계속 존재할 수밖에 없다. 바로 이점이 새로운 환경에 맞는 새로운 의미의 사회주의에 대한 연구가 필요한 이유다. 중국현대사 속에 존재했던 다양한 사회주의 모색에 대한 연구가 여전히 필요한 것도 같은 이유에서다. 다만, 작금의 추세는 사회주의의 종말이란 인식 속에 사회주의 자체에 대한 연구를 아예 기피한다. 1989년 베를린 장벽의 붕괴를 모든 사회주의의 종말로 보는데, 왜 '대안적 사회주의'는 생각 못하는지?

계급과 계급의식 형성과 관련된 문제도 이제 역사가의 관심 밖에 있다. 사회주의 몰락과 동반하여 계급에 대한 역사가의 관심도 사라졌다. 그러나

---

17) Michael Hardt and Antonio Negri, *Empire* (Harvard University Press, 2000).

신자유주의에 기반한 전 지구적 자본주의가 세계경제를 지배하는 반면, 그 혜택을 누리지 못하는 지역들과 그 지역의 거주민들은 당연히 존재한다. 물론 혜택을 누리는 지역 내 거주인들 사이에도 그 혜택의 질적, 양적 차이도 존재한다. 상위 1%와 99% 대중이란 개념이 최근 회자하는 것은 바로 전 지구주의의 혜택을 누리는 계급과 못 누리는 계급의 등장을 대변한다. 이는 고전적 의미의 계급(프롤레타리아트와 부르주아지)과는 다른 형태의 계급(혹은 계급의식)이 존재한다는 것을 지적해 준다. 다만 계급 혹은 계급의식 자체를 과거 사회주의자나 공산주의자들의 유물로만 생각하고, 계급에 대한 언급이나 연구를 기피하는 경향이 학계에는 존재한다. 전 지구적 자본주의가 지배하는 지금, 과연 계급은 더 이상 유효한 분석단위가 아니고 이제 사회주의와 함께 박물관으로 가야하는 골동품인가?

다음은 중국현대사에서 행한 혁명의 역할을 부정하는 연구경향과 관련된 문제다. 요점은, 혁명을 사회, 경제의 변화를 역동적이고 변증법적으로 계속 진행시키는 것으로 파악할 가능성은 없는가란 질문과 관련된 문제이다. 혁명을 파괴적이고 부정적인 행위와 수단으로만 보는 한, 현 중국을 있게 한 중국혁명은 역사의 사산아로 취급될 것이다. 또한 과거와 현재의 혁명적 움직임도 파괴지향이란 족쇄에 묶여 역사의 이단으로 몰리고 말게 될 것이다. 따라서 혁명의 역할을 부정하는 것은 정치적으로 민감한 역사문제를 역사가가 스스로 외면케 하는 상황도 만들었다. 예를 들면, 최근 유행하는 성과 섹슈얼리티(sexuality)에 대한 연구는 그 중요성에도 불구하고, 많은 연구가 구조적 문제인 자본주의나 계급문제 등을 고의적으로 외면하고 있다는 의심을 일으켜왔다. 탈식민(postcolonial) 학자들의 "구조는 이제 존재하지 않는다"라는 주장을 뒷받침한 것이다. 일반인들의 매일 매일의 삶에 대한 연구는 역사주체로서 개인의 역할을 부각시키면서 동시에 역사의 다양성과 차이를 부각시킨다는 긍정적인 면이 있다. 그러나 그런 연구가 역사에서 나타난 구조적 문제인 제국주의, 자본주의, 혁명 등을 애써 외면하면서 이루어진다면, 결국 연구상의 결정적 결점을 드러낼 수밖에 없다.[18] 인간의 삶의 모습이나 역사에서 성의 역할을 강조하면서 동시에 구조적 문제(혹은 '기초적 문제'foundational problems)를 인식하는 연구는 아직 필요하다. 지배구조 혹은 체제에 근본적 변화가 없기 때문이다. 구조적 문제를 외면한 연구는 자칫 현 세계를 지배하는 체제를 긍정 혹은 그 체제가 갖는 근본적 문제를 외면케 하는 역할을 수행할 수 있다. 사실 더 중요한 것은 그 구조적 문제로 인해 발생하는 여러 문제들을 우리가 매일매일 보고 느끼면서 살고 있다는 부정할 수 없는 사실이다.

혁명을 거부하는 근현대 중국 관련 역사서술에서 자주 등장하는 용어 중의 하나가 "중공(中共)의 상대화(相對化)"란 용어다.[19] 무엇보다, 과연 역사서술에서 역사가가 역사대상을 상대화(혹은 객관화)하는 것이 가능한지 여부는 토론 거리이다. 역사가 자신의 정치적, 이념적 입장이 나타나지 않으면서 역사대상을 '상대화' 혹은 '객관화'하는 것이 과연 가능할까란 문제가 제기된다. 한국인이 중국역사를 연구하는 데 있어 한국인의 입장 혹은 한국인의 시각을 통해 진행할 것을 강조하는 것도 바로 역사가의 주관성을 강조하는 것이 아닌가? 나아가 중국공산당의 객관화가 역사의 객관주의란 미명하의 또 다른 반공사관으로 흐를 가능성은 없는가? 역사연구 대상을 상대화한다는 것이, 결국 역사가의 현실세계에 대한 인식을 바탕으로 진행될 수밖에 없는 이상, 그 상대화 자체가 역사가의 정치적, 이념적, 혹은 민족적 의도를 담을 수밖에 없다. 또 현실세계에 대한 인식(정치적이고 이념적 입장)에서 벗어난 역사가 과연

---

18) 대표적인 예가 탈식민주의를 제창하며 발간된 미국 듀크 대학 출판사의 *Positions: East Asia Cultures Critique* 잡지[편집인: 타니 바로우(Tani Barrow)]다. *Positions*는 다문화주의도 대표하는데, 문화적 차별성의 인정이 자칫 전 지구적 자본주의의 전략(다양성 속의 세계화, 즉 다양성 속에서 단일지배의 고착화)에 일조하는 역할도 한다는 비판이 있다는 것은 우리가 귀를 기울여야 할 지적이다. 탈식민주의에 대한 비판은 Arif Dilik, *The Postsolonial Aura: Third World Criticism in the Age of Global Capitalism* (Westview Press, 1997)을 볼 것.

19) 山田辰雄, 「中國近現代政治史」, 『東方學』 100(2000.9), 82~84쪽. 이 글은 <二一世紀へ向けて東方學の展望>이란 제하 동 잡지의 특집호에 실린 글인데, 여전히 역사 대상('중공')의 상대화를 주장한다.

동시대인들에게 무슨 의미가 있을까? 역사는 후세대를 위한 것인가 아니면 동시대인들을 위한 것인가? 역사의 역사성, 복잡성, 역동성을 모두 결합하여 중국현대사를 '구성'하는 것은 무엇보다 동시대를 이해하기 위한 중요하고도 의미있는 작업이 아닐까?

마지막으로, 대안적 발전 가능성을 거부하거나 말살하는 역사분석과 관련된 문제이다. 최근까지 유행하는 중국현대사 연구의 경향 중의 하나는 문화의 잡종성(hybridity)을 강조하는 것이다. 예컨대, 중국문화의 다양성을 강조하는 연구뿐만 아니라 20세기 상하이 문화의 '국제성'(즉 중국 전통문화와 근대문화의 혼재)을 지적하는 연구가 그것이다. 잡종성이란 용어 자체는 잡종된 두 (혹은 여러) 문화의 대표적 요소가 잡종성에 여전히 내재한다는 문화에 대한 본질주의적 이해를 전제로 한다. 즉 두 문화가 조우하여 만들어낸 새로운 문화를 전혀 새로운 주체적 문화의 형성으로 보기 보다는 여러 '소(小)주체성'이 남아 있는-따라서 아직도 소주체성을 보유한-하부적 주체성(sub-identity) 상태의 문화로만 보는 것이다. 위에서 언급한 최근의 상하이 연구는 상하이의 국제성을 강조하고 상하이에 전통적 중국문화와 근대적 문화가 혼재했다고 지적한다. 즉 중국 전통문화의 일부와 근대문화의 일부를 보유한 잡종문화의 형성이 바로 근대 상하이문화였다는 것이다. 그러나 상하이가 중국전통문화도 아니고 근대문화도 아닌 전혀 새로운 문화를 만들었을 가능성뿐만 아니라 상하이가 제국주의 침략을 받은 대표적 도시였다는 사실, 즉 구조적 문제는 거의 다루어지지 않는다. 더구나 상하이에서 자본주의뿐만 아니라 소비에트식 사회주의를 대안할 움직임이 있었을 가능성도 애초 배제하고 만다.

Ⅲ. 중국현대사 이해의 방향

이상 위에서 서술한 중국현대사 이해의 여러 문제점들은 지난 20여 년간 '역사지우기' 혹은 '역사망각하기'란 현상을 초래해 왔다. 그러나 이런 현상을 극복하면서 현대중국 역사를 비판적인 시각을 가지면서 과감하게 해석하며 새롭게 '구성'해 낼 가능성은 얼마든지 있다. 이미 아리프 딜릭(Arif Dirlik)은 15년 전 미국학계의 중국현대사 서술의 여러 문제점들을 지적하면서 '급진적 역사'를 구성할 것을 주장한 바 있다.[20] 물론 급진적 역사가 파괴적인 역사를 의미하는 것은 아니다. 딜릭의 제안은 새로운 역사서술의 노력이 필요하다는 공감대가 이미 많은 미국내 진보적 학자들 사이에 공유되기 시작했음을 보여준다. 이제 중국현대역사가의 앞에 놓인 것은 그러한 문제의식의 공감대를 지속적으로 역사연구와 서술에서 구체화하는 데 있다고 할 수 있을 것이다.

물론 장애물이 없는 것은 아니다. 신자유주의 하의 전 지구화는 그런 공감대의 끈을 약화시키는 작용을 한다. 왜냐하면 전 지구화 자체가 양면성을 지니고 있음에도 긍정적인 면만이 지나치게 강조되기 때문이다. 주지하듯이 전 지구화는 부정적 기능(빈부 격차의 심화와 발전의 불균형 등)과 긍정적 기능(예를 들면 자유로운 정보 이동)을 동시에 지니고 있다. 그런데 긍정적 기능의 지나친 강조가 역사가의 눈과 귀로부터 부정적 측면을 멀리 떨어져 있게 해버렸다. 전 지구화의 부정적이고 '억압적' 면(발전과 분배의 불균형)이 '해방적' 면(경제발전)에 의해 철저히 가로막혀 있는 한, 전 지구화를 지원하려는 역사적 노력은 계속될 것이다. 그렇다면 중국현대사 연구의 수류도 이런 경향을 이론적, 실증적으로 (의식적이건 무의식적이건) 입증하는 역할을 할 가능성이 농후하다. 그 가능성으로 인해 현 세계의 부정적 정치, 사회, 경제적 변화에 대항하며, 급진적이고 과감하게 역사를 구성하고 해석해야 할 당위성과 필요성이 생기는 것이다.

결국 전 지구화의 일부 '해방적' 면을 지나치게 강조하는 지배적 역사시각에 대한 과감한 도전이 없다면, 현 세계의 전 지구적 변화를 비판적으로 이해하기 어려울 뿐만 아니라 중국현대사의 '역사(기억)지우기'에도 저항하기 힘들어진

---

20) Arif Dirlik, "Reversals, Ironies, Hegemonies: Notes on the Contemporary Historiography of Modern China," *Modern China* 22-3 (July 1996), pp.243~284.

다. 여기서 지적해 두고 싶은 것은 저항을 위한 급진적 역사인식과 서술이 단순히 기존 시각과 서술을 전면 부정하는데서만 시작하는 것은 아니라는 점이다. 비판적인 극복과 계승이 있어야 할 것이다. 다시 말하면, 과거의 역사인식과 서술이 만든 역사상에 비판적 역사인식을 새롭게 더함으로써 역사의 역사성과 역동성을 동시에 인식, 서술할 수 있을 것이다. 물론 중국현대사 속의 구조적 문제를 계속 인지하는 것이 필요하다는 점은 재삼 강조해도 지나친 말은 아니다.

이제 필자는 위에 언급해온 문제들을 극복할 구체적 방향을 몇 가지 제기한다. 이런 문제제기가 문제점들에 대한 정답으로서가 아니라, 정답을 찾아가는 과정에서 생각해야할 것들이라는 점을 여기서 지적해 두고 싶다. 먼저, 현대중국역사에서 서구가 행한 역할에 대한 재인식이 필요하다. 물론 단순한 서구의 '충격'과 그에 대한 중국의 '대응'이라는 잘못된 이분법적 인식 혹은 근대화론을 주장하자는 것은 아니다. 필자가 강조하는 것은 서구가 중국의 근대로의 이행을 위한 '자극'을 주었다는 것이 아니라 서구가 중국 역사에 '등장'한 것은 역사 사실이라는 점이다. 따라서 그에 대해 중국이 적극적으로 '반응'했던 것도 사실이다. 그동안 서구의 '역할'이란 문제는 근대화론 비판, 유럽중심주의적 역사의 보편성에 대한 거부, 제국주의 비판 등 각종 비판적 인식의 성행 속에서 그 입지를 잃어왔다. 물론 필자도 그간의 비판과 그 내용에 적극 동조한다. 그러나 문제는 서구가 중국의 현대사에 등장했다는 사실까지 부정할 수는 없다는 점이다. 구체적으로는 첫째, 중국근현대사의 큰 흐름의 하나가 (구미적이건 비구미적이건) 근대성의 추구(혹은 근대국민국가의 성립)였다는 점이다, 둘째, 중국의 현대는, 구미가 헤게모니를 쥐고 주연을 한 세계 현대(자본주의)역사의 큰 흐름 속에서 이해해야 한다는 것이다. 즉 세계역사 흐름의 헤게모니를 쥐고 중국에 다가온 서구자본주의를 중국, 넓게는 '제3세계'가 어떻게 적극적으로 대항하며 자본주의적 근대성을 대체할 대안적 발전의 가능성을 모색해왔는가라는 것을 이해할 필요가 있다. 특히 중국 지식인들의

'서구', '근대(성)', '자본주의', '사회주의', '자본주의의 대안' 혹은 '비자본주의적 발전' 등에 대한 주체적 이해나 논의를 살피는 것은 아직도 중요한 문제들인데, 이에 대한 논의 속에서 서구의 존재(혹은 행태) 자체를 중국의 현대사 전개와 함께 살피는 것은 분명히 중요할 수밖에 없다. 이는 서구의 등장을 적극적으로 부정하며 중국근현대의 내재적 발전을 강조해 온 연구와는 다른 경향이며,[21] 또 중국의 근대를 여전히 서구에 의해 "강요된" 것(피동적 근대)만으로 보는 시각과는 다른 시각을 제공한다.[22]

서구의 '등장'과 '역할'을 강조하면, 자연히 미국, 일본, 유럽, 혹은 러시아 등에서 교육을 받은 근대중국의 유학지식인들의 사상과 역할에 대한 연구의 필요성을 지적할 수밖에 없다. 이런 지적은 교육이 근대 중국의 근대성 추구에서 중요한 영향력을 갖고 있었다는 것, 또 중국에서 활동하던 서구선교사들의 영향력 또한 근대성 추구 속에서 부인할 수 없는 영향력을 갖고 있었다는 것을 나타낸다. 물론 교육을 통해 전달된 급진사상의 영향도 결국 서구가 행한 역할이다. 다만, 교육의 영향력을 인정하는 것이 결정론적 혹은 목적론적 인식으로 발전해서는 안 된다. 즉 일본교육을 받았으니 '친일파'라던지 혹은 미국교육을 받았으니 '미국식'으로 생각한다는 결정론적 평가는 역사성에 근거한 해석이라기 보다는 정치적, 도덕적 예단에 불과한 것이다. 오히려

---

21) Paul A. Cohen, *Discovering History in China: American Historical Writing on the Recent Chinese Past* (Columbia University Press, 1984).

22) 한국학계에서 이러한 경향을 보여준 가장 최근의 예는 김태승, 「중국근대사 인식의 계보와 유산—탈근대적 중국사 인식의 전망을 위한 문제제기」, 『20세기 역사학, 21세기 역사학』(역사비평사, 2000), 67~69쪽이다. 여기서 지적해 두고 싶은 것은, 필자가 김태승의 전반적 문제제기에는 적극적으로 찬성함에도 불구하고 그의 기본적 인식에는 동의하기 어렵다는 사실이다. 중국의 근대를 강요된 것으로만 파악한다던지, 중국근현대사를 이해하려는 한국인의 움직임 또한 '타자(구미나 일본)에의 통합과정,' 즉 '수동적'이었던 것으로만 보는 점은 필자가 위에서 언급한 문제점을 지적한다. 특히 후자와 관련하여, 필자의 생각은 이러하다. 문제는 한국역사가들의 수동성에 있었던 것이 아니라, 그들의 노력이 수동적으로 될 수밖에 없었던 (혹은 그렇게 보일 수밖에 없었던) 한국사회와 학계의 전반적 억압구조에 있었다는 것이다. 적극적이고 대안적 역사해석의 가능성이 대부분 구조적, 원천적으로 봉쇄되어 왔다는 점이다.

유학과 교육이 근대중국의 역사전개에서 초래한 영향력에 대한 분석은 변증법적으로 진행되고 이해되어야 할 것이다. 교육에 의한 일반적 영향력을 인정하지만, 동시에 한 개인이 외국교육을 받으며 개인적으로 처한 현실이나 배경, 당시 외국의 사회적, 문화적, 정치적 현실이나 상황이 어떠했는가를 연결하며 이해하는 것이 중요하다는 것이다. 다양한 개인적, 사회적, 문화적, 정치적 상황은 '일반적 역사상황'과 더불어 유학을 한 개인이나 집단의 사상과 행동 속에서 다양하게 표출되기 때문이다. 예를 들어보자. 20세기 초 중국의 급진적 유학지식인들은 각자의 유학지역(혹은 유학지역에서 만난 스승의 성향)에 따라 사회주의를 다양하게 이해했고 또 그에 따라 이후 사회주의자로서 자임하면서 행동했다. 거기에는 개인적, 사회적, 환경적, 이념적 다양성이 투영되어 있는 것이다.

근대중국에서 교육의 영향력을 중시하는 입장에서 보면, 서구와 (특히 20세기 전후) 메이지(明治)일본이 행한 역할에 대한 검토는 필수적이다. 여기서는 메이지일본이 중국현대사에서 행한 꽤나 중요하고도 의미있는 역할과 위치를 생각해 보고자 한다. 중국의 혁명을 "양성하는 근거지"(breeding ground)가 바로 일본이었다는 점, 특히 일본에 있었던 많은 중국학생들에게 일본급진주의자들은 그들의 "개인적인 친구"이자 동시에 "도덕적인 거인들"(moral giants)로 비쳐지고 있었다.23)

19세기 말 이후 아시아인들 사이에 광범위하게 공유된 아시아주의 그리고 "우리 아시아인은 공유하는 것이 있다"는 인식의 형성과정을 역사적으로 자세히 관찰하면, 그 과정 속에서 메이지일본이 부정적이던 긍정적이던 중요한 역할을 했음을 알 수 있다.24) 일찍이 쑨원은 그의 범아시아주의 연설에서

---

23) Marius Jjensen, "Japan and the Chinese Revolution of 1911," *The Cambridge History of China*, pp.339~374. 인용은 p.340과 p.374.

24) '공유한다'는 초국가적 인식의 형성에 대해서는 Rebecca E. Karl, "Creating Asia: China in the World at the Beginning of the Twentieth Century," *American Historical Review* 103-4 (Oct. 1998), pp.1096~1118 참조.

일본의 러일전쟁 승리가 아시아인들에게 일종의 자부심과 '서양'에 대한 승리감을 가져왔다고 지적한 바 있다. 주지하듯이 이런 지적이 일본의 식민주의나 침략주의를 인정한다는 의미는 결코 아니다. 그러나 메이지일본이 당시 아시아인들에게 주었던 아시아의 독자적 발전 가능성, 구체적으로는 "비서구 자본주의적 근대발전"의 가능성은 매우 중요하다. 또 아시아에서 민족주의와 급진주의가 대두하고 발전한 과정에서 일본이 중요한 역할을 했음을 역사적으로 부정해서도 안 된다. 정치적, 문화적인 면에서 보면 20세기 초에 부정적이었던 긍정적이었던 '친일'세력이 아시아에서 형성되고 등장했던 것은 사실이고, 국가발전이란 면에서 보면 '친일적' 사고가 아시아 지식인이나 정치인들 사이에서 등장한 것도 사실이다. 물론 '친일'의 의미가 현재는 매우 부정적인 정치적, 도덕적 의미로만 이해되나, 거기에서 벗어나 '친일'의 역사적 의미 형성과 변화를 궁구하는 것도 중요한 역사적 과제이다.[25]

필자는 메이지일본 시기 도쿄(東京)를 20세기 전후 동아시아 지식인의 급진적 담론의 장으로서 보아야 한다고 생각한다. 쉽게 말하면, 19세기 중반 영국의 런던이 행했던 역할을 상기해보면 된다. 칼 마르크스가 런던에서 엥겔스와 함께 했던 상황이 그것이다. 19세기 후반~20세기 초의 도쿄는, 아시아 급진주의자들과 민족주의자들의 정치적 망명처였을 뿐만 아니라, '비서구자본주의적' 발전에 대한 동부아시아 지식인들의 담론이 이루어지던 장소로 기능했다.[26] 왜냐하면, 당시 도쿄는 아시아에서 유일하게 근대적으로 발전된 도시였고, 많은 근대적 교육기관(특히 대학)에서는 무수히 많은 (사회주의를 포함한) 새로운 내용들이 가르쳐지고 있었기 때문이다. 수많은 아시아 각국의 학생,

---

25) 브루스 커밍스(Bruce Cumings)가 지적하는 동북아시아 경제발전 과정에서 미국의 헤게모니 하에서의 세계경제의 '소중심'으로서 일본이 한국과 대만 등의 경제발전에서 행한 역할은 바로 이러한 점을 지적한다. Bruce Cumings, "The Origins and Development of the Northeast Asian Political Economy: Industrial Sectors, Product Cycles, and Political Sequences," *International Organization* 38-1 (Winter 1984), pp.1~40.

26) 이런 문제의식을 구체화한 것이 본서에 수록된 <급진주의자들의 도쿄로의 이동과 집중: 1900~1920년대 동부아시아 급진주의의 대두, 확산, 그리고 그 의미>다.

지식인, 관료들이 열심히 일본과 서구를 통해 근대를 배우려 했던 곳이 도쿄이다. 그런 과정에서 이들 아시아 지식인들, 급진주의자들 사이에서는 서구자본주의의 병폐에 대한 공감대가 생겼을 것이고, 그 극복의 방향으로 아시아의 특수성이나 공유성에 대한 진지한 논의가 있었을 가능성이 있다. 더불어 그들은 많은 메이지일본의 비판적 지식인들이 (정부의 제국주의적 정책과는 달리) '진지하게' 아시아를 생각하고 걱정한다는 사실을 알게 되면서도 다른 한편, 일본정부의 침략적 행위와 논리를 누구보다 생생하게 체험했을 것이다. 정치적 '친일'보다는 '이념적 친일'이나 '문화적 친일'—대안적 근대성 성취와 아시아의 공동운명과 공동인식—이 그들의 취하던 일반적 태도였을 것이다. 중국지식인들이 도쿄에서 얻은 이러한 직접적 체험, 지식, 인식은 이후 중국현대사에서 중요한 정치적, 문화적 요인으로 작용했을 것이다. 간단히 말해, 누구보다 미국사회와 미국을 잘 알고 이해한다고 자부하는 미국 내 한국유학생들이 정치적으로 반드시 친미적(미국의 정책을 지지하고 따라서 반민족적)이 되지 않는 경우를 상정하면 된다. 그러나 그들 미국유학생들은 이념적으로는 '미국적' 가치(민주, 자유 등)가 상당히 좋은 점이 있다고 (정도의 차이는 있지만) 늘 이해하고 지적한다. 메이지일본 시기 도쿄의 중요성에 대한 필자의 이 같은 생각은 유럽중심주의와 오리엔탈리즘을 넘어서 중국현대사를 바라보는 방법의 하나로서 동아시아적 시각이 중요하다는 주장에 대한 일반적 공감에서 비롯한다.

　다음은 중국민족주의 이해와 관련된 문제이다. 먼저 논의의 전개를 위해 민족주의의 정의와 관련된 여러 학자들의 견해에서 공통된 몇 가지 전제를 여기에서 지적하고자 한다. 첫째, 민족주의는 오랜 역사 속에 뿌리박혀있던 것이 아닌 '근대적' 인식의 산물이다. 민족주의란 개념은 근대세계의 형성(즉 근대국민국가의 형성)과 맞물려서 만들어졌다. 둘째, 민족주의는 근대 국민국가의 성립과정에서 정치집단의 상상에 의해 창안된 '정치적 상상의 공동체'(imagined political communities)에 관한 사고다. 즉 민족주의는 국민국가

성원들의 차이보다는 공통성을 강조하면서 개념화되었다. 셋째, 민족주의는 근대적 정치집단이 근대국민국가의 성립과정에서 자신들의 정치적, 경제적 프로젝트를 합리화시키는 과정에서 이론적 도구로 사용하였다. 넷째, 민족주의의 의미에 대한 이해는 지역, 계급, 집단, 세대, 식민지 혹은 비식민지 여부에 따라 다양한 경향을 보인다.[27]

이러한 전제를 받아들인다면 중국민족주의도 '근대적' 인식의 산물이라는 점이 분명해진다. 그런데 중국민족주의는 19세기 말~20세기 초 중국에서 급진주의와 아시아주의가 대두할 때 함께 등장하였다. 따라서 중국민족주의의 구체적 내용 속에는 중국지식인들의 근대적 세계관, 지역질서에 관한 개념, 역사인식, 사회혁명에 대한 전망 등이 담겨 있다고 볼 수 있다. 따라서 한편으로는 국제사회에서 서구와 같은 반열에 오르기 위해서 "부와 힘"을 추구하고, 다른 한편으로는 서구적 근대에 반하는 대안적 근대성을 추구하거나 대안적 근대국민국가의 성립을 추구하는 것을 주요 내용으로 한다. 물론 급진주의자나 민족주의자들 모두 그런 대안의 전제로 '비구미적 자본주의'를 상정하고 있었다. 여기에 중국민족주의, 아시아주의, 급진주의의 상호관계를 이해하는 중요한 열쇠가 있다고 필자는 생각한다. 위에서 언급한 메이지일본의 역할과 아시아주의와 중국민족주의 내두가 갖는 관계를 고찰하려면 이런 전제를 받아들일 필요가 있다.

중국민족주의와 관련하여 논쟁적인 용어가 '한지앤'(漢奸: 매국노)이다. 특히 한지앤 혹은 매국노로 알려진 왕징웨이와 '왕 그룹'의 주요성원들에 대한 평가는 그들의 '적과의 합작'의 의미와 관련하여 그동안 많은 논쟁을 일으켰다. (이와 관련된 내용은 본서 제3부 제10장 참조) 다만 이들에 대한 역사학자나 일반인의 평가는 대부분 부정적이다. 이런 평가의 문제점을 지적하며 필자는

---

27) E. J. Hobsbawm, *Nations and Nationalism since 1780* (University Press, second edition, 1992) ; BenedictAnderson, *Imagined Communities: Reflections on the Origin and Spread of Nationalism* (Verso, revised edition, 1991) ; Ernest Gellner, *Nations and Nationalism* (Cornell University Press, 1983) ; Partha Chatterjee, 앞의 책 참조.

몇 가지 문제를 쟁점화하고 싶다. 왜냐하면, 무엇보다 그것이 민족주의에 대한 신화적 믿음과 국가가 갖는 독점적 해석권에 대한 도전이자 저항을 의미하기 때문이지만, 더 중요한 것은 민족주의의 복잡한 기원, 전개, 의미를 드러낼 수 있기 때문이다. 먼저, 왕과 왕 그룹은 당시 열렬히 항전을 주장하던 대부분의 일반중국인이나 정치세력들과는 다르게 '구국'과 '구망' 문제(즉 민족주의)를 바라보고 이해하였고 또 그에 따라 행동하였다. 이들의 이런 입장은 같은 국민당내 다른 그룹들과도 차이가 나는 것이었다. 그들이 제기한 가장 기본적인 질문은 민족이나 국가가 외부로부터 위협에 의해 위기에 처해 있을 때, 국가가 해야할 일이 과연 무엇인가라는 것이었다. 그들은, 국가의 존재이유가 기본적으로 민족의 구성원인 민과 민족을 보호하고 보존하는데 있다고 보았다. 따라서 단순히 현 중앙정부의 권력을 유지하기 위해 민과 민족의 영토를 무참히 희생시키는 것(국민당의 후퇴정책)은 잘못된 것이라고 주장하였다. 만약 그렇게 시도하는 정부가 있다면 그것은 잘못되고 유약한 정부였다. 따라서 그 정부를 대신하여 민과 민족을 구할 새로운 국민정부를 세우는 것 자체는 당과 정부의 역사적 선례(1927년 우한과 난징간의 분열, 1930년 난징과 베이징간의 분열)로 봐서나, 또한 그들의 '순수한' 구국의 목적(救亡圖存)으로 봐서도 전혀 잘못된 것이 아니라는 것이었다. 따라서 그들에게 씌워진 한지앤이란 멍에는 정치적이고 도덕적 예단의 결과이지 결코 실질적으로 그들이 행한 역할에 대한 평가는 아니라고 그들은 보고 있었다.

　물론 여기서 중요한 것은 왕징웨이와 왕 그룹의 행위, 즉 적과의 합작만이 진정 구국을 위한 것이었고 따라서 그들의 행동이 옳았다고 주장하는 것은 아니라는 것이다. 반대로 항전만이 유일한 구국의 방법이었다고 주장하기도 어렵다. 그들도 항일주창자들과 마찬가지로 그들 나름의 구국과 구망, 민족주의에 대한 해석과 이해를 갖고 항전론자들과 마찬가지로 사고하고 행동했다고 이해해야 할 필요가 있다. 그러나 그들의 해석과 이해는 그동안 정치적이고 도덕적 이유에 의해 무조건 한지앤의 논리와 행동으로만 인식되어 평가되어 왔다. 필자의 이러한 평가에 동의하지 않더라도, 많은 연구자들은 필자의 연구를 통해 한 가지만은 확실해졌다고 인정할 것이다. 왕과 왕집단의 행위와 사고에서 보듯이 친일이나 적과의 합작의 내용은 우리가 그동안 인습적으로 이해해왔던 것과는 달리 개인, 집단, 지역 등등에 따라 매우 복잡하고 다양하게 전개되어 일반화해서 이해, 평가하기 어렵다는 사실이다. 왕과 왕 그룹 대부분의 구성원이 일본교육을 받은 전력이 있다는 점은 그들로 하여금 일본의 (아시아주의에 바탕한 중일합작의) 제안에 쉽게 동의하게 할 수 있는 가능성을 만들었다는 지적은 필자가 앞에서 언급한 유학지식인과 관련된 일본의 역할을 지적했듯이 앞으로 좀더 깊은 고찰이 필요한 문제이다. 혁명과정에서 '중심세력'을 형성해야 한다는 왕 그룹의 주장도 메이지일본을 이룩한 바쿠후말기 소위 '시시'(志士)들에 대한 그들의 이해에서 나왔을 가능성이 높다. 덧붙여 왕 그룹 대부분의 구성원이 1927년 이후 국민당의 반공좌파로 대부분 이루어졌다는 점 또한 동부아시아 역사에서 반공이데올로기가 행한 역할을 가늠할 수 있는 중요한 문제다.

아시아주의의 역사적 역할과 그 현재적 의미와 관련된 문제도 중요하다. 일본이 당시 아시아주의의 독점을 통해 대륙과 다른 아시아 국가들에 대한 침략을 사행한 섯은 자명하다. 다만, 아시아주의 자체가 당시 많은 아시아인들에게 자본주의도 아니고 사회주의도 아닌 소위 아시아적 가치에 중점을 둔 지역관, 세계관, 경제발전관, 따라서 구체적으로는 반서구와 반공을 기저에 둔 발전전략을 의미했던 것도 사실이다. 많은 아시아인들이 아시아주의의 의미에 동의할 수 있었다면, 그 이유가 바로 여기에 있는 것이고, 왕징웨이가 합의한 부분도 바로 이 점이었을 가능성이 많다. 일본의 침략을 정당화하는 논의로서의 아시아주의에 이들이 합의했던 것은 아니다. 이렇게 본다면, 자본주의(자유주의)와 공산주의(사회주의세력)의 틈새에서 분명히 양 세력을 모두 배척하며 또 다른 대안적 발전의 길을 모색하던 세력이 일본의 '아시아인을 위한 아시아'라는 주장에 화답하면서 중국, 인도네시아, 필리핀, 인도 등에서 일본의 지원을 업고 정치의 전면에 등장했다고 볼 수 있지 않을까. 그 세력은 쑨원의 '절제자본'과 민생주의에 입각한 '비서구, 비공산 자본주의적 발전론'에 동의하는 정치세력이었을 가능성이 많다.

그렇다면, 아시아주의와 관련하여 1930~40년대 중국의 정치구도를 새롭게 이해할 가능성이 생긴다. 주지하듯이 기존의 지배적 인식은 국공양당의 대결, 즉 자본주의와 사회주의 양대 정치세력의 이념 대결의 장이 중국이었고 아시아였다는 것이다. 이는 당시 세계가 자본주의와 사회주의 양대 세력으로 나뉘었던 것을 전제로 하고, 각각 그 세력을 대표하던 미국과 소련을 염두에 둔 인식이다. 그러나 필자가 문제시한 것은 당시 동부아시아의 상황이다. 당시 동부아시아에는 양대 세력 외에도 세력의 한 축을 분명히 담당하고 있던 일본이 있었다. 자본주의지만 '아시아적 가치'를 토대로 한 비서구 자본주의였다. 따라서 당시 동부아시아의 정치적, 이념적 지형을 양대세력 대결의 구도로 보는 것은 전혀 합당치 않다. 일본의 위치를 아시아주의에 기반한 세력이자 자본주의와 사회주의 양측 모두에 가담하지 않던 (혹은 반대하던) 세력으로 본다면, 당시 동부아시아는 경제발전의 방법론이나 전망에서 본다면 서로 다른 세계관을 가진 양대 세력의 각축장이 아니었다. 오히려 1930~40년대 중국과 동부아시아는 자본주의, 공산주의, 이데올로기로서 아시아주의의 각축장이었다는 가설이 가능해진다. 물론 이들 3대 세력이 분쟁하던 주 전장은 최초에는 중국이었다. 그러나 이후 그 분쟁은 점차 아시아-태평양지역으로 확대되었고, 그 결과 1945년 일본세력의 몰락과 아시아주의의 쇠퇴로 결말이 일단 내려진다고 볼 수 있다. 이후 미소 양대세력 간의 냉전이란 전후 결과는 한반도, 중국대륙과 타이완을 사이에 둔 양안을 중심으로 동부아시아와 태평양에서 전개되었다. 그러나 1980년대 이후 사회주의 세력의 쇠퇴와 몰락은 전 지구적 자본주의의 독점을 불러왔고, 이후 아시아주의는 새롭게 부활한다. 자본주의의 세계적 우세에도 불구하고 동부아시아 지역에서는 이제 새롭게 단장한 아시아주의가 대안적 사회주의세력과 함께 다시금 자본주의에 도전을 하는 양상을 보인다고 가정할 수 있다.

물론 이상의 가설은 좀 더 많은 검증을 필요로 하다. 다만, 필자가 주장했듯이 왕 그룹의 이데올로기적 배경에는 민족주의에 대한 대안적 해석, 반공, 그리고 아시아주의에 기초한 대안적 발전전략이 있었다. 특히, 비자본주의적 발전이란 대안적 발전전략과 관련하여, 왕 그룹은 중일간의 국제 분업, 즉 지리적 인접성뿐만이 아닌 비교우위의 입장에서 양국이 모두 이득을 얻을 수 있는 방법을 생각하고 있었다. 그것은 일본 자본이 공업에 주력하는 반면 중국은 농업을 통해 보조적 역할을 한다는 것이었다. 물론 왕 그룹이 궁극적으로 지향하고 기획했던 것은 농업국으로서 운명지워진 중국이 아니라 산업화, 공업화된 미래의 선진중국이었다.[28] 다만, 당시 발전의 필요상 일본의 자본과 기술, 경협을 이용하자는 전략이었다. 이상을 통해 본다면 왕 그룹은 일본과의 합작을 진행하기 위해 그들 나름대로 이유도 있고 근거도 있는 이념(구국, 경제발전, 반공)을 갖고 있었다고 볼 수 있다. 이는 현재 전 지구 경제체제하에서 진행되는 동부아시아 국가들간의 국제분업이나 동부아시아 특색의 자본주의론에 대한 여러 논의를 염두에 둔다면 의미심장한 주장이라고 생각된다.[29]

아무튼 필자는 왕징웨이 연구의 목적과 방향을 뚜렷이 세워두고 있었다. 물론 중국현대사의 '재구성'이 필자가 정한 방향이다. 목적은 여러 가지였다. 첫 번째 목적은 '역사지우기'에 대한 대항이었다. 주지하듯이, 1980년대부터 중국학계에서는 소위 왕의 난징국민정부를 포함한 소위 '괴뢰정권(僞政權)'에 대한 자료집의 공간(公刊)과 연구가 본격적으로 시작되었다. 소위 '한지앤'(漢奸)들에 대한 전기, 연구서, 자료집이 봇물 터지듯이 쏟아져 나왔고 이러한 경향은

---

28) 중국이 앞으로 농업국으로 발전해야 하는지, 아니면 공업국으로 발전해야 하는지에 관한 논의는 이미 1930년대 초부터 중국지식인들의 논쟁거리였다. 이 논쟁에 관해서는 周憲文, 『中國不能以農立國論爭』(中華書局, 1941) 소수의 글들을 참조.

29) 이런 필자의 주장을 좀 더 확장한 것이 Dongyoun Hwang, "Wartime Collaboration in Question: An examination of the Postwar Trials of the Chinese Collaborators," *Inter-Asia Cultural Studies* 6-1 (2005), pp.75~97과 본서에 수록한 <저우 포하이의 일기를 중심으로 본 항일전쟁시기 대일합작 문제에 대한 한 검토>다.

지금도 계속되고 있다. 물론 왕에 대한 자료나 연구가 그중 으뜸이었고, 필자는 그러한 경향을 가장 유용하게 이용하여 박사논문을 쓴 사람 중의 하나이다. 그런데 이러한 경향을 어떻게 보아야 하는지에 대한 성찰은 그동안 결여되어 있었다는 생각을 금할 수 없다. 왕에 관한 연구의 유행을 단순히 '중공학계'의 "금구(禁區)의 타파", "실사구시(實事求是)", "백화제방(百花齊放)"의 예라며 거의 예외 없이 긍정적으로 평가했던 것이 국내외 학계의 현실이었지만, 필자의 생각은 사실 조금 달랐다. 소위 '괴뢰정권'에 대한 연구가 활성화된 배경을 필자는 의구심을 갖고 바라보았던 것이다.

1980년대(특히 중반) 이후, 중국공산정부는 매우 어려운 처지에 놓여 있었다. 80년대 초부터 본격적으로 시작된 개혁·개방의 결과 외부와의 접촉이 잦아진 많은 중국인들이 중국혁명과 그 과정에서 중국공산당이 행한 배타적이고 독점적인 역할에 사실상 의문을 제기하기 시작하였다. 물론 거기에는 사회주의 국가로서 분배의 불균형을 불러오는 등 경제적 성장과정에서 부수되는 사회경제적 문제를 공산정부가 제대로 해결하지 못했다는 일반인들의 문제제기가 가장 중요하게 자리잡고 있었다. 이러한 의문과 문제제기는 공산정부의 정통성과 민주성에 결과적으로 심각한 문제제기를 일으켰다. 이에 대응하여 사뭇 의도적으로 공산정부가 회자시킨 것 중의 하나가 바로 '애국주의'와 '사회주의 조국'이라는 용어들이었고, 이는 학술적으로는 (거의 애국주의와 동일시되는) 중국민족주의 연구로 이어졌다. 왕징웨이나 '한지앤'에 관한 연구는 바로 이러한 움직임의 부산물이었다. 몇 예만 들어보자. 왕징웨이 '괴뢰정권'이나 '한지앤'을 연구하는 목적은 "청소년들에게 애국주의 교육의 재료로 제공하기 위해"[30]서나 "신중국에 대한 사랑을 더욱 가열"[31]시키기 위한 것임을 중국역사가들은 명시한다. 더 노골적인 주장도 있다. "왕징웨이집단"의 "매국죄행"과 "일본제국주의의 중국 독점의 야심"을 "폭로"함으로써 "사람들로 하여금 사고(思考)케

---

30) 江蘇省政協文史資料委員會 編, 『汪僞政權內幕』(江蘇文史資料第29輯)(1989?)의 「前言」, 1쪽.

31) 朱金元·陳祖恩, 『汪僞受審紀實』(浙江人民出版社, 1988)의 「前言」을 볼 것.

하고" 나아가 "역사경험의 총결(總結)을 통해 애국주의 열정을 격발시켜 '사화'
[사대현대화] 건설을 위해 공헌하는 정신적 재부(財富)로 삼는다"[32]는 것이
그것이다.

이처럼 학문의 영역이 다양해지고 자유로워져서 시작된 것이 아닌 왕징웨이
나 '한지앤'에 대한 연구는 애초부터 역사를 왜곡하거나 혹은 지우면서 진행될
수밖에 없었다고 해도 과언이 아니다. 이러한 사정이니 자연히 미국학계의
존 보일(John H. Boyle)이 왕을 "적과의 협력자"(collaborator)로 규정한 것을
두고 그가 미국인이기 때문에 "중국인의 감정을 이해하지 못하고" 나아가
"중국인들이 왕징웨이에 대해 얼마나 이를 갈며 증오하는지(切齒痛恨)를 이해
하지 못한" 것으로 치부해 버리고 마는 것이 중국역사가들의 반응이었다.[33]
이 같은 반응을 곱씹어 보면, 미국인 혹은 (한국인을 포함한) 외국인은 중국인들
의 감정을 이해할 수 없고, 따라서 중국역사 연구도 한계가 있을 수밖에
없다는 지극히 위험한 발상을 일부 중국학자들이 갖고 있다는 것을 알 수
있다. 여기서 특히 문제가 되는 것은 중국역사를 제대로 쓸 수 있는 것은
그들 중국인 역사학자들뿐이라는 위험한 생각으로의 발전 가능성과 그 결과로
초래될 '역사지우기'란 문제이다. 그들은 마음대로 '자신들의' 역사를 쓰고,
강조하고, 나아가 필요에 의해 지울 수 있는 것이다. 자신들만이 (제대로?)
중국역사를 쓸 수 있기 때문이다. 바로 이러한 인식에 대항하기 위해 필자는
왕징웨이의 대일합작 문제를 연구하기 시작했다. 왕이 매국노나 가좌파(假左派)
였다는 목적론적 인식을 갖고 일본과의 합작이전 왕의 사상과 행동까지도
이해하는 것이 당시나 지금 중국학계의 현실이니, '역사지우기'의 가능성은
상존하였다. 또한 왕 개인의 역사를, 이데올로기적이건 도덕적이건, 역사의

---

32) 黃美眞·張云,『汪精衛集團叛國投敵記』(河南人民出版社, 1987)의「前言」2. 여기서 우리
　　의 주의를 끄는 것은 '중국침략'이 아니라 '중국독점'이란 표현을 두 저자가 썼다는
　　사실이다. 이들은 당시 노도처럼 중국으로 밀려오던 일본자본의 대중국시장에 대한
　　투자를 염두에 두고 이런 '완곡한' 표현을 썼다고 보아도 큰 무리는 없을 것이다.
33) 蔡德金,『汪精衛評傳』(四川人民出版社, 1988), 491쪽.

'악한'이란 잣대를 통해 단순히 그려버리는 것은 마치 현재의 중국을 있게 한 중국혁명이나 마오쩌둥(毛澤東)의 사상을 지워가는 최근 중국역사학계(와 구미학계 주류)의 시도와 같은 맥락에서 이해될 수 있는 중대한 일이다. 물론 그렇다고 왕을 역사의 영웅으로 치켜세우려는 것이 필자의 목적은 아니다. 필자는 왕을 1930~40년대 몹시 복잡했던 중국현대사 속에 위치시키려 했고, 나아가 가설로서 일본의 지원을 받은 왕의 아시아주의가 자본주의와 공산주의 대립이라는 기존의 그림에 가려졌던 중요한 역사의 흐름이 아니었을까 라고 문제를 제기한 것이다. 또 당시 동아시아를 세계 3대 이념세력(미국과 국민당으로 대표되는 자본주의, 소련과 중국공산당으로 대표되는 공산주의, 일본과 왕 그룹으로 대표되는 아시아주의)의 각축장으로 볼 것을 제안했던 것이다. 이 문제제기 자체를 필자가 왕이나 '일본식'(즉 침략) 아시아주의를 단순히 긍정적으로 판단한다고 보아 필자를 비판하는 것은 이 문제제기를 정치적으로만 바라보기 때문이 아닌가 싶다.

다음의 목적은 소위 '패러다임의 위기'와 관련이 있다. 결론적으로 말하면 (이미 위에서 지적했지만) '패러다임의 위기'를 극복하는 길은 새로운 패러다임을 짜는 것도 아니고, 과거의 패러다임을 맹목적으로 옹호하는 것도 아니다. '패러다임의 위기'를 넘기는 길은 과거 패러다임이 갖던 폐해를 발전적으로 (즉 새로운 시대적 상황에 맞춰 이해하며) 극복하는 데 있다. 왕에 대한 필자의 평가도 바로 그런 문제의식 속에서 나온 것이고, 결국은 '패러다임의 위기' 속에서 새로운 중국현대사를 구성해낼 가능성의 단초의 하나를 제시하고자 했던 것이다. '한지앤'이란 용어의 적합성(즉 도덕사관의 문제), 민족주의의 다양한 함의(국가민족주의에 대한 의문제기), 아시아주의의 역사적 의미('비자본주의'이고 동시에 '비소비에트사회주의적' 길)를 탐구하고자 하는 시도였던 것이다. 물론 왕이 필자가 생각하고 있는 '제3의 길'을 대표하는 것은 아니다. 그러나 그와 그의 추종자들(대부분 이전의 국민당 좌파계열)의 시도는 분명히 비자본·비(소비에트)공산의 길이었고, 그것만으로도 일단은 '대안적 길'(an alternative way)이었다. 조금 단순화해서 말하면, 그들은 중국이 처해있던 갈림길(공산화 아니면 독재회린 문제)에서 일본과의 합작을 선택했던 것이다. 그 선택에 대해 정치적이나 도덕적 판단을 하기보다 필자는 그 선택이 어떤 역사적 기원에서 나온 것인지, 어떤 역사적 의미를 지닌 것인지를 현 세계 정치경제 구도나 동아시아 3국의 현실과 연결시키며 이해하고자 했던 것이다.

필자의 마지막 목적은 약간 정치적 성격을 띠고 있다. 지난 20여 년간 우리가 보아 온 사회주의의 붕괴나 사회주의중국의 변화는 일반인이나 지식인의 보수화에 큰 영향을 끼쳤다. 그에 따라 급진적이고 과감한 역사인식을 갖는 역사학자나 연구결과보다는 보수화란 시대의 흐름을 탄 연구와 연구자가 상대적으로 많았다. 이러한 추세는 당연히 한국이나 구미 역사학계의 전반적인 보수화를 가져왔다. 이 보수화 경향에 대항하기 위해 필자는 '과감하고' '급진적'이며 '주류학계'에서 벗어난 주장을 펴게 되었다. 물론 밑도 끝도 없이 그런 주장을 편 것은 아니다. 또 그럴 생각도 없다. 새로운 문제의식과 논리를 갖고 여러 방증자료의 힘을 빌어 그 같은 주장을 폈던 것이다. 물론 필자의 주장이 아직 보완해야 할 점들이 많다는 점을 인정한다. 앞으로 필자에게 남겨진 과제이다.

20세기 초 중국지식인들은 대안적 정치, 경제발전을 추구힐 수 있는 원동력을 새롭게 국가 정통성의 근원으로 등장한 '민'(혹은 근대적 의미의 '시민')에게서 구했다. 국가의 역할이나 국가 정통성의 근원을 모두 민을 중심으로 규정하였다. 민을 중심에 두다보니 자연히 민의 사회적, 정치적, 경제적 해방, 즉 사회혁명의 필요성과 중요성이 그들 사이에서 강하게 제기되었다. 다시 말하면, 중국민족주의의 가장 주요한 내용 중의 하나가 근대국민국가 성립에서 적극적 역할을 담당하게 된 민과 국가와의 관계 규정(즉 민주주의의 문제)이었다. 다만 민을 어떻게 정치적, 경제적, 사회적으로 해방시킬 것인지, 그리고 해방 후 사회에 대한 전망과 관련하여 급진주의자들 사이에서도 의견이 엇갈렸다. 사회혁명을 주장하는 사회주의자들(공산주의자 포함)이 있는 반면 사회혁명은 사회정책을 통해서 충분히 성취될 수 있다고 보는 국민당계열의 사회주의자들이 있었다. 이런 차이는 쑨원의 민생주의(民生主義)와 마오쩌둥의 신민주주의 사이에서도 볼 수 있는데, 양자 사이에는 밀접하면서도 확연히 다른 사회문제에 대한 해결책이 나타났던 것이다. 또 위에 언급한 왕 그룹의 민에 대한 인식도 중요하다. 그들은 민의 보호를 전시 중앙정부의 가장 중요한 역할이자 책임으로 보았다. 민이 국가 정통성의 근원이자 국가를 존재케 하는 가장 중요한 요소였기 때문이다. 즉 왕 그룹의 민족주의는 민의 보호를 강조한 반면, 1930~40년대 중국 항전파는 국가(중앙정부)의 유지를 더 중요한 것으로 봤던 것이다.

　중국민족주의 형성 과정 속에서는 초국가주의가 행한 역할을 이해하는 것도 중요하다. 이런 주장은 이미 아리프 딜릭, 레베카 칼, 크리스토퍼 고샤 등이 했던 것이지만, 최근 중국의 민족주의 의식과 민족주의 운동이 20세기 초 아랍이나 이스라엘의 민족운동과 "서로 호응"하면서 "상호영향"을 주었다는 연구는 이런 주장을 재차 확인시켜준다.[34] 중국민족주의에 대한 연구는 앞으로 중국민족주의의 기원과 발전에서 초국가주의를 통해 이해해야 할 것이다.[35] 이는 다른 말로 하면, 중국근현대사 연구는 앞으로 권역시각(regional perspective)을 적용하며 진행할 필요가 있다는 것이다. 마지막으로 한 가지 덧붙이자면, 필자는 한국민족주의가 중국근현대사를 이해하는데, 하나의 전제가 되거나 방해물이 되어서는 안 된다고 생각한다. 한국에서 중국근현대사를 연구하는 의미를 한국의 민족주의에 바탕을 두면 안 된다는 것이다. 왜냐하면 민족주의는 그 자체가 성격상 급진적이고 진보적이지만, 동시에 매우 보수적이고 반동적이기 때문에 민족사를 구성하는데 있어서 자칫 초국가적 요소나 지역적 성격을 지우거나 최소화할 가능성이 있기 때문이다.

　다음은 중국사회주의 이해에 관한 문제이다. 현존하는 중국사회주의를

---

34) 肖憲, 「20世紀前半期的中東民族主義運動與中國」, 『西北大學學報(哲學社會科學版)』 1-28(總 第98期)(1998.2.20), 98~102쪽.

35) 일본학자의 주장으로는 石島紀之, 「ナショナルヒストリーを超える日中戰爭史をめざして: —中國硏究者からの提言」, 『歷史評論』 689(2007.9), 2~13쪽을 볼 것.

이해하고자 할 때, 가장 기초가 되는 것은 바로 신민주주의와 그 이론을 지탱하는 모순과 실천에 관한 마오의 논의이다. 즉 마오가 말한 모순과 실천에 대한 변증법적 이해없이 중국사회주의(중국마르크시즘)를 이해하기 어렵다. 그런데 마오의 중국사회주의는 중국민족주의와 급진주의의 '전통'(국가정통성의 근원으로서 민, 사회혁명의 필요성, 비서구자본주의적 발전, 발전과 분배의 균등 등)을 그대로 지니고 있다. 따라서 전 지구적 자본주의 경제에의 통합을 전제로 하고 무한대의 경쟁을 허용하는 신자유주의적 경제질서와 그에 따른 발전과 분배의 불균형을 인정하는 현 중국공산당 지도자들의 '중국식 사회주의'는 역사성을 갖는 마오의 중국사회주의와 분명히 구분하여 이해할 필요가 있다. 또한 그렇게 함으로써 지난 한 세기간의 중국혁명의 과정을 이해하는 단초를 얻을 수 있다. 이러한 필자의 주장에 타당성이 있다면, 역사가가 대답해야 할 (또는 대답을 위해 노력해야 할) 중요한 문제의 하나는 중국사회주의가 과연 '비서구 자본주의적 발전'을 지향하던 대안적 이데올로기였는지, 따라서 현재 진행되는 전 지구적 자본주의의 대안이 될 수도 있는지의 여부이다. 중국사회주의가 제3세계의 담론으로서 이해될 수 있는지의 가능성 또한 구체적 검토가 계속 이루어져야 한다.[36]

그동안 학계의 보수화는 중국현대사에 대한 한국학계의 이중적 대도도 생산했다. 혁명에 대한 관심과 거부가 함께 존재하는 것이 그 대표의 한 예이다. 혁명에 대한 관심은 중국공산주의 혁명이 왜 성공했고 그 의미는 무엇인지를 구명하려는 노력으로 표출되었다. 그 노력을 통해 한국사회에서 변혁의 가능성을 찾으려고 했던 것이다. 그러나 1980년대 말 이후, 세계적으로 유행한 중국공산혁명의 역할에 대한 거부는 국내학계에 '중공시대'라는 애매한

---

36) 마오 사상이 제3세계국가에 준 영향에 대해서는 Arif Dirlik, Paul Healy and Nick Knight ed., *Critical Perspectives on Mao Zedong's Thought* (Humanities Press, 1997), pp.265 ~385 참조. 마오의 신민주주의에 대한 평가가 다시금 필요하다는 주장은 한 중국학자에 의해 이미 제기된 바 있다. 胡繩, 「毛澤東的新民主主義論再評價」, 『中國社會科學』 1999年 第3期, 4~19쪽.

냉전시대의 용어를 아직도 쓸 수 있게 하는 외적 조건을 제공했다. '중공'이란 분명히 중국공산당의 줄인 말일 것이다. 여기서 시대구분과 관련된 논쟁을 재현할 생각은 없다. 다만 이런 애매모호한 용어가 한국역사학계에 그대로 남아있다는 것은 혁명에 대한 이중적 태도를 잘 보여주는 예라고 생각한다. 물론 이러한 이중적 태도는 1950년대부터 한국학계 내에서 "중국에 대해 제3자로서의 객관적 입장을 자각하면서 중국사를 연구하자는 분위기가 형성되었다"[37]는 지적을 통해 알 수 있듯이 현실과 역사를 분리해 온 학계의 주요흐름이었다.[38]

이상 중국현대사 이해의 문제점들과 그 극복의 방향에 대한 필자의 견해를 적어봤다. 이미 명백해졌듯이, 필자가 무엇보다 중요하다고 생각하는 것은 중국현대사를 단순화, 양분화, 혹은 법칙화하고 목적론적으로 이해하는 것이다. 중국현대사를 복잡하고 다기했던 것으로, 정체된 것이 아닌 역동적인 것으로 봐야한다는 것, 그리고 현재의 중국과 세계는 과거의 중국과 세계를 이해하는 단초라는 점, 중국현대사를 지역사와의 관계 속에서 이해할 필요가 있다는 것이 필자의 주장의 요점이다.

---

37) 吳金成, 앞의 글, 245쪽.
38) 하세봉, 앞의 글.

제 **10** 장

항일전쟁 초기 왕징웨이와 '왕징웨이 그룹'의
충칭탈출의 이념적 배경에 대하여

Ⅰ. 문제의 제기

이 글에서 필자는 왕징웨이(汪精衛, 1883~1944)와 소위 '왕징웨이 그룹'(이하 왕 그룹으로 약칭)이 1938년 12월 당시 전시수도이던 충칭(重慶)을 탈출한 후 하노이로 가서 항전(抗戰)을 반대하며 일본과의 평화를 주장하는 등 사뭇 극단적인 정치적 행동을 취하게 되는 이념적 배경을 살펴보고사 한다. 충칭을 탈출하고 하노이(혹은 홍콩 거주)로 간 왕 그룹의 구성원은 국민당 부총재인 왕징웨이를 필두로 국민당 내 유력인사들인 저우포하이(周佛海), 천궁보(陳公博), 타오시성(陶希聖), 가오쭝우(高宗武), 메이쓰핑(梅思平), 천비쥔(陳璧君), 추민이(褚民誼), 린보성(林柏生) 등이었다. 후일 왕 그룹에서 빠져나가는 타오와 가오를 제외한 인사들은 이후 왕징웨이가 일본의 후원과 지원을 업고 난징(南京)에 국민정부를 수립(1940.3.20)하는 과정에서 모두 적극적으로 참여하고 활동한다. 이들은 그동안 한지앤(漢奸), 매국노, '일본의 괴뢰', 혹은 '적과의 협력자들'(collaborators) 등으로 평가되어 왔다.[1]

---

1) 왕과 왕 그룹이 '한지앤'과 매국노였다는 중국학자들의 평가의 대표적 예로는 蔡德金의

왕 그룹 구성원들 모두는 충칭탈출 전까지 국민당과 국민정부 내에서 중일전쟁을 끝내는 방법의 하나로 일본과의 평화협상을 모색하던 국민당 내 소위 '화평파(和平派)'의 주요 구성원들이었다. '화평파'는 국민정부의 항일(抗日)전쟁 수행에 회의적 시각을 갖고 일본과의 전쟁을 평화적 방법 혹은 외교적 노력을 통해 해결하길 원하던 일군의 국민당내 인사들이다. 반면, 왕 그룹은 '화평파' 중 왕을 따라서 1938년 12월 충칭을 탈출, 베트남의 하노이로 가서 중일전쟁의 평화적 해결을 주장하고 이내 난징에 국민정부를 세우는 정치세력을 지칭한다. 따라서 '화평파'는 왕 그룹(혹은 중국학자들의 표현을 빌리면 '왕징웨이집단')과는 전혀 다르다. 무엇보다 '화평파'가 자동적으로 왕 그룹이 되지는 않았기 때문이다. 후스(胡適), 천푸레이(陳布雷), 슝스후이(熊式輝) 등은 국민당내 '화평파'였지만 왕의 충칭탈출에는 참여하지 않았다. 많은 학자들이 대부분 이러한 간단한 구분을 무시하고 항일전쟁시기 '화평파'를 왕 그룹과 혼용하여 왔다. 왕 그룹은 '화평파'와 구별되어야 할 뿐만 아니라, 국민당내 이미 존재하던 좌파 혹은 개조파와도 구별되어야 한다. 그 이유의 하나는 대일 평화협상을 주장하며 충칭을 탈출한 왕 그룹은 이전의 좌파 혹은 개조파(改組派)가 정치적 노선의 중심에 놓던 "장제스(蔣介石)반대"(反蔣)라는 정치적 문제를 중요한 이슈로 다루지 않았기 때문이다.[2]

『歷史的怪胎－汪精衛國民政府』(廣西師範大學出版社, 1993)와 『汪精衛評傳』(四川人民出版社, 1988), 일본학자들의 평가의 대표적 예로는 古廐忠夫, 「汪精衛政權はカイライではなかったか？」, 藤原彰 等 編, 『日本近代史の虛像と實像 3: 滿洲事變-敗戰』(大月書店, 1989), 115~137쪽을 들 수 있다. 미국학자들은 중일학자들이 취해 온 도덕적 평가에서 벗어나 왕과 왕 그룹을 '적과의 협력자'로 주로 보아 왔다. 그러나, 이들도 왕 그룹을 기본적으로 파벌투쟁의 결과로 생긴 집단으로 보거나, 후일 그들의 일본과의 합작을 일본의 '전시공작'에 말려든 것으로 본다. 대표적 연구로 John H. Boyle, *China and Japan at War: Politics of Collaboration* (Stanford University Press, 1972)과 Gerald E. Bunker, *The Peace Conspiracy: Wang Ching-wei and the China War, 1937~1941* (Harvard University Press, 1972)이 있다. 몇몇 중국계 미국학자들은 왕을 '마지못한 매국노'(reluctant traitor)로 평가한다. Tien-wei Wu, "Contending Political Forces during the War of Resistance," in James C. Hsiung and Steven I. Levine ed., *China's Bitter Victory: The War with Japan, 1937~1945* (M. E. Sharp, Inc., 1992) 참조.

다만 '화평파'와 왕 그룹은 당시 전시상황에 대한 인식을 공유하고 있었다. 그들은 한결같이 당시 중국의 국력을 고려하면 일본과의 전쟁은 생각할 수도 없고, 중국이 일본과의 전쟁을 지속하는 것은 국가와 민족의 미래를 어둡게 할 뿐이라고 생각했다. 그러나 왕 그룹은 중일간의 분규를 평화적으로 해결하자며 충칭을 집단으로 탈출하고 소위 '평화선언'이란 정치적 행동을 했다는 점에서 단순히 국민당과 국민정부 내에서 평화를 논의하고자 하던 '화평파'와는 다르다. 왕 그룹은 당과 정부에 남아 자신들의 주장을 관철하기 보다는 자신들의 생명을 건 해외탈출을 감행하고, 항전을 반대하며 일본과의 평화협상을 장제스 지도하의 국민정부에 요구한다. 항일전선에서의 일탈, 탈출, 신정부 수립이라는 왕 그룹의 일련의 행동과 주장을 정치적(파벌정치 혹은 반장) 혹은 도덕적(매국행위) 차원에서만 이해하기에는 어려운 면이 있다. 왕 그룹이 화평을 주장하고 그에 동반된 행동을 취했다는 사실은 그들 나름대로는 그런 탈출과 신정부 수립이라는 행동을 뒷받침하는 충분한 이념적 이유나 근거가 있었을 것이라는 전제를 가능하게 한다. 그리고 그 전제는 크게 보아 두 가지 중요한 역사해석상의 의미를 지닌다.

첫째, 당시 국민당내 평화론의 존재와 양상을 부분적으로나마 확인한다. 다시 말하면, 당과 정부에 평화론이 존재했다는 사실 자체는 항일의 기치 하에 전 중국이 통일되어있지 않았다는 사실을 나타낸다. 또 '화평파'에서 발전한 왕 그룹이 일본의 '화평공작'에 조종되었다거나 교사되었다는 평가가 정치적, 도덕적으로 편향된 평가였는지를 보여준다. '화평파'의 평화논의 속에는 국민당 내 파벌투쟁이나, 일본의 공작이 없었다. '화평파'가 관심을 갖던 것은 당시 위기 속의 민족과 국가를 어떻게 구해낼 것인가였다. 구국을 위한 그 논의 속에서 일본과의 평화가 적어도 그들에게는 주요하고도 적절한 방법으로 등장하였고, 사실 장제스 또한 평화를 선호했던 것은 이미 알려진 사실이다.

---

2) 이에 대해서는 이미 필자가 언급했다. Dongyoun Hwang, "Some Reflections on Wartime Collaboration in China: Wang Jingwei and His Group in Hanoi," *Working Papers in Asian/Pacific Studies* (Asian/Pacific Studies Institute, Duke University, 1998) 참조.

일본의 정보기관을 위해 일하던 가게사 사다아키(影佐禎昭), 이마이 다케오(今井武夫), 니시 요시아키(西義顯) 등이 중국의 '화평파'들과 이런 저런 경로를 통해 대화창구를 유지하면서 관련을 갖기 시작한 것이 왕징웨이와 그의 그룹이 일본의 공작에 조종당했고 이후 결국 일본의 '괴뢰'가 되고 만다는 부동의 증거로 알려져 왔다. 이것이 왕의 충칭탈출의 '일본공작설'이다. 왕 그룹이 갖던 이념적 지향은 이런 공작설 때문에 그동안 학자들의 관심 밖에 있었다. 왕 그룹의 정세판단이 틀렸고 일본에 조종당했기에 그들은 결국 실패한 매국노였다는 목적론적 역사인식 속에서 왕과 그의 추종자들의 사상과 행동은 단순히 중국역사의 '주류'를 벗어난 것이었다고 자주 이해된다.[3] 이런 기존의 지배적 시각은 왕 그룹이 단순히 일본의 농간이나 정치적 야망 때문에 충칭을 탈출했다고 본다. 이런 주류 시각과 해석에 도전하는 것이 이 글이 갖는 첫 번째 의미이다.

물론 필자가 왕 그룹의 생각과 행동이 당시 중국사회의 주류였다거나 혹은 당시 가장 올바른 구국책이었다고 주장하는 것은 결코 아니다. 왕 그룹은 도덕적 평가나 정치적 평가의 대상이 아닌, 역사적 평가의 대상이어야 한다. 그럼으로써, 그들의 생각(일본과의 화평론)과 행동(충칭탈출과 적과의 합작)을 좀 더 구조적이고 역사적으로 이해할 여지가 생길 수 있는 것이다. 즉 그들의 사상과 행동을 단순한 매국행위나 공작의 결과가 아닌, 항전론자들과 같이 위기의 국가와 민족을 구하려던 사상과 행동에서 나온 것으로 해석할 가능성이 생기는 것이다. 이러한 시도를 하는 필자의 의도는 목적론적 인식과 도덕적 판단을 거부함으로써, 1930년대 말 중국 혹은 좁게는 국민당내 복잡했던 정치적, 이념적 상황을 역사적으로 복원시키는데 있다.

둘째, 왕과 그의 추종자들을 매국노나 '부일협력자'가 아닌, 국민당과 국민정부의 정규 당원들이자 지도자들로서, 당시 장제스 등 국민정부 내 다른 지도자들

---

3) Chester C. Tan, *Chinese Political Thought in the Twentieth Century* (Doubleday & Company Inc., 1971), p.208.

과는 달리 항전을 어떻게 인식하고 있었는가라는 구체적 사정을 살펴볼 수 있다. 왕과 왕 그룹이 이후 그들의 항전에 대한 인식을 어떻게 계속 발전시켜 나갔느냐, 즉 평화주장, 충칭탈출, 그리고 일본과의 합작이라는 연속적 결론을 이끌어 나가게 되는 이념적 계기나 배경을 이해할 수 있는 단초를 찾을 수 있다는 것이 이 글이 갖는 두 번째 의미이다. 지면의 제약도 있지만, 기본적으로 이상에서 언급한 이러한 두 의미를 만족시키기 위해 이 글에서는 왕징웨이와 왕 그룹의 항전에 관한 논의만을 집중적으로 살펴본다. 왕 그룹이 일본과 접촉하는 과정에서 중요한 연락책이었던 메이쓰핑과 가오쭝우의 활동에 관한 내용은 이미 많은 연구들이 언급한 바, 이 글에서는 그 상세한 내용을 거의 다루지 않는다.4)

이하에서 분명해지겠지만, 왕 그룹의 해결책은 당시 항일전쟁을 주장하던 장제스 중심의 국민당과 국민정부, 중국공산당, 그리고 당시 여러 항일지식인들의 생각과는 분명히 달랐다. 그 다르다는 사실이 단순히 왕과 왕 그룹을 '패배주의적 인식'이나 '매국 친일적 인식'을 갖고 있던 집단으로 이해하는 근거가 되어왔다. 반대로 그들의 항전시기 상황에 대한 인식, 예컨대 그들의 민과 공산당에 대한 인식이 달랐다는 사실을 중시할 수 있지 않을까? 국가와 민족의 위기를 내처하는 중앙성부의 역할이 무엇인가에 대한 그들의 인식이 달랐던 것은 아니었을까? 그리고 전쟁 중 정부의 역할에 대한 그들의 상이한 인식과 전망은 필자가 이미 다른 글에서 지적했듯이 왕 그룹이 대일합작 전후를 통해 일관되게 주장한 내용이었다.5)

---

4) 이들의 활동에 관해서는 주 1)에서 언급한 Boyle과 Bunker의 연구서를 참조.

5) Dongyoun Hwang, "Wartime Collaboration in Question: An Examination of the Postwar Trials of the Chinese Collaborators," *Inter-Asia Cultural Studies* 6-1 (2005), pp.75~97. 전시 혹은 국가비상시 정부의 역할과 관련된 왕 그룹의 이해는, 사실 넓은 맥락에서 보면 급변하던 당시 세계 정치, 경제 속에서 중국이 근대국민국가를 어떻게 하면 효율적으로 이룩할 수 있는가라는 물음과도 관련되는 것이었다. 사실 후일 왕징웨이와 왕 그룹은 중국의 정치와 경제발전 전략의 하나로 일본 메이지 유신 주역들의 역할을 염두에 두면서 중심세력을 양성하고 나아가 중일 양국의 지리적, 문화적, 인종적

본론에 들어가기에 앞서 한 가지 점을 명백하게 할 필요가 있다. 필자가 이미 다른 글에서 규명하였듯이 왕과 왕 그룹은 애초부터 일본의 후원 하에 일본의 점령지에서 새로운 중앙정부를 설립하려는 목적을 갖고 충칭을 탈출한 것은 아니었다. 그들의 충칭탈출의 동기는 (비록 당시 인기는 없었지만) 일본과의 평화를 주장하는데 있었고, 새로운 중앙정부 조직(왕의 난징국민정부)은 그 후 사태의 발전과정에서 나온 그들 나름의 논리적, 상황적 결과였다.6) 충칭탈출은 항일이 당시 '구국'에 도움이 안 된다는 생각에서 나온 것이고, 정부조직은 그러한 생각이 구체화되는 과정에서 당시의 여러 정치적 상황을 고려한 복합적 결과의 산물이었다. 그렇다면 그들은 왜 항일전쟁이 구국과 구망에 도움이 안 된다고 생각했는가?

II. 항전, '화평파', '왕징웨이 그룹'의 형성

'7·7 사변' 이후 국민정부가 취한 공식적 대일정책은 일본과의 타협이 아닌 국공합작을 통한 전면항일전쟁의 수행이었다. 이는 그동안 지속해 온 '일면저항(一面抵抗), 일면타협(一面妥協)'이란 기존 정책을 국민정부가 공식적으로는 폐기했음을 의미하였다. 그러나 국민정부는 대일 전면항전의 방편으로 후퇴정책을 계속 유지하였고, 마침내 1937년 11월 11일에는 수도를 난징에서 충칭으로 옮길 것을 결정한다. 항전시작 약 4개월만의 일이었다. 항일전쟁의 수행을 부정적으로 바라보던 일부 국민당내 인사들은 이러한 상황 속에서 국가와 민족의 장래를 근심하기 시작했다. 이후 왕 그룹의 "가장 세련된 대변인이자 총참모장"7)으로 불리는 저우포하이는 그의 일기에 바로 그런 우려의 일단을

인접성을 이용해서 중일간 국제분업을 실행할 것을 제기한다. 이에 대한 논의는 필자의 박사학위논문인 "Wang Jingwei, the Nanjing Government, and the Problem of Collaboration," Ph.D. Dissertation, Duke University (1999)의 제6~7장 참조.

6) Hwang, "Some Reflections" 참조.

7) 朱子家, 『汪政權的開場與收場』第1卷(古風出版社本, 1986), 17~18쪽 ; Susan H. Marsh,

적고 있다. '7·7 사변'이 일어난 지 일주일 후인 1937년 7월 14일, 그는 일기에 '외부문제'가 '국내문제'로 비화하여 중앙정부의 대응이 쉽지 않게 될 것이 걱정된다고 적었다. 이어 같은 달 30일자와 31일자 일기에는 그가 양궁다(楊公達), 후스, 가오쭝우 등과 화전(和戰)문제를 각각 상의했는데, 모두들 전쟁을 끝내기 위해 외교적 활동을 시작할 필요성이 있다는데 동의했다고 적고 있다.8)

저우포하이의 일기에 등장하는 이들이 바로 일본과의 전쟁수행을 애초부터 회의적으로 바라보던 국민당내 '화평파'다. 그들은 일본과의 평화의 가능성을 비공식적으로 모여서 논의하던 그룹으로 후스에 의해 일명 '저조구락부(低調俱樂部)'라고 불려지기도 했다.9) 저우의 일기에 등장하는 인물 외에 메이쓰핑, 뤄진창(羅君强), 천푸레이, 구주퉁(顧祝同) 등도 이들과 함께 화평파 혹은 주화파(主和派)라고 불렸던 국민당 내 인사들이다. 물론 왕징웨이와 왕 주위의 인물들도 국민당내의 유력한 화평파였다. 이들의 항전에 대한 생각은 한마디로 대일 전쟁은 시기상조 혹은 역부족이란 말로 요약될 수 있다. 즉 중국은 아직 장기간이 걸릴 어렵고도 힘든 대일항전을 수행할 준비와 실력이 없다는 것이다. 이에 따라 외교적 노력을 통해 일본과의 분규를 조속히 해결하자는 것이 이들 화평파의 주장의 핵심이었다. 그들의 눈에는 일본과의 전쟁이 계속된다면 중국의 패배와 민족의 멸망은 자명한 듯했다. 항전의 지속으로

"Chou Fo-Hai: The Making of A Collaborator," in Iriye, Akira ed., *The Chinese and the Japanese: Essays in Political and Cultural Interactions* (Princeton University Press, 1980), p.304.

8) 周佛海(蔡德金 編註), 『周佛海日記』 上·下(中國社會科學出版社, 1986)[이하 『日記』로 약칭], 6, 12, 19쪽.

9) '저조구락부'는 난징 시류완(西流灣) 8호에 위치한 저우포하이의 집에서 빈번히 모여 외교적 노력을 통한 일본과의 평화 가능성을 논의한 국민당내 인사들의 모임을 가리킨다. 중국학자들은 이들을 망국론을 주창한 민족죄인이라고 규정한다. 『中國黨派社團辭典』(中共黨史資料出版社, 1989), 173쪽 참조. '저조구락부'란 용어는 후스가 당시 저우의 집에 모이던 그룹을 명명한 데서 유래했다고 한다. 南京市檔案館 編, 『審訊汪僞漢奸筆錄』(江蘇古籍出版社, 1992)[이하 『筆錄』로 약칭], 152쪽 ; 羅君强, 「僞庭幽影錄-汪僞情況的回憶寫實」, 『近代史資料』 63(1986.12), 64~65쪽.

국민당이 새로운 국가를 건설할 기회는 영원히 상실될 것이고, 그에 따라 공산당이 중국을 지배할 기회를 갖게 될지도 모른다는 것이었다. 국공합작에 의한 대일 전면항전의 수행은 공산당의 영향력과 실력을 증가시킬 기회만을 제공하는 것으로 그들의 눈에 비치었던 것이다.(구체적 논의는 아래 참조)

물론 화평파도 평화를 이루는 방법과 관련된 구체적 각론에서는 많은 의견 차이를 보여주었는데, 이 점이 바로 화평파가 자동적으로 충칭을 탈출하는 왕 그룹이 안된 이유의 하나이다. 후스와 천푸레이 등은 대일화평을 주장하기 위해 충칭을 탈출한다거나 혹은 국민정부를 따돌리고 자신들이 직접 일본과 타협하길 원하지는 않았다. 그럼에도 불구하고, 이들 화평파는 많은 점에서 서로 의견의 일치를 보이고 있었다. 첫째, 그들은 국민당이 선전하는 항전을 통한 '최후의 승리'를 환상이라고 보았다. 더구나 중국이 일본과의 전쟁을 시작한다면, 그것은 '영전(迎戰)'이어야 하지 전면적인 '확전(擴戰)'이어서는 안 된다고 생각하고 있었다.[10] 물론 그 이유는, 일본은 강력한 선진국가지만 중국은 유약한 국가라는 판단 때문이었다. 왕징웨이는 1937년 6월과 7월 사이에 행한 그의 연설에서, 중국은 "크지만 약한"(弱大) 국가이지 "작고 약한" (弱小) 국가가 아니기에,[11] 적국인 일본의 국력과, 국제정세, 중국의 국력을 세밀히 관찰하여 중국의 국력이 아닌 일본의 국력을 소모시키는 방향으로 항전정책을 진행해야 한다고 주장하였다.[12] 그에 따르면, 중국이 일본에 도전 하는 것은 마치 "못할 것이 분명한데도 달걀로 돌을 깨려는 시도"였기 때문이었 다.[13] 만약 소련이 중국을 물질적으로 원조하지 않는다면, 중국은 일본과의

---

10) 周佛海,「回憶與前瞻」(1939.7.22~24), 黃美眞·張云 編,『汪精衛集團投敵』(上海人民出版社, 1984)[이하『投敵』로 약칭], 5쪽.

11) 汪精衛,「關于救亡圖存的幾句話」, 林柏生 編,『汪精衛先生最近言論集續編−由26年到現在』(南華日報社, 1938) [이하『續編』], 6.

12) 汪精衛,「抗戰時期應注意的幾點」(1938.1.23), 獨立出版社 編,『汪精衛先生抗戰言論集』(獨立出版社, 1938)[이하『言論集』], 7쪽. 독립(獨立) 출판사는 국민당의 공식후원을 받던 국민당의 공식기관인 예문연구회(藝文研究會: 이 기관에 대한 자세한 내용은 아래 참조)의 산하기관으로 저우와 타오시성과 같은 화평파가 운영했다.

협상을 시도해야할 것이라는 말을 항전시작 두달여 만인 1937년 9월 11일 국민정부 국방위원회의 한 위원으로부터 저우포하이가 들을 지경이었으니, 당시 중국의 항전력과 관련된 국민정부의 선전내용에 대해 화평파는 의구심을 가질 수밖에 없었을 것이다.[14] 당시 일본의 잠재적 힘을 무시하거나 중국이 일본에 비해 약소국임을 인정하지 않으려던 분위기가 정부나 당에서 지배적이었으니, 화평파는 항전주장이 중국의 실상을 무시한 것이라고 여겼을 것이다.

둘째, 화평파는 항전주장이 장제스나 국민정부를 전복하려는 세력을 돕는 것으로 보았다. 저우포하이가 후에 언급하듯이, 항일 주장은 공산당의 음모나 장제스를 정치적으로 반대하던 광시(廣西)군벌이 유포시키는 것으로 보는 흐름이 있었다.[15] 항전이 중국을 공산당의 세력 확대와 전쟁으로 인한 민족위기라는 이중의 위기를 만들어내는 것으로 본 것이다. 더구나 저우는 항전론자들 특히 장이 비현실적으로 현실에 접근하고 있다고 보았다. 1937년 9월 15일 저우는 장제스가 "이 전쟁에 대한 원대한 계획이 없고, 다만 희생이라는 간단한 결심만을 갖고 있다"라고 일기에 적었다. 이어 그는 장이 "시국을 어떻게 수습할지, 전쟁을 어디까지 이끌지에 관해서 거의 고려를 하지 않는 듯"해서 국가의 장래를 걱정하고 있었다. 즉 항전론자인 장은 소련의 원조나 참전에 아직 희망을 걸고 있는 듯했기에 저우로서는 미국과 영국이 (반공이라는 면에서) 오히려 일본을 동정하지 않을까 걱정했다.[16]

당시 중국공산당(이하 중공)으로부터 축출되어 있던 전 중공 총서기 천두슈(陳獨秀)는 1937년 9월 2일, 만약 중국이 자력갱생할 희망이 없다면, 중국은 한 외국에 경제적으로 의존하면서 정치적으로 독립을 유지해야할 것이라고

---

13) Wang Jingwei, "My Views on Sino-Japanese Relations"(1939.7.9), T'ang Leang-li ed., *Fundamentals of National Salvation: A Symposium by Wang Ching-wei and Others* Vol.1 (China United Press, 1942)[이하 FNS로 약칭], p.52.

14) 『日記』, 31쪽.

15) 周佛海, 「回憶與前瞻」, 『投敵』, 4쪽.

16) 『日記』, 33쪽.

주장하며 그 대상으로 영국이나 일본을 들었다고 저우는 일기에 적고 있다.[17] 저우가 천에게 어떤 대답을 했는지 알 수 없지만, 후에 그가 일본과의 합작에 적극적이었다는 점을 고려하면 아마도 이러한 주장에 저우는 어느 정도 공감을 하고 있었을 것이다.

그렇다면, 저우가 자신의 정치생명을 걸며 왕징웨이와 함께 충칭을 탈출한 이유가 어느 정도 명백해진다. 주지하듯이 저우는 1927년 이래 장제스의 측근이자 장의 당 지도권과 군사권 확립에 일조해온 국민당내 최고 이론가 중의 한명이었다. 그런 그가 왕과 함께 장의 항전주장을 반대하며 충칭을 탈출한 이유는 정치적 파벌다툼이나 야망 때문만은 아니었을 것이다. 물론 일본의 화평공작 때문도 아니다. 이상에서 살펴 본 바에 따르면, 왕과 저우를 포함한 화평파의 일부는 당시 항전 수행에 부정적 견해를 공유하고 있었고, 이 공유된 인식이 바로 이후 왕과 저우를 잇는 중요한 이념적 고리가 되었던 것이다. 이념적 고리가 정치적 입장을 뛰어 넘어 두 사람 사이에, 넓게는 화평파 내부에 생기기 시작한 것이다. 이는 저우가 후일 항전이 승리로 끝난 후 국민정부의 한지앤재판 과정에서 자백한 내용을 통해서도 분명해진다.[18]

민국 27년(1937년) 나는 (국민당) 선전부 부부장을 맡고 있었고, 당시 왕징웨이 는 국민당의 부총재였다. 당시 항전의 정세는 매우 나빠서 매번 그와 대화를 나누었는데, 그의 주장은 평화가 만약 가능하면 평화를 취하자는 것이었다. 당시 나는 중국이 도의상의 원조와 정신상의 동정 이외에는 국제적으로 실제원 조가 없을 뿐만 아니라, 중국의 국력이 당시 일본에 미치지 못한다고 보았기에, 나 자신도 항전에 대한 믿음이 없었다. 이로 인해 왕의 주장을 듣게 되자 (그 주장이) 이치에 맞는 듯하여 이후 항상 왕래가 있게 되었다.[19]

---

17) 『日記』, 26쪽.

18) 전후 한지앤 재판에 대해서는 益井康一, 『漢奸裁判史, 1946~1948』(みすず書房, 1977)와 Dongyoun Hwang, "Wartime Collaboartion in Question: An Examination of the Postwar Trials of the Chinese Collaborators" 참조.

19) 周佛海, 「簡單的自白」(1946. 9), 『筆錄』, 95~96쪽.

요약하면, 당시 왕징웨이와 화평파 사이에는 일본의 침략과 그에 대한 항전이란 중대한 정책을 둘러싸고 파벌이나 정치적 입장을 뛰어넘는 공유된 인식, 즉 이념적 공감대가 생기기 시작하였다고 할 수 있다. 어떻게 하면 일본 침략 하에서 존망의 위기에 처한 국가와 민족을 구해낼 수 있을까? 구국과 구망의 구체적 방법은 무엇인가? 라는 질문에 대한 답을 공유하고 있었다고 해야 할 것이다. 그리고 이념적 공감대를 통해 점차 화평파는 왕징웨이를 중심으로 이전까지 정치적으로 왕과 대립했던 저우포하이 등을 포함한 '왕 그룹'으로 점차 발전, 형성되어 갔다고 볼 수 있다.[20] 이렇게 형성되기 시작한 왕 그룹은 아래에서 보듯이 중국의 현실에 대한 인식, 구망(救亡)의 구체적 방법, 민에 대한 인식, 그리고 공산당에 대한 인식 등에서 커다란 공감대를 형성하고 있었고, 그 공감대는 정책적인 것이기 보다는 이념적인 것이었다. 이하에서는 그 이념적 공감대의 구체적 내용을 주로 왕과 저우의 논의를 통해 살펴본다.

III. 항전의 의미

1) 구망도존(救亡圖存)

시안(西安)사변의 소식을 전해 듣고 1937년 1월 14일 유럽에서 중국으로 돌아온 왕징웨이는 상하이(上海) 도착 직후 당시 가장 중요한 중국인의 과업이 구망(救亡)이라는 점을 역설했다.[21] 이후 그는 "어떻게 중국이 국가의 멸망을 막고 민족을 지킬 것인가"(怎樣救亡圖存)라는 질문에 대한 답을 여러 기회를 통해 구체화하였는데, 그의 대답에서 가장 중요한 것은 두 가지로 요약될

---

20) 사실 왕과 저우는 인간적으로나 정치적으로나 서로 화합할 수 없는 관계였다. 항전 이전 저우의 왕에 대한 증오와 부정적 평가의 예로는 周佛海,「我逃出了赤都武漢」, 張玉法·張瑞德 主編,『周佛海回憶錄』(龍門出版社, 1993), 46쪽과 49쪽을 볼 것.

21) 汪精衛,「抵上海之談話」, 林柏生,『汪精衛先生最近之言論(從民國二十五年歸國到現在)』(中華日報館, 1937)[이하『言論』으로 약칭], 4쪽.

수 있다. 첫째, 국민당 당원은 삼민주의 원칙에 의해 중국을 이끌며 나아가야 국력을 집중시킬 수 있고, 또 민족의 기초를 공고하게 할 수 있을 것이라는 것, 둘째, 국력강화와 자력갱생은 중국이 독립을 유지하기 위해서 필수적인데, 국력강화는 결국 중국과 세계열강과의 관계를 우호적인 것으로 만들 것으로 보았다.22) 결국 항전초기 왕이 갖던 관심은 국력강화를 위한 방법이었고, 아래에서 살펴보겠지만 이는 자연히 민생문제와 공산당문제의 해결을 통한 점진적 국력강화란 문제로 좁혀진다. 왕에게 이 두 문제의 해결이야말로 "내부적으로는 자립을 구하고, 대외적으로는 공존을 구한다"는 국민당 제3차 중앙집행위원회(1937년 2월)의 결의의 정신을 잇는 것이었고, 국민당의 중심의제였던 것이다.

시안사변의 선후처리를 위해 1937년 2월 15일 열린 국민당 중앙집행위원회에서 왕은 연설을 통해 자신의 당시 정세인식과 그 해결방안을 언급하였다. 그에 따르면, 당시 "어떻게 우리의 몸과 마음을 다 써서 위기에 처한 [중국을] 구할 것인가"라는 것이 바로 모든 국민당 당원의 과업의 중심문제였다. 즉 구망도존 문제가 가장 시급했다고 본 것이다. 그런데 구망도존을 위해서는 "국력의 충실을 필요로 하고, 국력의 충실은 민력(民力)의 증진을 필요로 한다" 라고 주장하며, 기본적으로 자신이 그동안 유지해 온 생각을 확인하였다. 즉 민력증진은 '국민경제건설운동' 등에 의한 민의 고통 제거와 민의 생활개선 등 민의 능력을 활발하게 함으로써 그 효과를 증가할 수 있었다. 즉 왕의 입장에서 보면, 구망도존 문제는 결국 민생주의의 실행과 연결되는 것이었고, 민권주의에 의한 민주정치의 수립과도 깊이 연결되는 것이었다.23) 이어서 같은 해 '7·7 사변'을 전후한 6월과 7월 사이에 행한 또 다른 연설에서 그는 좀 더 구체적으로 구망도존 문제에 대한 해법을 제시하였다. 만약 중국이 민족멸망을 피하고 국가의 존속을 구하려 한다면, 민족과 국가의 저항력을

---

22) 汪精衛, 「怎樣救亡圖存」(1937.1.18), 『言論』, 12쪽.
23) 汪精衛, 「三中全會的使命」, 『言論』(1937.2.15), 36~37쪽.

강화하는 외에는 다른 방법이 없다는 것이다. 따라서 항전을 위해 현존하는 중국의 국력을 소진하는 것을 그는 반대하였다.[24] 중국이 당시 충분한 힘을 갖춘 강국이 아니라고 보았기 때문이다. 왕의 기본적 견해는 결국 항전과 중국의 국력신장은 매우 밀접한 관계를 갖는다는 것이다. 그리고 그 관계를 왕이 좀 더 논의하려고 했던 것이 1937년 7월 16일 국민당이 항전수행에 대한 각계의 광범한 의견 수렴을 위해 열린 첫 번째 '뤼산(盧山)회의'였다. 그는 이 회의에서 국난의 극복과 민족부흥을 동시에 이룰 수 있는 방법을 추구하여야 한다는 자신의 생각을 재차 강조하였다.[25]

항일전쟁의 직접적 도화선이 된 '7·7사변' 이전부터 왕이 갖던 이런 견해를 고려하면, 왕의 '7·7사변'에 대한 최초 대응이 비교적 냉정했다는 것은 어찌 보면 당연하다. 기본적으로 왕은 '7·7사변' 자체를 '9·18사변'의 연속으로 파악하여 '7·7사변' 자체를 새로운 상황 전개가 아니라고 인식하고 있었다. 따라서 새로운 해결책이나 대응책도 당연히 필요없고 '9·18사변' 이래 국민정부가 취해 온 화평책을 그대로 유지하면 되는 것이었다. 물론 그렇다고 왕이 항전 자체를 문자 그대로 반대한 것은 아니었다.[26] 문제는 항전을 어떻게 수행하느냐에 있었다. 1937년 7월 29일 밤, 난징에서 행한 라디오연설에서 왕은 기본적으로 "중국은 현재 최후관두(最後關頭)에 서 있다"라는 장제스의 당시 싱황규징에 동의하였다. 다만 왕은 "최후관두"가 갖는 의미를 장과 다르게 이해했다. 즉 "최후관두"에 도달했다는 것을 강조하기보다는 민족을 구하기 위해 "최후관두" 상황에서 무엇을 해야 할지를 묻고 대답하려한 것이 바로 왕의 연설의 중심 내용이었다. 그에 따르면, 1931년 '9·18사변' 이후, 일본의 침략에 대한 중국의 대응은 일본과의 더 많은 충돌을 피하기 위해 점진적 그리고 지속적으로 국민정부의 군사력을 후퇴시키는 데 있었다. 이는 당시 국민정부나 국민당의 기본정책이었다. 왜냐하면 국력이 중국보다 월등히 우세한 일본의 침략을

---

24) 汪精衛, 「關於救亡圖存的幾句話」, 『續編』, 2쪽.
25) 汪精衛, 「盧山第一次談話會之引論」(1937.7.15), 『言論集』, 1~2쪽.
26) 『投敵』, 5쪽.

중국이 방어해 낼 수 없다고 보았기 때문이었다. 그러나 이 정책이 갖는 더 중요한 의미는, 왕에 따르면, '9·18' 이후 중국민족의 대일저항력을 키울 내부준비를 하기 위해 시간을 버는데 있었다. 더구나 왕의 견지에서 보면 그러한 정책노선은 매우 성공적이었고 또한 효과적이었다. 예컨대 국민정부가 장시(江西)지역에서 공산당 토벌을 성공적으로 완수한 것이나, 동남지방에 교통로를 성공적으로 건설한 것 등은 바로 국가의 저항력 증진의 전제조건인 국가통일을 위한 예비적 사업으로서 의미가 있는 것이었다.27) '9·18사변' 이후 정부의 이런 외교타협론을 반대하여 항전론의 소리가 높았던 것이 진정한 국가의 통일을 방해했던 것이었고, 나아가 총체적 항일이 진정 이루어지지 못했던 이유였다고 그는 보았다.28) 왕에게 항일이란 문자 그대로 일본에 대한 항거이지, 항일전쟁을 반드시 의미하는 것은 아니었다.

물론 왕은 당시 중국이 항일을 위해 취할 수 있는 두 가지 방법인 외교적 노력과 철저한 저항 모두가 국가를 위기에서 구할 수 있는 방법이라고 보았다.29) 따라서, 국가가 이미 외부의 침략과 위협에 저항하기로 결정한 이상, 저항은 "즉각적 승리", "지구(持久)" 혹은 "자진(自盡)"을 염두에 두며 진행되어야 했다. 물론 최후의 승리란 국가와 민족의 생존을 의미하는 것이었다.30) 따라서 일단 "자진(自盡)"하기로 결정하면 그것도 민족의 생존을 위한 것이어야 했다. 그래야 "자진"을 염두에 두며 지구전을 외부의 적에 저항하기 위한 수단으로 채택할 것이기 때문이다.31) 그런데 중국이 모든 국력을 소모하며 장기적으로 저항을 수행하기 위해서는 국력의 축적이 전제되어야 했다. 국력의 사전 축적도 없이 현재 중국이 보유한 국력만을 소진하는 것은 국력의 단순한

---

27) 汪精衛, 「最後關頭」(1937.7.29), 『言論』, 8~10쪽.

28) 汪精衛, 「關於救亡圖存的幾句話」, 『續編』, 2~3쪽.

29) 汪精衛, 「安內與攘外」(1937.2.1), 『言論』, 30쪽.

30) 汪精衛, 「以必死的決心取得民族的生存」, 『言論』, 22쪽.

31) 汪精衛, 「安內與攘外」(1937.2.1), 『言論』, 30~31쪽 ; 汪精衛, 「埋頭苦幹」, 『言論』(1937.3. 26), 74쪽.

소모만을 의미하는 것이었기 때문이다. 힘(국력)의 소모를 통한 저항을 한다면, 왕은 중국이 오래 버티기 힘들다고 보았다. 따라서 왕은 적에 대항하여 "[총탄을] 발포하는 것이 항전이듯이 힘의 축적 또한 항전인데, 항전을 오랫동안 할 수 있는지의 여부는 바로 이 점에서 결정된다"고 주장했던 것이다.[32] 그는 중국이 힘의 축적을 통해 적에게 저항한다는 의지를 보여주는 저항력 자체를 강화하지 않는다면, 일본은 결코 침략정책을 포기하지 않을 것으로 보았다. 반대로 중국이 저항력을 강화하는데 성공한다면, 중국은 더 이상의 영토를 잃지도 않을 것이고 오히려 실지 회복까지도 바라볼 수 있을 것이라고 왕은 전망했다. 일본의 중국침략도 따라서 그치게 될 것으로 왕은 생각했다.[33]

이런 전제 속에서 보면, 국력의 축적을 위한 국가의 통일과 안정은 매우 중요한 두 요소였다. 그러나 왕이 볼 때, 항전론자들은 지구전에 대한 대비없이 항전 자체만을 주장하고 있는 듯하였다. 따라서 왕은 항전론자들의 주장에 대응하기 위해 중국의 현 상황에 대한 "진실"을 모두 말할 필요가 있다고 보았는데, 그가 말하는 "진실"이란 바로 중국이 일본에 비해 약국이고 약자의 위치에 있다는 현실의 인정이었다.[34] 물론 그 자신 이런 주장이 "오직 무력만이 중요하다는 논리"(유무기론: 唯武器論) 혹은 '민족실패주의'로 비판받는다는 것을 알고 있었다. 그러나 그는 이러한 비판에 대응하여 "진정한 항전"은 정신적인 것뿐만이 아닌 물질적 건설이 있을 때 가능한 것이라고 대응하였다.[35]

반면, 당시 국공합작을 통한 항일요구는 전국적으로 거셌고 장제스도 1937년 9월 중공의 합법적 지위를 인정함으로써 제2차 국공합작을 통한 항일전쟁도 본격화되었다. 그러나 왕징웨이나 저우포하이와 같은 화평파이자 반공주의자들은 공산당과의 합작을 통한 항일이란 장의 결정이 일본을 더욱 자극하고, 결국 일본의 본격 침략을 이끌어 중국민족이 궁극적으로 붕괴할지도 모른다고

---

32) 汪精衛, 「安內與攘外」(1937.2.1), 『言論』, 31쪽.

33) 汪精衛, 「關於救亡圖存的幾句話」, 『續編』, 12~15쪽.

34) 汪精衛, 「怎樣鞏固後方」, 『言論集』, 41~42쪽.

35) 汪精衛, 「犧牲精神之題起」, 『言論集』, 70쪽 ; 「抗戰期間的新生活運動」, 『言論集』, 66쪽.

우려하고 있었던 것도 사실이다.36) 특히 국민정부가 수도를 난징에서 충칭으로 옮기기로 결정하자 그들은 이런 불길한 우려가 현실화되고 있다고 느꼈을 수 있다. 국민정부군은 1937년 12월 13일 난징에서 완전히 철수하였고 1928년 이래 국민정부의 수도였던 난징은 마침내 일본군에게 점령되었다.

항전이 한창 진행되던 1937년 10월 30일 주중독일대사 오스카 트라우트만(Oskar P. Trautmann)이 일본의 평화안을 국민정부에 제출했을 때, 사실 화평파들은 장제스가 이 제안을 받아들일 것으로 생각했다. 항전의 상황이 매우 어렵다고 그들은 보았기 때문이다. 그러나 이 중재안을 장제스가 결국 거부하자 화평파들은 중국의 전도를 비관적으로 전망하게 되었다.37) 저우포하이의 경우, 중국의 운명은 회복의 기미도 없이 이미 결정났고 그 자신의 운명 또한 이제 전쟁 중에 어찌될지 예측하기 힘들다고 볼 정도였다.38) 비슷한 시기인 1937년 10월 말, 전임 행정원 원장대행이자 당시 중국은행 총재이던 쑹쯔원(宋子文, 1894~1971)은 영국노동당 기관지 특파원과의 회견에서 중국의 국가통일을 위해서는 계속 "항전"이 필요하다고 주장하였다. 쑹은 아마도 장제스의 심중을 대변하고 있었을 것이다. 그러나 왕징웨이의 입장은 사뭇 달랐다. 항전의 결과, 중국이 과연 국가적 통일을 이룰 수 있을지 왕은 깊은 의구심을 갖고 있었다. 왕에게는 국가적 통일은 목적이고 항일은 그 목적을 달성하기 위한 한 방법일 뿐이었다. 따라서 항일이 결코 국가통일을 목적으로 하는 저항으로 해석되는 것을 경계하였다. 저항을 통해 국가통일을 달성한다는 항전론자들이나 공산당의 논리에 왕은 동의할 수 없었다. 국가통일은 저항을 위한 전제가 되어야지 저항의 목적 자체가 될 수는 없는 것이었다.39) 물론

---

36) 周佛海, 「回憶與前瞻」, 『投敵』, 8쪽과 『日記』(1937.11.19), 64쪽.

37) '트라우트만 중재안'에 대해서는 Gerald E. Bunker, 앞의 책, pp.37~46 참조. 후일 왕징웨이의 영문비서였던 탕량리(湯良禮)는 트라우트만의 조정안이 실패한 이유를 전적으로 장제스의 개인권력욕 때문으로 보았다. T'ang Leang-li, "The Inner History of the Chiang Peace Failure," in *FNS*, p.37.

38) 『日記』(1937.12.12), 72쪽.

39) 汪精衛, 「關于救亡圖存關於救亡圖存的幾句話」, 『續編』, 3~4쪽.

이러한 왕의 의견에 저우포하이도 동의를 표했다. 그는 1937년 10월 23일자 자신의 일기에서 쑹의 주장이 "유치한 점이 꽤 많"은 "망론(妄論)"이라며 쑹의 주장이 국가를 잘못된 길로 이끌지 모른다고 우려하였다.[40]

요약하면, 항전이 개시되고 국민정부군이 계속 후퇴를 거듭하자 화평파들은 민족과 국가의 장래에 대한 우려를 더욱 강하게 나타내고 항전정책에 대한 이견을 표출하고 있었다. 왕징웨이를 비롯한 화평파들은 항전의 의미를 확실히 다르게 이해하고 있었다. 그들은 국가의 독립과 주권의 유지를 위한 민족의 힘을 부양하는 것이 약국인 중국의 입장에서는 국력의 소진을 통한 철저 항전보다 더욱 중요하다고 생각했다. 일본과의 화해와 평화는 이러한 생각 속에서 필요한 것으로 받아들여졌고, 반대로 국력을 소진만 하는 항전은 민족과 국가의 철저한 붕괴로 이어질지도 모른다는 것이었다. 결국 그들은 항전을 현실대응 정책으로 이해하기 보다는 국가통일이나 국가발전이란 장기 전략 속에서 이해했던 것이다.

2) 항전과 민력

화평파가 주장하듯이 항전을 수행하는 궁극적 목적이 미래지향적이어야 한다면, 문제는 구체적으로 항전을 어떻게 수행해야 그 결과가 국가발전이란 미래지향적 목적에 부합할 수 있을까? 이는 내부적으로 어떻게 하면 항전의 결과 궁극적으로 중국이 강하고 부유한 국가로 거듭날 수 있을까라는 문제와 연결되는 것이었다. 이 문제에 대해 왕징웨이는 무엇보다 민력(民力)이 국력과 절대적으로 연결되어 있다고 보았다. 그는 '구망도존'을 위해서는 먼저 민력의 발전에 모든 노력을 집중하여야 하고, 그렇게 함으로써 '구망'을 도모할 수 있는 국력도 증가한다고 본 것이다. 결국 "구민(救民)이 구망(救亡)"의 길이기에 정부는 민의 고통을 제거하고 생활조건의 향상 등을 이룸으로써 구망을 궁극적 으로 가능하게 할 수 있다고 보았다.[41] 주지하듯이 국민국가의 성립과정에서

---

40) 『日記』, 51쪽.

민과 민생 문제가 중요하다는 주장은 1927년 이래 왕과 국민당내 좌파가 오랫동안 지속적으로 표명해 왔던 바이다.

민과 민생에 대한 강조는 자연히 쑨원(孫文)의 민생주의 실현이란 문제와도 연결되어 있었다. 왕의 견해로는 자본주의, 공산주의, 그리고 파시즘 모두 나름대로 결점을 갖고 있었다. 따라서 중국이 성공적 경제발전을 이루기 위해서는 어느 정도 이들 이념의 수정을 통해서 중국만의 이념을 만들어야 했다. 왕은 이러한 수정은 이미 쑨원의 민생주의를 통해 이루어졌기에, 민생주의에 따라 중국이 경제발전을 할 수 있는 길은 이미 열려있다고 생각하고 있었다.42) 결국 왕은 '민생주의'를 통한 구국을 주장하였다고 할 수 있다. 왜냐하면 민생주의는 중국인민의 힘을 결국 강화시킬 것이고, 궁극적으로 중국의 국력도 그에 따라 강화될 것이기 때문이었다. 국민당내 좌파가 특히 1927년 이래 민에 관한 문제를 심각하게 생각해 오고 그에 따라 국민당의 국민혁명 기치 하에 민을 조직하고 통제하려고 해왔지만, 왕은 이제 다시금 국력의 원천으로서 민이 민족의 위기를 극복하는데 중요한 역할을 할 수 있다고 믿고 있었던 것이다. 왕이 보기에는 1938년 2월 국민당이 채택한 『항전건국강령』도 결국 민력이 항전을 위해 필요하다는 것을 인정한 것이었다.43) 물론 이러한 생각의 일단은 왕의 아내이자 화평파의 일원이던 천비쥔(陳璧君)도 공유하는 것이었다. 천은 당시 장기화되던 항전의 최대 피해자가 "노백성(老百姓)" 즉 민이라고 보았다. 따라서 그녀는 "민의 힘을 [항전고취를 위한] 대규모 집회나 시위에 낭비하기 보다는 실질적이고 유용한 일에 쓰는 것이 훨씬 더 유익하다"고 보고 있었다.44)

왕은 1937년 1월21일 행한 연설에서 '민력'과 관련된 문제를 자세히 언급하면

---

41) 汪精衛, 「對內求自立對外求共存」, 『言論』, 47~51쪽과 「迎頭趕上」, 68쪽.

42) 汪精衛, 「迎頭趕上」, 『言論』, 69~70쪽.

43) 「議長汪兆銘開幕詞」, 重慶市政協文史資料研究委員會·中共重慶市委黨校 編, 『國民參政會紀實』(重慶出版社, 1985), 158쪽.

44) 陳曙風, 「"低調俱樂部"和"前奏曲"」, 『投敵』, 192쪽 ; John H. Boyle, 앞의 책, pp.190~191.

서 동시에 '민주'의 문제도 언급했다. 그에 따르면, 소련의 공산주의, 독일의 국가사회주의(國社主義), 그리고 이태리의 파시즘은 모두 민주주의의 적이었다. 민주주의란 바로 쑨원이 말한 민권주의였고, 그것은 민의 정치적 능력을 키움으로써 이룩되는 것이었다. 따라서 왕은 민의 정치적 능력을 키우려는 노력이 민족의 위기를 극복하려는 노력과 모순되는 것은 전혀 아니라고 보았다. 정부가 민에게 충실하다면 민도 정부를 신뢰하고 따르고 반대로 정부가 민의 지원을 등에 업지 못하면 민주정치는 말할 필요도 없고 독재정치 조차도 이루어질 여지가 없다고 그는 보았다.[45]

이런 왕의 주장을 살펴보면, 그가 항전 과정에서 민의 보호를 그렇게 강조한 것이 단지 일시적 혹은 단순한 정치적 동기에서 나온 것이 아님을 알 수 있다. 이미 지적했듯이 왕은 항전의 궁극적 목적이 국력의 소진을 통해 중국을 멸망의 길로 보내는 것이 아니라 오히려 국가 부흥의 길로 가게 하는데 있다고 보고 있었다. "왜냐하면 항전의 의미는 단지 적의 힘을 소극적으로 소모시키는 데 있는 것이 아니라 오히려 우리의 힘을 적극적으로 증진시키는 데 있기 때문이다. 이 점이 바로 지구전을 가능케 하는 기초이고 또한 적에 항거하여 최후 승리를 얻는 기초이"기 때문이었다. 항전은 전선의 병사들만이 수행하는 것이 아니라 전국의 모든 민이 함께해야 하는 일이기도 했다. 따라서 성공적인 민의 동원도 하나의 '중심'(즉 국민당)을 통해서 이루어져야 했고 더구나 하나의 신조(즉 삼민주의)하에서 이루어져야 한다고 왕은 주장하였다.[46]

결국 왕에 따르면, 중국인의 항전 노력의 핵심문제는 국가의 항전에 대한 민의 지원, 반대로 정부의 민력 증진과 효율적 동원이었다. 즉 국민정부가 항전을 지속할 수 있는지의 여부가 바로 민에게 달려 있었던 것이다. 여기서 그렇다면 어떻게 민력을 강화하고 그것을 통해 항전을 지속적이고 장기적으로 수행해 나갈 것이냐 라는 실질적 문제가 제기되는 것이다. 민주가 민력 나아가

---

45) 汪精衛, 「論民主政治」, 『言論』, 21~25쪽.
46) 汪精衛, 「尋求與國與團結民衆」, 『言論』, 33~34쪽.

국력의 강화에 필수적인 것으로 이해되었다는 것은 앞서 지적한 바이듯이, 바로 민력 문제에 관련하여 아래에서 다시 지적하겠지만, 왕은 국민정부의 '초토전(焦土戰)'과 '지구전(持久戰)'을 비판하였던 것이다. 간단히 말해, 이 두 소모적 전쟁 정책들은 민이 국가의 원동력이란 기본적 사실을 전혀 고려치 않고 진행되는 것으로 왕에게는 비춰졌던 것이다.

3) 항전과 공산당문제

왕징웨이가 1927년 여름 우한(武漢)에서 분공을 선언하고 장제스의 '청당(淸黨)'에 합류한 이후, 지속적으로 반공주의자로서 당과 정부에서 활동해 왔음은 주지하는 사실이다. 반공은 이제 왕에게 있어 매우 중대한 정치적이고 이념적 문제였다. 따라서 항전을 위해서 공산당과 또다시 합작하자는 주장에 반대한 왕의 입장은 사실 그리 놀라운 것이 못 된다.

시안사변 소식을 접하고 1937년 1월 유럽에서 급거 귀국한 왕이 가장 우려한 것은 시안사변으로 인해 중국의 정치적 안정이 침해되고 구국을 위한 국가적 노력 또한 그에 따라 손상을 입었다는 사실이었다.[47] 따라서 그의 입장에서 보면, 시안사변과 직·간접적으로 관련이 있는 모든 이는 비난을 받아야 마땅했다.[48] 특히 그는 사건의 해결과정에서 공산당이 제안한 국공합작을 통해 항일통일전선이 형성된 것에 대해 우려를 금치 못하였다. 왕의 입장에서 보면, 모든 일들이 잘못된 방향으로 가고 있는 듯했다. 물론 그런 일차적 이유는 장제스가 공산당과의 통일전선 형성에 기본적으로 합의했기 때문이었다. 국공합작을 통한 통일전선 형성에 대해 왕은 분명히 장과는 생각을 달리했다. 왕은 중공이 1932년 중일간의 분규를 이용하여 장시(江西)지역에서 그 세력을 강화하는데 성공했듯이, 중공은 결국 침략자의 '별동대'에 불과하다고 여겼다.[49] 따라서 공산당과의 합작을 통한 항일에 왕이 깊은 의구심을 표시한

---

47) 汪精衛, 「安內與攘外」, 『言論』, 31~33쪽.

48) Wang Jingwei, "A Reply to Certain Allegations," *FNS*, p.51.

것은 어찌 보면 당연하였다. 이미 그는 '양외(攘外, 즉 항일)'와 '안내(安內, 즉 反共)'는 항상 같이 논의되어야 한다고 생각하고 있었기 때문이다.[50]

공산당과 관련된 이러한 문제의식은 사실 화평파들이 광범위하게 공유한 것이었다. 당시 왕징웨이의 측근 중 한명인 린보성은 중국공산주의자들을 소련의 '순민(順民)'으로 묘사하였고 왕의 영문비서인 탕량리(湯良禮)는 공산주의자들을 '러시아 제국주의'의 '매판' 세력으로 몰아붙이고 있었다. 특히 저우포하이는 중국이 만약 일본과 계속 전쟁을 한다면, 그것은 중국을 위한 싸움이 아니라 사실상 소련을 위한 싸움이라고 보면서 잘못하면 항일이 국민당이 아닌 공산당을 위해서 하는 전쟁이 될 수 있다고 보았던 것이다.[51] 후일 왕 그룹이 충칭을 탈출하기 전, 일본정부와 평화조건을 논의하기 위해 도쿄에 간 가오쭝우는 일본정부 당국자에게 반공보다 일본에 대한 저항을 우선시하던 장제스 주변의 인물들에 대한 불만을 표명하기도 하였다. 나아가 가오는 "중국은 중국인들과 싸워서는 안된다"라는 공산당의 통일전선 슬로건에 중국 청년들이 매혹되지 않을까 우려하고 있다는 점도 일본 측에 표명하였다고 한다.[52]

왕을 비롯한 화평파 대부분은 항일을 위해 공산당과 통일전선을 설립하는 것에 대해 부정석이었다. 유럽에서 독일의 침략에 대응하기 위해 몇몇 국가가 통일전선을 구성한 예가 있음을 비록 알고는 있었지만, 왕은 중국에서는 그 같은 통일전선이 필요없다고 생각했다. 그 이유는, 첫째, 독일에 항거하기 위한 프랑스의 통일전선 구성은 국민의 열렬한 성원을 받았지만 중국의 상황은

---

49) Wang Jingwei, "In Memory of Dr. Tseng Chung-ming," *FNS*, p.48 ; 汪精衛, 「關于救亡圖存的幾句話」, 『續編』, 3쪽.

50) 蔡德金·王升 編著, 『汪精衛生平紀事』(中國文史出版社, 1993), 237쪽.

51) 林柏生, 「爲甚麽要反共」, 中華日報社 編(?), 『林柏生先生論文集』(np. nd: 1939?), 23쪽 ; 湯良禮, 「和平運動之源流」, 『和平論叢』(np. nd), 12. Chia-lin Pao Tao, "The Role of Wang Ching-wei during the Sino-Japanese War," Ph. D. Dissertation (Indiana University, 1971), pp.97~98에서 재인용 ;『日記』, 43, 181쪽.

52) John H. Boyle, 앞의 책, p.185에서 재인용.

그와 다르다는 것이었다. 왕의 설명에 따르면, 프랑스에는 이미 정통 중앙정부 외에도 다른 정부세력이나 군사세력이 있었던 반면, 중국에는 하나의 정부와 하나의 군사세력이 있기에 통일전선이란 것 자체가 전혀 필요없다고 본 것이다. 둘째, 항전을 위해서는 내부안정이 무엇보다도 중요하기에 통일전선에 관한 논의 자체가 내부통일을 저해하는 등 항전에 도움이 안 된다는 것이다. 더구나 '안내(安內)'는 '9·18사변' 이후 지속되어 온 국민정부의 정책이었다. 셋째, 공산당은 이미 신용을 잃었기 때문에 그들을 믿기 어렵다는 이유였다. 국민당이 그들을 안 믿으려 해서가 아니라 그들 스스로 신용을 잃었기 때문이라는 것이다.[53] 나아가 그는 "공비(共匪)도 중국인이다"라는 일부의 주장에 대해 반대의견을 표명했는데, 왜냐하면 공산주의자들은 민족주의자가 아니라 국제주의자라고 보았기 때문이다.[54] 1938년 2월 22일, 한코우(漢口)에서 행한 그의 연설은 이런 그의 중공에 대한 불신의 깊이를 더 한층 잘 보여준다. 그는 이 연설에서 "현재는 민족전쟁만이 있을 뿐 계급투쟁은 있지 않"다라며 계급투쟁을 지향하는 공산주의자들에 대한 그의 깊은 불신을 드러냈다.[55]

　이상에서 보듯이, 왕은 항전 시작 후 일본의 침략뿐만이 아니라 중공도 중국을 망국으로 이끌 수 있는 위험한 대상이라는 그의 믿음을 거두지 않았다. 공산주의자들은 국내적으로는 구국을 위한 통일전선 기치하에 국가를 양분하는 역할을 할 것이고, 이는 결국 중국민족에게 재앙을 가져올 것이라고 그는 내다보았다. 공산당이 아닌, 국민당이 '이치'(理)로 보나 '사실'(事)로 보나 국가와 민의 공통된 이익을 추구해야 했다.[56] 공산당이 주장하는 계급투쟁은 경제건설을 위한 민족적 노력을 침해하고 나아가 민족의 항전에 분규와 분열을 분명히 초래할 것이라고 왕은 굳게 믿고 있었다.[57] 따라서 공산당과의 통일전선

---

53) 汪精衛, 『怎樣救亡圖存』, 『言論』, 9~12쪽.
54) 汪精衛, 「埋頭苦幹」, 『言論』, 77쪽.
55) 汪精衛, 「抗戰期間的新生活運動」, 『言論集』, 66쪽.
56) 汪精衛, 「對外要保衛國土對內要團結民衆」(1937.1.22), 『言論』, 18~19쪽.
57) 汪精衛, 「關於最近時局之談話」(1937.3.17), 65~66쪽과 「迎頭趕上」, 71쪽.

형성을 주장하는 일부의 주장은 자연히 "갈증을 풀기위해 독약을 마시는 것"과 같은 것이었다.[58] 한마디로 말해서, 왕에게 있어서 공산당문제는 항일의 문제를 포함한 모든 문제에 앞서는 중대한 일차적 문제였다고 할 수 있다.

사실 주지하듯이 왕뿐만 아니라 장제스 또한 당시 공산당문제를 매우 심각하게 받아들이고 있었다. 본서의 논의와 관련된 그런 예의 하나가 바로 국민정부의 재정지원을 받으면서 화평파에 의해 운영되던 '예문연구회(藝文研究會)'다. 이 연구회는 국민당의 공식기구로 1938년 우한에서 두 가지 목적을 갖고 설립되었다. 이 연구회의 총간사였던 타오시성이 후일 후스에게 설명하였듯이, 이 연구회의 목적은 항전기간 국민당의 반공정책 수립을 위한 이론을 독립적이고 자주적으로 고려하면서 나아가 일본과의 전쟁이나 평화에 대한 가능성을 논의하게 할 수 있는 여론을 조성하는데 있었다.[59] 이 연구회는 국민정부로부터 전적인 재정지원을 받고 있었고 창사(長沙), 광저우(廣州), 청뚜(成都), 충칭, 시안, 그리고 홍콩 등지에 지부를 설립하고 활동하고 있었다. 특히 홍콩지부(분회)의 메이쓰핑과 린보성은 국제편역사(國際編譯社)란 출판사를 세우고 일본과 관련된 정보의 수집과 분석을 행하면서 저우포하이를 통해 왕징웨이와 장제스에게 자신들이 수집한 정부를 보고하고 있었다. 이 홍콩지부의 또 다른 회원이었던 번중윈(樊仲雲)과 후란청(胡蘭成)은 후일 왕이 난징에 세운 국민정부에 참여하여 적극 활동하게 된다. 아무튼 이 홍콩지부는 후일 하노이로 탈출한 왕 그룹이 화평론을 주장하는 주요한 선전기관으로 사용된다.

---

58) 汪精衛, 「三中全會宣言的意義」(1937.3.22), 『言論』, 41쪽.

59) 「陶希聖之胡適信」(1938.12.31), 中國社會科學院近代史研究所中華民國史研究室編, 『胡適來往書信選』(中華書局香港分局, 1983), 제2권, 398쪽. 타오는 후일 그의 회고록에서 예문연구회의 주요 활동과 목적의 하나가 反共 외에도 일본과의 평화추구였다는 사실을 애써 감추려는 자세를 보인다. 즉 그는 이 연구회의 강령이 "군사제일, 승리제일", "안으로 통일을 밖으로는 독립을 구한다", "일면항전, 일면건국"이라고만 밝히며 연구회가 항전 당시 반공의 면이 있었다는 것만 강조하면서 일본과의 평화를 구하려던 연구회 차원의 노력에 대해서는 전혀 언급하지 않는다. 陶希聖, 『潮流與點滴』(傳記文學出版社, 1970), 157, 160, 166쪽 참조.

소련의 원조를 둘러싼 문제도 당시 국민당 내에서 논란거리였다. 일본에 대항하던 중국을 원조하려는 서구국가가 전혀 없던 당시 현실 속에서 소련과의 합작을 통한 항일은 사실 중국의 항전론자들이 바라던 바였다.[60] 왕은 당연히 당과 정부 내에 소련의 원조를 기대하는 분위기가 있다는 사실을 탐탁지 않게 생각하였다.[61] 저우포하이의 경우, 1874년 청(淸) 관료들이 일본과 러시아 중 어느 나라와 중국이 협력할 것인가를 둘러싸고 분열되었던 것을 기억하며, 소련과 일본에 대한 중국의 정책이 재고되어야 한다고 생각하였다. 저우는 소련이 중일간의 전쟁에 중국 측을 지원하며 참전할 것으로 보는 일부의 견해를 몽상으로 보면서 일본과의 협력을 통해 당시 국가적 '위기'를 확실히 극복해야 한다고 보고 있었다.[62]

공산당문제는 당시 왕 자신이나 화평파들에게는 주요 논의 대상이었다. 그들에게 있어 공산주의 문제는 국가나 민족 모두에게 닥친 위험의 상징이었기에 일본에 대한 항전 여부를 결정하는 주요한 쟁점으로 받아들여지고 있었다. 한마디로, 그들은 항전이 공산당에게 유리한 상황을 만들게 될 가능성을 두려워했고 따라서 국민정부의 기초를 파괴할 수 있는 공산당의 계급투쟁 등이 일어나지 않을까 우려하고 있었던 것이다.

4) 초토전(焦土戰)과 지구전(持久戰)

국민정부가 일본의 침략에 대항하는 전술로 항일 기간 '초토전'과 '지구전'을 썼음은 이미 잘 알려져 있는 사실이다. 사실 국민정부 내에는 이 두 전술이 항전을 수행하기 위해서는 필수불가결하다는 인식이 상당히 존재하고 있었다. 다만 왕징웨이는 이에 동의하지 않았다. 왜냐하면 왕의 견해로는 이 두 전술은 중국을 파괴할 뿐만 아니라 민족의 위기를 심화시키는 듯했기 때문이다.

---

60) 燕芝光, 『中蘇合作抗戰論』(中山文化敎育館, 1937) ; 『日記』(1938.5.21, 24), 102, 104쪽.
61) 汪精衛, 「尋求與國與團結民衆」, 『言論集』, 31~32쪽.
62) 『日記』(1938.9.23, 1938.11.20), 36, 191쪽.

왕에 따르면, 두 전술의 궁극적 목적은 중국의 국력을 소모시키지 않으면서 일본의 국력을 소진시키는데 있는데, 실제로는 중국의 국력이 소진되는 결과만을 초래했기 때문이다. 왕에게 '초토'의 의미는 직접적인 전투의 결과로 토지가 소진되는 것이었지, 전투행위도 없이 토지를 초토화시키는 것을 의미하지는 않았다. 즉 초토란 전투의 결과로써 한 지역이 완전히 폐허가 되는 것을 의미하기에, 초토되는 한치의 땅도 중국인민의 피와 땀과 눈물 자국으로 얼룩져야 한다고 왕은 생각하였다. 초토전이란 "싸우지도 않고 초토하는 것"(不戰而焦土)이 절대 아니었다. "싸우지도 않고 초토하는 것"은 일반인(老百姓)들에게 재앙과 불행만을 가져오고, 더구나 적에게 "강건너 불구경하는"(隔岸觀火) 상황을 허용하는 것이나 다름없다고 왕은 주장하였다.63) 결국 전쟁이란 전투행위를 통한 자신의 방어를 의미하였다. 따라서, 왕에 따르면, 광저우가 일본군에 함락될 때 국민정부군이 채택한 "포기하고" 후퇴한다는 전술이나, 창사에서 국민정부군이 철수할 때 저지른 방화행위는 전쟁 중에 전술로서 사용할 수 있는 초토와는 다른 것이었다. 그런데 전술로서의 초토가 아닌 경우의 상황이 항전기간 내내 항상 일어나고 있었다는 점을 왕은 지적하려 했던 것이다.64)

위에 언급한 광저우의 경우는 특히 논란거리였는데, 광저우가 초토화된 이유를 지적하는 왕의 해석은 매우 흥미롭다. 그는 충칭을 탈출한 후인 1939년 8월 9일 광저우에서 행한 연설에서 항일전쟁 기간 광저우가 초토화된 것은, 광저우 시정부의 관리들이 공산당의 지시를 그대로 따르는 장제스의 명령을 따랐기 때문이라고 했다. 도망치는 중국병사들에 의해 벌어진 당시 광저우시의 방화사태는 일본군의 진격을 막을 수 없었을 뿐만 아니라, 일본군을 곤궁에 빠지게 하지도 못했다는 것이다. 오히려 광저우 시민들의 생계의 발판, 재산, 그리고 생명만을 파괴했을 뿐이라고 그는 생각하였다. 우한과 창사도 광저우와 같은 일을 이미 당했고, 이제 충칭과 청뚜도 "같은 운명에

---

63) 汪精衛, 「如何事用民力」(1938.1.13), 『言論集』, 50~51쪽 ; John H. Boyle, 앞의 책, p.190.
64) Wang Jingwei, "The Truth about Resistance" (March 30, 1939), in FNS, p.40.

처해있다”는 것이 연설 당시 왕의 생각이었다.65) 항일전쟁을 되도록 빨리 포기하면서 가능한 한 국토를 저항의 수단으로 완전히 초토화시킨다는 의미로 국민정부군과 항전론자들에 의해 적용되어 왔다고 왕은 생각했다.66) 그러나 초토전이란 러시아인들이 나폴레옹의 침략에 대응하기 위해 썼던 전술인데, 그 당시와 비교하면 교통이 더 편리해지고 개선된 항전 당시에는 무용한 전술이라고 왕은 보았다.67)

왕이 창사의 방화와 초토화에 어떻게 반응하였는지는 확실하지 않다. 다만 저우포하이는 그의 일기에 그의 반응의 일단을 기록해 두었다. 한마디로 저우는 분노에 차 있었다. 국민정부군 사령관의 명령에 의한 창사의 방화와 파괴가 이루어졌다는 소식을 접한 그는 1938년 11월 15일자 일기에, “적은 아직 오지도 않았는데 먼저 토지를 초토화했다니, 실로 민을 적으로 생각한 것이다. 이는 도리에 맞지 않는 것으로 마치 고기를 연못에서 쫓아내는 것과 같고, 참새를 숲 속으로 모는 것과도 같다”고 지적하며, 초토전이 중국에 불리하다는 점을 지적하였다.68) 주지하듯이 창사는 당시 초토화되었지만 이후 6년동안 일본군에게 완전 함락되지 않는다.

사실 장제스가 항전을 위한 시간을 벌기 위해 채택한 국토를 전쟁에 이용하는 (즉 초토화하고 내지로 후퇴하는) 전술은 많은 대가를 지불해야 했다. 역사학자 보일(John H. Boyle)은 국민정부군이 정저우(鄭州) 근처의 황허(黃河) 댐을 1938년 6월 다이너마이트로 폭발시킨 후 그다지 많은 시간을 벌 수가 없었다고 지적한다. 11개시와 대략 4000여 마을이 댐 폭파의 결과로 홍수피해를 입었고 수많은 농토가 물에 잠기는 등 2백만 명 가량이 이재민이 되었고 1백여만 명이 댐 폭발의 직접적 결과나 그 후의 영향으로 사망했다고 전해진다. 한마디

---

65) Wang Jingwei, “Steps Towards the Realization of an Honorable Peace” (August 9, 1939), in *FNS*, pp.64~65 ; John Boyle, 앞의 책, p.188과 p.190에도 인용.

66) Wang Jingwei, “The Truth about Resistance” (March 30, 1939), *FNS*, p.41.

67) 汪精衛, 「如何事用民力」, 52쪽.

68) 『日記』(1938.11.15), 188~189쪽.

로, 왕이 지적하듯이 초토전은 무모하고 불필요한 희생을 무수히 가져왔던 것이다.[69] 국민정부 고위관리 중 누군가 초토전을 지속해야 한다고 발언했다는 것을 전해들은 저우포하이가 1938년 7월 15일자 그의 일기에 이제 중국인들은 재앙을 만날 수밖에 없다며 깊은 우려를 표명했듯이, 초토전은 당시 왕 그룹이 공유하는 깊은 우려의 근원이었다.[70]

초토전과 관련된 지구전에 대한 왕징웨이의 생각도 매우 흥미롭다. 한마디로 왕은 강력한 적인 일본에 대항하기 위해서는 항전을 일단 결정한 이상 지구전이 필요하다는 점을 인정하였다. 중요한 것은 군사력의 강화 외에 지구전을 수행하기 위해 필요한 것이 무엇인지를 알아야 했다. 왜냐하면 그에게 있어서 현대전은 더 이상 군사나 무기의 숫자로만 결정되는 것이 아니었기 때문이다. 왕은 1937년 11월 18일 행한 연설에서 지구전을 실행할 구체적 조건에 대한 자신의 생각을 표현하였다. 교통시설의 발전이 유동전(流動戰)을 특징으로 하는 현대전에서 중요하다고 지적하면서, 그는 농촌지역의 발전을 지구전의 한 조건으로 고려할 것을 주장하였다. 그 이유는 중국경제가 집중되어있던 연안지역이 적의 수중에 이미 떨어진 이상, 내륙의 농촌지역은 중국이 적에 대항하여 싸우는 데 있어 중요한 의미를 갖는다고 보았다. 그에 따르면, 한마디로 "도시는 꽃이고 향촌은 [그 꽃의] 뿌리"였기 때문이다.[71] 당시 상황 속에서 지구전을 위해 농촌지역 다음으로 중요한 것은 바로 민이었다. 민의 활동과 그들의 안전을 보장하는 것이 바로 민이 자신들의 일을 지속적으로 해나갈 수 있게 하는 조건이었다. 그리고 그런 민은 바로 국력의 원천이었다. 그리고 국력은 지구전의 원천이었다. 따라서 당시 상황 하에서 지구전을 수행하려면, 향촌을 발전시키고, 향촌을 발전시키려면 민력을 발전, 집중시키는 것 외에는 다른 방법이 있을 수 없다는 것이 바로 왕의 생각이었다.[72]

---

69) John H. Boyle, 앞의 책, p.187.

70) 『日記』(1938.7.15), 124쪽.

71) 汪精衛, 「怎樣才能持久」(1937.11.18), 『言論集』, 36~37쪽.

72) 汪精衛, 「就尋求與國與團結民衆再引申幾句話」(1937.11.27), 『言論集』, 43쪽.

결국 왕에 따르면, 지구전의 가능성 여부는 결국 중국이 과연 "정신단결"과 함께 "물질건설"을 이룰 수 있는가에 전적으로 달려있는 것이었다.[73] 구국의 길은 4/10는 물질적인 것, 6/10은 정신적인 것으로 이루어지는 것이었다.[74] 지구전은 정부의 선전구호나 군 병력의 수에 의해 유지될 수 있는 것이 아니라, 민력의 힘으로 이루어진 경제력에 의해 유지될 수 있는 것이었다. 그러나 중국은 약국일 뿐만 아니라 여전히 농업국일 뿐이었다.[75] 항전 전에 국력의 축적을 민력발전과 농촌지역 발전을 통해 이룩해야 한다고 강조하는 왕으로서는 즉각적인 전쟁을 통한 무조건적 파괴보다는 평화를 통한 국력 준비를 선호할 수밖에 없었다. 유격전에 대한 왕의 입장도 부정적이었다. 왜냐하면 이 전술은 기본적으로 공산당에 의해 채택되어 운용되는 전술이었기 때문이다. 그는 "전례없이 많은 토지를 믿기 어려울 정도의 짧은 시간 내에 적에게 잃[은 것도 사실이]지만, 공산주의자들이 채택한 유격전 또한 초토화되지 않은 모든 대지를 사람이 살 수 없는 곳으로 만들었"다는 것을 지적하며 공산당의 유격전은 "대량 약탈의 완곡한 표현"일 뿐이라고 왕은 지적하였다.[76]

왕의 입장에서 보면 항전은 중국을 잘못된 방향으로 이끌고 있었다. 특히 항전의 전술들이 공산당에게 유리한 국면을 만들거나 국력의 원천인 민의 생활기반을 잃게 만드는 것은, 보일이 지적했듯이, "국민당이 다시는 [정국의] 주도권을 찾을 수 없는" 듯한 상황을 항전이 만들 것처럼 왕이 생각하게 만든 것이다.[77] 따라서 국민정부가 채택한 초토전과 지구전은 국가의 입장에서 보면 모두 파괴적이고 재앙만을 가져오는 것이었다. 무엇보다 중국인민들은 특히 이 두 전술로 인해 많은 고통을 받고 있었고 이 두 전술에 대한 잘못된 이해가 민과 국가에 이러한 고통을 있게 한 원인이라고 왕은 보았다. 국력과

---

73) 汪精衛, 「埋頭苦幹」, 79쪽 ; 汪精衛, 「救國公債」(1937.9.6), 『言論集』, 19쪽 등 참조.

74) 汪精衛, 「今日救國之道」(1937.9), 『言論集』, 23쪽.

75) 汪精衛, 「救國公債」, 21쪽.

76) Wang Jingwei, "The Truth about Resistance," p.40.

77) John H. Boyle, 앞의 책, p.190.

민력의 축적과 발전 없이는 이 두 전술이 결국은 또 다른 국난을 일으킬 것 같이 보였던 것이다.

IV. '왕징웨이 그룹'의 충칭탈출 – 맺음말에 대신하여

항전 시작 당시 일반적이자 지배적이던 중국내 분위기와는 달리 왕징웨이를 비롯한 '화평파'는 타협을 통한 일본과의 평화의 가능성이 전혀 사라졌다고 보지 않았다. 이들은 어떤 경우라도 일본을 상대로 전면항전을 지속할 수 있는 능력이 중국에게는 없다고 보았다. 그런데 장제스도 사실 화평파와 이러한 견해를 공유하고 있었고 그 자신 일본과의 군사적 충돌을 평화적으로 해결할 가능성을 찾길 갈망하고 있었던 것도 사실이다. 따라서 장은 외교채널을 통해 전쟁을 중단시키고 일본과의 평화를 구하려는 화평파의 활동을 반대하지 않았다. 항전기간의 '화평운동'이란 결국 이런 장의 의중을 아는 화평파의 활동과 함께 시작된 것이다.[78] 즉 화평파를 대표한 밀사들이 본격적으로 일본과의 평화 가능성을 다각도로 외교적 노력을 통해 살피기 시작한 것이 화평운동의 시작이었던 것이다. 물론 이들의 이러한 활동 대부분은 앞서 언급한 예문연구회의 성립과정과 활동에서 보듯이 장제스의 (최소한 암묵적) 내락을 받은 것이었다.

1938년 1월 16일, 일본정부의 고노에 후미마로 수상은 일본정부가 더 이상 중국의 국민정부를 대화의 상대로 간주하지 않을 것이며, 일본 제국정부는 앞으로 제국정부와 긴밀히 협력할 수 있는 새로운 중앙정부가 중국에 출현하길

---

78) 필자가 아는 한 '화평(和平)운동'이란 용어가 공식적으로 등장한 것은 왕 그룹의 충칭탈출 전 가오쭝우와 메이쓰핑이 일본 측 비공식 대표인 이마이 다케오와 가게사 사다아키를 만나 평화조건을 협의한 소위 '중광당 회담'의 합의문서에서다. 이 회담에 대한 이마이의 보고서인 「汪兆銘工作の槪要」, 今井武夫, 『支那事変の回想』(みすず書房, 1964), 288쪽 참조. 화평운동에 관한 전서로는 黃友嵐, 『抗日戰爭時期的"和平"運動』(解放軍出版社, 1988)이 있다.

기다린다는 내용의 성명을 발표했다. 이 성명은 국민정부가 1937년 12월 수도인 난징을 일본에게 함락당한 뒤 나온 것이었다. 고노에의 성명은 중일 양국정부간의 공식대화 창구의 단절을 의미하는 것이었다. 물론 국민정부측은 여전히 외교적 수단에 의한 일본정부와 협상 가능성에 대한 희망을 버리지 않고 있었다. 그에 따라 중일정부간의 비공식적 외교접촉은 사실 여러 경로를 통해 계속 이루어지고 있었다.

국민정부 외교부 아주사(亞洲司) 제1과 과장이던 동다오닝(董道寧)은 남만주 철도회사(南滿洲鐵道會社) 난징사무소 주임이던 니시 요시아키(西義顯)의 요청으로 도쿄로 가서 일본육군 부참모장인 다다 하야오(多田駿)과 일본육군 총참모부 8과장인 가게사 사다아키를 만났다. 이들과의 일련의 회담을 통해 동은 일본 측이 평화에 대한 희망을 갖고 있음을 확인하고 상하이로 돌아왔다. 그는 곧 그의 상관인 가오쭝우를 만나 그가 일본에서 관찰한 내용을 보고한다. 이후 장제스의 허락을 받은 가오쭝우는 홍콩으로 가서 일본과의 평화 가능성에 관한 정보수집 활동을 벌이다가 그 곳에서 일본 도메이(同盟)통신사의 상하이지사장이던 마쓰모토 시게하루(松本重治)와 일본육군 총참모부 지나국장(支那局長)이던 이마이 다케오를 만난다. 마쓰모토와의 대화에서 가오는 "공산주의자들의 팽창을 막기 위해서는 [중국이] 일본과 협력하는 것이 필요하다"라는 발언을 하고, 이어 마쓰모토에게 왕징웨이가 전하는 메시지인 중국인민의 고통을 줄이고 중일간의 적대감을 끝내기 위해서는 양국간의 교섭이 재개되어야 한다 라는 내용을 그에게 전했다. 가오는 마쓰모토와의 대화를 통해 일본정부가 협상할 의지가 있다는 것과 일본 측의 평화협상 조건이 장제스의 하야라는 사실을 확인한다. 보일은 가오가 당시 일본 측의 장의 하야라는 요구에 암묵적으로 응했을 것으로 추측한다. 왜냐하면, 장제스는 이미 이전에 여러 차례 정계은퇴를 발표하고 하야한 적이 있었기 때문이다. 보일의 추측에 따르자면, 만약 장에게 평화에 대한 의지가 있다면 그의 하야가 그다지 문제가 되지 않을 것으로 가오가 봤을 것이란 것이다. 따라서 가오는 1937년 7월 5일 장제스의 허락없이 일본으로 가서 계속 일본정부 측과 대화를 나누면서 일본정부의 선행조건이 장제스의 하야와 왕징웨이의 등장이라는 것을 확인하고 홍콩으로 돌아온다. 다만 병으로 입원하게 되는 가오를 대신하여 메이쓰핑이 후임자로 이후 일본과의 접촉을 지속한다. 아무튼 동다오닝과 가오쭝우의 일본과의 비공식 접촉을 통해 일본 측의 의도를 알게 된 당시 국민당 내 화평파들은 왕징웨이를 장제스를 대신하여 일본과의 평화논의를 이끌 적임자로 보고 있었을 것이란 추측이 가능하다.[79]

한편, 우한이 일본군의 수중에 떨어질 위험에 처해 있던 1938년 6월 6일 저우포하이는 중국이 직면할 최악의 시나리오를 머리 속에서 그리고 있었다. 15년간 난징을 통치했던 태평천국의 운명이 마치 난징을 포기하고 떠난 국민정부의 운명인 듯했기 때문이다. 국민정부는 10년간 난징에서 통치를 했으니, 사실 상황은 태평천국보다 더 나쁜 것 같이 보였다. 더구나 난징이 곧 회복될 것 같지는 않았다.[80] 이런 상황 속에서 가오쭝우로부터 연락을 받은 저우는 만약 일본이 장제스의 하야와 친일적인 인사들의 집권을 평화회담의 전제조건으로 고집한다면 평화에의 전망은 없다고 보았다.[81] 장제스는 하야하지 않을 것이기 때문이었다. 그러나 그의 생각에는 일본과 휴전을 통해 평화에의 조치를 할 필요가 있었다. 그렇지 않으면, 중국 민족과 국가의 운명은 위태로운 듯 보였다. 저우는 자신의 이러한 심리 상태를 그의 일기에 다음과 같이 남겨 놓았다.

뒤척이며 잠을 이룰 수가 없었다. 영웅이 시세를 만드는 것일까, 아니면 시세가 영웅을 만드는 것일까? 시세가 이러하다면, 내가 뭔가 천하의 형세를 일변시켜 국가를 멸망에 이르지 않게 할 수 있는 지의 여부는 오로지 이후

---

79) 이상 John H. Boyle, 앞의 책, pp.181~186과 Gerald E. Bunker, 앞의 책, pp.68~86 참조.
80) 『日記』(1938.6.6), 109쪽.
81) 『日記』(1938.7.7), 121쪽.

[나의] 노력에 달려있다. 다만 국가의 운명이 어찌될지는 정말 미리 점칠 수가 없다.[82]

저우는 이미 이때 장제스를 떠나 왕징웨이와 함께 일본과의 평화협상을 주장하고 또 직접 그 협상에 나설 생각을 하고 있었을 것이다. 그 자신 이러한 노력을 통해 국가의 멸망을 방지한다면 자신이 역적이거나 배신자가 아닌 영웅이 될 수도 있다는 전제를 하고 있었던 것이다. 다음날(1938.10.31), 그는 일기에 이런 자신의 다짐을 확인하면서 그의 앞날에 어떤 고난과 어려움이 있어도 자신의 다짐을 실현할 결의를 다시 다지는 내용을 남긴다.[83] 저우는 1938년 10월과 11월 두달 동안 여러 인사들과의 만남을 지속하면서 그들이 '망국'에 대한 우려를 함께 공유한다고 확인한다. 특히 저우는 (반드시 왕그룹의 일원이 아니더라도) 많은 사람들이 전쟁보다는 평화적 수단이 더 필요하다는 데 동의한다는 사실을 발견하고 일본과의 협상을 통한 평화회복이라는 자신의 결정과 신념을 재차 확신했을 것이다. 더구나 반공을 둘러싼 공감대의 발견도 그의 이런 생각을 뒷받침하는 중요한 역할을 했을 것이다.[84] 물론 당시 왕징웨이는 저우포하이와 가오쫑우를 통해서 그들이 진행한 일본과의 여러 접촉의 내용을 전해 듣고 있었으며, 이러한 보고를 기반으로 이후 자신과 왕 그룹의 행보를 결정하였을 것이라는 것은 짐작하기 어렵지 않다.

왕징웨이 그룹이 충칭탈출을 결정하게 하는 여러 내외적 조건은 점점 더 성숙되어 갔다고 볼 수 있다. 이미 같은 해 11월 가오쫑우와 메이쓰핑은 일본 측 비공식 대표들을 만나 "선린우호" "공동반공" 등을 비롯한 여러 예비적 합의("日華協議記錄"과 "日華協議記錄讓解事項")를 이끌어 낸 바 있다. '중광당회담(重光堂會談)'이라 후일 불리는 이 회담에서 중일을 대표한 비공식대표들은 몇 가지 중요한 합의를 하게 된다. 그 내용은 "중국의 만주국(滿洲國) 승인",

---

82) 『日記』(1938.10.30), 178쪽.

83) 『日記』(1938.10.31), 179쪽.

84) 『日記』(1938.10.29, 1939.11.6~8), 177, 183~185쪽 참조.

"중일반공협정 체결", "일본인의 중국 거주 및 영업의 자유", "치외법권 철폐", "일본조계의 반환고려", "평화회복 후 일본군의 철수" 등이었다. 이런 합의 내용이 반드시 국민정부 측에 불리한 것만은 아니었다. 한 가지 분명한 것은 이러한 합의 내용이 화평파 내 몇몇 인사들이 충칭을 탈출하여 하노이로 가서 중일간의 평화협상을 주장케 하는 중요한 외적 조건이자 계기로 작용했음은 분명하다.85)

당시 화평파 중에서 천춘포(陳春圃) 같은 경우, 항일전쟁을 위해 충칭에 남아 있는 것은 "장제스 만을 위해 생매장되는 것"86)이라고 주장하였다고 하는데, 이렇듯 충칭탈출에 대한 공감대가 왕 그룹 사이에 점차 만들어지고 또 커져 갔을 것이다. 여기서 주의해야 할 점은 결코 왕 그룹이 정치적 의미의 '반장(反蔣)' 운동을 하는 것은 아니었다는 것이다. 사실 장의 측근이던 가오쭝우와 저우포하이는 그들의 화평활동이나 행동이 정치적 반장운동으로 비쳐질까 두려워하고 있었다.87) 특히 저우의 경우 그런 우려와는 달리, 충칭탈출 전인 1938년 9월과 10월 사이에 지속적으로 장제스의 항전정책을 깊이 우려하는 표현을 계속하고 있었다.88) 결국 여기서 중요한 것은 저우를 포함한 왕 그룹의 활동과 행동이 결코 정치적 반장운동의 차원에서 행해진 것은 아니었다는 것이다. 타오시성에 따르면, 장제스의 정치적 라이벌이기도 했던 왕징웨이 소자 일본과의 평화를 이끌어내는 일을 장제스를 제외시키고는 있을 수 없는 것이고 그러한 관점에서 왕 자신이 장제스를 속일 의향이 없다고 언급하고 있었을 정도였다.89) 물론 왕 그룹의 이러한 입장은 충칭탈출 직후에도 여전히 기본적으로 유지된다.90) 즉 적어도 그들이 충칭탈출을 전후한 시기 행한 여러 행동이나 발언을 반장운동

---

85) 중광당 회담에 대해서는 Jonh H. Boyle, 앞의 책, pp.194~205 ; Gerald E, Bunker, 앞의 책, pp.97~107 ; 『投敵』, 181~230쪽의 수록자료 참조.

86) 陳曙風, 「""低調俱樂部"和"前奏曲"」, 『投敵』, 193쪽.

87) 『日記』(1938.12.28), 212쪽 ; Jonh H. Boyle, 앞의 책, pp.184~185.

88) 『日記』(1938.9.25, 27, 1938.10.4), 160, 161, 165쪽.

89) 陶希聖, 『潮流與點滴』, 166쪽.

90) Hwang, "Some Reflections" 참조.

으로 간주하는 데는 여러 무리가 있다. 정확히 말하자면, 장제스가 추진하고 유지하려한 중공과의 통일전선 형성을 통한 대일항전정책에 대한 반대가 이들 왕 그룹의 생각과 활동의 중심에 있었던 것이다. 즉 화평파의 활동이나 왕 그룹의 충칭탈출을 단순히 당내 정치갈등의 표현이나 정치파벌적 행위로만 보는 데는 분명히 문제가 있다.

충칭탈출 몇 일 전인 1938년 12월 9일 왕징웨이는 장제스와 면담을 진행한다. 면담 결과, 왕은 "평화를 향한 나의 간청을 장제스가 [결코] 받아들이지 않을 것"이라는 사실을 마지막으로 확인하였다. 항전 수행과 관련하여 자신과 장의 의견차가 클 뿐만 아니라 국민당 부총재이자 국민정부 국방위원회 부위원장인 그 자신이 중국을 위해 일본과의 평화를 추진할 수 있는 실질적 힘이 전혀 없다는 사실도 그는 발견하였다.[91] 이는 그가 다른 국민당 인사들과 충칭을 탈출하기 불과 몇 일 전의 일이었다. 사실 '9·18사변' 이후 왕과 장 사이에 일본에 대한 정책을 두고 그동안 커다란 갈등은 없었다. 오히려 이들은 국민정부의 "선안내(先安內), 후양외(後攘外)" 그리고 "일면항전, 일면타협"이란 정책을 서로 후원하며 유지해 오고 있었다. 이제 왕의 충칭탈출 전 양자 사이에는 항일정책을 둘러싸고 이제는 (그 이유가 무엇이든) 갈등이 있음이 명백해졌던 것이다.[92]

왕징웨이를 필두로 저우포하이, 타오시성, 천궁보, 가오쭝우, 메이쓰핑, 쩡중밍(曾仲鳴, 왕의 개인비서), 그리고 왕의 처인 천비쥔 등은 1938년 12월 19일 쿤밍(昆明)을 거쳐 하노이로 비행기를 이용하여 탈출하였다.[93] 이들은 하노이에 도착하면서 일본 총리 고노에가 이미 '중광당회담'을 통해 합의된

---

91) Wang Chingwei, "The Truth about Resistance," p.42.

92) John H. Boyle, 앞의 책, p.13.

93) 천궁보가 충칭탈출에 소극적이었다는 사실에는 의심의 여지가 없다. 그럼에도 불구하고, 그가 중국의 전도나 항전의 전망 등에 대해서는 다른 왕 그룹 멤버들과 견해를 공유한 것만은 분명하다. 왕 그룹에 합류하길 거부한 왕의 오랜 측근 구멍위(顧孟餘)의 경우에서 볼 수 있듯이, 천이 다른 왕 그룹 멤버들과 이러한 공유를 하지 않고 있었다면 그의 하노이 합류는 실현되기 힘들었을 것이다.

평화협상의 조건에 동의하는 담화를 발표할 것이라는 것을 일본정부와의 사전조율을 통해 알고 있었다. 그리고 그들은 이에 호응하여 소위 '화평운동'을 시작하려고 하고 있었다. 사실 왕 자신도 충칭탈출의 마지막 순간에도 탈출을 주저하기도 했지만,94) 하노이로 가는 비행기 속에서 그는 아마 그 자신이 일년 전인 1937년 12월 3일 한코우에서 행한 다음과 같은 자신의 연설의 내용을 떠올리고 있지 않았을까? "우리는 우리의 결점을 발현할 용기를 갖고 있을 뿐만 아니라, 그 결점을 교정할 용기 또한 갖고 있다."95)

항전의 상황이 계속 불리해져 가면서 국민당과 국민정부 내에는 항전보다는 일본과의 평화를 선호하는 화평파들이 점차 형성되어갔고 그들은 서로의 의견을 교환하면서 관계를 맺어갔다. 이들은 모두 일본과의 분쟁을 전쟁이 아닌 평화적 수단으로 해결해야 한다는 데 동의하고 있었다. 이들의 이러한 공감대는 정치적 파벌로서나, 아니면 정치적 투쟁의 결과로 생긴 것이 아니었다. 항일전쟁이란 국가정책을 바라보던 그들의 생각이 일치했기 때문에 가능한 것이었다. 이에 더하여 공산당에 대한 문제나 항전기간 일반민의 고통과 비참함을 바라보던 그들의 공통된 인식은 당시 항전을 주장하며 '초토전'과 '지구전' 등 전면항전을 이끌던 장제스를 비롯한 국민당내 '주류' 인사들과는 분명히 다른 것이었다. 오랜 기간 장제스의 최측근 중의 한명으로 활동하던 저우포하이가 항전의 전망에 대한 공유인식을 통해 장의 오랜 정치적 적수이던 왕징웨이와 가까워지고 이어서 왕과 함께 충칭을 탈출하는 등 왕과 정치적 운명을 나누게 되는 사실은 역설적이지만, 오히려 왕 그룹의 형성과 이후의 행동을 반장이란 정치적 행위로만 볼 수 없는 사정을 잘 나타낸다. 이러한 일련의 생각과 행동은 저우나 다른 왕 그룹의 일원이 강조하듯 결코 정치적 반장운동은 아니었다.

왕 그룹이 결정적으로 항전정책에 이의를 제기하게 된 계기는 바로 국민정부

---

94) 『日記』(1938.11.26~27), 194~195쪽.

95) 汪精衛, 「怎樣鞏固後方」, 『言論集』, 46쪽.

가 공산당과의 통일전선을 수립하고 초토전과 지구전이란 전술을 동원하는 등 전면항전을 강행했기 때문이다. 그들의 눈에는 중공과의 통일전선, 두 전술의 채택이 항전의 최후승리를 보장하기보다는 오히려 국가의 통일을 저해하고 기존의 국력을 소진시키는 등 국가와 민족에게 더 큰 재앙을 가져올 것으로 보았다. 특히 국력과 국가중흥의 근원인 민에게 두 전술은 그야말로 망국이란 최악의 상황을 만들 수 있는 것으로 보였던 것이다. 그런 상황이 온다면 혜택을 입는 것은 국민당도 아니고, 민도 아닌, 결국 국가 생존에 궁극적 위협이 될 존재인 공산당이었다. 왕과 왕 그룹은 분명히 구국을 위한 구체적 방법론에서 당시의 주류적 경향이던 통일전선을 통한 전면항전의 지속과는 전혀 다른 생각을 갖고 있었다. 그들은 항전이 아닌 다른 방법을 궁구하면서 일본과의 직접 평화협상이라는 과감하지만 사실 무모하다고 할 수 있는 충칭탈출과 화평선언이란 정치 행동을 하게 되었던 것이다. 일본이란 외부의 위협에 대한 그들의 처방은 전쟁의 지속이 분명히 아니었다. 오히려 그들은 앞에서 지적한 여러 이념적 이유 때문에 적과의 평화협상을 통해 국가건설과 국가통일의 시간을 벌 평화의 유지를 선호하였다.

이상에서 살펴본 바와 같이 왕징웨이와 왕 그룹은 항일전쟁에 대해 전혀 다른 인식을 하고 있었고, 그런 인식으로부터 따라 국공합작을 통한 전면항전에 반대하였다. 물론 필자는 그들의 생각, 방안 그리고 행동이 옳았다고 주장하는 것은 아니다. 옳고 그름의 문제가 아니라, 그들이 생각하던 민족위기 극복의 한 방편이 일본과의 평화였다면 그 이유나 배경이 무엇이었는지를 파악하고자 하는 것이다. 이상에서 살펴본 바와 같이 왕 그룹은 화평을 선호하는 충분한 이념적 이유가 있었고, 그런 이념적 배경 속에서 기본적으로 충칭탈출과 화평선언이란 정치적 행동을 감행했던 것이다. 그들은 자신들의 행동과 주장이 옳고 또 실현될 가능성이 충분히 있다고 판단했는데, 그 판단이 옳았다거나 틀렸다는 도덕적 판단은 필자의 주된 관심이 아니다. 그들의 항전에 대한 판단에 충분한 이념적 이유와 그들 사이에 광범한 인식의 공유가 있었다는 것이 중요한 것이다. 그 이념적 이유와 인식이 그동안 국민당의 '정통'으로 인정되지 않았던 것이다. 그러나 그들의 이념적 지향이 국민당 내 '주류'나 '정통'이 아니었다는 사실, 그들의 화평주장이 국내적으로 그다지 선호되던 생각이 아니었다는 사실 때문에 그들의 생각과 행동이 의미하는 중요한 역사상 문제 (특히 민족주의의 정의)를 무시할 수는 없다. 그리고 충칭탈출까지 왕 그룹이 공유하던 생각과 행동을 이후 일본과 합작하여 난징에 새로운 국민정부를 세우는 왕 그룹의 사상과 행동을 예단하게 하는 전제가 되어서는 안 된다. 충칭탈출 이후 왕 그룹의 사상과 행동이 탈출 이전의 그것과 완전히 괴리되어 이해될 수는 없지만, 탈출이후의 상황전개를 고려하면서 그들의 행동과 사상이 어떻게 전개되는지를 역사적으로 이해해야 하는 것이 필요하다. 일본과의 분쟁을 평화적으로 해결하려는 것 자체가 사실 특별히 새로운 것이 아닌 국민정부가 지속적으로 유지해왔던 정책이었다는 것만 고려해도, 사실 그들의 화평시도 자체가 '매국적'이었다는 기존의 역사해석이 얼마나 한쪽에 치우친 정치적, 도덕적 평가였는지를 알 수 있다. 그들의 사상과 행동은 괴리되어 있지 않았다. 더구나 그들은 항전에 대한 자신들의 이해아 인시에 따라 이후 점차 그들의 생각과 행동을 상황전개에 대응하면서 하나씩 실천해 나가려고 했다. 물론 그들의 미래가 순탄하거나 보장되어있던 것은 결코 아니었다.

제 **11** 장

저우포하이의 일기를 중심으로 본 항일전쟁시기 대일합작 문제에 대한 한 검토

Ⅰ. 문제의 제기

본고는 중국 항일전쟁시기(1937~1945)에 있었던 중국 정치지도자들의 일본과의 합작(collaboration) 문제를 이해하기 위한 시도의 하나다. 최근 항일전쟁시기 대일합작과 관련된 쟁점과 문제는 필자를 포함하여 국내외 학자들에 의해 부쩍 많이 다루어지고 있다. 그런데 이들 학자들 간의 여러 논쟁이나 의견의 불일치에도 불구하고, 그들의 연구에는 하나의 공통된 경향이 있는데, 그것은 항일시기 대일합작 문제를 단순히 '애국'과 '매국'이란 양분법적 시각에서 파악할 수 없다는 것이다.[1] 이 글은 이런 경향에서 한 걸음 더 나아가기

---

1) 2006년 12월 9일 <중일전쟁시기 친일협력자의 형성, 행위, 청산>이란 주제로 열린 한국 중국근현대사학회 정례발표회는 이런 경향을 확인하였다. 당시 필자를 포함한 발표자 대부분이 이런 양분법적인 시각에는 동의하지 않았지만, 구체적인 논의과정에서 발표자 모두가 합의한 쟁점은 거의 없었다. 필자의 연구로는 Dongyoun Hwang, *Some Reflections on Wartime Collaboration in China: Wang Jingwei and His Group in Hanoi* (Working Papers in Asian/Pacific Studies published by Asian/Pacific Studies Institute, Duke University, 1998) ; Dongyoun Hwang, "Wartime Collaboration in Question: An Examination of the Postwar Trials of the Chinese Collaborators," *Inter-Asia Cultural Studies* 6-1 (2005), pp.75~97 ; 황동연, 「포폄, 실증, 목적론―왕징웨이의 대일합작을 바라보는

위해 소위 '왕징웨이(汪精衛) 그룹'(이하 왕 그룹)의 충칭(重慶)탈출(1938년 12월)과 이어진 대일합작(對日合作), 대일합작 난징(南京)국민정부(이하 난징국민정부)의 성립과 실패와 관련된 몇 가지 쟁점이 되는 문제를 저우포하이(周佛海, 1897~1948)의 일기를 중심으로 이해해 보고자 한다. 저우는 왕 그룹의 충칭탈출과 대일합작을 주도한 주요 대일합작자(collaborator)중의 한명이었다.[2] 그는 왕징웨이(1883~1944)를 비롯한 중국국민당(이하 국민당)내 주요인사로 구성된 왕 그룹의 '총참모장'이었고, 대일합작정부의 수립을 적극 주창했을 뿐만 아니라 대일합작시기(1940~1945) 내내 왕의 최측근의 한 사람으로 강력한 권력을 행사하고 대일합작 정부를 이끄는 등 다양한 재능을 과시한 대일합작의 지도자였다. 1944년 왕의 사망 이후에는 천궁보(陳公博, 1890~

시각의 문제점들」, 『중국현대사연구』 12(2001.12), 105~122쪽 ; 황동연, 「항일전쟁시기 중국 대일합작 연구의 가능성과 한계─티모시 브룩의 『근대중국의 친일합작』을 읽고─」, 『역사비평』 82(2009), 494~511쪽을 참조할 것. 필자의 연구를 제외하고 이런 경향을 대표하는 최근 연구의 몇 예만을 들면 다음과 같다: Timothy Brook, *Collaboration: Japanese Agents and Local Elites in Wartime China* (Harvard University Press, 2005) ; 王克文, 『汪精衛·國民黨·南京政權』(臺灣國史館, 2001) ; 土屋光芳, 「汪精衛と政權樹立の運動」, 『政經論叢』 57-5·6(1989.3), 483~523쪽 ; 劉傑, 「汪兆銘と南京國民政府」, 劉傑·三谷博·楊大慶 編, 『國境を越える歷史認識─日中對話の試み』(東京大學出版會, 2006), 171~201쪽.

2) 대부분의 국내학자들이 영어의 collaboration을 (적과의) '협력'으로 번역하나, 필자는 이를 '합작'으로 번역한다. 합작에는 두 가지 뜻이 있다. "여럿이 힘을 합하여 만듦"과 "공동목적을 위하여 한데 뭉쳐 협력하는 일"이다. 반면, 협력의 뜻은 "힘을 모아 서로 도움"이다[민중서림 편집국 편, 『엣센스 국어사전』(이희승 감수)(민중서림, 1974, 제5판, 2001), 2756, 2806쪽]. 따라서 collaboration을 협력으로 번역할 경우, 그 의미가 지나치게 모호하고 광범위할 뿐만 아니라, 저우를 비롯한 왕 그룹의 대일합작 행위를 소극적이고 피동적이었던 것으로 묘사할 가능성이 있다. 반면, 합작은 그들의 대일합작 행위가 전쟁의 상대였던 일본과 공동목표를 위해 나름의 논리와 근거를 갖고 자발적이고 적극적으로 시행되었다는 것을 강조한다. 따라서 필자는 왕 그룹의 행위가 자발적이었던 점, 나름의 논리를 갖고 있었던 점 등을 고려하여 '합작'으로 표현한다. 일부 학자들은 왕징웨이를 중심으로 한 국민당 '대일합작자'들을 '왕파', '왕위집단(汪僞集團)' 혹은 '괴뢰집단' 등 정치적, 도덕적 판단을 미리 내린 채 묘사하나, 필자는 이들을 '왕징웨이 그룹'(왕 그룹으로 간칭)으로 표현한다. 이 점에 대해서는 Dongyoun Hwang, "Some Reflections on Wartime Collaboration in China," p.1 주2) 참조.

1946)와 더불어 난징국민정부를 끝까지 이끈 '핵심인물(臺柱)'의 하나가 저우였다.[3]

저우의 생애는 국민당내 다른 지도자들의 그것만큼이나 대단히 복잡하며 흥미로운 내용으로 꽉 차 있다. 1920년대 초 일본유학 시절 공산주의에 관심을 갖게 된 그는 1921년 여름 중국공산당(이하 중공)의 성립을 주도한 초기 핵심 멤버의 한 사람이었다. 중공 창립멤버의 일부가 그러했듯이, 저우도 중공을 이내 탈퇴하고(1924년 초) 쑨원(孫文, 1866~1925) 지도하의 국민당에 참여한다. 그리고 그는 국민당내 삼민주의(三民主義) 이론가의 한 사람이 되는데, 정치적으로는 장제스(蔣介石, 1887~1975)의 핵심참모의 한사람으로서 장의 권력유지를 위해 일했다. 장의 국민당내 주요권력 기반의 하나였던 유사파시스트조직인 부흥사(復興社)에도 참여하는 등, 저우는 소위 'CC파'의 핵심일원이기도 했다. 이런 저우의 복잡한 정치이력을 마무리하게 한 것이 바로 항일전쟁이었다. 그는 당시 국민정부의 방침이던 항전의 유효성에 의구심을 갖던 소위 화평파의 일원이었다. 화평파는 전쟁보다는 외교적 교섭을 통해 중일간의 군사분쟁을 해결할 것을 주장하던 왕징웨이를 비롯한 국민당 내외의 인사들을 지칭하였다. 마침내 저우는 1938년 12월 당시 국민당 부총재인 왕징웨이 등과 함께 당시 국민정부의 전시수도이던 충칭을 탈출, 베트남의 하노이로 가서 중일간의 군사분규(중일전쟁)를 화평으로 풀자고 주장하는 왕을 가장 가까이에서 돕는다. 이것이 소위 왕의 지도하에 시작된 '화평운동'이었다.[4]

---

3) 黃美眞·張云, 「抗日戰爭時期三個漢奸政權及其主要頭目」, 『人物』 3(1984.5), 106쪽 ; Susan Marsh, "Chou Fo-hai: The Making of Collaborator," Akira Iriye ed., *The Chinese and the Japanese: Essays in Political and Cultural Interactions* (Princenton University Press, 1980), pp.304~327 ; Howard Boorman, *Biographical Dictionary of Republican China* Vol.1 (Columbia University Press, 1967), p.408 ; 周佛海, 『周佛海日記』(內部發行) (上海人民出版社, 1984), p.1 ; 朱子家(金雄白), 『汪政權的開場與收場』 第3冊(古楓出版社, 1971년 재판, 1986), 92~96쪽.

4) 왕 그룹의 '화평운동'은 하노이에서 본격적으로 시작된다. 다만, 하노이로 간 왕 그룹이 대일합작을 바로 추진한 것은 아니다. 하노이로 간 왕 그룹에 대해서는 Dongyoun Hwang, "Some Reflections on Wartime Collaboration in China" 참조.

왕 그룹은 항전을 주장하던 충칭의 국민정부에 대항하여, 화평을 통한 중일분규의 종식을 주장하며 일본의 지원을 받아 난징에 또 다른 국민정부를 세우는데 이것이 바로 난징국민정부(소위 '왕위정권' 또는 '화평정권')였다. 저우는 이 과정에서 핵심적 역할을 하였다. 난징국민정부의 건립은 충칭국민정부와 중공이 왕과 저우 등 왕 그룹을 '한지앤(漢奸: 매국노)'으로 부르게 하는 결정적 빌미를 제공했고, 난징국민정부는 곧바로 '괴뢰정부(僞政權)'로 규탄을 받는 등 충칭과 중공으로부터 비판과 공격을 받는 대상이 되었다. 그리고 1945년 일본이 패망하자 저우 등 왕 그룹의 대부분은 충칭국민정부 주도하의 한지앤 재판에 회부되어 사형 혹은 무기징역의 형을 선고받았다. 다만 저우는 충칭 측의 여러 정치적 고려로 인해 이례적으로 사형에서 무기징역으로 감형되나, 얼마 후 감옥에서 병사한다.5)

이런 30여 년에 걸친 저우의 정치이력을 모두 살펴보는 것은 국민당이 관련된 중국 정치사를 이해하는 데 몹시 중요하나, 본고는 대일합작과 관련된 몇 가지 문제만을 공간된 그의 일기를 통해 이하에서 살펴보려 한다. 필자가 인용하는 저우의 일기는 1986년 역사학자 차이더진(蔡德金)의 편주로 중국제이역사당안관(中國第二歷史檔案館)이 중화민국사료총간(中華民國史料叢刊)의 하나로 발행한 상하 두 권이다.6) 이 두 권은 1939년도 분을 제외하고 1937년

---

5) 전후 국민당 주도하의 한지앤 재판에 관해서는 Dongyoun Hwang, "Wartime Collaboration in Question"과 Charles D. Musgrove, "Cheering the Traitor: The Post-War Trial of Chen Bijun, April 1946," *Twentieth Century China* 30-2 (April 2005), pp.3~27 ; 益井康一, 『漢奸裁判史, 1946~1948』(みすず書房, 1977) 참조. 특히 타이완에서의 재판은 Lo Jiu-jung, "Trials of the Taiwanese as Hanjian or War Criminals and the Postwar Search for Taiwanese Identity" in Kai-wing Chow et al eds., *Constructing Nationhood in Modern East Asia* (The University of Michigan Press, 2001), pp.279~315와 和田英穗, 「戰犯と漢奸の はざまで: 中國國民政府による對日戰犯判裁て裁かれた臺灣人」, 『アジア研究』 49-4(2003), 74~86쪽 참조.

6) 周佛海(蔡德金 編注), 『周佛海日記』 全 2卷(上下)(中國社會科學出版社, 1989)[이하 『日記』 로 약칭]가 본고가 분석하는 저우의 일기로, 1939년도분을 제외하고 1938년 7월부터 1945년 6월까지의 일기를 싣고 있다. 사실 저우의 일기는 1940년분의 일기만이 최초 홍콩에서 1955년 발행되었었다. 周佛海, 『周佛海日記』(創墾出版社, 1955)[이하 『香港本』

7월부터 1945년 6월 사이에 저우가 쓴 일기를 수록하고 있다. 한 개인이 사적으로 남긴 그날그날의 기록인 일기는 그 개인의 내면세계와 자신의 하루하루의 일과와 행동을 비교적 솔직 담백하게, 그러나 때로는 개인만의 특별한 용어로 공개하는 것이기에 일기를 읽는 작업 자체는 한 개인을 이해하는데 필수적인 일이다. 더구나 저우의 일기는 그가 갖던 국민당과 난징국민정부 내 위치나 역할, 그리고 그의 개인적 정치역정을 봐서도 매력적인 자료임에 틀림없다. 그는 비교적 솔직하게 그날그날의 일들을 기록하여 그의 일기에는 난징국민정부의 성립부터 와해까지의 내부 사정이 비교적 상세히 나와 있는데, 그의 일기는 대일합작연구에 귀중한 자료다.[7] 사실 차이가 지적한 대로, 저우의 일기 외에는 왕징웨이 그룹이 충칭을 탈출하고 일본과 단독으로 평화교섭을 하는 과정을 가장 극명하게 보여준 자료가 없으며, 비록 개인적인 측면이 많이 부각되고 있다는 점을 인정하더라도 회고록 등과는 비교할 수 없는 진실성을 담고 있다고 봐도 좋을 것이다.[8]

아래에서 다시 언급하겠지만, 필자는 대일합작과 관련된 문제들을 국민당 정치사의 문맥 속에서 파악하고자 한다. 물론 이런 접근방식이 대일합작을 국민당 정치사 속에서만 파악해야 한다는 것을 의미하는 것은 절대 아니다. 오히려 저우의 대일합작 자체를 복잡한 역사적 배경과 그의 다양한 정치적,

---

으로 약칭]를 볼 것. 이후 1940년과 1943, 1944, 1945년분의 일기를 내부발행을 목적으로 1984년 上海社會科學院 歷史硏究所에서 標注하고 발행한 周佛海, 『周佛海日記』(內部發行)(上海人民出版社, 1984)[이하 『內部發行本』으로 약칭]가 있다. 또한 저우의 1947년도 옥중일기를 실은 公安部檔案館 編注, 『周佛海獄中日記-1947年 1月~9月』(中國文史出版社, 1991)도 있다. 저우의 일기는 그동안 일본어로도 번역되어 일본에서 발행되었다.

7) 『內部發行本』, 2쪽과 『香港本』, 2쪽 ; 『香港本』에 실린 후기인 朱樸의 「感慨萬千」, 210쪽 ; 「『周佛海日記』卽將全部出版」, 『民國檔案』 1985年 1期, 99쪽. 저우는 자신의 단점의 하나로 지나치게 솔직한 것을 꼽고 있는데[周佛海, 「自反錄」, 周佛海, 『往矣集』(合衆出版社, 1955), 80~81쪽], 저우는 일기를 쓰지 않고는 잠을 청하지 않았다고 한다. 또 그는 경우에 따라서는 사후에 보기(補記)를 하는 등 비교적 그의 감정과 생각을 일기에 솔직하고 자세히 적었다. 周之友, 「關于周佛海日記」, 『日記』, 1쪽.

8) 蔡德金, 「也談陳公博爲何追隨汪精衛投敵-與王克文先生商榷」, 『抗日戰爭硏究』 2(總第8期)(1993.5.26), 221쪽.

사상적 경로와 과정을 거친 행위로 이해하려는 노력의 일환이다. 일부 국내외 학자들은 대일합작으로 끝나는 저우의 정치역정과 정치행동을 원칙도 없이 변화무쌍하게 변했던 것으로 보거나("朝秦暮楚" 혹은 "反復多變")9) 혹은 "세 번의 [정치적] 전향"10)으로 표현하곤 했다. 저우의 사상과 행동에 늘 괴리가 있었다는 지적이다.11) 그런데 과연 저우의 사상(화평, 애국, 민족주의 등)과 행동(대일합작)에는 괴리가 있었던 것일까? 아니면 그의 사상과 행동에는 뭔가 일관된 저우 나름의 이유나 문제의식 등이 있었던 것일까? 이에 대한 대답은 저우에 대한 평가뿐만 아니라 전시 대일합작 문제에 대한 평가와도 관련되는 것이다. 사실 "사상과 행동의 괴리"란 분석틀은 20세기 중국정치사나 소위 민국시기 정치인물을 이해하는데 몹시 중요하다. 또 사상과 행동에 심각한 괴리가 있었던 인물이 있었던 것도 사실이다. 그러나 문제는 그런 분석틀을 거의 모든 인물에게 적용하는 것은 그들 정치지도자들의 복잡했던 정치사상과 행동을 단순화시킬 위험이 있다.

단순화된 분석틀에서는 대일합작 이전 저우가 행한 행동과 화평 주장을 결국 "적에의 투항(投敵)"이라는 행동과 "민족패배주의"(즉 적과의 화평주장) 사상으로 귀결되는 것을 전제로 파악하기 십상이다. 따라서 저우는 "민족패배 주의자"이자 "매국노"로 쉽게 낙인찍히고, 일관성도 없이 정치적 선택을 바꾸는 "기회주의적 정객(政客)"으로 파악되는 위험성도 도사리는 것이다. 일부 미국학 자들의 저우 평가는 그동안 국내학자들뿐만 아니라 중국과 일본의 학자들의 그것과는 많이 달랐다. 수잔 마쉬(Susan Marsh)는 존 보일 (John H. Boyle)과

---

9) 蔡德金, 『朝秦暮楚的周佛海』(河南人民出版社, 1992) ; 曜森, 「反復多變的汪僞巨奸周佛海」, 『江蘇文史資料增刊』(南京: n.d.), 69~73쪽.

10) 김정현, 「주불해의 삶, 그리고 세 번의 전향」, 황원구교수정년기념논총간행위원회 편, 『황원구교수정년기념논총 - 동아시아의 인간상』(도서출판 혜안, 1995), 937~956쪽.

11) 중국국민혁명 지도자들의 '사상과 행동의 괴리'라는 시각에 대해서는 민두기, 「도론: 중국국민혁명의 이해의 방향」, 민두기 편, 『중국국민혁명지도자의 사상과 행동』(지식산업사, 1988), 10~11쪽 참조.

제랄드 벙커(Gerald Bunker)의 주장을 받아들여 저우를 대일합작자(collaborator)
로 보았고, 린한성(Lin Hansheng)의 연구는 비록 지나치게 중국의 전통을
동원해 대일합작을 파악하는 문제가 있지만, 저우를 중국 생존을 위해 일한
외교관으로 파악한다.12) 필자는 저우의 대일합작 이념을 전후 재판에서 나타난
저우의 증언과 주장을 통해 살펴보고, 저우와 천궁보 등 왕 그룹이 항일주창자들
과는 다른 의미의 민족주의 개념을 갖고 있었다고 지적한 바 있다.13) 이들의
주장에서 공통적인 것은 저우의 충칭탈출과 대일합작을 단순한 '투적'이나
'민족패배주의'라는 분석틀을 통해 바라보고 저우의 사상과 행동을 괴리가
있었던 것으로 파악할 수는 없다는 것이다. 이들 연구는 전시 대일합작을
좀 더 넓은 역사적 시각을 통해 이해하면서 연구할 것을 요구한다. 나아가
대일합작이 복잡하고 다양했던 여러 사정과 요인이 얽혀있던, 전시라는 특수한
시기에 행해진 정치행위였던 것으로 볼 것을 제안한다.14)

---

12) Lin, Han-sheng, "Chou Fo-hai: The Diplomacy of Survival," in Richard Dean Burns and
Edward M. Bennett eds., *Diplomats in Crisis: United States-Chinese-Japanese Relations,
1919~1941* (ABC-Clio, 1974, second printing, 1976), pp.171~193 ; Susan Marsh, 앞의
글. 왕 그룹의 대일합작에 관한 영문 연구서로는 John H. Boyle, *China and Japan
at War: The Politics of Collaboration* (Stanford University Press, 1972)와 Gerald E. Bunker,
The Peace Conspiracy: Wang Ching-wei and the China War, 1937~1941 (Harvard University
Press, 1972) 및 Dongyoun Hwang, Hwang, Dongyoun, *Wang Jingwei, the Nanjing
Government and the Problems of Collaboration*, Ph. D. Dissertation (Duke University, 1999)
참조. 일본학자들 중 전게한 쓰치야 미쓰요시(土屋光芳)의 글을 비롯한 그의 일련의
연구 및 몇몇 비학술 저서들은 예외적으로 왕징웨이나 왕 그룹에게 호의적이다.
미국에서 활동하는 학자들의 왕징웨이의 대일합작에 대한 연구경향을 정리한 것으로
는 Jian-Yue Chen, "American Studies of Wang Jingwei: Defining Nationalism," *World
History Review* 2-1 (Fall 2004), pp.2~34(posted at eCommons@Texas State University)
참조.

13) Dongyoun Hwang, "Wartime Collaboration in Question."

14) 티모시 브룩(Timothy Brook)의 *Collaboration: Japanese Agents and Local Elites in Wartime
China* (Harvard University Press, 2005)와 "Collaborationist Nationalist in Occupied China"
in Timothy Brook and Andre Schmid eds., *Nation Work: Asian Elites and National Identities*
(The University of Michigan Press, 2000), pp.159~190. 그리고 필자의 브룩 저서 한국어
번역판에 대한 서평 「항일전쟁 시기 중국 대일합작 연구의 가능성과 한계-티모시

물론 대일합작과 관련된 모든 쟁점과 문제들을 한 편의 논문에서 다루는 것은 불가능하다. 따라서 이 글은 저우의 일기를 중심으로 몇 가지 쟁점이 되던 문제만을 다루려고 하는데, 여기서 그것을 미리 정리해 두고자 한다. 먼저, 저우의 충칭탈출이란 행위와 관련된 문제이다. 구체적으로 말하면, 이 글에서는 저우가 항전을 '망국'으로 이끄는 정책으로 본 반면 화평을 '구국'의 길로 보고 충칭을 탈출하는 과정과 내용을 그의 일기를 중심으로 간략히 재구성해 보고자 한다. 저우의 구국과 망국의 논리가 어떻게 대일합작으로 이끌어졌는지를 그의 일기를 통해 파악하는 것은 중요한 작업이다. 둘째, 이 글은 저우를 비롯한 왕 그룹의 충칭탈출과 대일합작을 단순히 적과의 합작이란 결과를 통해서만 이해해서는 안 된다는 것을 제시하고자 한다. 오히려 그것을 국민당 역사 속에서 이해할 필요가 있는 행위로, 또 경험적으로도 당시 정당화될 수 있었던 국민당 내 정치문화의 일부로 이해하고자 한다. 특히 국민당 당원이라면 공유하고 있었을 1927년의 난징과 우한(武漢)국민정부 간의 합류(寧漢合流)와 1931년의 난징과 광둥(廣東) 간의 합류(寧粤合流)에 대한 기억과 경험은 이 점에서 몹시 중요하다. 특히 아래에서 지적하겠지만, 저우가 충칭탈출 전후뿐만 아니라 태평양전쟁이 끝나는 시기까지도 계속해서 난징과 충칭의 합자을 늘 언급했다는 것, 충칭과 연락을 공개적 혹은 비공개적으로 지속하며 일본과의 화평조건을 충칭 측과 계속 논의한다는 사실은, 저우의 충칭탈출, 화평선언, 이어진 대일합작이란 일련의 행동이 그저 '민족패배주의'나 매국적 행위, 권력투쟁의 산물만은 아니었다는 것을 나타낸다. 오히려 국민당 내 정치문화와 경험 속에서 있을 수 있는 행위였다는 것을 시사한다.[15]

셋째, 일본과의 합작을 통해 성립한 왕징웨이 지도하의 난징국민정부가

브룩의 『근대 중국의 친일합작』을 읽고」, 『역사비평』 87(2009 여름), 494~511쪽 참조.
15) 동시대인이었던 미국학자 폴 라인바거도 같은 결론을 내린 바 있다. Paul M.A. Linebarger, *The China of Chiang Kai-shek: A Political Study* (World Peace Foundation, 1941), p.208. 이 점은 필자가 다른 지면에서도 지적한 바 있다. Dongyoun Hwang, "Wartime Collaboration in Question", p.78.

실패한 이유를 통설과는 다르게 제시하고자 한다. 과연 난징국민정부는 일본의 '괴뢰정권'이라는 정권의 '태생적 한계' 때문에 실패했는가? 사실 난징국민정부는 결과론적으로 보면 분명 실패한 정권이다. 그러나 그 실패의 원인은 생각보다 복잡한 것일 수 있다. 저우의 일기를 통해 본 그 실패의 원인은, 결론부터 말하면, 괴뢰정권이라는 태생적 한계 때문만은 아니었다. 오히려 국민당과 국민정부가 오랫동안 내부적으로 지니던 문제들이 주요 원인이었던 것이다. 로이드 이스트만(Lloyd E. Eastman)이 지적한 국민당과 국민정부에 내재하던 여러 문제점들을16) 난징국민정부는 그대로 상속한 듯하다. 따라서 그런 문제점들이 대일합작정부가 성공할 수 없었던 (유일한 이유가 아닌) 중요한 이유 중의 하나였다는 것이다. 저우의 일기는 전시 대일합작(wartime collaboration)이 실패할 수밖에 없었던 합작정부의 문제점뿐만 아니라, 당과 정부에 내재한 문제도 생생하게 그린다. 대일합작을 국민당 역사 속에서 파악할 필요가 여기에도 있는 것이다. 마지막으로, 저우의 일기는 저우가 자신의 대일합작을 정당화한 내용(예컨대, 한지앤의 의미, 민족주의의 의미, 반공의 역할 등)을 우리가 더 잘 파악하고 이해할 수 있게 할 것이다.

Ⅱ. 저우포하이와 중국국민당의 항전: 구국과 망국

저우와 국민당의 관계는 그가 1924년 다이지타오(戴季陶)의 요청으로 광저우(廣州)에서 국민당 선전부 비서로 일하면서 시작된다. 비슷한 시기 중공을 탈퇴한 저우는 이후 삼민주의에 관한 저서를 내고, 『신생명주간(新生命週刊)』의 편집을 맡는 등 국민당내 삼민주의 이론가의 한 사람으로 자리를 잡는다.

---

16) Lloyd E. Eastman의 *The Abortive Revolution: China under Nationalist Rule, 1927~1937* (Harvard University Press, 1974)와 *Seeds of Destruction: Nationalist China in War and Revolution, 1937~1949* (Stanford University Press, 1984) [로이드 E. 이스트만 저, 민두기 역, 『蔣介石은 왜 敗하였는가 – 현대중국의 전쟁과 혁명: 1937~1949』(지식산업사, 1986)]을 볼 것.

북벌(1926~1928)이 끝난 이후 그는 장제스의 핵심 심복이자 참모의 한 사람이 되었고, 1938년 12월 충칭탈출 전까지 주로 장을 중심으로 한 권력의 주변에 있으면서 장의 권력 강화를 위해 일했다. 쉽게 말하면, 저우는 권력중심에 늘 있었다. 1938년 12월 충칭탈출 전, 그가 권력의 중심에서 멀어지고 있었다는 것을 시사하는 어떤 상황이 있었던 것은 아니다. 따라서 충칭탈출과 이어진 대일합작은 저우의 관점에서 보면 편안한 "권력형 생활"과 기존권력의 포기를 의미했다. 또 당시 독재권력을 강화하던 장으로부터 떠난다는 것은 정치적으로 보면 그에게는 치명적일 수 있었고, 이후 권력중심으로 복귀할 수 있는 가능성은 전혀 보장되어 있지 않았다. 또 충칭탈출은 그의 정치적 후견자였던 장에 대한 배신이라는 무거운 정치적, 도덕적 짐을 지게 하는 행위이기도 했다. 반면, 왕징웨이는 국내와 당내에 중요한 정치적 이슈가 있거나 정치적 결단이 필요했던 시기 때마다 해외로 나가버리던 정치적 행태가 이미 존재했고, 그의 당내 명성과 지위로 인해 정치적 복귀는 늘 시간상의 문제였다고 할 수 있다. 1927년의 '영왕운동(迎汪運動)'과 1937년의 경우에서 보듯이, 왕에 대한 복귀요구는 당으로부터 자발적으로 나왔고, 그의 정치적 복귀는 항상 큰 문제없이 이루어지곤 했다. 물론 왕의 충칭탈출과 대일합작을 단순히 그런 왕의 정치적 행대의 연장신상에서 파악할 수도 없고 파악해서도 안 되겠지만, 여기서 중요한 것은 저우에게는 그런 전례가 없었다는 점이다. 저우의 당내 입지나 지위도 왕과는 비교할 수 없는 것이었다.

다시 말하면, 수잔 마쉬(Susan Marsh)가 정확하게 지적하듯이 저우는 해외로 외유를 나간 후 곧 정치적 복귀가 쉽게 이루어질 만큼 당내에서는 '유력인사'도 아니었고 복귀도 사실 보장되어 있지 않았다.[17] 결국 저우의 충칭탈출과 대일합작을 단순히 저우가 "충칭을 탈출했다"라는 행위적 결과만 갖고 이해해서는 안된다는 것이다. 말 그대로 그는 자발적으로 왕그룹과 함께 충칭을 탈출, 하노이로 가서 화평주장을 했다. 그는 곧 이어 대일합작을 통한 난징국민

---

17) Susan Marsh, 앞의 글, pp.304~305.

정부의 성립을 가장 강력히 주장하고 추진했다.[18] 그렇다면 무엇이 그를 충칭탈출과 대일합작이란 정치적으로 위험한 행위를 하게 한 것일까? 저우가 자신의 일기에서 지적하듯이 그 자신과 왕 그룹의 충칭탈출은 결코 정치적 의미의 "반장(反蔣)"을 위한 것이 아니었다.[19] 그러면, 무엇이 그의 행동을 이끌고 합리화했던 것일까? 물론 저우는 개인적인 정치적 야망을 갖고 있었다. 그는 "큰 정치 이상을 품고" 있었고 역사상의 인물, 즉 구국을 한 영웅으로 남고 싶어 했다. 그리고 자신을 비롯한 대일합작자들을 영웅으로 보고 있었으며, 난징국민정부가 난징에 세워진 날 자신이 중심이 되어 이룬 성과에 만족하고 있었다. 그 뿐만 아니라 그는 일본의 메이지유신을 이끈 메이지 지도자들을 존경하고 있었다.[20] 그의 이런 정치적 야망과 포부가 그의 생명까지 위협할 수 있었던 정치적 도박인 충칭탈출이나 대일합작을 이끌었을 수 있다. 다만, 충칭탈출이란 정치적 도박과도 같은 행위를 정당화할 수 있는 설득력있는 근거와 논리가 그는 필요했을 것이다. 따라서 그의 항전에 대한 인식을 먼저 살펴보는 것은 중요하다.

항일전쟁의 개시와 함께 표면상으로 중국의 여론은 항일로 통일되었다. 국민당의 "선안내 후양외(先安內 後攘外)" 정책이 1936년 12월의 '시안(西安)사변'을 계기로 1937년으로 들어서면서 "일치항전"과 "철저항일" 등으로 바뀐 결과였다. 그런 정책변화가 여론의 환영과 후원을 초래했을지언정 반드시 전시상황 자체를 중국에 유리하게 만들었던 것은 아니다. 오히려 전황은 중국에게 불리하게 돌아갔고, 저우는 그런 상황 속에서, 독일의 중재안이 중국에 의해 거부되었을 때(1938년 6월), "평화에의 마지막 서광"이 점차 사라지면서 "한 가닥 평화의 희망이 단절"되었다고 느낀다.[21] 이런 그의 실망내

---

18) 대일합작 기간 저우의 심복이었던 진슝바이(金雄白)는 후일 이를 '저우포하이 노선(周佛海路線)'이라 칭했다. 朱子家(金雄白), 앞의 책, 92~96쪽.

19) 『日記』, 211, 212쪽.

20) 『日記』, 229, 270, 275~277쪽 ; Susan Marsh, 앞의 글, p.307. 저우는 어려서부터 야망이 있었다. 周佛海, 「苦學記」, 『往矣集』(合衆出版社, 1955), 9쪽.

지 절망감이 장의 측근이란 지위를 이용하여 권력주변에서 편한 생활을 할 수 있던 상황을 마다하고 정치적으로 위험하고도 전망이 불투명했던 충칭탈출을 그가 "의도적으로"[22] 감행하게 하는 계기로 점차 작용하기 시작했다고 볼 수 있다.

저우의 일기에 나타난 항전 초기(1937~1938) 상황에 대한 그의 인식을 한마디로 표현하면 "두려움"이었다. 중일전쟁 발발 직후인 1937년 7월 19일, 전황이 중국에 불리한 상황 하에서 그는 확전을 두려워했고, 같은 해 10월이 되면서 외교를 통한 평화적 분규의 해결 가능성이 사라져가는 데 대한 두려움을 갖게 되었다.[23] 불리한 전황과 평화적 해결 가능성의 상실은 그로 하여금 이후 점차 국가와 자신의 앞날에 대한 두려움도 갖게 하였다. 이 같은 그의 두려움은 서서히 항전에 대한 비판과 비관적 태도로, 결국은 망국에 대한 걱정으로까지 점차 발전하여 갔다. 그의 항전에 대한 비관적 태도와 "두려움"은 이제 매일 일기를 쓴다는 것 자체가 허망하다고 그로 하여금 느끼게 만들기도 했다. 왜냐하면 이후 망국이 되어 중국에 역사가 없어질 텐데 일기를 쓰는 것이 무슨 쓸모가 있는지 그는 스스로 반문을 할 정도였다.[24]

이런 그의 두려움과 항전비관론은 민족패배주의의 발로라기보다는 국민당 내 다양한 인사들을 광범위하게 접촉하면서 굳어진 그의 생각일 것이다. 일기에 나타난 그의 접촉 대상에는 왕징웨이, 타오시성(陶希聖), 후스(胡適), 슝스후이(熊式輝), 가오쭝우(高宗武), 천푸레이(陳布雷), 천궁보(陳公博), 쭤쉰성(左舜生), 사오리쯔(邵力子) 등 여러 유력인사들이 포함되어 있다. 저우는 이들을 만나 항전 상황에 대한 인식을 공유하곤 했는데, 특히 장제스의 또 다른 측근이던 천푸레이도 항전비관론을 공유하고 있었다.[25] 저우의 항전비판의

---

21) 『日記』, 114, 121쪽.

22) Susan Marsh, p.305.

23) 『日記』, 6, 8, 45쪽, passim.

24) 『日記』, 50, 63, 72쪽, passim.

25) 『日記』, 35, 50쪽.

근저에는 당시 상황에서는 항전 자체가 중국과 국민당을 위해서라기보다는 소련과 중공을 위한 것이라는 그의 반공인식도 있었다.[26] 아무튼 저우를 비롯한 이들 광범위한 당내인사들이 바로 항전주장에 반대하는 흐름을 대표하던 소위 '화평파(和平派)'(혹은 '주화파[主和派]')였다. 물론 이들 화평파 인사들이 훗날 충칭을 탈출하는 왕 그룹의 성원으로 자동적으로 되는 것은 아니다. 이들 화평파는 전쟁이 아닌 외교를 통해 당시 중일간의 군사분규를 해결하자고 주장하던 느슨한 당내 논의 그룹이었지, 그들이 자동적으로 충칭을 탈출하는 왕 그룹의 일원이 되거나 후일 대일합작을 지지한 것도 절대 아니다. 물론 이들 화평파의 일부는 항전고조론을 펼치던 당내외 인사들에 반대하던 소위 '저조구락부'(低調俱樂部)의 일원들이었다.

1938년에 들어서면서 저우의 항전비관론은 국민정부의 운명을 19세기 중엽에 잠시 존재했던 태평천국의 운명에 비유할 만큼 망국의 가능성을 걱정하는 단계로까지 발전하였다. 특히 저우는 1938년 6월 6일자 일기에 태평천국도 15년을 난징에 정도하고 지탱했는데, 국민정부는 이제 겨우 건도 후 10년 만에 난징에서 일본군의 공격으로 퇴출당한다면서, 태평천국의 운명이 진정 국민정부에게는 "참담한 예언"이 되었다고 한탄한다. 당시 항전의 전황은 그로 하여금 명대(明代) 반란군의 지도자였던 리즈청(李自成)이 난징에 난입했던 때와 1900년 8개국연합군이 베이징에 입성했던 시기를 떠올리게 할 정도였다.[27] 망국의 가능성에 대한 그의 두려움의 표현이었다. 같은 해 6월 18일 저우는 타오시성 등과 당시의 시국을 논의한 후, 자살하고 싶은 충동까지 느낀다. 왜냐하면 그에게 자살 외에는 당시의 시국상황에서 그가 할 수 있는 일이 없어 보였기 때문이다. 그는 러시아의 주구(走狗)가 되어 중공에 가입하기도 원치 않았지만 일본의 괴뢰도 되고 싶지 않았으니, 망국이란 위기에 직면한 그에게는 자살 외에 할 수 있는 일이 없는 듯했다.[28] 이런 상황에서 초토전(焦土

---

26) 『日記』, 43쪽.

27) 『日記』 63~64, 109쪽.

28) 『日記』, 113쪽.

戰)을 통한 철저항전을 주장하는 인사들이 당 내외에 있다는 것 자체가 저우가 볼 때는 인민에게는 불행한 "큰 재난"이었다.[29]

국민당과 항전정책에 대한 그의 비판, 망국에 대한 그의 두려움은 자연히 당의 최고 지도자이자 시안사변 후 항전을 주장하기 시작한 장제스에 대한 비판으로 연결되었다. 그리고 그 비판의 강도는 점점 강해져 갔다. 1938년도 저우의 일기에는 장에 대한 비판의 글이 여기 저기 보인다. 물론 그 대부분이 장의 항전고수와 관련하여 장이 정세 판단을 잘못한다고 비판하는 내용이 대부분이다. 예컨대, 당시 소련이 일본을 공격할 것이라고 믿는 장의 태도, 현실을 떠나있는 장의 이상, 미국의 개입을 기대하는 장의 태도 등이 저우가 비판하던 것이다.[30] 다만, 저우의 장 비판에는 이제 장의 영수로서의 자질이나 태도에 대한 것도 있었다. 특히 장이 부하를 멸시하면서 대하는 태도나 몹시 화를 내면서 부하를 매도하는 태도를 저우는 크게 비판하고 있다. 그런데 저우의 이런 장 비판은 마침내 후일 대일합작을 진행하면서 장의 독재체제에 대한 비판으로까지 진전된다. 일본과의 합작 이후인 1940년 9월 11일과 12일자 일기에는 국가존망이 항전정책을 고수하는 장제스 1인의 손에 여전히 있다는 것은 국가로 볼 때는 복이 아니라고 지적하고, 이제 장은 사실상 독재자가 되어서 충칭에는 ㄱ의 앞에서 진언을 하려는 사람이 없다고 일갈한다.[31] 중요한 것은 이런 비판이 기본적으로 장에 대한 개인적 공격이 아니라 정책에 대한, 또 정책결정 과정에 대한 비판이라는 점이다. 물론 1941년 1월 24일 리스쥔(李士群)과의 대화 중, 저우는 1935년 왕징웨이 총격사건이 장의 소행이라는 것을 이야기한 후, 장의 "음험함"을 지적하면서 장이 위대하다기보다는 "간웅"이라고 개인적으로 비판하는 글을 일기에 남긴 적은 있다.[32] 아무튼

---

29) 『日記』, 124쪽.

30) 『日記』, 85, 137, 170쪽.

31) 『日記』, 160~161, 370쪽.

32) 『日記』, 452. 사실 저우는 장이 군벌들을 다루는 정치적 수법이 정말로 교묘하다는 것을 알고 있었다. 周佛海, 「盛衰閱盡話滄桑」, 『往矣集』, 54쪽.

저우는 장 지도하의 "충칭[국민정부]이 전제국임을 인정하지 않을 수 없다"고 비판할 정도가 된다.[33]

사실 저우의 이런 장에 대한 비판과 부정적 평가는 역설적이다. 충칭탈출 이전, 그 자신 장의 심복이었고 장의 독재체제를 강화하는 국민당 내 비밀단체에 참여하곤 했었는데, 이제 장의 독재자적 행태를 비판하고 있었던 것이다. 흥미로운 것은 저우가 장이 국가에 대한 노고를 아끼지 않는 점에 대해서는 여전히 깊은 개인적 존경심을 갖고 있었다는 것이다. 다만 장이 영수로서의 취할 태도를 결핍한 점이나 항전에 대한 전망과 관련 잘못된 이해를 한다는 점, 정책결정 과정이 독단적인 점 등을 비판하는 등, 저우의 당시 장에 대해 태도는 양면적이고 몹시 애매했다고 할 수 있다. 이렇게 본다면, 결국 저우의 장 비판 내용의 핵심은 장의 항일 태도와 항일정책 고수에서 기본적으로 비롯된 것이다.[34]

대일합작 초기인 1940년 12월 8일, 저우는 장이 화평을 이루기 위해 노력하고 또 자신의 충칭탈출과 화평주장이란 행동을 이해하려하기 보다는, 자신을 이용하여 '왕징웨이를 타도(倒汪)'하려 한다고 지적한다. 자신과 왕을 이해하려 하지 않는 장에게 저우는 그가 그동안 "양심상의 책임"을 다했다면서 장과의 정치적, 도덕적 관계를 끊겠다고 선언한다.[35] 물론 이런 그의 일기 내용을 항상 액면 그대로 받아들이기 어려운 면이 있다. 다만, 당시 저우는 망국이란 문제에 직면하여 국가로서 중국의 운명과 존재에 더 관심을 지니고, 그 운명에 대한 자신의 판단에 따라 국가 지도자이자 정책결정자인 장제스에 대한 비판적 판단을 했다고 볼 수 있다. 당시 일본이 지속적으로 장의 하야를 중일간의 평화회담 개최의 한 전제로 내걸었던 사실은[36] 저우로 하여금 장의 태도를

---

33) 『日記』, 370~371쪽.

34) 『日記』, 160, 161쪽, passim.

35) 『日記』, 423쪽.

36) 『日記』, 127, 228쪽. 일본은 항일과 용공(容共)을 지속하는 한, 장제스 지도하의 국민정부를 대화 상대로 인정하지 않겠다고 일찍이 1938년 1월 16일 선언한 바 있다. 「國民政府ヲ

전쟁결속과 평화회담 개시의 장애로 보게 만들었을 가능성이 충분히 있다. 그리고 그 가능성은, 저우의 입장에서 이해하면, 왕과 함께 충칭을 탈출한 그의 행동을 이해하는 단초를 제공한다. 역설적이지만, 중요한 점은 저우의 이런 장에 대한 비판은, 장이 만약 화평을 지지할 경우, 언제든지 다시 저우가 장을 지지하고 장의 심복으로 돌아올 수 있는 여지와 가능성을 남기고 있었다는 것이다.

흥미로운 사실은, 저우의 항전 비판과 비관론, 장에 대한 비판이 이제 국민당 자체에 대한 비판, 즉 국민당이 중국을 망국으로 이끈다는 국민당 망국론으로도 옮겨갔다는 것이다. 1938년 10월 16일 광둥의 후이저우(惠州)가 함락되었다는 소식을 접한 저우는 장제스가 우한(武漢)을 사수할 의지가 없다는 사실을 깨닫는다. 특히 저우는 국민정부가 우한과 창사(長沙)를 포기하기 전후, "마침내 중국이 국민당의 손에 망한다"라고 탄식하면서 "우리[국민당 지도자들: 필자] 는 역사의 죄인이다"라고 한탄한다.[37] 항전비관론이 이제 국민당 망국론으로 변한 순간이다. 같은 달 18일, 저우는 망국이 추세가 될지 미리 깨닫지 못했던 자신을 바라보며 우한과 광저우가 연이어 함락되었다는 소식을 접한다. 따라서 그는 국가에 대한 우려로 잠을 이루지 못한다고 일기에 쓴다. 사실 망국 문제가 그에게 현실로 결정적으로 다가온 것은 창사가 후퇴하는 국민당군에 의해 방화되었다는 소식을 접했을 때다. 그는 그 소식을 접하고 "적이 오지도 않았는데 땅을 먼저 초토화시키니, 실로 민을 적으로 만들고 있다. 이처럼 시대의 흐름에 역행하는 것은 실로 연못에서 고기를 쫓아내고 숲에서 공작을 쫓아내는 것이다"라고 적고, 이제 진정 망국이 되는가라고 자문하고 있었다.[38]

相對ニセズ政府聲明」, 外務省 編, 『日本外交年表竝主要文書(下卷)』(原書房, 1965), 386 쪽.

37) 『日記』, 171, 188~189쪽, passim. 국민당 망국론은 周佛海, 「中國國民黨過去的功罪與今 後的地位」, 中國國民黨中央執行委員會宣傳部 編, 『和平建國與國民黨』(中國國民黨中央 執行委員會宣傳部, n.d.[1940?]), 14~15쪽에 좀 더 자세히 나와 있고, 1928년 이후 국민당의 문제를 간략히 정리한 저우의 글로는 周佛海, 「盛衰閱盡話滄桑」, 『往矣集』, 특히 65~66쪽을 볼 것.

항전을 유지하는 것도 일본과 평화를 체결하는 것 모두가 당시의 국민정부와 국민당 하에서 불가능해 보이던 상황 하에서, 저우의 망국에 대한 두려움은 중국이 망국을 피할 방법을 찾게 만들었다. 망국으로 가지 않는 방법을 궁구해야 한다고 그는 생각하기 시작했고, 마침내 "비상한 거동"만이 국민당 망국론이란 문제를 푸는 열쇠라고 강조한다. "만약 국가가 구해질 수 있다면, 개인의 일시적 명예훼손을 계산, 비교하면서 따지지 않아야 할 것"이라며 그는 "망국 논리"의 원천인 국민당과 장의 항전주장을 강력히 비판하였다.39) 특히 1938년 11월 14일 열린 국민당 중앙집행위원회 담화회에 참석 후, 그는 담화회 참석자들인 국민당 지도자들이 당시의 어려운 상황에 대한 책임을 서로에게 전가하는 모습을 본다. 그는 이를 바로 "망국의 현상"이라고 깊이 한탄한다.40)

이상에서 본 저우의 항전 비판, 장 비판, 국민당 비판은 그의 충칭탈출과 훗날의 대일합작과 관련된 여러 문제를 이해하는 중요한 단서를 제공한다. 특히 저우가 훗날 국민당의 명의 변경이 불가능한 것이 아니라고 지적한 사실은 이런 점과 관련하여 매우 의미심장하고 중요하다. 즉 대일합작 후인 1940년 10월 10일, 난징국민정부가 난징에 환도한 것과 중화민국 건국일인 쌍십절을 동시에 기념하는 행사에 참석 후, 저우는 당시 신민회 중앙총회 사무총장이던 위시제(喩熙杰)와 대화를 나누던 중, 국민당의 명의변경 가능성을 언급한다. 저우에 따르면, 쑨원은 시세에 적응하여 흥중회, 동맹회, 국민당, 중화혁명당, 중국국민당으로 그 명의를 바꾸었다. 따라서 당시 난징에 있던 (왕징웨이 지도하의) 국민당 명의로 평화 등을 호소하기가 쉽지 않고 시국을 타개하기 어렵다면, 대일합작과 화평을 순조롭게 호소하고 나아가 당의 "발전적 변천(演變)"을 위해서 그 명의를 변경할 수 없는 것은 아니라고 지적한다. 다만, 그는 삼민주의만은 절대 변경이 불가능한 최고원칙이고, 그것은 더욱 충실화되고 구체화되어야 한다고 말했다. 이 같은 그의 언급은 장 지도하의

---

38) 『日記』, 188~190쪽.
39) 『日記』, 183~184쪽.
40) 『日記』, 188쪽.

국민당 자체에 대한 비판의 가능성과 함께 국민당을 왕의 지도하에서 새롭게 '개조'할 가능성을 지적한다.[41)

저우가 말하는 삼민주의의 충실화와 구체화는 그의 국민당에 대한 비판적 검토의 글인 「중국국민당의 과거의 공죄와 금후의 지위(中國國民黨過去的功罪與今後的地位)」에 좀 더 상세히 나와 있다. 저우는 국민당에 의한 '일당전정(一黨專政)'은 1924년 용공의 산물이라고 주장하며 1928년 이후 국민당의 훈정을 국민당의 일당전정 시기로 당원들이 오해해 온 것이 당 밖으로부터 비판을 일으켰다고 지적한다. 국민당은 이당훈정(以黨訓政)을 주장했지 일당전정을 주장한 적이 없다는 것이다. 또 국민당은 당외인사를 배척한 적도, 그들의 국민당 참여를 배척한 적도 없었다고 한다. 국민당의 항전정책도 이전에는 국민당의 공(功)이었지만 이제는 그 정책의 유지가 국민당의 죄라면서 일본과 중국이 함께 살 수 있는 길의 모색이 중요하다고 저우는 주장하였다. 아무튼 저우의 글에서 본고의 내용과 관련하여 가장 중요한 것은, 국민당의 정치적 지위와 임무가 자동적으로 부여된 것이 아니라 국민당의 역량 여부, 이후 국민당이 어떻게 하느냐의 여하에 따라 결정되는 조건부적인 것이라고 저우가 파악했다는 점이다. 따라서 저우는 국민당 내 새로운 "정치적 중심(重心)"의 형성이야말로 앞으로 국민당이 그런 지위와 임무를 획득하는데 필요하다고 보았다. 물론 그 중심세력은 과거 국민당의 공과 죄에 대한 성찰 이후, 대일화평, 헌정실시, 당의 개방 등과 같이 충칭 측과 차별화된 정책을 통해 형성되는 것이었다.[42)

---

41) 『日記』, 388~389쪽. 왕 그룹이 이후 '화평, 반공, 건국'이란 세 가지 원칙을 내걸고 대일합작을 진행하면서, 그 세 원칙을 이론적으로 뒷받침한 '왕징웨이 주의(汪精衛主義)'를 삼민주의의 구체화와 충실화로 보고 새로운 국민당을 만들고자 했던 사정을 설명해 주는 것이 바로 이런 가능성이 아니었을까 라고 필자는 가정해 본다. '왕징웨이 주의'에 대해서는 江蘇省敎育廳 編(袁殊 校訂), 『汪精衛主義讀本』 全 2冊(政治月刊社, 1942)을 볼 것.

42) 周佛海, 「中國國民黨過去的功罪與今後的地位」, 3~24쪽. 여기서 저우가 국민당 내 대표적인 삼민주의 이론가였다는 사실을 지적해 두고 싶다. 주 40) 참조. 물론 이런

Ⅲ. 저우포하이, 왕 그룹, 대일합작

국민당내에서 저우와 왕징웨이의 관계는 그다지 좋게 시작한 것도, 좋았던 것도 아니다. 항일전쟁 이전만 봐도 두 사람의 관계는 좋게 유지되지도 않았다. 즉 충칭탈출 이전까지만 해도 두 사람은 정치적으로나 이념적으로 서로 대립적 태도와 입장을 취하고 있었다.[43] 그러나 항전 개시 후, 저우와 왕 모두 화평파의 일원이었고 저우는 충칭탈출과 함께 왕 그룹의 일원이 되듯이, 항전이 둘의 관계를 가깝게 만들었고 이후 대일합작을 통해 이념적, 정치적 운명을 공유하는 관계로까지 발전시켰다. 사실 저우가 왕과 가까워지기 시작한 것은 난징 함락 이전 "무형 중(無形中)"에 왕을 중심으로 화평을 주장하고, 저우가 한코우 (漢口)에 예문연구사(藝文硏究社)를 설치하고 타오시성 등과 함께 대일 화평의 가능성을 모색하면서부터이다. 왕의 화평주장이 전적으로 그의 주장과 같았던 것이다.[44] 그러나 당시만 해도 저우가 나중에 회고하듯이 자신이 화평과 대일합작을 매개로 왕과 깊은 정치인연을 맺으리라고는 사실 전혀 상상도 못하고 있었다.[45] 아무튼 저우는 이후 왕을 존경하게 되고 왕의 마음이 개방되어있음을 칭찬하기도 한다. 다른 한편, 저우는 충칭탈출이나 대일합작과 관련 하여 중요한 시기 나타난 왕의 소극성과 신중함을 동시에 비판하기도 하였다.[46]

위에서 언급한 저우의 장 비판, 장 지도하의 국민당과 항전 정책에 대한 비판은 저우가 왕징웨이와의 관계를 자연스럽게 발전시키는 촉매제로 작용하 였고 저우가 왕에 대해 호의적 평가를 갖도록 만들었던 것이다. 저우의 일기에 비교적 상세히 나와 있듯이, 1937년 8월 21일 저우는 항일을 위한 중국의 국력이 부족하다면 가장 적절한 시점에서 전쟁을 그만 두고 외교적 접촉을

차별화된 이념과 정책의 실시 여부와 그런 정책이 갖는 의미 등에 대한 검토는 앞으로 필요한 연구과제다.

43) 周佛海, 「我逃出了赤都武漢」, 『周佛海回憶錄』(龍文出版社股份有限公司, 1993), 45, 49쪽.

44) 『日記』, 47쪽 ; 周佛海, 「回憶與前瞻」, 『日記』, 1213쪽.

45) 『日記』, 530쪽.

46) 『日記』, 153, 178, 194, 195, 197쪽.

준비해야 한다고 일기에 쓴 후, 같은 달 30일에는 왕을 찾아가 왜 항일전쟁을 적절한 시점에서 끝내고 외교적 접촉을 즉시 개시해야 하는지를 설명한다. 그리고 그는 왕에게서 그런 분석 내용을 장제스에게 전달하겠다는 약속을 받아낸다.[47) 이어 같은 해 10월 13일 국방참의회에 참석한 저우는 왕이 일본과의 외교단절을 주장하는 내용을 반박하면서 대일단교 주장자들을 매국노(한지앤)라고 지칭하는 것에 전적으로 동의하고 있었다.[48) 아마도 저우가 왕과 본격적으로 화평이란 문제를 둘러싸고 충칭탈출의 가능성을 논의할 만큼 가까워진 것이 이 시점이었을 것이다. 1938년 7월 26일 저우는 이미 왕과 중국전도에 대해 대화를 나눈 이후, 왕의 공관으로 그를 자주 찾아가 만찬을 갖는 등 대화를 지속적으로 나누고 있었다.[49) 이런 반복되는 왕과의 만남, 항전에 대한 인식 공유는 저우가 왕을 긍정적으로 평가하는 계기를 제공했다. 예컨대, 이 시기 저우는 장제스와 왕의 기억력을 모두 칭송하면서 왕도 장과 같은 천부적 "대인물"이라고 칭찬했다.[50) 물론 왕에게 결점이 없었던 것은 아니다. 충칭탈출을 결정한 후인 1938년 11월 26일과 27일 왕이 그간의 결정을 뒤집는 등 자주 소극적이고 미온적 자세를 보였다고 저우가 일기에 적었듯이 소심함과 소극성은 왕의 결점이었다. 사실 왕의 소극성 때문에 저우 또한 충칭탈출을 재삼 고려하기도 한다. 물론 이런 왕의 소극성이 저우와 함께 왕 그룹의 일원이었던 메이쓰핑(梅思平)의 판단에 따르면, 지난 10여 년간 왕이 정치적으로 실패해 왔던 이유인 것이다. 그러나 이런 왕의 결점도 왕이 "대인물"이라는 사실이나 "빈번히 의견을 받아들이는" 지도자로서 왕이 갖는 장점을 저우가 가리기에는 충분하지 않았다.[51) 대일합작 후인 1940년 9월 2일 저우는 여전히 왕을 "민족관념"이 있다고 몹시 감탄해하고 있었다.[52)

---

47) 『日記』, 21, 24쪽.

48) 『日記』, 47쪽.

49) 『日記』, 130, 175, 177, 178쪽.

50) 『日記』, 153쪽.

51) 『日記』, 194~195, 197쪽.

왕의 거처에서 식사를 하면서 왕과 대화를 나눈 1938년 10월 30일자 저우의 일기에는 "의혹을 해결하고 계획을 정하는 일이 쉬운 것이 아니다"라고 밝히고 있다. 그가 같은 날 잠을 이루지 못했다는 것으로 봐서, 아마도 이날 충칭탈출의 결정이 최종적으로 이루어진 것이 아닐까 추측할 수 있다. 더구나 같은 날 저우는 "영웅이 시대를 만드는가, 시대가 영웅을 만드는가"라고 반문하며, "국가가 멸망에 이르지 않게 하는 것은 전적으로 이후의 노력에 달렸다"고 쓴다. 그 자신 불안했던 자신의 전도와 탈출 실패의 가능성에 대한 두려움을 적은 것으로 보아도 좋을 것 같다. 충칭탈출이 결코 쉬운 결정이 아니었음을 짐작할 수 있다. 아무튼 충칭탈출과 그와 관련된 주요 결정이나 논의가 바로 10월 30일 전후로 이루어졌음을 짐작할 수 있다.[53] 12월 19일 마침내 하노이로 탈출하면서 약 두 달 전인 10월 18일 다이리(戴笠)가 그에게 했던 다음과 같은 말을 저우는 떠올리며 자신의 행동을 정당화하고 있지 않았을까? "우리는 마땅히 시비(是非)을 물어야지 공죄(功罪)를 물어서는 안 된다. 왜냐하면 시비는 시대적인 것이고 공죄는 역사적이기 때문이다."[54]

충칭탈출 이후, 저우를 비롯한 왕 그룹은 약 4개월간 하노이에 머문다. 이 시기가 통상 말하는 '하노이 시기(1938.12~1939.4)'다.[55] 1939년 4월 말 왕 그룹은 충칭 측에 의한 왕징웨이 암살 미수사건 이후 거처를 상하이로 옮기고, 그곳에서 본격적으로 일본 측과 합작을 위한 교섭을 시작한다. 사실 왕 그룹이 충칭을 탈출한 의도는 곧바로 충칭에 대응하는 신정부를 건립하기 위한 것은 아니었다. 왕 그룹이 왕의 지도하에 신정부 결성으로 움직이기 시작한 것은 4월말 하노이에서 일어난 왕암살 미수사건 이후이다. 아무튼

---

52) 『日記』, 365쪽.

53) 『日記』, 178~179쪽.

54) 『日記』, 171쪽. 저우는 자신이 충동적으로 행동하는 단점이 있으나, 일단 결정하면 민첩하고 과감하게 일을 처리하고 그에 대한 책임을 지는 장점을 갖고 있다고 밝힌다. 周佛海, 「自反錄」, 『往矣集』, 84~85쪽.

55) 이하 왕 그룹의 하노이 시기 활동 등에 대한 논의는 특별한 주가 없는 한, Dongyoun Hwang, "Some Reflections on Wartime Collaboration in China"에 근거한다.

왕 그룹은 1940년 4월말 마침내 난징에서 국민정부의 환도를 축하하며 본격적으로 일본과의 합작을 시작한다. 저우의 일기에 따르면, 하노이 시기와 그 이후에도 충칭 측은 최소한 저우를 통해서 지속적으로 왕 그룹과 접촉하고 있었다. 예컨대, 저우는 상하이로 옮긴 후에도 충칭 측의 상하이지역 군통(軍統) 책임자를 직접 집에서 만나는 등 자신과 왕 그룹의 대일합작 의도를 장과 충칭 측에 계속 전달하면서 그에 대한 반응을 전달받고 있었다. 이런 노력에도 불구하고 장이 화평제의를 계속 거부하자, 저우는 장이 국가의 이익이 아닌 (왕에 대한 반감이란) 감정으로 화평문제와 중일관계를 다루고 있다고 비판한다.56)

저우는 화평을 "구국의 수단"으로 보았고 화평을 논할 때 국가의 이익을 떠나서는 생각할 수 없다고 말한 바 있다.57) 나아가 그는 중일관계가 양국 간의 "상호신뢰, 상호존경과 호혜"를 통해 "공영이란 목적"을 이루는 것으로 나아가야 한다고 주장하고 그런 목적을 이루는 것이 바로 그 자신의 이상이라고 언급한 바 있다.58) 저우는 자신의 화평주장과 대일합작을 왜 구국의 수단이자 자신의 이상이라고 말했을까? 이에 대한 대답을 저우의 한지앤과 영웅에 대한 이해를 통해 해보자. 저우는 당시 중국인들이 충칭탈출과 화평주장 때문에 자신을 죽이려한다고 일본인들에게 말하면시도, 그런 사실은 사신이 항일주의자가 아니라는 것을 증명한다고 주장했다. 역으로, 그는 일본인들 일부가 자신을 죽이려 하는 것이 자신이 결코 매국노(漢奸)가 아니라는 사실 또한 반증한다고 주장했다. 자신을 비롯한 대일합작자들은 사실 "민족영웅"이라는 것이다.59) 현재 우리가 알고 있는 한지앤의 의미는 사실 혁명파들이

---

56) 『日記』, 212, 282~283, 289쪽.

57) 『日記』, 652쪽. 저우는 개인의 시비보다는 국가의 이해관개를 고려해야 한다고 주장한 바 있다. 周佛海, 「盛衰閱盡話滄桑」, 『往矣集』, 75~76쪽.

58) 『日記』, 365쪽. 저우의 중일관계에 대한 이해를 좀 더 자세히 보려면, 그의 다음 글들을 참조. 「從大處着眼從小處下手」, 『時代文選』 2-1(1940.2.1), 32~33쪽 ; 「良藥忠言」, 『時代文選』 2-1(1940.2.1), 32~33쪽 ; 「中日條約儉訂與國民的覺悟 － 12月 3日晩廣播」, 『中央導報』 1~19(1940.12.8), 33쪽.

만주족의 청(淸)왕조(즉 비한인[非漢人])의 중국통치를 무너뜨리고 근대국가를 성립하려한 과정 중, 청의 중국지배가 한인의 이익에 부합한다는 만주족들의 주장을 부인하기 위해 만들어지기 시작한 것이라는 지적이 있다.[60] 이런 지적은 저우의 한지앤과 '민족영웅'에 대한 주장을 이해하는데 매우 도움이 된다. 즉 저우의 주장은 대일합작이 한인(漢人: 이 경우 중국인)에게 도움이 된다는 것, 즉 화평이 중국인들에게 도움이 된다는 논리였다고 이해할 수 있다. 따라서 **저우의 입장에서 보면** 화평은 구국의 수단이었다. 만약 자신을 비롯한 대일합작자들이 결국 한지앤으로 생을 마감한다면, 중일간의 화평은 있을 수 없고(따라서 중국의 이익에 부합하지 않고), 만약 그들이 '민족영웅'이 된다면 중일간의 화평(즉 중국의 생존과 번영, 근대국가로의 성립과 발전 등)은 이루어질 것으로 보았던 것이다.[61]

이런 저우의 논리가 도덕적으로 옳았고 정치적으로 정당했다고 판단하기에 앞서, 우리가 중요하게 받아들여야 할 것은 그런 논리가 만들어진 배경과 연유이다. 혁명파의 한지앤논리(漢奸論)가 근대국가건설이라는 명목 하에서 행해졌다는 지적을 생각한다면,[62] 저우를 비롯한 왕 그룹의 한지앤론(반대로 민족영웅론)도 일본과의 합작이 중국의 근대국가건설에 유익하다는 논리에서 나온 것으로 이해할 수 있다. 대일합작을 반대하고 중공과의 합작을 통해 항전을 지속하는 자들이 한지앤이었고, 일본과의 합작을 통해 평화를 가져오는 자들은 영웅이라는 논리다. 저우의 일기에 나타난 그의 앙리 페탕(Henri Petain) 과 드골(de Gaulle)에 대한 이해는 이런 논리를 뒷받침한다. 저우는 제2차 세계대전 당시 침략국 독일에 각각 협력 또는 저항했던 두 사람 중, 누가 옳고 그른지 또 누가 공이 있고 누가 죄가 있는지 논하기 어렵다고 보면서도, 기본적으로 페탕 지도 하의 대독합작 비시(Vichy)정부가 그 처지나 운명으로

---

59) 『日記』, 365쪽.

60) 王柯, 「'漢奸'考」, 『思想』 981(2006.1), 39~41쪽.

61) 『日記』, 303, 543, 699, 989쪽.

62) 王柯, 앞의 글.

봐서 난징국민정부와 같다고 보았다. 따라서 비시정부는 "우리의 귀감"이었
다.63) 비시정부와의 비유는 그렇다고 해도, 의문이 있을 수밖에 없는 것은
저우 등 왕 그룹만이 왜 일본의 화평제의에 화답하고 대일합작이 구국의
방편이며 중국의 민족국가 건설에 유리하다고 생각했던 것일까? 또 대일합작이
구체적으로 중국의 근대국가건설에 어떻게 유익하다고 저우는 본 것일까?
이런 질문들에 대해 대답하려면 다른 지면을 통해 다른 많은 문제를 검토해야
할 필요가 있다. 다만, 여기서는 저우를 비롯한 왕 그룹의 대부분이 일본에서
교육을 받아, 일본을 이해하는 (혹은 최소한 그럴 의향이 있는) 지일파(知日派)였
을 가능성을 지적해 놓고 싶다.64)

자신이 취한 행동, 즉 화평운동과 대일합작에 대해 자신이 '무죄'임을 후세에
고할 수 있다고 자신만만해 하던65) 저우도 일본이 1941년 12월 진주만을
공격함으로써 태평양전쟁이 발생하자 점차 자신이 취해 온 행동에 회의를
느끼기 시작한다. 저우에 따르면, 자신이 예상 못한 태평양전쟁의 개시는
중일간의 분규라는 양국 간의 문제를 이제 세계문제의 일부로 만들었기 때문이
다. 따라서 그는 중일분규의 해결 방향이나 가능성도 결과적으로 복잡해지고
힘들어졌다고 본 것이다. 이제는 중국인들이나 저우를 비롯한 합작자들만의
노력으로 중일화평이 이루어질 수 없게 된 것이다. 특히 충칭의 경우, 이제

---

63) 『日記』, 1066~1067, 1070, 1072쪽.

64) 저우는 자신이 친일파(親日派)라는 것을 부인하나(周佛海, 「回憶與前瞻」, 『日記』, 1206
쪽), 그를 비롯한 왕 그룹은 사실상 문화적 의미의 친일파였다. 그러나 친일파라는
용어가 광범위하게 내포하는 부정적인 정치적 의미를 고려하여 필자는 이들을 지일파
(知日派)로 부르는 것이, 그들이 일본에서 교육을 받아 대부분 일본(내 사정)을 나름대로
잘 알고 있고, 일본의 근대국가 건설 노력을 비판적으로 존경하면서(즉 일본식 발전
모델을 지향하면서) 일본과 중국의 화해와 협력을 위해 노력하는(혹은 그럴 의향이
있는) 중국내 인사들이란 의미에 부합하지 않을까 생각한다. 마치 한국에서 일본의
정치, 경제, 문화계 지도자들을 반한파(反韓派), 친한파(親韓派), 지한파(知韓派) 등으로
구분해서 부르듯이 말이다. 필자가 잘못 이해하지 않았다면, 친한파는 거의 무조건적으
로 한국을 지원하는(혹은 한국에 호감을 갖는) 외국인들을 의미하는 반면, 지한파는
한국에 대한 깊은 이해를 갖고 비판적 지원을 아끼지 않는 인사들을 지칭한다.

65) 『日記』, 969쪽.

미국의 승리를 기대하면서 중일 평화회담 시작의 가능성은 점점 어려워졌다. 이런 사정은 일본에게 전쟁의 상황이 조금씩 불리하게 점차 진행되면서 더욱 분명해졌다.[66]

사실 저우가 대일합작에 대해 회의를 품기 시작한 것은 1940년 12월 20일이었다. 그는 같은 날짜 그의 일기에, 그가 우한과 충칭에 있을 때 했던 정세분석을 냉정히 다시 생각해보니, 당시 그가 했던 일본에 대한 관찰에 착오가 있었고 오히려 항전파들의 '이론'이 정확했던 것 같다는 결론을 내린다. 물론 저우는 그럼에도 불구하고 대일합작이 국가에 하나의 '생로(生路)'를 남겼다는 자부심은 여전히 갖고 있었다. 같은 해 12월 내내, 그는 자신의 충칭탈출과 대일합작 정부의 건립 등을 후회하는 듯한 내용을 계속 일기에 남긴다.[67] 여기서 흥미로운 것은 저우가 태평양전쟁에서 일본이 패하더라도 그것이 중국, 즉 충칭의 항전승리를 의미하는 것은 아니라고 분석한 것이다. 저우는, 역설적으로, 일본이 패망한 후 "충칭은 미국의 통제 하에 있어서" 충칭이 자유롭게 이런저런 결정을 내릴 수 없을 가능성을 두려워했다. 또 그렇게 될 것을 가정하면서 비참하고도 슬픈 사실로 받아들이고 있었다.[68] 그의 이런 우려는 충칭이 국민당 6차 전국대표대회를 통해 군대 및 학교에 설치되어 있던 당부를 철폐하기로 결정했다는 소식으로 현실화되는 듯했다. 왜냐하면 그의 눈에는, 그런 결정이 국민당 동지들이 원해서가 아니라 중공의 위협과 미국의 압력 하에서 충칭이 부득이하게 채택한 것으로 보였기 때문이다.[69]

이런 상황 속에서 저우에게 잠차 중요해진 문제는 반공이었다. 변화된 국제정세 속에서 화평이 충칭과 난징을 합류시킬 수 있는 개념이 더 이상 아니라면, 이제 그 합류를 가능하게 할 수 있는 것은 바로 반공이었다. 반공은 저우 자신의 '정책'[70]이었고, 나아가 대일합작을 지탱하는 중요한 이념의

---

66) 『日記』, 969, 989, 1031쪽.

67) 『日記』, 431쪽, passim.

68) 『日記』, 1189쪽.

69) 『日記』, 1193쪽.

하나였다. 따라서 반공은 저우를 경우에 따라서 왕징웨이에게 혹은 장제스에게 연결시킬 수 있는 중요한 이념이기도 했다. 만약 충칭탈출이 장제스의 용공정책에서 부분적으로 기인한 것이라면, 일본과의 합작이 실패로 끝나가던 상황과 충칭이 반공 태도를 다시 취하기 시작하던 1940년대 초의 상황 하에서는, 반공이 난징과 충칭의 재합작을 이끌어낼 수 있는 중요한 연결고리였다. 반대로 반공은 대일합작을 대일합작자들이 계속 정당화할 수 있는 이유의 하나이기도 했다. 결과적으로 반공은 "충칭과 난징의 동지들이 단결해서 [함께] 대응해야"하는 문제이자, 난징 측이 충칭과의 재합작 준비를 정당화할 수 있던 문제의 하나였다.71)

IV. 대일합작 난징국민정부의 성립과 실패와 관련한 문제

그동안 왕 그룹의 충칭탈출과 난징국민정부 수립과정을 다룬 연구의 대부분은 그것을 '투적(投敵)'이나 일본의 '공작(工作)'의 결과로 그려왔다. 즉 이들 연구는 '왕 집단'이 '괴뢰'와 '매국노'가 되어가는 과정을 왕 그룹이 충칭탈출과 대일합작정부 수립과정의 중심내용으로 묘사해 왔고, 그에 따라 정권의 의미도 평가했다. 그러나 난징국민정부의 성립과정을 저우의 일기를 통해 살펴보면, 두 가지 흥미로운 사실이 발견된다. 첫째, 이미 위에서 예시했지만, 저우를 비롯한 왕 그룹은 충칭의 항일국민정부와 난징의 화평국민정부의 합류("寧渝合

---

70) 『日記』, 608쪽.

71) 『日記』, 759, 1163, 1174, 1179, 1189쪽. 반공이 왕 그룹이 충칭을 탈출한 주요 이유의 하나였다는 점에 대해서는 袁愈佺(古廐忠夫 인터뷰), 「汪精衛政權にかかわって」, 『岩波講座 近代日本植民地, 月報』 6-5, 6-8쪽을 참조하고, 충칭탈출 이후와 대일합작 시기 내내 반공이 주요 이념으로 남아 있었다는 지적에 대해서는 Dongyoun Hwang의 "Some Reflections on Wartime Collaboration in China"와 "Wartime Collaboration in Question"을 참조. 왕 사망 후, 난징 국민정부의 주석대리로 1944년 11월 취임한 천궁보도 취임 후 내건 화두가 충칭과의 통일 실현과 반공문제였다. 蔡德金, 『歷史的怪胎-汪精衛國民政府』(廣西師範大學出版社, 1993), 278~288쪽.

流")를 대일합작 시기 내내 추진하고 있었다. 저우는 일본 후원 하에 대일합작 국민정부가 난징에 수립된 것이 장래에 있을 충칭국민정부와의 통일을 대비하면서 이루어진 것임을 일기에서 밝히고 있다. 1940년 1월 4일, 가오쯩우(高宗武)와 타오시성이 대일합작의 대오를 이탈하여 홍콩으로 비밀리에 떠났다는 소식을 전해들은 저우는 "내가 비록 중국이 통일되지 않으면 안 되고 또 충칭과 연락을 취하지 않으면 안 된다고 생각했지만, [가오와 타오가] 상하이를 이렇게 일찍 떠나리라고는 전혀 생각하지 못했다"라고 적고 있다.[72] 그로부터 9일 후인 1얼 13일, 저우는 옛 학교 친구인 왕훙스(王宏實)를 만나 다음과 같이 말한다.

> 신중앙정부[난징국민정부] 성립 후, 충칭과 융합할 방법이 자연히 만들어져 안으로는 통일을 이루고 밖으로는 화평을 얻게 된다. 나는 일본과의 교섭을 책임지면서 다시는 장[제스]선생의 하야문제를 [일본이] 제기하지 않도록 청하겠지만, 장선생도 반드시 주화(主和)를 결심해야 한다. 그렇지 않으면 나의 노력이 결국 아무런 결과도 만들지 못하게 될 것이니, 이후 [충칭과 난징의] 통일의 관건은 우리 측에 있는 것이 아니라 충칭에 있다.[73]

이어서 1월 17일, 저우는 난징과 충칭 간의 구체적인 합류계획을 언급한다. 그 계획이란, 장제스가 정전(停戰)을 선언하고 왕은 화평을 논하고, 자신은 장의 하야문제를 일본이 거둬들이게 하는 문제를 책임지고 논한 후, 빠른 시간 내에 [충칭]국민정부가 난징으로 돌아오고 군사위원회를 충칭에 설치한다는 것이었다.[74] 물론 저우는 이런 문제를 천궁보 등과 논의하고 합의했다고 그의 일기에 기록하고 있다. 한발 더 나아가 저우는 대일합작에서 구체적이고 가시적인 성취를 이룬 후, 충칭 측과 화평과 통일을 위한 대화를 시작하자는

---

72) 『日記』, 220쪽.

73) 『日記』, 227쪽.

74) 『日記』, 229쪽.

방안을 왕과 천에게 제시하기도 했다.[75] 특히 1940년 3월 16일 발표한 그의 담화에서 그는 "전면화평"의 촉성을 위해서라면 난징국민정부도 충칭 측을 위해 전력을 다해 준비할 것이라면서 충칭국민정부에 대해 비적대적인 태도를 취하고 있었다.[76] 실상 저우는 난징국민정부가 장의 화평수락 여부에 의해 취소될 수도 있고, 난징국민정부의 성립이 화평을 통한 구국을 위한 것이지 충칭의 화평 노력을 방해하는 것은 아니라고 이미 장에게 전하고자 노력한 바 있다.[77] 그러나 주지하듯이 장은 왕 그룹의 충칭탈출 이후, 그 누구의 화평제안도 받아들이지 않았는데, 저우는 이런 장의 태도를 기본적으로 장이 왕과 자신들에 대한 개인적인 원한 때문이거나 혹은 화평문제를 감정적인 싸움으로 보고 있기 때문이라고 자주 비판한다.[78]

난징국민정부 성립 이후에도 충칭과 난징의 합류를 위한 저우의 노력은 계속되었다. 그 노력은 때로는 일본 측 인사에게 중국의 통일과 충칭·난징 간의 합류의 당위성을 강조하는 형태로 나타나기도 했고, 혹은 충칭 측의 인사에게 그 당위성을 직·간접적으로 전달하는 방식을 취하기도 했다. 저우의 일기에 따르면 난징 측 인사들은 장왕합작(蔣汪合作)의 당위성에는 합의한 듯하였다. 따라서 저우나 난징 측의 입장에서는 충칭과 난징의 합작(寧渝合作)의 실현은 여전히 충칭 측의 태도가 관건이있다.[79] 예건대 저우는 충칭 측의 군사가 중공 측의 군사를 공격한 신사군사건(新四軍事件)을 전해 듣고, 이 사건이 충칭과 난징에 있는 국민당 동지들이 점차 접근하여 완전한 합작으로 나아가는 계기가 되길 바라고 있었다.[80]

1940년 9월 16일, 저우는 메이쓰핑(梅思平)과 화평운동의 과거와 장래를

---

75) 『日記』, 296쪽.

76) 『日記』, 265쪽 주 2).

77) 『日記』, 252, 254쪽.

78) 『日記』, 230, 252, 294, 309쪽.

79) 『日記』, 373, 373쪽 주 1), 392, 393쪽.

80) 『日記』, 448쪽.

논의한 후, 다음과 같은 결론을 내린다. 중국이 통일이 안 되고 분열되어 있다면 국가에게는 절대로 복이 아니므로 [충칭과 난징의 합류를 통한] 전면화 평은 반드시 이루어져야한다고 강조한다. 만약 충칭과 난징이 합작을 할 수 있다면 자신을 비롯한 대일합작자들은 개인의 지위를 기꺼이 희생하겠다는 것이다. 저우에게, 장래 "중앙으로 귀환"하는 것은 "대의"였고 또 국가를 위하는 것이었다. 물론 여기서 중앙이 충칭인지 난징인지는 확실치 않지만, 저우는 항상 "충칭과 난징의 합작"을 우선시하고 있었다고 보아도 좋을 것이다.[81] 왜냐하면 그는 충칭과 난징은 본래 "한집안 사람들"이기에 전면화평이 실행되 기 전이라도 늘 사전연락을 취하지 않으면 안 되었기 때문이다. 1942년 10월 29일자 일기에서 그는 당장이라도 충칭으로 날아가서 중일화평과 충칭과 난징 간의 통일을 위한 구체적 방법을 타협하고 싶다고 쓰고 있을 정도였다. 나아가 그는 며칠 후인 11월 1일, 충칭으로 가는 장(張)이라는 성을 가진 인사에게 충칭의 "옛동지(老同志)"들에게 국가와 민족을 모두의 귀착점으로 생각하자고 말해달라고 부탁하는 등, 충칭과 난징 간의 합작을 당연하고도 당면한 것으로 생각하고, 여러 경로를 통해 자신의 의도를 충칭에 전달하고자 했다.[82] 태평양전쟁의 전세가 일본에게 불리해지고 있을 때인 1944년 7월 5일에도 저우는 충칭에 있던 탕성즈(唐生智)의 동생인 탕성밍(唐生明)을 포함한 몇몇 충칭 측의 인사들을 상하이에서 만나, 일본 패망 후 대외적으로는 중립과 대내적으로는 통일을 구호로 삼자고 약정한다. 또 그는 당시 중국의 상황을 세계의 전황으로부터 떼어내어 태평양전쟁 결속 후, 일본군과 미군 모두를 철수하게 하자고 충칭 측에 제의하는 등, 충칭과 난징의 통일을 촉진시키려고 시도하였다.[83] 저우의 이런 "충칭과 난징의 합작" 추구가 상황의 변화에서 비롯된 것인지 아니면 그가 지속적으로 추구한 것인지에 대한 논란이 있을 수 있으나, 이상에서 살펴보았듯이, 그 노력은 이미 충칭탈출 후인 1939년

---

81) 『日記』, 581~582, 587, 682쪽.

82) 『日記』, 713, 761, 763, 836쪽.

83) 『日記』, 1044쪽.

초부터 시작되었고 1945년 일본의 항복시까지도 지속되었다. 다만, 위에서 잠깐 지적했듯이, 충칭과 난징의 합류를 정당화한 논리적 근거는 전면화평에서 1941년 이후 점차 충칭과의 연합반공으로 옮겨갔다고 할 수 있다.[84]

난징국민정부가 결과적으로 실패한 정부라는 데는 의문의 여지가 없다. 1945년 8월 15일, 5년여 지속되어 온 난징국민정부는 그 운명을 패망한 제국일본과 공유해야 했기 때문이다. 그런데 국내외 학계에서는 난징국민정부의 실패 원인을 대부분 단순히 괴뢰정권의 운명론을 통해 설명해 왔다. 이들 연구는 난징국민정부의 실패를 크게 두 가지 원인을 통해 분석, 설명한다. 첫째, 난징국민정부가 대일합작정부로서 갖는 태생적 한계이다. 왕 그룹의 합작대상이었던 일본의 후원과 지도하에 세워진 난징국민정부는 다른 괴뢰정부(僞政府)들의 운명과 상황처럼, 정부수립 당시부터 이미 '괴뢰'라는 한계를 갖고 있었다는 것이다. 또 왕 그룹은 민족패배주의자들이어서 그들의 항전상황에 대한 이해는 그릇된 것이었기에(失算),[85] 그들이 대일합작을 통해 중일평화 달성과 군사분규의 평화적 해결을 위해 노력하는 것 자체가 애초 불가능했다는 것이다. 결국 난징국민정부는 1945년 일본의 패망과 그 운명을 같이 할 수밖에 없는 근원적이자 결정적인 태생적 한계가 있었다는 것이다. 둘째, 일본의 공작과 방해, 무성의에 의한 실패라는 설명이다. 이 설명에 따르면, 비록 난징국민정부 수립을 단순히 일본의 '공작'에 의한 '적에의 투항'의 결과로만 이해하기에는 복잡한 사실과 내용이 있고 나아가 대일합작자들이 어느 정도 독립된 정부를 수립하고자 노력했던 것은 사실이지만, 일본 군부와 정부가 대일합작자들의 이런 노력에 비협조적이었고 때로는 방해하는 태도를 취했다고 한다. 따라서 결국 그들의 노력은 일본의 공작과 농간에 명백히 이용당하는 등 결국 실패할 수밖에 없었다는 것이다.[86]

---

84) 黃美眞·張雲, 앞의 글, 106쪽.

85) '잘못된 계산'(失算)이란 관점은 일부 타이완 학자들이 주로 취한 설명이었다. 「汪僞政權 學術討論會在京召開」, 『民國檔案』 1986年 3期, 12쪽.

86) 국내학계에서 이런 견해에 동조한 연구가 文明基, 「中日戰爭 初期(1937~39) 汪精衛派의

물론 이런 설명을 전적으로 무시하거나 부인하기는 어렵다. 그러나 문제는 과연 그런 원인들만이 진정 유일하고 결정적인 것이었을까 라는 점이다. 이런 의문에 대한 대답을 저우의 일기는 제공한다. 즉 저우의 일기를 통해 알 수 있는 두 번째 흥미로운 사실은, 난징국민정부가 그 성립부터 해체시까지 다양하면서도 복잡한 내부문제들을 이미 지니고 있었다는 것이다. 그런 정부 내의 여러 복잡한 사정과 문제점들은 난징국민정부 실패의 원인을 단순화해서 이해할 수 없다는 것, 즉 그 실패는 복잡한 상황과 문제점들의 총체적 결과로 이해해야 할 필요가 있음을 지적한다. 그 실패를 초래한 요인들은 로이드 이스트만이나 치시성(Ch'i Hsi-sheng)이 지적한 국민당과 국민정부가 지녔던 여러 문제점들과 그 성격을 같이 한다. 즉 당과 정부 내에 만연하고 고질화되었던 여러 병폐와 문제들이 정부의 붕괴를 내부로부터 이미 야기시키고 있었던 것이다.[87]

그럼 난징국민정부가 갖던 내부 문제들은 구체적으로 무엇이었을까? 먼저 내부파벌의 존재와 파벌간의 대립, 불화 등을 들 수 있다. 국민당의 파벌정치는 이미 잘 알려진 사실이다. 저우도 국민당이 1928년 통일을 이룬 후 많은 좋은 기회를 놓친 이유를 왕을 비롯한 장제스와 후한민(胡漢民) 같은 책임을 저야할 최고 당국자들이 서로 얽힌 이해관계로 인해 감정싸움을 했기 때문이라고 일찍부터 이해하고 있었다.[88] 난징에 있던 왕 지도하의 국민당과 국민정부도 예외는 아니었던 것 같다. 난징국민정부 내에서 최초로 파벌 간의 반목이 불거진 것은 정부수립을 앞두고 왕징웨이가 정식주석으로 취임해야 할 것인가 아니면 대리주석으로 취임할 것인가 라는 문제를 두고 내부에 대립이 생겼을 때이다. 저우는 후일 '충칭·난징의 합작'을 위해서 왕이 절대 정식주석으로 취임해서는 안 된다고 주장했다. 따라서 저우는 1940년 10월 27일자 일기에

和平運動과 和平論理」, 『東洋史學』 71(2000.7), 117~154쪽이다.

87) Lloyd E. Eastman, *Seeds of Destruction*과 *Hsi-sheng Ch'i, Nationalist China at War: Military Defeats and Political Collapse, 1937~45* (The University of Michigan Press, 1982) 참조.

88) 『日記』, 478쪽.

"옛 개조파(改組派)"가 일본과 함께 왕의 국민정부 주석 취임을 밀어붙이고 있다고 적고, 이어 30일에는 왕도 그들을 편들고 있다고 불만을 토한다. 물론 개조파와 관련된 난징국민정부 내의 파벌 문제는 왕의 오랜 측근 중의 한 사람이던 린보성(林柏生)이 파벌적 소조직을 내부에서 만들고 있다고 저우가 비판했듯이, 이미 불거진 문제였다. 이후 난징국민정부와 당내에는 구개조파, 공관파(公館派), CC파 등 같은 파벌적 소조직들이 만들어지고, 저우 자신도 자신을 따르는 개인적 소조직을 갖고 있었다. 물론 그 소조직들 내에서도 곧잘 내부 분파가 생기곤 했다.89)

나아가 왕의 부인인 천비쥔(陳璧君)이 광둥(廣東)을 개인적인 [정치적] 자산으로 간주하는 경향이 있었고, 그로 인해 광둥에서는 재정문제와 관련된 여러 논란이 있기도 했다. 이런 사정으로 인해 저우는 후일 천이 정치적으로 전횡을 하고 있다고 비판을 하기도 한다.90) 아마도 저우의 왕부인에 대한 이런 비판 때문이겠지만, 왕은 한동안 저우에게 불만을 품기도 했다. 따라서 저우는 자신의 왕에 대한 충실함에 변함이 없다고 왕에게 전하고 결국 왕의 신임을 확인하기도 했다.91) 이런 상황은 당과 정부 내에서 천비쥔의 정치적 전횡이 저우와 왕 사이에 (혹은 저우와 왕의 다른 측근들 사이에) 있었던 신뢰에 조금씩 금이 가게 만들고 있었음을 의미한다. 물론 저우와 왕이 반목했다는 정황을 보여주는 것은 없으나, 천의 정치에 대한 지나친 관여는 저우가 왕에게 진언을 할 수 없다고 느끼는 상황으로 까지 발전한 경우도 있었다.92)

내부파벌 문제는 결국 서로를 의심하거나 진정 신뢰할 수 없는 상황도 만들었다. 1944년 초 왕이 병으로 집무를 더 이상 볼 수 없자, 저우와 천궁보는 둘이 왕의 권력을 대신하기로 결정한다. 그러나 천비쥔은 저우와 천궁보가 이를 권력장악의 수순으로 이용하려한다고 둘을 의심의 눈으로 바라본다.

---

89) 『日記』, 272, 398, 407쪽 ; 朱子家, 앞의 책, 제1책, 52~58, 128~131쪽, passim.
90) 『日記』, 400, 406, 562쪽 ; 朱子家, 앞의 책, 제2책, 20~25쪽.
91) 『日記』, 603쪽.
92) 『日記』, 751~75쪽.

사실 천 뿐만이 아니라 일부 인사들도 천궁보가 행정원장 대리를 맡게 되면 저우가 나중에 후회할 것이라고 저우에게 조언하는 등 당시 정부 내에는 대립적 파벌의식이 팽배해 있었다.[93] 또 난징국민정부 수립이후 저우가 금융과 재정을 총괄하고 있는 것에 대해 내부 불만도 상당히 있었다. 그래서 저우에 대한 중상과 모략이 점차 만연했는데, 저우는 그런 중상모략을 하는 자가 자신이 잘 아는 친구라는 사실을 타인을 통해 알게 되고 놀라움을 금치 못한 경우도 있었다.[94] 왕이 1944년 12월 일본에서 사망한 후, 이런 파벌적 의식과 행태 및 대립은 더욱 더 심각해졌다. 저우의 일기에 따르면, 이런 파벌의식과 불신은 저우가 충칭과 당시 연락을 취하는 것 자체를 천궁보를 비롯한 다른 인사들이 불쾌하게 생각하는 상황으로까지 발전한다. 물론 저우는 이를 천의 오해라고 하면서 충칭과의 연락이 갖는 의미와 내용을 상세히 천에게 설명하고 천을 이해시키려 했다. 그러나 저우는 천과의 관계가 이후 미묘해지는 것을 느끼는데,[95] 저우와 천 사이의 이런 불신은 일본 패망 직전과 직후 난징국민정부 내에 있었던 여러 내부 소요의 원인을 제공했을 가능성이 높다.[96]

난징국민정부 수립 전후, 저우의 일기에는 많은 자격미달자들이 등용되던 신정부 내의 인사문제가 지적되어 있다. "인재 결핍" 문제를 저우가 구체적으로 일기에 적기 시작한 것은 1940년 1월 6일이었다. 이후 그는 반복적으로 정부 내의 열악한 인재상황을 지적하고, 그로 인해 정권의 내부 기초가 심각하게 "불건전"하다고 느끼면서 정권의 장래를 비관적으로 보기도 했다.[97] 심한 경우, 그는 정부 내에 투기분자들이 있다고 한탄했다. 저우에 따르면, 당시 좋은 인재를 구하기 힘든 이유는 그것이 "우리나라의 일반적인 병폐(通病)"

---

93) 『日記』, 1059, 1073쪽.

94) 『日記』, 690~691쪽.

95) 『日記』, 1157~1158, 1167쪽.

96) 대표적인 것이 '저우하오(周鎬) 사건'으로 악화된 저우와 천 사이의 대립이다. 이에 대해서는 袁愈佺, 「汪僞政權垮臺前後瑣記」, 黃美眞 編, 『僞庭幽影錄－對汪僞政權的回憶紀實』(中國文史出版社, 1991), 346~349쪽 참조.

97) 『日記』, 222, 291, 309, 350쪽.

때문이기도 하지만, 난징국민정부의 경우는 그것이 더욱 심각했다고 보았다. 따라서 그는 정부 내에 과연 "몇 명이나 국가와 민을 위하고 있는"지 반문하지 않을 수 없었다. 결국 정부 성립초기부터 불거진 인재결핍이란 문제는 저우가 과연 "건국"이 가능한지 스스로 자문을 하게 할 정도의 상황이었다.[98] 1941년 3월 15일자 일기에서 저우는 좀 더 구체적으로 난징국민정부를 위해 일하는 상층간부, 중하층간부 가운데 공(公)과 국가의 대계·민생을 생각하는 인사가 과연 몇 명이나 있겠는가라고 자조 섞인 질문을 한다. 이어 다음날에는 만약 난징국민정부가 장래 붕괴한다면, 그 최대의 원인은 바로 이 같은 인재 결핍 등 인사와 관련된 문제에 있다고 생각을 굳힌다. 그리고 그는 진인사대천명(盡人事待天命)일 뿐이라고 결심한다.[99]

인사문제와 관련하여 난징국민정부가 갖던 또 다른 문제는 정실인사였다. 한 예로, 국민정부의 난징환도를 앞두고 추민이(褚民宜)를 해군부장으로 임명하고자 하는 왕의 마음을 알게 된 저우는 그것이 불합리함을 주장한다. 그는 천궁보와 함께 1940년 3월 22일 이에 반대한다는 뜻을 왕에게 표하면서 타협책으로 추를 외교부장에 임명할 것을 왕에게 건의한다. 주지하듯이, 추는 왕의 오랜 측근 중의 측근이었지만, 해군 혹은 군사관련 지식이나 경력은 전혀 없었다.[100] 이런 문제 외에도 내부부패도 문제였다. 6월 15일자 남긴 그의 일기는 내부부패를 또 다른 문제의 하나로 적시하고 있다.[101]

물론 좀 더 구체적인 연구가 필요하지만, 이상에서 대략 열거한 난징국민정부 내의 여러 문제점들은 난징국민정부의 실패가 사실상 그 내부 문제에서도 기인하고 있었다는 것을 나타낸다. 그리고 그 문제들은 사실 국민정부와 국민당 자체가 오랫동안 지녀온 내재적인 것이었다. 1945년 이후 장제스

---

98) 『日記』, 401, 402, 406, 407, 423, 437쪽, passim. 인용은 852쪽.

99) 『日記』, 483쪽.

100) 『日記』, 269쪽.

101) 『日記』, 320쪽, passim. 국민당 자체의 내부부패 문제는 이미 저우가 지적한 바 있다. 周佛海, 「中國國民黨過去的功罪與今後的地位」, 5~7쪽을 볼 것.

하의 국민당이 내부로부터 붕괴하듯이, 대일합작 난징국민정부 역시 그 내부로부터 붕괴하고 있었다고 할 수 있다. 탕성즈, 룽윈(龍雲) 및 쓰촨(四川)의 군인들이 장제스 타도[倒蔣]를 위해 일본패망 직전 난징 측에 연락을 취했다는 저우의 일기내용은 항전이 끝나기도 전에 충칭 내에 이미 파벌적 분화가 다시 일고 있었음을 보여준다.[102] 저우의 일기에 나타난 이 같은 국민정부의 문제점들은 그 성격이나 양태로 봐서 1927년 이후 생겨난 국민당내 정치문화와 정치양태에서 파생된 것이라고 봐도 큰 무리는 없다. 따라서 이런 문제들의 근원은 국민당이 만든 내부 정치문화로 돌아갈 수 있는데, 아무튼 이에 관해서도 앞으로 더 많은 검토가 필요하다.[103]

물론 필자는 난징국민정부의 실패가 그 내부문제에서만 기인했다고 보는 것은 아니다. 많은 학자들의 지적처럼, 일본의 지원과 후원을 받고 성립했기에 그 정부는 이미 많은 약점과 한계를 지니고 있었다. 옳은 지적이다. 다만 필자가 주장하는 것은 국민당과 국민정부가 갖고 있던 문제들, 즉 내부파벌, 부패, 정실인사 등으로 가득 찬 국민당과 국민정부는 1925년 이후 당과 정부 내부에 불건전한 정치문화를 형성해 냈고, 그것이 대일합작 국민정부의 실패를 이끈 요인의 하나였다는 것이다. 그리고 그 내적 요인들이 다른 외적 요인들만큼이나 대일합작의 실패에 공헌했을 것이라는 것이다. 합작정부라는 태생적 성격과 한계, 일본의 공작만이 아니라 국민당과 국민정부가 갖던 내부 정치문화의 연장선상에서 탄생한 난징국민정부는 애초 실패의 요인을 내부적으로 지니고 있었다고 보는 것이 더 정확할 것이다. 저우가 이런 당과 정부 내의 사정과 문제점들을 약 5년 동안 관찰하고 일기에 상세히 적고 있듯이, 그것은 난징국민정부 초기부터 일관된 문제이자 점차 악화되던 문제이기도 했다.

---

102) 『日記』, 1035, 1037쪽.

103) 필자는 이미 다른 글에서 국민당의 정치문화가 충칭에 대항하는 난징 국민정부의 성립을 정당화하는 역할을 했을 가능성을 지적한 바 있다. Dongyoun Hwang, "Wartime Collaboration in Question" 참조.

V. 맺음말

이상 저우포하이의 일기를 중심으로 항일전쟁시기 대일합작과 관련된 문제 몇 가지를 살펴보았다. 필자의 능력과 지면 관계상, 이 글에서 다루지 못한 많은 다른 쟁점과 문제들(예컨대 아시아주의와 삼민주의 문제 등)이 있지만, 이에 관해서는 다른 지면을 통해 살펴볼 수밖에 없을 것 같다. 일단 여기서는 이 글에서 확인한 몇 가지 쟁점이 되는 문제들을 정리하고자 한다. 이미 필자는 다른 지면을 통해 왕징웨이의 대일합작을 바라보는 기존 연구들이 포폄, 실증, 목적론을 통해 진행되었다고 비판한 바 있는데,[104] 사실 이 글도 그런 비판의 연장선상에서 준비되었다.

먼저, 저우는 대일합작 초기부터 충칭과 난징의 합류를 염두에 두고 충칭을 탈출했고 또 대일합작을 추진했다. 이는 그의 충칭탈출과 대일합작이 단순히 정치투쟁의 결과도 아니고, 매국적 행위도 아니고, 일본의 공작에 놀아난 것도 아니라는 사실을 보여준다. 저우는 비교적 나름대로 논리적으로 충칭탈출과 대일합작에 의미를 부여하고 있었다. 그는 1927년과 1931년에 각각 있었던 난징과 우한 사이의 합삭(寧漢合流)이나 난징과 광둥 사이의 합작(寧粤合流)이란 당내 경험을 기억하고 있었을 것이다. 그리고 그런 경험과 기억은 그의 충칭탈출과 대일합작을 통한 정부수립에 중요한 정당성을 부여했고, 정치적으로 가능한 행위로 간주하게 했을 수 있다. 만약 그런 가능성이 인정된다면, 저우를 비롯한 왕 그룹은 대일합작에 따른 별도의 국민정부를 난징에 수립하는 것을 국민당 내 정치문화 속에서 그다지 특별하거나 예외적인 일로 보지 않았을 것이다. 국민당내 정치문화나 경험에서 보면, 그런 별도의 정부수립이 그다지 불가능한 것이 아니었기 때문이다. 1925년 쑨원 사망 이후, 국민당내에 절대적 지도자가 사라지고, 제 파벌과 세력 간의 '연합정치'라는 새로운 정치문화의 틀이 새롭게 형성되고 있었다는 가정이 가능하듯이,[105] 왕의 충칭탈출이 난징과 충칭

---

104) 황동연, 앞의 글.

105) 이런 시각에서 항일전쟁시기 국민당의 군사적 패배와 정치적 붕괴를 다룬 것이 Ch'i

세력간의 재결합을 전제로 상정(寧渝合流)하고 있었다면, 그의 행위는 국민당 정치문화와 정치행태의 연속선상에서 이해될 수 있는 것이다. 물론 이 경우, 최소한 왕 그룹의 시각에서 보면, 화평과 반공이 차례로 그 합류를 정당화할 수 있는 쟁점이었다. 물론 이런 주장과 가정이 저우 등 왕 그룹의 대일합작을 영웅시하거나 정당화하려는 것은 아니다. 필자의 요점은, 대일합작 문제를 단순히 적과의 합작과 관련된 문제로서가 아니라, 1930~40년대 복잡했던 중국의 정치상황과 국민당내 정치 구조, 역사 및 문화 맥락 속에서도 파악하자는 것이다. 위에서 살폈듯이, 저우의 일기는 이런 주장과 가정을 뒷받침하는 중요한 시사를 많이 한다.

다음은 저우를 비롯한 왕 그룹이 나름대로 갖고 있던 민족주의 논리에 관한 문제이다. 많은 학자들이 저우 등 왕 그룹이 민족주의 개념을 갖고 있었다는 것 자체를 부인한다. 만약 긍정하더라도, 그들의 민족주의가 유효성 (혹은 시대성)이 떨어졌다는 것을 지적한다. 그러나 이 글에서 살펴보았듯이, 저우는 항전을 항전론자들과는 전혀 다르게 두려움과 망국에 대한 가능성을 갖고 바라보았다. 이런 그의 인식이 옳았는지 혹은 적절했는지 여부는 사실 부차적 문제이다. 오히려 그런 인식이 어떻게, 왜 항전론자들과는 다르게 생기고 마침내 충칭탈출과 대일합작으로 발전했는지를 살펴보는 것이 더욱 중요하다. 즉 저우의 민족주의 이해와 개념은 어떻게, 왜 다르게 형성되었고 그 내용은 무엇인가가 쟁점이 되어야지, 저우는 매국노였다는 결정론적 인식은 역사적 이해에 도움이 안 된다. 그리고 그 민족주의가 왕징웨이를 비롯한 많은 다른 당내외 인사들과 공유되고 합리화된 과정과 의미가 궁구의 대상이 되어야 할 것이다.[106] 반공과 '일본'이 그런 민족주의의 형성과 전개에 어떤

Hsi-sheng, 앞의 책이다.

[106] 저우 등 왕 그룹의 민족주의와 항전론자들의 민족주의 이해에는 큰 차이가 있었는데, 필자는 그 차이가 전시에 정부보다는 민족과 민의 보호를 강조한 점, 전시정부의 역할에 대한 이해의 차이 등에서 나왔다고 파악한 바 있다. Dongyoun Hwang, "Wartime Collaboration in Question" 참조.

역할을 했는지는 앞으로 검토할 필요가 있는 중요한 문제이다.

따라서 저우의 망국에 대한 우려, 항전에 대한 비관적 태도를 단순히 민족패배주의로 보는 데는 무리가 있다. 중요한 것은 당시 저우의 민족주의 개념이 옳았는가 여부가 아니다. 베네딕트 앤더슨(Benedict Anderson)은 민족을 "상상의 공동체(imagined communities)"라고 정의하고, 민족주의를 "특별한 종류의 문화적 가공물(cultural artifacts of a particular kind)"이라고 지적했다.107) 그렇다면, 문제의 핵심은 저우가 항전초기 "상상하고" "창안한" 중국은 항전을 통해 이룩될 수 있는 근대민족국가가 아니었다는 것이다. 그럼 그는 왜 화평, 즉 대일합작을 통해 근대국가의 창안을 상상했을까? 역사학자 티모시 브룩(Timothy Brook)은 이에 대해 "의존을 전제로 하면서 독립을 지향하는 적과의 합작"이란 당시의 복잡했던 중국민족주의의 일면을 강조한 바 있다. 그리고 그는 그런 민족주의를 "대일합작자의 민족주의"(collaborationist nationalism)라고 주장하였다.108) 사실 이런 주장은 많은 것을 시사한다. 다만 그런 주장이 좀 더 타당성을 가지려면 저우를 포함한 대부분의 대일합작자들이 일본유학파 출신이라는 점에 대한 검토를 통해, 일본유학과 대일합작이란 행동의 문화적 관련성을 파악하는 것이 중요한 작업의 하나일 것이다. 즉 왜 저우 등 왕 그룹만이 그런 상상(대일합작을 통한 근대국가건설)을 했는가를 밝혀야 한다는 것이다. 이후 검토 과제이다. 다만, 저우의 민족주의가 장제스 하 국민정부의 전시 정책("후퇴를 통한 시간벌기")과 전략("초토전" 등)에 대한 급진적 반대와 도전이라는 성격을 갖고 있었다는 것을 우리가 인정한다면, 아리프 딜릭(Arif Drilik)이 지적하듯이 그런 도전과 반대의 배경에는, 정부의 역할을 단순한 기존 질서유지만이 아닌 "변화를 위한 적극적 주체"(an active agent of change)가

---

107) Benedict Anderson, *Imagined Communities: Reflections on the Origins and Spread of Nationalism* (Verso, 1983, reprinted 1985), p.13.

108) Timothy Brook, "Collaborationist Nationalism in Occupied China" in Timothy Brook and Andre Schmid eds., *Nation Work: Asian Elites and National Identities* (The University of Michigan Press, 2000), pp.159~190.

되는 것으로 이해하기 시작한 민국시기 중국민족주의의 전제가 반영되어 있었을 가능성이 있다.109)

저우 등 왕 그룹은 과연 매국노(한지앤)였나 라는 질문은, 서두에서 최근의 연구 경향을 소개했듯이, 이제 진부하다. 물론 저우도 그의 일기에서 자신과 왕 그룹은 한지앤이 아니었다라고 대답한다. 학자들의 많은 연구에 의하면, 한지앤이란 용어는 역사적으로 보면, 시기에 따라 그 내용과 의미가 다양하게 변화되었고, 그 자체가 이념적 영향을 받았으며 나아가 정치적, 도덕적 판단을 통해 만들어진 용어라고 한다.110) 이는 장제스가 1950년 타이완으로 패퇴한 후, 중국공산주의자들을 (소련의 지원을 받았으므로) 한지앤이라고 칭한 데서도 그 의미가 정치적, 이념적이고 다변함을 알 수 있다.111) 결국 문제의 핵심은, 저우가 매국노였는지 혹은 민족영웅이었는지 여부보다, 저우 등 왕 그룹이 민족에 대한 반역자여서 한지앤으로 불린 것인지 아니면 장 지도하의 국민당(항일)정책에 반대, 도전해서 당(이 경우 장)에 대한 배신자로 비쳐서 한지앤으로 불린 것이지 궁구해 봐야한다는 데 있다. 왜냐하면, 충(忠)과 간(奸)의 개념, 흔히 말하는 간신이라는 개념도 사실상 작위적인 개념이고 흔히 말하는 매국노라는 개념, 즉 한지앤도 역사적으로 보면 본인의 의지와는 상관없이 주위의 환경이 그 자신을 매국노로 만들어 갔기 때문이다. 앞으로 궁구해야 할 문제는, 대일합작자들이 한지앤이었는지 여부보다는, 그들의 소위 '친일'이 갖는 역사적, 문화적 의미라고 제시하고 싶다.

이 글은 대일합작과 관련된 많은 문제와 쟁점에 명쾌한 해답을 제시하기보다는 그런 대답을 찾을 수 있는 많은 가능성을 제시하였다. 명쾌한 대답이 불가능한 것은 전시 대일합작이 복잡한 과정과 내용의 산물이기 때문이다.

---

109) Arif Dirlik, "Republican China: Chaos, Process, and Revolution" *Chinese Republican Studies Newsletter* 2-1 (October 1977), p.5.

110) 王柯, 앞의 글 ; 茅海建, 「傳統史學中的 "奸臣"形象」, 『史學情報』 1988年 第3期, 21~26쪽 ; 李陵, 「漢奸發生學」, 『讀書』 1995年 10月, 87~93쪽.

111) 蔣總統(蔣介石), 『爲何漢奸必亡侵略必敗』(正中書局, 1951).

그런 대답을 제시하는 것은 필자에게 남겨진 과제다. 다만, 이미 다른 지면을 통해 지적한 바 있지만, 필자는 전시 대일합작과 관련된 문제를 도덕관념, 정치적 평가, 목적론적 시각에서 벗어나 좀 더 넓은 역사적 시각을 통해 바라볼 것을 주장한다. 그런 비판은 복잡한 현상이던 대일합작뿐만 아니라 나아가 1930~40년대 중국 정치사(나아가 동부아시아 정치사상사)를 다시 읽을 수 있는 가능성도 제시해 준다. 물론, 필자의 이런 주장이 전시 대일합작이란 행위를 정당화하려는 작업의 일환에서 나온 것은 절대 아니다. 오히려 전시 대일합작을 복잡했던 중국현대사의 산물로 보고자 하는 필자의 노력의 일환이고, 나아가 중국현대사를 다시 읽으면서 재구성하고자 하는 의지의 표현이다.

제 **12** 장

중국현대사 속의 중화인민공화국 60년

Ⅰ. 머리말

1949년 10월 1일, 마오쩌둥(毛澤東)은 중화인민공화국의 성립을 베이징(北京)의 톈안먼(天安門)에서 대내외에 선포하였다. 그로부터 반세기 이상이 지난 지금, 사회주의중국에 대한 평가가 여러 면에서 활발히 이루어지고 있다. 중화인민공화국 정부는 지난 60년간 쌓아올린 인민공화국의 업적, 특히 개혁개방후의 경제발전과 국제사회에서의 중국의 위치와 발언력이 신장했다는 사실을 강조하는 반면, 한국을 포함한 세계의 주류 언론들은 사회주의중국 60년의 역사와 현재를 경계의 눈초리를 통해 바라본다. 중국 내 경제 불평등, 환경파괴, 인권탄압 등은 늘 지적되는 문제지만, 가장 중요한 관심사는 중국이 앞으로 어떤 정치적, 경제적 변화를 겪을 것인지를 점쳐보는 것이었다. 그러나 이러한 움직임의 대부분은 중화인민공화국과 사회주의중국의 성립을 중국현대사의 전 과정에서 이해하기 보다는, 지난 30여 년간의 개혁개방을 전 지구화하는 세계 속에서 이해하면서 사회주의 중국의 변화를 예상해보는 극히 제한적인 관점에 기초한 것이다. 베이징 당국뿐만 아니라 세계의 주된 관심은 지난 30여 년 개혁개방의 결과나 그에 따른 21세기 중국의 모습뿐이었다고 말할 수 있다. 이런 경향은 아래에서 필자가 지적하듯 역사인식의 문제와 깊이 관련된 것이고, 따라서 자칫 왜곡된 중국현대사상을 만들 수 있다는 점에서 문제의 소지가 있다.

이 글은 그러한 경향을 피하면서 중화인민공화국의 60년을 역사적으로 이해하려고 시도한다. 1949년의 의미를 중국현대사 속에서 생각해 보고, 사회주의중국 60년, 특히 지난 30년간의 개혁개방 하의 중국사회를 사회주의중국 성립의 의미와 연결하여 이해하고자 한다. 따라서 이 글은 중국현대사와 현 중국사회를 바라보는 기존의 일부시각을 비판할 것이다. 나아가 이 글은 기존의 지배적 역사인식이 1980년대 이후 중국사회를 이해하는데 많은 문제점을 야기한다는 점을 아울러 지적할 것이다. 구체적으로, 필자는 1980년대 이전, 중국현대사 해석을 거의 전적으로 지배하던 소위 혁명사관의 문제와 중화인민공화국 성립의 전사(前史)로만 파악되어온 중화민국시기(1912~1949) 이해의 문제를 살피는 것으로 이 글을 시작한다. 그리고, 그런 지배적 역사인식이 왜 지금 더욱 문제가 되는지를 1980년대 이후 중국상황과 연결시켜며 살펴본다. 마지막으로 필자는 중국사회주의와 중국민족주의의 기원, 2008년 베이징올림픽의 의미, 그리고 마오의 신민주주의 의미를 재고해 본다. 현 개방개혁하의 중국사회를 이해하기 위해서는, 현 중국사회를 있게 만든 중국혁명, 즉 중국사회주의와 중국민족주의의 기원에 대한 이해가 필수적이다. 더욱이 마오의 신민주주의는 중국혁명의 역사적 의미나, 현 중국공산당 지도자들의 '사회주의초급단계론'과 뗄 수 없는 관계에 있다. 그리고 베이징올림픽은 바로 사회주의 초급단계론에서 생성된 개혁개방 정책의 성공을 상징하는 것으로 받아들여진다. 방법론적으로 필자는 이 글에서 목적론(teleology)과 역사결정론(혹은 필연론: determinism)을 통한 중국현대사와 사회주의중국 60년을 이해하는 기존의 경향을 비판하면서, 역사적 시각을 통해 중국현대사의 전개 속에서 중화인민공화국 60년과 현 중국사회를 이해하자고 제안한다.

II. 1949년은 중국현대사의 최종 목적지?

1949년 중화인민공화국의 성립은 중국역사에서 큰 획을 그었다. 프랑스의 저명한 중국현대사학자인 장 셰노(Jean Chesneaux)는 1949년이 현대중국의 역사발전 과정 속에서 "급격한 단절"(a radical break)을 의미했을 뿐만 아니라, 동시에 그 역사발전 과정에 "전혀 새로운 역사적 접근"(a completely new historical approach)을 의미했던 해였다고 강조한 바 있다.[1] 즉 1949년 중화인민공화국의 성립은 이전 역사시기라 할 수 있는 근대중국시기(19세기초~1911년)와 중화민국시기(1912~1949)와의 철저한 역사적 단절과 함께 새로운 역사발전(사회주의중국)을 시작했다는 의미를 갖는다는 것이다. 쟝의 주장은 사회주의중국 성립의 역사적 의미를 강조했다는 점에서 타당성을 갖는다. 다만, 중국현대사를 목적론적 시각에서 이해할 수 있는 가능성도 시사했다는 점에서 이론의 소지가 있다. 여기서는 쟝의 이 같은 주장의 타당성에 대한 전반적 검토보다는 그의 주장에 영향을 준 소위 혁명사관과 역사적 단절의 대상인 중화민국시기를 바라보는 시각에 대해 먼저 간단히 검토해 보자.

먼저 1949년 중화인민공화국 성립의 의미를 기왕에 지배적이던 혁명사관을 통해 간략히 정리해 보자. 청(淸)왕조와 영국간의 아편전쟁(1840~1842)에서 청이 패배한 이래, 구미제국주의와 중국내 '봉건'세력에 대한 중국인민의 민족해방투쟁이 시작되었다. '반제(反帝)'와 '반봉건(反封建)'은 민족해방투쟁의 과제가 되었고, 1917년 러시아의 10월혁명과 1919년 5·4운동을 거치며 탄생한 중국공산당의 성립(1921)은 반제와 반봉건을 지향하는 민족해방투쟁을 새로운 형태의 혁명운동인 신민주주의혁명으로 전향, 발전시켰다. 신민주주의혁명은 중국공산당의 영도 하에 (대부르주아지, 지주, 그리고 이들의 대표세력인 중국국민당 반혁명세력을 제외한) 여러 제 계급의 연합을 전제로 하였다. 이러한 원칙은 항일전쟁(1937~1945)과정에서 마오의 신민주주의론과 연합정

---

1) Jean Chesneaux (translated by Paul Auster and Lydia Davis), *China: The People's Republic, 1949~1976* (Pantheon Books, 1979), preface. ix.

부론으로 구체화되었고, 이러한 원칙을 통해 항일전쟁에서 승리하고 국공간의 내전에서 승리한 중국공산당이 주도가 되어 1949년 성립한 중화인민공화국은, 따라서 중국민족해방투쟁의 승리이자 중국공산주의혁명의 최종 승리를 의미하였다. 인민공화국의 주역인 '인민' 속에는 중국노동자와 농민뿐만이 아닌 신민주주의혁명의 주요 구성원인 소부르주아지나 민족부르주아지도 포함되었다. 요컨대, 반제와 반봉건이란 근현대중국의 과제를 철저히 수행할 수 없었던 장제스(蔣介石)의 중국국민당을 대신하여, 중국공산당이 민주적이고 민족적인 제 세력과 혁명세력을 연합하여(신민주주의), 마침내 두 과제를 1949년 완수하게 되었다는 것이다. 따라서 1949년은 '중국민족해방투쟁의 승리', '중국공산주의 승리'와 '성공'을 의미했으며, 중국은 이후 사회주의로 향한 길을 걷기 시작하였다.

세계사적 의미에서 본다면, 1949년 '중국공산주의의 승리'는 사실 중국공산당이 장제스의 중국국민당에 승리했다는 것만을 의미하지는 않았다. 제2차 세계대전이 끝난 후, 아시아와 아프리카의 식민지 국가들은 구미제국주의 국가에 대한 투쟁과 그에 따른 전 세계적 규모의 민족해방운동을 일으켰다. 이후 미국을 중심으로 한 제1세계와 소련을 중심으로 한 제2세계의 냉전 하의 극한 대립 속에서 제3세계의 결속이 중국을 중심으로 이루어졌고 이들 국가들은 국제정치에서 정치적 발언권을 강화해 나갔다. 마오쩌둥사상(毛澤東思想)은 전후 제3세계 및 사회주의세력의 활발한 탈식민 투쟁에 커다란 영향을 주었다.[2] 1949년 중화인민공화국의 성립은 자본주의와 제국주의세력에 대한 공산주의의 승리, 중국혁명운동의 승리뿐만 아니라, 실상 세계민족해방투쟁의 모델을 의미하기도 했다. 중국공산당이 그 투쟁의 승리자였고 중국국민당이 패배자였다면, 패자를 후원하던 미국은 이후 "왜 중국대륙을 미국이 공산주의

---

2) 이와 관련해서는 Paul Healy and Nick Knight, "Mao Zedong's Thought and Critical Scholarship," in Arif Dirlik, Paul Healy, and Nick Knight ed., *Critical Perspectives on Mao Zedong's Thought* (Humanities Press, 1997), pp.3~20과 같은 책의 Part III "Mao Zedong's Thought in Global Marxism"의 소수 논문(pp.265~385) 참조.

에 잃었는가"라는 질문에 대한 답을 찾아야 했다.

이상 간략히 서술한 신민주주의혁명사관은 중국 공산주의 학자뿐만 아니라 구미와 일본의 마르크스주의 및 급진 학자들에 의해 대부분 받아들여졌었다. 그런데 보수주의자나 반공주의자들도 대부분 이러한 시각을 기본적으로 따랐다는 데서, 혁명사관을 (일부라도) 긍정하는 것 자체가 반드시 중국공산당의 역할이나 중국사회주의 혁명에 대한 긍정을 의미하는 것으로 보는 것은 잘못된 것이다. 마르크스주의 학자들이나 비판적 학자들 대부분은 중국혁명과 중국현대사를 1949년 중국공산당의 승리나 성공과 등치시키고, 제국주의와 자본주의에 대한 사회주의나 공산주의의 최종승리와 자본주의의 사회주의로의 발전을 역사의 필연성 내지는 법칙성으로 이해하고 강조한 반면, 보수주의자들과 반공주의자들은 중국국민당의 근대화 실패에 대한 아쉬움을 강조하면서 중국공산당의 승리를 역사에 대한 반란, 즉 정상적 역사궤도에서의 이탈로 보았다.

심지어 중국의 공산주의 학자들은 1949년을 (근대중국과 단절된) 현대중국의 시작으로 보는 경향까지 있었다. 1949년이 중국(근)현대의 역사발전에서 큰 획을 그었다는 데에는 이론의 여지가 있을 수 없다. 다만 문제는 1949년 이전과 이후의 시기를 어떻게 역사적으로 이해할 것인가에 있다. 왜냐하면, 1949년 중화인민공화국의 성립을 혁명사관의 영향으로 중국현대사의 최종목적지(제국주의와 봉건주의 타파를 성공적으로 이룬 중국공산주의의 필연적 승리)로 본다면, 1949년 이전 시기인 중화민국시기(1912~1949)는 1949년의 중화인민공화국 성립으로 향하던 과도기 내지는 이행기로 이해된다. 더구나 1949년은 역사의 끝으로 이해될 수도 있다. 역설적인 것은, 1949년부터 1980년대 초반까지의 중화인민공화국 역사마저도, 개혁개방을 통해 필연적으로 자본주의 세계경제체제로 편입해야 했던 역사를 멈춘 역사의 공백기, 과도기, 혹은 이행기로 보는 경향이 최근 대두했다는 사실이다(자세한 것은 아래 참조).

소위 중화민국시기(1912~1949)가 중국공산주의의 승리로 가는 과도기 또는 이행기였다는 해석은 그동안 지배적인 견해였다. 이 견해에 의하면, 1911년 신해혁명까지는 청왕조에 의한 중국의 정치사회적 통합기였고, 이후의 역사는 1949년 중국공산당에 의한 중국사회의 재통합으로 가는 일종의 이행기 내지는 과도기였다.[3] 이 같은 역사해석의 예는 미국의 중국현대사학자들에게서 쉽게 찾아볼 수 있다. 제임스 쉐리단(Jamnes E. Sheridan)은 중화민국시기를 제 사회계급, 정치그룹, 그리고 개인들이 새로운 정치체계와 새로운 사회철학을 갖고 민족 재통합을 실천하려 노력했던 이행기로 파악한다.[4] 로이드 이스트만(Lloyd E. Eastman)의 경우는 "행정적 측면의 통합"을 강조한다. 그에 따르면, 구정치질서의 쇠퇴와 새로운 정치체제의 필요성을 당시 모든 중국인들이 인식하고 있었고, 그 새로운 체제를 민족통일과 독립의 기초 위에서 세우려 했던 시기가 중화민국 시기라는 것이다.[5] 이스트만과는 약간의 차이는 있지만, 로버트 캅(Robert Kapp)의 인식도 대동소이하다. 그는 중화민국시기가 "본질적으로 혁명이전의 현상"을 갖는 시기이자 "후왕조시기"의 상황이었다고 간주하면서, "탈동시화"(desynchronization)와 "(재)동시화"(resynchronization)라는 구도를 중국현대사 이해를 위한 패러다임으로 제시한 바 있다.[6] 길버트 채(F. Gilbert Chan)은 좀 더 노골적으로 중화민국시기의 과도기적 성격을 강조하며, 중국국민당이 당시 수행했던 역할을 "전형적인 혁명 실패의 예"라고 규정하였다.[7] 가장 극단적 예로는 조나단 스펜스(Jonathan D. Spence)를 들 수 있다. 예일(Yale)

---

3) 물론 1990년대 이후 미국의 중국학계는 중국혁명을 새롭게 이해하기 위한 패러다임에 대한 논의를 계속하고 있지만(특히 1990년대 이후 특집으로 *Modern China*에 실렸던 여러 논의 참조), 이에 대해서는 다른 지면을 통한 자세한 검토가 필요하다.

4) James E. Sheridan, *China in Disintegration: The Republican Era in Chinese History, 1912~1949* (The Free Press, 1975).

5) Lloyd E. Eastman, "The Disintegration and Integration of Political Systems in Twentieth-Century China," *Chinese Republican Studies Newsletter* 1-3 (1976).

6) Robert A. Kapp, "Studying Republican China," *Chinese Republican Studies Newsletter* 1-3 (1976).

7) Gilbert F. Chan ed., *China at the Crossroad: Nationalists and Communists, 1927~1949* (Westview Press, 1980), p.1.

대학 역사학과의 석좌교수인 스펜스는 페어뱅크(John K. Fairbank)와 함께 미국인들이 이름을 기억하는 중국전문가이다. 스펜스는 명(明)왕조 말기 이후의 중국역사 자체가 근대(현대)로 이행하는 과도기였고, 16세기 말부터 현재까지의 중국 역사는 중국인들이 "근대중국을 찾아서(The Search for Modern China)" 노력하던 이행기 역사이고, 중국인들의 그런 노력은 지금까지도 지속되고 있다고 본다.[8]

혁명사관과 '통합—과도기—재통합'의 역사구도가 갖는 가장 큰 문제점은 근현대 중국이 직면했던 (비(非)구미 자본주의적) 근대성의 성취와 그에 따른 다양한 국가건설의 구상, 사회정의 실현 등에 대한 중국인들의 다양한 노력을 부각시키기보다는 중국현대사를 지나치게 중화인민공화국의 성립과정 혹은 자본주의 경제발전(근대화) 성취과정으로 단순화시킨다는 데 있다. 즉 역사를 주류와 비주류라는 이분법적 구도로 나누고 그에 따라 역사를 주류, 즉 승자(중국공산당 혹은 자본주의) 중심으로 이해하게 한다. 비주류 즉 패자(중국국민당, 1980년대 이후는 사회주의)와 '부주류'(예컨대 소위 제3세력)는 말 그대로 역사의 부수적 존재나 역사의 조연으로 그려져 왔다. 결국 역사는 승자를 위해서만 움직이고 있었던 것이 된다. 물론 정치적 입장에 따라, 학자들은 가끔 패자에 대한 아쉬움도 드러난다. 따라서 복잡하고 역동적이었던 근대중국의 역사가 (예컨대, 다양한 사회정치세력의 모습이나 그들의 다양하고 복잡했던 현실 이해나 미래에 대한 전망 등이) 목적론적이고 이분법적 전제에 의해 사라지고, 역사적 의미나 중요성을 상실하고 만다. 중국현대사가 1949년 중화인민공화국의 성립을 전제로만 구성되고 이해되고 만다는 것은 혁명사관과 통합—재통합 구도의 가장 큰 폐해다.

---

8) Jonathan D. Spence, *The Search for Modern China* (W. W. Norton & Company, 1990). 이 책은 『현대중국을 찾아서』(이산, 1999)란 제목으로 국내에 번역·소개되어 있다.

Ⅲ. 개혁개방과 중국현대사 이해의 변화

흔히 '10년 동란'(1966~1976)이라 불리는 문화대혁명이 1976년 마오쩌둥의 죽음과 함께 끝나자, 사회주의중국은 덩샤오핑(鄧小平) 지도하의 개혁개방의 시대(1979~현재)로 들어섰다. 그 결과, 중국사회주의는 문화대혁명 때보다 그 규모나 내용면에서 더 크고 급진적인 정치적, 사회적, 문화적, 경제적 변화를 겪었고, 현재도 그 변화는 계속되고 있다. 역사인식도 예외일 수는 없었다. 중국공산당의 1978년 "역사문제에 관한 결의"나 1981년 "당의 역사문제에 관한 결의"는 그런 변화의 시작을 알렸다. 이후 중국혁명의 지도사상인 마오쩌둥사상은 개인적 과오가 있는 마오와 분리되었고, 중국혁명 전반에 대한 재인식이 활발해졌다. 19세기말 이후 중국의 자본주의적 근대화를 향한 노력은 '반혁명'이란 분석틀에서 벗어나 이제 긍정적으로 평가되기 시작했고, 신해혁명에 대한 긍정적 재평가가 이루어진 것도 바로 그런 역사인식 변화의 산물들이다. 또한 중국공산당이 타이완, 홍콩, 마카오를 고려하여 일국양제를 주장하면서 자본주의 긍정론이 학자들 사이에 폭넓게 받아들여졌고, 이는 1930년대 국민당정부의 항일전쟁 공헌론으로 발전하기도 하였다. 물론 이런 논의의 기저에는 자본주의와 사회주의이 관계에 관한 이론적 모색이 있었는데, 다만 여기서는 자본주의를 사회주의 전환의 필수적 전제로 보는 역사법칙성에 대한 집착이 이러한 논의의 한 배경이라는 점을 지적해 두고 싶다.

그런데 중국현대사 전공자로서 필자가 가장 역설적이라고 느끼는 것은, 중국학자들과 일반 중국인들의 중국혁명에 대한 부정적 인식이다. 중국혁명이 중국인들 자신에 의해 혼란, 폭력, 압제, 파탄, 반민주 등의 개념과 등치되어 부정되고 있다. 혁명은 파괴적이니 (개혁개방의 결과를 간직하기 위해) 이제 "혁명과 작별"하자는 주장도 들렸다. 당연히 중국혁명의 주도세력인 중국공산당에 대한 부정적 평가도 이러한 인식 변화에 영향을 받았다. 그런데 이러한 '반중국혁명적' 주장을 하는 사람들의 대다수는 현재의 자신들을 있게 하고 만든 것이 기본적으로 중국혁명이었고, 그 주도세력은 중국공산당이었다는 사실을 애써 외면하려한다. 역설적인 것은 구미학계에도 있다. 1970년대 마오주의를 신봉하던 학자들 중 일부는 이제 철저한 반마오주의자로 탈을 바꿔 쓰고 마오와 중국공산당에 대한 공격의 선봉장 역할을 자임하고 있다. 이러한 반마오, 반중국혁명, 반중국공산당 분위기에서 속에서 마오쩌둥과 중국공산당은 역사의 악한으로 이제 불리게 되고, 마오는 덩샤오핑과 함께 "새로운 황제"였다고 비판 받는다. 물론 필자는 현 중국공산당 지도자들을 두둔할 생각은 추호도 없다. 아마 가장 반민주적이고 반혁명적인 중국공산당 지도자들이 현 지도부일 것이다. 그럼에도 불구하고 이런 중국혁명 부정이 자칫 역사에 대한 부정을 초래할 위험이 존재한다는 것을 여기서 지적해 둘 필요가 있다. 필자의 현 중국공산당정부 비판의 내용이나 일부 미국역사학자들의 왜곡된 중국현대사 시각은 아래에서 다시 다룰 것이다.

개혁개방은 또 다른 (아마도 가장 중요한) 변화를 사회주의 중국에 가져왔다. 그것은 바로 사회전체의 변화다. 우리가 여러 언론 매체를 통해 매일 듣고, 보고, 읽는 중국사회의 다양한 변화들이 그것이다. 그런데 이 같은 사회 변화에 대한 현 중국공산당 지도자들의 대응은 대단히 반혁명적(필자가 의미하는 것은 anti-revolutionary가 아니라 counterrevolutionary)이다. 적극적인 애국주의 고창, 민족주의 강조, 중국민족의 단결 주장은 개혁개방이 그동안 초래한 여러 사회불안과 이반현상, 특히 깊어져 가는 지역간, 도농간, 계층간의 빈부격차, 소수민족의 독립주장과 자치노력 등을 모두 잠재우려는 시도다. 이 같은 노력은 기본적으로 현 중국공산당정부의 경제발전주의 정책이나 권위주의적 통일정책과 깊은 관계를 맺고 있다. 국가를 향한 거의 무조건적 애국심을 요구하는 것은 경제발전지상주의(developmentalism)에 따라 중국사회에 급격히 등장한 도시와 농촌 간의 빈부격차나 제 계급 간의 모순 등을 사회성원들의 시야에서 가리는 역할을 했다. 나아가 애국주의는 새로운 의식을 소유하기 시작한 사회성원들이 국가에 대해 새로운 정치사회적 변화를 요구하지 못하도록 억제하고 통제하는 손쉬운 수단이었다. 마치 한국의 박정희 개발독재시기에 노동자와 농민에게 "잘살아 보세"라는 구호를 강요하며 일방적 고통감수를 요구했듯이 말이다.

정치, 경제, 사회 등의 국내적 변화나 민주주의와 인권존중에 대한 국제적 요구, 그리고 타이완, 홍콩, 티베트 등 지역민의 정체성에 대한 재인식의 확산은 손쉽게 무시되고 탄압되거나 무시되어 왔다. 특히 국내 사회성원의 요구와 비판을 "부르주아지 문화"의 확산과 "국가현실과 정서"(國情)에 안 맞는 외래개념의 적용이라며 도외시하면서, 민족주의, 애국주의, '하나의 중국' 등을 오히려 선전하는 것이 중국지도부였다. 국제적으로는 "중국특색의 방식", "구미와는 다른 이해", "제국주의적 간섭"이라는 수사를 동원하면서 자신들의 실정과 반혁명성을 숨겨왔다. 여기서 하나 기록해 두어야 할 것은, 1980년대 이후 중국정부의 이러한 움직임에 대한 고찰없이 중국인의 민족주의적, 애국주의적 수사를 단순히 (위험한 대상으로서) 중화주의나 중국민족주의의 부활로만 보는 일부 견해도 중국현대사 속에서 중국민족주의가 차지하는 위치나 의미에 대한 성찰없이 경솔하게 내린 판단이라는 점이다. 왜 타이완민족주의나 한국민족주의는 특권화되어 문제없다고 설명되는 반면, 중국민족주의는 위험한지를 설명하지 않는지. 중국민족주의에 대해서는 아래에서 중국사회주의와 함께 다시 언급할 것이다.

아무튼, 1980년대 이후 중국사회의 변화와 함께 중화인민공화국에 대한 일부학자들의 편견은 더욱 심해졌다. 그들은 1949년 이후 인민공화국의 역사를 1950년대 대약진운동과 '10년 동란'의 문화대혁명, 그리고 1989년 톈안먼광장의 유혈진압으로 이어진 시행착오와 과오의 연속으로 보고 만다. 그들에 따르면, 중화인민공화국의 역사는 결국 개혁개방을 통한 자본주의체제 실험과 근대화(사실 이들은 근대화론자라는 오명을 피하기 위해 산업화라는 용어를 선호한다), 그리고 그에 의한 경제적 빈곤문제 해결을 향해 달려왔다. 즉 지난 60년간 사회주의중국은 혁명에서 위기와 혼란으로, 그리고 위기와 혼란은

역사의 정상궤도인 개혁개방과 자본주의 체제 유입을 통한 경제적 안정으로
이어진 과도기적 시기로 묘사된다. 소련과 동유럽 사회주의의 붕괴가 이런
주장에 탄력을 주었음은 자명하다. 그런데 이런 목적론적 역사인식에는 또다시
소위 역사의 법칙성에 대한 강한 집착이 있음을 알 수 있다. 예컨대, 프랑시스
후쿠야마(Francis Fukuyama)가 사회주의의 붕괴와 함께 "역사는 끝났다"고
언명한 데서 분명하듯이,9) 보수주의 학자들은 인류의 역사를 (구미식)자본주의
를 향해 진보해 온 역사였다고 굳게 믿고, 사회주의건설을 내세웠던 중국도
소련과 동유럽국가의 경우에서 드러나듯 역사의 법칙대로 자본주의 체제로
귀환할 수밖에 없다고 본 것이다. 이들에게 역사에 예외는 없다.

이런 문제와 관련하여, 조나단 스펜스의 근현대중국관도 논쟁의 대상이다.
그의 개인적 지명도와 학문적 성취, 그리고 그의 책이 전 세계 여러 언어로
번역된 사실을 기억한다면 그의 역사인식이 일반 미국인뿐만 아니라 전 세계의
일반 독자층에 얼마나 큰 영향을 주었을지 상상하기 어렵지 않다. 더구나
그의 글에 대한 일반적 평가는 형식, 구조, 문체가 문학적이고 수려하며 일반
독자가 이해하기 쉽게 역사를 서술한다는 점이다. 그가 쓴 중국근현대사
개설서인 *The Serarch for Modern China*는 뉴욕타임즈가 베스트셀러로 지정하
기도 했지만, 이 책은 많은 구미학자들의 비판도 받았다. 한 비평가에 따르면,
스펜스는 이 책에서 1840년 아편전쟁 이래 중국인들의 민족위기 극복과 근대화
의 노력을 한마디로 소모적인 실패를 계속한 것으로 그렸다고 한다. 그리고
그 노력들이 지금까지도 중국인 자신들에 의해 헛되이 (서구국가와 같은
반열에 오르려고) 계속 시도되고 있다고 그는 보았다는 것이다. 따라서 스펜스
는 중국근현대사를 그리스 신화 속에 등장하는 시시포스(Sisyphus)처럼 묘사했
다고 비판 받는다. 즉 전통이라는 형벌을 받아 끊임없이 똑같은 근대화라는
일을 반복하면서 실패하지만, 계속 그런 실패를 되풀이해야 하는 애처로운
모습으로 중국의 근현대역사를 그려버렸다는 것이다.10) 사실 중국근현대사에

---

9) Francis Fukuyama, *The End of History and the Last Man* (Free Press, 1992).

대한 스펜스식 인식의 배경에는 중국과 중국역사를 살아있는 유기체, 즉 인간과 같은 생명체로 비유하는 경향이 있음을 간과할 수 없다. 이런 경향에 따르면, 19세기 아편전쟁 이전의 중국은 유년기였고, 이후 구미국가와의 접촉을 통해 중국은 소년기로 접어들었다. 20세기에 들어서면서 중국은 마침내 청년기에 들어섰다. 그러나 중국은 구미국가와 같이 진정한 성인이 되지 못하였다. 왜냐하면, 중국이 진정한 성인, 즉 세계의 일원이 되는 길은 근대화(구미자본주의)를 완수하고 구미자본주의국가와 함께 살아가는 것이었으나, 그것이 사회주의에 대한 중국인의 관심과 그로 인한 사회주의중국의 탄생으로 이어지고, 따라서 중국은 정상적으로 성인으로 성장할 가능성을 잃고 말았다는 것이다.[11]

이런 인식을 바탕으로 최근 구미학계의 많은 학자들은 1949년 이후 중화인민공화국의 역사도 바라본다. 이들에 따르면, 사회주의중국의 역사는 정치적 무질서와 혼돈으로 가득찼던 정치공백기였고, "낭비된 반세기"였다. 따라서 지난 사회주의중국의 역사를 되돌아보면, "경축할 것이라고는 아무것도 없는" "불행한" 중국혁명의 역사였다.[12] 중국혁명에 대한 기본적인 부정적 시각 외에도, 이 같은 인식의 근저에는 구미자본주의적 발전을 역사의 끝으로 보는 역사필언론이 강하게 깔려있음을 나시 알 수 있다. 이제야 중국이 (진정한 성인이 되기 위해) 자본주의적 발전을 시작했으니, 지난 60년은 "낭비된" 것이고 따라서 의미없는 역사일 수밖에 없는 것이다. 중화인민공화국 60년은

---

10) Arif Dirlik, "Sisyphus in China," *Transition* 55(1992), pp.94~104.

11) 존 페어뱅크(John K. Fairbank)는 쟝 레비(Jean Lévi)의 역사소설 *The Chinese Emperor*에 대한 서평에서 "역사가 [인간의] 유년기(childhood)와 같이 나중에 일어난 일들을 설명해줄 수 있다는 사실은 중국의 경우에는 크게 우리[의 이해]에 적용되지 않는다. 왜냐하면 중국역사의 내용이 대부분 알 수 없기(unavailable) 때문이다"라고 언급한다. 즉 근대 이전의 중국역사가 구미역사와는 달리 이해할 수 없는 유년기라고 지적한 것은 바로 이러한 인식의 발로다. John K. Fairbank, "The Chinese Behemoth," *The New York Review of Books* (January 21, 1988), p.42.

12) Jonathan Mirsky, "Nothing to Celebrate: Mourning the Fiftieth Anniversary of China's Revolution," *The New Republic* 4421(October 11, 1999), pp.30~35.

(개혁개방에 따라) 자본주의로 이행해야 했던 시기였기에 개혁개방 이전에는 역사발전을 찾아볼 수 없는 공백기였을 뿐이다. 이 같은 인식과 해석이 지금 대부분 보수주의자들의 대중국 인식을 형성하고 있다고 봐도 큰 무리는 아니다.

역사는 반복되지 않는다. 그러나 지난 60년의 중화인민공화국의 역사는 중국인 자신들 뿐만 아니라 구미 일부학자들에 의해 마치 반복되어온 것처럼 설명되었다. 마치 그동안 역사발전도 없이 여전히 최종 목적지를 향하여 가는 과도기나 이행기로만 이해되고 있다. 중국역사는 정체되어 있었고, 100여 년전이나 지금이나 중국사회에는 큰 변화가 없었는가? 중국사회는 변화가 없었다던지 혹은 중국역사도 세계역사 발전의 보편성을 따르며 어느 특정한 역사단계를 거쳐야 한다고 믿는 목적론적, 법칙론적 역사인식이 중국현대사를 반복되는 것 혹은 정체되어 있는 것으로 만들고 있다.

IV. 역사적 시각을 통해 본 1949년과 개혁개방

20세기 전후, 구미와의 직·간접 접촉을 통해 당시 중국인들은 새로운 자아상을 형성해 가기 시작했다. 이는 외부와의 접촉을 통한 자연스런 자아의 발견이었다. 아시아와 세계 속의 중국이란 자아인식은 서구와의 접촉의 결과물이었다. 중국 지식인들은 그 같은 새로운 근대적 자아상을 바탕으로 국가의 역할을 이전 왕조시대와는 다르게 파악하기 시작하였다. 좀 더 구체적으로 말하면, 20세기 전후 구미와 일본 제국주의 세력의 노골적 침략을 눈앞에서 목도한 중국지식인들은 중국민족이 위기에 처했음을 느끼고, 위기극복을 위해서는 민(民)의 역할이 중요하다고 생각하기 시작하였다. 민이 국가 정통성의 근원이자 정통성을 만들어내는 적극적인 정치참여자라는 것을 인식하기 시작한 것이다. 국가와 사회의 주요성원으로서 시민의식도 갖게 된 민과 국가의 관계는 초기 중국민족주의를 규정하는 중요한 요소로 등장하였다. 이는 국민국가의 건설을 근대의 과제로 바라보았을 때 더욱 중요해진다. 많은 논자들이 주장하듯, 국민국가 건설이 근현대중국의 과제였다면, 그 국민국가에 대한 지지의 대가로 민이 요구했고 또 요구하려했던 것은 무엇이었을까? 이에 대한 답이 중국민족주의를 이해하는 중요한 단서가 된다.

한마디로 말하면, 정치적 의식을 차츰 갖게 된 중국인들은 서구 침략 하에서 민족의 위기를 극복하려면 국가가 사회, 정치, 경제변화의 적극적 주역이 되어야한다고 믿게 되었다. 따라서 그런 변화의 주역을 자임하는 정치세력을 지지하는 것이 민의 입장에서는 당연한 것이었다. 그리고 국가의 적극성을 담보하기 위해 중국인들은 그들 자신들이 정치에 적극적으로 참여할 수 있기를 바라고 있었다. 요컨대, 새롭게 형성된 시민의식의 소유자이며 사회의 주요성원인 민(지식인, 노동자, 농민, 학생 등)이 정치에 참여하여 국가와 함께 적극적으로 중국이 처한 민족 위기와 문제들을 극복하고 해결하려 했던 것이 중국민족주의의 주 내용이 되었다. 결국 국가와 사회성원의 관계를 어떻게 규정할 것인가가 중국민족주의의 주 내용이 된 것이다.

이러한 내용을 갖는 중국민족주의에 대해 서로 다르게 대응한 것이 1949년 전혀 다른 결과를 국민당과 공산당 양당에게 가져다 주었다. 1928년 이래 중국을 통치, 대표하던 국민당정부는 이런 내용을 갖는 중국민족주의를 거부하였다. 중국국민당은 오히려 반혁명적(counterrevolutionary) 자세를 취하며, 중국혁명과 민족의 위기극복을 위해 정치화된 민을 적극적으로 동원하기 보다는 오히려 그들의 정치화를 감시, 통제, 억압하고 그들의 활동을 친국민당, 친정부적으로 만들며 나아가 당과 정부의 통제 하에 예속시킨 상태에서 그들의 힘을 동원하려 했다. 이는 국민당정부가, 예컨대 민중운동 통제를 위해 민중운동을 지원하고 동원하는 형태를 취하게 했다. 이렇듯 국민당정부는 중국민중이 원하던 위기극복과 변화를 위한 적극적 주체가 되기보다는, 변화와 위기극복을 향한 민중의 요구가 분출되지 않도록 통제, 감시, 억압하는 반혁명적 태도를 시종 견지하였다. 1930년대 일본의 중국침략에 대응한 중국민중의 항일요구에 대한 국민당의 반응, 민중운동과 유기적 관계를 점차 형성해 가던 공산당에 대한 토벌 우선 정책, 신생활운동에서 보이는 국민당의 민중운동 통제나 위로부터의 개혁은 그런 태도의 극명한 예들이다.

당시 중국공산주의자들은 정반대였다. 특히 마오쩌둥은 민의 변화에 대한 요구를 감지하고, 마르크스-레닌주의를 교조주의적으로 해석하지 않고 이를 '중국화'시켜 이해하였다. 그리고 민의 변화와 위기극복에 대한 요구를 통제하기보다는 적극적으로 항일의 힘으로 분출시키려고 했다. 그 결과, 마오는 항일을 위한 제 계급의 통일전선을 주장하고, 이후 신민주주의론과 연합정부론을 통해 (반혁명세력을 제외한) 제 계급연합의 항일과 국가건설 구상을 하게 된다. 마오의 마르크시즘에 대한 "중국적 이해"가 당시 중국공산당 노선과 이론의 결정체였다. 그러나 그것이 마르크시즘의 동화를 의미하는 단순한 중국화는 아니었다. 그 이론의 근저에는 마오가 (이론적) 혁명의 구체적 실천과정에서 느낀 (즉 이론과는 다른 현실상황에 산재한) 여러 혁명이론의 모순에 대한 깊은 철학적 이해가 있었다.[13] 마오는 중국혁명에서 중국인구의 80%를 차지하는 농민과 농촌지역의 중요성을 파악했고, 더구나 혁명 성공 후 그 기반이 빈약한 중국자본주의를 사회주의로 전환시키는 문제를 깊이 이해하고 있었다. 특히 민족부르주아지나 소부르주아지를 인민공화국의 '인민'의 일원으로 받아들인 것은 신민주주의의 실천이었는데, 이는 마오가 중국에서 자본주의를 사회주의로 전환하는 방법을 모색한 결과였다. 따라서 신민주주의를 통해 성립한 인민공화국은 자본주의를 제거하지 않고 통제하는 것을 정책의 근간으로 삼고 있었고, 인민공화국은 이후 신민주주의로부터 사회주의, 공산주의 사회로 전환해 가는 과정을 상정하게 되는 것이다.[14] 아무튼 중국공산주의자들은 민의 변화에 대한 요구를 수용하여 민족모순을 해결한 항일전쟁과 계급모

---

13) Arif Dirlik, "Mao Zedong and 'Chinese Marxism'," Brian and Indira Mahalingam ed., *Companion Encyclopedia of Asian Philosophy* (Routledge, 1997), pp.593~619.

14) Maurice Meisner, *Mao's China and After: A History of the People's Republic* (The Free Press, 1986), pp.64~73, 특히 p.68 참조. 따라서 마오의 '신민주주의'는 쑨원의 삼민주의, 특히 절제자본(節制資本)을 근간으로 한 민생주의와 상당히 유사함을 알 수 있는데, 이에 관해서는 앞으로 연구가 필요하다.

순을 해결하는 프롤레타리아혁명 사이에 등장한 새로운 모순을 새로운 실천인 신민주주의를 통해 해결하였고, 1949년 중화인민공화국 성립은 그 결실이었다. 물론 1949년 이후, 특히 1950년대 후반부터 나타난 국내외의 새로운 모순은 신민주주의에서 사회주의로 이행하는 시기에 나타난 모순이었고, 이 새로운 모순에 중국공산주의자들이 어떻게 대응했는가는 또 다른 관찰을 필요로 하는 복잡한 문제다. 어쨌든 중국공산당은, 국민당과는 다르게, 혁명을 통해 민족위기를 극복하는 과정에서 지식인, 학생, 농민, 노동자들의 정치화를 지원하였고, 이는 1949년 중국공산주의 승리의 주요 요인이었다.

다만 그 승리는 민의 민족주의 분출만으로는 설명될 수 없다. 20세기 전후 등장한 중국의 급진주의와 사회주의가 제국주의 세력의 침략과 그에 따른 정치사회 변화 속에서 중국사회에 약속했던 것은 구미자본주의가 걸어왔던 발전의 길을 중국이 그대로 따르게 하지 않겠다는 것이었다. 이들 초기 급진주의자와 사회주의자들은 당시 자신들이 보고, 듣고, 경험한 구미자본주의의 폐해, 특히 부와 분배의 불균형과 그에 따른 계급대립, 사회불안 등을 피하면서 중국이 근대성을 달성해야 한다고 생각했다. 중화민국의 국부 쑨원(孫文)도 그의 민생주의를 통해 이러한 문제의식을 공유했고, 그가 직접 목격한 구미자본주의사회의 문제를 해결하고지 했다는 것은 널리 알려진 사실이다. 다만 쑨을 포함한 초기 중국사회주의자들은 구체적 방법론에서는 의견을 달리했다. 사회혁명을 통해 사회적 문제를 해결할 것인지, 아니면 사회정책의 시행으로 문제의 해결이 충분한지에 대해서 서로 다른 입장을 견지하였다.

어쨌든, 초기 중국사회주의는 사회문제의 대두를 구미자본주의의 최대 결점으로 파악하고, 그 해결을 목표로 삼았다. 이는 중국의 초기 사회주의자들 대부분이 정치혁명보다는 사회혁명을 더욱 중시했다는 것을 의미한다. 이는 중국국민당이 이후 사회정책을 통한 사회문제 해결과 정치혁명을 더 강조하는 것과는 기본적 차이를 보이는 것으로, 사회혁명은 중국사회주의의 관점에서 보면 근현대중국의 최대과제이자 중국사회주의가 중국민중에게 한 약속이었다. 따라서 1949년 중국 사회주의혁명의 의미는 비단 정치혁명으로서 중국국민당을 타이완으로 쫓아내고 사회주의 정치체제를 성립한 것만은 아니었다. 사회혁명을 바라던 근대중국인의 오랜 갈망에 대한 대답이 1949년 신민주주의를 통한 신중국의 건립이었다. 그런데 지난 60년 중화인민공화국의 역사를 되돌아보면 사실 그 대답이 제대로 기능하지 못한 면이 많고, 이젠 오히려 그 대답의 의미조차 중국공산당 지도자들이 잊고 있는 듯하다. 사회평등과 분배균등의 실현, 인간해방과 민주적 사회정치 환경조성이란 중국사회주의의 기원은 점차 잊혀지고, 대신 빈부격차와 분배불균형 등의 요인인 경제불평등을 용인하는 경제발전지상주의가 현 중국사회를 지배하고 있다.

1989년 톈안먼광장에 모인 중국민중이 가장 절실히 '국가'에 대해 바라던 것은 무엇이었을까? 물론 논자의 학문적 견해와 정치적 입장에 따라 이는 다양하게 논의될 수 있을 것이다. 필자의 견해로는 한 가지만은 확실치 않은가 싶다. 당시 광장에 모인 학생, 노동자, 농민, 시민들은 개혁개방 이후 자연스럽게 발생하기 시작한 사회문화적 변화와 그에 따른 문제를 지적하고, 그런 변화와 문제에 적극 대처하기 위해 그들이 정치에 참여할 수 있도록, 혹은 참여의 폭을 넓힐 수 있도록 국가에 요구한 것이다. 이들의 요구는 특히 공산당정부의 무능과 부패에 대한 지적, 민주주의 요구 등의 형태로 나타났다. 즉 그들은 국가가 그러한 변화와 문제의 해결을 위해 능동적으로 적극 대처할 것을 주문한 것이다. 그들의 이런 요구나 새로운 의식은 중국정부가 추진해 온 개혁개방 정책의 직접적 산물이자, 당시 새롭게 싹트던 사회문화적 현상이었다. 어찌보면, 당시 시위자들은 부패해가며 변화에 소극적인 국가에게 정치권력의 일부분을 그들이 민주적으로 누릴 수 있도록 재분배해주길 요구했던 것일 수도 있다. 그러나 중국공산당은 이러한 변화에의 요구분출 자체를 거부, 부정, 철저히 탄압하였다.

민주주의와 인권문제를 보아도 현재의 중국공산당정부는 중국사회주의의 약속이었던 사회혁명을 철저히 배척하고 있음을 알 수 있다. 물론 필자는 구미의 기준을 통해 보는 민주주의 문제나 인권문제를 얘기하고자 하는 것은 절대 아니다. 오히려 필자는 '아시아적 전통'이나 '가치' 등의 (전혀 전통과는 상관없는) 새롭게 만들어진 수사를 통한 새로운 억압이 개혁개방 후 중국에 등장했다는 사실을 문제 삼고 싶다. 확실히 현 중국공산당정부는 새로운 억압논리를 적극적으로 발상하고 동시에 집행한 주체다.

V. 베이징올림픽과 사회주의중국[15)

21세기 초 초미의 관심사였던 베이징올림픽은, 일단 규모가 '올림픽 사상 최대'란 수식어 때문에 관심을 끌었다. 그런데 사실 관심을 끄는 이유는 다른 데도 있었다. 첫째, 중국이 일본, 한국에 이어 올림픽을 개최하는 세 번째 아시아 국가라는 점이다. 이 때문에 중국인들은 성공적 올림픽 개최를 절대적 과제로 삼았다. 둘째, 베이징올림픽은 1980년대에 시작된 중국의 개혁개방 정책의 성과, 특히 경제발전을 중국정부가 전 세계에 과시하는 기회라는 점이다. 따라서 올림픽은 중국에 대한 세계의 (가난한 사회주의중국이란) 인식을 바꿀 뿐만 아니라 중국의 국력을 과시하여 중국의 국가적 위상을 힌층 높일 것이라고 중국인들은 믿었다. 따라서 중국인들은 거국적으로 베이징올림픽의 성공을 지원했다. 셋째, 베이징올림픽은 중국정부의 입장에서 보면 티베트 분리와 독립을 위한 운동을 잠재우고 중국내부의 국가적 결속을 다지는 기회일 수 있었다는 점이다. 그러나 다른 한편, 올림픽은 서구언론을 중심으로 티베트문제뿐만 아니라 중국 내 여러 인권문제를 제기하는 계기가 되어 결국 중국 민주주의의 신장에 기여할 것이라는 기대도 존재했다. 따라서 일부 중국전문가들은 88년 서울올림픽 전후 일어난 한국의 여러 정치적 변화가 베이징올림픽 이후 중국 민주화의 전례가 되길 바라곤 했다. 이외에도 중국의

---

15) 이하 V절은 황동연, 「베이징올림픽과 사회주의 중국」, 『말』 2008년 8월호, 138~143쪽에 실렸던 내용을 약간 수정, 보완하여 전제한 것이다.

급속한 경제발전에 따른 중국내 환경파괴 문제도 올림픽 기간을 통해 관심을 끌었다.

그런데 베이징올림픽을 **사회주의**중국 60년의 역사 속에서 이해하면 어떨까? 이런 제안은 '정치와 분리된 세계인의 스포츠 축제'인 올림픽을 정치문제인 중국사회주의 역사 속에서 이해하자는 시대착오적이고, 비정치적인 스포츠를 정치에 물들게 하는 행위라고 비난받기 십상이다. 그런데 세인트루이스올림픽 (1904), 베를린올림픽(1936), 도쿄올림픽(1964), 멕시코시티올림픽(1968), 모스크바올림픽(1980), 서울올림픽(1988) 등의 개최에 많은 정치적 고려 혹은 요소들이 있었다는 것은 익히 알려진 바이다. 또한 올림픽헌장에도 세계의 젊은이들에게 "행동하는 올림픽주의(Olympism in action)," 즉 평화, 정의, 상호이해, 환경주의, 국제친선의 가치를 교육시키기 위해 스포츠를 이용한다는 지극히 '정치적' 원칙이 포함되어 있다.[16] 여기서 '평화'와 '정의'의 의미와 방법이 (미국의 이라크침공의 예와 같이) 주관적, 정치적 판단에서 나온다는 것을 길게 설명할 필요는 없다. 위에서 언급한 베이징올림픽과 관련된 여러 관심의 대부분이 정치적인 것들이라는 것도 올림픽과 정치의 관계를 다시 확인시켜 준다. 물론 올림픽을 정치의 장이라고 부르자는 것은 아니다. 다만 올림픽이 이런저런 정치적 문제(혹은 요소)와 오랫동안 연관되어 왔음을 굳이 부정할 필요는 없다. 그렇다면 베이징올림픽을 사회주의중국(즉 중화인민공화국)의 역사 속에서 바라보는 것도 그렇게 의미없는 것은 아니다. 오히려 중국 문화대혁명이 절정에 이르렀던 1968년으로부터 40년 후에 개최되는 베이징올림픽은 사회주의중국의 궤적은 물론, 그동안 노정된 개혁개방 정책 하 사회주의중국의 여러 모순과 가능성 모두를 함께 바라볼 수 있는 계기를 제공한다.

중국인들의 올림픽 개최에 대한 국가적, 민족적 자부심은 대단했다. 한국인들이 1981년 전두환 군사정권 하에서 서울이 개최지로 선정되자 그 기쁨을 거국적으로 나누고, 나아가 1987년 6·10 민주항쟁의 결실을 노태우 군사정권에

---

16) http://www.olympic.org/olympism-in-action

게 내주고도 서울올림픽의 성공에 환호를 올렸듯이, 중국인들도 모든 노력을 성공적 올림픽개최에 집중했다. 이런 배경에는 올림픽이 운동선수 개개인의 경쟁을 중심으로 진행되기 보다는 국민국가를 단위로 경쟁이 이루어지고 또 그 결과가 평가되기 때문이다. 따라서 경쟁의 결과도 국가의 영광, 위신, 국력 등의 상징으로 이용된다. 올림픽 준비과정 또한 개최 당사자인 도시보다는 중앙정부의 적극지원 하에 추진된다. 한 도시가 올림픽을 개최할 능력이 있는지 여부나 개최준비 과정도 그 도시(궁극적으로는 그 국가)가 여러 **근대적**(경기, 통신 및 부대) 시설을 갖추고 있는지 여부가 늘 우선 고려되지만, 그 외에도 도시의 시민과 그 국가의 국민들이 올림픽을 개최할만한 '근대적 태도나 생활방식'을 갖추었는지도 중요한 잣대로 작용한다는 것은 잘 알려진 사실이다. 서울올림픽 직전까지 한국에서 진행된 여러 문화, 질서캠페인을 상기할 것도 없이, '문명인으로서의 태도'를 강조하는 캠페인 등을 통해 중국인들의 여러 생활태도나 습관을 올림픽 개최 전 바꾸려 했던 중국정부의 조직적 노력은 그런 사실을 여실히 보여준다. 사실 '문명'과 '근대성' 성취의 정도가 한 도시(국가)의 올림픽 개최 자격을 심사하는 중요한 사항일 것이다. '근대성'과 '문명'이 서구중심적 가치와 제도 등을 의미함은 두말할 필요도 없다.

중국공산당정부가 여전히 사회주의를 내세운다는 사실, 그 정부가 마오쩌둥(毛澤東)의 사상으로 무장한 중국공산당이 중국혁명 승리를 통해 1949년 성립한 중화인민공화국(즉 사회주의 중국)의 정부라는 사실을 부인할 사람은 없을 것이다. 그리고 1950~60년대를 통해 사회주의중국이 (비록 모두 실패했지만) 대약진운동, 인민공사, 문화대혁명 등을 통해 비(非)자본주의적이면서 비(非)소련사회주의식 발전을 지향했던 것을 기억한다면, 서구중심적 '근대성'과 '문명'의 가치와 정신을 담고 있는 올림픽이 사회주의중국의 자본주의적 경제발전의 성과를 과시하는 기회가 되었다는 것은 분명 모순이다. 전 지구적 자본주의 세계에 성공적으로 합류하여 '근대적' 경제발전과 '근대문명'을 달성했음을 올림픽을 통해 과시하려는 **사회주의중국**을 이해하려면, 사회주의중국의 지난

60년 궤적을 상기해 볼 필요가 있다. 그 상기된 과거는 사회주의중국의 유산이지만 또한 그 미래를 기획하는 프로젝트가 될 수도 있다.

앞서 지적한 대로 1949년 사회주의중국의 성립은 19세기 중반 이래 중국인들이 씨름해 오던 '반제'와 '반봉건' 문제를 외견상 해결했다. 그러나 그것이 중국혁명의 또 다른 과제였던 서구열강에 맞설 수 있는 강력하고 독립된 국민국가 성립과는 아직 거리가 있었다. 따라서 중화인민공화국은 새로운 도전에 직면했다. 서구자본주의국가들, 특히 초강대국 미국이 주도하는 자본주의 세계경제 속에서 어떻게 중국이 살아남을 것인가? 물론 최초 해결책의 하나는 냉전의 한 축을 이끌던 사회주의국가 소련과의 협력이었다. 그러나 흐루시초프의 수정주의와 스탈린격하, 헝가리침공 등은 소련이 믿을 만한 사회주의 형제국가가 아님을 보여줬다. 50년대 말 이후 중국의 소련과의 관계는 오히려 악화되었다. 결국 마오 지도하의 사회주의중국이 택한 해결책은 비자본주의적이고 동시에 비소련사회주의식 자립경제를 일으키는 것이었다. 마오는 사회주의중국의 경제가 자본주의국가 주도하의 세계경제 속에 편입되는 순간, 중국경제가 자본주의 세력의 지배와 착취를 받고 그 영향권에 즉시 들어갈 것이라고 예견했다. 따라서 세계자본주의 경제로부터 중국사회주의 경제를 확실히 분리시키는 것이 필요했다. 자본주의 경제와의 단절을 지향한 마오의 자립경제, 즉 '단절경제'는 그렇게 시작되었다.[17] 그러나 자립경제의 길은 너무 많은 희생과 시행착오, 궁극적으로는 대약진운동의 실패와 문혁 과정에서 나타났듯이 엄청난 물적, 인적 재난을 양산했다. 다만 그 재난은 중국사회주의 자체의 문제 때문에 혹은 마오의 "광기"나 "권력욕" 때문에 발생한 것은 아니었다. 자본주의와 '단절'된 사회주의경제를 지향하면서도 역설적으로 사회주의로 가는 길에 자본주의적 경제발전 과정이 반드시 있어야 한다고 생각한 마오사상의 모순이 그런 재난을 잉태하고 있었다. 마오는 5년 내 경제적으로 벨기에를 따라잡고 10년 내는 영국을 따라잡는다는 경제발

---

17) Samir Amin, *Delinking: Towards a Polycentric World* (Zed Books, 1990) 참조.

전을 목표로 세웠지만, 사회주의국가인 중국이 발전지상주의로 무장한 서구자본주의 국가와 자본주의적 발전경쟁을 한다는 것 그 자체가 모순이었다, 무리한 경제적 추진이 여러 재난을 초래한 것이다.[18]

문혁은 폐해의 규모와 파장이 엄청났던 '비극'이자 '재난'이었다. 하지만 문혁은 동시에 사회주의 실현과 관련하여 중요한 문제제기를 했다. 자본주의의 대안은 존재하는가? 중국식 사회주의는 자본주의의 대안인가? 대안이라면, 문혁기간의 '자립지향', '인간혁명' 지향의 중국사회주의 경험은 무엇을 의미하는가? '발전' 개념이 자본주의 하의 발전지상주의로 이해되던 당시, 이런 질문을 제기하던 세계의 (그리고 일부 한국의) 비판적 지식인들은 문혁을 심각하게 바라보았다.[19] 1976년 마오의 죽음은 '재난'의 끝을 알렸지만, 중국공산당의 새 지도부는 새로운 발전전략을 짜야 했다. 문혁기간 '주자파(走資派)'(자본주의적 발전의 길을 걷는 집단)로 낙인찍혀 당에서 축출되었던 덩샤오핑의 복귀는 발전문제에 대한 사회주의중국의 새로운 접근을 알렸다. 그것은 '검은 고양이든 흰 고양이든 쥐만 잡으면 된다'는 덩의 발언으로 압축된다. 덩 지도하에 중국공산당은 1978년 11기 3중전회 결의를 통해서 문혁을 비판하고 중국을 자본주의 세계에 개방하는 첫 단추를 끼웠다. 생산력의 향상이 사회주의 실현에 필요하다는 판단에 따른 것이다. 마오가 추진하던 '단절경제'를 포기하고 마침내 '개방경제'를 선택한 것이다.

'개방경제' 하에서 1980년대 이후 이루어진 중국의 경제성과와 그에 따른 부수적 문제들에 대해 우리는 익히 잘 알고 있다. 눈부신 경제성장과 그에 따른 환경오염, 빈부격차의 증가, 도농간의 격차 심화 등등 각양각색의 사회적, 경제적 그리고 정치적 문제들이 80년대 이후 중국사회를 채워갔다. 경제성장이란 면에서만 본다면, 마오의 '단절경제'가 실패였다면 덩의 '개방경제'는 일단

---

18) 「아리프 딜릭과의 대담: 문혁 어떻게 볼 것인가?」, 『역사비평』 77(2006 겨울), 242~278쪽.

19) 정문상, 「문화대혁명을 보는 한국사회의 한 시선―리영희 사례」, 『역사비평』 77(2006 겨울), 212~241쪽.

성장이란 면에서 성공했음을 입증하는 듯했다. 그러나 80년대 이후 사회주의중국에서 볼 수 있던 (경제적) 생산력 증가는 사회주의중국의 궁극적 목표인 생산관계가 평등한(즉 계급이 없어진) 사회주의사회 건설과는 거리가 멀었다. 생산력 향상(즉 경제발전)이 생산관계(즉 사회관계) 향상, 즉 사회적, 경제적 평등을 초래하지 않았다. 궁극적으로, 사회관계와 관련된 일련의 문제를 해결하지 않고 생산력의 증가만을 통해 사회주의를 실현하는 것이 가능한가, 자본주의 세계에 개방된 사회주의중국은 사회주의 자체를 유지하며 살아남을 수 있는지 여부와 관련된 문제도 제기되었다. 덩이 추진한 개방경제에 많은 중국 국내외 지식인들은 우려와 함께 여러 문제를 제기했다. 특히 1991년 소련 붕괴 후, 사회주의는 소멸되고 자본주의가 승리했으니 (자본주의적 발전이 전제된) 근대화론의 타당성이 입증되었다는 성급한 결론을 내는 정치인과 지식인들도 있었다. 따라서 사회주의중국과 사회주의 자체에 대한 전망은 어두울 수밖에 없었다.

그럼에도 사회주의중국은 개방을 확장하여 지속적 경제발전과 성장을 여전히 추구하였다. 그러나 덩의 '개방경제'가 초래한 사회주의중국의 여러 사회경제적(그리고 정치적) 문제가 한계에 다다른 것을 보여준 것이 바로 1989년 '톈안먼(天安門)사건'이었다. '톈안먼사건'은 사회주의중국에 대한 서구자본주의국가의 공격에도 빌미를 다시 제공했다. '톈안먼사건'은 진시황제 이후 중국의 전제주의적 정치문화가 낳은 비극이고 중국공산당의 폭압적, 비민주주의적 체제가 중국내 민주주의 운동을 탄압한 것이라고 서구 언론은 보도했다. 서구의 중국전문가들도 그런 묘사에 대부분 학문적 인증을 해주었다. '톈안먼사건'은 개혁개방 후 중국에 나타난 제반 문제에 대한 중국 인민들의 우려가 표현된 것인데, 그들은 그런 문제의 해결과정에 그들이 참여하길 원한 것이다. 사실 앞에서도 언급했듯이, 중국사회주의는 국가가 '적극적 변화의 주체'가 되고 인민이 당과 국가의 정책결정과정에 참여하는 것을 보장하는 '사회주의식 민주주의'의 실현을 약속했었다. 그러나 그런 요구가 1989년 무참히 짓밟혔다.

그리고 자본주의 경제발전과 '민주주의'는 어떤 관계를 갖는가 라는 중요한 질문을 톈안먼사건은 제기하였다. 자본주의적 경제발전이 사회정치적 민주화를 이끈다는 믿음은 신화였다. 가장 중요한 것은 사회주의 정치체제와 자본주의 경제체제를 통합한 사회주의중국의 발전전략이 어떤 결과를 초래했는가 라는 문제도 제기되었다. 물론 톈안먼사건은 중국의 개방개혁 정책이 백척간두에 섰음도 보여줬다. 아무튼 중국정부는 덩샤오핑의 1992년 남순강화(南巡講話)를 통해 개방의 지속과 확장으로 대응하였고, 중국경제는 외국자본의 신속한 대량 (재)투하로 다시 눈부신 경제발전을 이어갔다.

자본주의를 타도하는 사회주의혁명보다 자본주의체제와의 통합을 통해 자본주의를 극복하는 사회주의를 이루겠다는 덩 주도하의 '중국식 사회주의'가 취할 수 있는 선택은 많지 않은 듯했다. '중국식 사회주의'는 사회주의중국의 자본주의적 경제발전을 지속시켰다. 결과는 1990년대 중국의 엄청난 경제발전 경험이다. 물론 그에 대한 대가도 만만치 않았다. 다만 '개방경제'의 절정은 2001년 마침내 신자유주의 원칙 하에서 전 지구적 자본주의를 통제하고 관리하는 세계무역기구(WTO)에 사회주의중국이 가입한 것이다. 중국이 사회주의국가라는 점을 생각한다면 이는 분명히 모순이었다. 이는 사회주의중국이 행한 과오였다.[20] 사회주의중국은 이제 전 지구적 자본주의와 통합된 '통합경제'를 지향하고 있다. 중국은 이제 마오의 '단절경제'에서 완전히 벗어났을 뿐만 아니라 '개방경제'의 단계도 훌쩍 뛰어 넘어섰다. 그리고 그것을 축하하기 위해 중국공산당정부가 계획한 거국적이자 세계적 행사가 2008년 올림픽개최 신청이었고, 그 축하연이 베이징에서 벌어졌다.

이제 중국은 세계열강의 일원이자 세계경제를 미국과 함께 주도하는 초대국의 하나가 되었다. 베이징올림픽은 그것을 증명했다. 어찌 보면 1840년 아편전쟁 이래 중국인들이 꿈꾸던 자주독립의 강한 중국이 완성되어 세계를 향해

---

20) 이는 아리프 딜릭의 평가다. 「중국의 열강 대열 합류는 인민공화국의 성공이자 과오」, 『한겨레신문』(1999.9.30).

우뚝 서게 된 것이다. 이는 사회주의중국이 이룬 성과이자 업적이다. 그러나 중국인들이 꿈꿨던 것은 그것만이 아니다. 중국사회주의가 중국인민들에게 약속했던 것은 또 있다. 그것은 새로운 사회관계의 창출을 통해 당시 서구자본주의 국가에서 흔히 볼 수 있던 사회문제인 빈부격차, 사회적 억압과 착취의 존재, 부의 불균등한 분배, 정치적 권리의 집중 등을 제거하고 신중국을 건설한다는 것이었다. "중국공산당이 없다면 신중국은 있을 수 없다"라는 구호가 증명하듯이 말이다. 신중국은 그런 약속을 한 채 건설되었고, 그 약속은 여전히 유효하다. 1992년 이후 개방개혁의 지속과 확장이란 결정은 눈부신 경제적 성과를 이루었으나 그런 경제성장은 역설적으로 과거보다 사회경제적 혜택을 받을 수 없는 중국인 수를 더 늘렸다. 혜택의 범위도 줄었음은 물론이다. 약속은 지켜지고 있지 않다.

VI. 중화인민공화국과 중국사회주의

1990년대 중반 상하이(上海)와 난징(南京) 등에서 필자가 본 광경이 떠오른다. 구직을 위해 대도시로 이주해 온 농민과 노동자들이 당시 하루 5위안(元) 정도를 벌기위해 도시의 역 앞에 아무렇게나 누워있거나 서성거리던 모습. 그와는 대조적으로 우팅(舞廳: 무도장)에서 손쉽게 100위안을 그 자리에서 써버리던 일부 부유한 젊은이들. 물론 중국에는 그런 모습이 있어서는 안 된다는 말이 아니다. 그러나 사회주의 국가로 자칭하고 있고, 더구나 위에서 언급한 중국사회주의의 기원을 염두에 둔다면, 그런 모습은 당시 꽤나 기이했다.

1980년대 중반, 중국중앙TV를 통해 방영되어 중국 국내뿐만 아니라 전 세계에 커다란 반향을 일으켰던 TV다큐멘터리 연재물 「허샹(河殤)」을 필자도 직접 시청할 기회가 있었다. 시청을 마친 후, 필자는 커다란 충격을 금할 수 없었다. 왜냐하면, (물론 제작자 스스로 나중에 자신이 과도한 표현을 했음을 인정했다지만) 다큐멘터리 전체에 흐르는 기조는, 흔히 지적되듯이 경제발전을 통한 근대화 주장이라기 보다는, 차라리 도시화에 대한 찬미로 가득 차 있다는 인상을 지울 수 없었기 때문이다. 이러한 필자의 감상은, 더욱 심화되고 있는 중국내 도시와 농촌 간의 부의 격차를 통해 확인되고, 따라서 그 같은 도농간의 경제불균형은 이런 도시화에 대한 찬양이 초래한 자연스러운 결과라는 생각마저 든다. 마오의 신민주주의 사상, 중국혁명에서의 농민의 역할, 농촌근거지의 찬양 등으로 가득 찬 혁명가극 둥팡홍(東方紅: 동방은 붉다)을 이제는 접하기 힘들다는 것, 파룬궁(法輪功)을 둘러싼 문제가 여전하다는 것을 고려하면 전혀 괴이한 결과는 아닌 듯하다.

중국당국을 바짝 긴장시켰던 파룬궁에 대해서는 이미 많은 논의가 여러 방면에서 되어온 것 같다. 심각해진 빈부격차, 도농간의 부의 불균형 문제, 정부에 대한 사회의 불만표출 등이 그러한 논의의 결론이었다. 필자는 여기서 일부 국내언론의 잘못된 대중인식을 문제삼고 싶다. 왜냐하면 현 중국사회 뿐만이 아닌 중국혁명과 중국사회주의에 대한 일부 왜곡된 시각 때문에 현 중국사회를 이해하는 근본적 계기를 이끌어 내지 못하는 것이 아쉽기 때문이다. 더욱 심각해지기 시작한 사회계층간이나 지역간(도시와 농촌, 해안과 내륙)이 심각한 불균형 발전의 구체적 기원에 대한 언급 없이, 또 사회주의중국의 기원이나 개혁개방이론에 대한 깊은 성찰노 없이, 파룬궁의 중국내 성행을 단순히 한국사회의 상대적 안정과 대비시키며 개혁개방 후 **사회주의**중국에 나타난 사회적 불안정에서만 찾는 모습은 한국언론에서 흔히 볼 수 있다. 그런 논의는 사회주의중국이 자본주의체제를 도입하는 과정에서 겪는 여러 사회문화적 문제라는 의미를 사장시키고 공산주의국가의 잘못된 종교정책이나 민주, 인권, 자유 문제 등만을 강조해 버리고 마는 일면적 해석일 뿐이다.

지난 60년 인민공화국의 역사에서 항상 논의되어 온 문제 중의 하나가 통일문제이다. 그런데 통일의 전제로서 중국이 주장하는 "하나의 중국"은 그 정치적 당위성에 비해서 역사적 검토는 잘 이루어지지 않는다. 소수민족문제를 둘러싼 '조국론'과 타이완, 홍콩, 마카오를 겨냥한 '일국양제론'이 바로 중국의 최근 통일론의 핵심이다. 그런데 필자는 이 논의들 자체가 갖는 '비해방적' 성격을 강조하고 싶다. 필자의 주장은 '중국'이란 개념이 갖고 있는 역사성과 복잡성을 살피면 더욱 분명해진다. 소수민족문제는 이미 많이 지적되었듯이, 그 논의의 기원에는 서로 다른 언어와 문화를 갖는 소수민족들에 대한 임의적 통합, 그리고 그들 소수민족의 자결권 거부를 통해 내부약점을 극복하려는 의도가 있다.[21] '분리될 수 없는 조국' 등의 수사가 바로 그 의도를 나타낸다. 이미 '조국의 품으로 돌아온' 홍콩이나 이후 중국에 반환된 마카오, 국민당 지배하의 타이완 등 지역의 주민들에 대한 애국주의, 민족단결, '일국양제' 등의 주창은 현 중국당국의 억압과 '비해방적' 태도를 숨기는 역할을 한다. 지리적, 사회적, 문화적 뿐만이 아닌 역사적 개념으로서 '중국'을 고찰해 본다면 그 같은 '조국론'이 얼마나 비민주적인지를-각 지역이 갖는 사회적, 문화적, 의식상의 차이를 조국론을 통해 얼마나 무시하고, 오히려 강제적으로 그 서로 다른 지역들을 통합시키려는지를-금방 드러낼 것이다. 민족이나 국가라는 테두리 속에 존재하는 수많은 다양함과 이질성에 대한 역사적 고찰없이 정치이데올로기로서 작용하는 한, '하나의 중국'을 통한 애국주의, 민족주의, 조국론 주장은 계속 반해방의 논리로 작용할 것이다. 또한 초기 중국사회주의의 약속을 외면한 채, 현 사회에서 벌어지는 경제적 불평등을 더욱 심화시킬 가능성이 있는 '일국양제론'은 정치적 대표성을 둘러싼 논리로 작용하고 있을 뿐이다.

1949년 인민공화국의 성립이 중국현대사의 최종목적지였다는 일부학자들의 목적론적 역사인식과 역사필연론을 피하며, 1949년 중화인민공화국 성립의 의미와 지난 60년간의 사회주의중국, 특히 지난 30년간의 개혁개방하의 중국을 중국현대사 속에서 이해하는 것이 가능할까? 마오의 신민주주의론에 근거한 한 중국학자의 대답은 매우 시사적이다. 저명한 중국학자인 후성(胡繩)은 개혁

---

21) Stevan Harrell ed., *Cultural Encounters on China's Ethnic Frontiers* (University of Washington Press, 1995) 소수의 논문 참조.

개방 하의 상황이 1949년 해방 이후의 상황과 비슷하다는 것을 전제로 마오의 신민주주의론을 새롭게 이해하고자 시도한다.[22) 후는 마오의 신민주주의론의 요점이 '농민문제'의 이해와 '자본주의문제'의 처리에 있었다는 것을 지적한다. 특히, 그는 후자가 자본주의와 사회주의의 관계, 다시 말하면 자본주의가 사회주의로 이행하는 시기에 나타나는 문제의 처리를 당시 중국현실에 맞게 마오가 적확하게 이해한 결과라고 주장한다. 즉 후는 현 개방개혁 정책의 연원을 신민주주의 속에서 찾고 있다. 그의 요점은, 자본주의적 발전이 충분하지 않던 당시 중국 현실 속에서 (곧바로 사회주의 단계로 진입할 것을 주장하지 않고) 마오가 "생산력 발전의 정도"와 "사회주의 생산관계의 제고를 추구"해야 한다는 것을 명확히 파악했다는 것이다. 따라서 마오는 '비공유제' 경제인 (자본주의적) '사영업'과 '개체경제'를 당시 승인하였다. 결국 후의 주장의 요점은 중국혁명은 마오의 신민주주의론에 바탕한 신민주주의혁명이었으며, 지금도 마오의 신민주주의의 '실천'이 가장 필요하다는 것이다. 물론 후 자신도 사회주의로의 전환에는 자본주의적 발전이 반드시 필요하다는 목적론적 인식을 갖고 있고, 또 중국사회의 구체적 변화에 대한 대책을 언급하지는 않는다. 그러나 적어도 그의 주장은 중국사회주의의 특징을 지적했다고 생각된다.

1949년 중화인민공화국 성립의 의미는 무엇보다도, 점차 중국 정치와 사회의 주인으로 등장하기 시작한 (민족주의와 정치의식을 소유하기 시작한) 민의 정치사회적 요구를 국가가 적극적으로 대처하고 해결하면서, 동시에 19세기 이래 존재해 온 민족 위기를 그들의 힘을 통해 국가가 극복해 냈다는 데 있다고 할 수 있다. 물론, 중국사회주의의 약속이었던 사회혁명을 통해 구미자본주의 사회에 존재하던 사회문제를 적극적으로 해결하게 된 계기를 갖게 되었다는 것도 1949년이 갖는 의미이다. 물론 다양하고 복잡한 사회구성원의 여러 사회정치적 요구와 민족주의 힘을 결집시킨 것은 마오의 신민주주의였다. 다만, 마오 자신의 말대로 신민주주의의 실천 속에서 (혹은 신민주주의의

---

22) 胡繩, 「毛澤東的新民主主義論再評價」, 『中國社會科學』 3(1999.5), 4~19쪽.

사회주의로의 이행과정에서) 또 다른 모순이 인민공화국 초기에 발견되었고, 그에 따른 새로운 실천이 요구되었던 것 같다. 첫 실천은 성공적이었다기보다는 새로운 모순을 드러냈다고 하는 게 정확할 것이다. 다만 그 모순은 개혁개방 하에서 완전히 다른 종류의 모순으로 바뀌었다. 그리고 이제 새로운 실천이 그 모순을 처리해야 할 시기인 듯하다. 그렇다면, 1949년 이후 중화인민공화국의 역사는 1949년 이전으로의 회귀도 아니고 역사적 의미를 상실한 공백기나 과도기도 아니었다. 지난 60년은 새로운 모순의 발견과 그 해결을 위한 새로운 실천의 과정이었다고 해야 할 것 같다. 역사는 법칙에 따라 움직이지 않기 때문이다.

2008년 올림픽 개최를 앞두고 중국정부는 2003년 이래 후진타오 전(前) 국가주석의 지시로 '과학발전관'이란 대안적 발전전략을 고려하였고 이를 당과 국가의 발전노선으로 택하였다. 과학발전관은 "인민이 근본임을 견지하면서 전면적, 협조적, 지속적일 수 있는 발전"을 의미한다. 그동안 신자유주의의 파도를 타고 진행된 사회주의중국의 발전이 초래한 모순을 인정하고 21세기란 새로운 단계에 진입한 중국의 경제발전을 지도할 '전략사상'으로 불린다. 중국은 또 다시 사회주의중국의 (대안적?) 발전전략을 고민하고 있다. 당 지도부 교체가 일어난 지금, 이 발전전략이 진정한 대안으로 계속 채택될지, 당과 국가의 정책에 반영될 것인지, 반영된다면 얼마나 실천될지는 두고 볼 일이다. 중요한 것은, 사회주의중국이 대안을 제시할 책임이 아직도 있고 또 그럴 가능성은 있다는 점이다.[23] 발전전략과 관련하여 사회주의 중국이 취한 지난 60년의 궤적을 살펴보면, 중국은 대안적 발전방향을 모색해 왔고 지금도 모색을 하고 있다. 그리고 그 모색 속에는 모순이 늘 존재했다. 베이징올림픽 자체가 사회주의중국이 자본주의 세계에서 자본주의적 발전의 성공을 과시하는 또 하나의 모순임을 알 수 있다. 마오는 이론과 현실 사이의 모순은 새로운

---

23) Arif Dirlk, "Alterantives? The PRC and the Global South" in Arif Dirlik, *Global Modernity: Modernity in the Age of Global Capitalism* (Paradigm Publishers, 2007), pp.133~155.

실천을 통해 변증법적으로 해결되어야 한다고 했다. 또 그는 새로운 실천이 새로운 모순을 만든다고도 지적했다. 베이징올림픽 이후 새로운 실천을 만드는 직접적 계기가 만들어질지 두고 볼 일이다.[24]

---

24) 위의 내용은 황동연, 「베이징올림픽과 사회주의 중국」, 『말』 2008년 8월호, 138~143쪽에 실렸던 내용 중 결론 부분을 약간 수정, 보완하여 옮긴 것이다.

제 **13** 장

중국문화대혁명 이해의 시각과 방향

아리프 딜릭과의 대담

일시: 2006년 10월 11일

장소: 미국 소카 대학교 도서관 내 특별장서열람실

대담 · 정리 · 번역 · 편집: 황동연

아리프 딜릭(Arif Dirlik)은 터키 태생의 저명한 중국현대사 학자이자 전 지구화에 대한 비판적 글을 광범위하게 써온 미국 내 대표적인 비판적 지식인이다. 미국 듀크대 사학과 교수 및 오레곤대 사학과와 인류학과 석좌교수, 홍콩중문대학 중국학 교수 등을 역임했다. 2006년 5월 정년퇴임 이후에도 여전히 독립학자 (independent scholar)로서 아시아와 미주, 유럽을 넘나드는 바쁜 강연 일정과 저술활동을 펴온 정력적인 학자이다. 대표 저서로는 『중국공산주의의 기원 (*The Origins of Chinese Communism*)』, 『중국혁명 속의 아나키즘(*Anarchism in the Chinese Revolution*)』, 『중국혁명 속의 마르크스주의(*Marxism in the Chinese Revolution*)』 등이 있다. 가장 최근 저서로는 『전지구적 근대성: 자본주의 시대의 근대성(*Global Modernity: Modernity in the Age of Capitalism*)』과 『탈혁명 중국의 문화와 사회: 전지구적 근대성의 시각(*Culture and Society in Post-Revolutonary China: The Perspective of Global Modernity*)』이 있고, 최근의 편저로는 『전지구적인 것에 대한 교수법들: 인간 관심 속의 지식(*Pedagogies of the Global: Knowledge in the Human Interest*)』과 『20세기 중국의 사회학과 인류학: 보편주의와 토착주의 사이에서(*Sociology and Anthropology in Twentieth Century China: Between Universalism and Indigenism*)』이 있다. 한국에 번역 소개된 저작으로는 『전지구적 자본주의에 눈뜨기(*After the Revolution: Waking to Global Capitalism*)』(설준규·정남영 역, 창비, 1998)와 『포스트모더니티의 역사들: 유산과 프로젝트로서의 과거(*Postmodernity's Histories: The Past As Legacy and Project*)』(황동연 역, 창비, 2005) 등이 있고 그 밖에 다수의 논문이 소개되었다.

* 필요한 경우 대담자가 [ ]를 삽입하여 보충되는 말과 설명을 추가했고, 각주도 덧붙였다.

I. 1960년대의 비판적·정치적 학문과 문혁 연구

황동연 | 안녕하셨습니까? 오랜만에 뵙겠습니다. 먼저 대담을 시작하기 전에 바쁜 일정에도 이렇게 대담에 응해주신 점 『역사비평』(이하 '역비') 측을 대신해서 감사드립니다. 역비는 『창작과 비평』과 더불어 한국 내 진보적 학계를 대표하는 대중 학술잡지로 평가받고 있습니다. 이번에 중국의 문화대혁명(이하 '문혁') 40주년을 맞이하여 이에 관련한 기획을 구성하면서 선생님과의 대담을 준비했습니다. '역사로서의 문혁'과 '문혁과 한국 지식인' 등의 문제를 다룬 글이 선생님과의 대담과 함께 실릴 예정입니다. 선생님은 중국현대사 연구뿐만 아니라 전 지구화(globalism)에 대한 연구에서도 비판적(radical) 입장을 취하고 있는 미국 내 대표적인 학자이자 지식인의 한 분으로 알려져 있습니다. 한국에도 그간 선생님의 저서나 논문이 적지 않게 소개되어서 한국 독자들에게

선생님의 학문이 생소하지만은 않을 것 같습니다만, 역비 독자들을 위해 직접 자신의 학문적 입장 혹은 학문적 배경에 대해 간단하게 소개해주셨으면 합니다.

딜릭 | 그 질문에는 역사적으로 접근하겠습니다. 제 학문적 입장은 처음부터 줄곧 정치적 지향을 갖는 것이었습니다. 저는 정치적이지 않은 학문은 없다고 믿습니다. 비정치적인 척하는 학문조차 정치적인 의미를 내포하고 있다고 봅니다. 인간을 교육하는 데 무엇을 가르칠 것인가를 정하는 것도 같은 거죠. 결국 무엇이 정치적 학문이고 비정치적 학문인지를 정치적 입장에서 결론짓고 가르치게 되는 것 아닙니까? 사회를 위해 정치적인 것, 비정치적인 것이 무엇인지를 정의하는 것 그 행위 자체가 정치적인 행위지요.

저는 1960년대에 제3세계 국가인 터키에서 미국으로 왔어요. 당시 저는 매우 비정치적인 분야인 이론물리학을 공부하고 있었어요. (동시 웃음) 반면, 역사, 특히 중국역사를 공부하겠다고 마음을 먹었을 때, 제겐 이미 정치적 관심이 있었습니다. 다만, 당시까지만 해도 중국에 관한 이해가 제겐 전혀 없었습니다. 그러다가 중국에서 혁명이 진행되고 있다는 소문을 접하고 혁명이란 무엇인지 궁금해졌고, 또 중국혁명이 당시 터키와 같은 다른 제3세계 국가들에 어떤 의미를 주는지 알고 싶었습니다. 따라서 제 최초의 중국에 대한 관심은 애초부터 중국혁명과 깊이 관련되어 있었습니다. 아시듯이 제 첫 저서도 혁명과 관련된 것이지요. 또한 저는 정치라는 문제를 비판적 학문의 입장에서 접근하고자 했고, 정치 자체를 비판적 궁구의 대상으로 삼고자 했습니다. 저의 첫 저서인 중국 마르크스주의에 관한 분석은 이런 학문적 입장을 견지하면서 중국혁명에 대해 제가 쏟은 노력의 결과였습니다.[1] 그 책에서 저는 중국의 마르크스주의를 비판적으로 연구하고 동시에 중국 마르크스주의라는 입장에서 마르크스주의를 비판적으로 연구하고자 했습니다. 사실 제가 마르크스주의 역사서술과

---

1) *Revolution and History: Origins of Marxist Historiography in China, 1919~1937* (University of California Press, 1978).

혁명의 관계를 살핀 첫 저서를 출판했을 때, 미국 내 학자들은 제 책에 큰 관심도 갖지 않았고 별 가치가 없는 설로 간수했었죠. 저는 이렇듯 두 갈래로 학문에 비판적으로 접근했던 것입니다. 이후 나의 저작은 모두 비판적이고 정치적 학문을 지향하고 있었습니다.

황동연 | 그러니까 선생님의 학문을 한마디로 말하자면 1960년대의 산물이라고 볼 수 있겠네요.

딜릭 | 맞습니다. 저는 1960년대의 산물입니다. 거기에는 아무런 의문의 여지가 없습니다. 그런 말씀에 저는 전혀 당황스러워 하지 않습니다. 반면 요즘 일부 학자들에게는 [60년대의] 비판적 학자였다는 자신들의 과거를 잊어버리고 60년대 당시의 비판적이고 정치적인 학문으로부터 도피하려는 경향이 있지요.

황동연 | 그런 학문적 회피를 고려한다면, 지금 비판적이고 정치적인 학문을 제기하면서 문혁의 현재적 의미를 살펴보는 것은 시기적으로 꽤 적절한 것 같아 보입니다.

딜릭 | 그렇지요. 문혁에는 다른 면도 있지만, 지적인 면이 존재합니다. 방금 역비의 이번 기획 내용이 무엇인지를 제게 말씀해주셨듯이, 문혁은 한국의 지식인에게도 영향을 주었습니다. 이 점은 다음과 같은 사실과 연관되는 것입니다. 즉 문혁 당시의 중국은 물론 전 세계적 차원에서 보더라도, 여러 [지역, 계급 등의] 사람들은 문혁을 제각기 다른 방식과 시선으로 다양하게 보았다는 사실입니다. 1996년 열렸던 문혁 30주년 기념 학술회의 자리에서 제 친구인 피터 쾽(Peter Kwong)은 이런 말을 한 적이 있습니다. 문혁 중에 수많은 나쁜 일들이 일어났고 그로 인해 많은 이들이 큰 고통을 겪었다는 것을 잘 알고 있지만, 그 자신은 자신의 관점에서 문혁을 보고 싶다는 겁니다. 문혁은 그에게 일종의 이상주의(idealism)에 대한 영감을 주었답니다. 그 이상주

의는 사회를 변혁하려는 그의 노력에 매우 귀중한 것이었다는 겁니다. 지금 문제가 되는 것은 바로 이런 겁니다. 많은 이들이 문혁을 버리고 그에 대한 기억을 지우려 하는데, 그런 노력의 일부에는 60년대에 있었던 이런 이상주의도 포기하려는 모습이 있는 것입니다. 이런 태도는 정치에 존재하는 이상주의를 두려워하는 마음의 표현이기도 합니다.

황동연 | 앞서 선생님의 학문적 배경과 입장을 말씀해주셨는데요. 말이 나온 김에, 최근 선생님께서 진행하는 연구의 방향이나 활동에 대해서도 잠시 설명해 주셨으면 합니다. 전 지구화 같은 주제에 대해 더 많은 관심을 기울이고 그에 관한 저술활동을 계속하시는 것으로 압니다만.

딜릭 | 잘 아시다시피 저는 늘 3~4개의 주제를 동시에 연구하죠. (웃음) 최근 저는 전 지구화 문제, 정확하게는 전 지구화와 근대성의 관계를 연구하고 있습니다. 여기서 1960년대의 세계를 돌아보죠. 당시 문혁에 존재했던 열정에는 사회주의나 공산주의에 대한 열정뿐만 아니라 탈식민(postcolonial) 해방운동에 대한 열정도 있었습니다. 또 제3세계의 대두라는 것도 있었지요. 제가 앞에서 말씀드렸듯이, 저는 제3세계 출신으로 당시 [중국에서] 도대체 무슨 일이 진행되는지 궁금해 하고 있었습니다. '제3세계'라는 개념은 지구가 세 개의 세계로 나누어져 있다는 전제에서 이해될 수 있는 것이었는데, 이제 그 세 개의 세계로 나누어졌던 세계는 사라졌습니다. 따라서 저는 그 이후 도대체 어떤 일이 이들 세 세계에 일어났는가를 알고 싶었습니다. 다른 두 세계가 소멸된 것과 관련하여 현 세계를 어떻게 이해할 것인가, 또 지금 무슨 일이 일어나고 있는가 하는 등의 의문이죠.

11월에 출간될 제 새 책에서는 바로 이런 문제를 궁극적으로 대답하려고, 아니 다루려고 했습니다. 『전지구적 근대성』2)이라는 제목의 책인데요. 그

---

2) *Global Modernity: Modernity in the Age of Capitalism* (Paradigm Publishers, 2006).

책에 있는 「중국과 글로벌 사우스(China and the Global South)」라는 논문에서 제가 주장하는 것은, 구세계가 이제 다 지나갔고 더 이상 현 세계를 세 개의 세계라는 견지에서 이해할 수는 없지만, 그런 세계의 유산들이 다 사라진 것은 아니라는 겁니다. 많은 문제가 여전히 그냥 남아 있지요. '글로벌 사우스'라는 용어는 제3세계를 재명명한 것인데, 그 논문에서 저는 중국이 지금은 매우 다른 방향으로 빨리 변화하고 있긴 하지만, 중국 같은 [사회주의] 사회가 제3세계에 어떤 [새로운 전망을 보여줘야 하는] 책임이 있는 것이 아닌가라는 질문을 궁구했습니다. 특히 그 제3세계 사회가 여전히 미국과 같은 제1세계에 착취당하고 있는 현실 속에서, [중국이] 어떤 일을 할 수 있는가 하는 문제 말입니다. 이런 상황에서 저는 사회주의의 몰락과 전 지구화라는 견지에서 세계를 다시 구성해보고자, 혹은 다른 말로 하면, 다시 그려보고자(remapping) 했던 겁니다. 그리고 그런 상황에서 우리에게 어떤 해방의 기회가 있는지를 살펴보려고 했습니다. 제가 아는 한 현 세계는 너무 엉망입니다.

사실 이 문제는 제가 그동안 쭉 해왔던 것 중의 하나입니다. 몇 주 후에는 워싱톤 대학교(University of Washington)에서, 그리고 내년 2월에는 미시시피 대학교에서 이런 문제에 대한 강연을 할 예정입니다. 특히 미시시피 대학에는 『글로벌사우스(Global South)』란 집지를 막 발행하려는 학자가 한분 계시듯이, 많은 학자들이 제가 방금 말씀드린 이런 문제에 관심을 갖고 있다는 말씀도 덧붙이고 싶습니다. 학자들 사이에는 매우 광범위하게 세계가 지금 많은 문제에 직면하고 있다는 인식이 퍼져 있지요. 요즘은 특히 한반도 내 [핵] 문제가 있고요. (웃음)

Ⅱ. 비판적 문혁연구의 새로운 경향

황동연 | 말씀해주신 선생님의 학문적 입장과 지향, 그리고 최근의 연구방향 등을 통해, 특히 선생님의 비판적 학문이 어떤 것이고 그것이 무엇을 지향하는지 역비 독자들도 이해할 수 있을 것 같습니다. 이제 이 대담의 주 관심사인 문혁에 대해 질문하려고 하는데, 먼저 선생님의 비판적 학문과 관련해서 '비판적 문혁 연구'라는 것이 어떤 것인지 궁금합니다. 또 그동안 이루어진 문혁에 관한 비판적 연구 성과를 어떻게 평가하시는지 묻고 싶습니다.

딜릭 | 문혁에 관한 비판적 학문이란, 아주 간결하게 말한다면 문혁을 그저 마오쩌둥(毛澤東)의 광기나 정치투쟁으로만 보는 문제의식을 넘어서는 것이라고 할 수 있습니다. 최근 문혁에 관해 하버드 대학의 로더릭 맥파쿠하(Roderick MacFaquhar)와 스웨덴의 마이클 숀할스(Michael Schoenhals)가 공저해서 새로 나온 책이 하나 있지요.[3] 그 책은 문혁의 정치투쟁에 관한 내용으로 가득 차 있을 뿐입니다. 이런 학문과 [제가 추구하는] 비판적 학문을 구별시키는 것이 있다면, 첫째, 문혁을 광기의 사건으로서가 아니라 진지한 사건으로 다루는 것입니다. 둘째는 정치투쟁을 초월한 문제, 즉 문혁의 동기가 되었던 사회경제적 동인 등을 다루는 것입니다. 나아가 문혁을 사회주의뿐만 아니라 제3세계 국가주권 문제라는 맥락에서도 살펴보는 것입니다.

요즘에는 이런 문제의식에 기반한 연구가 거의 없습니다. 최근 연구는 문혁을 쉽게 잊게 만들고 또 사람들은 문혁을 잊길 원합니다. 그리고 문혁에 관한 최근 저작들은 제가 아는 한 대부분 천박한 마케팅의 결과들입니다. 제가 문혁을 진지한 자세를 통해 비판적으로 다루어야한다고 지적하는 이유는 바로 이런 것들 때문입니다. 반면, 문혁을 진지하게 연구하는 학자들은 [문혁에 관한] 저서를 발간하는 것조차 힘듭니다. 한둥핑(韓東屛)이란 학자가 자신의 책에서 문혁에 대한 호의적인 생각을 밝혔습니다. 그런데 그의 책을 출판하려는

---

3) Roderick MacFarquhar and Michael Schoenhals, *Mao's Last Revolution* (Belknap Press of Harvard University Press, 2006).

출판사를 찾기가 매우 힘들었습니다. 게다가 그의 책은[4] 200쪽에 불과한데도 미화 125달러에 판매되고 있으니 아무도 이 책을 사서 읽으려고 하지 않습니다. 마오를 천박하게 공격하는 500쪽이 넘는 두꺼운 책들이 [싼 가격에 책정되어] 잘 팔리는 것과 비교해 보십시오. 모포 가오(Mobo C. F. Gao)의 책도[5] 한의 책같이 문혁을 진지하게 다룹니다. 이들 저서들은 문혁 중에 보였던 노동자들이나 농민들의 모습을 사뭇 다르게 그리고 있습니다. 문혁은 중국 내 여러 상이한 집단에게 각각 다른 의미를 주었고, 그 집단들 또한 서로 다른 방식으로 문혁에 반응했다는 것을 보여줍니다.

물론 제가 한둥핑의 주장에 전적으로 동의하는 것은 아닙니다. 그는 문혁의 부정적인 면을 전혀 받아들이지 않거든요. 하지만 그에 따르면『마오쩌둥(毛澤東)어록』은 당시 마치 새 헌법과 같은 역할을 하며 농민들에게 '우리도 할 수 있다', '우리도 비판할 수 있다'라는 믿음과 힘을 부여했다고 합니다. 이런 면들이 그냥 묻혀버리면, 문혁을 단순히 권력투쟁으로만 보게 되는 것입니다. 그러나 최근 경향을 보면 문혁을 진지하게 연구하려는 시도가 점차 늘고 있는 것을 알 수 있습니다. 작년에 저는 한둥핑을 포함한 일단의 소장학자들이 [문혁 기간 중의] 대학 교육과 농민·노동자들에 대한 교육정책 등을 연구 발표한다고 해서 미국아시아학협회(Association for Asian Studies)에서 그 패널을 주재한 적이 있습니다. 이들은 매우 진지하게 문혁을 연구하고 있습니다. 희망컨대, 문혁을 무조건 공격하는 것을 그만두고, 이 소장학자들처럼 문혁을 새로운 태도로, 비판적이고 진지한 연구의 대상으로 바라봤으면 합니다. 그것이 비판적 학문의 모습이라고 말씀드리고 싶습니다. 비판적 학문이라는 입장에서 보면, 문혁을 공격하는 학자들은 문혁 당시의 혁명분자들보다 전혀 나을 것이 없는 행동을 하고 있다고 할 수 있습니다.

---

4) *The Unknown Cultural Revolution: Educational Reforms and Their Impact on China's Rural Development* (Garland, 2000).

5) *Gao Village: A Portrait of Rural Life in Modern China* (University of Hawaii Press, 1999).

황동연 | 미국 학계에 이런 변화가 있는데, 정작 중국 학계는 어떻습니까? 아직까지는 문혁을 '10년동란'으로 보는 시각이 우세한 것 같은데요. 그리고 마오 개인을 문혁에 대한 평가에서 떼어내어, 문혁을 마오의 개인적인 과실로 보기도 하고요. 중국 학계는 아무래도 학문적 입장이 다르지요?

딜릭 | 네, 미국 학자들과 다릅니다. 먼저 많은 중국 학자들이 문혁에 대해 거의 쓰지 않습니다. 『포스트모더니티의 역사들』에 수록된 제 논문6)에서도 얘기했던 부분인데, 중국에서는 역사가들보다 문학자들이나 영화제작자들이 문혁을 다루는 것을 훨씬 더 편안하게 생각하는 것 같습니다. 아마도 당이 [문혁에 관한] 소설은 상대적으로 쉽게 생각하고 지나치기 때문일지도 모릅니다. 저는 중국 역사가들이 문혁을 진지하게 다루는 것을 보지 못했습니다. 왜냐하면, 그러려면 역사가들이 문혁 기간의 지도자들에 대해서 뿐만 아니라 문혁 이후의 지도자들에 대해서도 문제제기를 해야 하기 때문이지요. 덩샤오핑 (鄧小平)이 문혁에 대해서 했던 말은 이런 점에서 의미가 있습니다. 덩은, 많은 당내 인사들이 문혁 기간 동안 마오와 같은 편에 있었기에 마오를 비판하는 것은 우리 자신을 비판하는 일이 되므로 주의해야 한다고 말한 적이 있는데, 이처럼 당의 입장에서도 문혁을 다루는 것은 매우 어려운 일입니다.

그러나 말씀드릴 수 있는 것은 중국 내 상황도 천천히 변하고 있다는 사실입니다. 몇몇 [정치적으로 예민한] 문제에 관련된 연구가 아니라면 어떤 문제의 경우는 이제 점차 받아들여지고 있습니다. 당내에 있는 사람들 몇몇이 오랫동안 연구하지 못했던 마오를 이제 진지한 태도로 연구하기 시작했습니다. 또 후진타오(胡錦濤)의 지시하에 새로운 정책으로 추진되는 '발전에 관한 과학적 전망(科學發展觀)' 프로젝트에서, 마오는 발전에 관한 과학적 사고의 기원적인 존재로 받아들여지고 있습니다. 덩샤오핑, 장쩌민(江澤民), 현재의 후진타오로 이어지는 중국 지도자들의 발전에 관한 사상의 기원으로서 마오가 취급되고

---

6) 「포스트모더니즘과 중국역사」, 『포스트모더니티의 역사들』(창비, 2005), 235~289쪽.

있는 것입니다.

황동연 | 중국 내, 특히 당내 인사들 사이에서 마오에 대한 평가가 조금씩 달라지고 있다는 것은 흥미로운 사실입니다. 선생님께서는 중국을 자주 방문하시면서 강연 등 여러 방면의 학술교류에도 힘쓰고 계신 것으로 알고 있습니다만, 앞서 설명하신 중국 내부의 마오와 문혁에 대한 태도 변화와 관련하여 다른 경험이 있으시면 좀 더 설명해 주십시오.

딜릭 | 지난 여름 저는 베이징에 있는 중국공산당 중앙번역국에서 민족발전과 전 지구화에 관련한 강연을 했는데, 그 자리에는 다수의 당 관계자들과 당 이론가들이 참석했습니다. 저는 그들에게 '마오와 문혁은 현재 무슨 의미일까'라는 주제로 강연을 했습니다. 강연이 끝난 뒤 우리는 3시간에 걸친 [토론] 세미나를 가졌습니다. 10년 전과는 전혀 다른 상황이었습니다. 10년 전 마오의 탄생 100주년 때, 마오는 소비의 대상으로 등장했었지요. 그런데 이제는 과거의 문제가 현재 어떤 의미일까 하는 문제를 둘러싸고 심사숙고하는 분위기가 조성되고 있습니다. 물론 그 누구도 문혁 자체는 언급하지 않습니다. 문혁은 여전히 무질서, 혹은 무시무시했던 사건으로 남아 있죠. 또 중국인들은 이제 더 이상 민중운동을 원하지 않습니다. 하지만 문혁 속에 있던 아이디어라는 면에서, 가치와 관련된 문제를 이전까지 너무 성급하고 간단하게 처리해온 것이 아닌가라는 생각이 [중국학자들 사이에] 확산되고 있습니다. 중국에도 어느 정도 변화가 일고 있는 셈입니다.

현재의 상황에 비판적인 소장학자들도 이런 문제들을 논의하기 시작했고, 어떤 문제에 관한 연구는 이제 출판이 가능해지고 있습니다. 제가 참가하지는 못했지만, 미국의 비판적 학자들이 일부 중국 학자들과 조직한 문혁에 관한 학술회의가 지난(2006년) 6월 초 홍콩에서 열렸습니다. 물론 일부 학자들은 참석 못했지만, 미국의 비판적 학자들을 비롯해서 중국 학자들이 이 학술회의에 초청되었습니다. 이들 학자들의 다수가 문혁에 관한 구술역사(oral history)를 시도하며 문혁이 당시 일상생활에서 무슨 의미를 가졌는지를 연구하고 있습니다. 또 제가 베이징(北京)을 떠나기 바로 전 지난 8월 마지막 주에는 『두슈(讀書)』 잡지 관계자와 세미나를 했습니다. 그때 저는 누군가 저를 만나고 싶어 한다는 얘기를 들었습니다. 알고 보니 그 사람은 문혁 당시 우한(武漢)에서 조반파(造反派)에 속해 있던 노동자였습니다. 그 사람은 제게 자신의 회고록을 비롯한 사료들을 몇 개 건네주기도 했습니다. 이런 일은 문혁을 말하기가 여전히 힘들다는 사실을 보여주는 거죠.

지금 중국에서 권력을 잡고 있는 사람들이 문혁을 어떻게 해석할 것인가를 결정하고 있지만, 그들 중 일부는 문혁 기간 중 많은 이들을 살해했던 장본인이기도 합니다. 미국 학자들 중 모리스 마이스너(Maurice Meisner)가 처음으로 밝힌 사실이지만, 요즘 문혁을 부정하는 자들 중에는 문혁 이후 권력을 잡은 사람이 많고 그들 중 일부는 문혁 기간 동안 많은 사람을 죽이는 데 참여했습니다. 방금 언급한 노동자 같은 사람들은 문혁 당시인 1966년 18세였는데 이제 60세 정도가 되어 문혁에 대해 자신들이 기억하고 있는 것을 글로 쓰고 있습니다. 이제 가까운 장래에 [이런 자료를 통한 연구가 나오면서] 상황이 어떻게 변할지 지켜봐야겠지요.

황동연 | 문혁에 대한 상이한 경험과 기억이 글을 통해 학자들에게 전달된다면, 그것을 통해 문혁의 복잡성이 좀 더 드러날 수 있을 것 같습니다. 반면, 문혁 중 중국인들이 받은 고통만을 묘사한 책들은 여전히 문혁을 그저 부정적인 것으로만 묘사합니다. 상흔문학(傷痕文學)에 대해 질문을 드리고 싶습니다. 상흔문학이 일반대중에게 문혁을 부정적으로 보게 만드는 경향이 있는데요, 학자들은 문혁중 나타난 중국인들의 고통을 어떻게 봐야 할까요?

딜릭 | 사실 상흔문학은 학자들에게도 중요합니다. 이런 문학작품이 일반대중에게 문혁에 대한 부정적 인상을 갖게 한다는 말씀은 옳은 지적입니다. 하지만,

일반대중이 왜 이런 것을 좋아하는가를 생각해야 합니다. 다른 이들의 고통을 마치 드라마를 즐겨 보듯이 훔쳐보는 즐거움이 있는 것이지요. 그렇지만, 얼마나 많은 사람들이 그런 고통을 [읽는데 그치지 않고 실제로] 느끼는지는 알 수 없습니다. 제게 재미있는 기억이 있습니다. 저와 록샌 프라즈니악(Roxann Prazniak) 교수가 버지니아(Virginia) 주의 팜빌(Farmville)에 살 때 있었던 일입니다. 그녀가 햄프턴-시드니 대학(Hampden-Sydney College)에서 강의를 했기 때문에, 지역민들은 그녀를 지역 도서관으로 초청해서 [중국혁명과 문혁에 대해] 강연을 듣고자 했습니다. 참석자들은 약 10여 명으로 그 지역의 지식인이거나 교회 사람들로, 대부분 농촌 지역에 사는 아프리카계 미국인(African-American)이었지요. 록샌도 정치적 경향으로 보면 비판적 학자인 것은 잘 아시죠. 아무튼 그 지역민들은 많은 고통을 이미 받았던 경험이 있기에 [문혁기간 중국인들이 받은] 고통이 어땠을지를 잘 알고 있었다고 합니다. 문혁에 대해서 그녀가 말하자, 그들은 곧바로 [중국인들이 받은] 고통 등을 이해한다고 말했답니다. [흑인인] 그들은 [백인]경찰로부터 구타당했던 경험이 있기에 그런 고통을 이해한다고 했답니다. 간단히 넘길 수 있는 일이 아니지요. 일반대중이라고 말씀하셨을 때, 그 뜻은 중국 외에 있는 일반대중을 말하시는 것이지요. (황: 내, 맞습니다) 우리가 고통받는 사람을 동정하듯이, 저도 사실 당시 중국인들, 특히 지식인들이 받았던 고통을 동정합니다. 저도 지식인입니다. 아직 어린 대학 신입생이 어느 날 제게 와서 머리에 무언가를 덮어씌우고 저를 좌파 혹은 우파라고 비난하면서 구타하고 발로 찬다면, 결코 기분 좋은 일이 아닙니다. 우리들이 그런 고통에서 교훈을 얻지 못한다면 그것은 완전히 반계몽적인 일입니다. 해방이나 혁명적 변혁을 목적으로 하는 사람들이 그저 다른 사람을 때리는 것을 혁명이라고 말하면서 그런 행동을 했다면, 그것에 대해 진지하게 생각해볼 필요가 있습니다.

레이먼드 윌리엄스(Raymond Williams)는 30여 년 전 쓴 책에서, 혁명에는 우리가 잘 인식하지 못하는 비극이 항상 있다는 점을 지적했어요.[7] [학자들이]

혁명을 그저 좋았던 것이나 재미있었던 것으로만 보는 것은 잘못이자 자신에 대한 배반입니다. 진지하게 다루어야지요. 말씀하신대로, 일반대중에게는 그 영향이 부정적일 수 있지요. 그런데 지식인들 중 많은 수가 그저 단순히 '학자'인 경우가 있지요. (웃음) 그들은 일반대중과 별다르지 않은 방식으로 문혁에 대해 반응합니다. 실상 그들 중 많은 수가 지난날 혁명의 주창자들이었지만 지금은 혁명에 등을 돌려버린 자들입니다. 이런 점에서 혁명에 대한 비난으로 일관하는 지식인들의 모습을 보면 [그들의 시각이] 너무 단순하다는 생각을 하게 됩니다. 물론 혁명이 가져왔던 고통을 진지하게 다룰 필요는 있습니다만 말입니다.

여기서 [한 사람의 학자로서] 황 교수에게도 의미심장하게 들릴 이야기를 하나 하겠습니다. 10년 정도 못 만났지만, 제 친구인 저명한 마르크스주의 중국사회사학자 차이샤오칭(蔡少卿) [난징(南京)대] 교수 얘깁니다. 제가 그를 처음 만난 것은 1980년대였는데요. 그는 문혁 당시 3년간 철강공장에 보내진 적이 있었습니다. 그로 인해 그는 건강을 크게 상했고, 특히 폐가 많이 나빠져서 매우 힘들어했습니다. 차이 교수는 베이징대의 저명한 마르크스주의자 학자였던 젠보짠(翦伯贊) 교수의 학생이었는데, 젠 교수도 문혁기간에 반혁명분자로 공격을 당했었지요. 그런데 차이 교수가 제게 이렇게 말했습니다. "나와 아내가 그런 [문혁 기간의] 경험으로 고통 받았던 것은 사실이다. 그러나 나 자신 사회사를 하는 역사가로서 인민에 대해서 글을 써왔지만 이전에는 노동자들의 어려움을 느끼지 못했었는데, 그런 경험을 통해 노동자들의 고통을 나누게 된 것도 사실이다. 그런 고통을 받는 것이 노동자들에게 무슨 의미인가를 느끼게 되었다." 차이 교수는 바로 그런 경험을 갖고 [사회사] 연구를 한 거지요. 다른 한편, 우리는 문혁 기간 동안 범죄적 행위에 연관되었던 자들이 지금 문혁을 천박하게 공격하는 것을 보고 있습니다. 그들이 이제 미덕의 상징이 되고, 북미와 유럽에서 유명해지고 인기를 얻습니다. 사람들은 [문혁에

---

7) *Modern Tragedy* (Stanford University Press, 1966).

관한] 이들의 이야기만 듣게 된 거죠. 차이 교수 같은 사람의 경험을 들어야 합니다. 정서적으로나 지적으로나 [문혁에 대해] 단순한 생각을 하는 사람이 되어서는 안 되지요.

황동연 | 좀 전에 언급하셨기에 말씀입니다만, 당시 문혁에 동조하던 마오주의자 학자들 가운데 많은 이들이 이제는 가장 강하게 문혁을 부정하게 되었고, 문혁에 완전히 등을 돌린 경우도 많습니다. 일본학계에서도 이런 사례를 쉽게 찾아볼 수 있는데, 미국 학계의 예를 들어 그들이 그렇게 된 배경이랄까 이유를 좀 설명해주시지요. 어떤 중요한 요인이 있었을까요?

딜릭 | 이름을 거명하지는 않겠지만, 1975년에 간행된 『근대중국(*Modern China*)』 잡지를 보시면 [미국 학자들 중] 누가 그 예에 해당하는지 알 수 있을 겁니다. 사실 그들은 저와 『근대중국』, 『우려하는 아시아학자들의 회보(*Bulletin of Concerned Asian Scholars*)』 같은 학술잡지를 통해 함께 일했던 비판적 학자들이 었습니다. 당시 그들 중 일부는 나에게 확실한 마오주의자가 아니라고 비판하곤 했지요. 앞에서 말했듯이, 저는 마르크스주의에 먼저 관심을 갖고 그 뒤에 중국에 관심을 갖게 되었습니다. 그래서 당시 발생하던 일이나 마오주의에 대해서도 비판적으로 접근하고 있었지요. 마르크스주의를 진지하게 이해하던 저는 문혁 기간 중 마르크스주의가 단순하게 이해되고 있는 것이 아닌가, 또 문혁이 마르크스주의를 그저 구호로만 축소해버린 것은 아닌가, 그 여파가 심각하지는 않을까 등의 문제를 제기하고 있었습니다. 문혁이 이론으로서 마르크스주의에 상처를 주고 명예도 훼손하게 된다고 생각한거죠. 그러나 그 학자들은 먼저 마오주의자가 되고, 그 후에 마르크스주의에 관심을 갖고는 마오의 눈을 통해서 마르크스주의를 이해하려고 했습니다. 제가 말하는 뜻을 이해하신다면 그 차이를 알 수 있을 겁니다.

그러면 그들은 왜 마오주의자가 되었는지 궁금해집니다. 그들은 문혁 기간에 자신들이 아직 젊었다는 이유를 댑니다. 사실이지요. 하지만 당시 저도 젊었습니다. 몇몇은 당시 어떤 일이 진행되는지 몰랐다고 하는데, 그건 말이 안 됩니다. 사람이 구타당하거나 하는 끔찍한 일이 일어나고 있다는 것은 너무 자명했지요. 그들이 무지했다는 것은 그다지 설득력이 없습니다. 몇몇은 미국의 권력과 패권에 도전하기 위해 마오에게서 해답을 얻으려 했다고 말합니다. 아마 사실일 것입니다. 1960년대에는 구세대와 미국에 대한 신세대의 반항(미국 사회 내 사회정의에 관한 문제와 베트남전쟁으로 생긴 미국 내 불의나 미국사회에 대한 배신감)이 있었는데, 마오주의는 여기에 출구를 준 겁니다. 이런 경향은 제 동료들만 아니라 제 학생들 사이에도 있었습니다. 제가 듀크대(Duke University)에 있을 때 마오주의자면서 '혁명적 공산당(Revolutionary Comminist Party)'과 '노동자시각 조직(Workers' Viewpoint Organization)'의 구성원인 학생이 있었습니다. 그 학생은 자주 마오의 구호를 인용하곤 했죠. 그 학생을 마오주의로 이끈 것은 미국사회의 사회정의 문제, 베트남전쟁으로 생긴 미국 내 불의, 미국사회에 대한 배신감 등이었습니다. [이렇듯] 미국에서 많은 사람들이 마오에게 이끌렸던 것은 중국 문제에 대한 관심에서라기보다는 미국 내 문제에 대한 관심 속에서였습니다. 따라서 마오가 그 권위와 명예를 잃자, 그들은 더 이상 기댈 곳이 없어진 것이지요. 오히려 이제는 마오와 문혁에 대해 진지한 평가를 한다는 이유로 저를 마오주의자라고 부릅니다. [저명한 중국역사학자인] 벤자민 슈워츠(Benjamin Schwartz)가 제게 마오주의자인지 여부를 물었던 적이 있지요. 저는 마오주의자였던 적이 한 번도 없습니다.(웃음)

Ⅲ. 문혁의 성공과 실패: 문혁의 복잡성과 그 논리 및 지향

황동연 | (웃음) 언젠가 한국의 한 일간지와의 대담에서 중화인민공화국은 성공이자 동시에 [열강에의 합류로 인해] 과오였다는 요지의 말씀을 하신 적이 있는데,[8] 비슷하게 문혁도 성공이자 동시에 실패였다고 말할 수 있을까요? 또 최근 쓰신 미간행 논문에서 문혁 40주년을 단순히 기념하기보다는 40주년을 맞아 문혁이 갖는 현재적 관련성과 의미를 궁구하는 기회로 삼자는 지적을 하셨는데,[9] 이런 생각에 대해 좀 더 부연 설명을 해주시죠.

딜릭 | 성공이자 실패였다는 문제는 … 그 목적을 달성 못했으니 당연히 문혁은 실패였습니다. 사실 부정적인 결과를 많이 가져왔지요. 우선, 말씀드린대로 마르크스주의의 명예를 훼손시켰지요. 어린이들이 선생을 구타하는 것을 보면서 누가 마르크스주의를 생각하겠습니까? 문혁은 정치적 프로젝트로서의 사회주의에도 불명예를 안겼습니다. 지금 돌아보건대, 문혁은 사회주의의 마지막 노력이자 마지막 숨이었던 것 같습니다. 그 실패는 나아가 사회주의를 비난받게 했고요. 덩이 1978년 노선을 바꾸었을 때가 사회주의가 끝나기 시작한 해였습니다. 따라서 문혁은 '실패'였지요. 제 친구인 궝의 말을 앞에서 소개했듯이, 문혁은 우리에게 이상주의를 주었습니다. 하지만 그것도 사실 잠시였습니다. 문혁은 사실상 이상주의도 훼손시켰습니다. 중국 지식인들은 이제 유토피아에 대한 생각을 두려워하고 더 이상 유토피아적 생각을 하길 싫어합니다.

그러면 성공이었던 면은 어떤 게 있을까요. 제 생각으론, 첫째, 발전에 관련된 여러 문제를 표면으로 등장시켰다는 것이고, 둘째, 발전에 관한 새로운 패러다임을 소개한 것입니다. 문혁은 소련식 발전과는 다른 새로운 사회주의 발전의 패러다임을 제공했습니다. 개인적으로 이 패러다임은 가장 오랫동안 지속되는 적절성을 남긴다고 생각합니다. 모델로서가 아니라 패러다임으로서 말입니다.

---

8) 「중국의 열강대열 합류는 인민공화국 성공이자 과오」, 『한겨레신문』(1999.9.30).
9) "The Cultural Revolution after the 'Cultural Turn'"(미간행 원고).

모델이란 모방하면서 원래 있던 것에 뭔가를 새롭게 더하여 만들기 시작하는 것을 의미하지만, 패러다임이란 실질적인 것은 아닐 수 있지만 우리가 추구하는 이상적인 포럼(forum)같은 것, 새로운 것을 만들어 세계를 이해하는 것을 의미합니다.

저는 얼마 전 중국에서 강연을 하면서 지금 중국의 상황을 보면 문혁이 이루려 했던 것이 지금도 매우 중요하다는 것을 알 수 있다고 했습니다. 이는 그저 아무나 문혁을 따라하거나 재창조하라는 말이 아닙니다. 문혁이 비판하려 했던 건 무엇이었고 이룩하려 했던 것은 무엇이었는지 아는 게 중요하다는 것입니다. 지금 중국에서 일어나는 모든 나쁜 문제들이 바로 문혁이 극복하려 했던 일들이기 때문이죠. 저의 이런 문제제기에 당 간부나 이론가, 인민해방군 관계자 모두가 동의하고 있습니다. 중국이 발전하고는 있지만, 지금 큰 문제에 직면했다는 것을 그들은 알고 있습니다. 뭔가를 잃었다는 것이지요. 이는 과거에 대한 단순한 향수가 아닙니다. 문혁을 단순하게 이해하려는 사람들은 향수라고 생각하겠지만요. (웃음)

황동연 | 문혁이 비판하려 했고 극복하려 했던 것들은 이제 전 지구화 과정에서 모든 국가에 공통적으로 존재하는 문제랄 수 있는데, 예를 들어 소비문화의 만연, 문화적 소외, 경제적 소외 같은 문제들인 것 같습니다. 방금 말씀하신 '중국이 직면한 문제'에 대해서도 그런 맥락에서 보시는 것인지요.

딜릭 | 물론입니다. 특히 1990년대 초 이후의 발전은 나의 믿음을 확신시켰습니다. 즉 문혁에는 논리가 있었다는 겁니다. 황 교수가 말씀하신 바로 그런 문제들을 방지하려고 일어난 것이라는 겁니다. 엘리트주의, 계급의 부활, 소비문화의 만연과 사회적 소외, 사회 분열, 농민들에 대한 도시인들의 사회적 경멸, 지식인들의 비지식인들에 대한 사회적 경멸 등 말입니다. [지금] 중국 지식인들 사이에는 엄청난 부패가 만연해 있고, 중국인들도 이 문제를 논의합니

다. 부패는 중국 관리들이 유일하게 논의하는 주제죠. 왜냐하면 부패에 대한 논의는 안전한 것이니까요. 다만 부패가 자신들이 만들어낸 지금의 정치체제와 무슨 관계가 있는지에 대해서는 좀처럼 말하려 하지 않습니다. 그래서 [역설적으로] 중국 지도층이 말하기 싫은 것의 하나가 바로 부패의 원인이죠.

요즘 중국에서는 마르크스주의에 대한 연구가 중국공산당 중앙번역국에서 진행되고 있습니다. 후진타오의 지시로 당이 다시 마르크스주의를 연구하기 시작한 겁니다. 이는 아주 거대한 사업으로, 사회주의의 여러 개념을 연구하고 그 연구결과를 일반 대중교육을 위해 출판할 겁니다. 중국 학자들은 여러 중요 주제를 선정하고 마르크스주의의 고전 속에서 마르크스, 엥겔스, 레닌이 ―스탈린은 빼고요―이들 중요한 개념을 어떻게 생각했는가를 연구하려 합니다. 예컨대 마르크스가 인간이나 인간의 본성에 대해 가졌던 개념 등의 연구입니다.

솔직히 이런 연구는 좋은 일이지만, 그것이 현재 인민의 생활과 무슨 관계가 있는지 중국 친구들에게 질문했던 적이 있습니다. 중앙번역국 바로 옆길인 시단(西單)에 가면 커다란 쇼핑몰 지역이 있고 거기서 중국 젊은이들은 소비를 즐길 뿐만 아니라 미국 경찰기동대의 옷을 사서 입습니다. 이것이 바로 요즘 젊은이들입니다. 미국에서와 같이, 중국의 신문들도 지금 소비를 권장하고 있습니다. 인민이 소비를 안 하면 경제에 안 좋다고 말합니다. 미국 경제학자들은 중국인들이 너무 저축을 한다고 불평을 하곤 하죠. 그런데 우리는 왜 그들이 그렇게 절약을 하는지 압니다. 도시의 중국인들은 노후, 주택, 의료·교육이라는 세 가지 '짐'을 걱정하는데, 이는 자본주의 경제의 영향입니다. 중국의 부모들은 엄청난 돈을 쓰면서 자식들을 가능한 한 최고의 고등학교에 보내고, 궁극적으로는 최고의 대학인 베이징대에 보내고 싶어합니다. 그들은 미래에 대한 두려움으로, 노후에 대한 우려 때문에 저축을 하기도 합니다. 이런 상황에 대한 당의 대응은 바로 소비를 권장하는 것이었습니다. 경제발전이 내부시장의 창출에 달렸다는 거지요. 제가 질문했던 것은, 마르크스주의에 대한 재연구가 당에는 도움이 되겠지만, 사회가 전반적으로 자본주의화되면서 소비사회가 되고 있는 상황에서 그 연구가 인민의 일상문화와 도대체 무슨 관계인지 하는 것이었습니다. 그들도 문제를 알고 있습니다. 그렇게 많은 수는 아니지만요.

이런 소비문화를 만드는 일이 지금 일어나고 있습니다. 덩샤오핑은 톈안먼(天安門)사건 직후인 90년대 초 선전(深圳)에 시찰을 갔을 때, 인민이 소비를 하게끔 유도하여 더 이상 정치를 논하지 않게 하자고 했답니다. 이는 배를 부르게 하면 마음을 비운다는 노자의 말과 같은 겁니다. 중국인들은 [백성을] 멍청하게 만드는 정치(愚民政治)라는 말을 만든 적이 있지요. 제 생각에는 오히려 멍청한 자들이 지금 정치를 하고 있는 것 같아요. 이런 일이 중국에서 일어나고 있습니다. 문혁이 이런 것을 방지하려 했다는 것은, 문혁이 쓸모없는 개인적인 정치투쟁이 아니라 나름의 논리를 지니고 진행된 것임을 의미합니다.

황동연 | 그러니까 문혁은 일종의 문화적 변혁을 위해 시도되었다는 말씀이시지요.

딜릭 | 맞습니다. 문혁은 이른바 사회주의적 인간을 만들려고 했습니다. 또 문혁은 어떤 면에서는 혁명에 대항한 혁명이기도 했습니다. 즉 혁명이 새로운 사회주의 권력구조(신관료 및 지식인계급)를 만들어내자 이에 대항하려한 거죠. 그러나 문혁의 실패는 문혁 자체를 불명예스러운 것으로 만들었고, 따라서 모든 이들이 문혁의 순수함이나 목적을 멀리하며 회피하게 만든 겁니다. 물론 문혁 기간에 멍청한 일들이 있었죠. 셔츠를 한 벌 대신 두 벌 입으면 주자파(走資派)라고 부르는 행위가 혁명의 방법은 아니지 않습니까?

황동연 | 맞습니다. 최근 근대화 패러다임이 학계에서 다시 주도적 위치에 서고, 혁명패러다임 자체도 미국혁명, 영국의 명예혁명 같은 이른바 비폭력적 혁명 등을 선호하는 경향으로 움직여 왔습니다. 미국혁명의 경우, 전쟁이라는 행위를 통해서 이루어진 것인데도 말이죠.

어쨌든 학자들 사이에서 일어난 이런 패러다임의 전환을 어떻게 생각하십니까? 제 생각에 이런 패러다임의 전환은 학자의 견해뿐만 아니라, 교육이라는 매개를 통해 다음 세대의 사고에도 큰 영향을 줄 수밖에 없을 텐데요. 우리는 이런 패러다임 전환의 문제를 어떻게 다루어야 한다고 생각하십니까?

딜릭 | 말씀하신 것이 맞습니다. 잘 아시듯이 혁명과 근대화에 대한 문제에는 우리의 의식 속에 있는 사건에 대한 역사성과 우리 자신의 인식이란 것이 있습니다. 좀 전에 말씀드렸듯이, 제 생각에 혁명은 이미 지난 두 세기 간의 사건이었고 이제 혁명의 시대는 끝났는지도 모릅니다. 미국혁명과 영국의 혁명을 우리가 혁명이라고 부를 수 있는지는 문제입니다. 당시 아이티 혁명(the Haitian Revolution, 1791~1804)도 있었지요. 어쨌든 미국혁명은 사실상 영국에 대항한 혁명이었던 것이지요. 영국의 혁명에서는 자신들의 왕을 죽였고요. (웃음) 그러나 이 혁명들 모두 사회적인 격변을 일으키지는 않았습니다.

황동연 | 말하자면 평화롭게 진행된 혁명이었다는 거지요.

딜릭 | 맞습니다. 그런 점에서 보면 혁명이라고 할 수 있을까요? 항상 모호함이라는 게 있지요. 아무튼 미국혁명, 영국의 명예혁명, 아이티 혁명은 거의 동시대에 일어났기에 하나로 함께 분류할 수 있을 것입니다. 중국 학자들 중, 특히 이전에 마르크스주의자였던 리쩌호우(李澤厚) 같은 학자는 자신의 저서에서 혁명과 작별하자고 주장합니다.[10] 다른 얘기이긴 합니다만, 리가 마르크스주의에 이제 반대하기에 제가 베이징에 있을 때 그는 저와 마르크스주의에 관한 논쟁을 벌이고 싶어 했었습니다. 사실 리는 개인적으로는 참 좋은 사람입니다. 저는 그에게 혁명과의 작별이 무슨 뜻이냐고 물었죠. (웃음) 그런데 프랑스혁명이 프랑스의 발전에 장애였었다고 한 프랑스 학자가 쓴

---

10) 李澤厚·劉再復, 『告別革命: 回望二十世紀中國』(Cosmos Books, 1996).

적이 있습니다. 이런 주장은 혁명과 발전 개념 사이에 있는 흥미로운 관계를 지적합니다. 혁명을 거부하는 리쩌호우 같은 학자들도 영국혁명이나 미국혁명 속에서 여전히 혁명의 장점을 찾아냅니다. 영국와 미국이 자본주의 발전을 성공적으로 이루었다는 것이 증명된 반면, 프랑스를 포함한 나라에서는 혁명이 자본주의적 발전을 저해했다는 거지요. 영국혁명이나 미국혁명이 선호되는 이유지요. 제가 이미 말했듯이, 지난 2세기 동안 혁명은 특별한 범주(category)였습니다. 그런데 지금 현 세계가 만들어진 상황 하에서는 미래를 위해 적용하기 힘든 것일 수 있습니다.

여기서 혁명과 계급의 관계를 말씀드리지요. 어제 저는 중국 잡지와의 한 서면 대담에서 이런 문제를 지적했습니다. 1930년대 미국 대공황 기간을 보면, 계급을 논하던 공산당이 있었지만, 계급 문제는 미국에서 한번도 중요했던 적이 없지요. 1980년대 이후에는 성(gender)간의 차이, 섹슈얼러티(sexuality), 종족성(ethnicity)의 문제로 학자들의 관심이 옮겨 갔습니다. 지금 계급 개념은 그 어느 때보다도 중요한 시기입니다만, 그 개념이 사람들의 생각 속으로 나오지 않는 겁니다. 따라서 학자들은 역사적으로 이런 문제를 인식해야 합니다. 역사가들의 역사탐구에서 가장 중요한 것은 계급이 갖는 의미의 변화를 찾고 그 [현재적] 적절성을 찾으려고 시도하는 것입니다. 제가 이제 은퇴하여 대학으로부터 해방되었지만 (웃음), 저는 제가 하는 연구프로젝트들을 끝내고 싶습니다. 전 지구적 근대성에 대한 것을 끝내서 이 문제에 대한 제 생각은 다 정리되었고, 이제 글로벌 사우스에 관한 것을 끝내려고 합니다. 또한 [1927년 12월의] 광둥(廣東)코뮌(Canton Commune)에 대한 연구도 끝내려고 합니다. 특히 광둥코뮌에 관한 연구에서는 혁명의 의미를 궁구하려 합니다. 1920년대 광둥에는 여러 목표를 갖던 여러 종류의 혁명[사상]들이 모여 있었죠. 그 많은 혁명들이 어떻게 하나의 혁명으로 되어 가는지 그 과정을 살펴보고, 그 과정의 의미가 무엇인지를 궁구하려 합니다. 황 교수에게 말씀드릴 수 있는 것은 이제 하나의 혁명이 일어나는 것은 불가능할 수 있습니다. 다만 하나의 혁명 혹은 위로부터의 혁명은 아니지만, 여러 다른 작은 혁명들, 즉 사회운동같이 민들이 쟁취할 수 있는 그런 혁명들은 가능할 수 있습니다. 결국 볼세비키 혁명 같은 위로부터의 혁명은 이제 없겠지만, 아마 많은 작은 혁명들은 가능합니다.

Ⅳ. 문혁 20년: 사회주의를 둘러싼 사회투쟁

황동연 | 혁명이 지금 가능한지 여부와 관련된 질문은 조금 후에 다시 드리기로 하고요, 아까 말씀하신 문혁의 문화적 지향과 관련해서 계속 질문을 하나 더 드리겠습니다. 문혁이 사회주의적 인간의 형성을 위한 일종의 문화적 변혁을 지향한 것이었다고 이해하면, 권력투쟁으로 그려져 온 문혁상과는 사뭇 다른 역사가 그려집니다. 그런 다른 역사상은 문혁에 대한 시기구분에서도 드러날 것 같습니다만, 어떻습니까? 지금까지는 대체로 문혁을 1966년부터 1969년까지로 보거나, 아니면 1966년부터 1976년까지 '10년 동란'으로 보는 경우가 많았는데, 선생님의 경우 1956년부터 1976년까지 20년을 문혁 기간으로 보고 계시지요.

딜릭 | '문혁 3년'이란 1966년부터 1969년까지 문혁이 치열했던 기간을 말합니다. 이 시기구분에 따르면 1966년 5월, 혹은 8월에 베이징 내학에 대자보가 처음 등장한 것이 문혁의 시작이지요. 이 기간은 모두가 좌 아니면 우로 가던 극단적인 혼란의 시기로, 류샤오치(劉少奇)와 덩샤오핑이 권력에서 제거되고 학생들의 열정 등을 통해 4인방이 권력중심에 등장합니다. 1966년부터 1976년의 10년 기간을 설정할 때도 기본적으로 같은 일이 일어납니다. 4인방을 비롯한 신지도층이 생존할 것인가, 아니면 4인방의 반대파가 권력의 중심으로 돌아올 것인가라는 두 파벌 간의 투쟁이 강조됩니다. 이 시기는 저우언라이(周恩來)가 덩을 1973년 권력에 돌아오게 하고 1976년 마오가 죽으면서 끝나죠. 이런 권력투쟁에 집중하면 문혁은 무질서와 권력투쟁, 혼란, 린뱌오(林彪)의 반대파 공격, 린뱌오에 대한 반대파의 공격 등, 바로 맥파쿠아(MacFarquhar)와

숀할스(Schoenhals) 등이 키워내는 [정치투쟁 중심의] 얘기가 됩니다.(주 3) 참고)

이런 주장은 윌리엄 힌튼(William Hinton)의 문혁에 관한 일련의 연구나, 제가 가장 좋게 생각하는 이홍영(Hong Yung Lee)의 문혁 연구서인『중국 문화대혁명의 정치(*The Politics of the Cultural Revolution*)』(Berkeley: University of california Press, 1978)와는 사뭇 다릅니다. 힌튼과 이홍영의 저작은 가장 기본적이면서도 감춰져 있던 사회학적인 내용인 '계급'을 연구한 것입니다. 신계급 문제 등과 같이 사회주의가 만들어낸 계급으로 인한 계급투쟁이라는 관점을 갖는 이들 연구는, 문혁을 개인적 문제, 나아가서 파벌투쟁으로 바라보는 관점에서 벗어나, 사회학적인 토대를 제공하는 연구서들이지요.

이제 1956년으로 돌아가 봅시다. 그 해에는 중국공산당 제8차 당대회가 열렸어요. 제가 재미있는 것을 발견했는데, 1978년 덩이 개혁을 시작할 즈음, 어떤 연설에서 개혁이란 1956년으로 돌아가는 것이라고 말한 적이 있습니다. 두 시기에 비슷한 문제가 있었다는 것이지요. 이런 지적은 저의 호기심을 자극했습니다. 권력투쟁에 집중하는 맥파쿠하의 3권에 걸친 세밀한 문혁 연구서[11]조차도 1956년 말로 돌아가서 파벌투쟁이 언제 시작했는지를 추적하고 있습니다. 1956년의 제8차 당대회에서는 5개년계획을 연장할 것인지에 대한 논의가 이루어졌어요. 중공업을 기반으로 하는 것이 중화인민공화국 제1차 5개년계획의 중점이었는데, 이것 때문에 농민이 착취를 당하는 등 심각한 사회적 불균형이 초래되었습니다. 이에 앞으로 어떤 발전전략을 취할 것인가를 둘러싼 논의가 당에서 이루어진 것이 바로 이때입니다. 곧 대약진운동이 시작되었고요. 이즈음 마오의 발전에 대한 생각이 소비에트 경제에 대한 비판[12]에서 제시되는데,

---

11) Roderick MacFarquhar, *The Origins of the Cultural Revolution I, II, III (Contradictions among the People, 1956~1957 ; The Great Leap Forward, 1958~1960 ; The Coming of Cataclysm, 1961~1966)* (Oxford University Press, 1974, 1983, 1997).

12) Mao Zedong (Moss Roberts trans.), *A Critique of Soviet Economics* (Monthly Review Press, 1977).

그는 스탈린식 중공업 위주 발전에 비판을 가합니다. 저는 이를 발전에 대한 마오의 게릴라식 전략이라고 묘사합니다. 이 전략은 마오가 가지고 있었던 정치적·군사적 사고와 관련이 있습니다. 마오는 1930년대 이후 사용한 군사적 메타포어를 통해 정치적 발전에 관한 문제를 접근하고 발전문제는 군사적 과제로 접근합니다. 대약진은 마치 농민군을 동원하여 사회의 낙후성을 공격하는 군사전략처럼 보였지요. 메타포어나 전략 모두가 군사적이었습니다. 이런 것들이 발전이란 문제와 관련하여 문제점들을 야기했습니다. 그 하나가 농민 동원과 관련된 것입니다. 마오는 농민의 의지와 열정을 이용하는 데 긍정적이었습니다. "농민은 백지와 같아서 그 위에다 아무 것이나 쓸 수 있다"는 말도 한 적이 있죠. 그런데 농민은 백지가 아닙니다. 그렇게 생각한 것은 큰 잘못입니다. 농민들도 자신들의 주체성을 갖고 있습니다. 두 번째 문제는 마오의 발전지상주의(developmentalism)입니다. 여기에도 마오의 애매함이 있었던 겁니다. 마오가 근대주의(발전주의)와 반근대주의(반발전주의)를 동시에 갖고 있었던 것에 대한 글을 쓴 적이 있지만,[13] 당시 마오는 몇 년 내로 벨기에를 [경제적으로] 따라잡고, 또 수년 내로 영국도 따라잡는다는 생각을 갖고 있었습니다. 발전만을 생각하고 있었던 거죠.

널리 알려져 있듯이, 이런 생각은 기아 등의 문제를 야기하면서 실패했습니다. 그리고 그 와중에 새로운 논쟁이 일어났습니다. 1962~64년 기간에 사회주의 교육운동과 함께 권력투쟁이 동시에 일어난 것입니다. 마오와 다른 한쪽에 있던 덩샤오핑, 류샤오치, 그리고 천윈(陳雲) 등 오래된 발전주의자들 사이의 투쟁이었습니다. 덩 등으로 대표되는 관료적이고 질서정연한 모델의 발전방식이냐, 아니면 마오가 대표하는 혁명적 농민의 열정을 이용한 발전방식이냐를 둘러싼 투쟁이 다시 한 번 일어납니다. 한편 마오에게는 평등을 강조하는 생각이 있었는데, 사실 마오는 평등 자체가 생산력의 산물이기도 하다는

---

13) "Modernism and Antimodernism in Mao Zedong's Thought," in Arif Dirlik, Paul Healey, and Nick Knight eds., *Critical Perspectives on Mao Zedong's Thought* (Humanities Press, 1997), pp.59~83.

것을 알아차리지 못했습니다. 이 문제는 제가 후에 다시 설명할 기회가 있겠지만, 마르크스주의적 관점에서 발전방식의 중점을 과연 생산력에 둘 것인가, 아니면 생산관계(즉 사회관계)에 둘 것인가라는 문제였습니다. 아무튼 이런 문제를 둘러싼 갈등이 사회주의 교육운동에서도 드러납니다. 다시 한 번 당이 인민을 이끌 것인가, 아니면 인민이 당을 영도할 것인가가 문제가 됩니다. 마오의 경우 반관료주의자였기에 특히 농민을 비롯한 많은 사람들이 그를 좋아했지요. 그런데 그동안의 연구성과에 따르면, 사회주의 교육운동에서 나타난 이런 갈등이 1965년과 1966년에 일어난 갈등으로 이끈 것을 알 수 있습니다.

이상과 같은 사정을 감안해볼 때 문혁의 기원은 분명해집니다. 1966년 그해에 야오원위안(姚文元)이 「역사극 해서파관(海瑞罷官)을 평함」이라는 글을 쓰고 베이징 대학에 대자보가 붙어서 문혁이 일어난 것일까요, 아니면 이상과 같은 갈등이 문혁의 기원으로 작용한 것일까요. 위에서 얘기한 것이 바로 20년 기간의 문혁을 주장하는 저의 근거입니다. 이런 점에서 본다면, 문혁은 개인을 둘러싼 파벌투쟁만이 아니라 바로 사회투쟁이었다는 것을 알 수 있습니다. 거기에는 누가 [사회주의 하에서] 이득을 얻는가라는 문제, 결국 발전방식에 관한 정책과 긴밀히 연관된 문제가 있었습니다. 사회주의적 발전 정책을 유지하려던 것이기도 했습니다. 물론 권력투쟁이 있었던 것은 사실입니다. 그런데 문제는, 그 투쟁이 그저 개인의 권력투쟁이었는가, 아니면 사회주의에 관한 것이었느냐, 그리고 [사회주의 중국의] 미래를 위해 발전이라는 이데올로기적 문제를 둘러싸고 벌인 투쟁이었느냐입니다. 저는 중화인민공화국의 미래에 대한 이데올로기적 문제가 있었다고 봅니다. 이렇듯 문혁은 복잡한 사건이었습니다. 저는 문혁을 이거 아니면 저거였다는 식으로 보는 귀납적인 이해방식에 반대합니다. 마찬가지로 문혁을 순전히 이념적이었던 것으로 보는 것도 잘못입니다. 복잡한 문제가 얽힌 역사적 사건으로 보려는 것이 중요합니다. 그리고 문혁의 주요 쟁점은 사회주의에 관한 것이었지요.

황동연 | 그렇다면 문혁은 중국혁명 속에 있던 또 다른 혁명이었다고 할 수 있지요?

딜릭 | 그렇게 생각합니다. 그 말은 레지 데브라이(Régis Debray)라는 프랑스인 학자가 쓴 저서의 제목이지요.14) 사회주의에서 영감을 받은 비판적 학자였지만 그는 이내 보수주의자로 돌아버렸죠. 그는 사회주의 혁명 속에 제3세계의 혁명이 있었다는 주장을 합니다. 그리고 그 혁명은 사회주의에서 영감을 받은 혁명이지만 스탈린식 공산혁명으로부터는 멀어져가는 것이었다는 거지요. 아무튼 문혁은 혁명 속의 혁명이었지만, 어떤 면에서는 혁명에 대항한 혁명이기도 했습니다. 왜냐하면 혁명이 새로운 권력구조를 만들어 냈기 때문입니다. 스탈린에 대한 최초의 비판을 담고 있는 질라스 밀로반(Djilas Milovan)의 『신계급』이라는 책15)은 사회주의가 어떻게 해서 새로운 관료적 관리계급을 생산했는가 라는 문제를 다룹니다. 신관료 및 지식인 계급의 생성이란 문제는 당시 많은 사람들이 생각하던 겁니다. 마오도 같은 의문을 품고 있었던 겁니다. 사회주의 하에서 직업적 지식인이란 계급이 왜 만들어지는가? 사회주의 하에서 그런 계급문제를 어떻게 처리할 것인가? 이런 질문이 생기 겁니다. 현 중국 내 상황을 보신다면, 이런 계급문제에 관한 대답은 분명해지지 않습니까? (웃음) [현 중국에서 나타나는] 계급구분, 계급투쟁, 부의 분배문제 등은 미국에서 만큼이나 나빠졌습니다. 여기서 생산력과 생산관계에 관한 문제를 제가 더 말씀드릴까요? 이것이 문혁기간 중에 중요했던 쟁점이었기 때문입니다.

황동연 | 네, 그렇게 해 주십시오. 문혁 기간에 중요했던 쟁점이었지요.

---

14) *Revolution in the Revolution: Armed Struggle and Political Struggle in Latin America* (Monthly Review Press, 1967).

15) *The New Class: An Analysis of the Communist System* (Praeger, 1962).

V. 문혁의 모순: 평등, 발전, 발전지상주의

딜릭│ 이는 '발전'에서 관리와 조직을 포함하는 기술적 발전을 강조할 것인가, 아니면 계급투쟁[사회관계]을 강조할 것인가라는 문제입니다. 옳은 생각이었 건 그른 생각이었건, 마오에게 생산[즉 사회]관계의 '평등'은 그 자체가 [발전을 야기시키는] 생산력이었고, 언제나 [발전을 향한] 열정을 불러일으키는 것이었 습니다. 마오에게 이것은 하나의 신념이었습니다. 따라서 그는 중국사회의 [경제적] 발전이 [자동적으로] 사회관계의 변화와 동시에 이루어질 수 있다고 생각한 겁니다. 저는 사회관계의 변화를 [발전지상주의에 근거한] 발전과 함께 도모한다는 것은 불가능하다고 생각합니다. 이것이 [마오의] 생산력과 생산관계에 대한 인식과 그의 발전지상주의에 있던 모순이었습니다. 중국뿐만 아니라 다른 지역의 경우를 보면서, 저는 다음과 같은 입장을 취합니다. 즉 우리가 생산관계, 사회관계, 정의, 평등 같은 문제에 관심을 갖고 있다면, 우리는 기술적인 면에서만 이해되는 '발전'이라는 말이 무엇을 의미하는지 의문을 제기해야 한다는 겁니다. 발전뿐만 아니라 발전지상주의에 대한 몰두, 물신숭배적인 발전에 대한 이해를 말씀드리는 겁니다. 문혁은 이런 당면한 의문을 표면에 끌어냈습니다. 문혁이 성공했든 실패했든, 이런 점은 굉장히 중요합니다.

국제연합에서 일했던 나이지리아 학자인 알베 테보에데(Albert Tévoédjrè)는 마오에게서 영감을 받아 쓴 책16)에서 빈곤이란 전혀 창피한 것이 아니라고 주장합니다. 사실 어떤 이들은 마오가 빈곤을 만들어냈다고 하는데, 이는 얼토당토않은 말입니다. 아무튼 이 학자가 말하는 것은, 우리가 빈곤하다고 해서 미국보다 열등하다고 생각할 필요가 없다는 거죠. 그는 빈곤으로부터의 탈출이라는 생각이 [발전과 관련된] 매우 많은 문제를 남겼고, 그런 생각이 바로 '발전정책'의 기원이었다고 지적합니다. 우리는 '기본적인 소유 위에서

---

16) *Poverty: Wealth of Mankind* (Pergamon Press, 1978).

가난한 것'과 '살아갈 희망도 방법도 없는 절대적인 결핍'을 구분할 수 있습니다. 이런 구분을 하자는 것이 알베 테보에데의 주장이고, 우리는 이런 주장을 인정할 수 있습니다.

이른바 발전정책이라는 것은, 수백만 사람들이 생존할 근거도 없이 살아가야 하는 상황, 세계 인구의 5분의 1이 매일 기아와 죽음에 직면하고 있는 상황에 책임이 있습니다. 도대체 발전정책에 무슨 문제가 있는 걸까요? 아투로 에스코바(Arturo Escobar)가 쓴 책은, 2차대전 이후에 빈곤이 무엇인가에 대한 정의가 만들어지고, 그런 뒤에야 비로소 발전이 무엇인지 규정되었다는 것을 보여줍니다.17) 빈곤이라는 문제가 이른바 발전에 대한 인식과 밀접한 관련이 있다는 거죠. 1950년대부터의 일련의 사건들을 보면서 마오는 [발전에 관한] 인식에 의문을 제기하고 그것을 논의 안건으로 만들었습니다. 그래서 저나 에스코바 같은 학자들이 그런 의문에 대해 글을 쓰게 되었고, 어느 순간 그런 문제가 우리 의식의 일부가 된 것입니다. 발전이 무슨 의미로 쓰이는지에 대한 의문 말입니다.

황동연 | 앞에서 문혁의 성공적 측면을 설명하시면서 소련의 경우와는 다른 '발전 패러다임'을 제기한 점이 그 의의라고 말씀하셨고, 동시에 마오의 한계랄까 문제점으로 '발전지상주의'를 지적하셨습니다. 그렇다면 대안적 근대성이라는 측면에서 문혁이나 마오사상을 어떻게 볼 수 있겠는지요?

딜릭 | 당시까지만 해도 소련이 유일한 사회주의 사회였지요. 그리고 소련은 농업집산화와 중공업 발전을 결합한 발전방식을 취했습니다. 즉 농민과는 동떨어진 원시적(primitive) 경제축적을 한 겁니다. 중국도 첫 5개년경제계획에서 이런 방식을 따랐지만, 마오는 곧 이를 비판합니다. 이런 비판은 사회주의

---

17) *Encountering Development: The Making and the Unmaking of the Third World* (Princeton University Press, 1994).

역사에서 보면 새로운 것입니다. 물론 새로운 실험적 시도가 유고슬라비아의 자아경영이나 1950년대 말 중국의 농업발전과 경영에서 있었죠. 작업장에 민주주의를 불어 넣으려던 노력이지요. 스탈린식 발전방식을 벗어나려 한 것이 마오 혼자는 아니었지만, 사회주의와 사회주의자들에 대한 영향력이라는 점에서 보면 마오의 그런 노력은 중요합니다.

제가 다른 곳에서 지적했듯이, 중국사회주의는 수년간의 게릴라 투쟁의 산물입니다. 게릴라 사회주의, 특히 마오의 게릴라 사회주의였다는 겁니다. 정치적 의미에서 보면 그 사회주의는 관료적 중앙집권화된 사회주의에 대한 비판이었습니다. 대안적 발전이라는 면에서 마오를 보면 그는 거의 [대안을] 만들 뻔했지만 정작 그 선을 넘지는 않았습니다. 진정한 대안적 발전은 자본주의에 대한 대안이어야 하고, 발전지상주의로 기울지 않아야 합니다. 당시 1950년대 소련과 중국의 모델은 이런 발전지상주의에는 문제제기를 하지 않았습니다. 제가 『전지구적 자본주의에 눈뜨기』에서도 말했듯이, 발전지상주의가 사회주의 발전에 필요한 것으로 인식되면서 사회주의 사상에 들어온 것은 마르크스에 의해서입니다. 그로 인해 마르크스주의가 자본주의의 헤게모니하에서 고통을 받을 수밖에 없었지요. '자본주의보다 [발전을] 더 잘할 수 있다면'이라는 생각에서, 사회주의가 발전지상주의 모델을 취한 겁니다. 자본주의자가 되어야 다른 자본주의자들보다 더 [발전을] 잘할 수 있다는 것은 두말하면 잔소리죠. (동시 웃음) 사회주의에 이런 발전지상주의가 들어왔던 겁니다. 그런데 제가 앞에서 말한 것은 마오가 소련식 발전에 의문을 제기했을 때, 발전지상주의 자체에 대해서는 의문을 제기하지 않았다는 것을 뜻합니다. 마오는 중국 인민의 의지를 이용한다면서 발전이라는 면에서 [다른 나라들보다] 더 [빨리] 잘할 수 있고 또 소련보다도 잘할 수 있다고 생각했던 겁니다.

그때 대안이 나올 가능성이 있었다고 생각합니다. 천천히 발전시키며 [여러 문제점들에] 관심을 갖자고 했다면 말입니다. 그러나 이렇듯 발전지상주의에 얽매였다는 점에서 보면, 사회주의는 그 신념이라는 면에서 이미 내부적으로 실패했습니다. 이런 것이 사회주의를 실패하게 만듭니다. 우리는 이런 사실을 직시해야 합니다. 물론 사회주의의 붕괴에는 미국의 엄청난 경제력과 군사력도 한몫했습니다. [1980년대] 레이건 시대에 미국은 우주전쟁을 계획하는 등 엄청난 군사비용을 지출했어요. 소련은 미국을 따라갈 수가 없었고, 결국 경쟁을 포기해야 했습니다. 레이건은 이런 [발전지상주의에 근거한] 경쟁을 통해 사회주의의 붕괴를 노린 것입니다. 1950년대에는 미국이 중국을 공격한다고 위협했던 터라 중국 내에도 그에 대한 두려움이 있었죠. 그러나 중국 인민들은 미국은 종이호랑이니까 공격당하더라도 두려워 말자는 생각을 했습니다. 제 말은, 세계 자본주의경제로부터의 고립상태만으로 당시 중국의 [대약진 등의] 실패원인을 규정지으면 안 된다는 겁니다. 이런 미국의 위협 때문에 마오가 발전을 강조하다 보니 자본주의와의 이길 수 없는 발전지상주의에 근거한 [벨기에와 영국을 몇 년 내로 따라잡는다는 식의] 발전경쟁을 하게 되고, 그러다보니 질 수밖에 없었던 거지요. 황 교수의 질문으로 돌아가면, 결론적으로 대안적 발전에 대한 사고는 문혁 기간 중 거의 이루어질 뻔했지만 [발전지상주의에 매몰됨으로써] 그 이상의 선을 넘지 못하고 만 겁니다.

VI. 문혁연구의 태도: "애매함과 모호함의 미덕"

황동연 | 말씀하신 대로 문혁은 정말 복잡한 사건이었습니다. 단순한 권력투쟁이 아닌 사회주의사회 건설을 둘러싼 이념대립, 소련식 발전주의에 문제제기 등 여러 대안 모색이 있었다는 점도 그렇고요. 선생님은 이렇게 복잡한 문혁을 비판적으로 읽는 방안으로 '애매함 혹은 모호함으로 돌아가기'라는 자세와 태도를 『포스트모더니티의 역사들』에서 제안하셨는데, '애매함과 모호함'의 미덕이 무엇이며 또 어떤 의의가 있는지 말씀해주시기 바랍니다.

딜릭 | 모호함과 애매함에 관한 언급은 프랑스의 장폴 사르트르(Jean-Paul Sartre)와 시몽 드 보브아르(Simone de Beauvoir)로까지 거슬러 올라갑니다. 그 이전에

프랑스에서 그런 언급이 있었는지는 잘 모르지만, 최근에는 호미 바바(Homi Bhaba)같은 학자들도 이 개념을 이용했죠. 두 개념을 저는 이렇게 이해합니다. 자신의 학문적 믿음에 종교적 신념 같은 것을 갖기보다는, 항상 그 믿음 자체에 의문을 제기하자는 겁니다. 예를 들어, 사회주의가 인간사회를 위해 바람직하다고 했지만 우리 경험상 사회주의는 관료제를 생산했습니다. 따라서 저는 사회주의를 선호하지만 다른 한편 여러 불확실성 때문에 '애매함'이라는 태도를 유지합니다. 애매함이나 모호함이란, 모든 종류의 비판적 사고에 필요한 태도입니다. 그렇게 함으로써 자신의 이상을 종교적 신앙으로 만들지 않고 자신의 믿음을 회의적으로 바라볼 수 있게 되는 것이지요. 이상주의자는 자신의 이상에 대해 다시 한 번 생각함으로써, 그 이상주의가 도그마적인 생각으로 변하는 것을 막고 계속 이상을 추구할 수 있습니다. 이런 태도가 [학문적으로] 마음을 여는 개방적 사고를 가능하게 합니다.

문혁이 지식인을 적으로 지명했던 것을 현재 중국의 상황과 지식인들의 관계를 보면서 생각해보십시오. 사회의 권력구조가 그들을 더 이상 나쁠 수 없는 최악의 존재로 만듭니다만, 지식인들은 사회의 적이 아닙니다. 그들은 남에게 직접 해를 주지 않고, 오히려 남에게 의지하는 존재입니다. '애매함'의 의미는 이렇게 설명할 수 있습니다. 만약 지식인들을 비판하려 한다면, 그들을 비판하기 전에 지식인들이 비판받아야 할 모습을 보일 수밖에 없었던 상황이나 구조를 [우리 사회가] 만들어낸 것은 아닐까 하는 비판적 태도와 이해를 취해야 합니다. 즉 지식인을 사회의 적으로 [사회가 역설적으로] 만든 구조에 대해 먼저 비판적이어야 한다는 겁니다. 저는 이렇게 볼 수 있게 해주는 것이 바로 애매함과 모호함이라는 태도라고 생각합니다.

황동연 | 선생님께서는 중국혁명과 아나키즘의 관계에 대해서도 적지 않은 관심을 기울이셨고 그에 대한 저서도 출간하셨는데, 문혁 시기에도 아나키스트의 활동이 있었습니까? 특히 당시 마오에게 아나키즘의 영향이 있었죠?

딜릭 | 당시 후난(湖南)의 성우렌(省無聯)[후난성무산혁명자대동맹위원회]이라는 프롤레타리아 혁명가들 그룹이 아나키스트였습니다. 그들은 당의 힘이 아닌 인민의 힘을 강조했는데, 마오는 이에 부정적으로 대응했어요. 상하이(上海) 인민공사(人民公社)가 중국을 인민공사의 연방으로 만드는 문제로 혁명위원회와 대항하기도 했죠. 사실 마오에게는 모순이 존재했습니다. 마오 자신이 아나키즘의 영향을 받았음을 시사하는 것들이 있죠. 우선 마오가 반관료주의자였다는 점, 농촌에서 농업과 산업의 결합을 이루려고 한 것 등은 아나키스트적 발상이었습니다. 그러나 우리가 잊지 말아야 할 것은 마오가 민족주의자였다는 겁니다. 문혁 기간은 중국 근현대사에서 민족적 쇼비니즘이 가장 절정에 달했던 시기입니다. 그가 민족주의 지도자였다는 것은 그가 지닌 또 다른 모순이었습니다. 당연히 그는 중국을 [아나키스트의 사고에서 제시된 지역자치를 강조하는] 인민공사의 연방으로 만들 수 없었습니다. [연방문제에 대한] 적대적 환경 속에서 연방문제에 대해 만들어진 답이 없었던 겁니다. 최근 제가 중국친구들에게 중국연방을 구성하는 게 어떠냐고 물었던 적이 있습니다. 모두 노(No), 노(No)하면서 안 된다고 두 손을 내저었습니다. (모두 웃음)

VII. 혁명과 문혁 상기의 필요성과 그 실천 방향

황동연 | 다음 질문으로 넘어가겠습니다. 최근 쓰신 미간행 원고의 서두에서, 우리가 지금 이 순간 전 지구화 아래에서 문혁을 비롯한 혁명을 상기해야 한다고 말씀하셨는데요.[18] 오늘날 혁명과 문혁을 상기하는 것에는 어떤 역사적인 의미와 중요성이 있을까요? 상기하는 것뿐만 아니라, 과연 오늘날 혁명이 필요한 건가라는 문제도 제기될 수 있습니다만.

딜릭 | 마지막 질문부터 대답해 보죠. 중요한 문제는 혁명이 가능한가입니다. 혁명이 필요하다고 생각하지만, 현 상황을 볼 때 혁명은 가능하지 않습니다.

---

18) "The Cultural Revolution After the 'Cultural Turn'"(미간원고).

사회주의 혁명이든 공산주의 혁명이든, 우리가 아는 혁명은 프랑스혁명 이후 늘 근대국가 자체, 그리고 근대국가의 등장과 관련되어 있었습니다. 마르크스주의 관점에서 본다면, 레닌은 이런 관계를 이해하고 이에 대한 글을 썼는데, 레닌이 말한 국가는 추상적인 존재가 아니라 러시아 민족국가였습니다. 중국혁명도 잘 아시다시피 그 시초부터 민족과 국가주권 등의 문제와 얽혀 있었습니다. 전 지구화 시대인 요즘 국가의 자치가 문제가 되듯이 말이죠.

그런 맥락에서, [국민국가와 연관이 있는] 혁명이 이제 불가능해진 겁니다. 만약 한 혁명이 성공했고 혁명세력이 권력을 잡았다고 가정해봅시다. 그들은 국가를 발전시키기 위해 현 세계로부터 자신들의 국가를 멀리 떨어뜨려야 할 겁니다. 그러나 [지금 세계는] 경제적으로 너무나 서로 얽혀 있기 때문에 그것이 불가능합니다. 물론 이렇게 말하는 게 [전 지구화에서] 국가권력이 아주 없어졌다는 뜻은 아닙니다. 예컨대, 요즘 베네수엘라, 브라질에서 최근 일어난 일들이나, 미국이 [경제적인] 주권포기를 강요하면 반발하는 중국을 보십시오. 이런 상황인데 어느 한 세력이 혁명을 통해 권력을 장악하고 그 국가를 평등사회로 바꾸려 한다면, 그 국가는 아마 경제적으로 일주일 내에 끝장날 겁니다. 그런 식으로는 그런 국가가 생존하기 실로 어렵습니다. 제가 여러 곳에서 지적한 것입니다만, 1980년대에 프랑스 학자들이 프랑스혁명을 공격하기 시작하면서, 특히 1989년 이후 사회주의뿐만 아니라 혁명도 부정되었지요. 1789년부터 1989년 2세기에 걸친 시기는 혁명의 시대였던 동시에 민족주의의 시대이기도 했습니다. 그러나 1989년 이후 전 지구화 시대가 되고, 모든 것이 전 지구화에 관련되었습니다. 이런 상황에서 혁명은 불가능하다고 봅니다.

그렇다면 혁명이 바람직할까요? 제가 말씀드렸듯이 혁명이 초래한 애매함이나 비극을 생각한다면, 혁명이 바람직하다고 말하는 것은 좀 지나치게 단순한 생각일겁니다. 그럼, 혁명이 필요할까요? 현 세계를 한번 보십시오. 전례 없는 불평등이 존재합니다. 최근 데이비드 하비(David Harvey)는 흥미진진한 책을 써냈습니다. 그는 그 책에서 신자유주의(neoliberalism)를 '민중에 대한 엘리트의 대항적 공격(counter-attack)'이라고 해석합니다.[19) 즉 혁명적이든 아니든 [많은 세력들이] 지난 세기 동안 복지 등을 통해 민중과 혜택을 나눈다는 생각을 갖고 있었는데, 이제 엘리트들은 그런 생각을 버렸다는 겁니다. 그래서 엘리트의 수중에만 권력과 부가 집중되는, 전 세계적으로 전례 없는 [일방적인] 부의 집중현상이 초래되었습니다. 이 문제를 국가에 적용해봅시다. 1퍼센트의 미국 인구가 미국 부의 50퍼센트 이상을 장악하고 있고, 중국의 경우도 마찬가지입니다. 전 지구적으로 같은 현상이 일어나고 있습니다. 그렇다면, 사람들이 생존하려면 근본적 변혁이 필요한 것은 아닌지 생각해봐야죠. 필요합니다. 그러나 혁명은 불가능합니다. 한번 [혁명을] 상기해 보죠. 정치적 혁명이었던 프랑스혁명과 사회혁명이었던 러시아혁명·중국혁명은 모두 모든 인간이ㅡ그것이 시민이든 동지든ㅡ생존을 위해 필요한 가장 최저의 생계를 보장받는 법적인 사회정의를 성취하는 등, 기본적인 사회복지를 이루려고 했었습니다. 모든 인간에겐 생존할 권리가 있습니다. 이런 문제의식은 유엔의 인권선언에도 포함되어 있습니다. 거기에는 모든 인간이 법적·정치적 권리뿐만 아니라 경제적 권리도 소유하고 있다는 급진적 내용이 들어 있습니다. 그리고 그런 것이 바로 혁명의 목적이기도 했습니다. 이런 깃을 요즘처럼 문제가 많은 시기에 상기할 필요가 있다는 게 제 생각입니다.

황동연 | 혁명은 불가능하지만, 혁명이 상기될 필요가 있다는 말씀에 의문을 달기는 어려울 것 같습니다.

딜릭 | 그렇게 되길 바랍니다. (웃음) 의문의 여지가 없죠. 왜냐하면, 아시다시피 혁명을 나쁜 것으로 만들고 혁명에 나쁜 이미지를 씌우는 오늘날, 혁명은 테러와 동일한 것으로 변해버렸기 때문입니다.

---

19) *A Brief History of Neoliberalism* (Oxford University Press, 2005).

황동연 | 말씀하시는 의미는 충분히 전달되었다고 생각합니다. 그런데 문혁의 상기와 관련하여 중국 신좌파의 한 사람인 추이즈위앤(崔之元)은 문혁 혹은 마오의 정치적 유산으로 '대민주(大民主)'를 지적하고 이에 주목할 것을 주장하는데, 이런 주장에 대해 어떻게 생각하십니까?

딜릭 | 추이는 아나키즘적 입장에서 연구하는 학자입니다. 전 그가 시카고에서 학위를 쓸 때 처음 만났습니다. 그는 프루동(Proudon)에 관해 쓴 글 몇 편과 자신이 주장하는 토지분배 등에 관해 쓴 글을 제게 보낸 적이 있습니다. 지난 여름 베이징에서 그를 다시 만났는데, 제가 지금 편집하는『바운더리 2』의 특별호에 그 문제에 관한 글을 기고하게 되었죠. 그가 말하는 '대민주'란 소(petit)부르주아 민주주의에 가깝습니다. 재미있는 아이디어라고 생각합니다. 소농민, 개인 토지소유자들을 미국 역사가들은 '요먼 농부들(Yeoman farmers)'이라고 부르곤 했는데, 이들 자작농들은 기업적 농부들이었지만 또한 상호관계는 평등주의적이었습니다. 이것이 추이가 생각하는 겁니다. 우리가 논의할 만한 것이라고 생각합니다.

특히 중국에서는 지금 어떻게 하면 소농민과 소부르주아 민주주의 사이에 협력적 관계를 이룰 수 있을까라는 의문이 제기되고 있습니다. 소작농들은 쉽게 위험에 노출됩니다. 마오와 중국공산당이 중간농민이라고 칭한 세력도 역시 매우 쉽게 다른 위험에 노출됩니다. 지금 중국사회가 직면한 문제 중의 하나가 농촌 문제죠. 따라서 중국공산당 안팎에서도 그것이 중요한 문제로 제기되고 있지만, 그들은 서로의 생각을 협력적으로 처리하기보다는 갈등을 드러내며 부딪치고 있는 게 사실입니다. '대민주'를 여기서 생각해보죠. 어떻게 하면 쉽게 위험에 노출될 수 있는 [소농민과 소부르주아 간의] 관계를 협력적인 관계로 정리해낼 것인가, 그리고 어떻게 하면 그 관계를 당의 통제하에 있는 집단적인 관계가 아닌 협력적인 관계로 만들 수 있는가. 바로 이런 질문에 대한 대답이 추이의 '대민주'입니다. 그럼으로써 어떻게 하면 농민들이 [현 상황에서] 생존할 수 있을까라는 중요한 문제를 다루려는 것이지요. 추이는 마오의 여러 글들에도 익숙하고, 또 본인이 농민의 중요성을 잘 알기에 그런 문제에 전념하는 겁니다.

황동연 | 그런데, 현재 혁명은 불가능하지만 그것을 상기하는 것은 유의미하다는 말씀은, 실천적인 의미도 담고 있다고 생각됩니다. 혁명과 문혁의 상기가 실천적인 의미를 갖는다고 할 때 구체적으로 그것은 무엇인가요? 선생님이 주장하시는 '지역기반의 정치(place-based politics)'라는 개념과 관련될 수 있는지요? 아까 말씀하신 혁명의 가능성 여부와 관련해서 좀 더 말씀해 주십시오.

딜릭 | 이미 다 말씀드렸는데, 더 드릴까요? (웃음) 아까 말씀드린대로 이제 볼셰비키혁명 같은 위로부터의 혁명은 불가능하지만, 작은 혁명들, 즉 사회운동같이 민중들이 쟁취하는 [작은] 혁명들은 가능할 수 있습니다. 사실 서로 다른 지역(place)에는 상이한 필요가 존재합니다. 중국의 예를 들지요. 지금 중국에서는 추이 같은 지식인들뿐만 아니라 아나키스트, 인민주의자(populists), 당 간부들까지도 농촌 문제 논의에 참여하고 있습니다. 저는 당 간부들과 얘기를 하면서 그들에게 이렇게 말했습니다. 지역이 다른 각 농촌에 대해서는 다른 종류의 관심을 줄 필요가 있고, 따라서 각기 다른 농촌에는 각기 다른 종류의 정책이 필요하다고 말이지요. 이런 문제를 당도 인식합니다. 지역의 상이한 상황을 고려하니까요. 하지만, 당의 국가지배라는 측면에서 보면 여전히 어느 정도 중국의 동질성이라는 것도 필요하지요. 타이완은 아주 다른 사회니까 그들에게 자치권을 부여하는 중국연방(Chinese Federation)으로 가는 것이 어떠냐고 제가 [당 관계자들에게] 제의하면, 그들은 손을 내젓곤 했습니다. 민족주의적 사고가 여전히 강해서 이런 문제제기가 받아들여질 수 없고, 당이 민족적 동질성과 통일성을 유지하는 유일한 안전장치로 되고 마는 거지요. 그러나 이런 경향이 앞으로도 지속될까요? 저는 그렇게 생각하지 않습니다. 지역기반의 정치를 강조하는 데는 두 가지 이점이 있습니다. 풀뿌리 운동 (grassroots movements)을 가능하게 한다는 것이 하나고, 생태문제에 대한 관심을

불러일으킨다는 것이 또 하나입니다. 이런 것을 '정치적 생태학'이라고 부릅니다. 간단히 말해서, 자신이 사는 곳에 화학물질이 버려져 자기 지역을 파괴하거나, 쓰레기가 버려져 그로 인해 자기 지역이 오염되는 것, 또 이런저런 쓰레기가 자신의 지역에 널려 있는 것을 우리는 싫어합니다. 즉 자신의 복지에 대한 판단이 사회 전체의 복지에 대한 기준으로 연결된다는 겁니다. 심각한 생태 파괴로 인해 중국은 점점 살기 힘든 곳이 되고 있습니다. 따라서 [그런 문제의식이 시작되는] 지역이라는 개념이 매우 중요해집니다. 여기서 '지역'은 '커뮤니티(community)'에 가까운 개념이 아닙니다. 저는 [폐쇄적인 의미의] 커뮤니티라는 말을 쓰지 않습니다. 사람들은 자신의 지역에 기반하여 자신을 규정하는 것을 선호하지만, 요즘의 '지역(place)'은 개방되어 있습니다. 지금 저는 오레곤(Oregon) 사람이지만, 이전에는 노스캐롤라이나(North Carolina) 사람이었지요. 전에는 노스캐롤라이나 사람으로서 그 지역의 정치적 문제에 관심을 갖고 있었으나, 이제 저는 오레곤의 문제를 다루는 겁니다. 그리고 지역은 자체로 그냥 생존할 수 없습니다. 소농민들도 자기들끼리 생존할 수 없습니다. 여러 지역이 서로 협조해야 합니다. 그래서 전 지구와 지역이라는 문제에 대처하기 위해, 서로 힘을 합쳐서 높은 차원에서 협조해야 하는 것입니다. 그리고 지역 위에 있는 민족국가가 책임을 지게 해야 합니다. 민족국가는 소멸하지 않을 겁니다. 따라서 민족국가를 제거하지 않고 오히려 민족국가가 지역에 책임을 지게 하며, [반대로] 전 지구적 자본에게 책임을 지게 하는 일이 없도록 해야 합니다. 지금의 민족국가는 거의 전 지구적 자본에 놀아나는 도구입니다. 그렇게 되지 않도록 해야 합니다.

이제 국가를 넘어서는 지역(region)을 봅시다. 동아시아를 보면, '아세안+3'이 지금 이 지역을 연결하려고 하는데, 이런 노력은 지구를 자신들의 놀이터처럼 생각하는 미국으로부터 동아시아를 보호할 수 있습니다. 지역이 중요하다고 했지만, 그 지역들은 전혀 고립된 존재가 아니라는 것을 강조하고 싶습니다. 높은 차원에서의 협력이 없다면, 지역들은 쉽게 파괴되고 말 겁니다.

Ⅷ. 문혁의 상이한 두 유산과 새로운 지적 실천

황동연 | 대담을 시작한 지 꽤 많은 시간이 지났고, 남은 한두 가지 질문으로 대담을 마무리하고자 합니다. 먼저 문혁이 다른 지역과 사회에 미친 영향에 대해서 묻고 싶습니다. 문혁이 다른 사회에 남긴 중요한 영향이나 문제제기를 꼽아 보자면, 첫째 세계를 지배하는 자본주의 경제와의 단절, 둘째 소련식 사회주의에 대한 대안 제시, 셋째 자립의 중요성, 그리고 마지막으로 민중노선의 중요성과 그에 대한 강조, 또 혁명에서 농민 참여의 중요성 등을 꼽을 수 있을 것 같습니다.

딜릭 | 맞습니다. 구두적 차원에서 그런 것들은 매우 중요했습니다. 특히 그런 것들이 미국 내 여러 운동에 좋던 나쁘던 영감을 많이 주었죠. 그런데 문혁의 광적인 면모가 다른 사회의 운동에 영감으로 작용하기도 했습니다. 페루의 '빛나는 길(The Shining Path, Sendero Luminoso: 페루의 공산반군 무장조직)'이 그 예입니다. 또 과거에 제 학생 중 몇몇은 광적이었습니다. 그들은 문혁의 원칙인 평등에 우생학적 관심을 가진 끝에, 미국 내 인종 평등을 실현하기 위해서라며 당원들이 다른 인종과 결혼하도록 강요하기도 했죠. 이런 일들은 상식적으로 이해하기 힘든 것들이고 혁명도 아닙니다. 우생학이지요. 문혁은 이런 광적인 일에도 영향을 주었지만, 다른 한편 고귀한 노력에도 영감을 주었습니다. 멕시코의 사빠띠스따(Zapatistas)운동이 바로 그런 경우입니다. 그들은 멕시코의 마오주의자들인데, 자신들의 마오주의를 자기 통제하에 놓고는 지역으로 들어가 민중들과 함께, 민중을 통해 일을 진행합니다. 지금의 관점에서 이들이 하는 것을 보면 매우 적절한 거죠. 고귀하다고 말한 것은 그런 의미에서입니다. 물론 마오주의자들의 운동은 세계의 다른 곳에도 아직 남아 있지요. 네팔이나 필리핀에 있는 신군 등이 그것입니다. 아무튼 말씀하신 대로 문혁의 이데올로기적인 면은 다른 사회에 많은 영향을 주었습니다. 여기서 재미있는 얘기를 하나 해드리지요. 오늘 오전 대담에 앞서 문혁에 대해 뭔가 새로운 것이 있을까 해서 인터넷 검색엔진을 통해 문혁을 검색해

봤습니다. 그런데 한 미국 대학 내 보수단체가 올린 글에서, 미국 사회가 문혁 때문에 퇴보되었다는 주장을 발견했습니다. 예컨대 문혁 때문에 미국 내 흑인 급진주의자단체인 '블랙 팬더스(Black Panthers)'가 생겼다는 거죠. 우익의 관점에서 보면 미국 내 급진적 단체의 출현이 문혁 때문이고 그런 단체가 그들의 눈에는 광적이었다고 보이는 것이지요. 이런 보수주의자들의 시각이 승리함으로써, 발전에 대한 대안 등 문혁에 존재했던 고귀한 노력과 목적들이 시대를 역행하는 행위였다고 일방적으로 비난받고, 또 문혁 기간에 [대안을 찾으려고] 노력했던 모습들이 낙후성의 상징이 된 겁니다. 보수주의자들은 자신들의 "영광스런" [전 지구화] 노력이 실상 소수에게만 혜택을 준다는 점을 가리고 있습니다. 중국 내 많은 사람들이 하루하루의 생활유지라는 면에서, 사회정의의 차원에서, 그리고 생태문제라는 차원에서 큰 어려움에 직면하고 있지만, 그들은 이런 부정적인 면을 보지 않습니다.

황동연 │ 마지막으로, 문혁 비판과 현재 중국의 상황을 고려하면서 중국 사회주의의 미래를 예견해주실 수 있겠습니까? 중국이 여전히 사회주의를 표방하고 사회주의 국가를 자임하는 것은 다 아는 사실이지만 말입니다.

딜릭 │ 예견은 예언가들이 하는 것이지요. 저는 예언가가 아닙니다. (동시 웃음) 저는 단지 우리가 열심히 노력해야 할 것이 무엇인지 말씀드릴 수는 있습니다. 이제 우리는 심각한 생태문제나 자원문제에 직면한 인류를 생각해야 하지 않을까요. 현재의 갈등 대부분은 자원문제에 관한 것입니다. 몇몇 사람은 미국이 자원을 독점하려 한다고 시사한 바 있습니다. 중국과 인도도 이 문제에 관심을 갖고 있고, 러시아를 비롯한 모든 국가들이 오일이나 수자원 등을 둘러싼 갈등을 겪고 있습니다. 국제 갈등뿐만 아니라, 사회 내적인 갈등도 있습니다. 캘리포니아에는 농부와 토착민, 농부와 고기를 보존하려는 사람들 간의 갈등이 존재합니다. 이런 것은 우리의 음식과 직결되는 갈등입니다.

이런 갈등이 우리에게 너무 빨리 다가왔습니다. 우리는 이제 이런 문제를 사회체제 문제에 앞서 우선적으로 고려해야 하는지, 아니면 사회체제의 문제들과 연계하여 생각할 것인지를, 현재의 전 지구적 자본주의 체제가 지속된다면 과연 세계가 생존할 수 있을까 하는 질문과 관련시켜 생각해야 할 것입니다. 개인적으로, 저는 전 지구적 자본주의 체제하에서 세계는 생존할 수 없다고 생각합니다. 따라서 우리는 무엇인가를 해야 합니다. 그것이 무엇이겠습니까? 물론 현재 중국 지도자들은 사회의 '화합'을 새로운 구호로 내세우고 있습니다. 그런데 그들이 주장하는 화합은 자신들의 지배이데올로기 강화를 위한 외투가 될 수도 있죠. 만약 그렇게 되면, 사회의 화합은 있을 수 없습니다. 그러나 반대로 화합은 진정 새로운 사회를 위한 프로젝트가 될 수도 있습니다. 즉 생태적이고 사회적인 문제를 화합하여 해결하고 사회적 변혁을 이루는 그런 화합 말입니다. 그렇게 된다면, 그 화합은 급진적인 혁명적 결과를 초래하는 거죠. 그렇게 될 수 있습니다.

황 교수, 이런 논의는 오랫동안 존재해왔고 아직 어느 한쪽으로 기울지 않은 채 균형을 이루고 있습니다. 중국에는 우익들, 즉 신자유주의자들이 있는데, 그들은 다른 사람들이 어떻게 되건 상관하지 않습니다. 그저 중국이 자본주의로 가고 국가로서 존재하고 발전하는 한, 모든 이익이 그들의 손에 쥐어질 섯이기 때문이지요. 그리고 좌익인사들이 있습니다. 신좌파 등등 말입니다. 이들 신좌파와 논의해야 할 필요성을 인지하는 당내 진보적인 사람들도 있고요. 사회주의가 아직 중요하다고 생각하는 당내 진보인사들과 신좌파들 사이에는 새로운 연합 형성에 관한 논의가 생기고 있습니다. 사회문제만이 아니라 발전에 대한 논의를 위한 것이죠. 그들은 새로운 구호를 내세우는데, 그것은 '생태문명'입니다. 이렇듯 그들은 발전에 대한 새로운 논의를 하고 있습니다. 따라서 예견을 하기보다는 그냥 제 입장을 말씀드리지요.

저는 우리가 어떻게 하면 이런 움직임에 동참할 수 있을까라는 문제에 관심이 있습니다. 그럼으로써 중국이 [잘못된] 길이 아닌 길로 가게 하는 거지요.

저는 지금 이런 움직임에 동참하고 있고, 따라서 미국 학자가 중국에 대해 말하는 것에 관심을 갖기보다는 중국 지식인들과 어떻게 대화를 나눌 것인가, 당내의 지식인을 포함한 이들과 어떤 일을 같이 할 수 있는가에 더욱 관심을 갖고 있습니다. [반대로] 그들은 제가 쓴 글과 강연을 번역하여 책으로 출판합니다. 그들은 제게 책임도 주었습니다. 당이 출간하는 기관지 등 좋은 학술잡지의 편집인들은 제게 많은 책임을 주었습니다. 저에게 아프리카·남아메리카·서아시아 등의 저명한 지식인들을 초청하고, 특히 번역을 통해서 [그들이 대변하는] 제3세계의 목소리를 중국의 학술잡지에 실어줄 것을 요청했습니다. 또 저는 한 유럽의 출판사를 통해 중국인들의 민주주의와 사회주의, 문화 등에 대한 글들을 모아서 6권으로 출판하려 하고 있습니다. 그저 [중국사회주의의 미래를] 예견할 것이 아니라, [이런 노력을 하면서] 아직 늦지 않았다는 희망을 갖는 거지요. 왜냐하면-다른 질문이 없으시다면 이 대담을 매듭짓는 한 방법으로-이런 이유를 말씀드리고 싶습니다.

몇 년 전 제가 쓴 '포스트 사회주의(Postsocialism)'에 관한 글에서,[20] 저는 이렇게 말한 적이 있습니다. 중국은 이미 자본주의로 너무 많이 나아갔기에 이제 다시 회귀한다는 것은 어렵다. 또 중국의 기업들이 다른 어느 곳의 기업들보다 더 부패한 것도 사실이다. 따라서 중국이 사회주의로 돌아가는 것은 어렵지만, 문혁을 포함한 사회주의 혁명은 중국 사회의 중요한 부분일 수 있다. 그리고 그에 관한 기억은 [아직] 상실되지 않았고, [오히려 문혁이 다루려 한] 문제는 아직도 그대로 남아 있다. 그렇다면 과거에서 무엇인가 배워야 하는 것이 아닌가 하고요. 우리는 다른 문제에 묶여서 이런 것을 상기하기 어렵습니다. 따라서 우리는 그들 중국인들의 노력에 동참하며 [함께] 여러 문제들을 극복해야 할 겁니다.

---

20) "Postsocialism? Reflections on 'Soclaism with Chinese Characteristics'," in Arif Dirlik and Maurice Meisner eds., *Marxism and the Chinese Experience* (M.E. Sharpe, Inc., 1989), pp.362~384.

황동연 | 마지막으로 하나 더 질문을 드렸으면 합니다. '역비'에서 이렇게 문혁 40주년 기획을 추진하고 있다는 사실은, 국경을 넘어서 많은 학자들이 문혁에 대한 관심을 나누고 있다는 증거이기도 한데요. 어떻게 하면 이런 관심을 공유하는 학자들을 서로 효율적으로 연결하여, 네트워크를 결성하는 것이 가능할까요. 저는 그런 네트워크가 필요하다고 생각합니다만.

딜릭 | 정말로 당연한 말씀입니다. 지난 몇 년간 저는 학술잡지의 네트워크가 만들어지길 바라고 있었습니다. 제가 관여하는 중국의 정기간행물들, 한국의 간행물들, 미국의 『바운더리 2(*boundary 2*)』나 아시아에 기반을 둔 『인터아시아 문화연구(*Inter-Asia Cultural Studeis*)』 등 학술잡지들을 서로 엮는 것이 중요합니다. 중국인들은 이런 면에서 그 누구보다 굉장히 일을 잘하고 있습니다. 그들의 잡지들은 번역을 통해 [많은 다른 잡지의 글들을] 소개하고 있거든요. 저는 제가 '포스트 사회주의'라는 말을 처음으로 창안했다고 생각하고 있었습니다. 그런데 알고 보니, 포스트 사회주의라는 말은 알랑 투랭(Alain Touraine)이라는 프랑스 학자가 이미 1980년에 쓴 아주 짧은 글에서 언급했더군요. 이런 사실을 중국인들이 알아냈습니다. 그들은 엄청난 양의 글을 번역, 소개하고 있습니다. 굉장한 일입니다. 제가 관여하는 중국 내 사회주의이론 학술잡지인 『마르크스주의와 현실(馬克思主義與現實)』, 『현대세계와 사회주의(現代世界與社會主義)』에 실리는 참고문헌을 한번 보십시오. 그들은 저도 들어본 적이 없는 글들을 찾아내어 참고문헌에 포함시키고 있습니다. (웃음) 네트워크의 결성이라는 문제로 돌아가면, 중국인들은 정말 잘하고 있습니다. 즉 다른 이들이 무엇을 하는지 알기 위해 엄청난 노력을 합니다. 이런 노력이 아마 가장 중요할 겁니다. 우리는 지식인이지 행동을 하는 활동가가 아닙니다. 따라서 우리들 간의 네트워크 결성과 정보의 네트워크 구성은 인간의 생존이란 문제에 대한 [공동]투쟁에서 정말 중요한 것입니다.

황동연| 정말 감사합니다. 오랜 시간 대담에 감사드립니다.

딜릭| 감사합니다. 또 역비 측 관계자에게도 감사드립니다.

참고문헌

1. 자료(자료집, 회고록, 일기, 신문, 잡지 등) 및 공구서

■ 국문

국민문화연구소, 『국민문화연구소오십년사』(서울: 국민문화연구소, 1998).

(사)국민문화연구소 출판부, 『우관 이정규선생 유고집, 제1집』(서울: 국민문화연구소 출판부, 2007).

김학준 편집·해설(이정식 면담), 『혁명가들의 항일회상: 김성숙, 장건상, 정화암, 이강훈』 (서울: 민음사, 1988).

김태엽, 『투쟁과 증언』(서울: 풀빛, 1981).

김형윤, 『馬山野話』(부산: 태화출판사, 1973).

無政府主義運動史編纂委員會編, 『韓國아나키즘運動史: 前篇·民族解放鬪爭』(서울: 형설출 판사, 1989).

민중서국 편집국 편(이희승 감수), 『민중엣센스 국어사전』 제5판, 전면개정판(서울: 민중 서림, 2001).

박기성, 『나와 조국』(서울: 시온, 1984).

심여추·심극추, 『20세기 중국조선족 역사자료집 ―「연변조사실록」, 「나의 회고」―』(서울: 중국조선민족문화예술출판사, 2002).

유자명, 『유자명수기: 한 혁명자의 회억록』(천안: 독립기념관 한국독립운동사연구소, 1999).

이정규, 『우관문존』(서울: 삼화인쇄, 1974).

「이정식교수 인터뷰」, 『신동아』 통권 576호(2007), 478~483쪽.

정운영, 「아시아여 단결하라」, 『중앙일보』(2000.12.1), 6(제40판).

정화암, 『이 조국 어디로 갈 것인가: 나의 회고록』(서울: 자유문고, 1982).

______, 『정화암 회고록: 어느 아나키스트의 몸으로 쓴 근세사』(서울: 자유문고, 1992).

「중국의 열강 대열 합류는 인민공화국의 성공이자 과오」, 『한겨레신문』(1999.9.30).

「지구사 서술 시도, 역사 보는 지평 넓히는데 의미」, 『한국일보』(2010.4.27)(문화 면).

「지식사회 동아시아학 바람」, 『조선일보』(2000.11.27).

최갑룡, 『어느 혁명가의 일생』(서울: 이문출판사, 1995).

「김철수 친필유고」, 『역사비평』 계간5호(1989), 349~350쪽.

조봉암, 「내가 걸어온 길」, 권대복 엮음, 『진보당: 당의 활동과 사건관계 자료집』(서울: 지양사, 1985).

최광식 역주, 『단재 신채호의 천고(天鼓)』(서울: 아연출판부, 2004).

최원식·백영서 편, 『동아시아인의 '동양'인식, 19세기~20세기』(서울: 문학과지성사, 1997).

『奪還』 창간호(1928.6.1), 창간호 증간(1928.6.15)(국민문화연구소 1984년 영인본).

하기락, 『奪還－백성의 자기 해방의지』(서울: 형설출판사, 1994).

『黑色新聞』 23호~37호.

「21세기 자유－아나키즘」, 『한겨레21』 279호(1999.10).

「중국, 오사운동 의도적 홀대」, http://news.khan.co.kr/kh_news/khan_art_view.html?artid=2009 05041831045&code=990105

■ 영문

Boorman, Howard. *Biographical Dictionary of Republican China*, 2 vols. (New York: Columbia University Press, 1967).

"Clinton Declares 'America's Pacific Century'", http://reuters.com/assets/print?aid=USTRE7AA 2S120111111.

Fumiko, Kaneko (trans. by Jean Inglis), *The Prison Memoirs of a Japanese Women* (New York: M. E. Sharp, Inc., 1991).

Linebarger, Paul M.A. *The China of Chiang Kai-shek: A Political Study* (Boston: World Peace Foundation, 1941).

Miyazaki, Toten (trans. by Marius Jansen), *My Thirty-Three Years' Dream: The Autobiography of Miyazaki Toten* (Princeton: Princeton University Press, 1983).

Random House Webster's Unabridged Dictionary (New York.: Random House, 1987-1998, second edition).

T'ang, Leang-li ed. *Fundamentals of National Salvation: A Symposium by Wang Ching-wei and Others* Vol.1 (Shanghai: China United Press, 1942).

■ 일문

「アジア映畵人ガ語るアジアとは何か」, 『中央公論』 110-15(1995.11), 30~43쪽.

『黑濤』 창간호(1921.7.10)

近藤憲二, 『私の見た日本アナキズム運動史』(東京: 麥社, 1969).

今井武夫, 『支那事変の回想』(東京: みすず書房, 1964).

岩佐作太郎, 『マフノの農民運動』(東京: 黑色戰線社, 1987).

日本アナキズム運動人名事典編纂委員會 編, 『日本アナキズム運動人名事典』(東京: 株式會社 ポル出版, 2004).

外務省 編, 『日本外交年表竝主要文書』 上·下(東京: 原書房, 1965).

■ 중문

公安部檔案館 編注, 『周佛海獄中日記－1947年 1月~9月』(北京: 中國文史出版社, 1991).

中國國民黨中央執行委員會宣傳部 編, 『和平建國與國民黨』(n.p.: 中國國民黨中央執行委員會 宣傳部, n.d.[1940?]).

黃美眞·張云 編, 『汪精衛集團投敵』(上海: 上海人民出版社, 1984).

江蘇省教育廳 編(袁殊 校訂), 『汪精衛主義讀本』 全2冊(南京: 政治月刊社, 1942).

張玉法·張瑞德 主編, 『周佛海回憶錄』(臺北: 龍門出版社, 1993).

林柏生, 『汪精衛先生最近之言論(從民國二十五年歸國到現在)』(上海: 中華日報館, 1937).

______ 編, 『汪精衛先生最近言論集續編－由26年到現在』(香港: 南華日報社, 1938).

獨立出版社 編, 『汪精衛先生抗戰言論集』(漢口: 獨立出版社, 1938).

陶希聖, 『潮流與點滴』(臺北: 傳記文學出版社, 1970).

燕芝光, 『中蘇合作抗戰論』(中山文化敎育館, 1937).

中共中央馬克思恩格斯列寧斯大林著作編譯局研究室 編, 『五四時期期刊介紹』 3卷上(沈陽: 生活·讀書·新知三聯書店, 1979).

中國社會科學院近代史研究所 文化史研究室 丁守和 主編, 『辛亥革命時期期刊介紹』第1~3集 (北京: 人民出版社, 1982~83).

廣東省社會科學院歷史研究所等 編, 『孫中山全集』 第11卷(北京. 中華書局, 1986).

葛懋春·蔣俊·李興芝 編, 『無政府主義思想資料選』 下卷(北京: 北京大學出版社, 1984).

中國社會科學院近代史研究所 編, 『五四運動回憶錄』 上·下(北京: 中國社會科學出版社, 1979).

吳玉章, 「回憶五四前後我的思想轉變」, 中國社會科學院近代史研究所 編, 『五四運動回憶錄』 上, 52~61쪽.

鄧中夏, 「回憶共産主義小組成立前後」, 中國社會科學院近代史研究所 編, 『五四運動回憶錄』 上, 84~91쪽.

郭沫若, 「郭沫若回憶五四前後的思想和文學活動」, 中國社會科學院近代史研究所 編, 『五四運動 回憶錄』 上, 182~195쪽.

許德珩, 「五四運動在北京」, 中國社會科學院近代史研究所 編, 『五四運動回憶錄』 上, 210~ 217쪽.

匡互生, 「五四運動紀實」, 中國社會科學院近代史研究所 編, 『五四運動回憶錄』 上, 302~317쪽.

郭超, 「神秘的王亞樵」, 『文史資料選輯』 第19輯(總119輯)(1989), 114~130쪽.

湯志鈞, 「關于亞洲和親會」, 『辛亥革命史叢刊』 第1集(1980), 79~84쪽.

中共中央馬克思列寧恩格斯斯大林著作編譯局研究室 編, 『五四時期期刊介紹』 全3集 6冊(香港: 三聯書店, 1978~1979).

中國社會科學院近代史研究所近代史資料編輯組 編, 『五四愛國運動』 上·下卷(北京: 中國社會科學出版社, 1979).

曜森, 「反復多變的汪僞巨奸周佛海」, 『江蘇文史資料增刊』(南京: n.d.), 69~73쪽.

中國社會科學院近代史研究所中華民國史研究室 編, 『胡適來往書信選』(香港: 中華書局香港分局, 1983).

中國第二歷史檔案館 編, 『中國無政府主義和中國社會黨』(n.p.: 江蘇人民出版社, 1981).

秦望山, 「安那其主義者在福建的一些活動」, 『福建文史資料』 第24輯(1990), 180~201쪽.

_____, 「朝鮮和日本安那其主義者在泉避難引起的事件」, 『福建文史資料』 第24輯(1990), 203~208쪽.

江蘇省政協文史資料委員會 編, 『汪僞政權內幕』(江蘇文史資料 第29輯)(1989?).

朱子家, 『汪政權的開場與收場』 第1卷(香港: 古風出版社本, 1986).

南京市檔案館 編, 『審訊汪僞漢奸筆錄』(南京: 江蘇古籍出版社, 1992).

羅君强, 「僞庭幽影錄－汪僞情況的回憶寫實」, 『近代史資料』 總63號(1986), 61~143쪽.

重慶市政協文史資料研究委員會·中共重慶市委黨校編, 『國民參政會紀實』(重慶: 重慶出版社, 1985).

蔣總統(蔣介石), 『爲何漢奸必亡侵略必敗』(臺北: 正中書局, 1951).

『時代文選』 2-1(1940.2.1).

『中央導報』 1-19(1940.12.8).

王進·楊江華 主編, 『中國黨派社團辭典』(北京: 中共黨史資料出版社, 1989).

「汪僞政權學術討論會在京召開」, 『民國檔案』 1986年 3期, 12쪽.

袁愈佺(古廄忠夫 인터뷰), 「汪精衛政權にかかわって」, 『岩波講座 近代日本植民地, 月報』(n.d.), 6-5.

_____, 「汪僞政權垮臺前後瑣記」, 黃美眞 編, 『僞庭幽影錄－對汪僞政權的回憶紀實』(北京: 中國文史出版社, 1991), 346~349쪽.

周佛海(蔡德金 編註), 『周佛海日記』 上·下(北京: 中國社會科學出版社, 1986).

_____, 『周佛海日記』(香港: 創墾出版社, 1955).

_____, 『周佛海日記』(內部發行)(上海: 上海人民出版社, 1984).

_____, 『往矣集』(香港: 合衆出版社, 1955).

_____, 「中國國民黨過去的功罪與今後的地位」, 中國國民黨中央執行委員會宣傳部 編, 『和平建國與國民黨』(n.p.: 中國國民黨中央執行委員會宣傳部, n.d.[1940?]).

「『周佛海日記』卽將全部出版」, 『民國檔案』 1985年 1期, 99쪽.

中華日報社 編, 『林柏生先生論文集』(np. nd: 1939?).

周憲文, 『中國不能以農立國論爭』(昆明: 中華書局, 1941).

2. 연구서

■ 국문

고병익, 『아시아의 역사상』(서울: 서울대출판부, 1969).

국민문화연구소50년사간행위원회 편, 『국민문화연구소50년사－자유공동체운동국민문화연구소50년사－』(서울: 사단법인 국민문화연구소, 1998).

권희영, 『한인사회주의운동 연구』(서울: 국학자료원, 1999).

김명섭, 『재일 한인 아나키즘운동 연구』(단국대학교 대학원 사학과 박사학위 논문, 2001).

김삼웅, 『박열평전』(서울: 가람기획, 1996).

김영범, 『한국근대민족운동과 의열단』(서울: 창작과 비평사, 1997).

김창순·김준엽, 『한국공산주의운동사 1~5』(서울: 청계연구소, 1962~1976, 1986년 신판).

로이드 E. 이스트만(민두기 역), 『蔣介石은 왜 敗하였는가－현대중국의 전쟁과 혁명: 1937~1949』(서울: 지식산업사, 1986).

민두기 외, 『중국국민혁명의 분석적 연구』(서울: 지식산업사, 1985).

______ 편, 『중국국민혁명지도자의 사상과 행동』(서울: 지식산업사, 1988).

박종린, 『일제하 사회주의사상의 수용에 관한 연구』, 연세대학교 사학과 박사학위 논문, 2006.

백영서, 『동아시아의 귀환: 중국의 근대성을 묻는다』(서울: 창작과 비평사, 2000).

쑨커즈(孫科志), 『上海韓人社會史: 1910~1945』(서울: 한울아카데미, 2001).

아리프 딜릭(황동연 역), 『포스트모더니티의 역사들: 유산과 프로젝트로서의 과거』(서울: 장비, 2000).

__________(설준규·정남영 역), 『전지구적 자본주의에 눈뜨기』(서울: 창작과 비평사, 1994).

에드워드 사이드(박홍규 역), 『오리엔털리즘』(서울: 교보문고, 1991).

역사학회 편, 『한국역사학의 성과와 과제』(서울: 일조각, 2007).

이문창, 『해방공간의 아나키스트』(서울: 이학사, 2008).

이호룡, 『한국의 아나키즘－사상편－』(서울: 지식산업사, 2001).

전명혁, 『1920년대 한국사회주의 운동연구』(서울: 선인, 2006).

정문길 외 엮음, 『주변에서 본 동아시아』(서울: 문학과 지성사, 2004).

周策縱(조병한 역), 『5·4운동－근대중국의 지식혁명』(서울: 광민사, 1981, 1982 2판).

한국민족운동사연구회 편, 『한국독립운동과 중국－1930년대를 중심으로』(서울: 국학자료원, 1997).

한국역사연구회 엮음, 『20세기 역사학, 21세기 역사학』(서울: 역사비평사, 2000).

■ 일문

中央大學人文科學研究所編, 『五·四運動史像の再檢討』(中央大學出版部, 1986).

近藤憲一, 『一無政府主義者の回想』(東京: 平凡社, 1966).

石板浩一, 『近代日本の社會主義と朝鮮』(東京: 社會評論社, 1993).

野澤 豊·田中正俊 編, 『講座中國近現代史』 4(五四運動)(東京: 東京大學出版會, 1978).

丸山松幸, 『中國近代の革命思想』(東京: 研文出版, 1982).

布施辰治, 張祥重, 鄭泰成 共著, 『運命の勝利者 朴烈』(東京: 世紀書房, 1946).

歷史學研究會 編, 『アジア現代史』 第1卷(帝國主義の時代)(青木書店, 1979).

玉川信明, 『中國の黑い旗』(東京: 晶文社, 1981).

__________, 『中國アナキズムの影』(三一書房, 1974).

兪辛焞, 『孫文の革命運動と日本』(東京: 六興出版, 1989).

益井康一, 『漢奸裁判史, 1946~1948』(東京: みすず書房, 1977).

永井算已, 『中國近代政治史論叢』(東京: 汲古書院, 1983).

■ 중문

蔡德金, 『汪精衛評傳』(成都: 四川人民出版社, 1988).

______, 『歷史的怪胎－汪精衛國民政府』(貴林: 廣西師範大學出版社, 1993).

______, 『汪精衛評傳』(成都: 四川人民出版社, 1988).

______, 『朝秦暮楚的周佛海』(鄭州: 河南人民出版社, 1992).

曹世鉉, 『淸末民初無政府派的文化思想』(北京: 社會科學文獻出版社, 2003).

黃美眞·張云, 『汪精衛集團叛國投敵記』(n.p.: 河南人民出版社, 1987).

黃友崗, 『抗日戰爭時期的"和平"運動』(北京: 解放軍出版社, 1988).

蔣俊·李興芝, 『中國近代的無政府主義思潮』(濟南: 山東人民出版社, 1990).

李新·陳鐵健 主編, 『新民主主義革命史: 偉大的開端(1919~1923)』(北京: 中國社會科學出版
社, 1983).

李澤厚·劉再復, 『告別革命: 回望二十世紀中國』(Hong Kong: Cosmos Books, 1996).

王克文, 『汪精衛·國民黨·南京政權』(臺北: 臺灣國史館, 2001).

王曉秋, 『近代中日文化交流史』(北京: 中華書局, 1992).

楊碧川, 『日據時代臺灣人反抗史』(臺北: 稻鄉出版社, 1988).

朱金元·陳祖恩, 『汪僞受審紀實』(杭州: 浙江人民出版社, 1988).

■ 영문연구서

Anderson, Benedict. *Imagined Communities: Reflections on the Origins and Spread of Nationalism*
(London and New York: Verso, 1991 revised edition).

Amin, Samir (translated by Russell Moore), *Eurocentrism* (New York: Monthly Review Press, 1989)

___________, *Delinking: Towards a Polycentric World* (London: Zed Books, 1990).

Blaut, James M. *The Colonizer's Model of the World: Geographical Diffusionism and Eurocentric History* (New York: The Guilford Press, 1993).

Boyle, John H., *China and Japan at War: Politics of Collaboration* (Stanford: Stanford University Press, 1972).

Brook, Timothy, *Collaboration: Japanese Agents and Local Elites in Wartime China* (Cambridge, MA: Harvard University Press, 2005).

Bunker, Gerald E., *The Peace Conspiracy: Wang Ching-wei and the China War, 1937~1941* (Cambridge, MA: Harvard University Press, 1972).

Campbell, Jr., Charles, *Special Business Interests and the Open Door Policy* (New Haven: Yale University Press, 1951).

Chan, Gilbert F. ed., *China at the Crossroad: Nationalists and Communists, 1927~1949* (Boulder and San Francisco: Westview Press, 1980).

Ch'i, Hsi-sheng, *Nationalist China at War: Military Defeats and Political Collapse, 1937~45* (Ann Arbor: The University of Michigan Press, 1982).

Chow, Tse-tsung, *The May Fourth Movement: Intellectual Revolution in Modern China* (Stanford: Stanford University Press, 1960).

Chatterjee, Partha, *Nationalist Thought and the Colonial World: A Derivative Discourse* (Minneapolis: Zed Books, 1986).

Chesneaux, Jean (translated by Paul Auster and Lydia Davis), *China: The People's Republic, 1949~1976* (New York: Pantheon Books, 1979).

___________, *Pasts and Futures, or What is History For?*(London: Thames and Hudson, 1976).

Cohen, Paul A., *Discovering History in China: American Historical Writing on the Recent Chinese Past* (New York: Columbia University Press, 1984).

Conner, Walker, *The National Question in Marxist-Leninist Theory and Strategy* (Princenton: Princeton University Press, 1984).

Chan, Ming K. and Arif Dirlik, *Schools into Fields and Factories: Anarchists, The Guomindang, and the National Labor University in Shanghai, 1927~1932* (Durham, NC: Duke University Press, 1991).

Chen, Kuan-Hsing ed., *Trajectories: Inter-Asia Cultural Studies* (New York: Routledge, 1998).

Chen, Xiaomei, *Occidentalism: A Theory of Counter-Discourse in Post-Mao China* (Lanham, MD: Rowman & Littlefield, 2002, revised and expanded second edition).

Chomsky, Noam eds. et al, *The Cold War and the University* (New York: The New Press, 1997).

Crump, John, *The Origins of Socialist Thought in Japan* (New York: St. Martin's Press, 1983).

Cumings, Bruce, *Dimension from Sea to Sea: Pacific Ascendancy and American Power* (New Haven and London: Yale University Press, 2009).

____________, *Korea's Place in the Sun: A Modern History* (New York: W.W. Norton & Company, 1997).

Debris, Régis (trans. by Bobbye Ortiz), *Revolution in the Revolution: Armed Struggle and Political Struggle in Latin America* (New York: Monthly Review Press, 1967).

Doleželová-Velingerová, Milena and Oldřich Král ed., *The Appropriation of Cultural Capital: China's May Fourth Project* (Cambridge, MA: Harvard University Asia Center, Harvard University, 2001).

Dower, John W., *War Without Mercy: Race and Power in the Pacific War* (Pantheon Books, 1986).

Drilik, Arif, *Global Modernity: Modernity in the Age of Capitalism* (Boulder, CO: Paradigm Publishers, 2006).

__________, *The Origins of Chinese Communism* (New York and Oxford: Oxford University Press, 1989).

__________, *Revolution and History: Origins of Marxist Historiography in China, 1919~1937* (Berkeley, CA: University of California Press, 1978).

__________, *Anarchism in the Chinese Revolution* (Berkeley, CA: University of California Press, 1991).

__________, *Culture and Society in Contemporary China: The Perspective of Global Modernity* (Hong Kong: The Chines University Press, 2011).

__________, *The Postsolonial Aura: Third World Criticism in the Age of Global Capitalism* (Boulder, CO: Westview Press, 1997).

__________, Paul Healy, and Nick Knight ed., *Critical Perspectives on Mao Zedong's Thought* (New Jersey: Humanities Press, 1997).

__________ ed., *What is in a Rim? Critical Perspectives on the Pacific Region Idea* (Boulder, CO: Westview Press, 1993).

Duara, Prasenjit. *Rescuing History from the Nation: Questioning Narratives of Modern China* (Chicago: University of Chicago Press, 1995).

Duus, Peter, *The Japanese Discovery of America: A Brief History with Documents* (Boston and New York: Bedford/St. Martin's, 1997).

Eastman, Lloyd E., *The Abortive Revolution: China under Nationalist Rule, 1927~1937*

(Cambridge, MA: Harvard University Press, 1974).

__________, Seeds of Destruction: *Nationalist China in War and Revolution, 1937~1949* (Stanford: Stanford University Press, 1984).

Escobar, Aturo, *Encountering Development: The Making and the Unmaking of the Third World* (Princeton, NJ: Princeton University Press, 1994).

Feuerwerker, Albert ed., *History in Communist China* (Cambridge, MA: The MITPress, 1968).

Fairbank, John K., *Chinabound: A Fifty-Year Memoir* (New York: Harper & Row, 1982).

Fukuyama, Francis, *The End of History and the Last Man* (New York: Free Press, 1992).

Gao, Mobo C. F., *Gao Village: A Portrait of Rural Life in Modern China* (Honolulu: University of Hawaii Press, 1999).

Gellner, Ernest, *Nations and Nationalism* (Ithca and New York: Cornell University Press, 1983).

Frank, Andre Gunder, *ReOrient: Global Economy in the Asian Age* (Berkeley, CA: University of California Press, 1998).

Friedman, Edward and Mark Seldon ed., *America's Asia: Dissenting Essays on Asian-American Relations* (New York: Pantheon Books, 1969-71).

Gluck, Carol and Anna Lowenhaupt Tsing eds., *Words in Motion: Toward a Global Lexicon* (Durham, NC: Duke University Press, 2009).

Goscha, Christopher E., *Thailand and the Southeast Asian Networks of the Vietnamese Revolution, 1885~1954* (London: Curzon Publishers, 1999).

Han, Dongping, *The Unknown Cultural Revolution: Educational Reforms and Their Impact on China's Rural Development* (New York: Garland, 2000).

Harrell, Paula, *Sowing the Seeds of Change: Chinese Students, Japanese Teachers, 1895~1905* (Stanford: Stanford University Press, 1992).

Harrell, Stevan ed., *Cultural Encounters on China's Ethnic Frontiers* (Seattle: University of Washington Press, 1995).

Hardt, Michael and Antonio Negri, *Empire* (Cambridge, MA: Harvard University Press, 2000).

Harvey, David, *A Brief History of Neoliberalism* (New York: Oxford University Press, 2005).

Hay, Stephen N., *Asian Ideas of East and West: Tagore and His Critics in Japan, China and India* (Cambridge, MA: Harvard University Press, 1970).

Hobsbawm, Eric J., *Nations and Nationalism since 1780* (Cambridge, MA: Cambridge University Press, second edition, 1992).

__________ and Terence Ranger ed., *The Invention of Tradition* (Cambridge, MA: Cambridge University Press, 1983).

Hofheinz Jr., Roy, *The Broken Wave: The Chinese Communist Peasant Movement, 1922~1928* (Cambridge, MA: Harvard University Press, 1974).

Hu-DeHart, Evelyn ed., *Across the Pacific: Asian Americans and Globalization* (Philadelphia: Temple University Press, 1999).

Hunt, Michael H., *Ideology and U.S. Foreign Policy* (New Haven and London: Yale University Press, 1987).

Hwang, Dongyoun, "Wang Jingwei, the Nanjing Government, and the Problem of Collaboration," Ph.D. Dissertation (Duke University, 1999).

Iriye, Akira, *Across the Pacific: An Inner History of American-East Asian Relations* (New York and London: Harvest Brace Jovanavich, 1967).

__________ ed., *The Chinese and The Japanese: Essays in Political and Cultural Interactions* (Princeton: Princeton University Press, 1980).

Jansen, Marius B., *The Japanese and Sun Yat-sen* (Stanford: Stanford University Press, 1954).

______________, *China and Japan: From War to Peqce, 1894~1972* (Chicago: Rand McNally College Publishing Company, 1975).

Jespersen, T. Christopher, *American Images of China, 1931~1949* (Stanford: Stanford University Press, 1996).

The China-Japan-Korea Common History Text Tri-National Committee, *A History to Open the Future* (Seoul: minmum, Ltd., 2010).

Karl, Rebecca E., *Staging the World: Chinese Nationalism at the Turn of the Twentieth Century* (Durham, NC: Duke University Press, 2002).

Keenan, Barry, *The Dewy Experiment in China: Educational Reform and Political Power in the Early Republic* (Council on East Asian Studies, Harvard University, 1977).

Kiang, Wen-Han, *The Chinese Student Movement* (Morningside Heights, NY: King's Crown Press, 1948).

Lee, Chong-sik, *Korean Workers' Party: A Short History* (Stanford: Hoover Institute Press, 1978).

______________ ed, *Materials on Korean Communism, 1945~1947* (Honolulu: Center for Korean Studies, University of Hawaii, 1977).

Lewis, Martin W. and Karen E. Wigen, *The Myth of Continents: A Critique of Metageography* (Berkeley, CA: University of California Press, 1997).

Lifton, Robert Jay, *Thought Reform and the Psychology of Totalism: A Study of "Brainwashing" in China* (New York: W.W. Norton & Co., 1961).

Lowenthal, David, *The Past is a Foreign Country* (Cambridge, MA: Cambridge University Press, 1985).

MacFarquhar, Roderick, *The Origins of the Cultural Revolution I* (Contradictions among the People, 1956~1957) (London: Oxford University Press, 1974).

________________________, *The Origins of the Cultural Revolution II* (The Great Leap Forward,

1958~1960) (London: Oxford University Press, 1983).

__________________, *The Origins of the Cultural Revolution III* (The Coming of Cataclysm, 1961~1966) (London: Oxford University Press, 1997).

__________________ and Michael Schoenhals, *Mao's Last Revolution* (Cambridge MA: Belknap Press of Harvard University Press, 2006).

March, Andrew, *The Idea of China* (New York and Washington: Praeger Publishers, 1974).

Marks, Robert, *Rural Revolution in South China: Peasants and the Making of History in Haifeng County, 1570~1930* (Madison, WI: The University of Wisconsin Press, 1984).

Marks, Robert B., *The Origins of the Modern World: A Global and Ecological Narrative* (Lanham, MD: Rowman & Littlefield Publishers, INC., 2002).

Matsuda, Takeshi, *Soft Power and Its Perils: U.S. Cultural Policy in Early Postwar Japan and Permanent Dependency* (Washington, DC: Woodrow Wilson Center Press, 2007).

Mao, Zedong (trans. by Moss Roberts trans.), *A Critique of Soviet Economics* (New York: Monthly Review Press, 1977).

McCormick, Thomas J., *China Market: America's Quest for Informal Empire, 1893~1901* (Chicago: Quadrangle Books, second edition, 1970).

Meisner, Maurice, *Li Ta-Chao and the Origins of Chinese Marxism* (Cambridge, MA: Harvard University Press, 1967).

__________________, *Mao's China and After: A History of the People's Republic* (New York: The Free Press, 1986).

Milovan, Djilas, *The New Class: An Analysis of the Communist System* (New York: Praeger, 1962).

Moyoshi, Masao and Harry Harootunian eds., *Learning Places: The Afterlives of Area Studies* (Durham, NC: Duke University Press, 2002).

Pomeranz, Kenneth, *The Great Divergence: China, Europe, and the Making of the Modern World* (Princeton: Princeton University Press, 2000).

Prazniak, Roxann, *Of Camels and Other Things: Rural Rebels Against Modernity in Late Imperial China* (Lanham, MD: Rowman and Littlefield, 1999).

Reynolds, Douglas R., *China, 1898-1912: The Xinzheng Revolution and Japan* (Cambridge, MA: Council on East Asian Studies, Harvard University, 1993).

Robinson, Michael Edson, *Cultural Nationalism in Colonial Korea, 1920~1925* (Seattle: University of Washington Press, 1988).

Russell, Bertrand, *Selected Papers of Bertrand Russell* (New York: Random House, n.d.).

Sahlins, Marshall, *Islands of History* (Chicago and London: University of Chicago Press, 1985).

Said, Edward, *Orientalism* (New York: Vintage, 1978).

Salisbury, Harrison E., *The New Emperors: China in the Era of Mao and Deng* (Boston: Little, Brown, 1992).

Scalapino, Robert A., *The Japanese Communist Movement, 1920~1966* (Berkeley, CA: University of California Press. 1967).

__________ ed., *The Communist Revolution in Asia: Tactics, Goals, and Achievements* (Eaglewood Cliffs, NJ: Prentice-Hall, INC., 1967).

Schrecker, John E., *The Chinese Revolution in Historical Perspective* (New York: Greenwood Press, 1991).

Schwartz, Benjamin I., *Chinese Communism and the Rise of Mao* (New York: Harper & Row, 1951).

__________ ed., *Reflections on the May Fourth Movement: A Symposium* (Cambridge, MA: East Asian Research Center, Harvard University, 1973).

Schwartz, Vera, *The Chinese Enlightenment: Intellectuals and the Legacy of the May Fourth Movement of 1919* (Berkeley, CA: University of California Press, 1986).

Sheridan, James E., *China in Disintegration: The Republican Era in Chinese History, 1912-1949* (New York: The Free Press, 1975).

Shewmaker, Kenneth E., *Americans and Chinese Communists, 1927-1945: A Persuading Encounter* (Ithaca: Cornell University Press, 1971).

Spence, Jonathan D., *The Search for Modern China* (New York: W. W. Norton & Company, 1990).

__________, *To Change China: Western Advisers in China, 1620~1960* (New York: Penguin Book, 1980).

Stanley, Thomas A., *Osugi Sakae, Anarchist in Taisho Japan: The Creativity of the Ego* (Cambridge, MA: Council on East Asian Studies, Harvard University, 1982).

Steadman, John M., *The Myth of Asia* (New York: Simon and Schuster, 1969).

Suh, Dae-Sook, *The Korean Communist Movement, 1918~1948* (Princeton: Princeton University Press, 1967),

__________ ed., *Documents of Korean Communism, 1918~1948* (Princeton: Princeton University Press, 1970).

Tai, Hue-Tam Ho, *Radicalism and the Origins of Vietnamese Revolution* (Cambridge, MA: Harvard University Press, 1992).

Tan, Chester C., *Chinese Political Thought in the Twentieth Century* (Garden City, NY: Doubleday & Company Inc., 1971).

Tao, Chia-lin Pao, "The Role of Wang Ching-wei during the Sino-Japanese War," Ph.D. Dissertation (Indiana University, 1971).

Tévoédjrè, Albert, *Poverty: Wealth of Mankind* (New York: Pergamon Press, 1978).

The China-Japan-Korea Common History Text Tri-National Committee, *A History to Open the Future* (Seoul: minimum Ltd., 2010).

The Committee of Concerned Asian Scholars, *China! Inside the People's Republic* (New York: Bantam Books, 1972).

Wales, Nym and Kim San, *Song of Arirang: A Korean Communist in the Chinese Revolution* (San Francisco: Ramparts Press, 1941).

Wang, Y.C., *Chinese Intellectuals and the West, 1872-1949* (Chapel Hill, NC: The University of North Carolina Press, 1966).

Williams, Raymond, *Modern Tragedy* (Stanford: Stanford University Press, 1966).

Wittfogel, Karl, *Oriental Despotism: A Comparative Study of Total Power* (New Haven: Yale University Press, 1957).

Wuthnow, Robert, *Communities of Discourse: Ideology and Social Structure in the Reformation, the Enlightenment, and European Socialism* (Cambridge, MA: Harvard University Press, 1989).

3. 연구논문

■ 국문

강명희, 「5・4運動」, 서울대학교동양사학연구실 편, 『講座中國史』 VI(개혁과 혁명) (서울: 지식산업사, 1989), 189~239쪽.

김경일, 「전후 미국에서 지역연구의 성립과 발전」, 『지역연구』 5권 3호(1996), 223~268쪽.

김두진, 「한국 역사학의 연구성과와 과제」, 역사학회 편, 『한국역사학의 성과와 과제』(서울: 일조각, 2007), 41~63쪽.

김명섭, 「일본의 아나키즘과 조선의 항일운동 – 해방 전을 중심으로」, 『아나키즘연구』 2호(2002.10), 86~102쪽.

김명섭, 「1920년대 초기 재일조선인의 사상단체 – 흑도회, 흑우회, 북성회를 중심으로 – 」, 『한일민족문제연구』 창간호(2001.3), 7~32쪽.

김석근, 「후쿠모토이즘(福本主義)과 식민지하 한국사회주의 운동」, 『아세아연구』 94(1995), 55~122쪽.

김성보, 「탈중심의 세계사 인식과 한국근현대사 성찰」, 『역사비평』 제80호(2007 가을), 236~263쪽.

김수영, 「보이틴스키와 초기 동아시아 공산주의 운동」, 『중국근현대사연구』 제36집 (2007.12), 29~56쪽.

김정현, 「주불해의 삶, 그리고 세 번의 전향」, 황원구교수정년기념논총간행위원회 편,

『황원구교수정년기념논총─동아시아의 인간상』(서울: 도서출판 혜안, 1995), 937~956쪽.

김태승, 「중국근대사 인식의 계보와 유산─탈근대적 중국사 인식의 전망을 위한 문제제기」, 한국역사연구회 엮음, 『20세기 역사학, 21세기 역사학』(서울: 역사비평사, 2000), 67~87쪽.

김희교, 「동양사연구자들의 '객관주의' 신화비판」, 『역사비평』 제51호(2000 여름), 148~170쪽.

아리프 딜릭, 「아시아·태평양권이라는 개념: 지역구조 창설에 있어서 현실과 표상의 문제」, 『창작과 비평』 79호(1993), 289~317쪽.

「아리프 딜릭과의 대담: 문혁 어떻게 볼 것인가?」, 『역사비평』 제77호(2006 겨울), 242~278쪽.

전명혁, 「총론─1920년대 한국사회주의운동 연구현황과 과제」, 전명혁, 『1920년대 한국사회주의 운동연구』(서울: 선인, 2006).

정문상, 「국민혁명기 惲代英의 혁명관과 학생운동론」, 『역사학보』 제134·135합집(1992).

______, 「문화대혁명을 보는 한국사회의 한 시선─리영희 사례」, 『역사비평』 제77호(2006 겨울), 212~241쪽.

조세현, 「보이틴스키의 중국방문과 '사회주의자동맹'─중국공산당 창립시기 아나키즘, 볼셰비즘 합작과 분열」, 『중국사연구』 36집(2005), 197~264쪽.

蔣剛, 「泉州無政府主義에 대한 초보적 연구」, 한국민족운동사연구회 편, 『한국독립운동과 중국─1930년대를 중심으로』(서울: 국학자료원, 1997), 324~325쪽.

文明基, 「中日戰爭 初期(1937~39) 汪精衛派의 和平運動과 和平論理」, 『東洋史學』 제71집(2000.7), 117~154쪽.

민두기, 「'民國革命' 試論: 현대사의 기점으로서의 '辛亥革命' 성격의 이해를 겸하여」, 민두기 외, 『중국국민혁명의 분석적 연구』(서울: 지식산업사, 1985), 5~23쪽.

______, 「도론: 중국국민혁명의 이해의 방향」, 민두기 편, 『중국국민혁명지도자의 사상과 행동』(서울: 지식산업사, 1988), 5~35쪽.

박승한, 「우관 이정규 선생 그리고 '국민문화연구소'와의 인연」, 국민문화연구소50년사 간행위원회 편, 『국민문화연구소50년사─자유공동체운동국민문화연구소50년사』(서울: 사단법인 국민문화연구소, 1998), 427~429쪽.

박영재, 「근대 일본의 한국인식」, 역사학회 편, 『일본의 침략정책사 연구』(서울: 일조각, 1984), 81~112쪽.

______, 「근대일본의 아시아 인식: 탈아시아주의와 아시아주의」, 역사학회 편, 『노일전쟁 전후 일본의 한국침략』(서울: 일조각, 1986), 109~134쪽.

박찬승, 「식민지시기 도일유학과 유학생의 민족운동」, 이광주 등 편, 『아시아의 근대화와 대학의 역할』(춘천: 한림대 출판부, 2000), 161~212쪽.

배경한, 「19세기 말 20세기 초 중화체제의 위기와 중국 민족주의─티베트·몽골의 독립요
　　　구와 중국의 대응」, 『역사비평』 제51호(2000 여름), 234~249쪽.
백영서, 「자국사와 지역사의 소통: 동아시아인의 역사서술의 성찰」, 『역사학보』 196집
　　　(2007.12), 103~125쪽.
______, 「주변에서 동아시아를 본다는 것」, 정문길 외 엮음, 『주변에서 본 동아시아』(서울:
　　　문학과 지성사, 2004), 13~36쪽.
______, 「평화에 대한 상상력의 조건과 한계: 동아시아 공동체론의 성찰」, 『시민과 세계』
　　　제10호(2007), 101~118쪽.
______, 「한국에서의 중국현대사 연구의 의미: 동아시아적 시각의 모색을 위한 성찰」,
　　　『중국현대사연구회회보』 창간호(1993.12), 9~18쪽.
______, 「한국에서의 중국현대사 연구의 의미: 동아시아적 시각의 모색을 위한 성찰」,
　　　백영서, 『동아시아의 귀환: 중국의 근대성을 묻는다』(서울: 창작과 비평사,
　　　2000), 131~145쪽.
신용옥, 「동아시아 담론과 한국근현대사 연구」, 한국역사연구회 엮음, 『20세기 역사학,
　　　21세기 역사학』(서울: 역사비평사, 2000), 164~211쪽.
오장환, 「이정규의 무정부주의운동」, 『사학연구』 제49호(1995.3), 177~220쪽.
유장근, 「동아시아 근대사와 중국의 위상」, 정문길 외 엮음, 『주변에서 본 동아시아』(문학
　　　과 지성사, 2004), 39~63쪽.
윤인회, 「'국민문화연구소'와 농촌운동」, 국민문화연구소50년사 간행위원회 편, 『국민문
　　　화연구소50년사─자유공동체운동의 발자취』(서울: 사단법인 국민문화연구소,
　　　1998), 446~448쪽.
윤휘탁, 「'동아시아 근현대상 만들기'의 가능성 탐색─한중일 역사교과서의 근현대사인식
　　　비교」, 『중국근현대사연구』 25집(2005.3), 83~112쪽.
이균영, 「초기 공산주의운동사는 다시 써야한다」, 『역사비평』 계간3호(1988), 240~289쪽.
이기백, 「한국 사학에 있어서의 사관의 문제」, 차하순 편, 『사관이란 무엇인가』(청람,
　　　1982), 241~261쪽.
이문창, 「자유공동체의 어제와 오늘─'국민문화연구소' 50년사를 중심으로」, 국민문화연
　　　구소50년사간행위원회 편, 『국민문화연구소50년사─자유공동체운동의 발자
　　　취』(서울: 사단법인 국민문화연구소, 1998), 3~18쪽.
임경석, 「20세기초 국제질서의 재편과 한국신지식인층의 대응─사회주의 지식인의 형성
　　　과정을 중심으로」, 『대동문화연구』 43집(2003), 1~25쪽.
임성모, 「주변의 시선으로 본 동아시아사」, 『역사비평』 제79호(2007 여름), 151~170쪽.
조세현, 「보이틴스키의 중국방문과 '사회주의자동맹'─중국공산당 창립시기 아나키즘·
　　　볼셰비즘 합작과 분열」, 『중국사연구』 36(2005 6), 197~264쪽.
______, 「1920년대 전반기 재중국 한인 아나키즘운동─한·중 아나키스트의 교류를 중심

으로」, 『한국근현대사연구』 제25집(2003 여름), 338~363쪽.

「좌담/동아시아 역사학의 반성: 국민국가의 담밖에서」, 『당대비평』 특집호(2002), 200~244쪽.

차하순, 「한국역사학의 유산과 21세기의 과제」, 역사학회 편, 『한국역사학의 성과와 과제』(일조각, 2007), 17~63쪽.

최광식, 「단재 신채호가 출판한 잡지 『천고(天鼓)』」, 최광식 역주, 『단재 신채호의 천고(天鼓)』(서울: 아연출판부, 2004), 17~22쪽.

최선웅, 「1910년대 재일유학생단체 신아동맹당의 반일운동과 근대적 구상」, 『역사와 현실』 60호(2006), 376~408쪽.

하세봉, 「동양사학계에 대한 비판적 검토」, 『역사비평』 계간5호(1989 여름), 219~241쪽.

허은, 「1950년대 '주한 미공보원(USIS)의 역할과 문화전파 지향」, 『한국사학보』 15호(2003), 227~259쪽.

황동연, 「20세기초 동아시아 급진주의와 '아시아'개념」 『대동문화연구』 50집(2005.6), 121~165쪽.

______, 「이정규, 초국가주의적 한국아나키즘의 실현을 위하여」, 『역사비평』 제93호(2010 여름), 198~230쪽.

______, 「냉전시기 미국의 지역연구와 아시아인식」, 『동북아연구논총』 33호(2011.9), 15~56쪽.

______, 「지역시각에서 본 오사운동(五四運動)」, 『아시아문화연구』 제22집(2011.6), 221~259쪽.

______, 「민족주의와 아시아주의의 교차－미국 듀크(Duke)대학에서 일어났던 한중유학생들 사이의 "분쟁"과 그 의미－」, 『중국현대사연구』 제7집(1999), 81~94쪽.

______, 「21세기 전야 미국 지역연구(Area Studies)의 운명: 전 지구화와 그에 따른 지역연구의 방향에 대한 미국학계의 비판적 논의」, 『동아시아역사연구』 6집(1999), 187~219쪽.

______, 「지역시각, 초국가적 관점, '동부아시아' 지역개념과 '동부아시아' 급진주의 역사의 재구성 시론」, 『동방학지』 145집(2009.3), 273~319쪽.

______, 「포폄(褒貶), 실증(實證), 목적론(目的論)－왕징웨이(汪精衛)의 대일(對日)합작을 바라보는 시각의 문제점들」, 『중국현대사연구』 제12집(2001), 105~122쪽.

______, 「武漢국민정부 성립과정기 '遷都論爭'」, 『學林』 12·13 합집(1991.3), 205~261쪽.

______, 「중국현대사 이해의 문제점들과 그 극복의 전망」, 『중국현대사연구』 제10집(2000.12), 149~166쪽.

______, 「항일전쟁시기 중국 대일합작 연구의 가능성과 한계－티모시 브룩의 『근대중국의 친일합작』을 읽고－」, 『역사비평』 제82호(2009), 494~511쪽.

______, 「베이징올림픽과 사회주의 중국」, 『말』 2008년 8월호, 138~143쪽.

■ 일문

佐藤愼一, 「アメリカにおける中國近代史硏究の動向」, 小島晋治 等編, 『近代中國硏究案內』(東京: 岩波書店, 1993), 65~96쪽.

高山龍三, 「アジアの地域硏究ことはじめ」, 『東アジア硏究』 제21호(1998년 여름).

해리 하루투니언(Harry Harootunian)과 나오키 사카이(Naoki Sakai)의 대담, 「日本硏究と文化硏究」, 『思想』 7號(1997년 7월), 4~53쪽.

國分良成, 「アメリカの中國硏究」, 野村浩一 等編, 『現代中國硏究案內』 別卷2(東京: 岩波書店, 1990), 54~92쪽.

石島紀之, 「ナショナル·ヒストリーを超える日中戰爭史をめざして――中國硏究者からの提言―」, 『歷史評論』 689(2007), 2~13쪽.

中村平治, 「インド民族運動の展開と東アジア」, 坂野正高·衛藤瀋吉 編, 『中國をめぐる國際關係―影像と現實―』(東京: 東京大學出版會, 1968), 237~273쪽.

竹內善作, 「明治末期における中日革命運動の交流」, 『中國硏究』 5(1948), 74~95쪽.

水野直樹, 「東方被壓迫民族連合會(1925~1927)について」, 狹間直樹 編, 『中國國民革命の硏究』(京都: 京都大學人文科學硏究所, 1992), 309~350쪽.

安井三吉, 「抗日戰爭時期解放區における日本人の反戰運動」, 『近きに在りて』 3號 (1983.3), 37~48쪽.

紀旭峰, 「雜誌 『亞細亞公論』にみる大正期東アジア知識人連携―在京臺灣人と朝鮮人の交流を中心に」, 『아시아문화연구』 17집(2009.11), 67~77쪽.

笠原十九司, 「五四運動の思想史的檢討」, 野澤 豊·田中正俊 編, 『講座中國近現代史』 第4卷(五四運動)(東京: 東京大學出版會, 1978), 23~83쪽.

小野信爾, 「三一運動と五四運動」, 『朝鮮史叢』 第5·6合倂號(1982), 72~81쪽.

味岡徹, 「五四運動における民衆鬪爭」, 野澤豊·田中正俊 編, 『講座 中國近現代史4 五四運動』(東京: 東京大學出版會, 1978), 85~115쪽.

中山義弘, 「五四期の女性解放運動」, 野澤豊·田中正俊 編, 『講座 中國近現代史4 五四運動』, 181~210쪽.

古廐忠夫, 「勞動運動の諸潮流」, 野澤豊·田中正俊 編, 『講座 中國近現代史4 五四運動』, 149~180쪽.

________, 「汪精衛政權はカイライではなかったか?」, 藤原彰 等編, 『日本近代史の虛像と實像 3: 滿洲事變―敗戰』(東京: 大月書店, 1989), 115~137쪽.

吳金成, 「韓國における中國史硏究の半世紀」, 『中國―社會と文化』 第15號(2000.6), 244~268쪽.

山田辰雄, 「中國近現代政治史」, 『東方學』 100輯(2000年 9月).

石島紀之, 「ナショナルヒストリーを超える日中戰爭史をめざして : ―中國硏究者からの提言」, 『歷史評論』 689號(2007.9), 2~13쪽.

土屋光芳,「汪精衛と'政權樹立の運動'」,『政經論叢』第57卷 第5·6號(1989.3), 483~523쪽.
劉傑,「汪兆銘と'南京國民政府'」, 劉傑·三谷博·楊大慶 編,『國境を越える歷史認識－日中對
話の試み』(東京: 東京大學出版會, 2006), 171~201쪽.
和田英穗,「戰犯と漢奸のはざまて: 中國國民政府による對日戰犯判裁で裁かれた臺灣人」,『ア
ジア硏究』第49卷 4號(2003), 74~86쪽.
王柯,「'漢奸'考」,『思想』981號(2006.1), 28~47쪽.

■ 중문

阿里夫·德里克,「東亞的現代性與革命: 區域視野中的中國社會主義」,『馬克思主義與現實』
第3期(2005), 8~16쪽.
郝延平,「學人簡介: John King Fairbank」,『近代中國史研究通迅』第4期(1987), 64~69쪽.
辜也平,「泉州民衆運動中的黎明高中與平民中學」,『泉州師範學院學報(社會科學)』第24卷
第5期(2006.9), 32~48쪽.
肖憲,「20世紀前半期的中東民族主義運動與中國」,『西北大學學報(哲學社會科學版)』1998年
第1期 第28卷(總 第98期)(1998.2.20), 98~102쪽.
胡繩,「毛澤東的新民主主義論再評價」,『中國社會科學』1999年 第3期, 4~19쪽.
黃美眞·張云,「抗日戰爭時期三個漢奸政權及其主要頭目」,『人物』1984年 3期(1984.5), 104~
109쪽.
蔡德金,「也談陳公博爲何追隨汪精衛投敵－與王克文先生商榷」,『抗日戰爭研究』1993年 2期
(總 第8期), 218~225쪽.
茅海建,「傳統史學中的"奸臣"形象」,『史學情報』1988年 第3期, 21~26쪽.
李陵,「漢奸發生學」,『讀書』(1995.10), 87~93쪽.

■ 영문

Baik, Yeong-seo, "Conceptualizing Asia in Modern Chinese Mind: A Korean Perspective," *Inter-Asia
Cultural Studies* Vol. 3, No. 2 (2002), pp.277~286.
Bentley, Jerry H., "Asia in World History," *Education About Asia* Vol. 4, No. 1 (Spring 1999),
pp.5~9.
Brook, Timothy, "Collaborationist Nationalis in Occupied China" in Timothy Brook and Andre
Schmid eds., *Nation Work: Asian Elites and National Identities* (Ann Arbor, MI:
The University of Michigan Press, 2000), pp.159~190.
Boyce, James K., "The National Security Education Act of 1991: Issues and Analysis," *Bulletin
of Concerned Asian Scholars* Vol. 24, No. 2 (April-June 1992), pp.85~88.
Chen, Kuan-Hsing, "Introduction: The Decolonizatuion Question" in Kuan-Hsing Chen ed.,

Trajectories, 1~53.

Chen, Jian-Yue, "American Studies of Wang Jingwei: Defining Nationalism," *World History Review* Vol. 2, Issue 1 (Fall 2004), pp.2~34 (posted at Commons@Texas State University).

Buegess, Chris, "The Asian Studies 'Crisis': Putting Cultural Studies into Asian Studies and Asia into Cultural Studies," *International Journal of Asian Studies* Vol. 1, No. 1 (2004), pp.121~136.

Consuelo, Leon W., "Foundations of the American Image of the Pacific," in Arif Dirlik and Rob Wilson ed., *Asia/Pacific as a Cultural Production* (Durham, NC: Duke University Press, 1995), pp.17~29.

Cumings, Bruce, "Boundary Displacement: Area Studies and International Studies during and after the Cold War," *Bulletin of Concerned Asian Scholars* Vol. 29, No. 1 (January-March 1997), pp.6~26.

__________, "The Origins and Development of the Northeast Asian Political Economy: Industrial Sectors, Product Cycles, and Political Sequences," *International Organization* Vol. 38, No. 1 (Winter 1984), pp.1~40.

Dirlik, Arif, "Reversals, Ironies, Hegemonies: Notes on the Contemporary Historiography of Modern China," *Modern China* Vol. 22, No. 3 (July 1996), pp.243~284.

________, "Postcolonial or Postrevolutionary? The Problem of History in Postcolonial Criticism" in Arif Dirlik, *The Postcolonial Aura: Third World Criticism in the Age of Globalization* (Westview Press, 1997), pp.163~185.

________, "Transnationalism in Theory and Practice: Uses, Mis-Uses, Abuses," *Studies in Urban Humanities* Vol. 1 (2010), pp.9~36.

________, "Introduction: Pacific Contradiction," in Arif Dirlik ed., *What is in a Rim?*, pp.3~13.

________, "The Asia-Pacific Idea: Reality and Representation in the Invention of a Regional Structure," in Arif Dirlik ed., *What is in a Rim?*, pp.15~36.

________, "No Longer Far Away: The Reconstruction of Global Relations and Its Challenges to Asian Studies," in Leo Douw ed., *Unsettled Frontiers and Transnational Linkages: New Tasks for the Historian of Modern Asia* (Amsterdam: VU University Press, 1997), pp.19~36.

________, "Globalization, Areas, Places," Inaugural Lecture for the Program in Modern East Asian History, University of Amsterdam (November 3, 1996) (unpublished paper).

________, "The Cultural Revolution after the 'Cultural Turn'" (미간 원고).

________, "Critical Reflections on 'Chinese Capitalism' as Paradigm," *Identities* Vol. 3, No. 3 (1997), pp.303~330.

________, "The Postcolonial Aura: Third World Criticism in the Age of Global Capitalism," *Critical Inquiry* No. 20 (Winter 1994), pp.328~356.

________, "Timespace, Social Space, and the Question of Chinese Culture," in Airf Dirlik, *Culture and History in Post-Revolutionary China*, pp.157~196.

________, "Place-based Imagination: Globalism and the Politics of Place," *Review* Vol. 22, No. 2 (1999), pp.151~187.

________, "Chinese Historians and the Marxist Concept of Capitalism," *Modern China* 8-1 (1982), pp.105~132.

________, "Chinese History and the Question of Orientalism," *History and Theory* Theme Issue 35 (1996), pp.96~118.

________, "Postsocialism? Reflections on 'Socilaism with Chinese Characters'," in Arif Dirlik and Maurice Meisner eds., *Marxism and the Chinese Experience* (Armonk, NY: M.E. Sharpe, Inc., 1989), pp.362~384.

________, "Socialism in China: A Historical Overview," in Kam Louie ed., *The Cambridge Companion to Modern Chinese Culture* (New York: Cambridge University Press, 2008), pp.155~172.

________, "Transnationalism, the Press, and the National Imaginary in Twentieth Century China," *The China Review* Vol. 4, No. 1 (2004), pp.11~25.

________, "Anarchism in East Asia," *Encyclopedia Britanica Online* (accessed January 10, 2005).

________, "The Third World in 1968," Carole Fink, Phillip Gassert, and Detlef Junker ed., *1968: The World Transformed* (New York: Cambridge University Press, 1998), pp.295~317.

________, "Republican China: Chaos, Process, and Revolution," *Chinese Republican Studies Newsletter* Vol. 2, No. 1 (October 1977), pp.2~11.

________, "Alternatives? The PRC and the Global South" in Arif Dirlik, *Global Modernity*, pp.133~155.

________, "Sisyphus in China," *Transition* No. 55 (1992), pp.94~104.

________, "Mao Zedong and 'Chinese Marxism'," in Brian and Indira Mahalingam ed., *Companion Encyclopedia of Asian Philosophy* (New York: Routledge, 1997), pp.593~619.

Dower, John W., "Occupied Japan and the American Lake, 1945-1950," in Edward Friedman and Mark Selden eds., *America's Asia: Dissenting Essays on Asian-American Relations* (Pantheon Book, 1971), pp.146~206.

Duus, Peter, "Socialism, Liberalism, Marxism, 1901-1931" in Peter Duus ed., *The Cambridge History of Japan* Vol. 6 (The Twentieth Century), (New York: Cambridge University Press, 1988), pp.654~710.

Eastman, Lloyd E., "The Disintegration and Integration of Political Systems in Twentieth-Century China," *Chinese Republican Studies Newsletter* Vol. 1, No. 3 (1976), pp.2~12.

Em, Henry H., "Nationalism, Post-Nationalism, and Shin Ch'ae-ho," *Korea Journal* Vol. 39, No. 2 (Summer 1999), pp.283~317.

Esenbelm, Selcuk, "Japan's Global Claim to Asia and the World of Islam: Transnational Nationalism and World Power, 1900-1945," *American Historical Review* Vol. 109, Issue 4 (2004), pp.1140~1170.

Fairbank, John K., "The Chinese Behemoth," *The New York Review of Books* (January 21, 1988), pp.42~45.

Farquhar, Judith B. and James L. Hevia, "Culture and Postwar American Historiography of China," *Positions* Vol. 1, No. 2 (Fall 1993), pp.486~525.

Fogel, Joshua, "The Other Japanese Community: Leftwing Japanese Activities in Wartime Shanghai," in Wen-hsin Yeh ed., *Wartime Shanghai* (New York: Routledge, 1998), pp.42~61.

Furth, Charlotte, "May Fourth in History," in Benjamin I. Schwartz ed., *Reflections on the May Fourth Movement*, pp.59~68.

Gereffi, Gary, "Global Sourcing and Regional Divisions of Labor in the Pacific Rim," in Arif Dirlik ed., *What is in a Rim?*, pp.51~68.

Goodman, Bryna, "Networks of News: Power, Language and Transnational Dimension of the Chinese Press, 1850-1949," *The China Review* Vol. 4, No. 1 (Spring 2004), pp.1~10.

Harootunian, Harry D., "The Function of China in Tokuragwa Thought" in Akira Iriye ed., *The Chinese and The Japanese*, pp.9~36.

Healey, Paul and Nick Knight, "Mao Zedong's Thought and Critical Scholarship," in Arif Dirlik, Paul Healy, and Nick Knight ed., *Critical Perspectives on Mao Zedong's Thought*, pp.3~20.

Hobsbawm, Eric, "Introduction: Inventing Traditions," in Eric Hobsbawm and Terence Ranger ed., *The Invention of Tradition* (Cambridge: Cambridge University Press, 1983), pp.1~14.

Hu-DeHart, Evelyn, "Latin America in Asia-Pacific Perspective," in Arif Dirlik ed., *What is in a Rim? Critical Perspectives on the Pacific Region Idea* (Boulder, CO: Westview Press, 1993), pp.251~278.

Hwang, Dongyoun, "The Politics of China Studies in South Korea: A Critical Examination of South Korean Historiography of Modern China since 1945," *Journal of Modern Chinese History* Vol. 6, No. 2 (2012), pp.256~276.

______________, "Korean Anarchism before 1945: A Regional and Transnational Approach" in Steven Hirsch and Lucien van der Walt eds., *Anarchism and Syndicalism in the Colonial and Postcolonial World, 1870-1940: The Praxis of National Liberation, Internationalism, and Social Revolution* (Brill, 2010), pp.95~130.

___________, "Beyond Independence: The Korean Anarchist Press in China and Japan in the 1920s and 1930s," *Asian Studies Review* Vol. 31, No. 1 (2007), pp.3~23,

___________, "Wartime Collaboration in Question: An examination of the Postwar Trials of the Chinese Collaborators," *Inter-Asia Cultural Studies* Vol. 6, No. 1 (2005), pp.75~97.

Oguma Eiji, "The Postwar Intellectuals' View of 'Asia'." in Sven Saaler and J. Victor Koschmann eds., *Pan-Asianism in Modern Japanese History: Colonialism, Regionalism and Borders* (New York: Routledge, 2007), pp.200~212.

Henning, Joseph M., "Breaking Company: Meiji Japan and East Asia," *Education About Asia* 5-3 (2000), pp.40~43.

Huntingtion, Samuel, "The West Unique, Not Universal," *Foreign Affairs* Vol. 75, No. 6 (November/December 1996), pp.28~46.

Israel, Jerry, "Scratches on Our Mind Revisited: Chinese Influences on the Shaping of American Images," *Chinese Studies in History* Vol. 34, No. 3 (2001), pp.5~9.

Jansen, Marius, "Japan and the Chinese Revolution of 1911," in John K. Fairbank and Kwamg-ching Lin eds., *The Cambridge History of China* Vol. 11 (Late Ch'ing, 1800-1911, Part 2) (New York: Cambridge University Press, 1980), pp.339~374.

Kapp, Robert A., "Studying Republican China," *Chinese Republican Studies Newsletter* Vol. 1, No. 3 (1976), pp.13~20.

Karl, Rebecca E., "Creating Asia: China in the World at the Beginning of the Twentieth Century," *American Historical Review* Vol. 103, Issue 4 (October 1998), pp.1102~1105.

___________, "Global Connections: Liang Qichao and the 'Second World' at the of Turn of the Twentieth Century," *Asia/Pacific Studies Institute Working Papers* (Durham, NC: Asia/Pacific Studies Institute, Duke University, 1993).

Korhenen, Pekka, "Asia's Chinese Name," *Inter-Asia Cultural Studies* Vol. 3, No. 2 (2000), pp.253~270.

Lee, Chong-sik, "Stalinism in the East: Communism in North Korea" in Robert A. Scalapino ed., *The Communist Revolution in Asia*, pp.120~150.

Lewis, Martin M. and Karen Wigen, "A Maritime Response to the Crisis in Area Studies," *Geographical Review* Vol. 89, No. 2 (1999), pp.161~168.

Lin, Han-sheng, "Chou Fo-hai: The Diplomacy of Survival," in Richard Dean Burns and Edward M. Bennett eds., *Diplomats in Crisis: United States-Chinese-Japanese Relations, 1919~*

1941 (Santa Barbara: ABC-Clio, 1974, second printing, 1976), pp.171~193.

Lo, Jiu-jung, "Trials of the Taiwanese as Hanjian or War Criminals and the Postwar Search for Taiwanese Identity" in Kai-wing Chow et al eds., *Constructing Nationhood in Modern East Asia* (Ann Arbor: The University of Michigan Press, 2001), pp.279~315.

Musgrove, Charles D., "Cheering the Traitor: The Post-War Trial of Chen Bijun, April 1946," *Twentieth Century China* Vol. 30, No. 2 (April 2005), pp.3~27.

Marsh, Susan H., "Chou Fo-Hai: The Making of A Collaborator," in Iriye, Akira ed., *The Chinese and the Japanese*, pp.??.

Mirsky, Jonathan, "Nothing to Celebrate: Mourning the Fiftieth Anniversary of China's Revolution," *The New Republic* Issue 4421 (October 11, 1999), pp.30~35.

Nandy, Ashis, "A New Cosmopolitanism: Toward a Dialogue of Asian Civilizations," in Kuan-Hsing Chen, ed., *Trajectories*, pp.142~149.

Palat, Ravi Arvind, "Fragmented Visions: Excavating the Future of Area Studies in a Post-American World," *Review* Vol. 19, No. 3 (Summer 1996), pp.269~315.

Peck, James, "The Roots of Rhetoric: The Professional Ideology of America's China Watchers" in Edward Friedman and Mark Seldon ed., *America's Asia*, pp.40~66.

Pieterse, Jan Naderueen, "Unpacking the West: How European is Europe?" in Ali Rattansi and Sallie Westwood eds., *Racism, Modernity and Identity on the Western Front* (Cambridge, UK: Polity Press, 1994), pp.129~149.

Pletch, Carl E., "The Three Worlds, or the Division of Social Scientific Labor, Circa 1950~1975," *Comparative Studies in Society and History* Vol. 23, No. 4 (1981), pp.??

Prazniak, Roxann, "Siena on the Silk Roads: Ambrogio Lorenzetti and the Mongol Global Century, 1250~1350," *Journal of World History* Vol. 21, No. 2 (2010), pp.177~217.

Reader, Ian, "Studies of Japan, Area Studies, and the Challenge of Social Theory," *Monumenta Nipponica* Vol. 53, No. 2 (1998), pp.237~255.

Scalapino, Robert A., "Prelude to Marxism: the Chinese Student Movement in Japan, 1900-1910" in Albert Feuerwerker, Rhodes Murphy and Mary C. Wright eds., *Approaches to Modern Chinese History* (Berkeley, CA: University of California Press, 1967), pp.192~193.

__________________, "Communism in Asia: Toward a Comparative Analysis" in Robert A. Scalapino ed., *The Communist Revolution in Asia*, pp.1~51.

Schwartz, Benjamin, "Themes in Intellectual History: May Fourth and After," in Merle Goldman and Leo Ou-Fan Lee ed., *An Intellectual History of Modern China* (Neew York: Cambridge University Press, 2002), pp.97~141.

Selden, Mark, "Introduction of Asia, Asian Studies, and the National Security State: A Symposium," *Bulletin of Concerned Asian Scholars* Vol. 29, No. 1 (January-March 1997), pp.3~5.

____________, "Introduction: National Security and the Future of Asian Studies," *Bulletin of Concerned Asian Scholars* Vol. 24, No. 2 (April-June 1992), p.84.

Spate, O. H. K., "'South Sea' to 'Pacific': A Note on Nomenclature," *The Journal of Pacific History* Vol. 12, No. 3·4 (1977), pp.205~211.

Stranahan, Patricia, "The Reality of Funding," *Asian Studies Newsletter* Vol. 43, No. 4 (Fall 1998), pp.16~18.

Suehiro, Akira, "Bodies of Knowledge: How Thinktanks Have Affected Japan's Postwar Research on Asia," *Social Science in Japan* No. 20 (February 1997), pp.20~27.

Troost, Kristina K., "Challenge and Opportunities for Asian Libraries," *Asian Studies Newsletter* Vol. 43, No. 4 (Fall 1998), pp.16~18.

Tu Wei-ming, "Cultural China: The Periphery as the Center," in Tu Wei-ming ed., *The Living Tree: The Changing Meaning of Being Chinese Today* (Stanford: Stanford University Press, 1994), pp.1~34.

Ver Steeg, Clarence L., "Financing and Outfitting the First United States Ship to China," *Pacific Historical Review* Vol. 22, No. 1 (1977), pp.1~12.

Woodside, Alexander, "The Asia-Pacific Idea as a Mobilization Myth," in Arif Dirlik ed., *What is in a Rim?*, pp.37~52.

Wu, Tien-wei, "Contending Political Forces during the War of Resistance," in James C. Hsiung and Steven I. Levine ed., *China's Bitter Victory: The War with Japan*, 1937-1945 (Armonk, NY: M. E. Sharp, Inc., 1992), pp.51~78.

Xu, Jilin (trans. by Duncan M. Campbell), "Historical Memories of May Fourth: Patriotism, but of What Kind?," *China Heritage Quarterly* No. 17 (2009) (http://www.chinaheritagequar terly.org/features.php?searchterm=017_mayfourthmemories.inc&issue=017).

Xu, Xiaoqun, "Cosmopolitamism, Nationalism, and Transnational Networks: The Chenbao Fujuan, 1921-1928," *The China Review* Vol. 4, No. 1 (Spring 2004), pp.145~173.

Yu, Ying-shih, "Neither Renaissance nor Enlightenment: A Historian's Reflections on the May Fourth Movement," in Milena Doleželová-Velingerová & Oldřich Král, *The Appropriation of Cultural Capital*, pp.307~319.

찾아보기

아

차

카

타

황 동 연(Dongyoun Hwang)

서울 출생으로 연세대학교 문과대학 사학과를 졸업하고 동 대학원에서 동양사 전공으로 석사학위를 취득하였다. 미국의 듀크 대학교(Duke University)로 유학을 간 후, 1999년 5월 중국근현대사 전공으로 「항일전쟁시기 왕징웨이(汪精衛)의 대일합작정부에 대한 연구」로 박사학위(Ph.D.)를 취득하였다. 이후 1년간 동 대학교의 사학과에서 방문조교수(Visiting Assistant Professor)로 재직, 강의한 후, 2000년 가을부터 미국 캘리포니아 소재 미국 소카 대학교(Soka University of America)의 아시아학(Asian Studies) 담당교수로 부임하여 현재까지 재직중이다. 최근에는 중국의 대일합작 문제뿐만 아니라, 동부아시아 급진주의의 대두와 한국 아나키즘에 대한 연구를 동시에 진행하고 있는데, 특히 한국 아나키즘에 대한 연구서를 영문으로 곧 출간할 예정이다.

새로운 과거 만들기 권역시각과 동부아시아 역사 재구성

황 동 연   지음

2013년 8월 20일   초판 1쇄 발행

펴낸이 · 오일주
펴낸곳 · 도서출판 혜안
등록번호 · 제22-471호
등록일자 · 1993년 7월 30일

주   소 · ⑨ 121-836 서울시 마포구 서교동 326-26번지 102호
전   화 · 3141-3711~2 / 팩시밀리 · 3141-3710
E-Mail · hyeanpub@hanmail.net

ISBN 978-89-8494-471-8   93910

값 24,000 원